마이크로칩 8비트 PIC 마이크로컨트롤러 설계 및 응용

남상엽 · 서한석 · 최선정 · 강민구 공저

도서출판 상학당

머·리·말

최근 유비쿼터스 컴퓨팅, 센서 네트워크, 프로세서 등 차세대 IT패러다임이 IT분야의 핵심 이슈로 거론되고 있다. IT기술의 발전은 핵심 부품인 마이크로컨트롤러의 개발로 이루어지고 있다. 마이크로컨트롤러의 응용분야는 로봇, 핸드폰, 자동차, 범용 PC, TV, 냉장고, 세탁기, 산업기기, 비행기 등의 시스템 제어 용도로 사용하고 있다.

마이크로컨트롤러 시스템의 하드웨어인 프로세서, 메모리, 입출력 장치와 하드웨어를 제어하는 소프트웨어가 조합되어 특정한 목적을 수행하는 시스템을 임베디드 시스템(embedded system)이라 한다. 특히 임베디드 시스템은 유비쿼터스 컴퓨팅(ubiquitous computing) 시스템의 중추적인 요소로서 로봇, 모바일, 정보가전, 웨어러블 단말 등 미래의 유비쿼터스 시대의 핵심적인 요소가 될 전망이다.

과거 마이크로컨트롤러는 임베디드 시스템에 필요한 응용 프로그램인 펌웨어를 프로그램하여 넣기가 쉽지 않았다. PIC 마이크로컨트롤러에서는 현재 프로그램하기가 쉽고 편리하게 성능 좋은 마이크로컨트롤러가 공급되고 있다. PIC 마이크로컨트롤러에 의하여 마이크로칩은 세계 1위의 8비트 마이크로컨트롤러 공급업체로 부상했고 화재 감지기, 배터리 충전기, LED 응용제품, 첨단 의료기기와 같은 신형 애플리케이션 등 다양한 애플리케이션에 계속해서 PIC 마이크로컨트롤러를 제공하고 있다. 오늘날 90억 개 이상의 PIC 마이크로컨트롤러가 사용되고 있으며, 이 탁월한 마이크로컨트롤러는 사실상 거의 모든 제품에 내장되어 있다고 할 수 있다. 현재 하루 170만 개 이상의 마이크로컨트롤러를 출하하고 있다.

이 교재는 임베디드 시스템 제어 분야의 입문자를 대상으로 마이크로컨트롤러에 대한 기본적인 지식이 없어도 꾸준히 단계별 실습을 따라오면 PIC 마이크로컨트롤러로 응용할 수 있는 숲을 볼 수 있도록 눈높이를 맞추는데 1차적인 목표를 두었다. 이러한 상황을 고려하여 마이크로컨트롤러 관련 내용도 기본적인 제어와 관련된 주변장치로 한정하여 다루고자 하였다.

8비트 PIC 마이크로컨트롤러는 6핀부터 100핀까지, 그리고 포트폴리오 전체를 통틀어 핀과 코드가 호환되는 128KB 플래시까지 수백 종 가운데에서 선택할 수 있다. XLP 기술이 적용된 PIC 마이크로컨트롤러는 세계 최저의 능동 및 슬립 모드 전력소모량을 자랑하며 유연한 전력 모드와 웨이크-업(wake-up) 소스를 제공한다. MPLAB 통합 개발환경은 모든 PIC 마이크로컨트롤러에 C컴파일러 및 다양한 개발 장비들을 지원한다.

주변장치 통합은 USB, LCD, 이더넷 전용 주변장치뿐만 아니라 SPI, I2C™, UART, PWM, ADC, DAC, 연산증폭기와 같은 통신 및 제어장치의 핵심 기능이다. 그동안 마이크로칩은 8비트 마이크로컨트롤러에서는 불가능했던 보다 고급 레벨의 유연성과 통합을 갖춘 차세대 주변장치도 선보이고 있다. 이러한 새로운 주변장치에는 구성가능 로직 셀(CLC), 상보형 파형생성기(CWG), 수치 제어 발진기(NCO), 실시간 클럭/캘린더(RTCC), 충전시간 측정장치(CTMU)가 포함된다.

이 교재는 8비트 마이크로컨트롤러인 PIC16F1937/1939를 기반으로 MPLAB X IDE 통합개발환경, PICKit3 In-Circuit Debugger 및 PICDEM 2 Plus 보드를 이용하여 컴퓨터·전자·통신 분야 관련 학생 및 초보개발자를 대상으로 한 임베디드 시스템 프로그램에 대한 기본학습 및 실습을 위한 교재로서, 처음 마이크로컨트롤러 및 C언어를 접하는 학생 및 개발자에게 쉽고 빠르게 접근할 수 있도록 하는 데 초점을 두었다.

이 교재의 주요 구성은 다음과 같다.

이 교재의 I부는 마이크로칩 8비트 PIC 마이크로컨트롤러 개요 및 개발환경으로 1장은 마이크로컨트롤러의 개념, 2장은 마이크로칩 제품군 및 개발환경, 3장은 PIC 마이크로컨트롤러의 구조와 기능, 4장은 C 프로그래밍 언어, 5장은 마이크로칩 8비트 PIC 마이크로컨트롤러 개발환경 셋업으로 구성되어 있다.

이 교재의 II부는 마이크로칩 8비트 PIC 마이크로컨트롤러의 주변장치 응용실습으로 6장은 입출력 포트 응용실습, 7장은 타이머0 응용실습, 8장은 타이머1 응용실습, 9장은 타이머2 응용실습, 10장은 인터럽트 응용실습, 11장은 UART 시리얼 통신 응용실습, 12장은 ADC 응용실습, 13장은 캐릭터형 LCD 응용실습, 14장은 MSSP 주변장치(I^2C 통신, SPI 통신) 응용실습, 15장은 CCP 모듈 응용실습 및 브러시 DC 모터 제어 응용실습으로 구성되어 있다.

또한 부록은 부록 I 마이크로칩사 PICDEM 2 PLUS 데모 보드 설명서, 부록 II INSEM 8bit PIC 평가 보드(PEB08) 설명서로 구성되어 있다.

실습 보드 구매에 대해서 마이크로칩사 PICDEM 2 PLUS 데모 보드는 마이크로칩사 본사 홈페이지(www. microchip.com) 또는 네오칩(www.neochip.co.kr 한국마이크로칩 장비 대리점)에서, 인셈(INSEM) 8bit PIC 평가 보드(PEB08)는 인셈 대리점 홈페이지 (www.interrupt.co.kr)에서 구매 가능하다.

이 교재가 출간되기까지 가장 많은 지원과 아낌없는 격려를 보내주신 한국 마이크로칩 한병돈 사장님께 지면을 빌려 깊은 감사의 말씀을 전하고 한국지사의 모든 임직원에게 감사드리며, 실습 보드 및 마이크로칩 제품을 무상으로 제공해 준 한국마이크로칩 지사 관계자 여러분께도 감사의 말씀드립니다. 그리고 도서출판 상학당의 관계자 여러분에게 감사의 마음을 전하고 어려운 환경 속에서 이 책을 집필하는데 많은 도움을 준 김철, 조성우, 윤재웅 군에게 감사의 말을 전한다.

20년 전 후발주자로 시작한 마이크로칩의 8비트 PIC 마이크로컨트롤러가 업계 1위를 달성하기까지 보여주었던 눈부신 성과가 계속 이어지기를 바라며 부족하지만 이 책이 작은 보탬이 될 수 있기를 바란다.

이 책에서 부족했던 점이나 기타 문의사항과 관련한 기술지원은 한국 마이크로칩 홈페이지(www.microchipkorea.com)를 통해 지속적으로 지원할 계획이며, 실습에 사용한 소스 코드 및 회로도, 기타 보충자료 또한 지속적으로 자료실(기술서적 자료)에 업데이트할 예정이므로 독자 여러분의 따뜻한 질책과 조언을 부탁드린다.

차 · 례

I부 마이크로칩 8비트 PIC 마이크로컨트롤러 개요 및 개발환경

II부 마이크로칩 8비트 PIC 마이크로컨트롤러의 주변장치 응용실습

부 록

I부

마이크로칩 8비트 PIC 마이크로컨트롤러 개요 및 개발환경

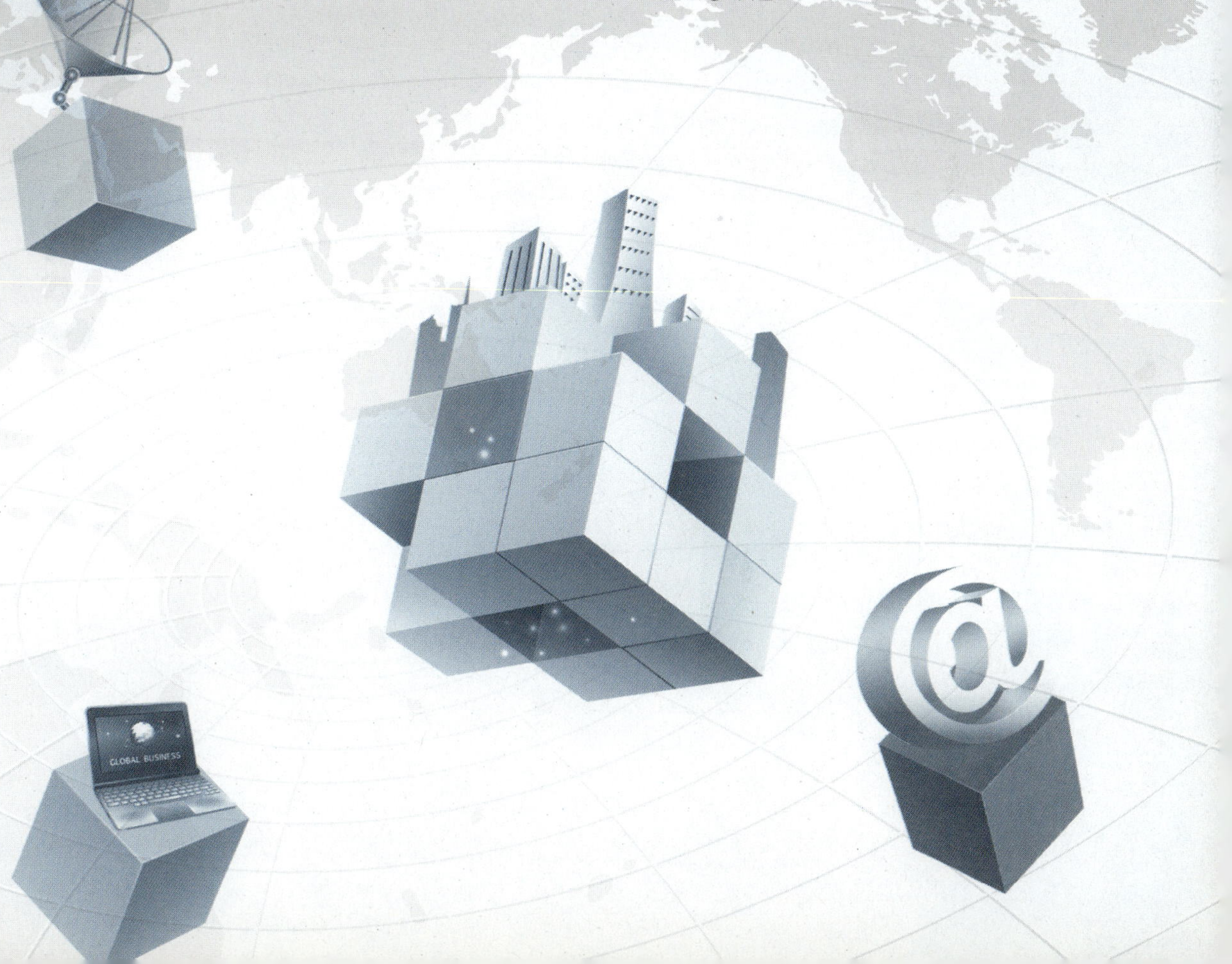

1장

마이크로컨트롤러의 개념

1. 마이크로컨트롤러의 개요

최근 유비쿼터스 컴퓨팅, 센서 네트워크, 프로세서 등 차세대 IT패러다임이 IT분야의 핵심 이슈로 거론되고 있다. IT기술의 발전은 핵심 부품인 마이크로컨트롤러의 개발로 이루어지고 있다.

마이크로컨트롤러의 용어에서 마이크로(micro)는 각 부품들의 물리적인 크기가 작음을 뜻하고 컨트롤러(controller)는 '조정기' 란 뜻으로 일반적으로 MCU(Micro Control Unit)로 불린다. 즉 마이크로컨트롤러(microcontroller)는 한 개의 작은 IC칩으로 된 중앙처리장치(CPU : Central Processing Unit)이다. 따라서, 마이크로컨트롤러는 내부에 연산장치, 제어장치, 레지스터, 주변장치들, 내부 버스로 구성되어 있다.

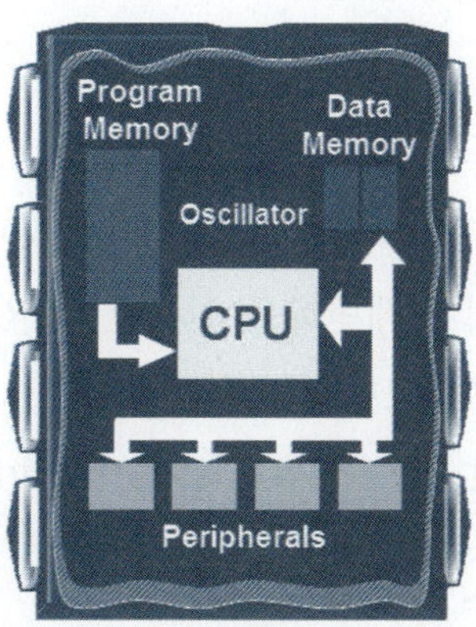

그림 1-1 마이크로컨트롤러의 블록도

마이크로컨트롤러는 데이터 버스의 크기 및 연산 단위에 따라 8비트, 16비트, 32비트로 분류된다. 마이크로컨트롤러는 명령어 집합과 명령어 수행의 제어방식에 따라 **CISC (Complex Instruction Set Computer)** 구조와 **RISC(Reduced Instruction Set Computer)** 구조로 분류된다.

CISC 구조는 복잡하고 다양한 고기능의 CPU 명령어를 갖는 구조이고 RISC 구조는 명령어의 개수를 줄이고 명령어 수행의 파이프라이닝(pipelining)하여 저전력소모와 저가로 생산할 수 있는 구조이다. 마이크로컨트롤러의 응용분야는 로봇, 핸드폰, 자동차, 범용 PC, TV, 냉장고, 세탁기, 산업기기, 비행기 등의 임베디드 시스템 제어 용도로 사용하고 있다.

마이크로컨트롤러 시스템의 하드웨어인 프로세서, 메모리, 입출력장치와 하드웨어를 제어하는 소프트웨어가 조합되어 특정한 목적을 수행하는 시스템을 **임베디드 시스템**(embedded system)이라 한다. 특히 임베디드 시스템은 유비쿼터스 컴퓨팅(ubiquitous computing) 시스템의 중추적인 요소로서 로봇, 모바일, 정보가전, 웨어러블 단말 등 미래의 유비쿼터스 시대의 핵심적인 요소가 될 전망이다.

임베디드 시스템을 제어할 수 있는 마이크로컨트롤러는 다음과 같은 특징을 가지고 있다.

(1) 비트 단위 입출력

마이크로컨트롤러는 입출력을 비트 단위로 임베디드 시스템을 제어하는 것이 가능하다. 마이크로컨트롤러는 임베디드 시스템 제어를 위하여 8비트 입출력 포트의 각 비트별 입출력을 마음대로 결정할 수 있다. 즉, 0번 비트의 출력을 위해서는 그 비트만 출력으로 설정할 수 있다.

(2) 인터럽트 처리

마이크로컨트롤러는 임베디드 시스템 제어기로서 인터럽트 처리기능이 강조된다. 마이크로컨트롤러는 임베디드 시스템이 작업을 수행하는 것과 별개로 하드웨어적으로 외부/내부의 자체 또는 주변장치들의 상태변화를 인지할 수 있다. 각각의 인터럽트 플래그 상태에 따라 현재 수행 중인 메프로그램을 중지하고 해당 인터럽트 서비스 루틴을 수행하고 다시 수행할 메인 프로그램으로 돌아가는 동작으로 인해 동시에 여러 가지 일을 하는 것처럼 사용할 수 있다.

(3) 다양한 기능의 주변장치(peripherals) 내장

마이크로컨트롤러는 임베디드 시스템 제어를 위한 특별한 장치를 내장한다. 시스템 제어가 목적인 마이크로컨트롤러이기 때문에 A/D 컨버터, 카운터, LCD 제어기, PWM 발생기, 직렬통신기, 버스 제어기 등의 여러 기능을 내장하여 이들을 특수기능으로 사용하거나 입출력으로 사용한다. 즉, 내부적인 제어로 한 개의 핀을 입출력 핀으로 설정하거나 특별한 기능을 위한 핀으로 설정한다.

(4) 타이머 내장

마이크로컨트롤러는 타이머를 내장한다. 임베디드 시스템 제어에서는 시간이 중요한 요소이므로 타이머를 통하여 다른 작업과 무관하게 정확한 시간을 알 수 있다. 마이크로컨트롤러와는 독립적으로 동작하여 인터럽트와 연계되어 타이머가 측정할 수 있는 한계 시간을 넘어서게 되면 타이머 오버플로우를 발생시켜 이를 인지할 수 있도록 한다. 또한, 미리 세팅된 시간을 비교하여 그 해당 시간에 도달하게 되면 타이머 인터럽트 플래그를 세트(set)하여 설정된 시간을 알 수 있게 된다.

(5) 저전력 구동

마이크로컨트롤러는 임베디드 제어를 위하여 전력소모가 작아야 한다. 특히 마이크로컨트롤러는 그 특성상 휴대용 기기에 많이 응용되기 때문에 전력소모가 작으며 전력소모를 조절하는 모드를 가지는 경우가 많다. 보통 수 mA의 동작전류와 수 μA의 대기 모드를 지원한다.

2. 마이크로컨트롤러의 적용 분야

마이크로컨트롤러의 산업적 특성은 다음과 같고, 표 1-1에 마이크로컨트롤러 응용분야에 대해 나타내었다.

(1) 소형, 경량화가 가능하다.

다양한 프로그램으로 응용범위와 주변 소자수를 대폭 줄일 수 있어 회로가 간단하다.

(2) 가격이 저렴하다

하나의 IC 안에 입/출력포트, 직/병렬통신, 기억소자, 카운터/타이머 등의 기능을 내장시켜 별개의 IC로 시스템을 구현할 때 저렴한 시스템의 구축이 가능하다.

(3) 타 시스템과의 이식성이 뛰어나다

대부분의 제어 기능이 하나의 IC에 내장되어 있으므로 시스템을 변경하고자 할 경우에는 약간의 기능변경과 추가를 통해 쉽게 할 수 있어 다양한 용도로 활용이 가능하다.

(4) 신뢰성이 높다.

시스템 구성 소자의 수가 획기적으로 줄어들어 제품의 신뢰성이 높다.

표 1-1 마이크로컨트롤러 응용분야

용 도	세부 용도	응용분야
산업용	데이터 처리	데이터 처리, 데이터 변환, 데이터 검색, 재고관리, 공정관리, 재무관리, 과학기술계산, 전표발행 시스템, 클라우드 시스템 등
	프로세서 제어	호스트 제어, 공정라인 제어, 생산설비의 제어, 프로세서 제어, 시퀀스 제어
	통신정보	원격 제어, 데이터 전송제어, 통신제어, 네트워크 제어 등
	기계 제어	디바이스 제어, 자동제도기, I/O 제어 등
	시스템 제어	시스템 제어, 프로그램 제어, 방송 프로그램 시스템 등
	의료 시스템	의료 시스템, 의료기 등
	계측분석 시스템	계측제어, 계측 시스템, 공해계측 센서 제어, 분석기기 자동계측 등
	교통관리 시스템	교통제어, ATC, 주차장 관리 등
	감시 시스템	공해 감시 시스템, 자동감시, 회선감시 장치용
민생용	가전/통신	핸드폰, 통신기기, 에어콘, 전자렌지, 자동세탁기, VTR 등
	음향기기	전자 튜너, 전자 타이머, 올갠, 카세트, 데크, 레코드 플레이어 등
	상업용, 사무용	POS 단말, 복사기, 각종 사무기, 주변 단말기기, 소형교환기 등
	자동차	엔진제어, 안전점검, 브레이크 제어, 충돌방지 등
	텔레비전	스마트 TV, CATV, Set-Top Box, 리모콘 등
기타	교육용	교육기기, 가정용 학습기 등
	가정용	고급 TV 게임, 사무계산, 차고개폐 등

2장

마이크로칩 제품군 및 개발환경

1. 마이크로칩(Microchip) 회사 소개

1988년 마이크로칩은 PIC16C5X의 CMOS 버전을 발표하면서 기존 마스크 프로그램 방식에서 탈피한 새로운 마스크 프로그램 방식을 채택하여 설계 유연성과 함께 소형 응용분야에 있어 비용을 절감할 수 있는 일대 전환을 맞이했다. 이 디바이스는 이해하기 쉽고 프로그래밍이 용이했으며 가격도 저렴했다. 무엇보다 중요한 점은 필드 프로그래밍이 가능했다는 것이다. 이러한 1회 프로그램이 가능한 OTP 타입의 마이크로컨트롤러를 사용하면 단순하고 저렴한 프로그래머를 사용해 생산 라인에서 코드를 넣을 수 있다.

PIC16C5X 제품군을 통해 기업들의 제품출시가 더 용이해졌고, 생산에서 버그 수정과 업그레이드를 거의 즉각적으로 구현할 수 있게 되었으며, 다양한 애플리케이션에서 하나의 범용 디바이스를 사용함으로써 비축해야 하는 부품의 수를 줄일 수 있었다. 이러한 개념은 곧 엔지니어링 커뮤니티에 널리 도입됐으며 1989년 마이크로칩 OTP PIC® 마이크로컨트롤러 출하량은 100만 개를 돌파했다.

마이크로컨트롤러 개발 툴의 비용과 복잡성이 화두였던 1980년대 후반과 1990년대 초반, 마이크로칩은 PIC16C5X 제품군 출시를 통해 단순하고 안정적인 저가용 소프트웨어 개발 툴을 선보였다. 이어 1991년 마이크로칩은 세계 최초의 Windows® 3.0기반 개발 시스템인 MPLAB® IDE(Integrated Development Environment)를 선보였다.

강력한 RISC 아키텍처, 단순한 프로그래밍 모델, 그리고 통합 I/O를 갖춘 PIC 마이크로컨트롤러는 유닛당 비용이 낮은 마스크 프로그램 마이크로컨트롤러의 주 영역이었던

대량 애플리케이션에서 사용되기 시작했다. 1992년 마이크로칩은 첫 번째 ROM(Read-Only Memory) 기반 CMOS PIC 마이크로컨트롤러를 발표했다. 이로써 기업들은 최초 생산 가동에서 OTP 디바이스를 사용, 비용절감을 위해 공장에서 프로그래밍되는 ROM 마이크로컨트롤러로 옮겨가기 전에 제품의 완전한 현장 테스트와 버그 수정, 기능 강화를 구현할 수 있게 됐다.

1993년 마이크로칩이 업계 최초로 기능 향상된 플래시(enhanced flash) 마이크로컨트롤러를 출시하면서 유연성은 한층 높아졌다. 이 디바이스는 인쇄회로기판에 납땜한 후 플래시 메모리를 통해 손쉽게 프로그래밍이 가능했기 때문에 프로그래밍 단계를 생산공정의 후반으로 옮기고, 하나의 보드에 여러 다른 디바이스를 함께 프로그래밍하는 것이 가능해졌다. 또한 플래시 메모리 덕분에 PIC 마이크로컨트롤러를 현장에서 재프로그래밍할 수 있었기 때문에 제품이 고객에게 인도된 이후에도 업데이트가 가능했다. 1990년대에는 보드 면적의 중요성이 갈수록 커졌다.

1996년 등장한 더 작은 크기의 새로운 패키지를 통해 마이크로칩은 8핀 패키지로 마이크로컨트롤러를 제공하는 최초의 기업이 됐다. PIC 마이크로컨트롤러의 사용은 계속해서 빠른 속도로 확장됐으며, 1999년 마이크로칩은 PIC 마이크로컨트롤러 출하량 10억 개 돌파를 발표하기에 이르렀다. 2001년까지 마이크로칩에서 20만 개 이상의 PIC 마이크로컨트롤러 개발 키트가 판매됐다.

PIC 마이크로컨트롤러 제품군의 개발은 초기 PIC 마이크로컨트롤러 아키텍처의 장기간에 걸친 성공으로 특징지을 수 있다. RISC 아키텍처, 별도의 명령어 및 데이터 버스(하버드 아키텍처)와 짧은 2단계 파이프라인을 통해 PIC 마이크로컨트롤러는 거의 매주기마다 명령어를 실행할 수 있다.

1999년에는 향상된 아키텍처를 제시한 PIC18CXXX 제품군이 출시됐다. 이전까지 그리고 이후 개발된 모든 PIC 마이크로컨트롤러와 마찬가지로 PIC18CXXX는 최초의 PIC16CXXX 제품군과 완전한 하위 호환성을 제공했다. PIC 마이크로컨트롤러에 의하여 마이크로칩은 세계 1위의 8비트 마이크로컨트롤러 공급업체로 부상했다. 1996년만 해도 5위 공급업체였던 마이크로칩의 이러한 성과는 불과 몇 년 만에 이뤄진 것이다. 현재 애널리스트들은 8비트 마이크로컨트롤러 애플리케이션의 지속적인 확장을 예상하고 있으며, 마이크로칩은 혁신을 통해 다양한 애플리케이션에 계속해서 PIC 마이크로컨트롤러를 제공하고 있다.

2004년 마이크로칩은 세계 최소형 마이크로컨트롤러인 PIC10F를 발표했다. 6핀 SOT-

23 패키지로 제공되는 이 제품은 플래시 메모리를 탑재했고, 1회용에 가까울 정도로 경제적인 새로운 지능형 전자 애플리케이션의 개념을 구현할 수 있게 해준다. 또 다른 한쪽에서는 DSP와 16비트 마이크로컨트롤러의 장점만 단일 디바이스에 결합한 dsPIC® 디지털 신호 컨트롤러 제품군이 출시됐다.

오늘날 90억 개 이상의 PIC 마이크로컨트롤러가 사용되고 있으며, 이 탁월한 마이크로컨트롤러는 사실상 거의 모든 제품에 내장되어 있다고 할 수 있다.

현재 하루 170만개 이상의 마이크로컨트롤러를 출하하고 있다.

표 2-1 마이크로칩 연역

1989	세계 최초로 필드 프로그래머블 마이컴인 OTP 출시
1990	일백만 개의 PICmicro 마이컴 판매 달성
1994	FLASH PICmicro 마이컴 출시
1996	세계 최초로 8핀 마이컴 출시
1997	8비트 마이컴 시장점유율 세계 2위 달성
1999	고성능 8비트 마이컴인 PIC18FXXX 출시
2001	세계적으로 인증된 Telcom사 인수 및 아날로그 제품군 확장
2002	PowerSmart 인수 및 Fuel Guaging 솔루션 제공(Duracell 반도체 설계회사)
2003	8비트 마이컴 시장점유율 세계 1위 달성
2004	16비트 마이컴인 dsPIC 출시/6핀의 8비트 마이컴 출시
2005	40억 개의 PICmicro 마이컴 판매달성
2007	2.4GHz IEEE 802.15.4 트랜시버/네트워크 분석 툴 및 ZigBee 플랫폼 출시
2007	PIC® 마이크로컨트롤러 터치센싱 애플리케이션 mTouch™ 솔루션 발표
2007	PIC® 마이크로컨트롤러 제품 라인을 32비트 PIC32 제품군으로 확장
2008	임베디드 애플리케이션용 USB OTG 내장 32비트 PIC32 MCU 제품군 출시
2008	60억 번째 PIC 마이크로컨트롤러 출하
2009	초저전력(XLP) 마이크로컨트롤러 및 mTouchTM 터치센싱 솔루션 출시
2010	90억 번째 PIC 마이크로컨트롤러 및 백만 번째 개발 툴 출시

2. 마이크로칩 제품군

그림 2-1은 전형적인 임베디드 제어 시스템의 응용 디바이스 구성과 각 신호의 흐름을 보여주고 있다. 일반적으로 온도 센서, 압력 센서, 모션 센서 등의 아날로그 센서 신호들이 증폭 및 필터링되어 디지털 신호로 변환되어 마이크로컨트롤러로의 입력신호가 된다. 이외에도 전원관리 블럭, 파워 드라이버, 다양한 버스 구조, 주변장치 및 통신 프로토콜 등의 아날로그 신호 등이 마이크로컨트롤러와 인터페이스를 이루고 있다.

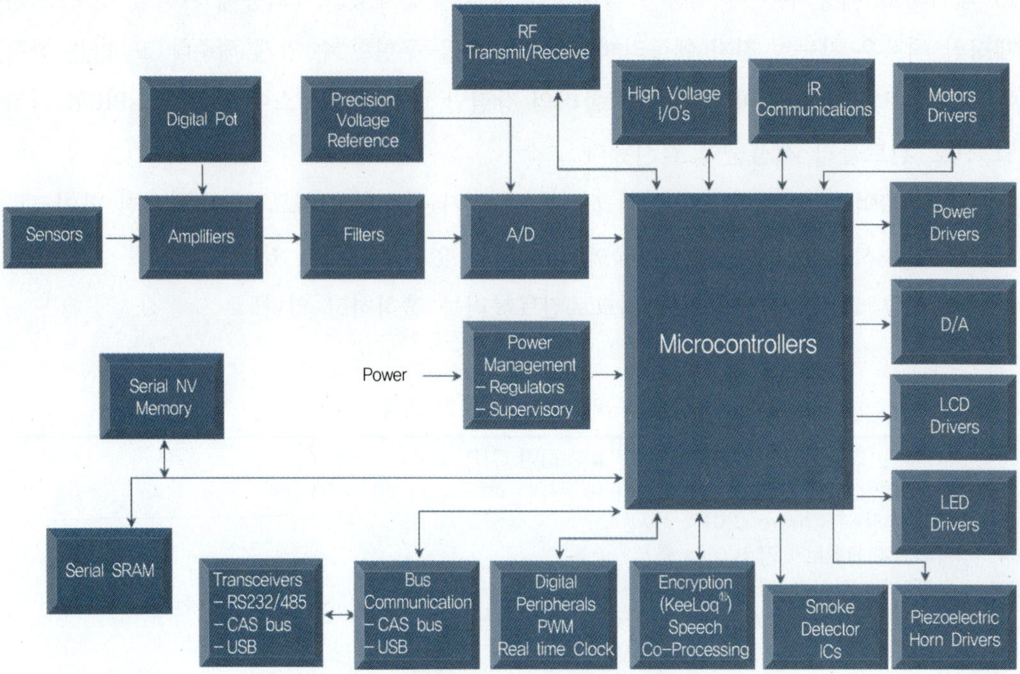

그림 2-1 마이크로컨트롤러 및 주변 응용 디바이스 구성도

각각의 블럭들은 마이크로칩에 의해 제공되고 있는 제품 및 기능들을 개괄적으로 보여주고 있다.

1) 8비트 PIC® 마이크컨트롤러

8비트 PIC® 마이크로컨트롤러는 화재감지기나 배터리 충전기, LED 손전등, 첨단 의료기기와 같은 신형 애플리케이션에 사용되고 있다. 마이크로칩(Microchip)은 사용하기 편리한 개발 툴과 완벽한 기술자료, 글로벌 판매유통망을 통한 설계 이후 지원과 함께 8비트 마이크로컨트롤러의 성능 관련 영역 전체에 걸친 솔루션을 제공한다.

8비트 PIC® 마이크로컨트롤러는 6핀부터 100핀까지, 그리고 포트폴리오 전체를 통틀어 핀과 코드가 호환되는 128KB 플래시까지 수백 종 가운데에서 선택할 수 있다. XLP 기술이 적용된 PIC® 마이크로컨트롤러는 세계 최저의 능동 및 슬립 모드 전력소모량을 자랑하며 유연한 전력 모드와 웨이크-업(wake-up) 소스를 제공한다. MPLAB® 통합 개발 환경은 모든 PIC® 마이크로컨트롤러에 C컴파일러 및 개발 장비들을 지원한다.

주변장치통합은 USB, LCD, 이더넷 전용 주변장치뿐만 아니라 SPI, I²C™, UART,

PWM, ADC, DAC, 연산증폭기와 같은 통신 및 제어장치의 핵심 기능이다. 게다가 마이크로칩은 그동안 8비트 마이크로컨트롤러에서는 불가능했던 보다 고급 레벨의 유연성과 통합을 갖춘 차세대 주변장치도 선보이고 있다. 이러한 새로운 주변장치에는 구성 가능 로직 셀(CLC), 상보형 파형생성기(CWG), 수치제어 발진기(NCO), 실시간 클럭/캘린더(RTCC), 충전시간 측정장치(CTMU)가 포함된다. 고객 여러분의 덕택으로 PIC MCU가 세계적인 표준으로 자리잡게 되었으며, 현재까지 1백만 개 이상의 개발 시스템이 판매되었다. PIC 마이크로컨트롤러는 광범위한 애플리케이션에 빠르고 쉽게 설계할 수 있으며 제품배송에 있어서도 오랫동안 신뢰를 쌓아 왔다.

(1) 글로벌 지원

마이크로칩은 온라인 및 전화지원과 수백 명의 현장전담 애플리케이션 엔지니어, 50여 개의 영업소, 공인 판매 대리점망을 통해 연중 무휴로 글로벌 기술지원을 제공하고 있다. 그리고 온라인을 통해서 마이크로칩 지역별 교육센터에서 표준 코드 라이브러리와 참조 디자인, 애플리케이션 노트 및 세미나도 가능하다. 마이크로칩 관련 기술지원 및 기술 교육은 한국마이크로칩 지사 홈페이지(www.microchipkorea.com)에 자세히 나와 있다.

(2) 확장성 및 마이그레이션

고객에게 리스크가 보다 적은 개발환경을 제공하기 위해 PIC 마이크로컨트롤러는 전 제품 내에서 완벽한 마이그레이션 체계를 구축하고 있다. 8비트 PIC 마이크로컨트롤러 제품군은 아키텍처 간에 코드 호환이 가능할 뿐만 아니라 특정 핀 수 내에서 핀 호환도 가능하다. 다양한 PIC 마이크로컨트롤러 간에 손쉽게 마이그레이션할 수 있기 때문에 설계요건의 변경이나 기능향상에도 유연하게 대응할 수 있다. 마이크로칩을 선택하면 향후 개발 시 재사용률을 극대화하고 하드웨어와 소프트웨어, 툴에 대한 투자비용도 절감할 수 있다.

표 2-2 마이크로칩 8비트 MCU 주요 특징 및 장점

주요 특징	장 점
익스트림 저전력	• 최저 능동(Active) 전류: 30μA/MHz • 최저 슬립(Sleep) 모드 전류: 9nA • 배터리 수명 20년 이상
통합 주변장치	• USB와 LCD, 이더넷, 터치 감지, CAN을 8비트 MCU에 통합
저비용	• High Volume시에 1달러 미만 가격의 부품 200개 이상 선택 가능
소형 폼팩터	• 초소형 8핀 2x3 DFN 및 28핀 4x4 UQFN 지원 • 칩 스케일 패키지 제공
설계지원	• 무상 MPLAB®통합 개발환경 • 무상 C컴파일러 • 포괄적인 기술문서 • 업계 최고 수준의 연중 무휴 지원과 교육
출시 시간단축	• 무상 소프트웨어 • 핀과 코드 호환성 - 손쉬운 마이그레이션 • 퀵 턴 프로그래밍(QTP)을 통한 부품의 프리 프로그래밍

2) 마이크로칩 8비트 PIC 마이크로컨트롤러 제품군별 아키텍처 및 사양

제품군	Baseline 제품군	Mid-Range 제품군	Enhanced Mid-Range 제품군	PIC18 제품군
제품군	PIC10, PIC12, PIC16	PIC10, PIC12, PIC16	PIC12F1XXX, PIC16F1XXX	PIC18
핀 수	6~40	6~64	8~64	18~100
인터럽트	없음	단일 인터럽트 지원	하드웨어 컨텍스트를 제외한 단일 인터럽트 지원	하드웨어 컨텍스트를 제외한 다중 인터럽트 지원
성능	5MIPS	5MIPS	8MIPS	최대16 MIPS
명령어	33, 12비트	35, 14비트	49, 14비트	83, 16비트
프로그램 메모리	최대 3KB	최대 14KB	최대 28KB	최대 128KB
데이터 메모리	최대 134B	최대 368B	최대 1.5KB	최대 4KB
하드웨어 스택	2레벨	8레벨	16레벨	32레벨

제품군	Baseline 제품군	Mid-Range 제품군	Enhanced Mid-Range 제품군	PIC18 제품군
사양	• 비교기 • 8비트 ADC • 데이터 메모리 • 내장 발진기	Baseline 구조 외 제공 사항 • SPI/I2C • UART • PWM • LCD • 10비트 ADC • 연산증폭기 • 구성 가능 로직 셀 • 수치 제어 발진기 • 상보형 파형생성기	Mid-Range 구조 외 제공 사항 • 다중 통신 주변장치 • 선형 프로그래밍 공간 • 독립시간 베이스를 갖춘 PWM • 프로그래밍 가능 스위치 모드 컨트롤러 • 12비트 ADC • USB	Enhanced Mid-Range 구조 외 제공 사항 • 8x8 하드웨어 승산기 • CAN • CTMU • USB • 이더넷
특징	초소형 폼 팩터에서 최저 비용	성능 대비 최적의 비용	성능과 메모리 향상을 통한 비용 효과	고성능, C프로그래밍에 최적화, 첨단 주변장치
총 디바이스 수	16	66	44	201

(1) Baseline 제품군 – PIC10, PIC12, PIC16

베이스라인(Baseline) 디바이스는 12비트 프로그램 워드 구조를 활용하여 비용효과가 가장 뛰어난 제품 솔루션을 실행한다. 엔지니어는 이러한 MCU로 전에는 사용된 적이 없는 애플리케이션에 마이크로컨트롤러를 사용할 수 있다. 기준 PCI MCU의 가격구조는 거의 일회용 제품에 가까울 만큼 저렴하며, 폼 팩터가 2 × 3mm로 초소형이기 때문에 공간이 협소한 디자인에도 손쉽게 구현할 수 있다.

이러한 마이크로컨트롤러 제품군에는 내장 발진기와 비교기, ADC, 데이터 로깅용 데이터 메모리가 포함되기 때문에 엔지니어는 다양한 엔트리 레벨 애플리케이션에 "스마트 기능"을 추가할 수 있다. 아울러 낮은 비용과 손쉬운 구현을 통해 디자이너가 다양한 개별 구성품을 통합 MCU 솔루션으로 대체하여 보드 공간을 추가로 절감할 수 있도록 한다.

① 응용의 예

- 로직 컨트롤 – 지연, 게이트, 상태기기, 디코더와 같은 수동적 개별 로직 기능을 대체한다.
- 지능형 일회용 전자제품 – 간이 의료 테스트기나 측정기 모니터링과 같은 애플리

케이션에 적합하다.

- 파형 생성 – 재래식 555 타이머나 PWM, 저항기 프로그래밍 가능 발진기 등을 대체한다.

② 개발 툴

※ PICKit™ 로우 핀 카운트(LPC) 데모 보드(DM164120-1)

- 8~20핀 부품용 데모 보드
- 다양한 PIC MCU 구조에 작동
- PICKit3 지원

※ www.microchip.com/baseline

(2) Mid-Range **제품군** – PIC10, PIC12, PIC16

중간영역(Mid-Range) 디바이스는 14비트 프로그램 워드 구조를 기반으로 하며 6~65핀 패키지로 출시된다. 이러한 마이크로컨트롤러는 1.8~5.5V 작동과 최대 20MHz의 속도, 인터럽트 처리, 8단계 딥(deep) 스택을 제공하고, 다양한 주변장치 및 메모리 구성이 가능하며, SPI, I^2C, USART, LCD, ADC, 비교기와 같은 여러 아날로그 및 디지털 주변장치를 포함한다. 중간영역 코어에 속하는 MCU는 구성 가능 로직 셀(CLC), 상보형 파형생성기(CWG), 수치제어 발진기(NCO), 실시간 클럭/캘린더(RTCC), 충전 시간 측정장치(CTMU)와 같이 독특한 신형 디지털 주변장치도 갖추고 있다. 신형 모듈은 상위 시스템 통합과 종전에는 불가능했던 LPC MCU의 기능을 구현한다.

이러한 중간영역 제품군의 마이크로컨트롤러는 최대 5MIPS의 성능을 달성할 수 있으며 일부 최신 중간영역 제품군에는 XLP와 업계를 선도하는 마이크로칩의 절전 기술도 적용된다. 슬립 모드 및 동적 소비전류가 낮기 때문에 이 마이크로컨트롤러는 절전형 배터리 작동 애플리케이션에 적합하다.

① 개발 툴

※ PICDEM™ 랩 개발 키트(DM163045)

- 6~20핀 부품용 개발 플랫폼
- 다양한 구조에 작동
- 일반 사용자 가이드와 실습, 애플리케이션 예제가 포함된다.
- PICKit3과 확장 헤더 지원

※ www.microchip.com/midrange

(3) Enhanced Mid-Range 제품군 – PIC12F1XXX, PIC16F1XXX

고급 중간영역(Enhanced Mid-Range) 코어는 Mid-Range 코어 가운데 최상의 요소를 토대로 하며 추가 성능을 제공하는 한편 실제 제품이동을 위해 Mid-Range PIC 마이크로컨트롤러와 호환성을 유지한다.

① Enhanced Mid-Range 제품군 코어 핵심 사양

- 성능 최대 50% 향상
- 코드 크기 최고 40% 절감
- 플래시 프로그램 메모리 최대 56KB
- 데이터 메모리 최대 4KB
- 내장 발진기 최대 32MHz
- C프로그래밍에 최적화
- 리셋 기능 옵션을 이용한 16단계 향상된 하드웨어 스택
- 코어 레지스터의 자동 인터럽트 상황 저장
- 간접 선형 어드레싱 강화
- 레지스터 맵 간소화
- 1.8V~5.5V 작동
  - 완전 아날로그 작동
- 다음과 같은 다양한 주변장치 지원:
  - 아날로그-디지털 변환기
  - 다중 비교기
  - 다중 SPI/I^2C, USART
  - 다중 캡처/비교/PWM
  - 엠터치(mTouch) 감지 솔루션
  - 연산증폭기
  - LCD 드라이브 기능
- 고급 중간영역(Enhanced Mid-Range) 코어가 탑재된 PIC 마이크로컨트롤러는 PIC12F1XXX와 PIC16F1XXX로 표시된다.

Enhanced Mid-Range 코어는 기존 Mid-Range PIC 마이크로컨트롤러에서 최소한의 노력으로 변경할 수 있는 능력뿐 아니라 PIC12, PIC16, PIC18 마이크로컨트롤러를 이용하여 상향 또는 하향 변경할 수 있는 성능도 보유하고 있다. 이러한 모든 요소는 애플리케이션의 수명, 확장성, 편리한 디자인, 다양성에 많은 이점을 제공한다.

8비트 PIC 마이크로컨트롤러는 언제나 비용에 민감한 애플리케이션에 수준 높은 지능형 기능과 신뢰성을 부여하기 위한 일반적인 접근 방식을 제공해 왔다. Enhanced Mid-Range 코어가 탑재된 PIC 마이크로컨트롤러를 활용하는 임베디드 디자이너는 사용자의 경험을 더욱 풍요롭게 하는 애플리케이션을 작성할 수 있다.

② 개발 툴

※ F1 LV 평가 플랫폼(DM164130-5)

- 고급 중간영역(Enhanced Mid-Range) PIC 마이크로컨트롤러용 개발 툴
- XLP 기술과 저압 단일 셀 배터리 지원용 MCP1624를 장착한 PIC16LF1947에 배치
- 통합 기능을 이용한 신속하고 편리한 개발 : 영역 프로토타이핑, LCD 제어, 시스템 전류 모니터링, 온도감지, 실시간 클럭
- F1 BLDC/BDC/단극/양극 모터 애드온을 위한 확장 헤더
- PICKit™3 프로그래머 및 PICKit 시리얼 분석기 지원

※ www.microchip.com/F1Eval, www.microchip.com/enhanced

(4) PIC18 제품군

PIC18 제품군은 16비트 프로그램 워드 구조를 활용하며 32단계 딥(deep) 스택과 8x8 하드웨어 승산기, 다중 내외장 인터럽트를 갖춘 고급 RISC 구조를 통합한다. 마이크로칩의 8비트 포트폴리오 가운데 최고 성능을 구현하는 PIC18 제품군은 최대 16MIPS와 선형 메모리를 제공한다.

PIC18은 고객이 C 언어로 프로그래밍을 원하는 경우 신형 8비트 디자인에 가장 많이 채택하는 구조이다. 18~100핀 패키지를 통해 3V뿐 아니라 5V 애플리케이션까지 지원하는 PIC18 제품군에서 약 200여종 이상의 제품을 라인업하여 해당 애플리케이션이 가진 코드의 용량에 따라 PIC 마이크로컨트롤러를 선택할 수 있으므로 비용을 절감할 수 있다. 절감한다. PIC18 제품군은 기존의 PIC18 제품 라인 외에 J 및 K 시리즈로도 출시된다.

다양한 기능을 통합한 PIC18 제품군으로 접속성과 아날로그 기능, 인적 인터페이스를 지원하는 주변장치를 갖추고 있다.

- 세그먼트 LCD – 최대 192개 세그먼트까지 구동할 수 있다.
- 엠터치(mTouch) 터치 감지 – 키와 버튼, 슬라이더
- 충전시간 측정장치(CTMU) – 정밀 시간
- 전체 속도 USB v2.0 – 최대 12Mbps
- 이더넷 MAC 및 PHY(10/100Base-T) – 무상 TCP/IP 스택
- CAN 모듈 – CAN 2.0B 능동 사양 준수
- LIN 인터페이스 – LIN2.1 규격 호환 EUSART
- 12비트 A/D 컨버터 – 첨단 아날로그 기능
- 주변장치 핀 선택(peripheral pin select) – 보드 공간을 절감하는 유연한 핀 매핑

이 제품군은 다양한 애플리케이션에 사용할 수 있는데, 이러한 응용의 예로는 산업용(예, 계량, 전자 도어 잠금장치, 화물추적, 조명, 경보장치), 가전 기기(예, 스마트 에너지, 식기세척기, 냉장고, HVAC 컨트롤), 의료(예, 진단장치, 휴대용 의료미터기), 자동차(예, 조명, 계기판 기기 클러스터, 자동키(keyless) 출입, 내부 기기 조정, 차고문 개폐기) 시장이 있다.

① 개발 툴

※ PIC18 익스플로러 보드(DM183032)

- PIC18F8722 및 PIC18F87J11 MCU 장착
- K22 PIM을 비롯하여 기타 MCU에 제공되는 플러그인 모듈(PIM)
- 확장 보드용 PICtail™ 도터(daughter) 보드 커넥터

※ PIC18 스타터 키트(DM180021)

- PIC18F46J50 장착
- USB 마우스, 조이스틱, 대용량 저장장치로 기능
- 정전 용량 터치 감지 패드, MicroSD™ 메모리 카드, 전위차계, 가속도계, OLED 디스플레이 포함

※ PIC18 개발 키트(DV164136)

- PIC18 익스플로러 보드, PICKit3 프로그래머/디버거, USB 케이블, 9V 범용 파워 서플라이가 모두 단일 번들로 제공

※ PIC18 특성

참고사항 : www.microchip.com/pic18

PIC18 J 시리즈	PIC18 K 시리즈
12 MIPS	16 MIPS
2.0~3.6V	1.8~5.5V
플래시에서 에뮬레이션된 EEPROM	EEPROM
동급 제품보다 일반적으로 낮은 비용	동급 제품보다 약간 높은 비용
XLP 제품에는 딥 슬립 모드가 필요함	슬립 모드의 XLP 제품

3) 마이크로칩 8비트 PIC 마이크로컨트롤러의 기능별 제품군 소개

(1) XLP 기능의 저전력 구동 PIC 마이크로컨트롤러

① 최대의(eXtreme) 저전력 사양의 PIC® MCU

- 슬립 모드 전류 최저 9nA
- 능동 모드 전류 최저 30μA/MHz
- 실행 효율 80% 이상 PIC MCU 단일 사이클 명령
- 코드 실행효율 향상, 슬립 모드 연장, 배터리 수명극대화
- RTC, WDT, BOR, 인터럽트, 리셋, POR을 비롯한 웨이크업 소스

② 저전력 주변장치 통합

최신 저전력 제품에는 고급 주변장치가 필요하다. 마이크로칩은 USB, LCD, mTouch 정전방식 감지와 같은 주변장치를 저전력 디바이스에 제공한다. 이를 통해 애플리케이션에 부품을 추가할 필요가 없도록 하여 비용, 전류, 복잡성을 줄인다.

③ 저전력 안정성

XLP가 적용된 제품에는 주변장치 외에 배터리 작동 제품전용 시스템 감시회로도 내장된다.

- 시스템 오류를 차단하는 최저 200nA의 감시 타이머
- 최저 400nA의 실시간 클럭/캘린더를 통한 정밀한 시간 기록
- 배터리 소모 및 교환 시 보호기능을 제공하는 최저 45nA의 부분 정전 리셋 기능

④ 배터리 수명 평가기

XLP 배터리 수명평가기(battery life estimator)는 무상 소프트웨어 유틸리티로, XLP 기

술을 적용한 마이크로칩의 PIC MCU를 사용하여 초절전 애플리케이션을 개발할 때 도움이 된다.

- 애플리케이션 실행 및 슬립 모드 시간 프로필 작성(듀티 사이클)
- 작동온도 및 작동전압 선택
- 가장 일반적인 배터리 규격 사전 로드

※ www.microchip.com/BLE

⑤ 단일 배터리 작동

MCP1623/4 및 MCP1640 동기식 부스트 레귤레이터는 단일 셀 배터리 애플리케이션을 구현하기 때문에 초소형 휴대용 경량 애플리케이션에 적합하다.

- 최저 0.35V로 모든 PIC MCU 구동
- 2~5.5V 고정/안정 출력전압 제공

⑥ 개발 툴

※ PIC18 스타터 키트 - PIC18F46J50 제품군(DM180021)

- 온보드 디버거와 프로그래밍 성능 포함
- USB 통신
- USB 마우스나 대용량 저장장치 기능 사용 가능한 보드
- MicroSD™ 메모리 카드 슬롯 포함

⑦ 주요 XLP 제품군

제품군	핀	플래시(KB)	슬립(nA)	능동(μA/MHz)	특수 기능
PIC16F727	20-44	3.5-14	20	55	-
PIC16F1509	20	7-14	25	30	CLC, CWG, NCO
PIC16F1829	8-20	3.5-14	20	50	-
PIC16F1947	28-64	7-28	60	55	LCD
PIC18F46K20	28-40	8-64	50	138	-
PIC18F87K22	20-80	8-128	20	190	-
PIC18F47J53	28-44	16-128	9	197	USB
PIC18F66K80	28-64	32-64	13	100	CAN
PIC18F87K90	64-80	32-128	20	180	LCD

⑧ XLP 8비트 개발 보드(DM240313)

- PIC16 및 PIC18 디바이스 지원
- LCD 디스플레이 및 버튼
- 유연한 전력옵션
- 확장커넥터
- 전류측정 지원

모든 숫자는 평균값이며, 슬립 숫자는 각 제품군에 제공되는 최저 전력 슬립 모드를 의미한다.

※ www.microchip.com/xlp

(2) 엠터치(mTouch™) 터치 감지기능의 PIC 마이크로컨트롤러

터치(touch) 감지는 기존의 푸시 버튼과 스위치의 대안으로 사용되고 있으며 다음과 같은 특징이 있다.

- 최저 비용의 제조 및 조립
- 우아하고 세련된 디자인
- 안정성 증가, 이동 부품감소
- 접근 감지식 인간 인터페이스

마이크로칩의 엠터치(mTouch) 터치 감지 솔루션은 터치 감지와 애플리케이션 코드를 단일 마이크로컨트롤러에 통합하여 전체 시스템 비용을 절감한다. 마이크로칩은 키/슬라이더와 터치 스크린 컨트롤러에 대한 저전력 및 저비용의 유연한 솔루션 포트폴리오를 광범위하게 제공한다. 마이크로칩의 편리한 GUI 기반 툴과 무료 소스 코드, 저비용 개발 툴을 이용하여 개발을 쉽게 할 수 있다.

① 키, 슬라이더, 휠, 접근감지

- 업계 최저 전력의 터치 감지 솔루션
  - 5μA 이하의 정전식 감지
  - 1μA 이하의 접근 감지
- 외장 부품 제거
- 플라스틱, 유리, 금속 표면에 작동
- 전천후 방수 디자인

- 높은 잡음 견고성
- 진정한 인간 인터페이스 SoC(System-on-A-Chip)를 위한 USB, 세그먼트 및 그래픽 LCD 모듈과 같은 통합 주변장치
- 구현이 간단한 무료 소프트웨어 라이브러리와 소스 코드 제어

② 기술 사양

- 8, 16 및 32비트 지원
- 1~32개의 정전식 터치 채널
- 6~100핀 디바이스
- 플래시 메모리 최대 512KB

③ 터치 스크린 컨트롤러

마이크로칩은 저항 및 투영 정전식 터치 스크린 컨트롤러를 제공한다. 고급 터치 스크린 솔루션은 정교한 독점 터치 스크린 디코딩 알고리즘을 사용하여 완전히 처리되고 신뢰할 수 있는 터치 좌표를 애플리케이션에 전송할 수 있다.

- 완전처리 터치 좌표
- 투영 정전식 기술
  - 멀티 터치구현 제스처
  - 저비용 MCU 구현
  - 광역 작동전압 : 1.8~5.5V
  - 평균 5V에 1.5mA의 절전 작동전류
- 아날로그 저항 기술
  - 최저 시스템 비용, 손쉬운 통합
  - 온칩 보정 기능의 범용 4, 5 및 8와이어 솔루션
  - I^2C^{TM}, SPI, UART 또는 USB 인터페이스
  - 절전 "터치 투 웨이크업" 기능

④ 개발 툴

※ 고급(Enhanced) 엠터치(mTouch) 정전방식 평가 키트(DM183026-2)

- PIC16F, PIC18F, PIC24F, PIC32 장착
- 8개의 버튼과 매트릭스, 슬라이더 추가 보드 포함
- 편리한 구성과 실시간 데이터 모니터링을 위한 GUI

※ AR1000 개발 키트(DV102011)

- 아날로그 저항 7", 4와이어 터치 스크린
- PICKit 시리얼 분석기 포함
- 디자인 및 구성에 제공되는 GUI

※ 엠터치(mTouch) 프로젝트 정전방식 개발 키트(DM160211)

- 완전의 기능의 펌웨어가 장착된 PIC16F707 컨트롤러 보드
- 3.5" 프로젝트 정전방식 12×9 터치 스크린을 장착한 센서 보드
- 최대 32개 채널까지 센서를 지원하는 로열티 없는 소스 코드

※ www.microchip.com/mtouch

(3) LCD 기능 내장 PIC 마이크로컨트롤러

세그먼트 디스플레이는 계량기부터 휴대용 의료기기, 온도조절장치, 운동장비에 이르기까지 다양한 애플리케이션에 사용된다. 통합 LCD 드라이버를 장착한 PIC MCU는 문자와 숫자, 특수 문자, 아이콘이 있는 세그먼트 디스플레이를 직접 구동할 수 있다. 마이크로칩의 LCD 포트폴리오의 주요 사양은 다음과 같다.

- 플렉서블 LCD 세그먼트
  - 28핀 - 세그먼트 최대 72개
  - 44핀 - 세그먼트 최대 116개
  - 64핀 - 세그먼트 최대 184개
  - 80핀 - 세그먼트 최대 192개
- 가변 클럭 입력
- 통합 전압 바이어스 생성
- 3V 및 5V 구동 디스플레이에 대해 직접 구동
- 다양한 온도나 조명조건에 적합한 부스트 또는 조광조건을 위한 소프트웨어 콘트라스트 컨트롤
- 슬립 모드로 전력을 보존하면서 LCD 구동
- 시간 및 날짜, 정보표시를 위한 통합 실시간 클럭 및 캘린더
- 엠터치(mTouch) 정전방식 터치 감지 성능

① 세그먼트 디스플레이 직접 구동

LCD PIC 마이크로컨트롤러는 외부 구성품 없이 직접 LCD 패널 드라이브 성능을 지

원하기 때문에 전체 시스템 비용을 절감한다. 마이크로컨트롤러는 MCU가 LCD 세그먼트 핀을 구동하고 디스플레이를 위해 우수한 콘트라스트(contrast)를 제공하는데 필요한 다양한 전압 등급을 생성할 수 있는 전압 바이어스 생성을 통합했다. LCD MCU는 광범위한 고정 및 가변 바이어스 옵션뿐 아니라 다양한 공급업체와 협력할 수 있는 유연성을 구현하는 가변 클럭 입력을 지원한다.

② 콘트라스트(contrast) 제어

소프트웨어 콘트라스트 제어는 펌웨어를 통해 디스플레이 콘트라스트를 높이거나(boost) 줄이는(dim) 핵심 기능이다. 통합 충전 펌프가 장착된 MCU를 사용한다면 VDD급 이상까지 콘트라스트를 높여야 한다. 소프트웨어 콘트라스트 제어를 통해 설계자는 LCD의 콘트라스트를 변경하여 온도나 조명, 습도와 같이 다양한 작동조건을 고려할 수 있다. 또한 소프트웨어 콘트라스트 제어는 휴대용 애플리케이션에도 유용하게 사용될 수 있다. 배터리 수치가 낮아지기 시작하면 펌웨어는 콘트라스트를 높여 배터리 수명을 손쉽게 연장하는 동시에 디스플레이에 선명한 이미지를 표시할 수 있다.

③ 개발 툴

※ PICDEM™ LCD 2 데모 보드(DM163030)

- 마이크로칩 28, 40, 64 및 80핀 LCD 내장 PIC 마이크로컨트롤러의 주요 기능 예시 및 지원
- 모든 LCD 제품을 평가하는 데 제공되는 별도의 프로세서 플러그인 모듈(PIM)
- 아이콘, 숫자, 영숫자 및 스타버스트 디스플레이를 장착한 LCD 글래스
- 콘트라스트 제어 및 조광용 부스터 성능

※ www.microchip.com/lcd

④ 주요 LCD 제품군

제품군	핀	플래시 (KB)	최대 세그먼트	전압 (V)	추가 사양
PIC16LF1907	28~40	3.5~14	116	1.8~3.6	10비트 ADC, EUSART
PIC16F1947	28~64	7~28	184	1.8~5.5	엠터치 정전식 터치 감지 주변장치
PIC18F87K90	64~80	32~128	192	1.8~5.5	엠터치 정전식 터치 감지 주변장치, 실시간 클럭/캘린더, 12비트 ADC
PIC18F87J93	64~80	16~128	192	2.0~3.6	

(4) USB Device 기능 내장 PIC 마이크로컨트롤러

USB 통신은 원격 업그레이드와 데이터 다운로드, 기타 휴대용 직렬 USB 애플리케이션에서 널리 사용되고 있다. 마이크로칩의 USB PIC MCU는 다양한 환경과 장소에서 작동할 수 있는 광범위한 임베디드 디자인에 최고 속도 USB의 이점을 도입하여 프린터나 휴대용 기기, PC와 같은 기타 USB 기기에 손쉽게 접근할 수 있도록 한다.

① USB 2.0 Device 호환 및 제품군 사양

마이크로칩은 아래 사양을 비롯해 PIC16 및 PIC18 제품군을 활용하여 USB Full Speed로 최고 속도 12Mbps로 USB 작동이 가능한 USB 솔루션을 제공한다.

- 성능 : 12MIPS
- 7~128KB 프로그램 플래시
- 최대 4KB 데이터 RAM
- 아날로그 기능 : 12비트 ADC, 2비교기
- 최대 2 SPI/I2C, 2 UART, 5 PWM
- 크리스탈이 필요 없는 USB 지원

16 및 32비트 PIC 마이크로컨트롤러에는 통합 USB 및 임베디드 호스트 지원이 포함된다.

② 무상 USB 소프트웨어 지원

마이크로칩의 USB 소프트웨어는 8, 16, 32비트 마이크로컨트롤러에 대해 USB를 지원한다. 이 소프트웨어는 소스 코드가 무료로 제공되며, 샘플 프로젝트도 포함되어 있다. 8비트 제품군은 최고 속도 작동으로 USB 디바이스 모드를 지원한다. 추가 소프트웨어 지원에는 전체 C 및 RTOS 개발환경이 포함된다. 이 USB 프레임워크 라이브러리에는 마이크로칩의 USB 프레임워크 구성 툴이 들어 있다.

- 초간단 구성 파일 생성 가능
- 무상 소스 코드 제공
- PC용 펌웨어 프로젝트 및 USB 드라이버

③ UART-USB 컨버터 기능 추가

MCP2200은 UART 직렬 컨버터에 연결되는 독립형 USB로 UART 인터페이스가 포함되는 애플리케이션에서 최대 속도 USB 연결 기능을 구현한다. MCP2200에는 256바이트 EEPROM과 8개의 범용 I/O가 포함된다. 간편한 "플러그 앤 플레이" 솔루션을 제공하기 때문에 최소한의 디자인 노력으로 USB 연결 기능을 구현할 수 있다.

④ 개발 툴

※ LPC USB 개발 키트(DV164126/DM164127)

- PIC18F14K50/13K50 20핀 USB MCU 평가용
- 하드웨어, 소프트웨어, 코드 예제 포함
- 자기주도 과정 및 실습 자료

※ PIC18F46J50 FS USB 데모 보드(MA180024)

- USB 내장 PIC18F46J50 XLP 제품군 포함
- PIC18 탐색기 보드(DM183032)에 사용 가능

※ PICDEM™ Full-Speed USB 데모 키트(DM163025)

- 플래시 MCU의 PIC18F4550 제품군 포함
- 최고 속도 USB 2.0 인터페이스

※ www.microchip.com/usb

⑤ USB Device 기능이 내장된 주요 제품

제품군	핀	플래시(KB)	추가 사양
PIC16F1459	14~20	7~14	XLP, 크리스탈 필요없는 USB지원
PIC18F14K50	20	8~16	XLP, 1.8~5.5V
PIC18F45K50	28~44	16~32	XLP, 크리스탈 필요없는 USB지원
PIC18F46J50	28~44	16~64	XLP
PIC18F47J53	28~44	64~128	XLP, 12비트 ADC
PIC18F87J50	64~80	32~128	-

(5) 이더넷 기능 내장 PIC 마이크로컨트롤러

① 임베디드 이더넷

마이크로칩은 IEEE802.3을 준수하고 10/100/1000 베이스-T 네트워크와 완전 호환되는 독립형 이더넷 컨트롤러 ENC624J600, ENC424J600, ENC28J60, PIC18F97J60 제품군을 통해 임베디드 이더넷 제품에 대한 수요 증가에 대처하고 있다. 마이크로칩의 이더넷 솔루션에는 PIC 마이크로컨트롤러와 dsPIC® 디지털 신호제어기 제품군에 최적화된 견고한 무상 TCP/IP 스택도 포함된다(www.microchip.com/tcpip).

1부

② 개발 툴

※ PICDEM.net™ 2 개발 보드(DM163024)

- ENC28J60 및 PIC18F97J60 디바이스 지원
- 웹 서버로 개발 가능

③ 주요 이더넷 기능이 내장된 제품군

제품군	핀	PIC + 이더넷	통합 MAC + PHY	인터페이스	하드웨어 보안	프리 프로그래밍 MAC	추가 사양
PIC18F97J60	64~100	예	예 (10 Base–T)	-	없음	없음	IEEE802.3 준수, 자동-Negotiation, Configurable 버퍼
ENC28J60	28	없음	예 (10 Base–T)	SPI	없음	없음	
ENC624J600	44~64	없음	예 (10/100 Base–T)	SPI/병렬	예	예	

④ PICtail™ 이더넷 도터 보드(AC164121)

- PIC18 데모 보드에 플러그
- ENC28J60에 배치
- RJ-45 암 커넥터에 접속

※ www.microchip.com/ethernet

(6) CAN 기능 내장 PIC 마이크로컨트롤러

① CAN(Controller Area Network) 기능 내장

마이크로칩은 CAN 버스를 사용하는 고성능, 임베디드 애플리케이션의 수요에 대처하기 위해 8, 16, 32비트 마이크로컨트롤러 전 제품 라인을 공급하고 있다. 또한 온칩 주변장치에는 A/D 컨버터와 비교기, 모터 컨트롤 PWM, USART(RS485, RS232, LIN) 및 Master I^2C/SPI 등이 있다.

② 마이크로칩의 고급(Enhanced) CAN 모듈

- CAN 1.2, CAN 2.0A 및 CAN 2.0B 프로토콜 지원
- 디바이스넷(DeviceNet) 데이터 바이트 필터 지원
- 표준 및 확장 데이터 프레임
- 0~8바이트의 데이터 길이
- 3가지 작동 모드 :

- 모드 0 - 레거시 모드
- 모드 1 - 디바이스넷 지원을 이용한 인핸스드 레거시 모드
- 모드 2 - 디바이스넷 지원을 이용한 FIFO 모드

• RX/TX 버퍼로 6개 버퍼 프로그래밍

③ 개발 툴

※ PICDEM™ CAN-LIN 3 데모 보드(DM163015)

• CAN 모듈 기능 입증
• CAN 네트워크 시뮬레이션용 펌웨어와 PC 소프트웨어 포함
• LIN 서브네트워크를 채택한 보드

※ www.microchip.com/can

④ 주요 CAN 기능이 내장된 제품군

제품군	핀	플래시 (KB)	CAN 전송 버퍼	CAN 수신 버퍼	전압(V)	추가 사항
PIC18F4685	28~44	16~96	3	2	2.0~5.5	LIN USART
PIC18F66K80	28~64	32~64	3	2	1.8~5.5	LIN USART

4) 마이크로칩 기술지원 및 기술교육 안내

(1) 기술지원

마이크로칩은 고객이 보다 신속하고 효율적으로 제품을 개발할 수 있도록 하기 위해 노력하고 있다. 또한 전 세계 현장 애플리케이션 엔지니어 네트워크와 기술지원을 바탕으로 제품 및 시스템 지원을 제공한다. 아울러 www.microchip.com을 통해 다음과 같은 서비스 영역을 제공한다.

• 기술지원 링크를 활용하면 답변을 신속하게 확인할 수 있다.
  ※ 한국지사 : www.microchipkorea.com, 본사 : http://support.microchip.com
• 샘플 링크에서는 마이크로칩 디바이스의 평가 샘플을 제공한다.
  ※ http://sample.microchip.com
• 포럼 링크에서는 지식 기반 및 동료 지원을 활용할 수 있다.
  ※ http://forum.microchip.com
• 구매 링크에서는 마이크로칩 영업 채널 파트너의 위치를 확인할 수 있다.

※ www.microchip.com/sales

(2) 무상 기술교육

마이크로칩은 추가적인 기술 교육에 관심이 있는 고객을 지원하고 있으며 다양한 과정 및 세부적인 교과과정 목록뿐 아니라 중요한 고객이 원할 때마다 사용할 수 있는 온라인 리소스를 제공하는 기술 교육을 확대해 나가고 있다. 마이크로칩 관련 기술 교육은 한국 마이크로칩 지사 홈페이지(www.microchipkorea.com)에 자세히 나와있다.

- 기술 교육 센터 : www.microchip.com/training
- 마스터 마스터즈 세미나(미국) : www.microchip.com/masters
- 본사 세미나 : www.microchip.com/seminars
- 이러닝(eLearning) : www.microchip.com/webseminars

5) 마이크로칩 16/32비트 마이크로컨트롤러 및 기타 제품군 소개

(1) 32비트 PIC® 마이크로프로세서

① 성 능

- MIPS M4K 코어(1.5 DMIPS/MHz)
- 72 MHz 동작 클럭
- 4채널 DMA 지원
  - CRC 기능 내장
  - 아이들 모드 동작기능 강화

② 주변장치

- 10/100 이더넷(ethernet), CAN, USB 2.0 OTG(최고 속도)등의 추가 기능 내장

③ 메모리

- 32~512 Kbytes 플래시 롬 메모리
- 프리패치(Prefetch) 버퍼/캐쉬
- 8~32 Kbytes 데이터 램

자세한 사항은 마이크로칩 웹사이트 www.microchip.com/pic32 참고하라.

(2) 16비트 PIC® 마이크로컨트롤러

16비트 PIC24 마이크로컨트롤러는 8비트 PIC18 제품군의 성능, 주변장치 및 기능을 토대로 설계되었으며 최대 70MIPS의 성능을 발휘한다. 16비트 제품개발 언어인 MPLAB® C30 컴파일러를 통해 높은 처리성능과 C코드 집적도를 제공한다.

PIC24F/PIC24H/PIC24EP 시리즈는 소프트웨어 및 MPLAB® IDE와 완벽하게 호환되기 때문에 요구사항의 변화에 따라 손쉽게 마이그레이션할 수 있는 것은 물론, 기존의 리소스를 그대로 활용하면서 애플리케이션에 성능 및 기능을 추가할 수 있다.

(3) 16비트 dsPIC® Digital Signal Controllers(DSC)

16비트 고성능 dsPIC DSC는 마이크로프로세서가 가진 강점과 DSP의 강점을 단일 코어로 통합한 디바이스다. 최대 70MIPS의 속도를 제공하는 이 제품은 C언어 프로그래밍 작업의 효율성을 높이도록 설계되었으며, 플래시 프로그램 메모리, 데이터 EEPROM, 강력한 주변장치 및 다양한 소프트웨어 라이브러리를 갖추고 있다. 툴 및 디자인 환경에서 친숙한 마이크로컨트롤러의 느낌을 그대로 제공하고 있는 dsPIC DSC는 모터 컨트롤 및 전력변환, 음성/오디오, 인터넷/모뎀 연결, 통신, 암호화, 고속 감지 및 자동차 애플리케이션을 위해 개발되었다고 말할 수 있다.

그림 2-2는 마이크로칩의 8/16비트 MCU 및 DSC(Digital Signal Controller) 제품군 사양을 보여주고 있다.

	PIC24F XLP	PIC24H	PIC24E	dsPIC30F	dsPIC33F	dsPIC33E
Core	16-bit core with single cycle instructions (24-bit instructions) Power of 3 operand instructions					
Working Registers	Sixteen - 16-bit					
Hardware DMA	-	Yes	Yes	-	Yes	Yes
Performance	16 MIPS	40 MIPS	70 MIPS	30 MIPS	40 MIPS	70 MIPS
Voltage	3.3 V	3.3 V	3.3 V	3.3V/5.0 V	3.3 V	3.3 V
Package	20 -100 Pins	18 -100 Pins	100 -144 Pins	18 - 80 Pins	18 - 100 Pins	64 - 144 Pins
DSP	No	No	No	Yes	Yes	Yes
Operating Temp	-40 to 85°C -40 to 125°C	-40 to 85°C -40 to 125°C -40 to 140°C	-40 to 85°C -40 to 125°C	-40 to 85°C -40 to 125°C	-40 to 85°C -40 to 125°C -40 to 140°C	-40 to 85°C -40 to 125°C
Flash	4K to 256K	12K to 256K	256K to 512K	6K to 144K	12K to 256K	256K to 512K
RAM	512 to 96K	1K to 16K	28K to 52K	256 to 8K	1K to 30K	28K to 52K
	Low Power	High Performance	Higher Performance	High Performance 5 V Analog	High Performance	Higher Performance

그림 2-2 마이크로칩 16비트 MCU/DSC 제품군 사양

(4) 아날로그 및 인터페이스 제품

마이크로칩은 마이크로컨트롤러 외에도 임베디드 시스템을 위한 아날로그 및 인터페이스 제품군으로써 선형, 복합 신호, 전원관리, 온도관리, 배터리 관리 및 인터페이스 장비 등을 포함해 포괄적인 포트폴리오를 제공하고 있다. 특정 유형의 제품과 수천 개에 달하는 제품 사양에 대한 보다 자세한 정보는 마이크로칩 웹사이트를 통해 제공받을 수 있으므로, 여기에서는 주요 사양만 소개하기로 하겠다.

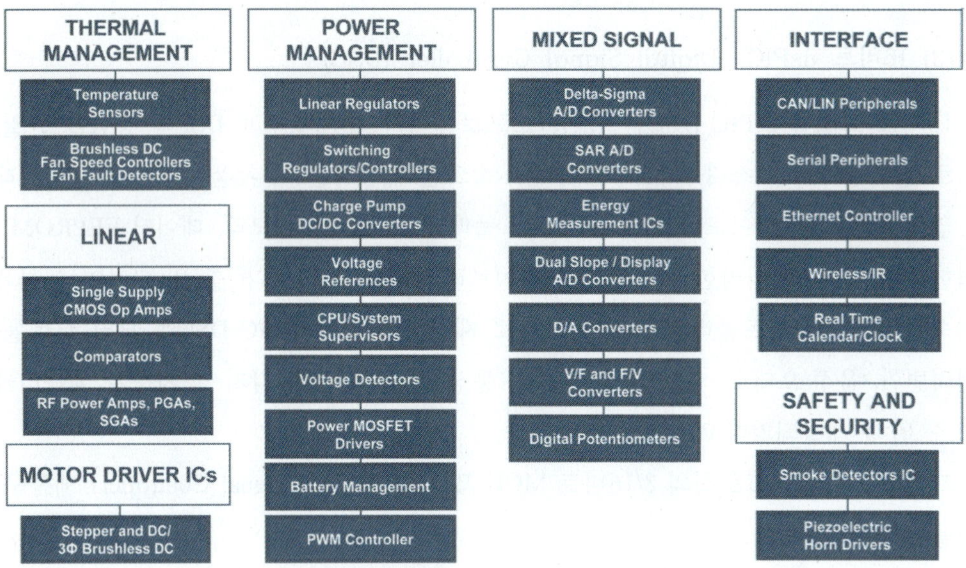

그림 2-3 마이크로칩 아날로그 및 인터페이스 제품군 블럭도

(5) 시리얼 EEPROM

마이크로칩은 128비트에서 1M비트에 이르는 집적도, 1.8V까지 가능한 작동 전압, 다양한 버스 프로토콜(I^2C^{TM}, Microwire 및 SPI) 등을 비롯한 광범위한 시리얼 EEPROM 옵션을 제공하고 있다. 이들 제품은 -40°C~125°C에 이르는 모든 표준 온도범위에서 작동 가능하다.

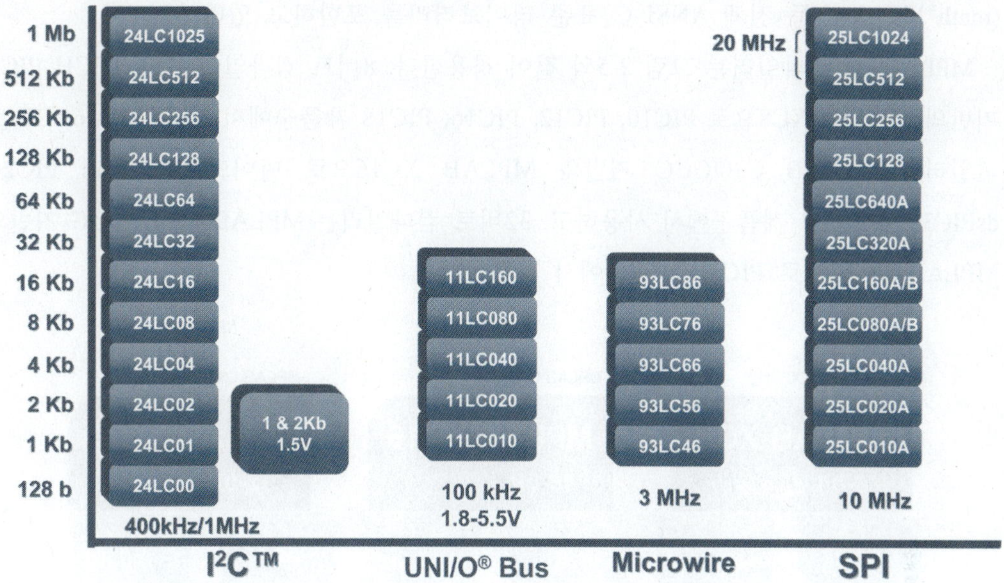

그림 2-4 시리얼 EEPROM 메모리 용량 및 통신 인터페이스별 제품군

(6) 보안 데이터 제품

마이크로칩의 KEELOQ® 코드 호핑(code hopping) 기술은 단어 길이가 긴 코드와 함께 암호화 및 동기화 기법을 사용해 고도의 보안성을 실현해준다. 자세한 내용은 마이크로칩 웹 사이트를 통해 확인할 수 있다.

3. 마이크로칩 개발 툴

마이크로칩의 8/16비트 제품을 이용한 개발 시 유용하게 사용될 수 있는 소프트웨어 및 하드웨어 개발 툴에 대해 살펴보자.

1) 소프트웨어 개발 툴

(1) MPLAB XC컴파일러(Compiler)

MPLAB XC컴파일러는 모든 기능을 완벽하게 갖춘 ANSI 규격 최적화 컴파일러로써 문자열 조작, 동적 메모리 할당, 데이터 변환, 타임-키핑(timekeeping) 및 수학 라이브러리

(math libraries) 등 전체 ANSI C 표준 라이브러리를 포함하고 있다.

MPLAB XC컴파일러는 그림 2-5와 같이 사용한다. 8비트 컴파일러는 Hi-TECH PICC 기반의 MPLAB XC8으로 PIC10, PIC12, PIC16, PIC18 제품군에서 사용하고 16비트 컴파일러는 MPLAB C30/GCC 기반의 MPLAB XC16으로 마이크로컨트롤러 PIC24, dsPIC30, dsPIC33 제품군에서 사용하고, 32비트 컴파일러는 MPLAB C32 / GCC 기반의 MPLAB XC32으로 PIC32 제품군에서 사용한다.

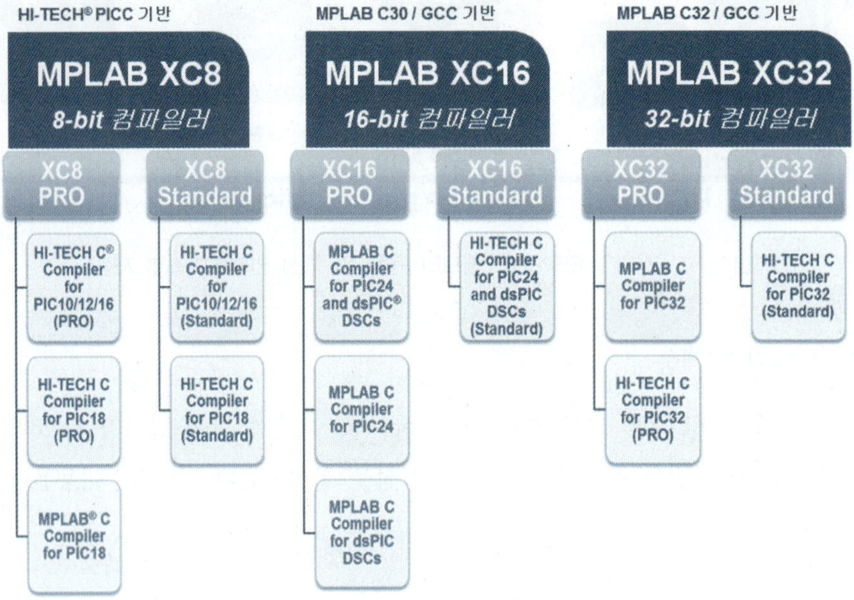

그림 2-5 MPLAB XC컴파일러 종류 및 구분

(2) 어셈블러(Assembler) / 링커(Linker) / 라이브러리(Librarian)

MPLAB ASM은 모든 기능을 갖춘 매크로 어셈블러로써, 사용자 정의 매크로, 조건부 어셈블리 및 다양한 어셈블러 지시어 등의 강력한 코드 생성 툴이며, 무료로 제공되고 있다. MPLAB LINK30 및 MPLAB LIB는 효율적인 연결, 라이브러리 생성 및 유지 관리를 지원하는 LINK 및 라이브러리 모듈이다.

MPLAB ASM은 무료 통합 개발환경 툴인 MPLAB IDE 설치 시 해당 디렉토리에 자동으로 설치된다.

(3) MPLAB SIM 소프트 시뮬레이터(Software Simulator)

MPLAB SIM 소프트웨어 시뮬레이터는 CPU와 명령어를 완벽히 시뮬레이션할 수 있을 뿐만 아니라 I/O, 인터럽트, UART, A/D 모듈 등과 같은 주요 주변장치의 시뮬레이션 또한 지원해주는 이상적인 시뮬레이션 개발 툴이다.

(4) 주변장치 드라이버 라이브러리

270개 이상의 C 유틸리티 기능으로 구성된 이 라이브러리는 하드웨어 주변장치 모듈을 다양한 모드로 설정 및 작동할 수 있도록 지원한다. 주변장치 드라이버 라이브러리에 포함된 기능은 다음과 같다.

- 10비트 및 12비트 A/D 컨버터
- UART, SPI, I^2C^{TM} 및 코덱 인터페이스
- 모터 컨트롤 PWM 및 QEI
- 범용 타이머
- IC(Input Capture) 및 OC(Output Compare)

(5) 수학(Math) 라이브러리

이 IEEE-754 호환 라이브러리는 단일/이중 정밀 부동 소수점 ANSI C 표준 수학함수를 제공한다. 이들 루틴은 코드 크기를 최소화할 수 있도록 최적화 되었다. 수학 라이브러리는 어셈블리나 C에서 사용할 수 있으며 주요 함수는 다음과 같다.

- sin, cos, tan
- asin, acos, atan
- ln, log10, sqrt, power
- ceil, floor, mod, frexp

(6) DSP 알고리즘 라이브러리

포괄적인 DSP 빌딩 블록 라이브러리는 실행 속도에 맞게 어셈블리 코드에서 완벽하게 최적화 되었다. DSP 함수는 어셈블리나 C에서 사용할 수 있으며, DSP 알고리즘 라이브러리에서 지원되는 주요 알고리즘은 다음과 같다.

- 연속적 IIR 필터
- FIR 필터 및 LMS 필터

- 상관 관계, 회귀선
- FFT 및 윈도우 함수
- 행렬 및 벡터 연산

2) 하드웨어 개발 툴

(1) MPLAB ICD3(In-Circuit Debugger / Programmer)

MPLAB ICD 3 디버거 및 프로그래머로써 강력한 성능의 저가형 개발 툴이다. MPLAB ICD 3은 MPLAB IDE에서 작동하기 때문에 어셈블리 또는 C 소스 코드를 디버그하고 단일 단계 모드에서 변수를 확인 및 수정하며 브레이크 포인트를 설정할 수 있다.

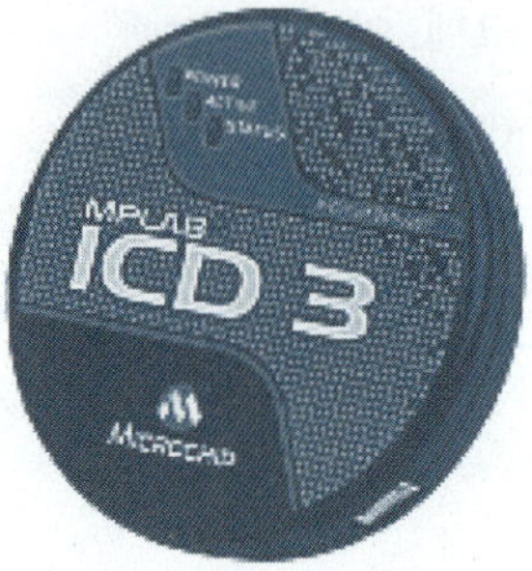

그림 2-6 MPLAB ICD3

※ 주요 기능

- 고속 동작
- USB 또는 시리얼 포트를 통해 PC 연결
- 플래시 메모리 프로그래머
- 지능형 watch 변수 윈도우
- 고급 브레이크 포인트 기능

(2) MPLAB REAL ICE™ (In-Circuit Emulation System)

MPLAB REAL ICE(In-Circuit Emulator)는 마이크로칩의 차세대 에뮬레이션 및 디버깅 시스템이다. PIC16 일부, PIC18, dsPIC33F, PIC24H, PIC24F 및 dsPIC30F 16비트, 32비트 디바이스 등을 지원하는 이 시스템은 손쉽고 신속한 애플리케이션 개발 및 디버깅을 위해 강력한 회로 내 에뮬레이션 플랫폼을 제공한다. 타깃 마이크로컨트롤러 자체의 특수 하드웨어 로직을 통해 에뮬레이션이 수행되기 때문에 별도의 에뮬레이션 장비가 필요하지 않다.

그림 2-7 MPLAB REAL ICE

※ 주요 기능

- 최대 6개의 하드웨어 브레이크 포인트
- 최대 1,000개의 소프트웨어 브레이크 포인트
- 사용자 제어방식의 프로그램 메모리 추적/데이터 메모리 로그
- 고속 USB 2.0 PC 인터페이스
- 기존의 ICSP(In-Circuit Serial Programming™) 인터페이스나 LVDS(추가 옵션)
- 실행(run), 정지(halt) 및 단일 단계(single-step) 모드
- 로직 프로브(logic probe)
- 스톱워치

특 징	 PICkit™ 3	 ICD 3	 *REAL ICE™*
USB 속도	Full	Full/High	Full/High
파워 공급 가능	✔	✔	
하드웨어 브레이크 포인트	✔	✔	✔
소프트웨어 브레이크 포인트 및 스톱워치		✔	✔
트레이스(trace) 기능			✔
데이터 캡처 기능			✔
로직 프로브/트리거 기능			✔

그림 2-8 인 서킷 디버그 툴(In-Circuit Debug Tool) 특징 비교

(3) MPLAB PM3(Device Programmer)

MPLAB PM3 디바이스 프로그래머는 양산 환경을 지원할 수 있을 정도로 완벽한 기능을 갖춘 범용 장비 프로그래밍 솔루션으로서, 상호 호환되는 소켓 모듈을 사용해 프로그래밍이 가능한 마이크로칩의 거의 모든 장비를 지원한다. MPLAB PM3은 많은 장비에서 프로그래밍 시간을 단축하고 강력한 ICSP를 위해 내장 인터페이스를 제공한다.

그림 2-9 MPLAB PM3

(4) PICKit™ 3 ICD(In-Circuit Debugger)

PICKit 3 인 서킷 디버거(In-Circuit Debugger)는 강력한 MPLAB IDE 그래픽 유저 인터페이스를 사용해 Flash PIC® MCUs와 dsPIC® DSCs에 최저가의 디버깅(debugging)과 프로그래밍을 할 수 있다.

PICKit3 ICD는 최고 속도 USB 인터페이스를 사용하여 직접 설계자의 PC에 연결할 수 있고, 마이크로칩(Microchip) 디버그(debug) (RJ-11) 커넥터를 이용해서 타깃보드에 직접 연결할 수 있다(MPLAB ICD와 MPLAB REAL ICE™ 호환).

커넥터는 인 서킷 디버깅(in-circuit debugging)과 인 서킷 시리얼 프로그래밍(In-Circuit Serial Programming™)을 수행하기 위해 디바이스 I/O핀과 리셋라인으로 2개를 사용한다.

※ 주요 기능

- USB(최고 속도 12Mbits/s 호스트 PC에 인터페이스)
- 실시간 실행(real-time execution)
- MPLAB IDE 호환성 (무료 복사 포함)
- 자동 과전압장치와 부족전류 모니터 장치 내장
- PC/web으로부터 다운로드하여 업그레이드할 수 있는 폼웨어

- 저전압 2.0volts(2.0V to 6.0V range) 제공
- 상황 검토용 LEDs(power, busy, error) 포함

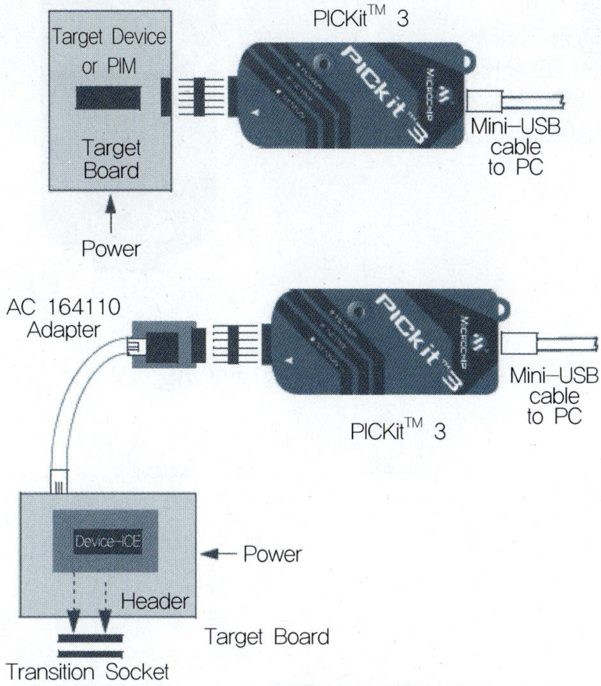

그림 2-10 PICKit3와 타깃보드 연결

- 마이크로컨트로러의 프로그램과 데이터 메모리에 읽고 쓰기
- 확인된 프로그램 메모리 공간을 삭제
- 브레이크 포인트에서 주변기기를 정지하는 기능
- 512KB Flash까지 프로그래밍 가능

① 줨줄 연결선
② USB 포트 연결선
③ 핀1번 표시 마크
④ 프로그래밍 커넥터
⑤ 상태표시 LED(전원 ; 그린, 동작 ; 블루, 사용 중 ; 적색)
⑥ 푸시버튼(프로그래밍용)

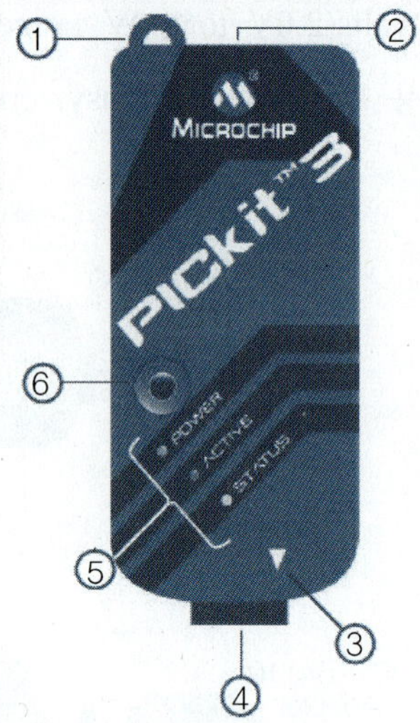

그림 2-11 PICKIT3 외형 기능

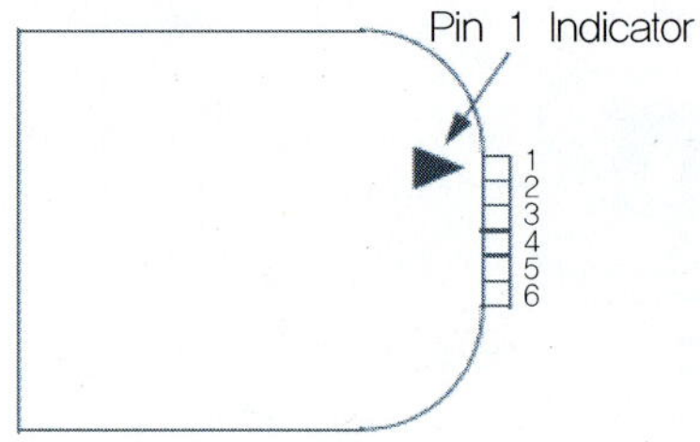

그림 2-12 PICKit3 핀 커넥터 번호 및 위치

표 2-2 PICKit3 핀 커넥터 번호 및 기능

핀 번호	기능
1	MCLR/Vpp
2	VDD Target
3	VSS (ground)
4	PGD(ICSPDAT)
5	PGC(ICSPCLK)
6	PGM(LVP)

3장

PIC 마이크로컨트롤러의 구조와 기능

마이크로칩(Microchip)사의 8비트 PIC 마이크로컨트롤러 중 다양한 기능을 가진 PIC16F1937/1939에 대해 알아보기로 한다.

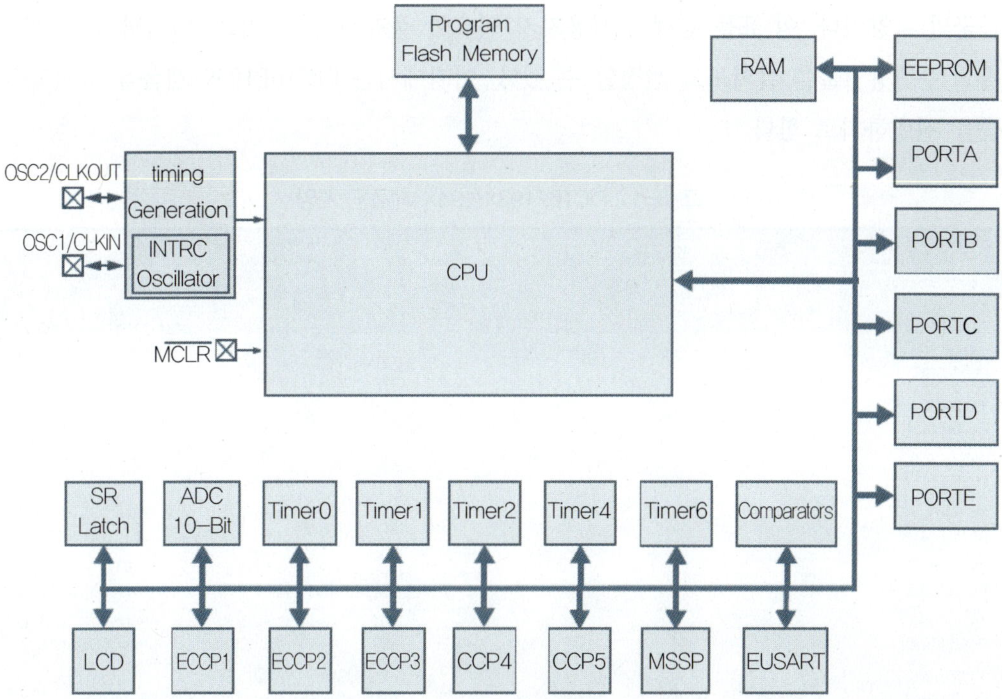

그림 3-1 PIC16F1937/1939 블록도

PIC 마이크로컨트롤러가 개발자들 사이에 유명하게 된 이유는 한번 프로그래밍할 수 있는 OTP 타입 가격이 다른 마이크로컨트롤러에 비해서 상대적으로 저렴하여 소량 생산에 적합하기 때문이다. 이제 PIC 시리즈는 저렴하다는 장점을 유지하면서 다양한 제품군으로 계속 발전하고 있다.

PIC 시리즈는 PWM 발생부, UART, I^2C AD 컨버터, USB 인터페이스 등과 같은 여러 가지 부가기능을 갖춘 광범위한 제품군을 보유하고 있으면서도 서로 동일한 명령체계를 가지고 있어, 쉽게 호환된다는 장점과 원하는 I/O의 수, 내부 메모리의 크기 등에 따라 세부화 되어 개발자의 구미에 맞는 제품을 제공한다는 장점까지 두루 갖추고 있다. 그리고 개발이 쉽도록 내부 프로그램 메모리를 플래시 타입으로 대치한 제품군이 OTP 타입과 호환성을 가진 여러 제품군들이 출시되었다.

플래시 메모리는 빠른 속도로 여러 번 프로그램할 수 있기 때문에 자외선 소거가 가능한 EPROM을 내장한 제품에 비해서 개발속도가 빠르며 가격도 1/4이하로 저렴하다. 무엇보다도 불과 몇 개의 명령어를 공부하는 것으로 바로 사용해 볼 수 있기 때문에 초보자가 쉽게 배울 수 있다는 것도 점점 많은 사용자층을 확보해 가는 PIC 시리즈의 매력이다.

표 3-1은 이 교재에서 다루게 될 8비트 PIC 마이크로컨트롤러의 PIC16F193X/194X 제품군의 사양이다. 이 표를 통해서 사용자가 필요한 플래시 롬 사이즈, 데이터 램 사이즈, 필요 주변장치들을 살펴보고 선정할 수 있다. 여기에서는 PIC16F1939 제품을 가지고 실습을 진행하기로 한다.

표 3-1 PIC16F193X/194X 제품군 사양

PIC16F193X/194X Flash Microcontrollers											
Device	Flash (Bytes)	Data RAM (Bytes)	Data EEPROM (Bytes)	LCD Segments	10-bit ADC	Comparators	ECCP/CCP	Communication	OPeration Voltage	Pins	Packages
PIC16F1933 PIC16LF1933	7K	256	256	60	11	2	3/2	EUSART, I^2C, SPI	1.8V·5.5V 1.8V·3.6V	28	SPDIP, SOIC, SSOP, 6×6 QFN, 4×4 UQRN
PIC16F1934 PIC16LF1934	7K	256	256	96	14	2	3/2	EUSART, I^2C, SPI	1.8V·5.5V 1.8V·3.6V	40/44	PDIP, TQFP, 8×8 QFN, 5×5 UQFN
PIC16F1936 PIC16LF1936	14K	512	256	60	11	2	3/2	EUSART, I^2C, SPI	1.8V·5.5V 1.8V·3.6V	28	SPDIP, SOIC, SSOP, 6×6 QFN, 4×4 UQRN
PIC16F1937 PIC16LF1937	14K	512	256	96	14	2	3/2	EUSART, I^2C, SPI	1.8V·5.5V 1.8V·3.6V	40/44	PDIP, TQFP, 8×8 QFN, 5×5 UQFN
PIC16F1938 PIC16LF1938	28K	1024	256	60	11	2	3/2	EUSART, I^2C, SPI	1.8V·5.5V 1.8V·3.6V	28	SPDIP, SOIC, SSOP, 6×6 QFN, 4×4 UQRN
PIC16F1939 PIC16LF1939	28K	1024	256	96	14	2	3/2	EUSART, I^2C, SPI	1.8V·5.5V 1.8V·3.6V	40/44	PDIP, TQFP, 8×8 QFN, 5×5 UQFN
PIC16F1946 PIC16LF1946	14K	512	256	184	17	3	3/2	2×EUSART, 2×I^2C, 2×SPI	1.8V·5.5V 1.8V·3.6V	64	TQFP, 9×9 QFN
PIC16F1947 PIC16LF1947	28K	1024	256	184	17	3	3/2	2×EUSART, 2×I^2C, 2×SPI	1.8V·5.5V 1.8V·3.6V	64	TQFP, 9×9 QFN

자세한 설명은 데이터시트를 꼭 참고하기 바란다(www.microchip.com에서 칩 이름으로 검색하면 데이터시트가 나온다).

1. PIC 마이크로컨트롤러의 특징

PIC 마이크로컨트롤러 시리즈는 유사 RISC 구조 (RISC lide Architecture)이며, 하버드 구조(Havard Architecture)이다. 여기서 RISC는 Reduced Instruction Set Code의 약자이며, 명령어의 크기를 최소한으로 줄인 것이다.

따라서 1개 명령이 처리할 수 있는 작업은 제한적이지만 대단히 빠른 속도로 작업할 수 있으며, 코드의 크기를 줄일 수 있다. PIC 마이크로컨트롤러 시리즈는 분기명령 등의 2사이클 명령어를 제외한 그 외의 명령들은 1개 사이클에 수행된다.

이에 반대되는 개념으로 CISC(Complex Instruction Set Code)라는 것이 있는데 명령어에 대해서 수행되는 사이클 수가 다르며, 아주 복잡한 처리도 한 개의 명령으로 수행 할 수 있도록 되어 있다. 일반적으로 많이 사용하는 Z80, 8051 등의 마이크로프로세서 컨트롤러가 CISC 구조의 것이고, AVR은 RISC, PIC는 유사 RISC 구조이다.

하버드 구조란 프로그램 메모리와 데이터 메모리가 분리된 형태를 의미한다. PC를 기반으로 마이크로프로세서를 생각하는 사람은 약간 생소한 개념일 수도 있는데, PC와 같이 일반 메모리에 프로그램과 데이터가 혼재할 수 있는 것을 폰 노이만 구조라 한다.

폰 노이만 구조는 8086, 8051, Z80 등과 같은 대부분의 범용 마이크로컴퓨터, 마이크로프로세서에 사용되는 것으로 ROM과 RAM과 같은 메모리에 프로그램과 데이터를 함께 기록하고 프로그램이 모든 메모리 내용을 변경할 수 있다. 따라서 동일한 공간에 저장되어야 하므로 명령의 크기는 데이터 크기의 배수가 된다. 한 마디로, 주소 버스와 데이터 버스를 모든 메모리 소자들이 공유한다.

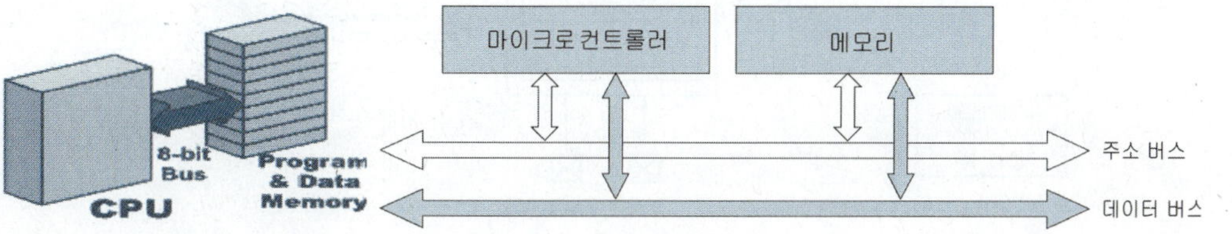

그림 3-2 폰 노이만 구조

하버드 구조는 PIC이나 DSP와 같은 마이크로프로세서에 사용되며 프로그램 메모리와 데이터 메모리가 완전히 분리된다. 즉, 프로그램 메모리와 데이터 메모리에서 주소 버스 및 데이터 버스가 완전히 분리된 것이다. 특히 프로그램 메모리와 데이터 메모리의 주소 크기, 데이터 크기 등이 완전히 상이할 수 있다.

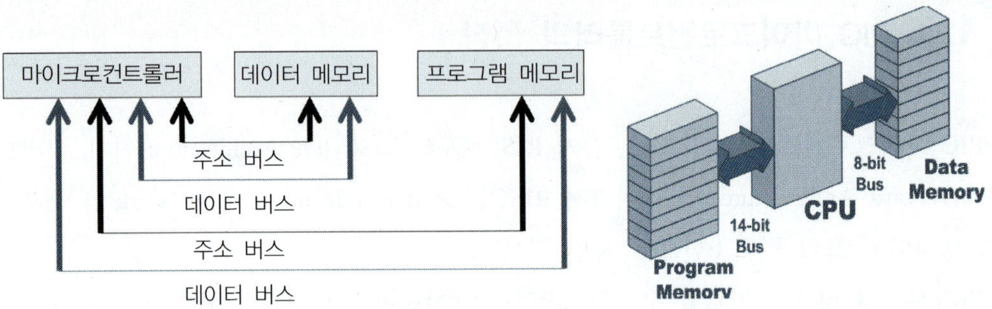

그림 3-3 하버드 구조

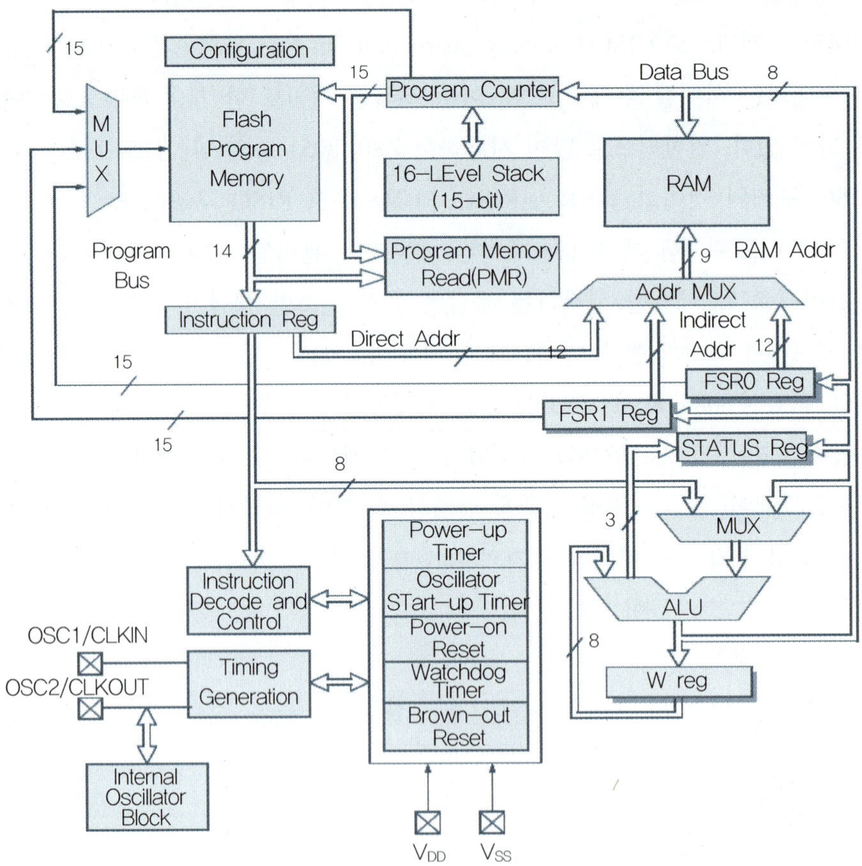

그림 3-4 PIC16F193x MCU 코어 블록도

PIC 마이크로컨트롤러 시리즈는 파이프라인을 이용하여 명령을 처리하므로 패치(명령을 가져옴)와 실행이 동시에 실시된다. 즉, 속도가 이론상 2배 가까이 빨라진다. 그림 3-5에서는 4개의 명령을 실행하는데 5개의 사이클이 사용되었다. 즉 100개의 명령을 수행하면 사이클은 101개가 필요하다.

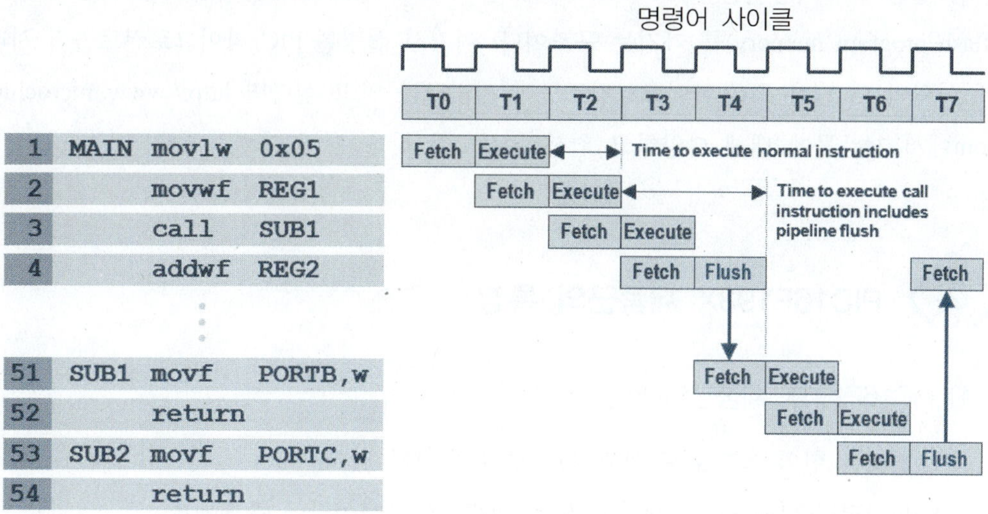

그림 3-5 PIC 마이크로컨트롤러의 명령어 수행 파이프라인 구조

PIC 마이크로컨트롤러의 기본적인 특징은 다음과 같다.

- 모든 명령이 1워드(12~16비트)이며 1 사이클에 동작, 단, 분기는 2사이클이다.
- 파이프라인을 통한 실행과 패치의 동시 작업으로 고속 동작을 보장한다.
- 레지스터 파일의 개념을 도입(모든 데이터 파일을 범용 레지스터로 간주함)한다.
- OTP의 개념 도입으로 소량 생산에 적합, 대량 생산용 마스크롬도 지원한다.
- 여러 번 프로그램 할 수 있는 EEPROM 또는 플래시(Flash) 메모리를 적용한 모델의 지원으로 개발이 편리하다.
- 내부적으로 RC발진을 제공하므로 다양한 오실레이터 옵션 선택이 가능하다.
- 리얼타임 클럭 타이머/카운터와 프리스케일러를 제공함으로써 비교적 긴 시간을 측정할 수 있다.

PIC 마이크로컨트롤러 시리즈는 대단히 많은 제품들로 이루어져 있으므로 그 다양한 제품군 중에서 원하는 것을 골라 사용하면 된다. 이 교재에서는 보다 많은 주변장치와 기능을 가지고 있는 PIC16F1937/1939에 대해서 다루겠지만 이는 PIC16XXX의 대표적인 것으로 대부분의 PIC16XXX와 호환된다.

다만, 각종 부가기능들을 내장한 것에 관해서는 그에 따른 사용법을 따로 숙지할 필요가 있다.

이 실습에서 사용하는 PIC16F1937/1939는 14bit 구조이고, 플래시 프로그램 메모리(flash program memory)를 가지는 구조이다. 여기서 설명된 PIC 마이크로컨트롤러 시리즈 이외의 더 많은 PIC 마이크로컨트롤러 시리즈를 알고 싶다면 http://www.microchip.com에서 제품들에 대해 다양하고 최신의 정보를 찾을 수 있다.

2. PIC16F193X 제품군의 특징

1) PIC16F193X 제품군의 특징 및 구성

- 명령은 단일 워드로 구성된 49개로 이루어져 있다.
- 분기명령(2사이클)을 제외한 모든 명령들이 1사이클에 수행된다.
- 최대 동작속도 30MHz에서 125ns의 명령 수행속도를 가진다.
- 16K × 14word의 플래시 프로그램 메모리
- 1025 × 8byte의 데이터 메모리(RAM)
- 256 × 8byte의 EEPROM 데이터 메모리
- 14종류의 인터럽트 소스를 가진다.
- 16단계 스택을 가지고 있다.
- 전기절약을 위한 슬립(Sleep) 모드를 지원한다.
- 10비트의 멀티 14채널 ADC를 가지고 있다.
- CCP(Capture, Compare, PWM) 모듈과 3개의 ECCP(Ehanced Capture, Compare, PWM) 모듈을 가지고 있다.
- 타이머0 ; 8비트 프로그램 프리스케일러를 가진 8비트 타이머/카운터
- 타이머1 ; 프리스케일러를 가진 16비트 타이머/카운터
- 타이머2, 4, 6 ; 8비트 주기 레지스터, 프리스케일러와 포스트스케일러를 가진 8비트 타이머/카운터

2) PIC16F193X 제품군의 패키지 및 핀 기능요약

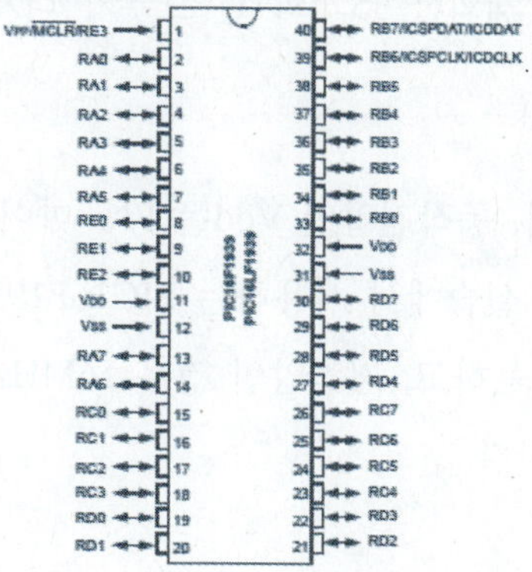

그림 3-6 PIC16F193X PDIP 패키지 핀 구성

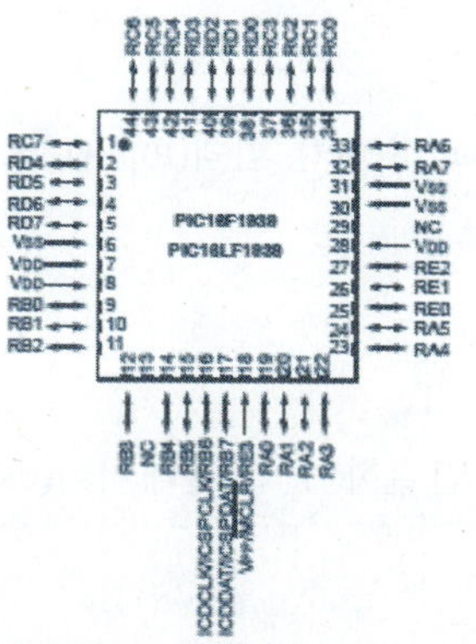

(a) 44핀 QFN

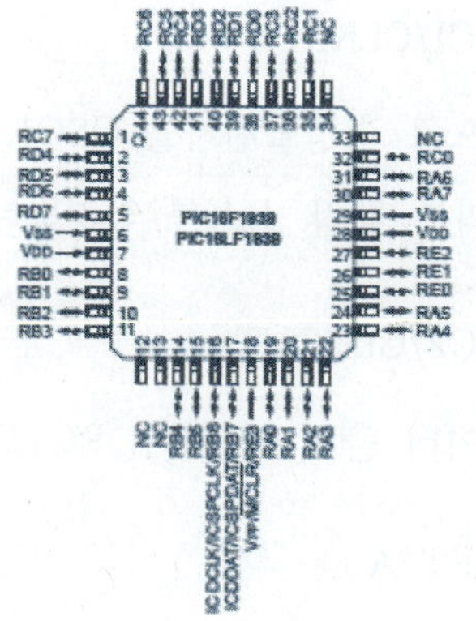

(c) 44핀 TGFN

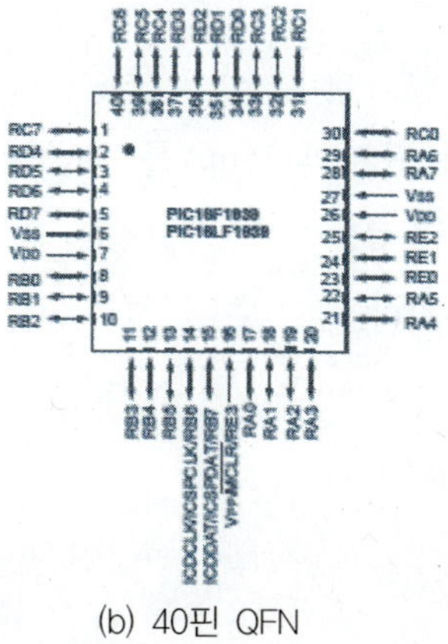

(b) 40핀 QFN

그림 3-7 PIC16F193X QFN/TQFP 패키지 핀 구성

3장

PIC16F1937/1939는 40핀(PDIP), 44핀(QFN/TQFP), 40핀(QFN)으로 구성되어 있으며 전원 및 발진, 리셋핀을 제외한 35개의 핀 모두가 디지털 입출력으로 사용될 수 있다.

(1) Vdd

5V 전원을 연결한다. 동작전압인 Vdd는 PIC 마이크로컨트롤러마다 각각 다른 구동전압을 가지고 있다. 이 실습에서 사용하는 PIC16F1939는 전기적 특성 사양을 보면 1.8V ~ 5.5V까지 구동이 가능하고, 저전압인 경우 16MHz로 동작하고, 2.5V 이상인 경우에는 최대 32MHz로 동작한다.

(2) Vss

GND와 연결한다.

(3) /MCLR/Vpp

리셋(reset)과 같은 핀이다. /MCLR(Master Clear Reset) 입력(input) 또는 내부 메모리의 프로그램 시에 전원공급 단자이다.

(4) OSC1/CLKIN

일반적으로 수정발진자를 OSC1, OSC2 핀에 연결하며, 오실레이터(oscillator) 입력단자이다. 외부 클럭 소스를 입력받는 단자이다.

(5) OSC2/CLKOUT

오실레이터 출력단자이다. RC 모드일 때 OSC1의 1/4되는 주파수의 출력단이 된다.

(6) PORT A

양방향 디지털 입출력 단자로 사용한다. 각 단자의 25mA를 공급할 수 있고(소스 전류), 또한 25mA까지 받아들일 수 있다(싱크 전류).

각 단자들은 표 3-2와 같은 특수기능을 가진다.

표 3-2 PORT A의 다른 핀 기능

핀 이름	기 능
RA0/AN0	아날로그 입력0
RA1/AN1	아날로그 입력1
RA2/AN2/VREF−	아날로그 입력2 또는 부(−)의 아날로그 기준전압
RA3/AN3/VREF+	아날로그 입력3 또는 정(+)의 아날로그 기준전압
RA4/TOCKI	Timer0 모듈의 클럭 입력
RA5/SS/AN4	아날로그 입력4 또는 SSP(Synchronus Serial Port)에서 Slave Select 핀으로 사용

(7) PORT B

양방향 디지털 입출력 단자로 사용한다. 각 단자의 25mA를 공급할 수 있고(소스 전류), 또한 25mA까지 받아들일 수 있다(싱크 전류).

각 단자들은 표 3-3과 같은 특수기능을 가진다.

표 3-3 PORT B의 다른 핀 기능

핀 이름	기 능
RB0/INT	외부 인터럽트 입력단자
RB3/PGM	프로그램 입력시에 저전압(Low voltage)를 입력한다.
PB6/PGC	시리얼 프로그래밍(Serial Programming) 시에 클럭으로 사용된다.
PB7/PGD	시리얼 프로그래밍(Serial Programming) 시에 데이터 라인으로 사용된다.

위 표와 같이 ICSP(In-Circuit Serial Programming)가 가능하게 되어 있다.

※ ICSP의 개념

일반적으로 메모리에 프로그램을 쓰기 위하여 별도의 Writer를 필요로 한다. 우리가 흔히 말하는 ROM Writer가 바로 그것이다. 작성된 프로그램을 칩 내부의 메모리로 다운로딩하기 위한 장비로, ROM Writer에 메모리칩을 장착하고 프로그램을 다운로드하게 되어 있다.

마이크로컨트롤러도 프로그램할 수 있는 메모리를 가지고 있으므로 그 메모리에 프로그램을 다운로딩해서 동작시키게 된다. ROM Writer를 이용하여 프로그램 다운로드를 하게 되면 많은 시간과 노력을 필요로 한다.

ICSP(In-Circuit Serial Programming)는 마이크로컨트롤러의 프로그램을 쓰기 위하여 타깃 보드(target board)에서 마이크로컨트롤러를 제거하는 과정 없이 타깃 보드 상에서 프로그램하는 것을 말한다.

타깃 보드를 설계할 때 ICSP 기능을 고려하여 설계를 하여 개발시간 단축과 칩손상에 따른 단가절감을 할 수 있다. ICSP는 마이크로칩(Microchip)사에서 고유하게 사용하는 용어이고 ISP라고 사용하기도 한다.

(8) PORT C

양방향 디지털 입출력 단자로 사용한다. 각 단자의 25mA를 공급할 수 있고(소스 전류), 또한 25mA까지 받아들일 수 있다(싱크 전류).

각 단자들은 표 3-4와 같은 특수기능을 가진다.

표 3-4 PORT C의 다른 핀 기능

핀 이름	기 능
RC0/T1OSO/T1CKI	Timer1의 OSC 출력 또는 Timer1의 클럭 입력단자
RC1/T1OSI/CCP2	Timer1의 OSC 입력 또는 Capture2 입력/Compare2 출력/PWM2 출력단자
RC2/CCP1	Capture1 입력/Compare1 출력/PWM1의 출력단자
RC3/SCK/SCL	SPI 및 I^{2}C 통신시 클럭 입출력 단자
RC4/SDI/SDA	SPI 및 I^{2}C 통신시 데이터 입력단자
RC5/SDO	SPI 통신시 데이터 출력단자
RC6/TX/CK	UART 통신시 출력단자 또는 동기 통신시에 클럭 단자
RC7/RX/DT	UART 통신시 입력단자 또는 동기 통신시에 데이터 단자

위와 같이 PIC16F1937/1939는 SPI 통신, I^{2}C 통신, UART 통신, 동기통신을 지원하여 여러 가지 주변장치를 제어하는데 적합하도록 되어 있다.

(9) PORT D

양방향 디지털 입출력 단자로 사용한다. 각 단자의 25mA를 공급할 수 있고(소스 전류), 또한 25mA까지 받아들일 수 있다(싱크 전류).

PORT D는 병렬 슬레이브 포트(parallel slave port) 모드로 사용할 때 병렬 슬레이브 포트의 각 비트와 연결되어 사용된다.

(10) PORT E

양방향 디지털 입출력 단자로 사용한다. 각 단자의 25mA를 공급할 수 있고(소스 전류), 또한 25mA까지 받아들일 수 있다(싱크 전류).

각 단자들은 표 3-5와 같은 특수기능을 가진다.

표 3-5 PORT E의 다른 핀 기능

핀 이름	기 능
RE0/RD/AN5	Parallel Slave Port 모드일 때 Read 신호 입력단자 또는 아날로그 입력5
RE1/WR/AN6	Parallel Slave Port 모드일 때 Write 신호 입력단자 또는 아날로그 입력6
RE2/CS/AN7	Parallel Slave Port 모드일 때 Chip Select 단자 또는 아날로그 입력7

위와 같이 PORT E의 특수기능은 병렬 슬레이브 포트(parallel slave port)로 사용할 때 컨트롤 단자로 이용가능하다.

3) PIC16F193X 제품군의 메모리 구조

PIC 시리즈에는 크게 나누어 프로그램 메모리와 데이터 메모리, 스택 메모리, EEPROM 메모리의 4종류가 있다.

표 3-6 PIC16F1937/1939의 메모리 종류

메모리 명칭	기 능
프로그램 메모리	실행되는 프로그램 그 자체를 저장하는 메모리. PICKit3 또는 ICD3, 다른 프로그래머로 써넣는다.
데이터 메모리	Special Function Register(FSR) : 주변기기의 제어, 플래그로 사용 General Purpose RAM : 유저가 자유로이 사용할 수 있는 변수 및 데이터 Bank의 개념으로 128바이트 단위로 간접 어드레싱이 가능
스택 메모리	서브루틴이나 인터럽트시의 복귀번지의 저장용 메모리
EEPROM	전원이 OFF된 동안에도 지워지지 않는다. 단, 동작이 느리다는 점과 써넣기 회수에 제한이 있기 때문에 일반적인 프로그램 변수로서는 사용할 수 없다.

(1) 프로그램 메모리

PIC 마이크로컨트롤러에서 실행되는 프로그램을 저장하는 공간이다. 우리가 흔히 작성하는 프로그램이 이 부분에 저장되며 PM3 등의 프로그래머 또는 ROM 쓰기(writer) 또는 디버깅과 동시에 프로그래밍할 수 있는 PICKit3 또는 ICD3를 통해서 프로그램을 다운로딩(downloading) 즉, 프로그래밍할 수 있다. 그림 3-8에서 RESET Vector인 0번지에는 메인 함수가 시작되는 주소로 점프하라는 명령어가 들어 있고, Interrupt Vector에는 인터럽트 발생시에 인터럽트 서비스 루틴으로 점프하는 명령어가 들어 있다.

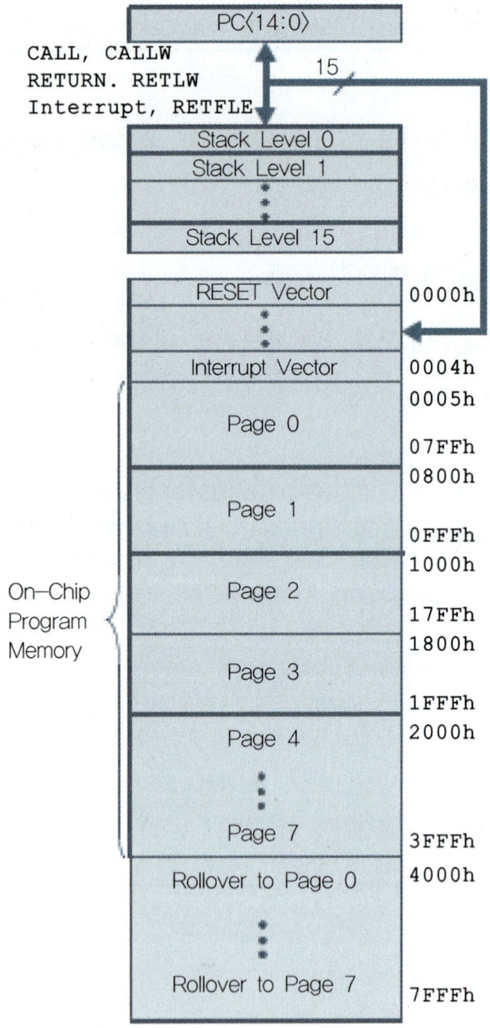

그림 3-8 PIC16F1939 프로그램 메모리 맵

(2) 데이터 메모리

데이터 메모리는 GPR(General Purpose Register) 레지스터와 SFR(Special Function Register) 레지스터를 포함하고 있는 여러 뱅크(bank)로 분할된다.

① GPR 레지스터

GPR(General Purpose Register) 레지스터는 데이터 메모리에 프로그램에서 사용되는 변수 등이 저장된다. 그림 3-9에서 GPR레지스터의 뱅크에 대한 일부 예제를 나타냈다. 자세한 내용은 설계시 PIC16F1937/1939 데이터시트를 참고하라.

Address	Name	Bit 7	Bit 6	Bit 5	Bit 4	Bit 3	Bit 2	Bit 1	Bit 0	Value on: POR, BOR	Details on page:
Bank 0											
00h[3]	INDF	Addressing this location uses contents of FSR to address data memory (not a physical register)								0000 0000	27
01h	TMR0	Timer0 Module Register								xxxx xxxx	47
02h[3]	PCL	Program Counter (PC) Least Significant Byte								0000 0000	26
03h[3]	STATUS	IRP	RP1	RP0	$\overline{TO}$	$\overline{PD}$	Z	DC	C	0001 1xxx	18
04h[3]	FSR	Indirect Data Memory Address Pointer								xxxx xxxx	27
05h	PORTA	—	—	PORTA Data Latch when written: PORTA pins when read						--0x 0000	29
06h	PORTB	PORTB Data Latch when written: PORTB pins when read								xxxx xxxx	31
07h	PORTC	PORTC Data Latch when written: PORTC pins when read								xxxx xxxx	33
08h[4]	PORTD	PORTD Data Latch when written: PORTD pins when read								xxxx xxxx	35
09h[4]	PORTE	—	—	—	—	—	RE2	RE1	RE0	---- -xxx	36
0Ah[1,3]	PCLATH	—	—	—	Write Buffer for the upper 5 bits of the Program Counter					---0 0000	26
0Bh[3]	INTCON	GIE	PEIE	T0IE	INTE	RBIE	T0IF	INTF	RBIF	0000 000x	20
0Ch	PIR1	PSPIF[3]	ADIF	RCIF	TXIF	SSPIF	CCP1IF	TMR2IF	TMR1IF	0000 0000	22
0Dh	PIR2	—	(5)	—	EEIF	BCLIF	—	—	CCP2IF	-r-0 0--0	24
0Eh	TMR1L	Holding register for the Least Significant Byte of the 16-bit TMR1 Register								xxxx xxxx	52
0Fh	TMR1H	Holding register for the Most Significant Byte of the 16-bit TMR1 Register								xxxx xxxx	52
10h	T1CON	—	—	T1CKPS1	T1CKPS0	T1OSCEN	T1SYNC	TMR1CS	TMR1ON	--00 0000	51
11h	TMR2	Timer2 Module Register								0000 0000	55
12h	T2CON	—	TOUTPS3	TOUTPS2	TOUTPS1	TOUTPS0	TMR2ON	T2CKPS1	T2CKPS0	-000 0000	55
13h	SSPBUF	Synchronous Serial Port Receive Buffer/Transmit Register								xxxx xxxx	70, 73
14h	SSPCON	WCOL	SSPOV	SSPEN	CKP	SSPM3	SSPM2	SSPM1	SSPM0	0000 0000	67
15h	CCPR1L	Capture/Compare/PWM Register1 (LSB)								xxxx xxxx	57
16h	CCPR1H	Capture/Compare/PWM Register1 (MSB)								xxxx xxxx	57
17h	CCP1CON	—	—	CCP1X	CCP1Y	CCP1M3	CCP1M2	CCP1M1	CCP1M0	--00 0000	58
18h	RCSTA	SPEN	RX9	SREN	CREN	ADDEN	FERR	OERR	RX9D	0000 000x	96
19h	TXREG	USART Transmit Data Register								0000 0000	99
1Ah	RCREG	USART Receive Data Register								0000 0000	101
1Bh	CCPR2L	Capture/Compare/PWM Register2 (LSB)								xxxx xxxx	57
1Ch	CCPR2H	Capture/Compare/PWM Register2 (MSB)								xxxx xxxx	57
1Dh	CCP2CON	—	—	CCP2X	CCP2Y	CCP2M3	CCP2M2	CCP2M1	CCP2M0	--00 0000	58
1Eh	ADRESH	A/D Result Register High Byte								xxxx xxxx	116
1Fh	ADCON0	ADCS1	ADCS0	CHS2	CHS1	CHS0	GO/$\overline{DONE}$	—	ADON	0000 00-0	111

그림 3-9 PIC16F1939 GPR/SFR 데이터 메모리 맵(일부 예)

② SFR 레지스터

SFR(Special Function Register) 레지스터는 CPU나 주변장치들을 제어하는 데 사용되는 레지스터이다. PIC16F1937/1939의 SFR 레지스터의 일부 예제를 나타낸 것이다. 상세한 기능에 대하여는 데이터 시트를 통하여 자료를 얻으면 된다.

4장

C 프로그래밍 언어

인간이 컴퓨터에게 특정한 일을 수행하도록 하기 위해서는 인간이 컴퓨터에게 명령을 전달할 수 있는 수단이 필요하며 이 역할을 수행하고 있는 것이 '프로그램'이다. 이 프로그램은 컴퓨터가 이해할 수 있도록 하기 위해 약속된 형태의 숫자로 이루어져 있으며 이처럼 숫자로 이루어져 컴퓨터가 직접 이해할 수 있는 프로그램 언어를 기계어라 한다. 이와 같은 기계어는 인간이 직접 이해하기 어렵기 때문에 조금 더 쉽게 이해할 수 있는 형태를 가진 어셈블리어가 생겨나게 되었다.

```
BCF    0x5, 5
MOVF   FSR, 0
GOTO   0xF0
```

1. C 문법

1) 변 수

(1) 변수의 의미와 종류

C 언어에서 변수란 특정한 명칭으로 지어진 메모리 공간이며 이 공간에는 정보(데이터)가 저장된다. 이 변수는 정수형과 실수형 변수로 나누며, 그 크기와 범위에 따라 표 4-1과 같은 종류가 있으며 char, short 등은 변수형을 의미하는 예약어이다.

표 4-1 변수의 의미와 종류

종류	크기(bit)	범 위	정수형/실수형
bit	1	0 ~ 1	정수형
char	8	−128 ~ 127	정수형
unsigned char	8	0 ~ 255	정수형
short	16	−32,768 ~ 32,767	정수형
unsigned short	16	0 ~ 65,535	정수형
int	16	−32,768 ~ 32,767	정수형
unsigned short	16	0 ~ 65,535	정수형
short long	24	− 8,388,608 ~ 8,388,607	정수형
unsigned short long	24	0 ~ 16,777,215	정수형
long	32	−2,147,483,648 ~ 2,147,683,647	정수형
unsigned long	32	0 ~ 4,294,967,295	정수형
float	24		실수형
double	24 or 32		실수형

(2) 변수의 선언 및 사용

변수를 선언하려면 먼저 변수형을 쓰고 한 칸 이상의 빈 칸을 입력한 후 변수이름을 쓰고 세미콜론을 입력한다. 이때, 변수의 이름으로는 알파벳과 숫자의 조합으로 만들며 한글, 특수문자 등은 사용할 수 없고, 예약어는 변수 이름으로 사용할 수 없다. 변수를 선언하는 방법은 다음과 같다.

```
char chVar;              // 1바이트의 크기를 가지는 char형 변수 chVar 선언
                         // −128에서 127까지의 값이 저장될 수 있다.
unsigned short usVar;    // 2바이트의 크기를 가지는 short형 변수 usVar 선언
                         // 0에서 65,535까지의 값이 저장될 수 있다.
long lnValue;            // 2바이트의 크기를 가지는 long형 변수 lnValue 선언
                         // −2,147,483,648에서 2,147,683,647까지의 값이 저장될 수 있다.
```

- XC8 컴파일러에서 특정한 단어들은 C언어에서 특별한 용도로 사용하기로 정해져 있어 변수나 함수 등의 이름으로 사용할 수 없다. HI-TECH C에서 사용하는 예약어는 다음과 같다.

auto, break, case, char, const, continue, default, do, double, else, enum, extern, float, for, goto, if, int, long, register, return, short, signed, sizeof, static, struct, switch, typedef, union, unsigned, void, volatile, while

변수를 사용하기 위해서는 변수를 선언한 후 이 변수에 값을 쓰거나 읽어야 한다. 다음은 변수를 사용하는 몇 가지 예이다.

```
char chVar1 = 1;              // 변수 chVar1를 선언하고 선언된 변수 chVar1에 1을 저장
char chVar2, chVar3;          // 변수 chVar2, chVar3 선언

chVar2 = 2;                   // 이전에 선언된 chVar2에 2를 저장
chVar3 = chVar1 + chVar2;     // 변수 chVar1에 저장된 값(1)과 chVar2에 저장된
                              // 값(2)을 더하여 그 결과값을 chVar3에 저장
```

2) 상 수

상수는 예약어 “const”를 이용해 정의되며 변수와 달리 한 번 정해진 값이 변하지 않는다. 또한 상수는 선언과 동시에 그 값이 정의되어야 한다. 다음은 상수를 사용한 예이다.

```
const unsigned short constValue = 10;   // 상수 constValue를 정의
unsigned short shVar;
shVar = constValue;                     // 이전에 정의된 상수 constValue를 참조
```

3) 연산자

연산자란 연산처리를 위한 기호를 말하며 표 4-2와 같은 종류의 연산자들이 있다. 연산자는 단항연산자와 이항연산자로 나눌 수 있는데 단항연산이란 하나의 피연산자만을 사용하는 연산자이며, 이항연산은 두 개의 피연산자를 사용하게 되는 연산자이다.

같은 모양으로 생긴 연산자라 하더라도 단항연산에 사용되는가, 이항연산에 사용되는가에 따라 의미가 달라질 수 있다.

예를 들어 ‘-’의 경우 단항연산에 사용되는 경우라면 피연산자의 부호로 사용되게 되며 이항연산에 사용되는 경우라면 뺄셈의 의미로 사용되게 된다.

표 4-2 연산자의 종류

<table>
<tr><th>연산자 종류</th><th>연 산 자</th></tr>
<tr><td>괄호 연산자</td><td>( ).</td></tr>
<tr><td>구조체 연산자</td><td>. , -></td></tr>
<tr><td>단항 연산자</td><td>!, ~, +, -, ++, --, &, sizeof()</td></tr>
<tr><td>산술 연산자</td><td>+, -, *, /, %</td></tr>
<tr><td>시프트 연산자</td><td><<, >></td></tr>
<tr><td>관계 연산자</td><td>>, <, >=, <=, !=, ==</td></tr>
<tr><td>이진 논리 연산자</td><td>&, ^, |</td></tr>
<tr><td>조건 논리 연산자</td><td>&&, ||</td></tr>
<tr><td>대입 연산자</td><td>=, +=, -=, /=, %=, &=, ^=, |=, <<=, >>=</td></tr>
<tr><td>나열 연산자</td><td>,</td></tr>
</table>

(1) 괄호 연산자

'('와 ')'는 하나의 쌍으로 이루어져야 하며 두 연산자의 안쪽을 하나의 구문으로 묶는 역할을 한다.

```
int a = 1, b = 2, c, d;

c = a + b * 2;            // 덧셈(+) 보다 곱셈(*)의 연산순위가 높으므로
                          // c의 값은 5가 된다.
d = (a+b) * 2;            // () 안의 연산의 우선순위가 높아 d의 값은 6이 된다.
```

(2) 구조체 연산자

구조체, 혹은 공용체에서 사용되는 연산자로서 구조체나 공용체를 구성하고 있는 각 필드를 지정할 때 사용하는 연산자이다.

```
struct myStruct               // myStruct의 내부 구조를 정의하고 있다.
{                             // myStruct는 char형 변수 i, j와
        char i, j;            // int형 변수 a로 구성된 구조체이다.
        int a;
};
struct myStruct mStr, *pmStr;
```

```
// myStruct의 내부 구조를 따르는 구조체 변수 mStr과 이러한 구조체 변수를 참조// 할 수 있는 구조체 포인터 변수 pmStr을 선언하고 있다.

mStr.i = 1;          // 구조체 변수 mStr의 i 필드에 1을 저장
mStr.j = mStr.i+1;   // 구조체 변수 mStr의 j 필드에 i 필드값 + 1의 값을 저장

pmStr = &mStr;       // 구조체 포인터 변수 pmStr에 mStr의 주소값을 저장
pmStr-> a = 100;     // 구조체 포인터 변수 pmStr의 대상이 되는 구조체의 a
                     // 필드에 100을 저장
```

(3) ! 연산자

일반 논리 연산자이며 피연산자의 값이 참이면 거짓을, 거짓이면 참의 값을 발생시킨다. 일반적으로 거짓일 경우 해당값은 '0'으로 정의되나 반대의 경우는 특정값으로 정의되기 보다는 '0'이 아닌 값으로 정의되는 경우가 많다.

```
a = 0;
b = 1; 일 때,

if(a)              // 거짓
if(!a)             // 참
if(a>b)            // 거짓
if(!(a>b))         // 참
```

의 결과가 발생한다.

(4) ~ 연산자

이진 논리 NOT 연산자이다. 피연산자의 값을 각 비트별로 1일 경우 0으로, 0일 경우 1로 바꿔준다.

```
unsigned char a;
a = ~0;            // a = 0xFF와 같다.
a = ~1;            // a = 0xFE와 같다.
```

(5) +/- 연산자

피연산자의 부호를 나타내는 연산자이며 피연산자가 단항이다.

```
char a, b;
a = 1;
b = +a;                     // 이 경우 +생략가능하며 b = 1;과
                            // 결과적으로 동일한 값이 들어간다.
b = -a;                     // b에 -1이 대입된다.
```

(6) ++/-- 연산자

피연산자를 1만큼 증가 혹은 감소시킨다.

```
char a = 10, b = 10;
a++;                              // a의 값이 11이 된다.
b--;                              // b의 값이 9가 된다.
```


(7) &, * 연산자

'&'는 변수의 주소값을 알려주는 연산자이다. C컴파일러는 변수생성 시 사용자에게 해당 변수의 주소값을 알려주지 않는다. 이에 사용자는 필요한 경우 아래와 같은 방법으로 변수의 주소값을 알 수 있다. 이 때 변수의 주소값을 받게 되는 변수는 포인터 변수여야 하며 포인터 변수의 정의는 '*'를 통해 이루어진다.

```
char a = 10;
char * pa = &a;                   // 포인터 변수 pa에 a의 주소값이 저장된다
```

(8) sizeof() 연산자

모양은 함수처럼 생겼지만 연산자이다. ()안에 들어가는 대상의 크기를 바이트 단위로 알려준다.

```
int a;
char b;
short c;
```

```
a = sizeof(char);          // char의 크기는 1바이트이므로 a에 1이 저장된다.
a = sizeof(b);             // b가 char 타입의 변수이므로 a에 1이 저장된다.
a = sizeof(short);         // short의 크기는 2바이트이므로 a에 2가 저장된다.
a = sizeof(c);             // c가 short타입의 변수이므로 a에 2이 저장된다.
```

(9) 산술 연산자

일반적인 산술연산에 사용되는 연산자이며 +, -, *, /, %가 있고 각각 덧셈, 뺄셈, 곱셈, 나눗셈, 나머지 연산을 담당하고 있다.

```
char a = 5, b = 2, c;
c = a+b;                   // c의 값은 7이 된다.
c = a-b;                   // c의 값은 3이 된다.
c = a*b;                   // c의 값은 10이 된다.
c = a/b;                   // c의 값은 나눗셈의 몫에 해당하는 2가 된다.
c = a%b;                   // c의 값은 나눗셈의 나머지에 해당하는 1이 된다.
```

(10) 쉬프트 연산자

전항의 값을 후항의 수만큼 비트 이동하고 비는 공간은 0으로 채운다.

```
char a = 0x04              // 이진수로 표현하면 00000100이다.
char b;
b = a<<1;                  // 00000100 이 왼쪽으로 1비트 이동하여
                           // 00001000이 되어 변수 b에 저장된다.
b = a>>1;                  // 00000100 이 오른쪽으로 1비트 이동하여
                           // 00000010이 되어 변수 b에 저장된다.
```

(11) 관계 연산자

두 피 연산자의 관계를 비교하여 참 혹은 거짓을 리턴한다.

```
a > b                      // a가 b 보다 크다
a < b                      // a가 b 보다 작다
a >= b                     // a가 b 보다 크거나 같다
a <= b                     // a가 b 보다 작거나 같다
a == b                     // a와 b가 같다
a != b                     // a와 b가 다르다
```

(12) 이진 논리 연산자

두 피연산자를 비트별로 연산한다. &, |, ^ 가 있으며 각각 BOR AND, BIT OR, BIT XOR을 수행한다.

```
char a = 0x33;          // 00110011
char b = 0x55;          // 01010101
char c;
c = a & b;              // 00010001, 0x11
c = a | b;              // 01110111, 0x77
c = a ^ b;              // 01100110, 0x66
```

(13) 조건 논리 연산자

두 피연산자의 논리식을 연산한다. &&는 논리곱을 ||는 논리합을 의미하고 연산결과는 아래의 표와 같다.

표 4-3 조건 논리 연산자(논리곱)

&&	True	False
True	True	False
False	False	False

```
a = 1, b = 2, c = 3 일 때,
if((a<b) && (a<c))      // a < b, a < c 모두 True이므로 True && True의
                        // 연산이 되어 결과값은 True이다.
if((a>b) && (a<c))      // a>b는 거짓이므로 False && True의 연산이 되어
                        // 결과는 False이다.
if((a<b) && (a>c))      // a<c가 거짓이므로 결과는 False이다.
if((a>b) && (a>c))      // False&&False의 연산이므로 결과는 False이다.
```

표 4-4 조건 논리 연산자(논리합)

||	True	False
True	True	True
False	True	False

```
a = 1, b = 2, c = 3 일 때,
if((a<b) || (a<c))          // a < b, a < c 모두 True이므로 True || True의
                            // 연산이 되어 결과값은 True이다.
if((a>b) || (a<c))          // a > b는 거짓이므로 False || True의 연산이 되어
                            // 결과는 True이다.
if((a<b) || (a>c))          // True || False의 연산이므로 결과는 True이다.
if((a>b) || (a>c))          // False || False의 연산이므로 결과는 False이다.
```

(14) 대입 연산자

변수에 특정값을 저장하는 연산자이다.

```
a = 1;          // a에 1이 저장된다.
a += 1;         // a = (a + 1) 과 같다.
a &= 2;         // a = (a & 2) 와 같다.
a <<= 1;        // a = (a << 1) 과 같다.
```

4) 제어문

제어문은 프로그램의 수행순서를 제어하게 되는 문장이다. 제어문의 종류에는 if, if-else, while, for 등이 있다.

(1) if, if-else

if문은 가장 간단한 제어문으로 조건문이라 하며 아래의 형식을 따른다.

아래의 경우 조건식이 참이라면 프로그램은 구문 A - 구문 B - 구문 C의 순서로 수행된다. 반면에 조건식이 거짓이라면 구문 A - 구문 C의 순서로 수행된다.

```
구문 A
if(조건식)
{
        구문 B
}
구문 C
```

if - else의 경우는 조건이 거짓일 경우 수행하는 문장을 별도로 지정하며 다음의 형식으로 사용한다.

```
구문 A
if(조건식)
{
        구문 B                              // 조건식이 참일 경우 수행되는 구문
}
else
{
        구문 C                              // 조건식이 거짓일 경우 수행되는 구문
}
구문 D
```

위의 경우 조건식이 참이라면 구문 A - 구문 B - 구문 D의 순서로 프로그램이 수행되고 거짓의 경우라면 구문 A - 구문 C - 구문 D의 순서로 프로그램이 수행된다.

예를 들어 아래의 문장이 수행된다면 if안의 조건식 (a > 10)은 거짓이므로 a = a + 10이 수행되어 a에 15가 저장되게 된다.


```
char a = 10;
if(a > 10)
{
        a = a - 5;
}
else
{
        a = a + 5;
}
```

(2) switch-case

switch-case 문장은 수식이 특정 상수값과 일치하는지 확인하여 이에 따른 분기를 발생시킨다. 이때 비교에 사용되는 상수값은 반드시 정수여야만 하며 기본적인 형태는 다음과 같다.

```
switch(수식)
{
    case 상수: 구문; break;
    case 상수: 구문; break;
    default: 구문; break;
}
```

다음의 예를 들어 살펴보자.

```
int iValue = 0;
while(1)
{
    switch(iValue)
    {
        case 0:
            iValue += 2;
            break;

        case 10:
            iValue += 3;
        case 20:
            iValue += 5;
            break;
        case 50:
            iValue = 0;
            break;
        default:
            iValue ++;
            break;
    }
}
```

위의 예는 switch-case의 전형적인 예이다. iValue의 값이 case의 각 값과 일치하면 해당하는 코드가 수행된다.

예를 들어 iValue의 값이 0이라면 “case 0:” 이후의 문장 즉, “iValue += 2” 가 수행되고 그 다음 문장이 “break;” 이므로 switch 문을 빠져나온다. 하지만 "case 10:"의 경우는 조금 다르다.

iValue의 값이 10일 경우 "case 10:" 다음 문장 - “iValue += 3;”이 수행되는 것은 앞의 경우와 같지만 그 다음은 이 전과 달리 "break;"가 따라오지 않았다. 그래서 코드는 switch문을 빠져나오지 않고 그 이후에 따라오는 "iValue += 5"까지 수행된다. 이 후 “break;”를 만나 switch문을 빠져나온다.

"default:"는 생략 가능한 문장으로 “case”로 나열된 값에 해당하지 않는 경우 수행될 코드들이 위치하는 곳이다. 위의 예제라면 iValue의 값이 0, 10, 20, 50이 아닌 경우라면

“default:”에 해당하는 "iValue++" 가 수행되게 된다.

(3) while

while문의 형식은 아래와 같다.

```
구문 A
while(조건식)
{
        구문B
}
구문 C
```

while의 경우도 if와 마찬가지로 조건식이 참이면 해당하는 문장을 수행한다.

단, if의 경우는 조건식이 참일 경우 해당 조건문을 한번 수행하고 다음 구문으로 넘어가지만 while의 경우는 해당 반복문이 수행된 이후에 다시 조건식을 판단하여 그 결과가 거짓이 되지 않는다면 또 다시 해당 구문을 수행한다.

예를 들어 아래의 경우 a의 값이 증가되어 10보다 크게 되기 전까지는 조건식이 참이므로 계속해서 수행되므로 while문을 탈출했을 때의 a값은 12, b의 값은 6이 된다.

```
char a = 0, b = 0;
while(a <= 10)
{
        a += 2;
        b ++;
}
```

(4) do-while

do-while 역시 while과 마찬가지로 반복문이지만 while과는 달리 일단 반복에 해당하는 문장을 한 번 수행한 후 조건을 확인하여 이 후의 반복을 다시 할지 말지 결정한다. 그 형태는 다음과 같다.

```
do
{
    반복문
} while(조건문)
```

다음의 두 경우를 살펴보자.

① while을 사용할 때

```
int iValue = 0;          // 변수 iValue의 초기값이 0으로 정의되었다.

while(iValue > 10)       // iValue의 값이 0이므로 조건은 거짓이다.
{
    iValue ++;           // while의 조건이 처음부터 거짓이었으므로
                         // 한 번도 수행되지 않아 iValue의 값은 0으로 유지된다.
}
```

② do~while을 사용할 때

```
int iValue = 0;          // 변수 iValue의 초기값이 0으로 정의되었다.


do
{
    iValue ++;           // do-while은 조건을 확인하기 전에 일단 반복문을
                         // 한 번 수행하므로 이 문장은 최소 한 번 이상 수행된다.
} while(iValue > 10)     // 비록 조건이 처음부터 거짓이라 할지라도 말이다.
```

(5) for

위의 while의 경우 조건문에 변수를 사용하여 참과 거짓을 판별할 때, 조건문의 초기값이나 반복되는 문장 안에서의 해당 변수의 변화가 반복 횟수에 큰 영향을 미친다. 이에 이러한 요소를 보다 보기 쉽게 정리할 수 있도록 만들어주는 문장 for문이다. 그 형태는 다음과 같다.

```
for(초기값; 조건문; 증감식)
{
    반복문
}
```

위와 같이 반복여부를 결정할 조건에 이용되는 초기값, 조건문, 증감식이 순차적으로 나열이 되며 그 구분은 세미콜론(;)으로 이루어진다. 이 때 for문에 사용되는 초기값이나 증감식에 조건문과 직접적으로 관계되지 않는 문장이 들어갈 수도 있으나 그다지 추천되지 않는 방식이며 조건문과 관계되지 않는 문장이라면 반복문 속에 포함되는 것이 좋다.

위의 while문 설명할 때의 예제를 for문으로 바꾸면 아래와 같다.

```
char a, b = 0;

for(a = 0; a < 10; a+=2)
{
        b ++;
}
```

위의 구문이 수행되는 동안 for문 안의 문장은 a 값이 0에서 8까지 5번 수행되므로 for문이 종료되었을 때 a의 값은 10이며, b의 값은 5가 된다.

5) 함 수

(1) 함수란

사용자가 코드를 작성하다 보면 반복적으로 사용되는 문장들이 있는데 이 문장들을 매번 따로 작성하는 경우 메모리의 낭비가 발생하고 해당 문장에 수정이 필요할 경우 반복된 만큼 모든 문장들을 수정해야 하게 된다.

이에 이처럼 반복되는 문장들을 따로 모아 블록화 하여 필요할 때 이를 불러 쓸 수 있도록 함수의 형식으로 작성하여 사용하게 된다.

(2) 함수의 정의

```
리턴타입 함수명 (인자 목록)
{
        함수 본체
}
```

함수는 위와 같은 형식으로 정의할 수 있다. 함수의 정의를 위한 각 요소를 알아보자. 함수는 필요에 따라 함수가 수행된 결과를 함수를 호출한 대상(모함수)에 돌려주는 경우가 있다. 이를 위해 함수를 정의할 때 함수가 리턴한 리턴값의 자료형을 알려주어야 한다. 만일 리턴할 자료가 없다면 리턴타입을 void로 선언한다.

함수명은 C언어에서 사용하고 있는 예약어들은 피해야 하고 특수문자들은 사용할 수 없을 뿐 특별한 제한은 없다. 다만 함수를 설명할 수 있는 문장으로 만들어 주는 편이 좋다.

함수를 호출할 때 호출되는 함수(자함수)에 특정한 데이터를 넘겨주어야 할 때가 있다. 이럴 때 인자 목록에 전달할 인자들의 데이터형을 기입하여 준다. 전달할 인자가 없다면 이 역시 void로 표기하면 된다.

(3) 함수의 선언

C컴파일러는 소스파일을 위에서부터 아래로 순차적으로 컴파일하게 된다. 이 때, 특정 함수의 호출이 그 함수의 정의보다 문자 먼저 나오게 된다면 상황에 따라 에러가 발생할 수 있다. 이러한 이유로 컴파일러에게 특정 함수의 형태를 미리 알려 주게 되는데 이를 함수의 선언이라 한다.

함수를 선언하는 방법은 아래와 같다.

```
리턴타입 함수명 (인자 목록);
```

(4) 함수의 사용

아래의 예제를 통해 함수를 사용하는 방법을 알아보자.

```
// 사용할 함수들을 미리 선언하고 있다.
void func1(void);
```

```
void func2(char value1, char value2);
char add(char addVal1, char addVal2);

// main 함수
void main(void)
{
        func1();                        // func1 호출
        func2(1, 2)                     // func2 호출
}


void func1(void)
{
        // func1에서 add 함수를 호출하고 있다. add 함수는 리턴값이
        // 있는 함수지만 필요하지 않다면 리턴되는 값을 꼭 받을
        // 필요는 없다.
        add(1, 2);
}
void func2(char value1, char value2)    // 모함수에서 함수의 인자를
{                                       // 전달해 주어야 한다.
        char v;

        // func2에서 add 함수의 호출하고 있다. 이때에는 이전과 달리
        // add의 리턴값을 받아 v에 저장하고 있다.
        v = add(2, 3);
}

char add(char addVal1, char addVal2)
{
        return (addVal1+addVal2);       // 모함수로 값을 리턴한다.
}
```

6) 전처리기

(1) 전처리기의 의미

컴파일이란 사용자가 C의 문법에 맞게 작성한 코드를 기계어 수준으로 변환해 주는 과정이라 할 수 있다. 그런데 이와 같은 컴파일에 앞서 미리 처리하여야 하는 과정이 있는데 이를 "전처리"라 표현하고, 전처리되도록 특별히 정의되어 있는 표현을 전처리기라

한다. 전처리기는 '#'으로 시작한다.

(2) #define

#define은 매크로를 작성할 때 사용하는 전처리기이다. 매크로가 정의되고 정의된 매크로가 작성된 코드 속에 존재하면 컴파일러는 컴파일이 시작되기 전에 매크로를 원래의 값 혹은 표현으로 치환한다.

아래의 예제는 매크로를 이용하여 상수를 표현한 방법이다.

```
#define MAX             100
void main(void)
{
        int val;

        // 아래의 문장은 컴파일 전 컴파일러에 의해 내부적으로
        // for(val = 0; val < 100; val++)로 치환된다.
        for(val = 0; val < MAX; val++)
        {
        }
}
```

매크로는 상수 이외에 아래와 같이 함수의 형태로 사용하기도 한다.

```
#define ADD(x, y)  ((x)+(y))
void main(void)
{
        int val;
        val = add(2, 3);
}
```

(3) #include

여러 개의 소스파일을 모아서 하나의 프로젝트를 구성하는 경우, 다른 파일에서 정의된 함수 혹은 변수를 사용하게 되는 경우가 있다. 이 경우 사용하려는 함수나 변수를 미리 선언해 주어 에러를 막게 되는데 이러한 선언들을 모아 별도의 파일로 관리하는 것이 좋다. 이와 같은 파일을 헤더(header)파일이라 하며 확장자는 h이다. 이러한 헤더파일을

참조할 수 있도록 해주는 전처리기가 #include 이다. 헤더파일을 사용하는 방법은 아래와 같이 두 가지 방법이 있다.

```
#include <aaaa.h>
#include "bbbb.h"
```

일반적으로 전자의 경우는 컴파일러가 제공해주는 헤더파일들을 사용할 때, 후자는 사용자가 직접 작성한 헤더파일을 사용할 때 선언해주는 방법인데 컴파일러에 따라 혼용되는 경우도 있다.

7) 배 열

(1) 배열이란

배열은 동일한 자료형의 변수들을 연속된 메모리 공간에 나열해 놓고 사용하는 형태를 말한다. 사용자는 이처럼 연속된 메모리 공간에 존재하는 변수의 나열 - 배열을 사용함으로써 해당하는 변수들의 논리적인 분산을 줄일 수 있다.

(2) 배열의 선언과 정의

예를 들어 보자. 한 학기의 월별 영어와 수학 점수를 사용하는 프로그램을 작성할 때 배열을 사용하지 않는다면 아래와 같이 표현하여야 한다.

```
char math0, math1, math2, math3;
char eng0, eng1, eng2, eng3;
math1 = 70;
eng2 = 80;
```

하지만 배열을 사용한다면 훨씬 알기 쉬운 형태로 데이터를 저장할 수 있다.

```
char math[4], eng[4];
math[0] = 70;
eng[1] = 80;
```

위의 예에서는 4개의 캐릭터 변수가 모여 있는 두 개의 배열 math와 eng가 사용되고 있다. 이에서 볼 수 있듯이 배열을 선언하는 형식은 아래와 같다.

```
데이터형 배열명[배열 요소 개수] ;
```

일반적인 변수와 마찬가지로 배열은 선언과 배열요소의 정의를 동시에 할 수도 있다. 그 방법은 아래와 같다.

```
char math[4] = {70, 60, };
```

위의 예에서 math[0]과 math[1]은 정의된 70과 60이 순차적으로 들어가게 되고 math[2]와 math[3]은 정의되지 않았으므로 디폴트인 0이 들어가게 된다.

(3) 다차원 배열

위의 배열 예제 중 math는 math[0], math[1], math[2], math[3]의 네 배열요소가 모여 이루어진 일차원 배열이다.

배열은 형태에 따라 다차원 배열로도 사용될 수 있는데 그 중 2차원 배열의 선언 및 사용방법은 아래와 같다.

```
char arr[2][3];
arr[0][1] = 100;
arr[0][2] = 20;
arr[1][2] = 10;
arr[1][0] = arr[0][2];
```

위의 arr은 arr[0][0], arr[0][1], arr[0][2], arr[1][0], arr[1][1], arr[1][2]의 여섯 개의 배열 요소로 이루어진 이차원 배열이다.

이와 같은 이차원 배열은 배열요소 자체가 일차원 배열인 배열이라고도 해석된다. 마찬가지로 삼차원 배열은 그 배열요소가 이차원 배열인 배열이다.

8) 포인터

(1) 포인터의 정의

포인터는 다른 일반적인 변수와 마찬가지로 데이터 메모리의 특정영역을 차지하여 그 안에 특정한 값을 저장하지만 저장되는 값이 다른 변수의 주소값이라는 것이 다른 점이다.

(2) 포인터의 선언과 정의

아래의 예를 통해 포인터를 선언하는 방법 그리고 포인터 값을 정의하는 방법을 알아보자.

```
char ch = 0;
char * pch;                // 선언부에 사용된 '*' 연산자는 곱셈 연산자가 아니라
                           // 선언되는 변수가 포인터 변수임을 나타낸다.

pch = &ch;                 // pch에 ch의 주소값을 저장하였다.
                           // 만일 컴파일러가 변수 ch를 생성할 때 데이터
                           // 메모리의 0x70번지에 만들었다면 pch에 저장
                           // 되는 값은 0x70이다.

*pch = 1;                  // pch가 변수 ch를 포인팅하고 있으므로 변수
                           // ch의 값이 1이 된다.
```

(3) 포인터의 활용

C언어에서 포인터는 가장 이해하기 어려운 부분 중의 하나이다. 포인터를 이해하기 위해서는 데이터 메모리의 특성을 이해하여야 하고, 변수가 정의되면 메모리상의 특정한 위치를 차지한다는 개념을 이해하여야 하며, 그 각각의 위치는 고유의 번지값(address)이 존재한다는 개념을 이해하여야 한다.

이와 같은 개념을 이해한다면 포인터는 아주 편리하게 사용될 수 있는데 그 대표적인 사례가 함수에서의 활용이다.

두 개의 인자를 전달하여 그 값을 서로 바꾸어 주는 함수 swap을 만들어 보자.

```
void swap(char arg1, char arg2)
{
```

4장

```
    char temp;
    temp = arg1;
    arg1 = arg2;
    arg2 = temp;
}

void main(void)
{
    char v1 = 10, v2 = 20;
    swap(v1, v2);
}
```

위의 코드를 수행하면 v1에 20이, 그리고 v2에 10의 값이 들어갈까? 결론은 "아니다"가 정답이다. swap 함수가 호출될 때 swap 함수에 필요한 인자 v1과 v2가 전달되어야 하는데 이 때 전달되는 인자는 실질적인 v1, v2가 아니라 v1과 v2의 복사본이 전달된다.

다시 말해 swap 함수의 호출이 실행되면서 이에 v1과 v2의 값을 별도의 데이터 메모리에 복사한 후 이 값을 swap 함수가 arg1, arg2로 사용하게 되는 것이다. 이러한 인자의 전달방식을 "값에 의한 호출(Call by Value)"라고 한다.

그렇다면 정말 전달되는 두 인자의 값이 서로 바뀌게 하려면 어떻게 해야 할까? 일반적으로 아래와 같이 함수에 포인터를 전달하는 방식이 많이 사용된다.

```
void swap(char * arg1, char * arg2)
{
    char temp;
    temp = *arg1;
    *arg1 = *arg2;
    *arg2 = temp;
}
void main(void)
{
    char v1 = 10, v2 = 20;
    swap(&v1, &v2);
}
```

위의 예제에서는 char형으로 전달되던 인자가 char 포인터형으로 전달되고 있다.

이로서 swap 함수에는 v1과 v2의 주소값이 인자로 전달되고 값의 교환이 v1, v2의 주소값을 참조하여 이루어지므로 swap 함수가 수행되고 나면 v1, v2의 값은 실제로 서로 교환되게 된다. 이와 같은 인자의 전달방식을 "참조에 의한 호출(call by reference)"라 한다.

(4) 함수 포인터

또 다른 포인터의 활용으로 함수 포인터가 있다. 비록 함수는 변수가 아니지만, 그래도 함수는 포인터에 의해 참조될 수 있는 메모리 안의 물리적 위치 - 주소값을 가지고 있다. 이 주소는 함수의 시작지점으로, 함수가 호출될 때 사용되는 주소이다. 일단 포인터가 어떤 함수의 주소값을 가지게 되면 그 함수는 포인터를 통해 호출될 수 있다.

```
char add(char val1, char val2)
{
    return (val1 + val2);
}
char sub(char val1, char val2)
{
    return (val1 - val2);
}
// check 함수의 인자로 함수 포인터가 사용되고 있다.
// 또 한 인자로 사용된 함수 포인터가 return 문 안에서 사용되고 있다.
char check(char a, char b, char (*pFunc)(char, char))
{
    return (*pFunc(a, b));
}
void main(void)
{
    char v1 = 10, v2 = 20, ret;

    if(v1 < v2)
    {
        // add 함수의 포인터가 check 함수의 인자로 제공되고 있다.
        ret = check(v1, v2, add);
    }
    else
    {
```

```
        // sub 함수의 포인터가 check 함수의 인자로 제공되고 있다.
        ret = check(v1, v2, sub);
    }
}
```

9) 구조체

(1) 구조체란

이전에 언급한 바와 같이 배열은 동일한 형태의 변수를 연속된 메모리 공간에 나열해 놓은 형태이다. 반면에 구조체는 배열에 좀 더 자유도를 부여한 형태로 서로 다른 형의 변수들을 묶을 수 있도록 해준다.

(2) 구조체의 정의

위의 언급대로 구조체는 서로 다른 형의 데이터가 모여져 있는 구조라 그 내부 구조의 정의가 선행되어야 하고 이후 정의된 형태의 구조체 변수가 선언되어야 한다.

```
struct structDef                    // 구조체 선언을 통해 해당 구조
{                                   // 내부 자료 구조를 알 수 있다.
        short shField;
        char cField0, cField1;
};
struct structDef myStruct;          // 구조체 변수 선언
```

(3) 구조체 필드의 접근

선언된 구조체 변수의 필드는 아래와 같이 '.'연산자를 이용하여 사용할 수 있다.

```
myStruct.shField = 100;
myStruct.cField0 = 10;
myStruct.cField1 = myStruct.cField0 - 5;
```

(4) 구조체 포인터

다음의 예제처럼 구조체 역시 포인터로 참조할 수 있다.

```
struct structDef myStruct, *pStruct;     // 구조체 변수, 구조체 포인터 선언
pStruct = &myStruct;                      // 구조체 포인터 pStruct에 구조체
                                          // myStruct의 주소값이 저장되었다.
pStruct->shField = 0;                     // myStruct.shField에 0이 저장된다.
                                          // -> 는 구조체 포인터에 사용되는
                                          //연산자이다.
```

(5) 비트필드

구조체를 활용하면 변수의 각각의 비트에 의미를 부여하여 사용할 수 있다.

아래와 같이 비트필드를 정의할 때는 비트필드의 이름 뒤에 콜론(:)을 적고 사용할 비트의 수를 지정하면 된다. 이후 정의된 이름으로 각각의 비트들을 따로 사용할 수 있게 된다. 비트필드들의 비트수는 int의 크기를 넘어가면 안된다.


```
struct
{
    unsigned int motorFlag  : 1;     // 1비트짜리 필드 정의
    unsigned int swFlag     : 1;     // 1비트짜리 필드 정의
    unsigned int ledFlag    : 4;     // 4비트짜리 필드 정의
} flag;
if(flag.swFlag == 0)
{
    flag.motorFlag = 1;
    flag.ledFlag = 15;
}
else
{
    flag.motorFlag = 0;
    flag.ledFlag = 0;
}
```

10) 공용체(Union)

(1) 구조체와 공용체 비교와 사용

구조체는 데이터의 통일성을 만들어 주고 일관된 관리를 위해 여러 개의 필드들을 하나의 묶음으로 묶는 방법이다. 이때 이 구조체에 사용되는 각각의 필드들은 각기 고유한 메모리 공간을 점유하게 된다. 반면에 공용체는 같은 메모리 공간을 복수의 필드들이 공유하여 사용할 수 있다. 선언 및 정의의 방법은 구조체와 유사하다.

```
struct
{
    unsigned char arr[2];                          // 2바이트
    unsigned short shVal;                          // 2바이트
} myStruct;
                    // 총 4바이트

union
{
    unsigned char arr[2];    // 2바이트
    unsigned short shVal;    // 2바이트
} myUnion;                   // 총 2바이트

int sizeStruct, sizeUnion;

sizeStruct = sizeof(myStruct);
sizeUnion = sizeof(myUnion);
```

위의 예제에서 sizeStruct에 저장되는 값은 4이다. 그 이유는 myStruct의 unsigned char형 배열 arr[2]와 unsigned short형 변수 shVal이 모두 2바이트씩 차지하고 있기 때문이다. 위의 예제에서 myStruct가 0x70 번지에 생성되었다면 아래와 같이 메모리를 차지하게 된다.

myStruct

myStruct.arr[0]	myStruct.arr[1]	myStruct.shVal	
0x70	0x71	0x72	0x73

반면에 sizeUnion의 경우는 myUnion의 unsigned char형 배열 arr[2]와 unsigned short형 변수 shVal이 같은 메모리 공간에 존재하여 2바이트만을 사용하므로 2가 된다. 이 말은 myUnion.shVal의 상위/하위 바이트를 myUnion.arr[0]와 myUnion.arr[1]이 각각 차지하고 있다는 뜻이며 myUnion.shVal의 상위/하위 바이트를 자유로히 접근할 수 있게 된다는 의미이다. 위의 myUnion이 0x76번지에 생성된다면 아래의 그림과 같이 메모리 공간을 차지하게 된다.

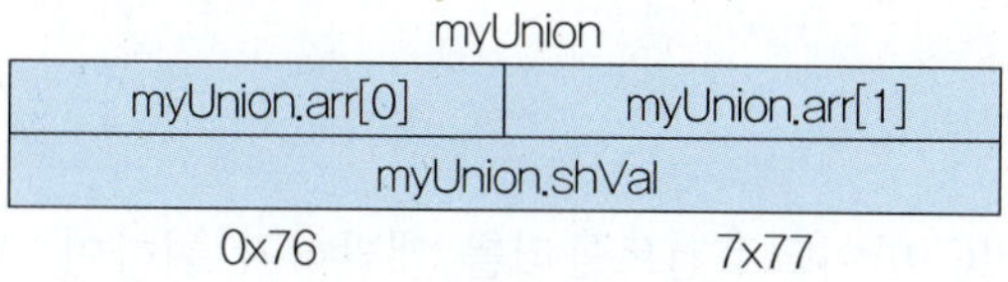

구조체의 경우와 달리 공용체의 경우 myUnion.shVal과 myUnion.arr이 같은 메모리 공간을 서로 공유하고 있음을 알 수 있다.

지금까지 이 장에서 C언어에 대한 문법에 대해 기본적인 내용을 다루었다. 여기서 다루지 못한 부분들은 다른 웹사이트나 서적 등을 통해 숙지하기 바란다.

5장

마이크로칩 8비트 PIC 마이크로컨트롤러 개발환경 셋업

마이크로칩 8비트 PIC 마이크로컨트롤러를 개발하기 위하여 마이크로칩에서 무상으로 제공하는 MPLAB X IDE 통합 개발환경, 자바 환경, XC8 C컴파일러 설치해야만 한다. 이 장에서는 이러한 환경설정을 완료한 후 기본적인 하드웨어 환경과 소프트웨어 환경을 실습을 통하여 확인하여 개발환경을 구축하고자 한다.

1. MPLAB X IDE 통합 개발환경 설치

실행 1_MPLAB X IDE 다운로드(마이크로칩 미국 본사 웹사이트 방문)

MPLAB X IDE는 수시로 업데이트가 되기 때문에 이후 캡처된 이미지가 조금 다를 수 있다. 또한, 최신 버전으로 계속 업데이트를 하면 최신 디바이스 지원이 가능해지고 MPLAB X IDE 자체 버그들도 해결될 수 있다.

(http://www.microchip.com/pagehandler/en-us/family/mplabx/#downloads, 또는 http://www.microchip.com/mplabx)

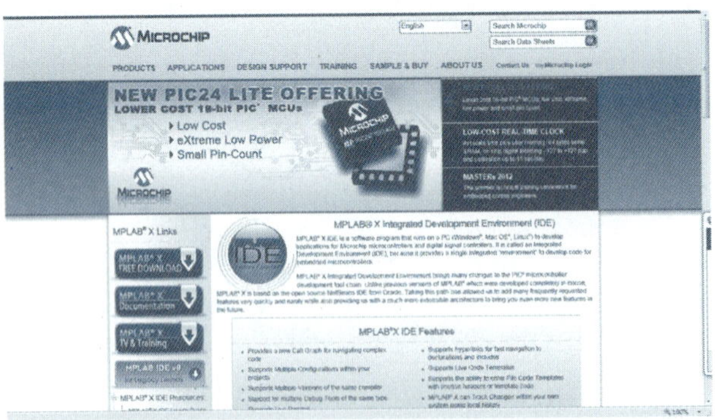

실행 2_위 사이트에서 MPLAB X Free Download 네모 박스부분을 클릭한다.

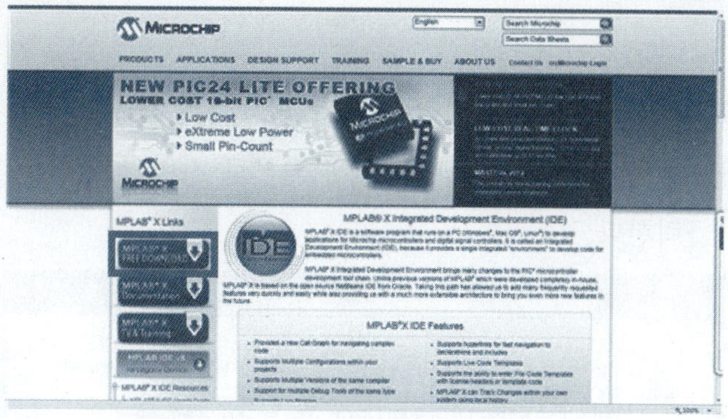

실행 3_사이트에서 그림에 표시된 MPLAB X v1.20 혹은 v1.30(첫번째 네모 박스 표시) 체크 박스를 클릭(꼭 v1.20일 필요는 없다. v1.20 이상이면 업데이트된 버전이므로 OK)한다.

Features (Extended) | Downloads | Documentation

Title	Date Published	Size	D/L
Windows (x86/x64)			
MPLAB® X IDE v1.30	07/5/2012	301Mb	
MPLAB® X IDE Release Notes / User' Guide v1.30 (supersedes info in installer)	07/5/2012	176KB	
MPLAB® C18 Lite Compiler for PIC18 MCUs v3.40	05/30/2012	73Mb	
MPLAB® XC8 Compiler v1.00	05/30/2012	133Mb	
MPLAB® XC16 Compiler v1.00	05/30/2012	98Mb	
MPLAB® XC32 Compiler v1.00	05/30/2012	105Mb	

실행 4_다음과 같이 실행하면 실행 또는 저장(아래 화살표를 클릭하여 다른 이름으로 저장하기 등도 가능)하면 된다.

실행 5_다음과 같은 1개의 파일이 저장된다.

1. mplabx-ide-v1.20-windows-installer.exe

mplabx-ide-v1.20-windows-installer

2. 자바 설치하기

실행 1_MPLAB X IDE를 사용하려면 자바가 필요한데 JAVA가 설치되어 있지 않은 경우 다음과 같은 경고창이 나타나게 되므로 자바를 설치를 하기 위하여 확인 버튼을 클릭한다.

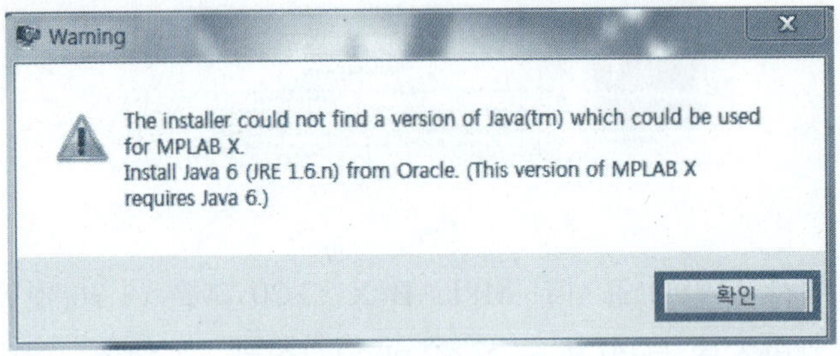

JAVA의 최신 버전인 경우에는 본 설치과정에서는 생략한다.

실행 2_확인 버튼을 누르면 자바를 다운로드할 수 있는 창이 나온다. 아래 자바 관련 화면도 업데이트로 인해 달라질 수 있다. 검색 웹사이트를 이용하여 설치할 수도 있다.

(www.java.com 또는 http://www.java.com/en/download/manual.jsp으로 접속)

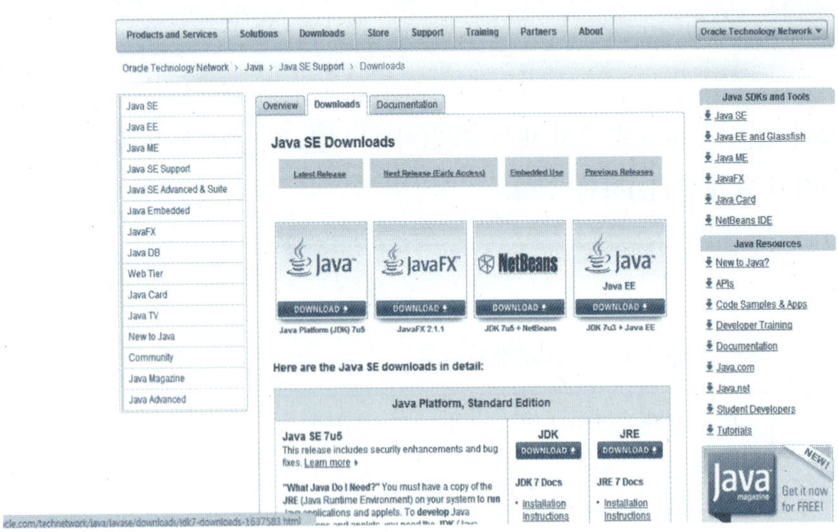

실행 3_스크롤 바를 밑으로 내리면 다음과 같은 화면이 나오면 JDK DOWNLOAD를 클릭한다.

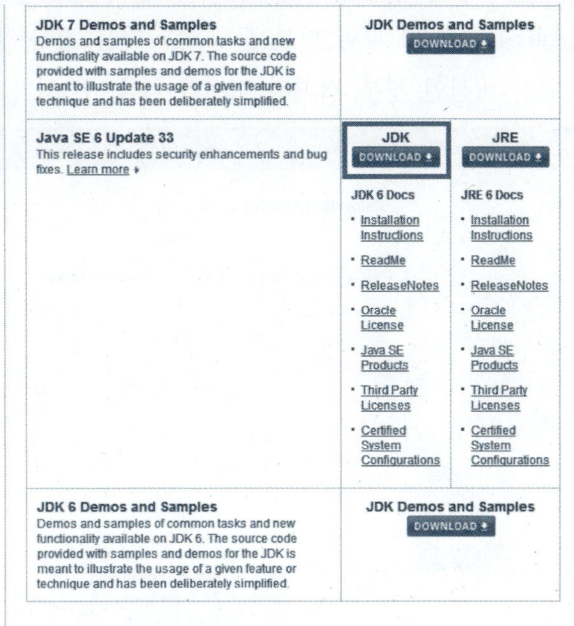

실행 4_Decline License Agreement를 클릭한다.

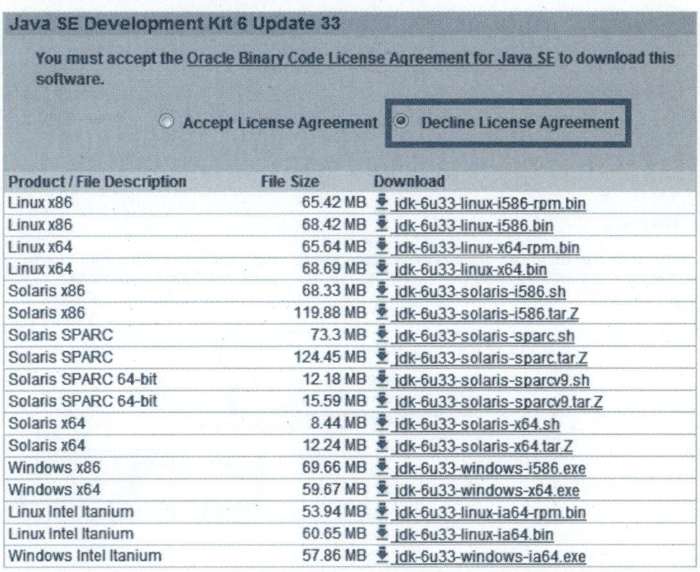

실행 5_자신의 OS에 맞는 JAVA 프로그램을 다운로드한다.

3. MPLAB X IDE 설치하기

실행 1_저장된 mplabx-ide-v1.20 파일 더블 클릭 후 다음 창이 생성된 다음 Next를 클릭한다. 최신 버전인 경우 캡처된 버전과 다를 수 있다.

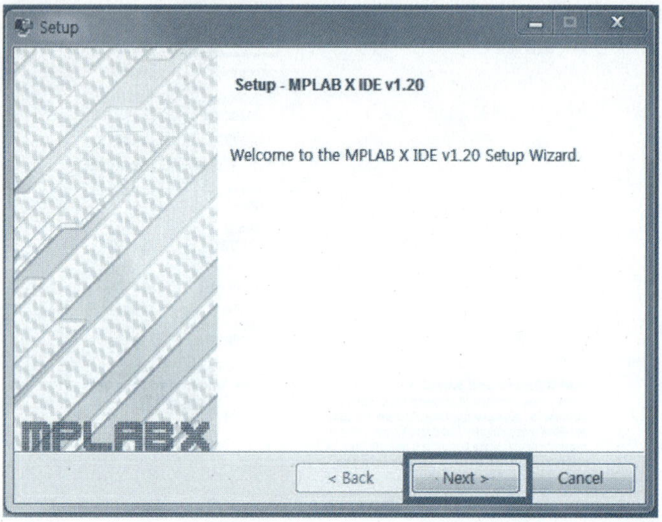

실행 2_License에 대해 "I accept the agreement"를 선택하고 Next를 클릭한다.

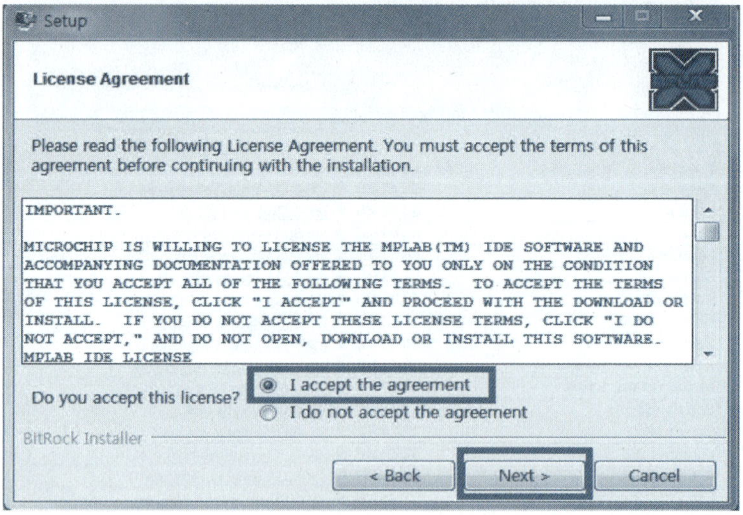

실행 3_설치할 폴더(Installation Directory)를 지정 후 계속해서 설치 폴더 위치 확인하고, Next를 클릭(주의사항 : 다른 폴더에 설치하면 마이크로칩에서 제공하는 애

플리케이션과 라이브러리, 다른 개발 툴, 소스 코드 등이 서로 다른 위치에 있어 정상적인 빌드가 되지 않을 수 있다. 이런 경우 일일이 설치 폴더를 조정해야 함으로 매우 불편한 상황이 발생될 수 있다)한다.

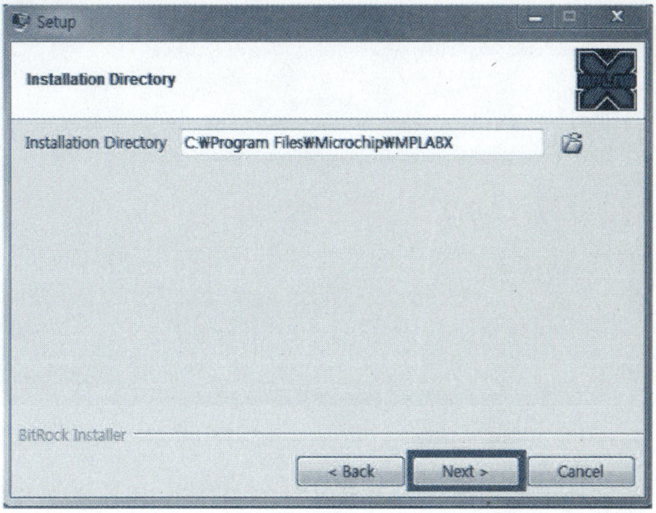

실행 4_폴더를 지정한 후 설치를 위하여 Next를 클릭하면 설치를 시작한다.

①

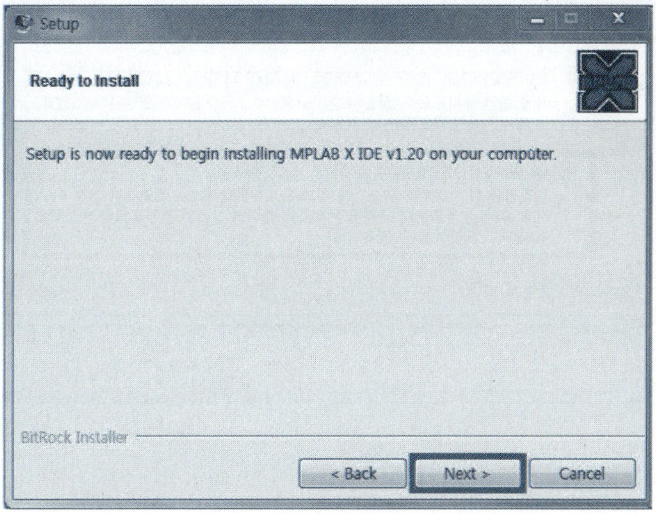

② 설치 중 화면

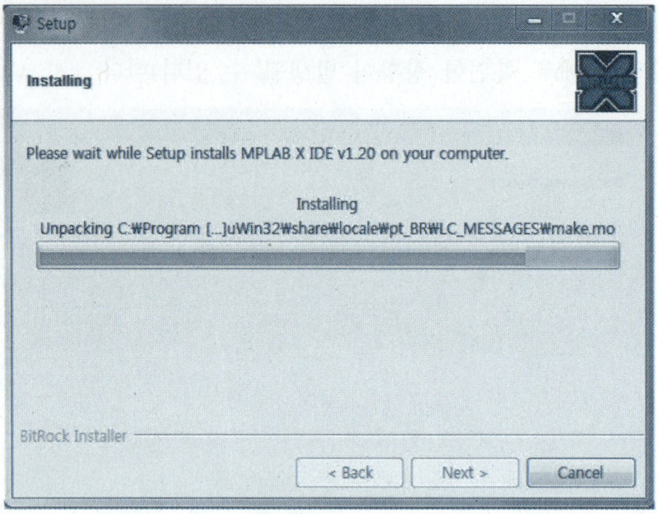

실행 5_보안 경고시 드라이버 소프트웨어를 설치한다. 버튼을 클릭한다.

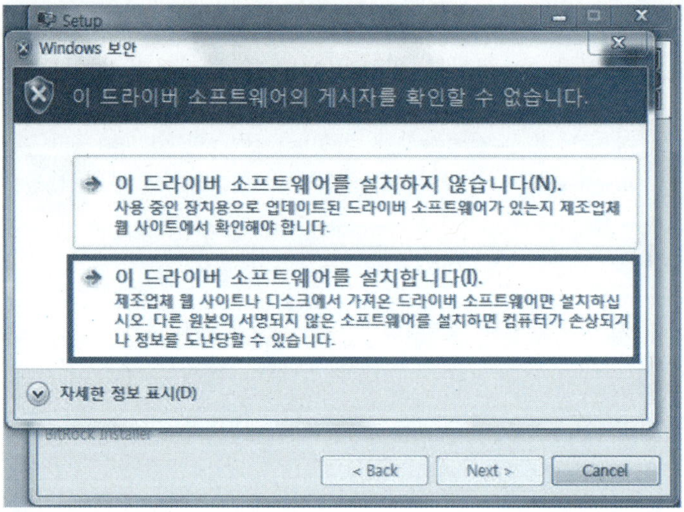

실행 6_MPLAB X IDE v1.2의 설치 완료 확인 후 Finish 버튼을 클릭한다.

①

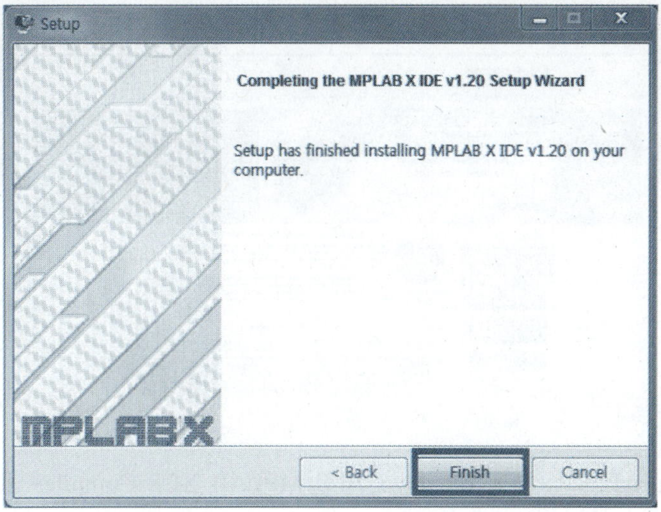

② 바탕 화면에서 MPLAB X IDE v1.20 아이콘 생성 확인(v1.20 이상이면 업데이트된 버전이므로 OK)

4. MPLAB XC8 C컴파일러 설치(8비트 PIC16/18용)

실행 1_MPLAB XC8 Compiler 다운로드(마이크로칩 미국 본사 웹사이트 방문)

MPLAB XC8 컴파일러도 수시로 업데이트하는 것이 좋으며 이후 진행과정에서 버전이 다를 수도 있다.

(http://www.microchip.com/pagehandler/en-us/family/mplabx/#downloads)

실행 2_microchip 사이트에서 MPLAB XC8 Downloads 메뉴(네모 박스 표시줄) 클릭한다.

실행 3_Downloads 메뉴에서 Windows 버전 MPLAB XC8 Compiler v1.00을 다운로드를 클릭(네모 박스 표시)한다.

Title	Date Published	Size	D/L
Windows (x86/x64)			
MPLAB® X IDE v1.20	07/5/2012	301Mb	
MPLAB® X IDE Release Notes / User' Guide v1.20 (supersedes info in installer)	07/5/2012	176KB	
MPLAB® C18 Lite Compiler for PIC18 MCUs v3.40	05/30/2012	73Mb	
MPLAB® XC8 Compiler v1.00	05/30/2012	133Mb	
MPLAB® XC16 Compiler v1.00	05/30/2012	98Mb	
MPLAB® XC32 Compiler v1.00	05/30/2012	105Mb	

참고사항

컴파일러 버전이 계속 업데이트될 수 있으므로 최신 버전을 설치하면 된다(표시 예 : v1.xx 또는 v2.xx).

실행 4_다음과 같이 실행 하면 설치 또는 저장(아래 화살표를 클릭하여 다른 이름으로 저장하기 등도 가능)하면 된다.

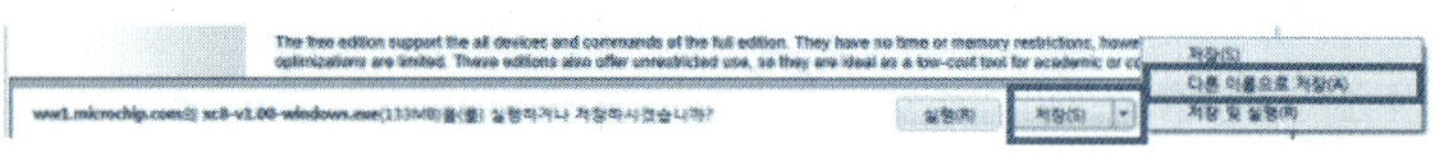

실행 5_xc8-v1.00-windows라는 이름의 파일이 저장된다.

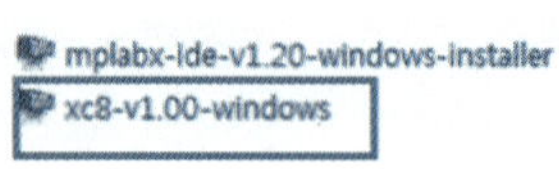

실행 6_xc8-v1.00-windows 실행하기 위하여 파일을 더블클릭하여 실행한다.

실행 7_MPLAB XC8 C Complier창이 생성 후 Next를 클릭한다.

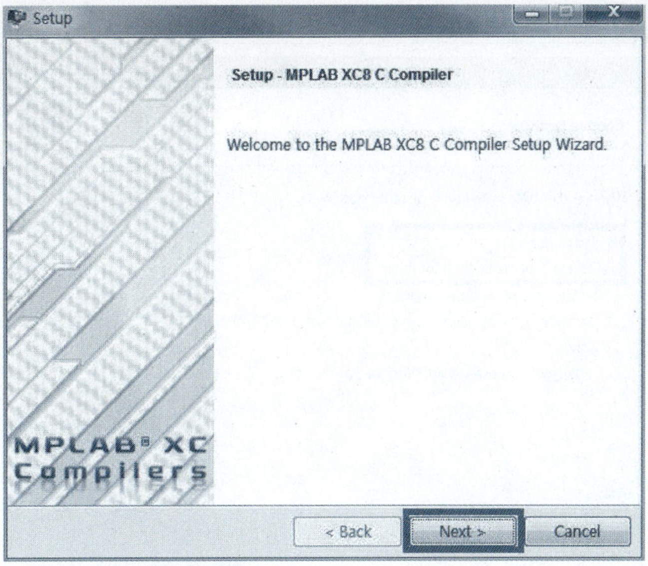

실행 8_License에 대해 “I accept the agreement” 를 선택하고 Next를 클릭한다.

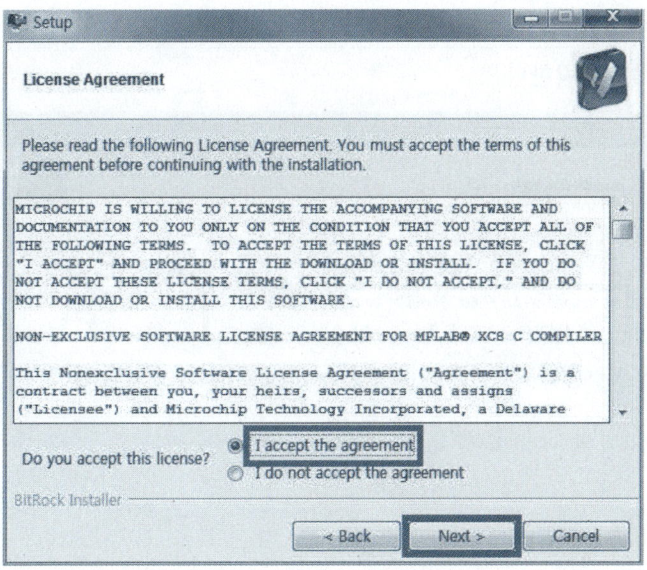

실행 9_인스톨러 선택을 위하여 "Install compiler Install MPLAB XC8 C Complier" 선택 후 Next를 클릭한다.

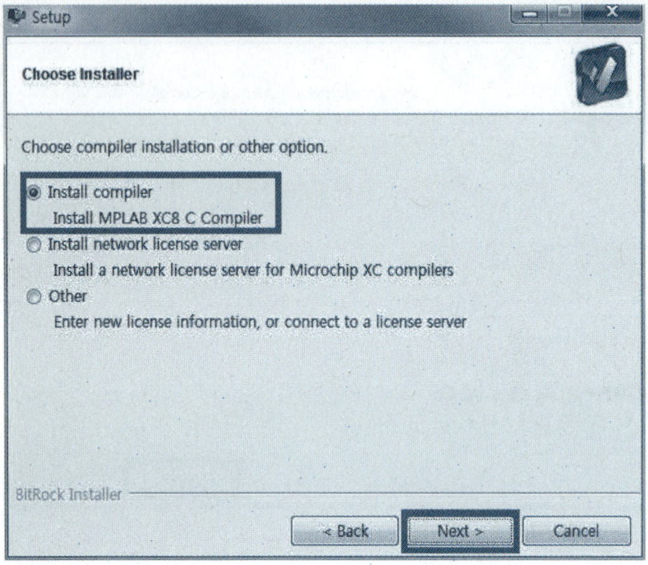

실행 10_Install Type를 선택하기 위하여 Install MPLAB XC8 Compiler…… 선택 후 Next를 클릭한다.

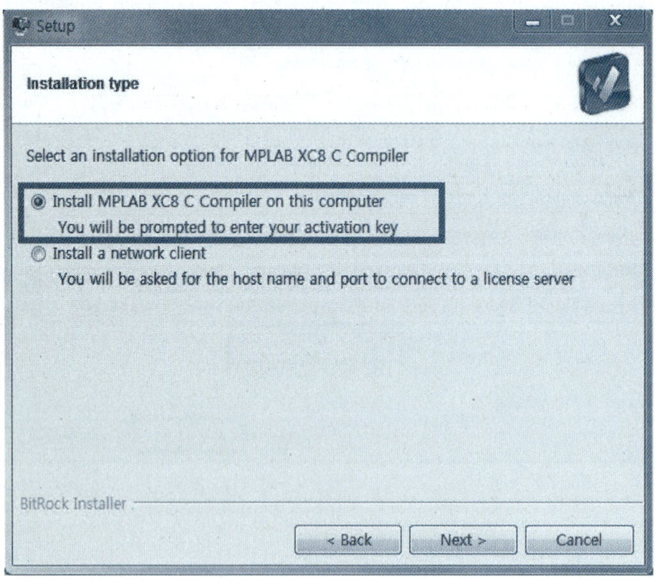

실행 11_License Activation Key는 이 컴파일러를 구매할 경우 발행되는 입력 키 값으로 여기에서는 공란(입력하지 않음) 상태로 Next를 클릭한다.

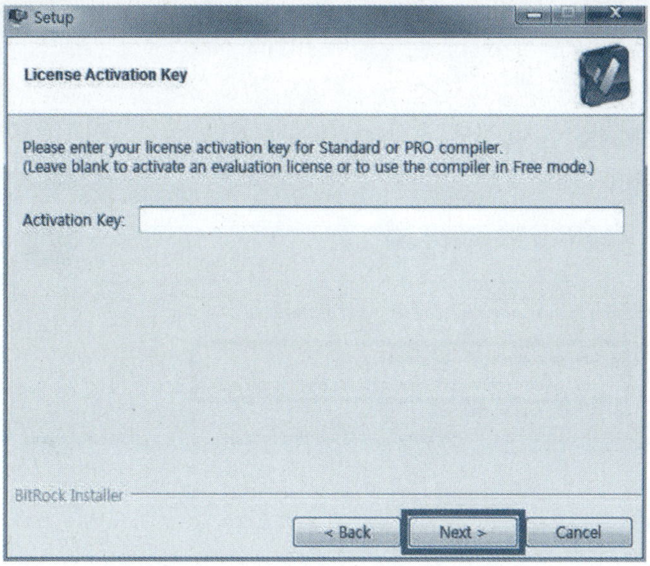

실행 12_메시지창에서 "예" 를 클릭하면 Free 버전으로 사용 또는 60일간 PRO 버전으로 단 한번 사용이 가능 선택 창으로 전환이 되고(추후 기간만료 후에는 PRO 버전 사용 불가능함), "아니오"를 클릭하면 현 윈도우창에서 키 값을 기다리게 된다.

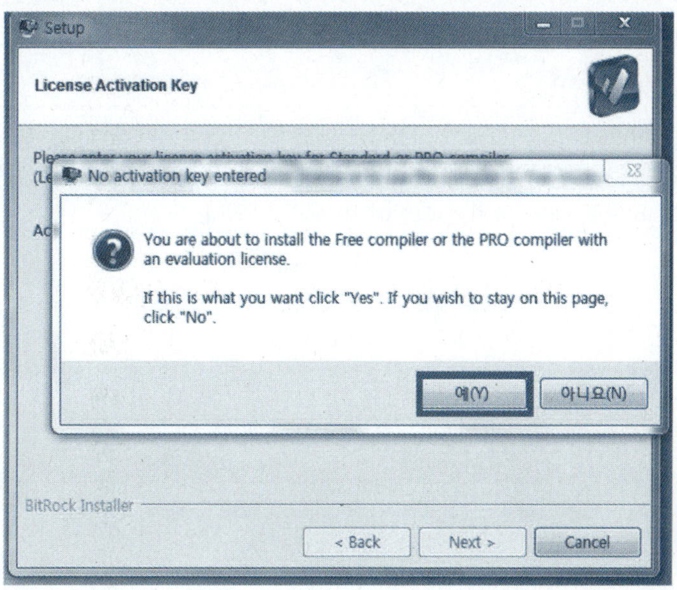

참고사항

XC8 컴파일러는 버전마다 다른 최적화(Optimization)를 가지고 있다. 앞의 실행 11에서 공란으로 입력하여 Free 버전으로 사용한다. 최적화를 높일 경우 STD(스탠다드) 버전 또는 PRO 버전으로 구매를 해야 하며, 이 책에서 실습은 모두 Free 버전을 사용한다.

실행 13__Free Mode 설치 선택 후 Next를 클릭한다.

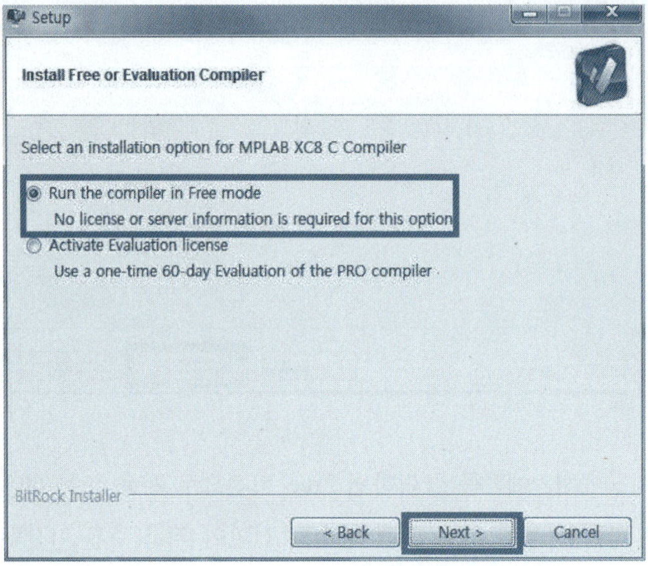

실행 14__설치할 폴더(Installation Directory)를 지정 후 계속해서 설치 폴더 위치 확인 하고, Next를 클릭한다.

주의사항

다른 폴더에 설치하면 마이크로칩에서 제공하는 애플리케이션과 라이브러리, 다른 개발 툴, 소스 코드 등이 서로 다른 위치에 있어 정상적인 빌드가 되지 않을 수 있다. 이런 경우, 일일이 설치 폴더를 조정해야 하므로 매우 불편한 상황이 발생될 수 있다.

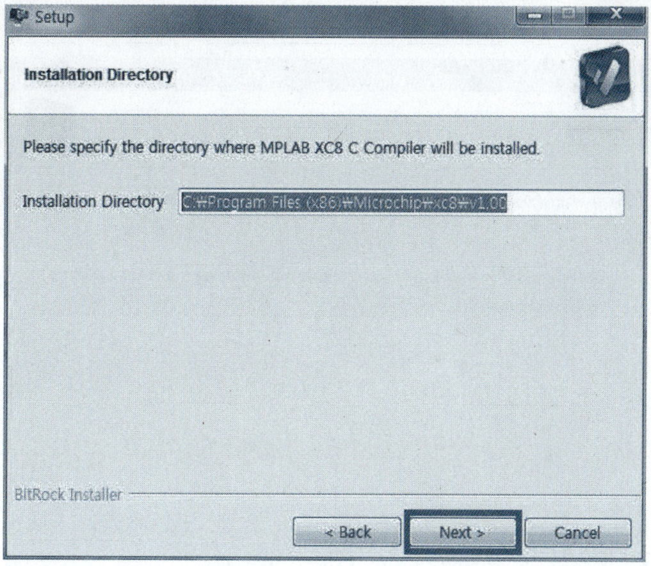

실행 15_Next를 클릭하여 설치를 시작한다.

①

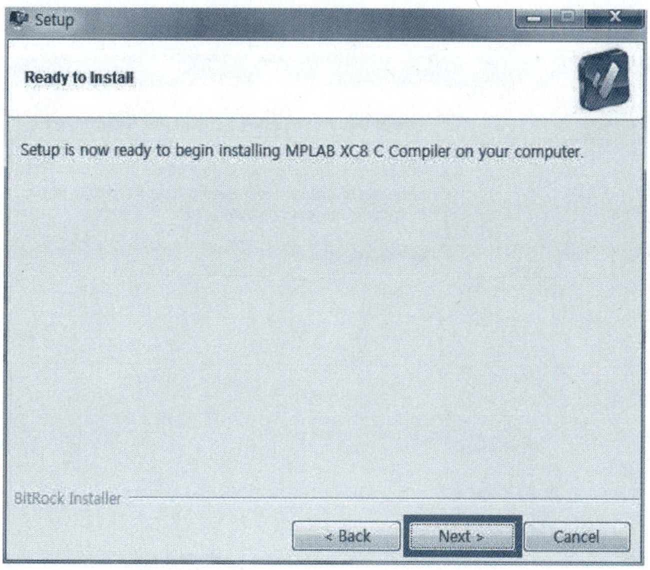

② 설치 중 화면이다.

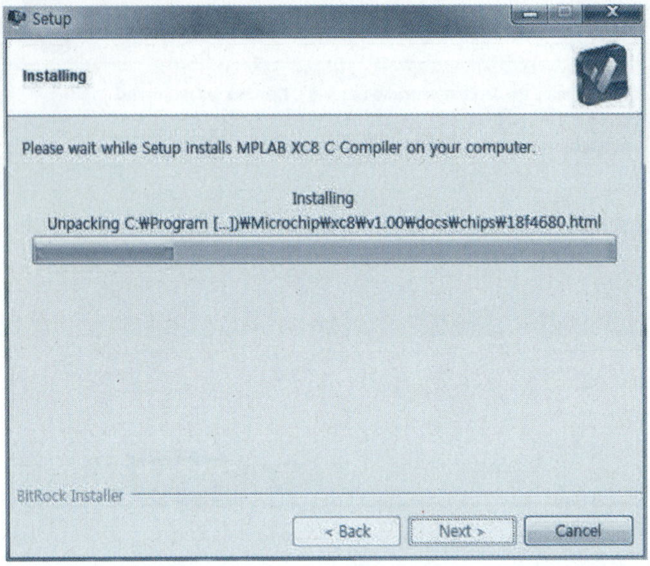

실행 16_MPLAB XC8 C Compiler 설치 완료 확인 후 Finish 버튼을 클릭한다.

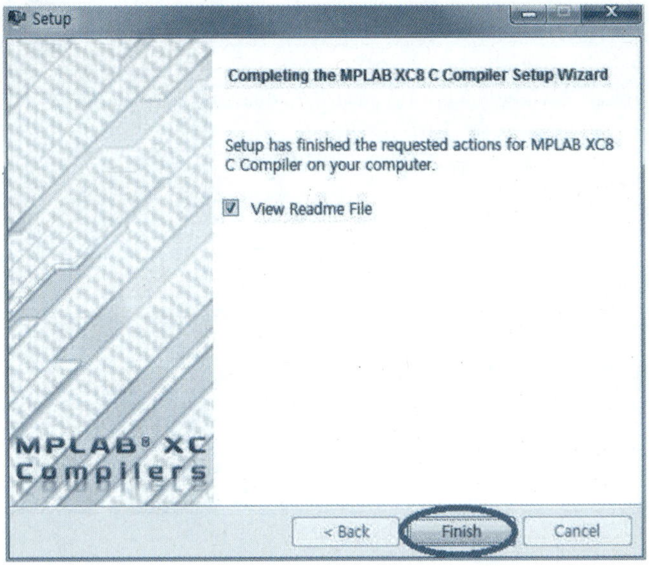

실행 17_설치 완료 후, Readme 윈도우 창에서 간단한 설명을 확인한다.

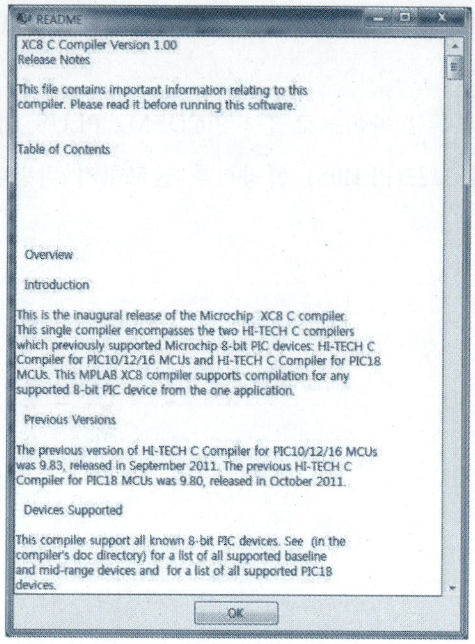

참고사항

마이크로칩 개발환경 설치중 문제시에는 www.microchipkorea.com에 가면 FAQ, 기술 문의란을 참고하고, 직접 전화로 기술 문의도 가능하다.

5. 마이크로칩 8비트 PIC 마이컴 실습 하드웨어 셋업

1) 실습에 필요한 하드웨어 개발 장비

- PICKIT3 디버거(Debugger) 및 USB 케이블 1set(http://www.microchip.com/stellent/idcplg?IdcService=SS_GET_PAGE&nodeId=1406&dDocName=en538340에서 User Guide(회로도 포함) 참조) (참고 사항 : ICD2, ICD3, PICKit2, Real ICE 등도 사용이 가능하다. 이 실습에서는 PICKit3를 사용함)
- PICDEM 2 PLUS 데모 보드 1대(www.microchip.com/picdem2 plus에서 User Guide(회로도, 데모 소스 코드 포함) 참조
  - USB-시리얼 케이블 및 드라이버 1set

- 9V 전원 공급기(Power Supply) 1대

또는 인셈(INSEM) 8bit PIC 평가 보드(PEB08)(www.interrupt.co.kr) 1대

보다 자세한 사항은 부록 I 마이크로칩사 PICDEM2 PLUS 데모 보드 설명서, 부록 II INSEM 88bit PIC 평가 보드(PEB08) 설명서를 참고하기 바란다.

II부

마이크로칩 8비트 PIC 마이크로컨트롤러의 주변장치 응용실습

6장

입출력 포트 응용실습

1. PIC16F1939 마이크로컨트롤러의 입출력 포트

1) PORT A

PORT A는 8비트 양방향 입출력 포트로 사용하기 위해서 TRISA(PORTA TRI-STATE)레지스터와 PORTA 레지스터를 읽거나 씀으로 인해서 PORT A를 디지털 입출력으로 사용할 수 있다.

TRISA 레지스터의 값이 "1"일 경우에는 입력을 "0"일 경우에는 출력으로 사용 가능하다.

아래 PORTA와 관련된 레지스터는 PORTA의 핀들이 각각 다른 기능들을 함께 가지고 있어서 초기화시에 이들 레지스터들을 함께 고려하여 초기화 및 구동하여야 한다. 이후 다른 포트들도 마찬가지이다.

표 6-1 TRISA와 PORTA 레지스터

Address	Name	Bit7	Bit6	Bit5	Bit4	Bit3	Bit2	Bit1	Bit0
		초기값							
00Ch	PORTA	RA7	RA6	RA5	RA4	RA3	RA2	RA1	RA0
		–	–	0	–	0	0	0	0
08Ch	TRISA	PORTA Data Direction Register							
		1	1	1	1	1	1	1	1

표 6-2 PORTA와 관련된 레지스터

Name	Bit7	Bit6	Bit5	Bit4	Bit3	Bit2	Bit1	Bit0
ADCON0	–	CHS〈4:0〉					GO/DONE	ADON
ADCON1	ADFM	ADCS〈2:0〉			–	ADPREF	ADPREF〈1:0〉	
ANSELA	–	–	ANSA5	ANSA4	ANSA3	ANSA2	ANSA1	ANSA0
APFCON	–	CCP3SEL	T1GSEL	P2BSEL	SRNQSEL	C2OUTSEL	SSSEL	CCP2SEL
CM1CON0	C1ON	C1OUT	C1OE	C1POL	–	C1SP	C1HYS	C1SYNC
CM2CON0	C2ON	C2OUT	C2OE	C2POL	–	C2SP	C2HYS	C2SYNC
CM1CON1	C1NTP	C1INTN	C1PCH〈1:0〉		–	–	C1NCH〈1:0〉	
CM2CON1	C2NTP	C2INTN	C2PCH〈1:0〉		–	–	C2NCH〈1:0〉	
CPSCON0	CPSON	CPSRM	–	–	CPSRNG〈1:0〉		CPSOUT	T0XCS
CPSCON1	–	–	–	–	CPSCH〈3:0〉			
DACCON0	DACEN	DACLPS	DACOE	–	DACPSS〈1:0〉		–	DACNSS
LATA	LATA7	LATA6	LATA5	LATA4	LATA3	LATA2	LATA1	LATA0
LCDCON	LCDEN	SLPEN	WERR	–	CS〈1:0〉		LMUX〈1:0〉	
LCDSE0	SE7	SE6	SE5	SE4	SE3	SE2	SE1	SE0
LCDSE1	SE15	SE14	SE13	SE12	SE11	SE10	SE9	SE8
OPTION_REG	WPUEN	INTEDG	TRMOCS	TRMOSE	PAS	PS〈2:0〉		
PORTA	RA7	RA6	RA5	RA4	RA3	RA2	RA1	RA0
SRCON0	SRLEN	SRCLK〈2:0〉			SRQEN	SRNQEN	SRPS	SRPR
SSPCON1	WCOL	SSPOV	SSPEN	CKP	SSPM〈3:0〉			
TRISA	TRISA7	TRISA6	TRISA5	TRISA4	TRISA3	TRISA2	TRISA1	TRISA0

2) PORT B

PORT B는 8비트 양방향 입출력 포트로 사용하기 위해서 TRISB와 PORTB 레지스터를 읽거나 씀으로 인해서 PORT B를 디지털 입출력으로 사용할 수 있다.

TRISB 레지스터의 값이 "1"일 경우에는 입력을 "0"일 경우에는 출력으로 사용 가능하다.

표 6-3 TRISB와 PORTB 레지스터

Address	Name	Bit7	Bit6	Bit5	Bit4	Bit3	Bit2	Bit1	Bit0
		초기값							
00Dh	PORTB	RB7	RB6	RB5	RB4	RB3	RB2	RB1	RB0
		x	x	x	x	x	x	x	x
08Dh	TRISB	PORTB Data Direction Register							
		1	1	1	1	1	1	1	1

표 6-4 PORTB와 관련된 레지스터

Name	Bit7	Bit6	Bit5	Bit4	Bit3	Bit2	Bit1	Bit0
ADCON0	–	CHS〈4:0〉					GO/DONE	ADON
ANSELB	–	–	ANSB5	ANSB4	ANSB3	ANSB2	ANSB1	ANSB0
APFCON	–	CCP3SEL	T1GSEL	P2BSEL	SRNQSEL	C2OUTSEL	SSSEL	CCP2SEL
CCPxCON	PxM〈1:0〉		DExB〈1:0〉		CCPxM〈3:0〉			
CPSCON0	CPSON	CPSRM	–	–	CPSRNG〈1:0〉		CPSOUT	T0XCS
CPSCON1	–	–	–	–	CPSCH〈3:0〉			
INTCON	GIE	PEIE	TRM0IE	INTE	IOCIE	TMR0IF	INTF	IOCIF
IOCBP	IOCBP7	IOCBP6	IOCBP5	IOCBP4	IOCBP4	IOCBP2	IOCBP1	IOCBP0
IOCBN	IOCBN7	IOCBN6	IOCBN5	IOCBN4	IOCBN3	IOCBN2	IOCBN1	IOCBN0
IOCBF	IOCBF7	IOCBF6	IOCBF5	IOCBF4	IOCBF3	IOCBF2	IOCBF1	IOCBF0
LATB	LATB7	LATB6	LATB5	LATB4	LATB3	LATB2	LATB1	LATB0
LCDCON	LCDEN	SLPEN	WERR	–	CS〈1:0〉		LMUX〈1:0〉	
LCDSE0	SE7	SE6	SE5	SE4	SE3	SE2	SE1	SE0
LCDSE1	SE15	SE14	SE13	SE12	SE11	SE10	SE9	SE8
OPTION_REG	WPUEN	INTEDG	TMR0CS	TMR0SE	PSA	PS〈2:0〉		
PORTB	RB7	RB6	RB5	RB4	RB3	RB2	RB1	RB0
T1GCON	TMR1GE	T1GPOL	T1GTM	T1GSPM	T1GGO/DONE	T1GVAL	T1GSS〈1:0〉	
TRISB	TRISB7	TRISB6	TRISB5	TRISB4	TRISB3	TRISB2	TRISB1	TRISB0
WPUB	WPUB7	WPUB6	WPUB5	WPUB4	WPUB3	WPUB2	WPUB1	WPUB0

3) PORT C

PORT C는 8비트 양방향 입출력 포트로 사용하기 위해서 TRISC와 PORTC 레지스터를 읽거나 씀으로 인해서 PORT C를 디지털 입출력으로 사용할 수 있다.

TRISC 레지스터의 값이 "1"일 경우에는 입력을 "0"일 경우에는 출력으로 사용 가능하다.

표 6-5 TRISC와 PORTC 레지스터

Address	Name	Bit7	Bit6	Bit5	Bit4	Bit3	Bit2	Bit1	Bit0
		초기값							
00Eh	PORTC	RC7	RC6	RC5	RC4	RC3	RC2	RC1	RC0
		x	x	x	x	x	x	x	x
08Eh	TRISC	PORTB Data Direction Register							
		1	1	1	1	1	1	1	1

표 6-6 PORTC와 관련된 레지스터

Name	Bit7	Bit6	Bit5	Bit4	Bit3	Bit2	Bit1	Bit0
APFCON	–	CCP3SEL	T1GSEL	P2BSEL	SRNQSEL	C2OUTSEL	SSSEL	CCP2SEL
CCPxCON	PxM〈1:0〉		DCxB〈1:0〉		CCPxM〈3:0〉			
LATC	LATC7	LATC6	LATC5	LATC4	LATC3	LATC2	LATC1	LATC0
LCDCON	LCDEN	SLPEN	WERR	–	CS〈1:0〉		LMUX〈1:0〉	
LCDSE0	SE7	SE6	SE5	SE4	SE3	SE2	SE1	SE0
LCDSE1	SE15	SE14	SE13	SE12	SE11	SE10	SE9	SE8
PORTC	RC7	RC6	RC5	RC4	RC3	RC2	RC1	RC0
RCSTA	SPEN	RX9	SREN	CREN	ADDEN	FERR	OERR	RX9D
SSPCON1	WCOL	SSPOV	SSPEN	CKP	SSPM〈3:0〉			
SSPSTAT	SMP	CKE	D/A	P	S	R/W	UA	BF
T1CON	TMR1CS〈1:0〉		T1CKPS〈1:0〉		T1OSCEN	T1SYNC	–	TMR1OM
TXSTA	CSRC	TX9	TXEN	SYNC	–	BRGH	TRMT	TX9D
TRISC	TRISC7	TRISC6	TRISC5	TRISC4	TRISC3	TRISC2	TRISC1	TRISC0

4) PORT D

PORT D는 8비트 양방향 입출력 포트로 사용하기 위해서 TRISD와 PORTD 레지스터를 읽거나 씀으로 인해서 PORT D를 디지털 입출력으로 사용할 수 있다.

디지털 입출력 단자로 사용할 경우에는 스미트 트리거 입력(Schmitt Trigger Input) 버퍼를 이용하여 입력을 받아들이게 된다. 이는 잡음에 강한 성능을 발휘한다.

TRISD 레지스터의 값이 "1"일 경우에는 입력을 "0"일 경우에는 출력으로 사용 가능하다.

표 6-7 TRISD와 PORTD 레지스터

Address	Name	Bit7	Bit6	Bit5	Bit4	Bit3	Bit2	Bit1	Bit0
		초기값							
00Fh	PORTD	RD7	RD6	RD5	RD4	RD3	RD2	RD1	RD0
		x	x	x	x	x	x	x	x
08Fh	TRISD	PORTB Data Direction Register							
		1	1	1	1	1	1	1	1

표 6-8 PORTD와 관련된 레지스터

Name	Bit7	Bit6	Bit5	Bit4	Bit3	Bit2	Bit1	Bit0
ANSELD	ANSD7	ANSD6	ANSD5	ANSD4	ANSD3	ANSD2	ANSD1	ANSD0
CCPxCON	PxM⟨1:0⟩		DCxB⟨1:0⟩		CCPxM⟨3:0⟩			
CPSCON0	CPSON	CPSRM	–	–	CPSRNG⟨1:0⟩		CPSOUT	T0XCS
CPSCON1	–	–	–	–	CPSCH⟨3:0⟩			
LATD	LATD7	LATD6	LATD5	LATD4	LATD3	LATD2	LATD1	LATD0
LCDCON	LCDEN	SLPEN	WERR	0	CS⟨1:0⟩		LMUX⟨1:0⟩	
LCDSE2	SE23	SE22	SE21	SE20	SE19	SE18	SE17	SE16
PORTD	RD7	RD6	RD5	RD4	RD3	RD2	RD1	RD0
TRISD	TRISD7	TRISD6	TRISD5	TRISD4	TRISD3	TRISD2	TRISD1	TRISD0

5) PORT E

PORT E는 8비트 양방향 입출력 포트로 사용하기 위해서 TRISE와 PORTE 레지스터를 읽거나 씀으로 인해서 PORT E를 디지털 입출력으로 사용할 수 있다.

디지털 입출력 단자로 사용할 경우에는 스미트 트리거 입력(schmitt trigger input) 버퍼를 이용하여 입력을 받아들이게 된다. 이는 잡음에 강한 성능을 발휘한다.

TRISE 레지스터의 값이 “1”일 경우에는 입력을 “0”일 경우에는 출력으로 사용 가능하다.

표 6-9 PORTE와 관련된 레지스터

Name	Bit7	Bit6	Bit5	Bit4	Bit3	Bit2	Bit1	Bit0
ADCON0	–	CHS⟨4:0⟩					GO/DONE	ADON
ANSELE	–	–	–	–	–	ANSE2	ANSE1	ANSE0
CCPxCON	PxM⟨1:0⟩		DCxB⟨1:0⟩		CCPxM⟨3:0⟩			
LATE	–	–	–	–	–	LATE2	LATE1	LATE0
LCDCON	LCDEN	SLPEN	WERR	–	CS⟨1:0⟩		LMUX⟨1:0⟩	
LCDSE2	SE23	SE22	SE21	SE20	SE19	SE18	SE17	SE16
PORTE	–	–	–	–	RE3	RE2	RE1	RE0

Name	Bit7	Bit6	Bit5	Bit4	Bit3	Bit2	Bit1	Bit0
TRISE	–	–	–	–	–	TRISE2	TRISE1	TRISE0
WPUE	–	–	–	–	WPUE3	–	–	–

2. PIC16F1939 PORTB 입출력(In/Out) 설정 관련 레지스터 설명

(1) TRISB 레지스터

PORTB 포트(RB7~RB0 핀)에 대한 입출력 설정을 그림 6-1처럼 같이 TRISB 레지스터에 0×16이라는 값을 C언어로는 TRISB = 0×16; 라고 프로그램을 코딩하면,

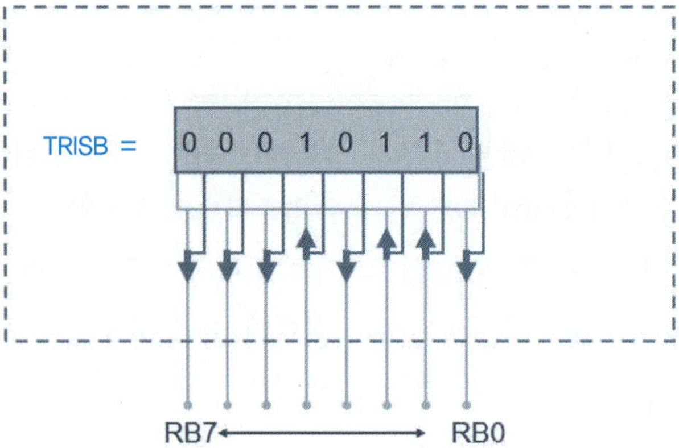

그림 6-1 TRISB 설정(0x16)으로 PORTB 핀의 입출력 설정결과 예

즉, RB0핀은 출력(0V 또는 +5V로 출력 가능), RB1핀은 입력(0V 또는 +5V 전압을 입력받음) 등으로 설정이 된다.

필요 소스 코딩 : LED 4개가 RB0, RB1, RB2, RB3로 연결되어 있으므로 TRISB = 0×00; 또는 TRISB = 0×F0; 로 하위 4비트는 모두 0으로 설정해야 한다.

(2) PORTB 레지스터

PORTB 레지스터에 출력이면 2진수 또는 16진수 값을 써넣어야 한다.

예 PORTB = 0xAA;

또한, 입력이면 변수 등으로 값을 읽어올 수 있다.

예 a = PORTB; //a는 8비트 변수(char)

그림 6-2와 같이 각 RB0~RB7 핀에 각각 0V 또는 +5V 전압이 출력된다.

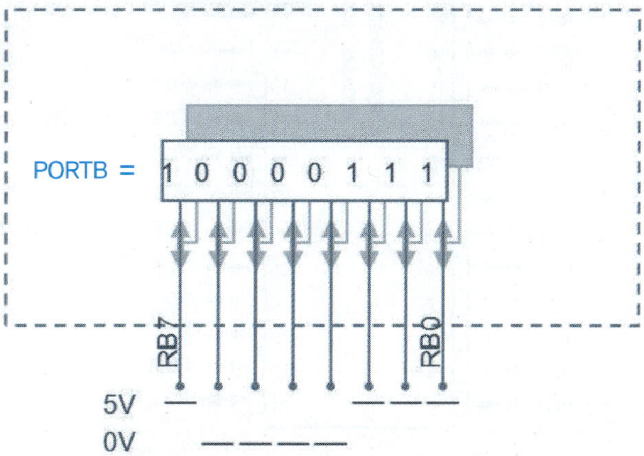

그림 6-2 각 RB0~RB7 핀에 각각 0V 또는 +5V 전압출력

필요 소스 코딩: LED 4개가 RB0, RB1, RB2, RB3으로 연결되어 있으므로 PORTB = 0x00; 이면 모든 LED가 Off되고, PORTB = 0x0F; 가 되면 모든 LED가 On이 된다. 또한, 각 핀별로 제어를 하려면 RB0 = 0;이면 LED D2가 Off가 되고, RB0 = 1; 이면 On이 된다(다른 비트 RB1, RB2, RB3도 마찬가지로 가능하다).

3. PIC16F1939의 PORTB 초기화

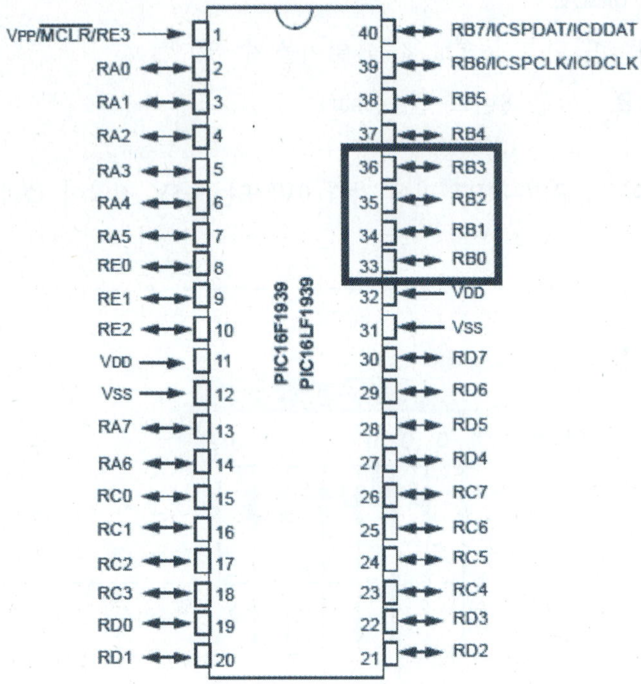

그림 6-3 RB0~RB3 핀들 여러 기능

1번 핀부터 40번 핀까지 각 핀들은 동시에 여러 기능이 있다. 보통은 한 기능으로 설정하여 사용한다. 위 RB0~RB3 핀들도 여러 기능이 있는 것을 알 수 있다(사각형 표시)

여기서 중요한 것은 각 핀마다 RB0/AN12....... 라고 쓰여 있고, ANxx 기능이 있다는 것이다. 이 ANxx 핀 기능은 아날로그 전압을 디지털 값으로 변환하는 기능(A/D 컨버전 기능)을 하는 핀들이다. 초기화시에 잊지 말아야 할 것은 바로 ANxx 핀들은 전원을 인가 시에 무조건 디지털 입출력 핀이 아닌 A/D 컨버전 입력핀으로 설정된다는 것이다. 이 경우 위에서 설명한 TRISB 레지스터 설정만으로는 디지털 입출력으로 동작이 되지 않는다.

필요 소스 코딩: 바로 위에서 설명한 ANxx 핀들의 A/D 컨버전 입력 설정을 해제하기 위해서 ANSELB = 0; //AN9 ~ AN13 핀들을 모두 디지털 입/출력으로 설정해서 코딩해야 한다.

실습예제 : I/O 포트를 이용한 스위치, LED 입출력 구동실습

5장에서 개발환경 설정이 완료한 후 6장 이후에는 PICDEM 2 Plus 보드 혹은 인셈(INSEM) 8비트 PIC 평가 보드를 선택하여 다음과 같이 실습을 진행한다.

1) 실습목표

(1) Microchip PICDEM 2 PLUS 보드 사용시

- PIC16F1939 PIC 마이크로컨트롤러 입출력 포트 초기화 설정
- 포트 B(RB0~RB7핀) 중에 RB0~RB3핀까지 LED 출력 설정
- 포트 A(RA0~RA5핀) 중에 RA4핀을 스위치(S2) 입력 설정
- 딜레이 함수 소스 코딩
- 스위치(S2)를 누를 때마다 LED D2~D3 4비트 2진 카운트값 출력

(2) INSEM 8bit PIC 평가 보드 사용시

- PIC16F1939 PIC 마이크로컨트롤러 입출력 포트 초기화 설정
- 포트 D(RD0~RD7핀) 중에 RD0~RD3핀까지 LED 출력 설정
- 포트 B(RB0~RB7핀) 중에 RB0핀을 스위치(SW1) 입력 설정
- 딜레이 함수 소스 코딩
- 스위치(SW1)를 누를 때마다 LED D1~D4 4비트 2진 카운트값 출력

2) 실습회로

(1) Microchip PICDEM 2 PLUS 보드 또는 자작 보드 사용시

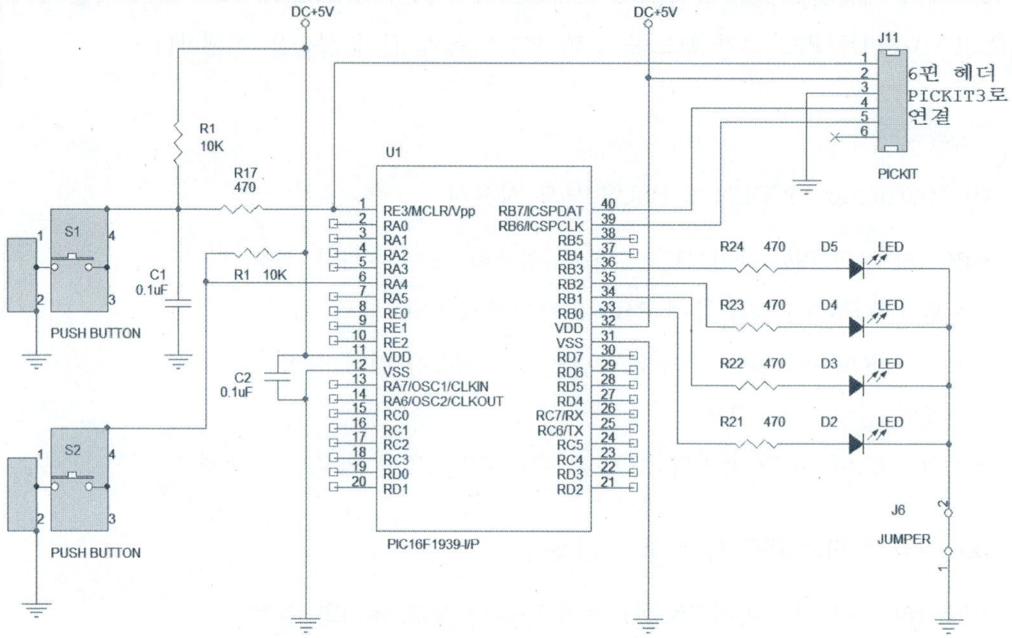

그림 6-4 PICDEM 2 PLUS 보드의 I/O 회로도

(2) INSEM 8bit PIC 평가 보드 사용시

다른 점퍼들은 모두 제거하고 아래 언급한 점퍼들만 연결한다.

① 보드 전원부 세팅 및 회로

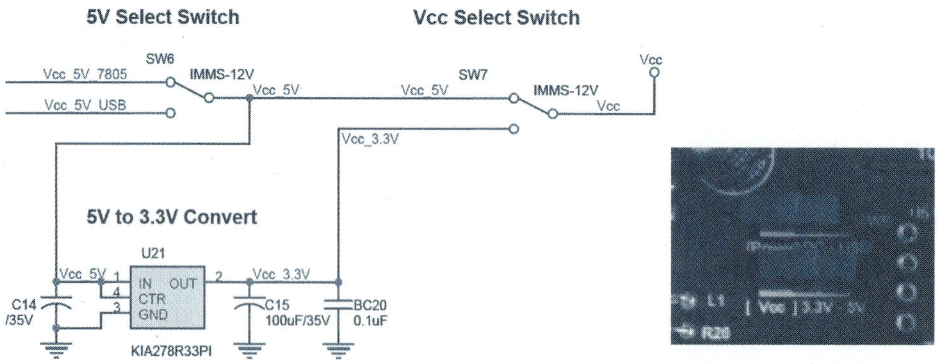

그림 6-5 보드 전원부 세팅 및 회로

위 그림과 같이 SW6(위)과 SW7(아래)의 설정은 현재 보드에 전원장치로 전원을 공급하므로, SW6은 Power DC 방향(왼쪽)으로 SW7은 PIC MCU의 Vdd 핀으로 전원공급 전압을 선택하는 스위치로 이 실습에서는 +5V 동작이므로 SW7은 5V(오른쪽)으로 선택한다.

② 40PIN PIC16F1939 주변 회로

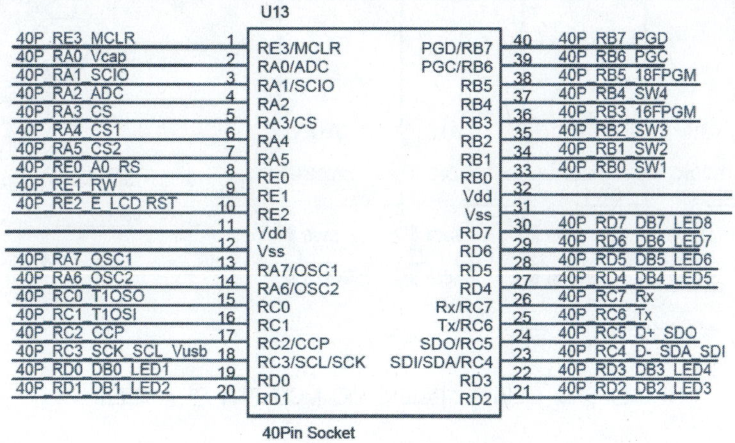

그림 6-6 40PIN PIC16F1939 주변 회로

③ LED 회로도와 PIC MCU 핀과 연결 회로도

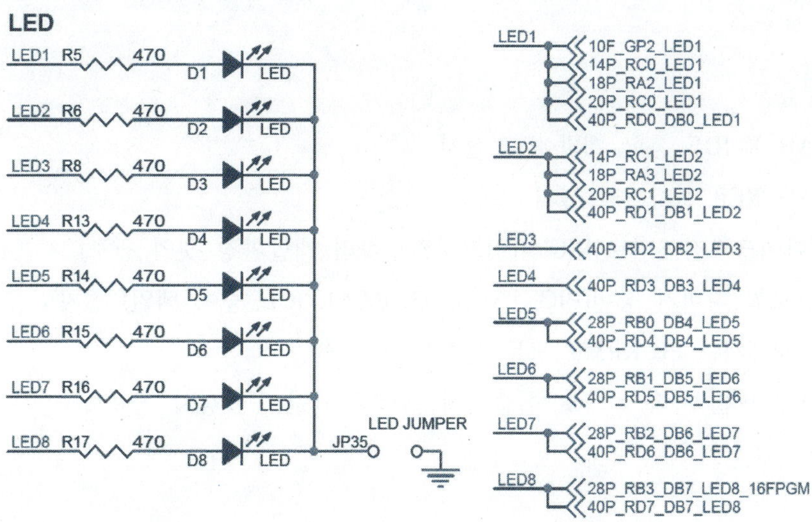

그림 6-7 LED 회로도와 PIC MCU 핀과 연결 회로도

JP35는 점퍼로 연결되어야 한다.

④ 스위치 회로도와 PIC MCU 핀과 연결 회로도

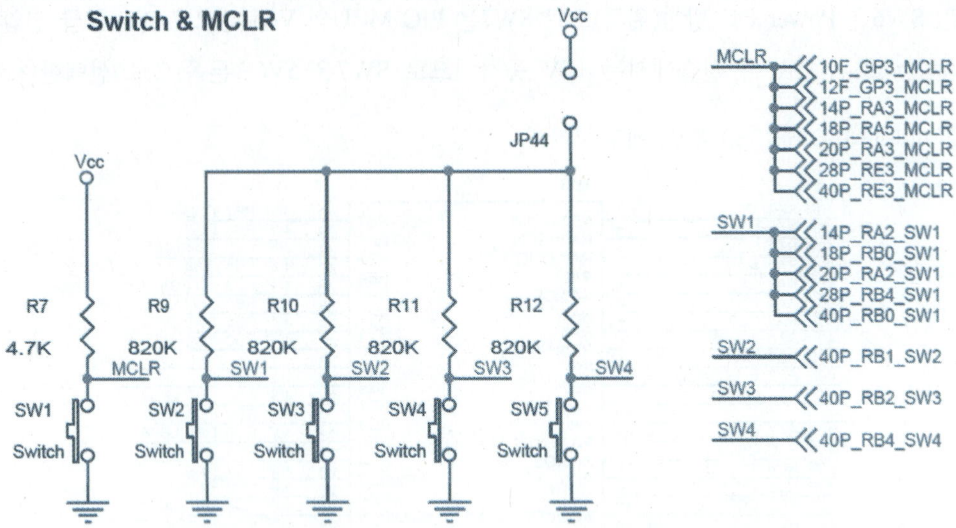

그림 6-8 스위치 회로도와 PIC MCU 핀과 연결 회로도

JP44는 점퍼로 연결되어야 한다.

※ 참고사항: Vcap핀에는 0.1uF콘덴서를 연결해야하나 이 실습에서는 사용하지 않음.

3) 실습환경

- MPLAB X IDE 통합 개발 SW 설치
- MPLAB XC8 컴파일러 설치
  (5장 마이크로칩 8비트 PIC 마이크로컨트롤러 개발환경 셋업 참조)
- 마이크로칩 디버거 장비(PICKit3, ICD3, REAL ICE 중에 택일) 설치
  (이 교재에서는 PICKit3로 모든 실습을 함)
- 전원 9V 또는 자작 보드로 실습시에는 +5V 전원 공급장치 필요

(1) Microchip PICDEM 2 PLUS 보드 사용시 연결 사진

그림 6-9 PICDEM 2 PLUS 보드 사용시 연결 사진

(2) INSEM 8bit PIC 평가 보드 사용시 연결 사진

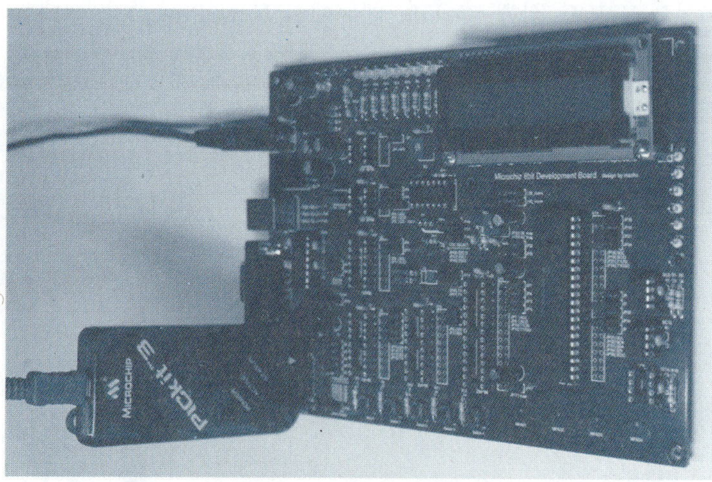

그림 6-10 INSEM 8bit PIC 평가 보드 사용시 연결 사진

(3) 자작 보드 사용시 연결 구성도

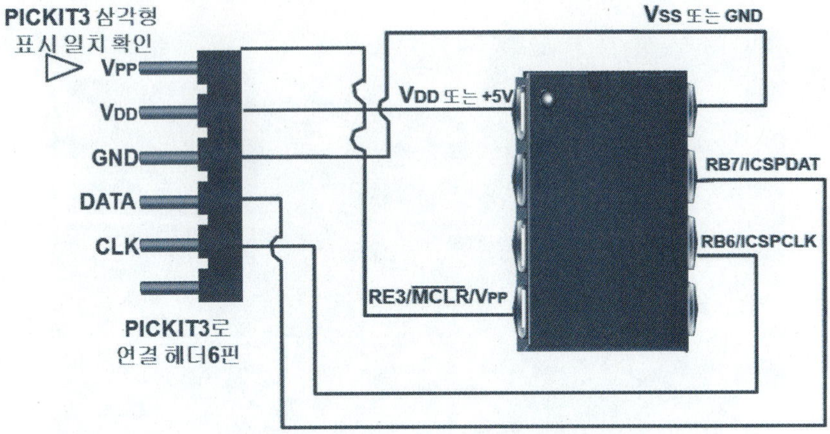

그림 6-11 자작 보드 사용시 연결 구성도

4) 실습 코딩 순서

Step 1 MPLAB X IDE를 이용한 새 프로젝트 만들기

실행 1_MPLAB X IDE 실행 후 File 메뉴에서 New Project를 선택한다.

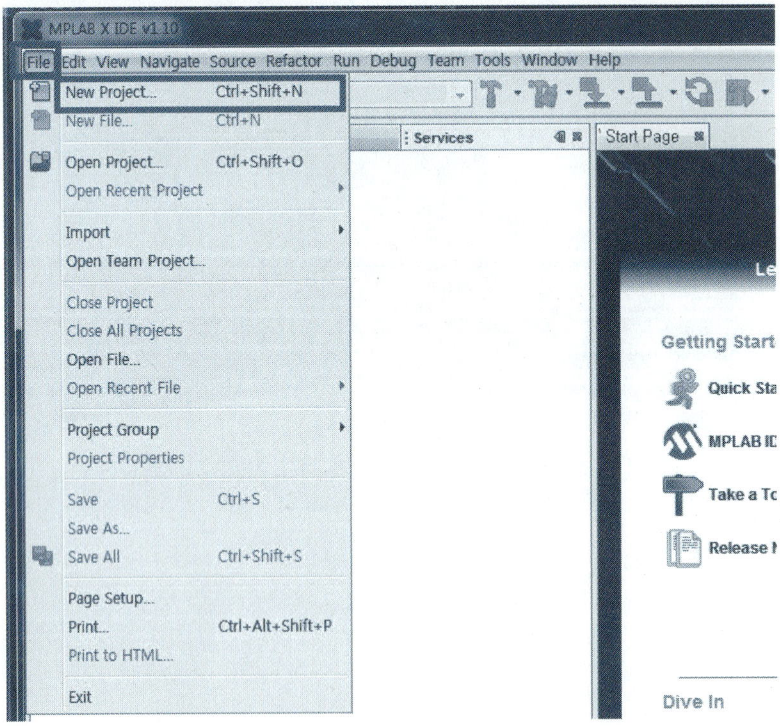

실행 2_프로젝트 선택에서 Categories에서 Microchip Embedded 선택 후 Projects에서 Standalone Project 선택, 그리고 Next를 클릭한다.

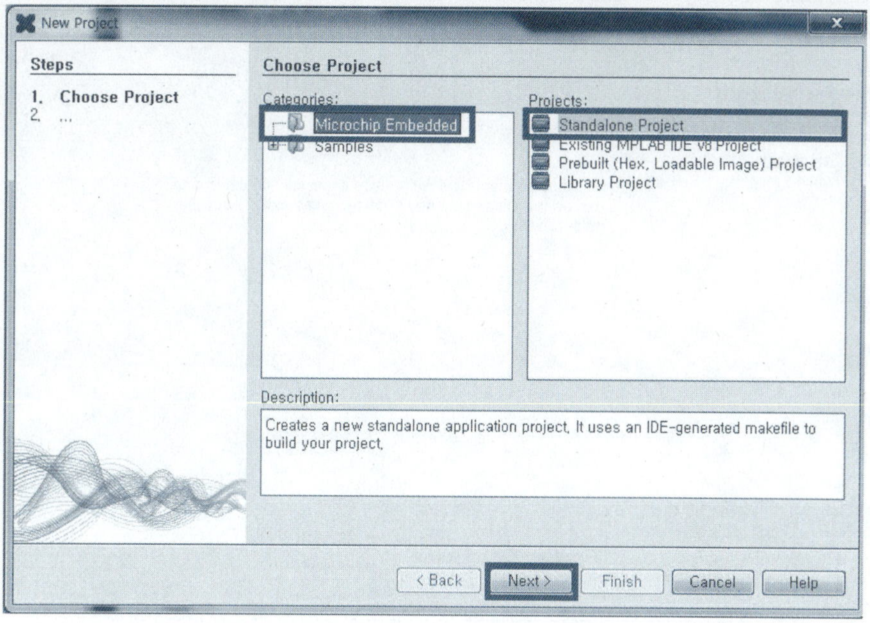

실행 3_Device 선택에서 Family에서 Mid-Range 8bit MCU ..... 선택, Device에서 PIC16F1937 선택 후 Next를 클릭한다.

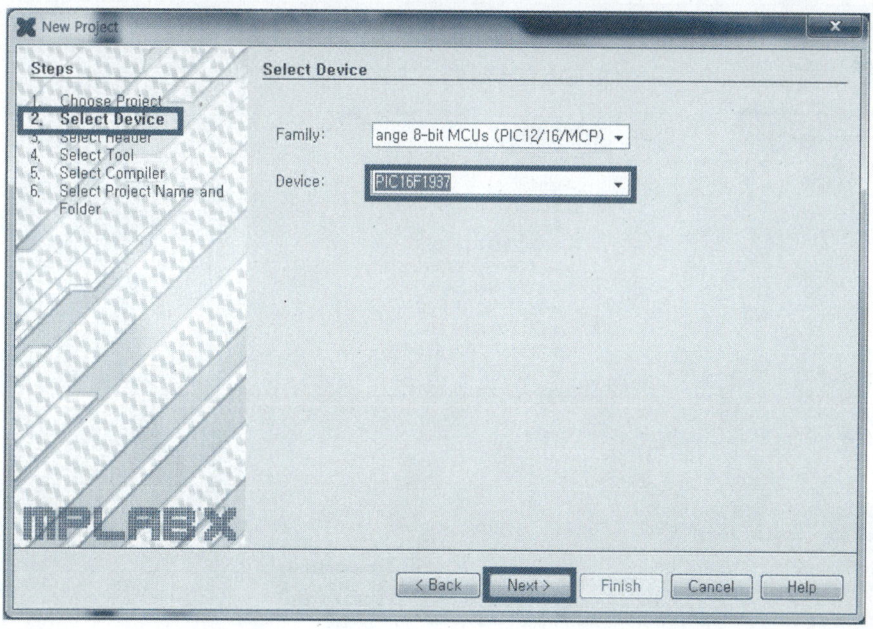

실행 4_Header 선택은 그대로 하고 Next를 클릭한다.

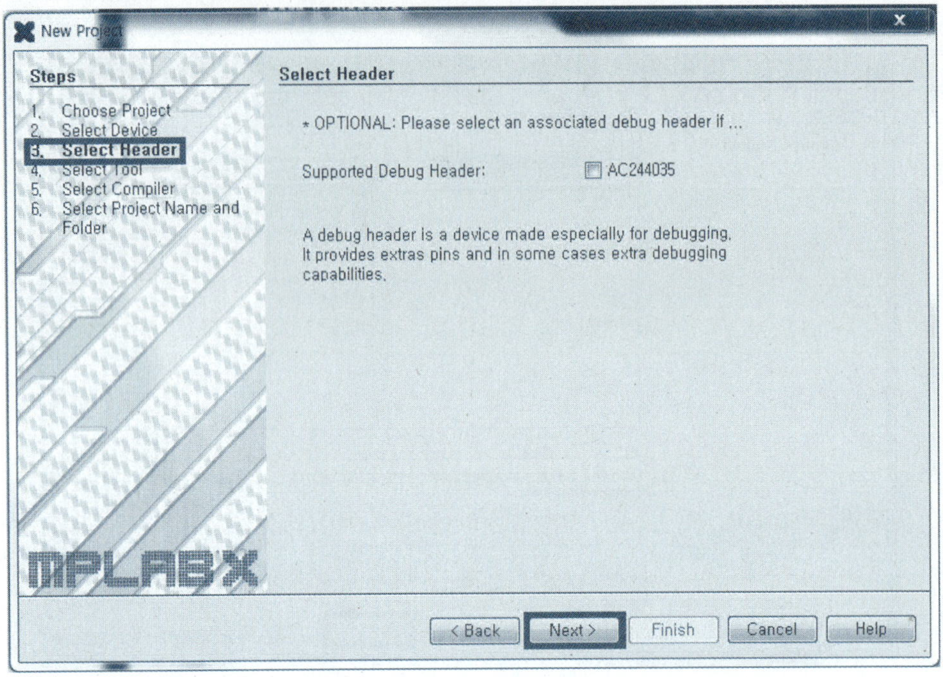

실행 5_Hardware Tool 선택에서 PICKit3 선택, Next를 클릭한다.

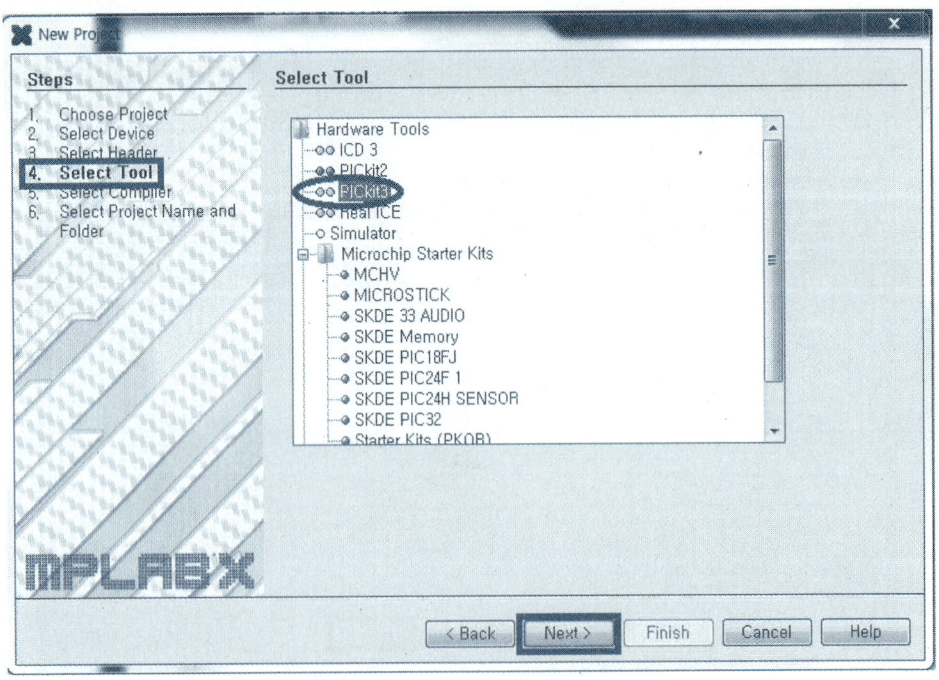

실행 6_컴파일러 선택에서 Compiler Toolchains에서 XC8 (V1.xx).... 선택 후 Next를 클릭한다.

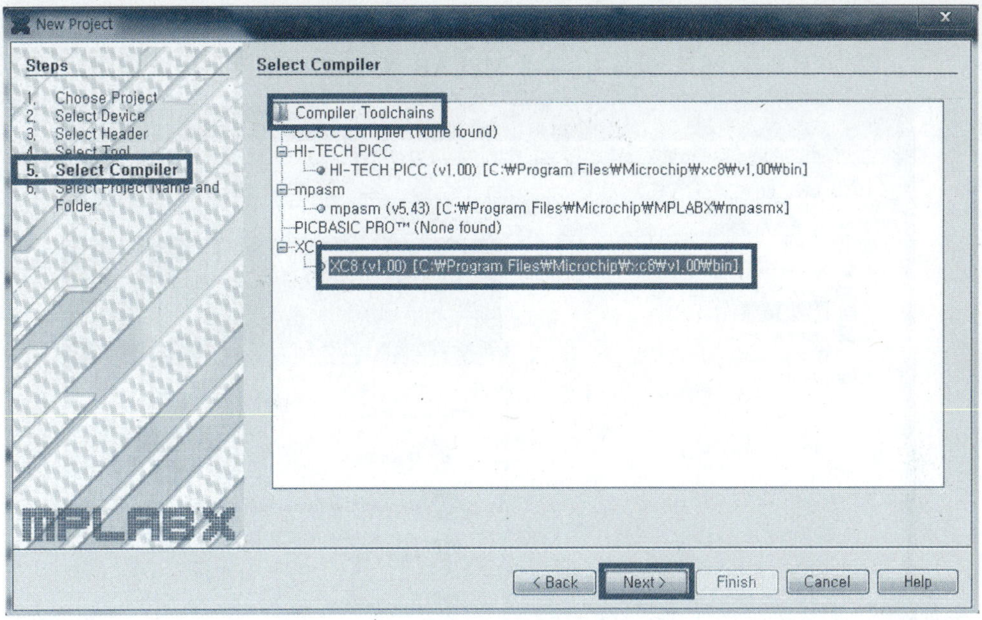

실행 7_Browse 버튼을 클릭하여 Project 만들 폴더 만들기 후 Project Name란에 프로젝트 이름(예 : io_led_lab)을 입력 후 Finish를 클릭한다.

①

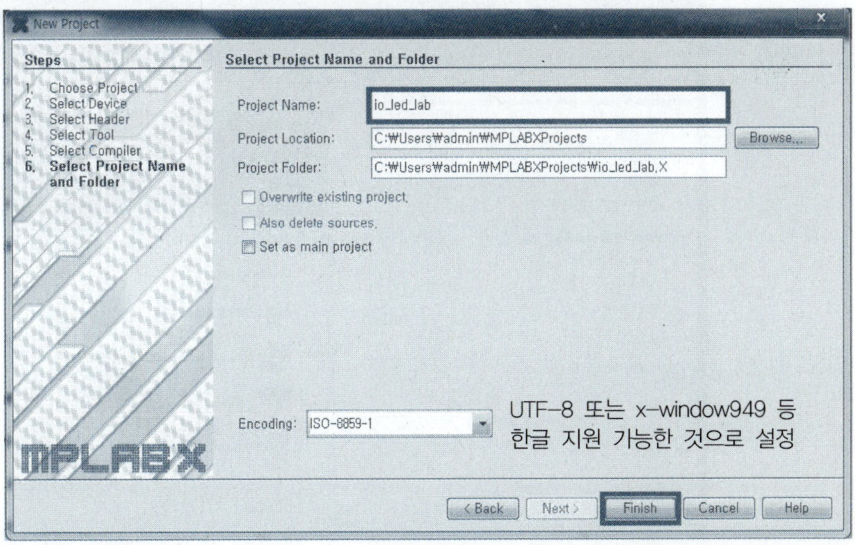

- Encoding 옵션 설정 : 한글 지원 관련
- UTF-8 또는 x-window949 정도 설정하면 한글 주석 처리 가능

② 프로젝트 새로 만들기 후에 MPLAB X IDE 출력 화면

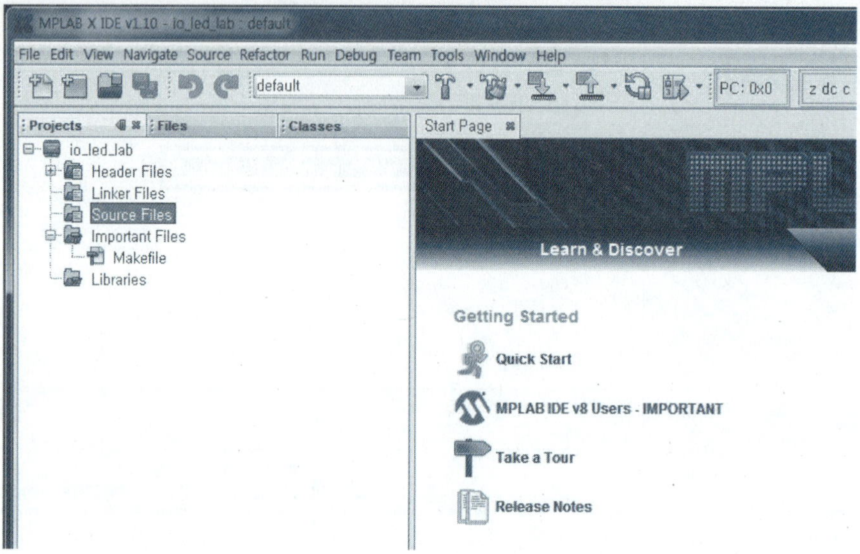

실행 8_File 메뉴에서 New File을 선택한다.

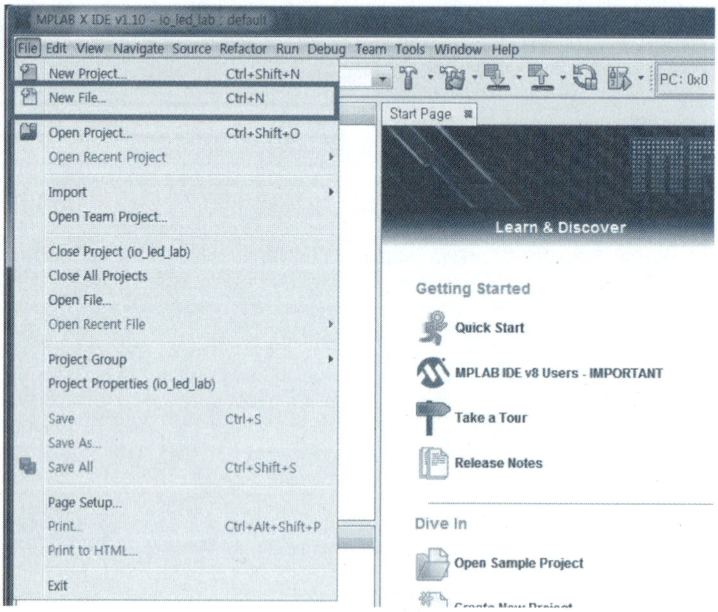

실행 9_Categories에서 C 선택, File Type에서 C Main File 또는 C Source File을 선택 후 Next를 클릭한다.

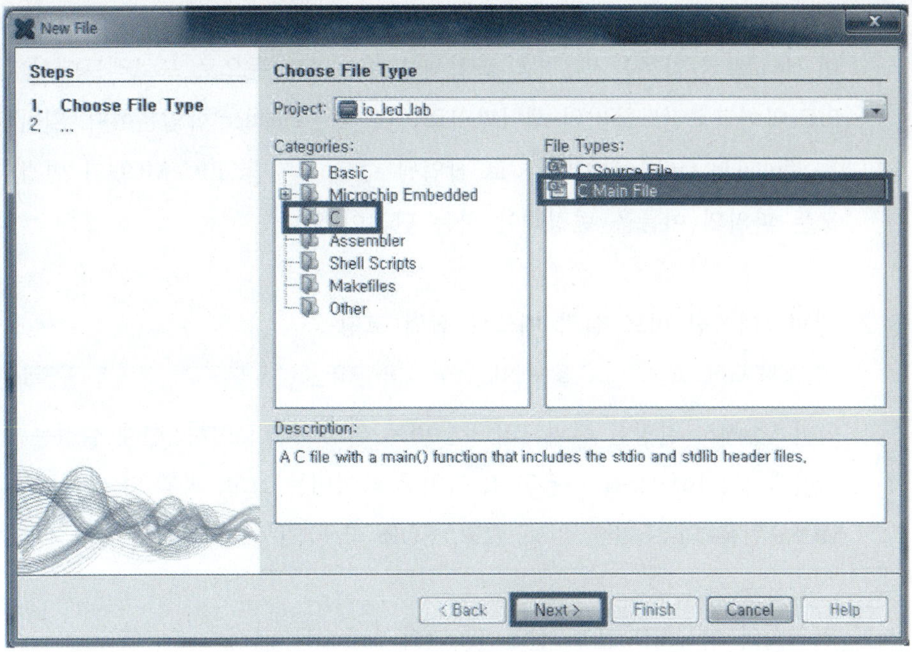

실행 10_File Name에 소스 코드 이름 입력(예 : io_led_lab) 후 Finish를 클릭한다.

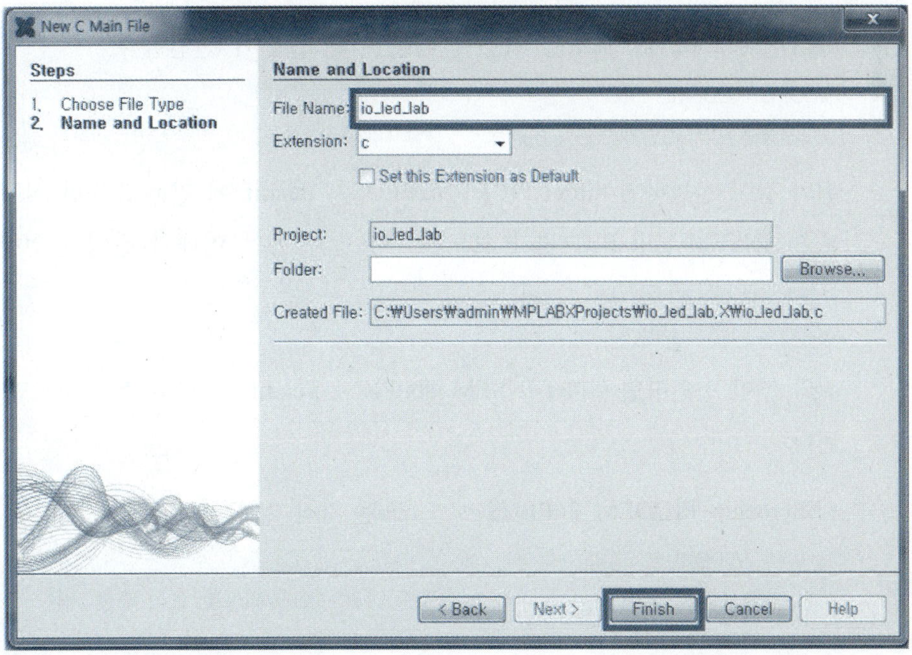

Step 2 I/O 포트를 이용한 스위치, LED 입출력 구동 소스 코딩

실행 1_디폴트 헤더문 입력

```
#include <xc.h>
```

이 Header 삽입문은 맨 처음 삽입해야 하는 삽입문으로 프로젝트에서 선택된 PIC 마이크로컨트롤러의 헤더파일로 연결되는 Header 삽입문이다. 일반적으로는 #inlcude <pic16f1939.h> 로 삽입될 수도 있지만, PIC MCU가 변경시에는 모든 파일의 이름을 변경해야 하는 단점이 있다.

실행 2_컨피그레이션 비트 설정 매크로 삽입 코딩

```
__CONFIG(FOSC_INTOSC & WDTE_OFF & PWRTE_ON & MCLRE_OFF & BOREN_OFF);
```

이미 5장에서 설명한 컨피그레이션 비트 설정 매크로이다. 현재 설정은 내장된 오실레이터 16MHz를 사용하고, 와치독 타이머는 끄고, 파워-업 타이머는 켜고, MCLR핀은 외부 리셋 기능 끄고, BOR 리셋 기능도 꺼진 상태로 설정된다.

실행 3_스위치와 각 LED 포트 설정 및 기타 define문 코딩

실습에서 사용할 LED와 스위치에 대해 #define문으로 설정해 놓으면 하드웨어 매칭이 수월하여 테스트나 디버깅시에 매우 편리하다.

PICDEM 2 PLUS 보드를 사용할 때는 아래와 같이 선언한다.

```
#define PICDEM2PLUS
//#define INSEM_8bitPIC
```

위와 같이 선언하면 #ifdef PICDEM2PLUS ~ #endif 에 있는 소스만 실행된다. 또한, INSEM 8bit PIC 평가 보드를 사용할 시에는 아래와 같이 선언한다.

```
//#define PICDEM2PLUS
#define INSEM_8bitPIC
```

위와 같이 선언하면 #ifdef INSEM_8bitPIC ~ #endif 에 있는 소스 코드만 실행된다.

• Microchip PICDEM 2 PLUS 보드 또는 자작 보드 사용시

```
//LED 포트 설정
#define   D2                    PORTBbits.RB0 //비트별 설정 표현 가능
#define   D3                    PORTBbits.RB1
```

```
#define   D4              PORTBbits.RB2
#define   D5              PORTBbits.RB3
//스위치 설정
#define   S2              PORTAbits.RA4
```

- INSEM 8bit PIC 평가 보드 사용시

```
//LED 포트 설정
#define   D1              PORTDbits.RD0
#define   D2              PORTDbits.RD1
#define   D3              PORTDbits.RD2
#define   D4              PORTDbits.RD3
//스위치 설정
#define   SW1             PORTBbits.RB0
```

실행 4_포트 입출력 초기화 함수 코딩

실습목표에서 포트 B를 사용하여 RB0~RB3 핀까지 LED 출력하고, 포트 A를 사용하여 RA4 핀을 스위치(S2) 입력으로 초기화한다.

한 가지 주의할 사항은 각 포트의 핀들 중에는 여러 기능을 가진 핀들이 많다. 그 중에서도 ANxx 핀들은 ADC 주변장치가 사용하는 아날로그 입력핀들이다. PIC MCU 전원이 들어오는 순간에 각 포트들의 초기화는 바로 ANxx 핀들이 활성화되는 아날로그 입력 포트로 설정된다. 따라서, 항상 사용할 핀의 기능 중에 ANxx 이름이 같이 있는지 체크하고, 데이터시트 I/O 포트 장에 초기화 예제를 꼭 참고하기 바란다.

- Microchip PICDEM 2 PLUS 보드 또는 자작 보드 사용시

```
void initial_port(void)
{
                                //PORTB 사용 LED 출력 포트 초기화
    TRISB = 0b11110000;         //PORTB RB0~RB3 핀을 출력으로 설정
                                // 1 = 입력, 0 = 출력
    ANSELB = 0x00;              //포트 B의 ANxx 핀들 모두 디지털로 설정
                                //S2 스위치 입력 포트 초기화
    TRISAbits.TRISA4 = 1;       //RA4 핀을 입력으로 설정
                                //이렇게 하면 비트별로 설정 가능함
    ANSELA = 0x00;              //포트 A의 ANxx 핀들 모두 디지털로 설정
    //TRISA = 0b11111111;       //이렇게 byte 단위로 설정도 가능함
    //TRISA = 0xFF;             //hexa 단위 표현
}
```

• INSEM 8bit PIC 평가 보드 사용시

```
void initial_port(void)
{
                                //PORTD 사용 LED 출력 포트 초기화
    TRISD = 0b11110000;         //PORTD RD0~RD3 핀을 출력으로 설정
                                // 1 = 입력, 0 = 출력
    ANSELD = 0x00;              //포트 D의 ANxx 핀들 모두 디지털로 설정
                                //SW1 스위치 입력 포트 초기화
    TRISBbits.TRISB0 = 1;       //RB0 핀을 입력으로 설정
    ANSELB = 0x00;              //포트B의 ANxx 핀들 모두 디지털로 설정
}
```

실행 5_시간 delay 함수 소스 코딩

일반적으로 시간 관련 루틴들은 타이머를 사용하는 것이 좋지만, 간단한 반복문을 사용하여 딜레이 함수를 만드는 경우도 있다. 그러나, 이런 딜레이 함수를 많이 사용하면 MCU가 반복문을 수행하는데 리소스를 낭비하므로 빠른 속도가 필요한 프로그램에는 적합하지 않다. 이 실습에서는 단순히 2진 카운터의 출력을 보여 주기 위해 빠른 PIC MCU의 속도로 LED의 표시하는 시간을 늦추어서 표시하기 위해 본 딜레이 함수를 사용한다.
한 가지 주의할 점은 이 딜레이 함수들은 상당한 오차를 가지고 있다.

우선 마이크로초 딜레이 함수를 define문으로 정의한다.

```
#define  DelayUs(x)  { unsigned char _dcnt;    ₩
         _dcnt = 1;                            ₩
         while(—_dcnt != 0)                    ₩
         continue; }
```

위 마이크로초 딜레이 함수에서 PIC MCU 발진 주파수가 더 높게 설정한다면 _dcnt 값을 더 올려야 한다.
위 마이크로초 딜레이 함수를 사용하여 아래 밀리초 딜레이 함수를 코딩한다.

```
void DelayMs(unsigned char cnt)
{
  unsigned char  i;
  do {
    i = 4;
    do {
```

```
        DelayUs(250);
    } while(--i);
  } while(--cnt);
}
```

실행 6_**메인 함수 및 LED, 스위치 구동 소스 코딩**

```
int main(int argc, char** argv)
{
        unsigned char counter;          //2진 카운터용 변수 선언
        initial_port();                 //LED, 스위치를 위한 포트 초기화 함수 실행
        counter = 0;                    // 변수 초기화
        while(1)
        {
                                        //PICDEM 2 PLUS 보드 define이면 아래
                                        if(S2==0)가 실행
#ifdef PICDEM2PLUS
                if(S2==0)
#endif
                                        //INSEM 8bit PIC 평가 보드 define이면 아래
                                        if(S2==0)가 실행
#ifdef INSEM_8bitPIC
                if(SW1==0)
#endif
                {
                    if(counter<16)              //counter는 0~15까지만 증가
                    {
                            PORTB = counter;    //2진 카운터값 LED로 출력
                            counter++;          //카운터 변수 +1 증가
                            DelayMs(500);       //약 500밀리초 딜레이 실행

                    }
                    else
                    {
                        counter = 0;
                    }
                }
        }
}
```

실행 7_그림과 같이 C언어로 io_led_lab.c란 파일을 그림처럼 코딩을 완성한다.

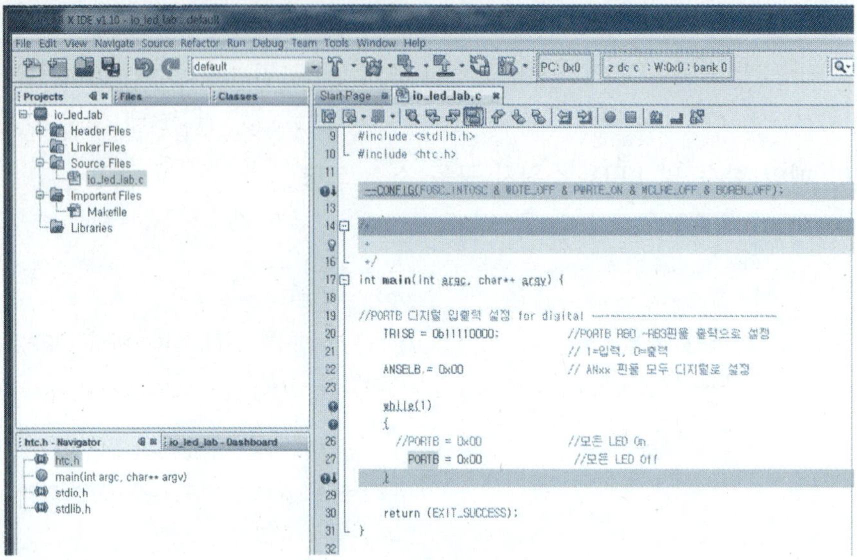

Step 3 소스 코드 확인

(6장 이후 소스 코드는 한국지사 홈페이지 자료실에 전체 소스 코드를 다운로드받을 수 있다.)

```
#include <xc.h>

__CONFIG(FOSC_INTOSC & WDTE_OFF & PWRTE_ON & MCLRE_OFF & BOREN_OFF);

//마이크로칩 PICDEM 2 PLUS 사용시
#define PICDEM2PLUS
//#define INSEM_8bitPIC

#ifdef PICDEM2PLUS
    #define  D2        PORTBbits.RB0 //비트별 설정 표현 가능
    #define  D3        PORTBbits.RB1
    #define  D4        PORTBbits.RB2
    #define  D5        PORTBbits.RB3

    #define  S2        PORTAbits.RA4
#endif
#ifdef INSEM_8bitPIC
    #define  D1        PORTDbits.RD0
    #define  D2        PORTDbits.RD1
```

```
    #define  D3              PORTDbits.RD2
    #define  D4              PORTDbits.RD3

    #define  SW1  PORTBbits.RB0
#endif

#ifdef PICDEM2PLUS
void initial_port(void)
{
                                      //PORTB 사용 LED 출력 포트 초기화
    TRISB = 0b11110000;               //PORTB RB0~RB3 핀을 출력으로 설정
                                      // 1 = 입력, 0 = 출력
    ANSELB = 0x00;                    //포트 B의 ANxx 핀들 모두 디지털로 설정
                                      //S2 스위치 입력 포트 초기화
    TRISAbits.TRISA4 = 1;             //RA4 핀을 입력으로 설정
                                      //이렇게 하면 비트별로 설정 가능함
    ANSELA = 0x00;                    //포트 A의 ANxx 핀들 모두 디지털로 설정
    //TRISA = 0b11111111;             //이렇게 byte 단위로 설정도 가능함
    //TRISA = 0xFF;                   //hexa 단위 표현
}
#endif

#ifdef INSEM_8bitPIC
void initial_port(void)
{
                                      //PORTD 사용 LED 출력 포트 초기화
    TRISD = 0b11110000;               //PORTD RD0~RD3 핀을 출력으로 설정
                                      // 1 = 입력, 0 = 출력
    ANSELD = 0x00;                    //포트 D의 ANxx 핀들 모두 디지털로 설정
                                      //SW1 스위치 입력 포트 초기화
    TRISBbits.TRISB0 = 1;             //RB0 핀을 입력으로 설정
    ANSELB = 0x00;                    //포트 B의 ANxx 핀들 모두 디지털로 설정
}
#endif

//딜레이 함수
#define DelayUs(x)  {   unsigned char _dcnt; ₩
                          _dcnt = 1; ₩
                          while(--_dcnt != 0) ₩
                          continue; }

void DelayMs(unsigned char cnt)
```

6장

```
{
    unsigned char  i;
    do
    {
        i = 4;
        do
        {
            DelayUs(250);
        } while(--i);
    } while(--cnt);
}

//메인 함수
int main(int argc, char** argv)
{
        unsigned char counter;          //2진 카운터용 8비트 변수 선언
        initial_port();                 //LED, 스위치를 위한 포트 초기화 함수 실행
        counter = 0;                    // 변수 초기화
        while(1)
        {

                                        //PICDEM 2 PLUS 보드 define이면 아래 if(S2==0)가 실행
#ifdef PICDEM2PLUS
                if(S2==0)               //스위치가 눌려지면 S2 값은 0이 된다.
#endif
                                        //INSEM 8bit PIC 평가 보드 define이면 아래 if(SW1==0)가 실행
#ifdef INSEM_8bitPIC
                if(SW1==0)              //스위치가 눌려지면 SW1 값은 0이 된다.
#endif
                {
                        if(counter<16)  //counter는 0~15까지만 증가
                        {
#ifdef PICDEM2PLUS
                                PORTB = counter;        //2진 카운터값 LED로 출력
#endif
#ifdef INSEM_8bitPIC
                                PORTD = counter;        //2진 카운터값 LED로 출력
#endif
                                        counter++;              //카운터 변수 +1 증가
                                        DelayMs(500);   //약 500밀리초 딜레이 실행

                        }
```

```
                else
                {
                    counter = 0;
                }
            }
        }
}
```

실행_Make & Program 버튼 클릭 후, PICDEM 2 Plus 보드 동작을 확인한다.

①

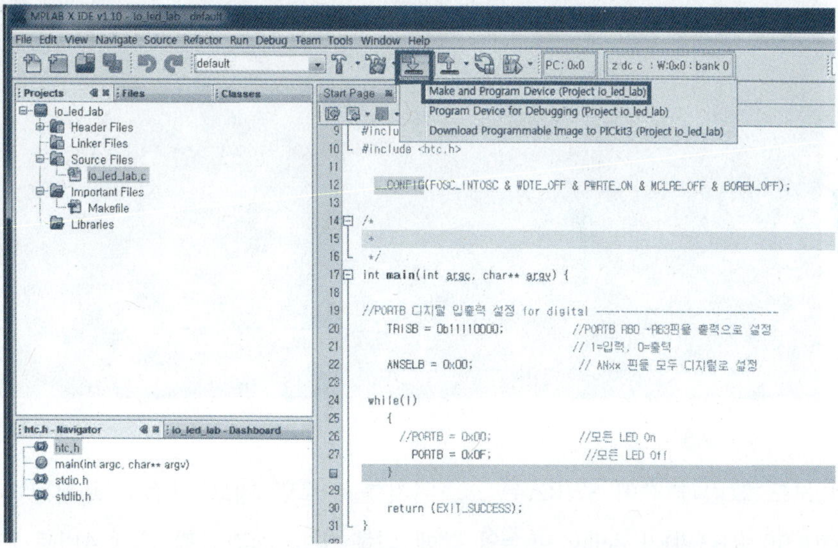

② 실행과정에서 경고창이 실행된 경우 OK를 클릭한다.

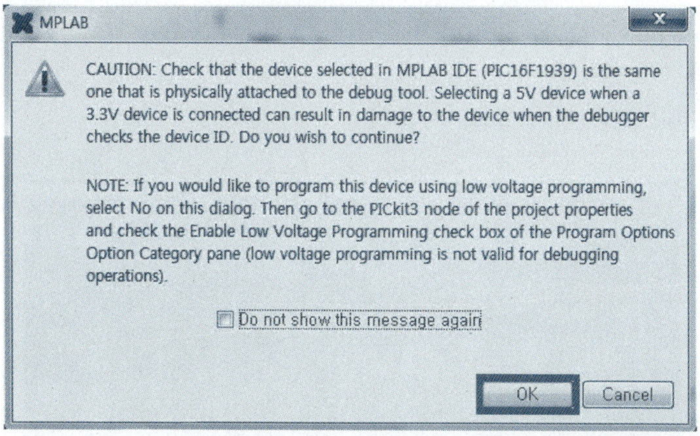

5) 실습결과

(1) Microchip PICDEM 2 PLUS **보드 사용시**

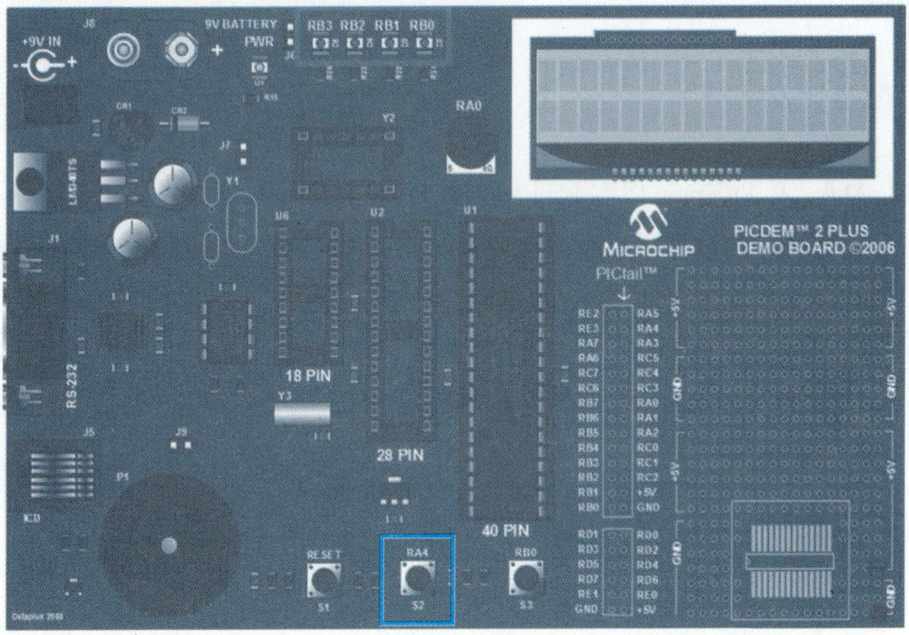

위 보드 그림과 같이 S2(RA4핀) 스위치를 누르면 네모 박스로 표시된 4개 LED D2 ~ D5(RB0~RB3핀)가 delay 함수의 값에 의해 일정 시간간격 후에 4비트 2진 카운트로 동작하여 LED가 2진 값을 출력하게 된다. 즉, 0000 ~ 1111까지 2진 카운트값에 따라 LED가 점멸한다. 시간이 너무 느리거나 빠르면 delay 함수의 카운트값을 조정한 후에 다시 Make & Program 버튼을 클릭한다.

(2) INSEM 8bit PIC **평가 보드 사용시**

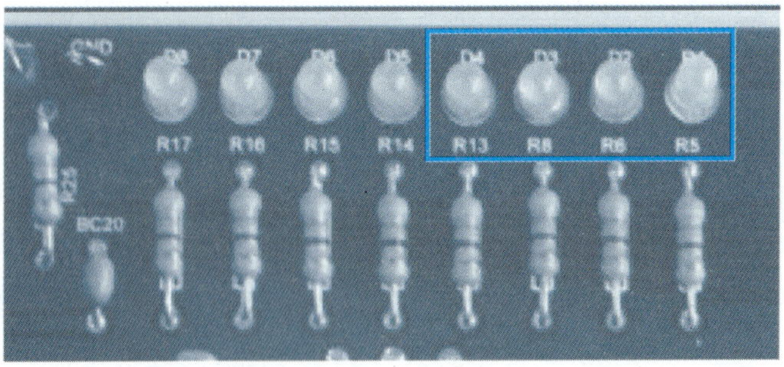

SW1(RB0핀) 스위치를 누르면 D1 ~ D4(RD0~RD3핀)가 delay 함수의 값에 의해 일정 시간간격 후에 4비트 2진 카운트로 동작하여 LED가 2진 값을 출력 하게 된다. 위와 동일하게 delay값도 조정한다.

6) 디버깅(Debugging) 실습

PIC 마이크로컨트롤러를 이용한 시스템 개발에서 간단하고 손쉬운 기능을 구현할 때는 정확한 실습결과를 소스 코딩 후에 바로 PIC MCU에 프로그래밍(플래시 메모리에 코드 써넣기)하여 검증할 수 있다. 그러나, 좀 더 복잡한 기능을 구현시에는 소스 코드도 길어지고 시스템 하드웨어의 이상 유무도 같이 발생하는 경우에는 반드시 디버깅 과정이 필요하다. 아무리 완벽하게 PIC MCU를 응용한 시스템 하드웨어의 회로설계를 하였다고 해도 PCB 등의 제작과정에서 문제가 발생할 수도 있다. 이로 인해 하드웨어가 완성된 후에는 각 모듈별 또는 부품별 또한 각 기능마다 테스트 소스 프로그램을 작성하여 이 디버깅 과정을 통해 검증을 할 수 있다.

PIC 마이크로컨트롤러에서 소스 코드를 디버깅하기 위해서는 실행 소스 코드 라인에 “break point”를 삽입하여 그 해당 라인에서 PC(프로그램 카운터)가 실행을 멈춘 후에 변수, 레지스터 등의 상태를 Watch창에 표시하고, 다시 한 스텝씩 소스 코드를 진행시키면서 실행결과 등을 점검한다.

이번 실습에서 스위치를 누를 때를 브레이크 포인트(break point)를 삽입하여 디버깅을 실습하기로 한다.

실행 1_디버깅을 위해서는 앞에서 실습한 개발환경, 테스트할 보드, 새 프로젝트 만들기, 소스 코드 삽입 후에 진행한다.

실행 2_디버깅할 기능 또는 소스 코드 상에서 실행하여 꼭 점검해야 할 부분들을 미리 리스트를 만들어 둔다. 이번 실습에서는 다음과 같이 우선 간단한 부분을 점검한다.

6장

- 디버깅 포인트 : 스위치를 누를 때 counter 변수값은 어떻게 증가하는가?

실행 3_MPLAB X IDE 통합 개발환경 프로그램에서 Run 메뉴에서 Run Project (io_led_lab)을 클릭한다.

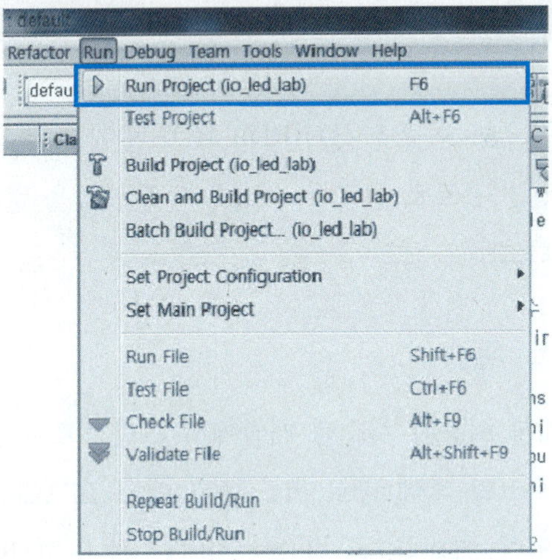

실행 4_Debug 메뉴에서 Discrete Debugger Operation → Launch Debugger(Project io_led_lab)을 클릭한다(또는 아래 두 번째 그림과 같이 Debug 아이콘에서 Launch Debugger(Project io_led_lab)을 클릭해도 된다).

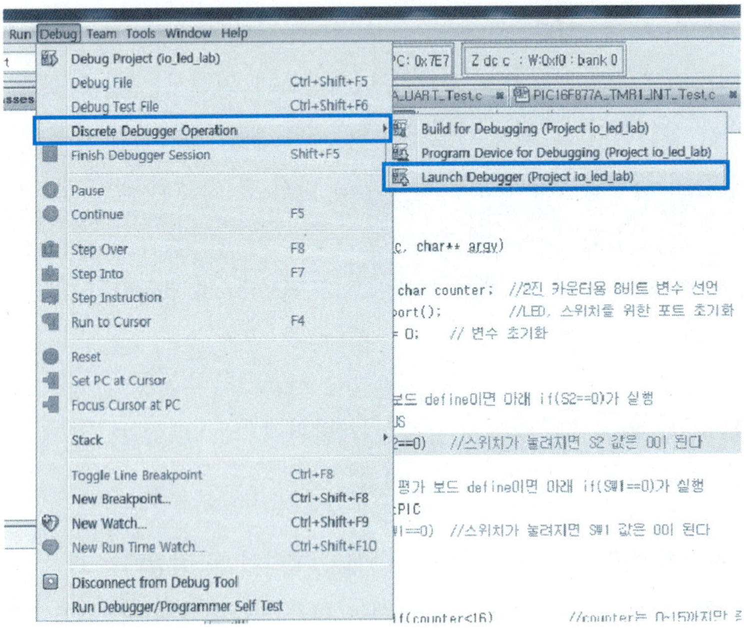

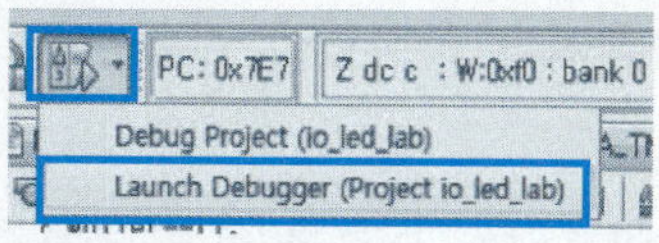

• 아래와 같은 주의사항이 뜰 수도 있다. 내용은 3.3V 동작시를 경고하는 창이 다. 이 실습에서는 +5V로 동작하기에 OK를 클릭하면 된다.

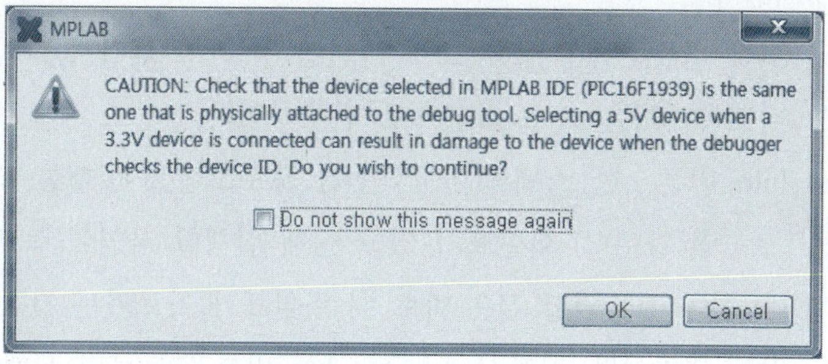

• 또한, 아래 그림과 같이 Configuration Bits 설정 문제로 수정하고 계속 디버깅을 진행하겠는지를 물어보는 창이 뜨면 Yes를 클릭한다.

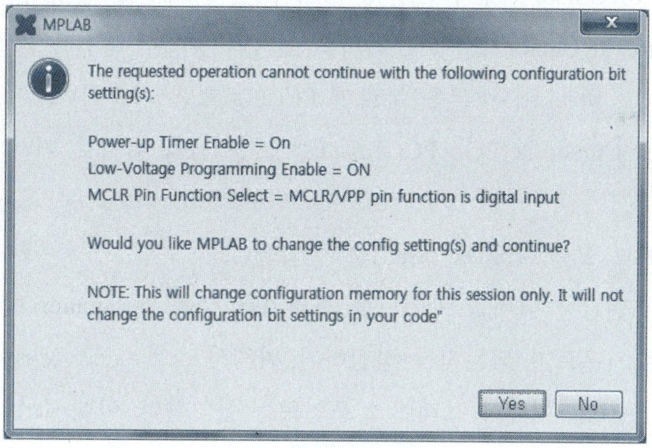

실행 5_아래 디버깅 버튼들이 메뉴창 아래 표시되는지 확인한다.

디버깅 버튼들에 대해 간단한 설명을 하면 다음과 같다.

• Finish 버튼(맨 왼쪽 주황색 사각형) : 디버깅 작업을 끝냄

• Pause 버튼(Finish 버튼에서 오른쪽 다음 버튼) : 녹색 Continue 버튼을 누를

때 활성화 되며 브레이크 동작없이 계속 프로그램을 실행 중일 때 정지시키는 버튼이다.

- Reset 버튼(Pause 버튼에서 오른쪽 다음 버튼) : PC(프로그램 카운터)를 리셋하여 처음 시작 위치로 만든다.
- Continue 버튼(Reset 버튼에서 오른쪽 다음 버튼) : 소스 코드인 프로그램을 실행시킨다.
- Step Over 버튼 : 함수 등의 소스 라인인 경우 그 해당 함수안으로 진입하지 않고 바로 그 다음 소스 라인으로 진행시킨다.
- Step Into 버튼 : 한 스텝씩(한 라인씩) 프로그램을 실행함. 라인 넘버 옆에 PC(프로그램 카운터) 화살표가 있고 현재 실행할 라인이 녹색등으로 반전되어 있다. 한가지 주의할 점은 바로 이 화살표가 가르키는 지점은 아직 실행이 되지 않는 위치이다. 따라서, 이 Step Ino 버튼을 누르면 실행이 되면서 다음 라인으로 이동한다. 그리고, 함수 등의 소스 라인인 경우 그 해당 함수안으로 진입한다.
- Run to Cursor : 에디터 창에 커서가 있는 라인을 실행시킨다.
- Set PC at Cursor : 실행할 위치를 에디터 창에서 라인을 클릭하면 커서가 표시되고, 바로 이 버튼을 누르면 PC(프로그램 카운터)가 이 위치로 바뀐다.
- Focus Cursor at PC : PC(프로그램 카운터)의 위치로 커서 이동시킨다.

실행 6_브레이크 포인트(break point)를 삽입한다.

위에서 언급한 디버깅 포인트를 스위치를 누를 때 counter 변수값을 체크하여 제대로 카운트가 되는지를 점검하기 위해서 소스 코드 상에서 스위치 입력을 기다리는 if문 아래에 브레이크 포인트를 삽입한다. 아래 소스 코드에서 빨간색 위치에서 오른쪽 마우스 버튼을 클릭하여 “Toggle Line Breakpoint”를 클릭하며 라인 숫자표시 부분에 빨간색 사각형 표시가 생긴다.

```
		if(S2==0)	//스위치가 눌려지면 S2 값은 0이 된다.
#endif
//INSEM 8bit PIC 평가 보드 define이면 아래 if(SW1==0)가 실행
#ifdef INSEM_8bitPIC
		if(SW1==0)	//스위치가 눌려지면 SW1 값은 0이 된다.
#endif
```

```
        {
            if(counter<16) //이 부분을 클릭하여 브레이크 포인트를 삽입
            {
#ifdef PICDEM2PLUS
                PORTB = counter;        //2진 카운터값 LED로 출력
```

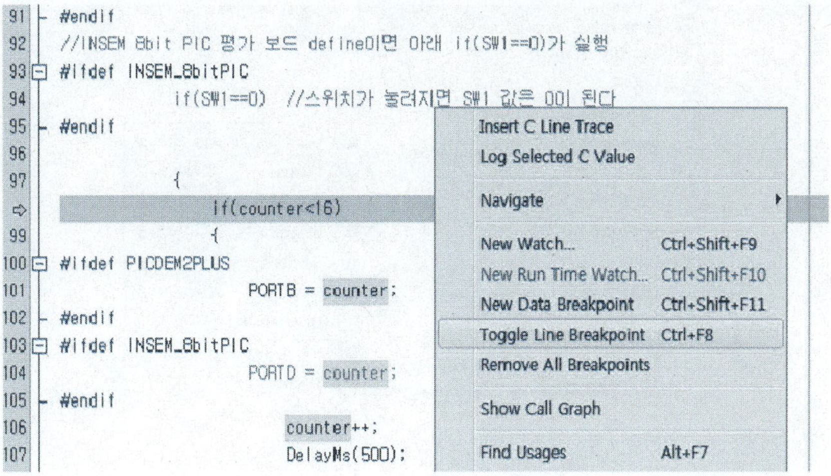

- 브레이크 포인트 설정한 후에는 빨간색으로 라인 반전이 표시된다.

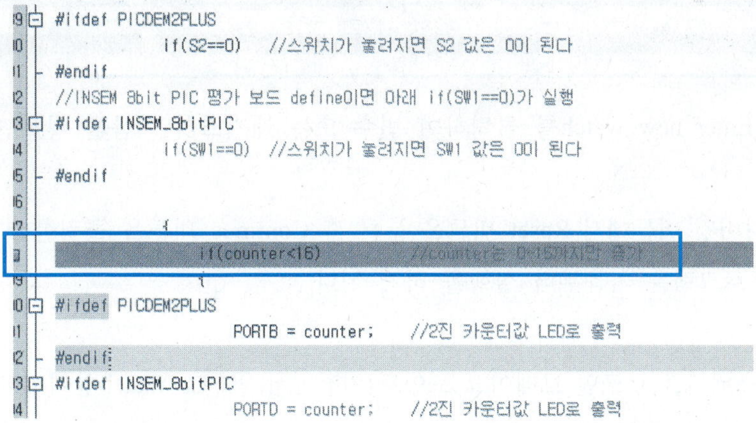

실행 7_Window 메뉴에서 Debugging → Watches를 클릭하여 Watch창을 표시한다. 이 Watch창에서 모든 변수, 레지스터값들을 확인할 수 있다.

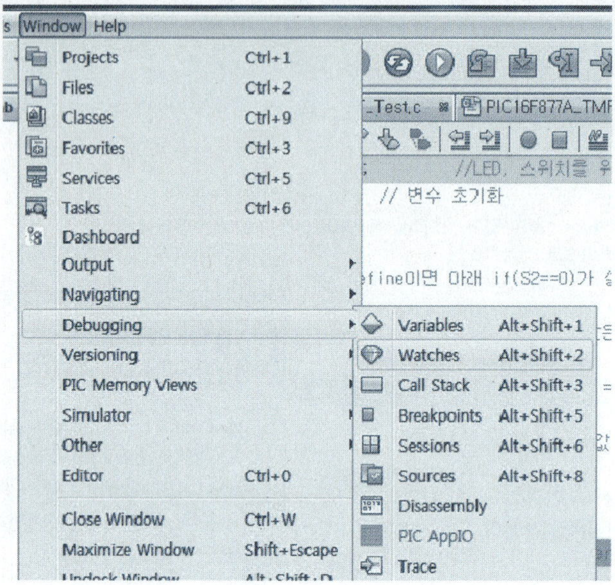

실행 8_Watch창에 counter 변수를 입력한다. 이를 통해 매 브레이크가 걸릴 때마다 변수값의 변화상태를 점검한다.

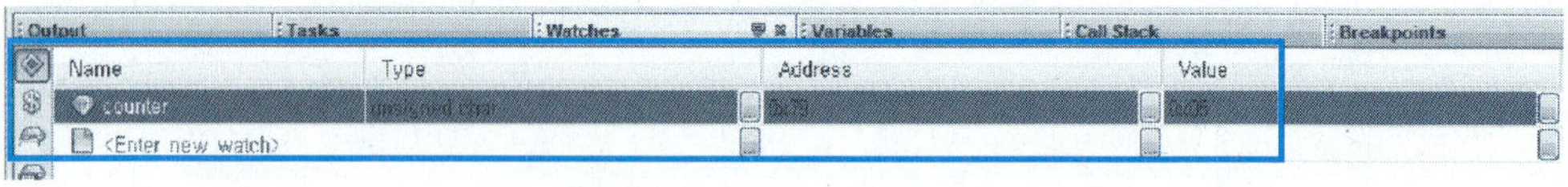

- Enter new watch를 클릭하여 변수 또는 레지스터 이름을 넣으면 된다.

실행 9_디버깅 버튼에서 Reset 버튼을 누른 후 Continue 버튼을 클릭한다. 이로 인해 프로그램은 처음부터 실행을 하게 된다.

실행 10_스위치를 누르면 브레이크 포인트 지점에서 멈추고 Watch창에서 각 변수들의 값들도 빨간색으로 업데이트되어 표시된다. 여기서는 counter 변수값이 0x00으로 표시된다.

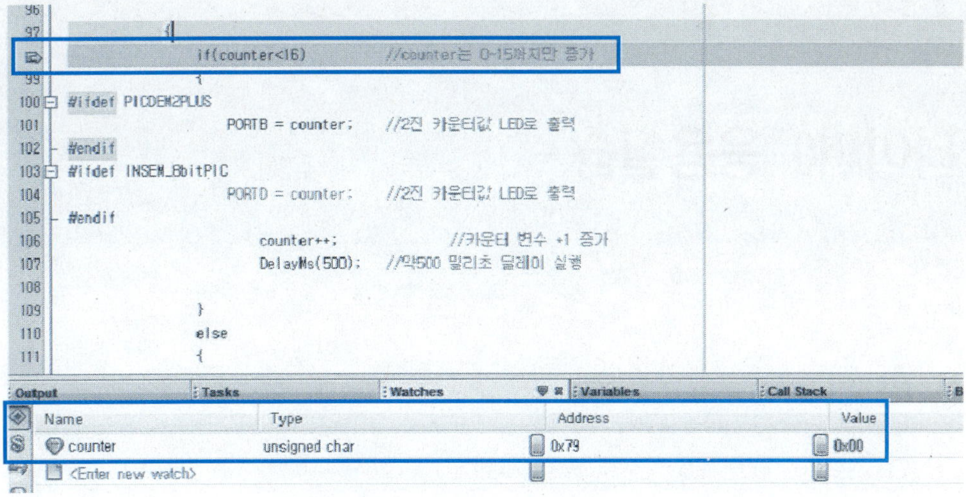

실행 11_ 다시 Continue 버튼을 클릭하고, 스위치를 누르면 브레이크 포인트 지점에서 멈추고 Watch창에서 counter 변수값이 0×01으로 +1이 증가되어 표시된다. 이런 방식으로 디버깅을 통하여 불완전한 소스도 고치고, 하드웨어도 수정하게 된다. 다음 실습에서도 디버깅 방법을 사용하길 바란다.

7장

타이머0 응용실습

타이머란 외부의 클럭을 카운트하거나 프로그램 내에서 카운트하여 시간을 재는 것이다. PIC16F1939의 타이머 종류는 타이머0(8비트), 타이머1(16비트), 타이머2(8비트), 타이머4(8비트), 타이머6(8비트)으로 총 5가지이며 이 실습에서는 타이머0, 타이머1, 타이머2의 3가지로 실습한다.

1. 클럭과 카운터

디지털 회로에서 클럭은 주어진 일을 순서대로 정확한 시간에 처리하기 위해 사용된다. 클럭은 말 그대로 시계의 역할을 하며, 일정한 시간 간격으로 0과 1의 값이 번갈아 나타나게 되어 있다. 이렇게 0과 1이 번갈아 한번 나타나는 시간을 주기라고 하며, 1초당 몇 번이나 0과 1이 변화되었는가를 주파수라 한다.

즉, 1MHz라고 하면 초당 1,000,000번 0과 1이 반복됨을 뜻한다. 카운터는 이 클럭을 세는 장치를 말한다.

클럭이 하나 발생(즉, 0과 1의 변경)할 때마다 카운터는 1씩 증가하게 된다.

이와 같이 클럭과 카운터에 의해서 임베디드 시스템의 내부 타이머 또는 카운터가 만들어지는 것이다.

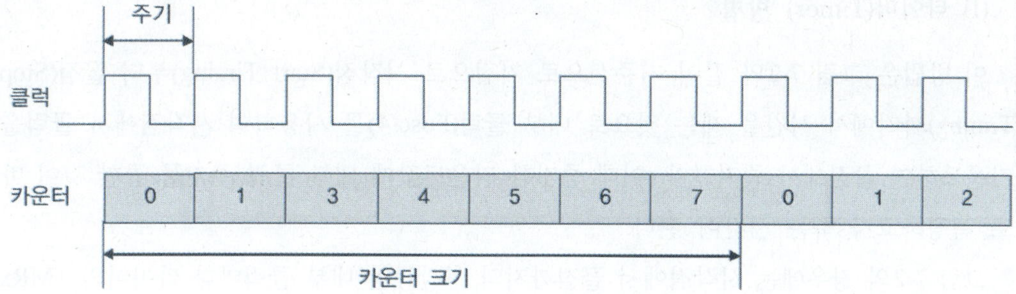

그림 7-1 클럭(하강 에지인 경우)과 3비트 카운터

그림 7-1에서 카운터의 크기는 그 카운터의 비트수에 따라 달라진다. 그림에서는 3비트 카운터를 예로 보인 것으로 0~7까지 셀 수 있다. 8비트 카운터라면 2^8=256, 즉 0~255까지를 셀 수 있다. 카운터에 의해서 시계가 만들어질 수 있는데, 만약 클럭의 주기가 1ms라면 8비트 카운터가 0~255까지 한번 세는데 256ms가 필요하고, 이것이 4번 반복되면 1초가 되는 것이다. 만약 클럭의 주기가 4ms라면 8비트 카운터로 250(0~249)까지 한 번만 세면 1초가 된다.

이와 같이 클럭과 카운터를 이용하여 마이크로컨트롤러의 타이머/카운터가 만들어진다. 따라서 타이머는 사용하는 클럭의 주기와 카운터 크기에 따라 그 특성이 결정된다.

우리가 만약 일정한 크기의 타이머를 만들기 원한다면 먼저 숫자를 세기 위해 사용할 클럭이 있어야 할 것이며, 그 클럭을 이용하여 숫자를 셀 카운터가 있어야 한다.

또한, 원하는 시간을 얻기 위해 그 카운터를 시작시킬 조건과 끝낼 조건이 필요하다. 그리고 원하는 숫자가 세어졌을 때 이를 MCU에 알릴 인터럽트 기능이 필요하다. 이와 같은 기능들이 대부분의 마이크로컨트롤러에 내장되어 있으며, PIC16F1939에도 역시 클럭들과 여러 레지스터들, 카운터, 그리고 이를 제어할 제어 로직을 가지고 있다.

2. 타이머와 카운터

타이머의 사용용도에는 두 가지 방법이 있다. 첫 번째는 그림 7-2의 형태인 타이머(Timer) 방법과 두 번째는 그림 7-3처럼 카운터(Counter) 방법이 있다.

(1) 타이머(Timer) 방법

이 방법은 그림 7-2와 같이 기준선으로 기점으로 시작점(Start Timing)부터 끝점(Stop Timing)까지에서 시간을 재는 것으로 내부 클럭(Fosc/4)를 사용하여 시작점에서 클럭을 카운트하여 끝점에서 중지한다. 이때 증가한 카운트값에 내부 클럭 주기를 곱한 것이 바로 측정하고자 하는 시간이 된다.

그림 7-2의 경우에는 시작점에서 끝점까지의 시간동안 내부 클럭마다 타이머의 TMRx 레지스터의 값이 초기화되어 0이라면 0b00000000(이진수 표현방법)에서부터 1씩 카운터가 올라간다.

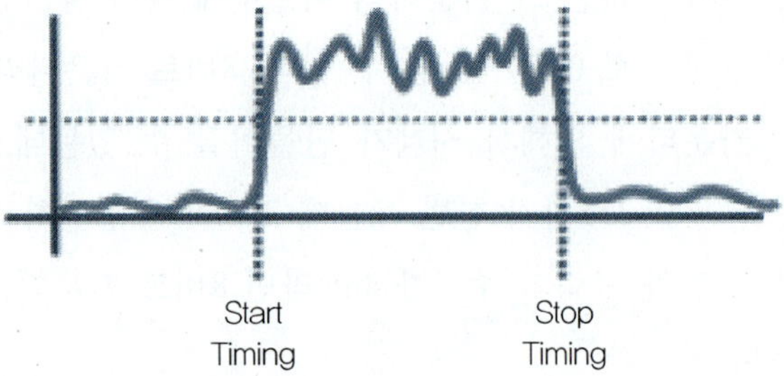

그림 7-2 타이머 동작시 파형 시간 측정

(2) 카운터(Counter) 방법

이 방법은 그림 7-3처럼 일정 기준선의 상위부분의 펄스(리플) 횟수를 카운트하는 방법이다. 그림 7-3의 경우에는 일정 기준선을 넘어가는 횟수를 측정하여 여기서도 마찬가지로 타이머의 TMRx 레지스터의 값이 초기화되어 0이라면 0b00000000에서부터 1씩 카운터가 올라간다.

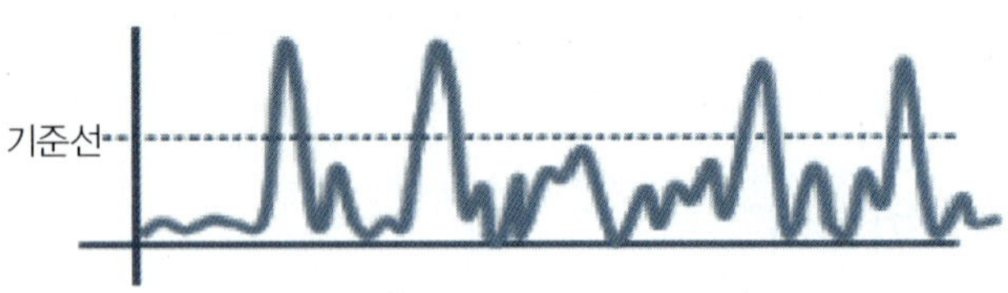

그림 7-3 카운터 동작시 클럭 횟수 측정

TMRx 레지스터(x는 0, 1, 2, 4, 6)의 값이 증가하는 것으로 카운트를 하게 된다.

(3) PIC 마이크로컨트롤러의 타이머 설명

PIC16F1939 타이머는 TIMER0 TIMER1 TIMER2/4/6 5개가 있다(PIC 마이크로컨트롤러마다 다를 수 있다).

① 레지스터의 크기

TIMER0와 TIMER2/4/6 8bit 레지스터를 사용하고 TIMER1의 경우에는 16비트 레지스터를 사용하며 TIMER1의 경우만 특별하게 8비트를 두 개를 사용하여 High Byte와 Low Byte를 사용한다.

② 내부 클럭 소스

내부 클럭을 사용하는 방법으로 Fosc는 내부 발진 주파수(PIC16F193 9: 최대 16MHz)를 말하며 타이머로 입력되는 클럭은 Fosc/4이다. 일반적으로 내부 발진 클럭을 8MHz로 하고 PLL을 사용하여 4배인 32MHz로 CPU 구동 클럭을 만들 수 있다. 이런 경우 Fosc는 32MHz이고, Fcy는 8MHz가 된다.

③ 외부 클럭 소스

외부 클럭을 사용하는 방법으로 TIMER0의 경우에는 T0CKI 핀을 사용하고 TIMER1의 경우에는 T1CKI 핀 또는 TIMER1 오실레이터(리얼 타임 클럭용 발진회로)를 사용한다.

TIMER2/4/6의 경우에는 외부 클럭을 사용하지 않는다.

④ 클럭 스케일 가변 기능

스케일러 비율을 조정하는 방법이고 주파수의 속도가 빠르기 때문에 그 속도를 줄여주기 위하여 사용하는 것이다.

TIMER0의 프리스케일러(Prescaler) 비율은 1 : 2부터 1 : 256까지 있다.

TIMER1의 프리스케일러(Prescaler) 비율은 1 : 1, 1 : 2, 1 : 4, 1 : 8이 있다.

TIMER2/4/6의 프리스케일러(Prescaler) 비율은 프리스케일러와 포스트스케일러를 사용하는데 프리스케일러의 경우에는 1 : 1, 1 : 4, 1 : 16, 1 : 64가 있고 포스트스케일러의 경우에는 1 : 1부터 1 : 16까지 가능하다.

⑤ 인터럽트 이벤트와 플래그 위치

오버플로우(overflow)란 TMRx(x는 0, 1, 2, 4, 6) 레지스터값이 최대값에서 다시 0으로 바뀌는 것으로 이때 사용하는 타이머 인터럽트 플래그가 세트(set)가 되어 인터럽트 이벤트가 발생된다.

TIMER0이 한번 오버플로우가 생기기 위해선 FFh→00h로 바뀌어야 한다.

TIMER1이 한번 오버플로우가 생기기 위해선 FFFFh→0000h로 바뀌어야 한다.

TIMER2/4/6이 한번 인터럽트 이벤트가 생기기 위해선 TIMER2/4/6과 PR2/4/6이 같아져야 한다.

표 7-1 타이머 비교

	TIMER0	TIMER1	TIMER2/4/6
레지스터 크기	8bits(TMR0)	16bits (TMR1H : TMR1L)	8bits(TMR2)
내부 클럭 소스	Fosc/4 (명령어 클럭)	Fosc/4 (명령어 클럭)	Fosc/4 (명령어 클럭)
외부 클럭 소스	T0CKI Pin	T1CKI pin or Timer1 oscillaor(T1OSC)	None
클럭 스케일러	Prescaler 8bits (1:1 → 1:256)	Prescaler 3bits (÷1, ÷2, ÷4, ÷8)	Prescaler (1:1, 1:4, 1:16, 1:64) Postscaler (1:1→1:16)
인터럽트 이벤트와 플래그 위치	0xFF 에서 0x00 으로 바뀔 때 INTCON 레지스터의 TMR0IF 비트가 1로 바뀌는 이벤트 발생	0xFFFF에서 0x0000 으로 바뀔 때 PIR1 레지스터의 TMR1IF 비트가 1로 바뀌는 이벤트 발생	TMR2 값과 PR2 값이 같을 때 PIR2 레지스터의 TMR2IF 비트가 1로 바뀌는 이벤트 발생
SLEEP으로부터 Wake 가능	No	Yes	No

(4) 각 타이머 최대 측정 시간가능

① 타이머0

```
#define Fosc      16000000    //16MHz          내부 오실레이터 발진 주파수
#define Fcy       Fosc / 4    //주석처리(Fcy=Fosc/4)
#define Tcy       1 / Fcy     //1/4MHz=250ns   인스트럭션 사이클
TIMER0이 최대로 측정할 수 있는 시간
250ns × 256(8bit) × 256(프리스케일러)=16.384ms(최대로 측정할 수 있는 시간)
```

② 타이머1

```
#define Fosc    16000000          //16MHz
#define Fcy     Fosc / 4
#define Tcy     1 / Fcy           // 1/4MHz = 250ns
TIMER1이 최대로 측정할 수 있는 시간
250ns × 65536(16bit) × 8(프리스케일러) = 0.131072sec(최대로 측정할 수 있는 시간)
```

③ 타이머2

```
#define Fosc    16000000        //16MHz
#define Fcy     Fosc / 4
#define Tcy     1 / Fcy         // 1/4MHz = 250ns

TIMER2가 최대로 측정할 수 있는 시간
250ns × 255(PR2) × 64(프리스케일러) × 16(포스트스케일러) = 65.28ms
```

3. 타이머0의 구성 및 동작

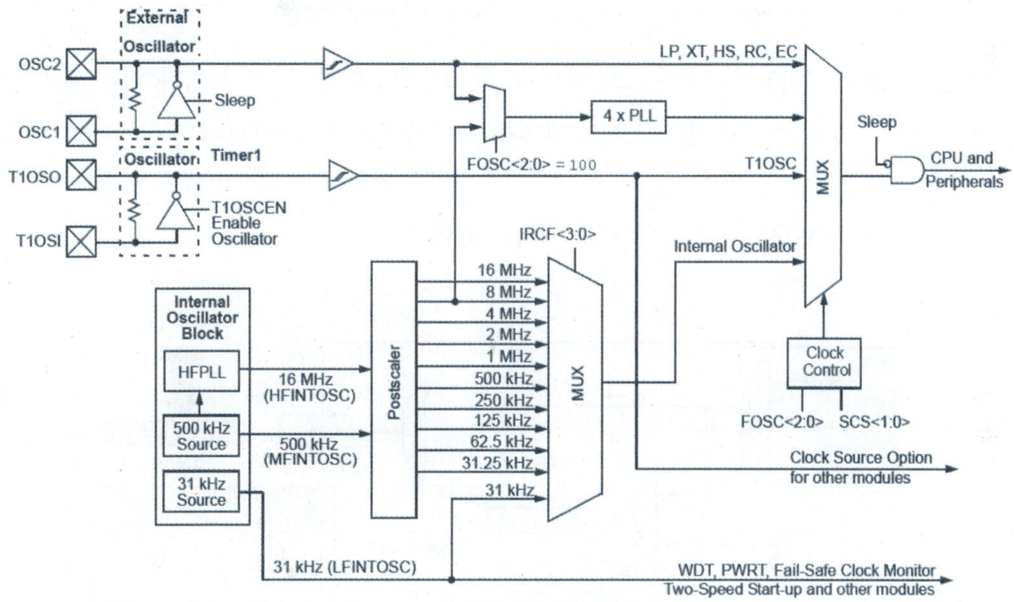

그림 7-5 PIC16F1939 클럭 블록도

그림 7-5의 그림은 PIC16F1939 클럭에 대한 회로도이다. 외부 클럭과 내부 클럭을 오실레이터를 이용해 설정할 수 있고 스케일러를 지정해 줄 수 있다.

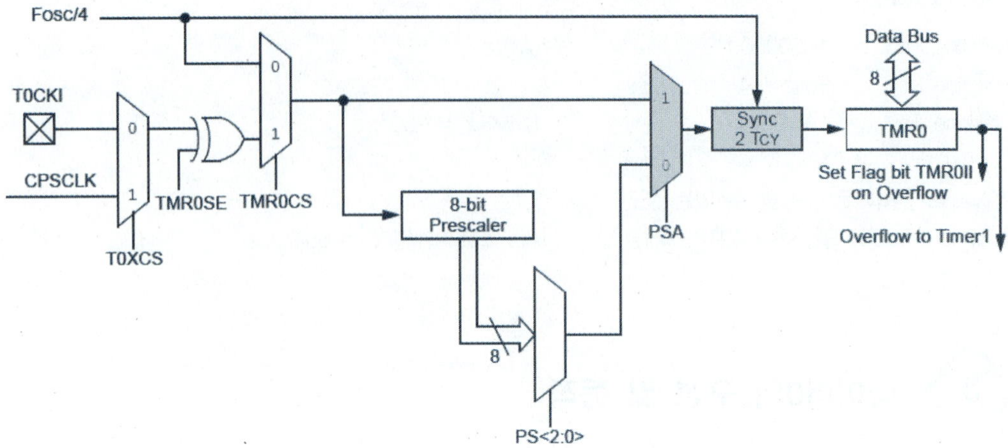

그림 7-6 타이머0의 블록도

그림 7-6은 타이머0 프리스케일러 내부 블록도의 그림이다. 외부 클럭과 내부 클럭 설정과 프리스케일러 설정을 할 수 있고 와치독 타이머(WatchDog Timer) 사용을 on/off할 수 있다.

그림 7-7은 OPITON 레지스터 비트 설정그림이다.

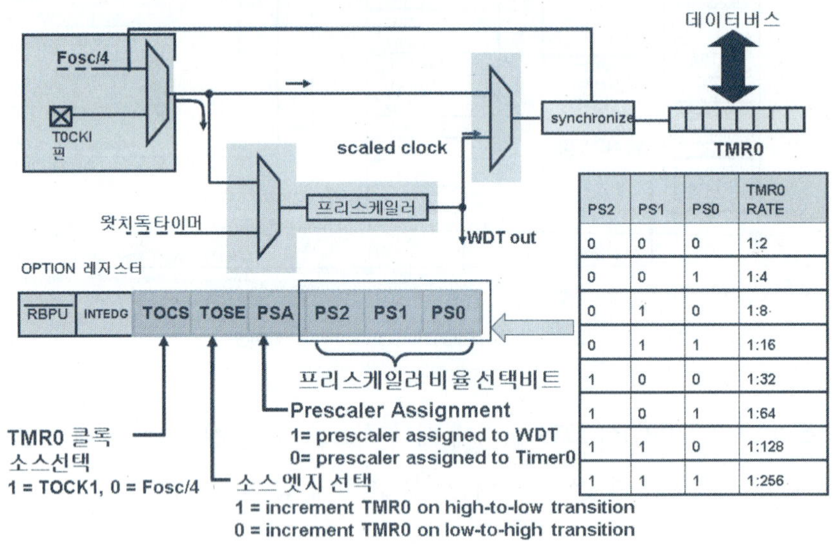

PS2	PS1	PS0	TMR0 RATE
0	0	0	1:2
0	0	1	1:4
0	1	0	1:8
0	1	1	1:16
1	0	0	1:32
1	0	1	1:64
1	1	0	1:128
1	1	1	1:256

그림 7-7 OPTION_REG 레지스터

① TMR0CS : TMR0 Clock을 외부 클럭으로 사용할지 내부 클럭으로 사용할지 고르는 비트이다.

1 = TOCLK1, 0 = Fosc/4

② TMR0SE : 클럭 입력에 따라 TMR0 값을 하강(폴링) 에지(high to low) 또는 상승(라이징) 에지(low to high)를 설정하는 비트이다.

1 = 하강(폴링) 에지(high to low), 0 = 상승(라이징) 에지(low to high)

③ PSA : 프리스케일러의 사용을, WDT(WatchDog Timer)로 사용할 것인지 TIMER0으로 사용할지 고르는 비트이다.

1 = 설정 안함, 0 = 내부 인스트럭션 사이클 클럭(Fosc/4)

④ PS[2:0] : 프리스케일러 비율을 설정해주는 비트이다.

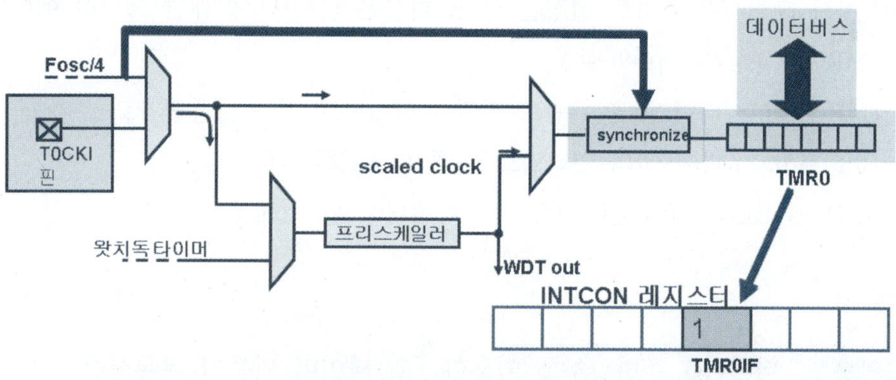

그림 7-8 타이머0의 동작

그림 7-8에서 타이머0의 클럭 입력은 오실레이터 클럭의 4분주인 Fosc/4 와 외부 클럭 입력핀인 T0CKI 및 정전용량 센싱용 오실레이터 클럭 입력인 CPSCLK 중에 선택할 수 있다. 카운터로 사용한다면 외부 클럭 입력 설정이 필요하고, 타이머 즉 시간을 재는 기능이 필요하다면 오실레이터 클럭인 Fosc/4 로 설정하면 된다. 또한, PSA 비트에 의해 프리스케일러를 사용할지를 결정한다.

만약 프리스케일러를 PS[2:0] 비트에 의해 1:2로 설정하였다면 선택되어 입력된 클럭은 2클럭마다 타이머0의 TMR0 값이 1씩 증가하게 된다. 그리고, TMR0는 8비트 레지스터이므로 0xFF에서 0x00으로 바뀔 때 TMR0IF(타이머0 오버플로우 인터럽트 플래그 비트)가 0에서 1로 바뀌면서 인터럽트 수행을 하게 된다.

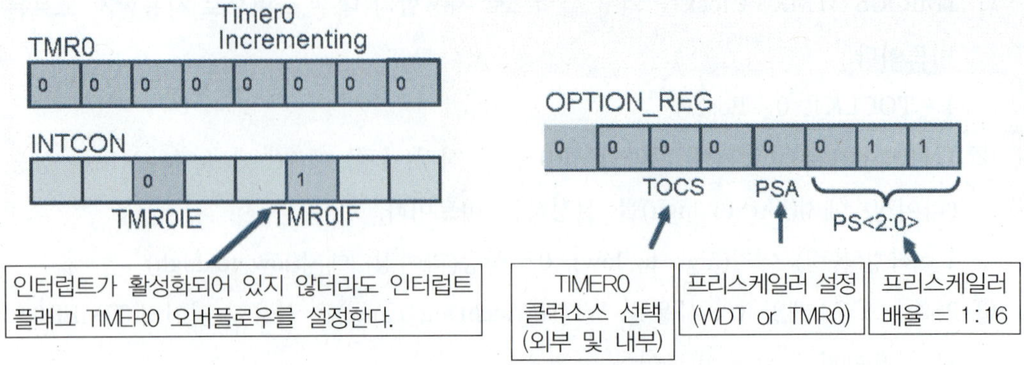

그림 7-9 타이머0의 구동에 필요한 TMR0, OPTION_REG, INTCON 레지스터

그림 7-9는 TIMER0 초기화 설정이다. TMR0, T0IE, T0IF를 0으로 초기화한다. OPTION에서 그림 7-7의 비트 설정을 한다. 다음은 타이머0에 대한 초기화 예이다.

예

```
TMR0 = 0;  //타이머0 설정
T0IE = 0;  //타이머0 인터럽트 설정 : 인터럽트 기능 사용불가로 초기화
T0IF = 0;  //타이머0의 인터럽트 플래그 초기화→0
OPTION_REG = 0b00000111;     //타이머0 프리스케일러 1:256
```

실습예제 : 타이머0 주변장치를 이용한 1초 타이머 만들기 구동실습

1) 실습목표

(1) Microchip PICDEM 2 PLUS 보드 사용시

- PIC16F1939 PIC 마이크로컨트롤러 입출력 포트 초기화 설정
- PIC16F1939 PIC 마이크로컨트롤러 타이머0 주변장치 초기화 설정
- 포트 B(RB0~RB7핀) 중에 RB0 핀 LED 출력 설정
- 타이머0 인터럽트 플래그 폴링 방식 구동방법
- 타이머0 이용한 1초 만들기 소스 코딩 및 구동

(2) INSEM 8bit PIC **평가 보드 사용시**

- PIC16F1939 PIC 마이크로컨트롤러 입출력 포트 초기화 설정
- PIC16F1939 PIC 마이크로컨트롤러 타이머0 주변장치 초기화 설정
- 포트 D(RD0~RD7핀) 중에 RD0 핀 LED 출력 설정 및 구동
- 타이머0 인터럽트 플래그 폴링 방식 구동방법
- 타이머0 이용한 1초 만들기 소스 코딩 및 구동

2) 실습회로

(1) Microchip PICDEM 2 PLUS **보드 또는 자작 보드 사용시**

- 6장 I/O 포트를 이용한 스위치, LED 입출력 구동실습 예제에서 그림 6-4 실습회로 참조

(2) INSEM 8bit PIC **평가 보드 사용시**

- 6장 I/O 포트를 이용한 스위치, LED 입출력 구동실습 예제에서 그림 6-5~6-8 실습회로 참조
  다른 점퍼들은 모두 제거하고 아래 언급한 점퍼들만 연결한다.
- 보드 전원부 세팅 및 회로
- 40PIN PIC16F1939 주변 회로
- LED 회로도와 PIC MCU 핀과 연결 회로도
  – JP35는 점퍼로 연결되어야 한다.
- 스위치 회로도와 PIC MCU 핀과 연결 회로도
  – JP44는 점퍼로 연결되어야 한다.

3) 실습환경

- MPLAB X IDE 통합 개발 SW 설치
- MPLAB XC8 컴파일러 설치(5장 마이크로칩 8비트 PIC 마이크로컨트롤러 개발환경 셋업 참조)
- 마이크로칩 디버거 장비(PICKit3, ICD3, REAL ICE 중에 택일) 설치
  (이 교재에서는 PICKit3로 모든 실습을 함)
- 전원 9V 또는 자작 보드로 실습시에는 +5V 전원 공급장치 필요

(1) Microchip PICDEM 2 PLUS **보드 사용시 연결 사진**

- 6장 I/O 포트를 이용한 스위치, LED 입출력 구동실습 예제에서 그림 6-9 실습환경 참조

(2) INSEM 8bit PIC **평가 보드 사용시 연결 사진**

- 6장 I/O 포트를 이용한 스위치, LED 입출력 구동실습 예제에서 그림 6-10 실습환경 참조

(3) **자작 보드 사용시 연결 구성도**

- 6장 I/O 포트를 이용한 스위치, LED 입출력 구동실습 예제에서 그림 6-11 실습환경 참조

4) 실습 코딩 순서

Step 1 MPLAB X IDE를 이용한 새 프로젝트 만들기

실행 1_MPLAB X IDE 실행 후 File 메뉴에서 New Project를 선택한다.

실행 2_프로젝트 선택에서 Categories에서 Microchip Embedded 선택 후 Projects에서 Standalone Project 선택, 그리고 Next를 클릭한다.

실행 3_Device 선택에서 Family에서 Mid-Range 8bit MCU ..... 선택, Device에서 PIC16F1939 선택 후 Next를 클릭한다.

실행 4_Header 선택은 그대로 하고 Next를 클릭한다.

실행 5_Hardware Tool 선택에서 PICKit3 선택, Next를 클릭한다.

실행 6_컴파일러 선택에서 Compiler Toolchains에서 XC8 (V1.xx).... 선택 후 Next를 클릭한다.

실행 7_Browse 버튼을 클릭하여 Project 만들 폴더 만들기 후 Project Name란에 프로젝트 이름(예 : timer0_1sec)을 입력 후 Finish를 클릭한다.

- Encoding 옵션 설정 : 한글 지원 관련
- UTF-8 또는 x-window949 정도 설정하면 한글 주석 처리 가능

실행 8_File 메뉴에서 New File을 선택한다.

실행 9_Categories에서 C 선택, File Type에서 C Main File 또는 C Source File을 선택 후 Next를 클릭한다.

실행 10_File Name에 소스 코드 이름 입력(예 : timer0_1sec.c) 후 Finish를 클릭한다.

Step 2 타이머0 주변장치를 이용한 1초 타이머 만들기 구동 소스 코딩

실행 1_디폴트 헤더문 입력

```
#include <xc.h>
```

이 Header 삽입문은 맨 처음 삽입해야 하는 삽입문으로 프로젝트에서 선택된 PIC 마이크로컨트롤러의 헤더파일로 연결되는 Header 삽입문이다. 일반적으로는 #inlcude <pic16f1939.h> 로 삽입될 수도 있지만, PIC MCU가 변경시에는 모든 파일의 이름을 변경해야 하는 단점이 있다.

실행 2_컨피그레이션 비트 설정 매크로 삽입 코딩

```
__CONFIG(FOSC_INTOSC & WDTE_OFF & PWRTE_ON & MCLRE_OFF & BOREN_OFF);
```

이미 5장에서 설명한 컨피그레이션 비트 설정 매크로이다. 현재 설정은 내장된 오실레이터 16MHz를 사용하고, 와치독 타이머는 끄고, 파워-업 타이머는 켜고, MCLR핀은 외부 리셋 기능 끄고, BOR 리셋 기능도 꺼진 상태로 설정된다.

실행 3_LED 포트 설정 및 기타 define문 코딩

실습에서 사용할 시스템 클럭과 LED 등의 I/O포트에 대해 #define문으로 설정해 놓으면 하드웨어 매칭이 수월하여 테스트나 디버깅시에 매우 편리하다.

PICDEM 2 PLUS 보드를 사용할 때는 아래와 같이 선언한다.

```
#define PICDEM2PLUS
//#define INSEM_8bitPIC
```

또한, INSEM 8bit PIC 평가 보드를 사용할 시에는 아래와 같이 선언한다.

```
//#define PICDEM2PLUS
#define INSEM_8bitPIC
```

PIC MCU에서 사용하는 시스템 클럭 계산에 대한 선언문은 아래와 같다.

```
#define Fosc 16000000          //내부 16MHz 클럭 설정
#define Fcy Fosc / 4           // Fcy = Fosc/4
#define Tcy 1 / Fcy            // 1/4MHz = 250ns
```

즉, OSCCON 레지스터를 설정하여 16MHz 내부 클럭 발진회로를 설정하고, 그 주파수의 4분주가 인스트럭션 사이클로 어셈블러로 1사이클 명령어가 수행하는 속도이다. Fcy라고 표현하며, 시간으로는 Tcy라고 주로 표현된다.

따라서, 1사이클 어셈블러 명령어는 250ns에 실행이 된다.

아래는 LED 출력을 위한 I/O 포트 선언문이다.

- Microchip PICDEM 2 PLUS 보드 또는 자작 보드 사용시

```
//LED 포트 설정
#define  LED        PORTBbits.RB0 //D2 LED 출력, 비트별 설정 표현 가능
```

- INSEM 8bit PIC 평가 보드 사용시

```
//LED 포트 설정
#define  LED              PORTDbits.RD0       //D1  LED 출력
```

실행 4_포트 입출력 초기화 함수 코딩

실습목표에서 포트 B를 사용하여 RB0 핀으로 LED 출력으로 초기화한다. 한 가지 주의할 사항은 각 포트의 핀들 중에는 여러 기능을 가진 핀들이 많다. 그 중에서도 ANxx 핀들은 ADC 주변장치가 사용하는 아날로그 입력핀들이다. PIC MCU 전원이 들어오는 순간에 각 포트들의 초기화는 바로 ANxx 핀들이 활성화되는 아날로그 입력 포트로 설정된다. 따라서, 항상 사용할 핀의 기능 중에 ANxx 이름이 같이 있는지 체크하고, 데이터시트 I/O 포트 장에 초기화 예제를 꼭 참고하기 바란다.

- Microchip PICDEM 2 PLUS 보드 또는 자작 보드 사용시

```
void initial_port(void)
{
                                //PORTB 사용 LED 출력 포트 초기화
    TRISB = 0b11111110;         //PORTB RB0 핀을 출력으로 설정
                                // 1 = 입력, 0 = 출력
    ANSELB = 0x00;              //포트 B의 ANxx 핀들 모두 디지털로 설정
}
```

- INSEM 8bit PIC 평가 보드 사용시

```
void initial_port(void)
{
                                //PORTD 사용 LED 출력 포트 초기화
    TRISD = 0b11111110;         //PORTD RD0핀을 출력으로 설정
                                // 1 = 입력, 0 = 출력
    ANSELD = 0x00; //포트 D의 ANxx 핀들 모두 디지털로 설정
}
```

실행 5_**타이머0 초기화 함수 소스 코딩**

```
void initial_timer0(void)
{
    TMR0 = 0;                    //타이머0 설정
    T0IE = 0;                    //타이머0 인터럽트 설정 ; 인터럽트 기능 Disable
    T0IF = 0;                    //타이머0의 인터럽트 플래그 초기화 -> 0
    OPTION_REG = 0b00000111; //타이머0 프리스케일러 1:256
}
```

실행 6_**메인 함수 및 1초 타이머 구동 소스 코딩**

```
int main(int argc, char** argv)
{
    unsigned char tmr0_count;        // 1초 인터럽트 회수 카운팅하는 변수

    //오실레이터 초기화
    OSCCON = 0b01111000;             //16MHz 내부 클럭 설정

    initial_port();                  //LED, 스위치를 위한 포트 초기화 함수 실행

    initial_timer0();                //타이머0 초기화

    tmr0_count =0;                   //변수 초기화

    while(1)
    {
        if(T0IF == 1)                //TMR0 레지스터 카운트값이 255에서 0으로 바뀔 때
                                     //이 T0IF 타이머0 인터럽트 플래그 비트가 1로 바뀐다.
        {
            T0IF=0;                  //타이머0 인터럽트 플래그 다시 0을 만들어서 시간
                                     재기
            tmr0_count++; //약 61ms마다 1씩 증가
            if(tmr0_count==61)       //변수값이 61 즉, 1초가 됨
            {
                LED ^= 1;            //LED Toggle
                tmr0_count = 0;      //다시 1초 시간재기 위해 61번 카운트하기 위해 리셋
            }
        }
    }
}
```

실행 7_아래 그림과 같이 C언어로 timer0_1sec.c란 파일을 그림처럼 코딩을 완성한다.

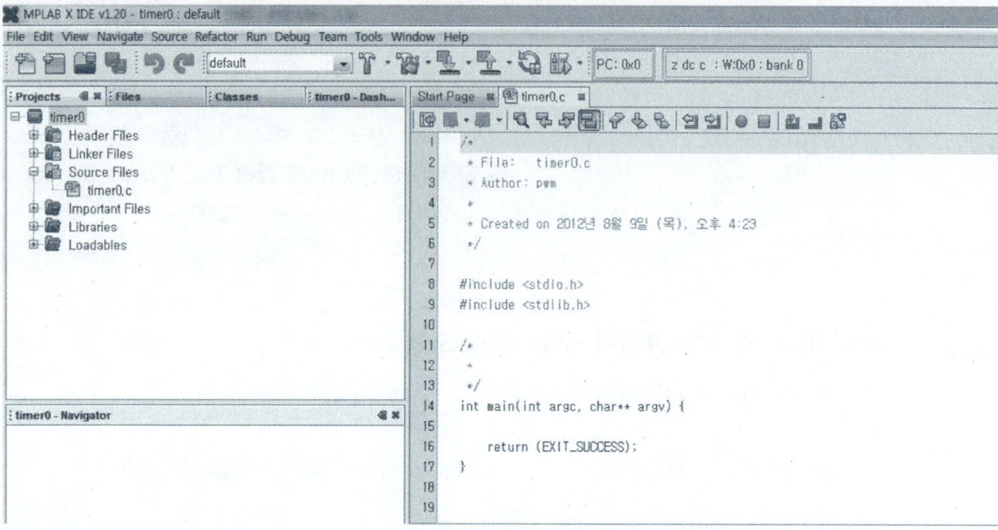

Step 3 타이머0 이용한 1초 타이머 만들기 소스 설명

1초를 만들려면 타이머0이 잴 수 있는 최대 시간을 계산하여야 한다.

타이머0의 최대 카운트 시간 = Tcy × TMR0 레지스터 카운트값 × 타이머0의 프리스케일러 설정값

타이머0의 최대 카운트 시간 = 250ns × 256 × 256 = 16.384ms

이 된다. 그러나, 이 약 16ms으로는 1초를 측정할 수 없다. 그러므로, 타이머0의 인터럽트 플래그를 사용하여 인터럽트 방식이 아닌 폴링 방식으로 타이머0 인터럽트 플래그가 0에서 255까지 카운트하고 다시 255에서 0으로 바뀔 때 타이머0 인터럽트 플래그가 1로 바뀌는 것을 if문으로 감지하여 약 1초 동안에 약 61회 정도 반복하여 약 1초의 시간을 카운트하여 LED를 점멸시킨다.

1초를 만들기 위해 타이머0 인터럽트는 몇 번 발생하는지 계산은 1000ms/ 16.384ms = 61.0352회이므로, 약 61번 타이머0 인터럽트가 걸리면 1초로 간주한다. 보다 정확한 시간을 만들기 위해서는 폴링 방식이 아닌 인터럽트 방식이야 하며, 이 방법은 추후 10장 인터럽트 응용실습 이후에서 다루기로 한다.

Step 4 소스 코드 확인

```
#include <xc.h>

__CONFIG(FOSC_INTOSC & WDTE_OFF & PWRTE_ON & MCLRE_OFF & BOREN_OFF);

//PICDEM 2 PLUS 보드를 사용시
#define PICDEM2PLUS
//#define INSEM_8bitPIC

//PIC MCU에서 사용하는 시스템 클럭 계산
#define Fosc 16000000                       //내부 16MHz 클럭 설정
#define Fcy Fosc / 4                        // Fcy = Fosc/4
#define Tcy 1 / Fcy                         // 1/4MHz = 250ns

// LED 출력을 위한 I/O 포트 선언문이다.
#ifdef PICDEM2PLUS
    #define  LED          PORTBbits.RB0     //D2 LED 출력, 비트별 설정 표현 가능
#endif
#ifdef INSEM_8bitPIC
    #define  LED          PORTDbits.RD0     //D1  LED 출력

#endif


#ifdef PICDEM2PLUS
   void initial_port(void)
   {
        //PORTB 사용 LED 출력 포트 초기화
        TRISB = 0b11111110;                 //PORTB RB0 핀을 출력으로 설정
        // 1 = 입력, 0 = 출력
        ANSELB = 0x00;                      //포트 B의 ANxx 핀들 모두 디지털로 설정
   }
#endif

#ifdef INSEM_8bitPIC
   void initial_port(void)
   {
        //PORTD 사용 LED 출력 포트 초기화
        TRISD = 0b11111110;                 //PORTD RD0 핀을 출력으로 설정
        // 1 = 입력, 0 = 출력
        ANSELD = 0x00;                      //포트 D의 ANxx 핀들 모두 디지털로 설정
```

```
    }
#endif

void initial_timer0(void)
{
        TMR0 = 0;                           //타이머0 설정
        T0IE = 0;                           //타이머0 인터럽트 설정 : 인터럽트 기능 Disable
        T0IF = 0;                           //타이머0의 인터럽트 플래그 초기화 -> 0
        OPTION_REG = 0b00000111;            //타이머0 프리스케일러 1:256
}


int main(int argc, char** argv)
{
    unsigned char tmr0_count;               // 1초 인터럽트 회수 카운팅하는 변수

    //오실레이터 초기화
    OSCCON = 0b01111000;                    //16MHz 내부 클럭 설정

    initial_port();                         //LED, 스위치를 위한 포트 초기화 함수 실행

    initial_timer0();                       //타이머0 초기화

    tmr0_count =0;                          //변수 초기화

    while(1)
    {
        if(T0IF == 1)                       //TMR0 레지스터 카운트값이 255에서 0으로 바뀔 때
                                            //이 T0IF 타이머0 인터럽트 플래그 비트가 1로 바뀐다.
        {
            T0IF=0;                         //타이머0 인터럽트 플래그 다시 0을 만들어서 시간
                                            재기
            tmr0_count++;                   //약 61ms마다 1씩 증가
            if(tmr0_count==61)              //변수값이 61 즉, 1초가 됨
            {
                LED ^= 1;                   //LED Toggle
                tmr0_count = 0;             //다시 1초 시간재기 위해 61번 카운트하기 위해 리
                                            셋
            }
        }
    }
}
```

실행 1__Make & Program 버튼 클릭 후, PICDEM 2 Plus 보드 동작을 확인한다.

실행 2__경고창이 실행된 경우 OK를 클릭한다.

5) 실습결과

(1) Microchip PICDEM 2 PLUS 보드 사용시

위 보드 그림과 같이 RB0 숫자 아래의 LED가 약 1초마다 점멸한다. 약 1초라고 하는 이유는 위에서 설명한 1초 만들기로는 정확한 시간이 맞지만, 폴링 방식으로 타이머0 인터럽트 플래그를 계속 비교하는 루틴이 있으므로 시간의 오차가 생기게 된다.

좀 더 자세한 내용은 Window 메뉴에서 Output에서 Disassembly Listing Files를 클릭하시면 C언어 소스 코드를 어셈블러로 변환된 파일을 볼 수 있다. 여기서 시간 비교 루틴에 의해 어느 정도의 어셈블러 라인이 추가되어 있는지 계산하여 시간보상이 가능하다.

(2) INSEM 8bit PIC **평가 보드 사용시**

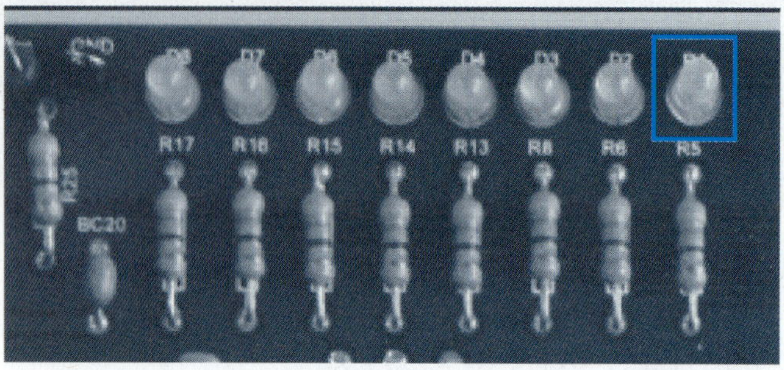

위 보드 그림과 같이 D1 숫자 아래의 LED가 약 1초마다 점멸한다.

6) 디버깅(Debugging) 실습

디버깅 방법을 앞 장인 6장에서 설명하였다. 필히 6장의 디버깅 설정 및 버튼 기능들은 숙지한다. 이번 실습에서 검증할 디버깅 포인트는 tmr0_count 변수값에 의한 LED 점멸 확인이다.

실행 1_디버깅할 포인트 : 타이머0 인터럽트 플래그가 1이 될 때 tmr0_count 변수값을 어떻게 증가하는가?

실행 2_MPLAB X IDE 통합 개발환경 프로그램에서 Run 메뉴에서 Run Project (timer0_1sec)을 클릭한다.

실행 3_Debug 메뉴에서 Discrete Debugger Operation → Launch Debugger(Project timer0_1sec)을 클릭한다(또는 아래 두 번째 그림과 같이 Debug 아이콘에서 Launch Debugger(Project timer0_1sec)을 클릭해도 된다).

- 동작전압에 대한 주의사항이 뜨면 OK를 클릭하면 된다.

실행 4_다음의 디버깅 버튼들이 메뉴창 아래 표시되는지 확인한다.

실행 5_브레이크 포인트(break point)를 삽입한다. 아래 소스 코드에서 사각형 표시위치에서 오른쪽 마우스 버튼을 클릭하여 "Toggle Line Breakpoint"를 클릭하며 라인 숫자표시 부분에 빨간색 사각형 표시가 생긴다.

```
if(T0IF == 1)                //TMR0 레지스터 카운트값이 255에서 0으로 바뀔 때
                             //이 T0IF 타이머0 인터럽트 플래그 비트가 1로 바뀐다.
   {
      T0IF=0;          //타이머0 인터럽트 플래그 다시 0을 만들어서 시간재기
      tmr0_count++;            //약 61ms마다 1씩 증가
      if(tmr0_count==62)       //변수값이 61 즉, 1초가 됨
      {
         LED ^= 1;             //LED Toggle
         tmr0_count = 0; //다시 1초 시간재기 위해 61번 카운트하기 위해 리셋
      }
```

• 브레이크 포인트 설정한 후에는 빨간색으로 라인 반전이 표시된다.

실행 6_Window 메뉴에서 Debugging -> Watches를 클릭하여 Watch창을 표시한다. 이 Watch창에서 모든 변수, 레지스터값들을 확인할 수 있다.

실행 7_Watch창에 tmr0_count 변수를 입력한다. 이를 통해 매 브레이크가 걸릴 때마다 변수값의 변화상태를 점검한다.

- Enter new watch를 클릭하여 변수 또는 레지스터 이름을 넣으면 된다.

실행 8_디버깅 버튼에서 Reset 버튼을 누른 후 Continue 버튼을 클릭한다. 이로 인해 프로그램은 처음부터 실행을 하게 된다.

실행 9_스위치를 누르면 브레이크 포인트 지점에서 멈추고 Watch창에서 각 변수들의 값들도 빨간색으로 업데이트되어 표시된다. 여기서는 tmr0_count 변수값이 0x00으로 표시된다.

실행 10_다시 Continue 버튼을 클릭하고, 스위치를 누르면 브레이크 포인트 지점에서 멈추고 Watch창에서 tmr0_count 변수값이 0x01으로 +1이 증가되어 표시된다. 계속 반복하거나 Watch창에서 tmr0_count 변수값을 60로 바꾼후에 실행하여 변수값이 61이 되면 LED가 점멸하고 다시 0으로 값이 바뀌는지 확인한다.

• 다음 그림은 디버깅 중인 Watch창을 나타내었다.

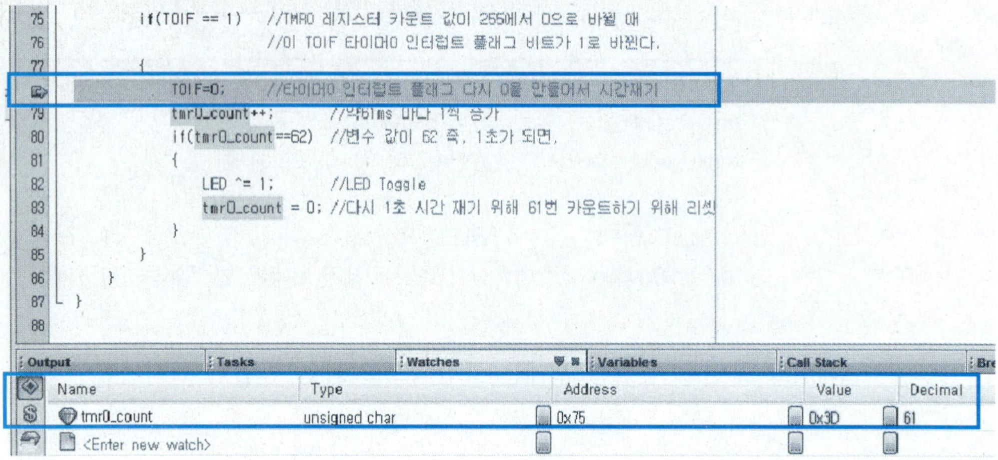

8장

타이머1 응용실습

이번 장에서는 PIC16F1939의 타이머 중에서 타이머1을 이용한 응용 프로그램을 실습하고자 한다.

1. 타이머1의 개요

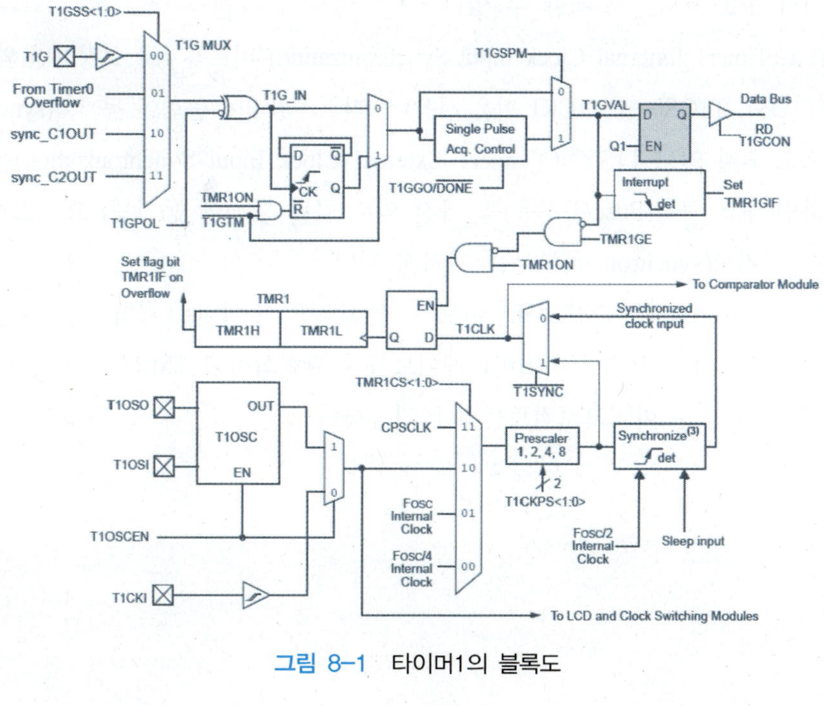

그림 8-1 타이머1의 블록도

그림 8-1과 같이 타이머1은 16비트 타이머/카운터이고, 외부/내부 클럭 소스를 선택 가능하고, 2비트의 프리스케일러를 가지고 있다. 또한, 32kHz의 발진회로를 내장하고 있어서 T1OSI, T1OSO 핀에 32.768kHz 크리스탈을 연결하고 리얼타임 클럭으로 사용이 가능하다. 기타 기능으로는 Capture/Compare 사용시 베이스 타이머로 사용 및 타이머0와 마찬가지로 오버플로우형 인터럽트가 발생한다. 인터럽트는 이후 장에서 설명하기로 한다.

2. 타이머1의 구성 및 동작

타이머1의 동작은 T1CON(Timer1 Control Register)의 TMR1ON 비트가 1로 설정하면 타이머1이 동작을 시작한다. T1CON 레지스터의 TMR1CS 비트를 0으로 설정하면 클럭 소스 선택을 내부(F_{osc}/4) 클럭 소스를 선택하고, TMR1CS 비트를 1로 설정하면 외부(T1CKL) 클럭 소스를 선택한다.

- T1CON 레지스터의 T1OSCEN 비트를 1로 선택하면 T1 오실레이터를 선택하고 0을 선택하면 T1CKI핀을 사용할 수 있다.
- T1CON 레지스터의 T1CKPS1과 T1CKPS0 2개 비트들을 선택하면 스케일러의 비율(1:8, 1:4, 1:2, 1:1)을 선택할 수 있다.
- T1SYNC(Timer1 External Clock Input Synchronization) 비트를 1로 설정하면 외부 클럭 입력(T1OS1, T1OS0 및 T1CKI 핀을 사용) 프리스케일러에 출력이 동기화(synchronize)부분으로 되지 않고 T1SYNC(Timer1 External Clock Input Synchronization)을 0으로 설정하면(내부 클럭(Fosc/4)사용)을 가진 외부 클럭 입력에 동기됨) 프리스케일러에 출력이 동기화(synchronize)부분을 거치게 된다.
- T1CON 레지스터의 TMR1GE 비트가 설정되면 타미머1 게이트를 활성화하고, T1GINV 비트가 설정되면 타이머1 게이트를 비활성화하고 TMR1GE와 T1GINV 비트가 동시에 같은 마이크로컨트롤러에 가능하다.

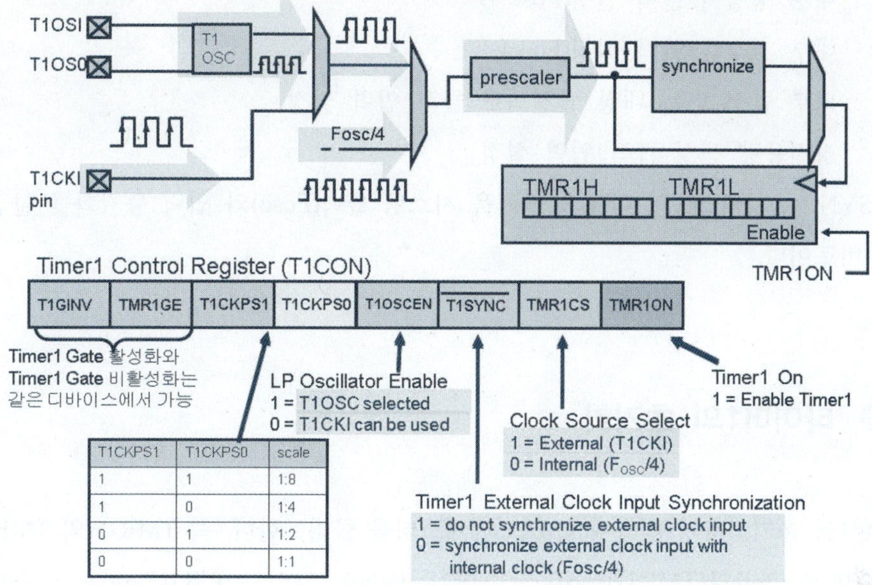

그림 8-2 타이머1의 동작

<table>
<tr><td>R/W-0/u</td><td>R/W-0/u</td><td>R/W-0/u</td><td>R/W-0/u</td><td>R/W-0/u</td><td>R/W-0/u</td><td>U-0</td><td>R/W-0/u</td></tr>
<tr><td colspan="2">TMR1CS<1:0></td><td colspan="2">T1CKPS<1:0></td><td>T1OSCEN</td><td>$\overline{\text{T1SYNC}}$</td><td>—</td><td>TMR1ON</td></tr>
<tr><td colspan="4">bit 7</td><td colspan="4">bit 0</td></tr>
</table>

그림 8-3 T1CON : Timer1 Control Register

- T1CKPS1, T1CKPS0 : 프리스케일러(Prescaler) 비율을 설정해주는 비트이다.
- T1OSCEN : 타이머1의 내장 발진회로를 사용할 것인지 외부 입력 T1CKI 핀을 사용할 것인지를 설정하는 비트이다. 1 = T1OSC 0 = T1CKI
- TMR1CS : 타이머1의 클럭 입력을 외부 클럭으로 사용할지 내부 클럭으로 사용할지 설정 해주는 비트이다. 1 = 외부(External)(T1CKI) 0 = 내부(Internal)(Fosc/4)
- TMR1ON : 타이머1을 동작시키는 비트로, 이 비트가 1이 되면 입력 클럭마다 TMR1H, TMR1L 값이 1씩 증가한다.

예
```
T1CON = 0b00110000;   //타이머1 초기화
                      //내부 Fosc/4 클럭 설정
                      //1:8 프리스케일 설정
                      //내장 발진회로 사용 중지
                      //타이머1 동작중지
```

- TMR1CS<1:0> : 타이머1의 입력 클럭 설정

8장

00 : 내부 명령어 클럭 설정(Fosc/4)

01 : 내부 시스템 클럭 설정(Fosc)

10 : 외부 클럭 또는 내장 발진회로 클럭 입력 설정

11 : 정전용량 센싱 클럭 입력 설정

- T1SYNC : TIMER1의 비동기 클럭을 시스템 클럭(Fosc)와 입력 동기화를 설정해주는 비트이다.

3. 타이머1의 초기화

타이머1를 초기화하기 위하여 TMR1 레지스터를 클리어한다. 즉 TMR1H와 TMR1L를 모두 0X00로 만든다(TMR1H=0x00, TMR1L=0x00). 그리고 PIR1(Peripheral Interrupt Request) 레지스터의 TMR1IF 비트의 플래그를 0으로 설정한다(TMR1F=0). 프리스케일러(1:8)로 내부 클럭을 설정하고 타이머1을 정지하고 외부에 시계용 클럭을 사용하지 않기 때문에 타이머1의 오실레이터를 비활성하기 위하여 T1CON 레지스터의 T1CKPS 비트<1:0>를 1, 1로 설정하고 TMR1CS 비트를 0으로 설정하고, TMR1ON 비트를 0으로 설정하고, T1OSCEN 비트를 0으로 설정한다(T1CON= 0b00110000). 이것으로 타이머1의 모든 레지스터를 초기화하였다.

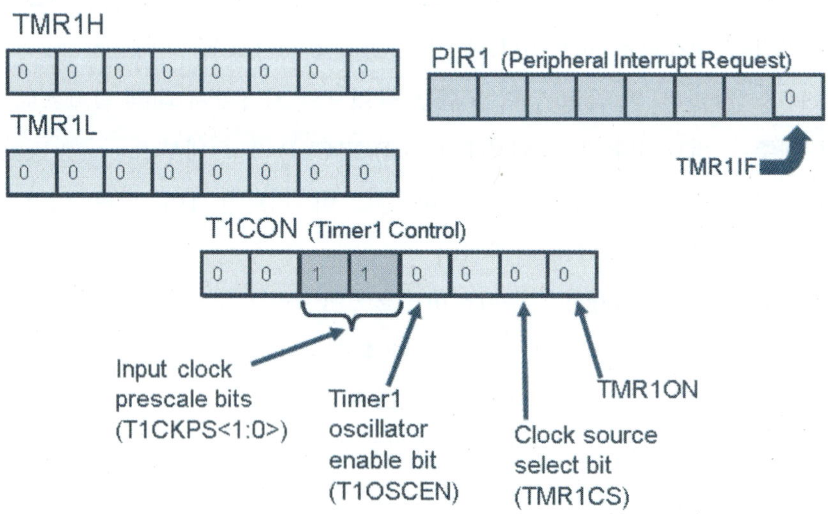

그림 8-4 타이머1의 초기화 레지스터 설정

TMR1ON 비트를 1로 설정하면(TMR1ON=1) 타이머1의 동작이 시작하고 타이머1 레지스터의 (TMR1H, TMR1L)값이 계속 증가하여 모두 1이 되고 나서 다시 한 클럭이 들어와서 0xFF(TMR1H), 0xFF(TMR1L)가 0x00, 0x00이 되어 오버플로우가 생긴다. 그러면 PIR1(Peripheral Interrupt Request) 레지스터의 TMR1IF 비트의 오버플로우 비트가 1로 바뀌게 된다(TMR1F=1). 바로 이때가 타이머1에 설정한 시간이 완료되는 때이며, 이번 실습에서는 인터럽트를 사용하지 않으므로 폴링 방식으로 while문을 사용하여 계속 반복한다(while (!TMR1IF)).

그림 8-4와 같이 TMR1H, TMR1L, PIR1, T1CON 레지스터를 사용하여 타이머1을 초기화 한다. 또한, 오버플로우 인터럽트가 발생하는 방식이므로 TMR1H=0xFF, TMR1L=0xFF일 때 다시 1개의 입력 클럭에 의해 TMR1H=0x00, TMR1L=0x00으로 바뀔 때 TMR1IF 비트가 0에서 1로 바뀐다. 아래 예제와 같이 타이머1을 초기화할 수 있다.

```
TMR1H = 0;  //타이머1 값 설정
TMR1L = 0;
TMR1IE = 0;  //타이머1 인터럽트 설정 : 인터럽트 기능 비활성화(Disable)
TMR1IF = 0;  //타이머1의 인터럽트 플래그 초기화→0
T1CON = 0b00110000;      //타이머1 초기화
                         //내부 Fosc/4 클럭 설정
                         //1:8 프리스케일 설정
                         //내장 발진회로 사용 중지
                         //타이머1 동작중지
TIMR1ON = 1;     //TIMER1 동작
```

실습예제 : 타이머1 주변장치를 이용한 1초 타이머 만들기 구동실습

1) 실습목표

(1) Microchip PICDEM 2 PLUS 보드 사용시

- PIC16F1939 PIC 마이크로컨트롤러 입출력 포트 초기화 설정
- PIC16F1939 PIC 마이크로컨트롤러 타이머1 주변장치 초기화 설정
- 포트 B(RB0~RB7핀) 중에 RB0 핀 LED 출력 설정
- 타이머1 인터럽트 플래그 폴링 방식 구동방법
- 타이머1 이용한 1초 만들기 소스 코딩 및 구동

(2) INSEM 8bit PIC 평가 보드 사용시

- PIC16F1939 PIC 마이크로컨트롤러 입출력 포트 초기화 설정
- PIC16F1939 PIC 마이크로컨트롤러 타이머1 주변장치 초기화 설정
- 포트 D(RD0~RD7핀) 중에 RD0 핀 LED 출력 설정 및 구동
- 타이머1 인터럽트 플래그 폴링 방식 구동방법
- 타이머1 이용한 1초 만들기 소스 코딩 및 구동

2) 실습회로

(1) Microchip PICDEM 2 PLUS 보드 또는 자작 보드 사용시

- 6장 I/O 포트를 이용한 스위치, LED 입출력 구동실습 예제에서 그림 6-4 실습회로 참조

(2) INSEM 8bit PIC 평가 보드 사용시

- 6장 I/O 포트를 이용한 스위치, LED 입출력 구동실습 예제에서 그림 6-5~6-8 실습회로 참조
  다른 점퍼들은 모두 제거하고 아래 언급한 점퍼들만 연결한다.
- 보드 전원부 세팅 및 회로
- 40PIN PIC16F1939 주변 회로
- LED 회로도와 PIC MCU 핀과 연결 회로도
  - JP35는 점퍼로 연결되어야 한다.
- 스위치 회로도와 PIC MCU 핀과 연결 회로도
  - JP44는 점퍼로 연결되어야 한다.

3) 실습환경

- MPLAB X IDE 통합 개발 SW 설치
- MPLAB XC8 컴파일러 설치(5장 마이크로칩 8비트 PIC 마이크로컨트롤러 개발환경 셋업 참조)
- 마이크로칩 디버거 장비(PICKit3, ICD3, REAL ICE 중에 택일) 설치(여기에서는 PICKit3로 모든 실습을 함)
- 전원 9V 또는 자작 보드로 실습시에는 +5V 전원 공급장치 필요

(1) Microchip PICDEM 2 PLUS 보드 사용시 연결 사진

- 6장 I/O 포트를 이용한 스위치, LED 입출력 구동실습 예제에서 그림 6-9 실습환경 참조

(2) INSEM 8bit PIC 평가 보드 사용시 연결 사진

- 6장 I/O 포트를 이용한 스위치, LED 입출력 구동실습예제에서 그림 6-10 실습환경 참조

(3) 자작 보드 사용시 연결 구성도

- 6장 I/O 포트를 이용한 스위치, LED 입출력 구동실습예제에서 그림 6-11 실습환경 참조

4) 실습 코딩 순서

Step 1 MPLAB X IDE를 이용한 새 프로젝트 만들기

실행 1_MPLAB X IDE 실행 후 File 메뉴에서 New Project를 선택한다.

실행 2_프로젝트 선택에서 Categories에서 Microchip Embedded 선택 후 Projects에서 Standalone Project 선택, 그리고 Next를 클릭한다.

실행 3_Device 선택에서 Family에서 Mid-Range 8bit MCU ..... 선택, Device에서 PIC16F1939 선택 후 Next를 클릭한다.

실행 4_Header 선택은 그대로 하고 Next를 클릭한다.

실행 5_Hardware Tool 선택에서 PICKit3 선택, Next를 클릭한다.

실행 6_컴파일러 선택에서 Compiler Toolchains에서 XC8 (V1.xx).... 선택 후 Next를 클릭한다.

실행 7_Browse 버튼을 클릭하여 Project 만들 폴더 만들기 후 Project Name란에 프로젝트 이름(예 : timer0_1sec)을 입력 후 Finish를 클릭한다.

- Encoding 옵션 설정 : 한글 지원 관련
- UTF-8 또는 x-window949 정도 설정하면 한글 주석 처리 가능

실행 8_File 메뉴에서 New File을 선택한다.

실행 9_Categories에서 C 선택, File Type에서 C Main File 또는 C Source File을 선택 후 Next를 클릭한다.

실행 10_File Name에 소스 코드 이름 입력(예 : timer0_1sec.c) 후 Finish를 클릭한다.

Step 2 타이머1 주변장치를 이용한 1초 타이머 만들기 구동 소스 코딩

실행 1_디폴트 헤더문 입력

```
#include <xc.h>
```

이 Header 삽입문은 맨 처음 삽입해야 하는 삽입문으로 프로젝트에서 선택된 PIC 마이크로컨트롤러의 헤더파일로 연결되는 Header 삽입문이다. 일반적으로는 #inlcude <pic16f1939.h> 로 삽입될 수도 있지만, PIC MCU가 변경시에는 모든 파일의 이름을 변경해야 하는 단점이 있다.

실행 2_컨피그레이션 비트 설정 매크로 삽입 코딩

```
__CONFIG(FOSC_INTOSC & WDTE_OFF & PWRTE_ON & MCLRE_OFF & BOREN_OFF);
```

이미 5장에서 설명한 컨피그레이션 비트 설정 매크로이다. 현재 설정은 내장된 오실레이터 16MHz를 사용하고, 와치독 타이머는 끄고, 파워-업 타이머는 켜고, MCLR핀은 외부 리셋 기능 끄고, BOR 리셋 기능도 꺼진 상태로 설정된다.

실행 3_LED 포트 설정 및 기타 define문 코딩

실습에서 사용할 시스템 클럭과 LED 등의 I/O 포트에 대해 #define문으로 설정해 놓으면 하드웨어 매칭이 수월하여 테스트나 디버깅시에 매우 편리하다.

PICDEM 2 PLUS 보드를 사용할 때는 아래와 같이 선언한다.

```
#define PICDEM2PLUS
//#define INSEM_8bitPIC
```

또한, INSEM 8bit PIC 평가 보드를 사용할 시에는 아래와 같이 선언한다.

```
//#define PICDEM2PLUS
#define INSEM_8bitPIC
```

PIC MCU에서 사용하는 시스템 클럭 계산에 대한 선언문은 아래와 같다.

```
#define Fosc 16000000                //내부 16MHz 클럭 설정
#define Fcy Fosc / 4                 // Fcy = Fosc/4
#define Tcy 1 / Fcy                  // 1/4MHz = 250ns
```

즉, OSCCON 레지스터를 설정하여 16MHz 내부 클럭 발진회로를 설정하고, 그 주파수의 4분주가 인스트럭션 사이클로 어셈블러로 1사이클 명령어가 수행하는 속도이다. Fcy라고 표현하며, 시간으로는 Tcy라고 주로 표현된다.

따라서, 1 사이클 어셈블러 명령어는 250ns에 실행이 된다.

아래는 LED 출력을 위한 I/O 포트 선언문이다.

- Microchip PICDEM 2 PLUS 보드 또는 자작 보드 사용시

```
//LED 포트 설정
#define   LED          PORTBbits.RB0       //D2 LED 출력, 비트별 설정 표현 가능
```

- INSEM 8bit PIC 평가 보드 사용시

```
//LED 포트 설정
#define   LED          PORTDbits.RD0       //D1   LED 출력
```

실행 4_포트 입출력 초기화 함수 코딩

실습목표에서 포트 B를 사용하여 RB0 핀으로 LED 출력으로 초기화한다. 한 가지 주의할 사항은 각 포트의 핀들 중에는 여러 기능을 가진 핀들이 많다. 그 중에서도 ANxx 핀들은 ADC 주변장치가 사용하는 아날로그 입력핀들이다. PIC MCU 전원이 들어오는 순간에 각 포트들의 초기화는 바로 ANxx 핀들이 활성화되는 아날로그 입력 포트로 설정된다. 따라서, 항상 사용할 핀의 기능 중에 ANxx 이름이 같이 있는지 체크하고, 데이터시트 I/O 포트 장에 초기화 예제를 꼭 참고하기 바란다.

- Microchip PICDEM 2 PLUS 보드 또는 자작 보드 사용시

```
void initial_port(void)
{
    //PORTB 사용 LED 출력 포트 초기화
    TRISB = 0b11111110;          //PORTB RB0 핀을 출력으로 설정
    // 1 = 입력, 0 = 출력
    ANSELB = 0x00;               //포트 B의 ANxx 핀들 모두 디지털로 설정
}
```

- INSEM 8bit PIC 평가 보드 사용시

```
void initial_port(void)
{
    //PORTD 사용 LED 출력 포트 초기화
    TRISD = 0b11111110;          //PORTD RD0핀을 출력으로 설정
    // 1 = 입력, 0 = 출력
    ANSELD = 0x00;               //포트 D의 ANxx 핀들 모두 디지털로 설정
}
```

실행 5_타이머1 초기화 함수 소스 코딩

타미어1의 프리스케일러 값을 1:8로 설정하여 시스템 클럭인 Tcy가 250ns이므로, 250ns × 8 = 2μs로 카운트된다. 따라서, 타이머1의 TMR1H와 TMR1L 레지스터가 50000까지 카운트하면 약 0.1초의 시간을 카운트할 수 있도록 타이머1을 초기화하는 함수이다.

```
void initial_timer1(void)
{
        TMR1H = 0;                          //타이머1 값 설정
        TMR1L = 0;
        TMR1IE = 0;                         //타이머1 인터럽트 설정 : 인터럽트 기능 Disable
        TMR1IF = 0;                         //타이머1의 인터럽트 플래그 초기화 -> 0
        T1CON = 0b00110000;                 //타이머1 프리스케일러 1:8
        TMR1L=(65536-50000)%256;            //0.1초 카운트값 초기화
        TMR1H=(65536-50000)/256;
        TMR1ON = 1;                         //타이머1 ON
}
```

실행 6_메인 함수 및 1초 타이머 구동 소스 코딩

```
int main(int argc, char** argv)
{
    unsigned char tmr1_count;          // 1초 인터럽트 회수 카운팅하는 변수

    //오실레이터 초기화
    OSCCON = 0b01111000;               //16MHz 내부 클럭 설정

    initial_port();                    //LED를 위한 포트 초기화 함수 실행

    initial_timer1();                  //타이머1 초기화

    tmr1_count =0;                     //변수 초기화

    while(1)
    {
        if(TMR1IF == 1)                //TMR1H+TMR1L 레지스터 카운트값이 65535에서
                                       0으로 바뀔 때
                                       //이 TMR1IF 타이머1 인터럽트 플래그 비트가 1로
                                       바뀐다.
```

```
        {
            TMR1IF=0;                    //타이머1 인터럽트 플래그 다시 0을 만
                                         들어서 시간재기
            TMR1L=(65536-50000)%256;     //0.1초 카운트값 초기화
            TMR1H=(65536-50000)/256;
            tmr1_count++;
            if(tmr1_count==10) //변수값이 10 즉, 0.1초씩 10번이므로 1초가 됨
            {
                LED ^= 1;                //LED Toggle
                tmr1_count = 0;          //다시 10번 카운트하기 위해 리셋
            }
        }
    }
}
```

실행 7__다음 그림과 같이 C언어로 timer1_1sec.c란 파일을 그림처럼 코딩을 완성한다.

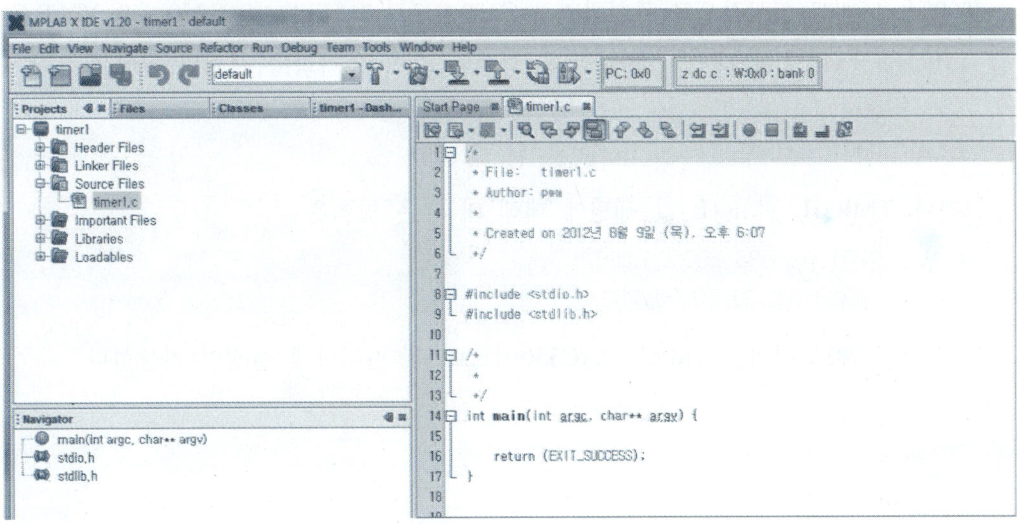

Step 3 타이머1 이용한 1초 타이머 만들기 소스 설명

1초를 만들려면 타이머1이 잴 수 있는 최대 시간을 계산하여야 한다.

타이머1의 최대 카운트 시간 = Tcy × TMR1H/L 레지스터 최대 카운트값 ×타이머1의 프리스케일러 최대 설정값

따라서, 타이머1이 잴 수 있는 최대 시간 = 250ns ×65536 ×8 = 0.131072 sec이 된다.

8장

그러나, 이 약 131ms으로는 1초를 측정할 수 없다. 그래서, 앞장의 타이머0와 마찬가지로 타이머1의 인터럽트 플래그를 사용하여 인터럽트 방식이 아닌 폴링 방식으로 타이머1 인터럽트 플래그가 0에서 65535까지 카운트하고 다시 65535에서 0으로 바뀔 때 타이머1 인터럽트 플래그가 1로 바뀌므로, 타이머1을 0.1초로 초기화하여 약 1초 동안에 약 10회 정도 반복하여 약 1초의 시간을 카운트하여 LED를 점멸시킨다.

1초를 만들기 위해 타이머0 인터럽트는 몇 번 발생하는지 계산은 1000ms/ 100ms = 10 회 이므로, 10번 타이머1 인터럽트가 걸리면 1초로 간주한다. 보다 정확한 시간을 만들기 위해서는 폴링 방식이 아닌 인터럽트 방식이어야 하며, 이 방법은 추후 10장 인터럽트 응용실습 이후에서 다루기로 한다.

따라서, 0.1초를 우선 만들기 위해 프리스케일러를 1:8로 설정하여 250ns ×8 = 2μs 단위시간을 만든다.

0.1 sec = 250ns ×TMR1H/L ×8 이므로, TMR1H/L 레지스터를 통해 50000을 카운트하면 된다.

50000을 16비트 헥사값으로 표현하면 0xC350이므로 0xFFFF - 0xC350 = 0x3CAF 값을 TMR1H, TMR1L에 대입시켜야 한다. 아래와 같이 초기화를 시키면 된다.

```
TMR1H = 0x3C;
TMR1L = 0xAF;
```

그러나, TMR1H, TMR1L 값 세팅에 대해 더 좋은 방법은

```
TMR1L=(65536-50000)%256;
TMR1H=(65536-50000)/256;
```

위와 같이 해도 결과는 TMR1 = 0xC350이므로 더 편리하게 설정이 가능하다.

Step 4 소스 코드 확인

```
#include <xc.h>

__CONFIG(FOSC_INTOSC & WDTE_OFF & PWRTE_ON & MCLRE_OFF & BOREN_OFF);

//PICDEM 2 PLUS 보드를 사용시
#define PICDEM2PLUS
//#define INSEM_8bitPIC
```

```
//PIC MCU에서 사용하는 시스템 클럭 계산
#define Fosc 16000000                          //내부 16MHz 클럭 설정
#define Fcy Fosc / 4                           // Fcy = Fosc/4
#define Tcy 1 / Fcy                            // 1/4MHz = 250ns

// LED 출력을 위한 I/O 포트 선언문이다.
#ifdef PICDEM2PLUS
    #define  LED        PORTBbits.RB0          //D2 LED 출력, 비트별 설정 표현 가능
#endif
#ifdef INSEM_8bitPIC
    #define  LED        PORTDbits.RD0          //D1  LED 출력

#endif


#ifdef PICDEM2PLUS
   void initial_port(void)
   {
       //PORTB 사용 LED 출력 포트 초기화
       TRISB = 0b11111110;                     //PORTB RB0 핀을 출력으로 설정
       // 1 = 입력, 0 = 출력
       ANSELB = 0x00;                          //포트 B의 ANxx 핀들 모두 디지털로 설정
   }
#endif

#ifdef INSEM_8bitPIC
   void initial_port(void)
   {
       //PORTD 사용 LED 출력 포트 초기화
       TRISD = 0b11111110;                     //PORTD RD0핀을 출력으로 설정
       // 1 = 입력, 0 = 출력
       ANSELD = 0x00;                          //포트 D의 ANxx 핀들 모두 디지털로 설정
   }
#endif

void initial_timer1(void)
{
       TMR1H = 0;                              //타이머1 값 설정
       TMR1L = 0;
       TMR1IE = 0;                             //타이머1 인터럽트 설정 : 인터럽트 기능 Disable
       TMR1IF = 0;                             //타이머1의 인터럽트 플래그 초기화 -> 0
```

8장

```
    T1CON = 0b00110000;                  //타이머1 프리스케일러 1:8
    TMR1L=(65536-50000)%256;             //0.1초 카운트값 초기화
    TMR1H=(65536-50000)/256;
    TMR1ON = 1;                          //타이머1 ON
}

int main(int argc, char** argv)
{
    unsigned char tmr1_count;            // 1초 인터럽트 회수 카운팅하는 변수

    //오실레이터 초기화
    OSCCON = 0b01111000;                 //16MHz 내부 클럭 설정

    initial_port();                      //LED를 위한 포트 초기화 함수 실행

    initial_timer1();                    //타이머1 초기화

    tmr1_count =0;                       //변수 초기화

    while(1)
    {
        if(TMR1IF == 1)                  //TMR1H+TMR1L 레지스터 카운트값이 65535에서
                                         0으로 바뀔 때
                                         //이 TMR1IF 타이머1 인터럽트 플래그 비트가 1로
                                         바뀐다.
        {
            TMR1IF=0;                    //타이머1 인터럽트 플래그 다시 0을 만들어서 시간
                                         재기
            TMR1L=(65536-50000)%256;     //0.1초 카운트값 초기화
            TMR1H=(65536-50000)/256;
            tmr1_count++;
            if(tmr1_count==10)           //변수값이 10 즉, 0.1초씩 10번이므로 1초가 됨
            {
                LED ^= 1;                //LED Toggle
                tmr1_count = 0;          // 다시 10번 카운트하기 위해 리셋
            }
        }
    }

}
```

실행 1_Make & Program 버튼 클릭 후, PICDEM 2 Plus 보드 동작을 확인한다.

실행 2_경고창이 실행된 경우 OK를 클릭한다.

5) 실습결과

(1) Microchip PICDEM 2 PLUS 보드 사용시

위 보드 그림과 같이 RB0 숫자 아래의 LED가 약 1초마다 점멸한다. 앞 장에서 이미 설명한 바와 같이 약 1초라고 하는 이유는 위에서 설명한 1초 만들기로는 정확한 시간이 맞지만, 폴링 방식으로 타이머1 인터럽트 플래그를 계속 비교하는 루틴이 있으므로 시간의 오차가 생기게 된다.

(2) INSEM 8bit PIC 평가 보드 사용시

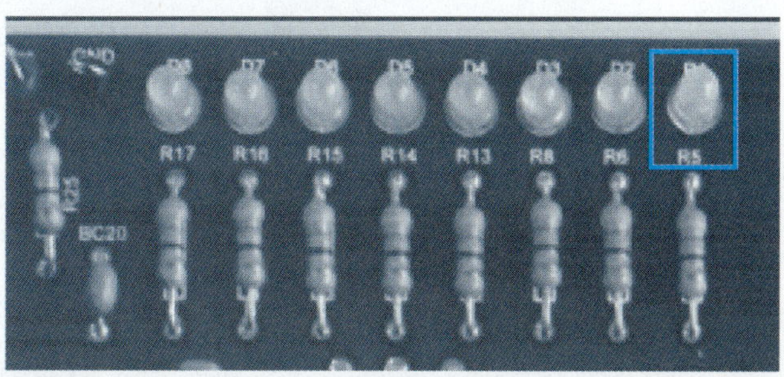

위 보드 그림과 같이 D1 숫자 아래의 LED가 약 1초마다 점멸한다.

6) 디버깅(Debugging) 실습

디버깅 방법을 앞 장인 6장에서 설명하였다. 필히 6장의 디버깅 설정 및 버튼 기능들은 숙지한다. 이번 실습에서 검증할 디버깅 포인트는 tmr1_count 변수값에 의한 LED 점멸 확인이다.

실행 1_디버깅할 포인트 : 타이머1 인터럽트 플래그가 1이 될 때 tmr1_count 변수값을 어떻게 증가하는가?

실행 2_MPLAB X IDE 통합 개발환경 프로그램에서 Run 메뉴에서 Run Project (timer1_1sec)을 클릭한다.

실행 3_Debug 메뉴에서 Discrete Debugger Operation → Launch Debugger(Project timer1_1sec)을 클릭한다(또는 아래 두 번째 그림과 같이 Debug 아이콘에서 Launch Debugger(Project timer1_1sec)을 클릭해도 된다).

– 동작전압에 대한 주의사항이 뜨면 OK를 클릭하면 된다.

실행 4_다음의 디버깅 버튼들이 메뉴창 아래 표시되는지 확인한다.

실행 5_브레이크 포인트(break point)를 삽입한다.

아래 소스 코드에서 사각형 표시 위치에서 오른쪽 마우스 버튼을 클릭하여 "Toggle Line Breakpoint"를 클릭하며 라인 숫자표시 부분에 빨간색 사각형 표시가 생긴다.

```
if(TMR1IF == 1)                       //TMR1H+TMR1L 레지스터 카운트값이
                                      65535에서 0으로 바뀔 때
                                      //이 TMR1IF 타이머1 인터럽트 플래그
                                      비트가 1로 바뀐다.
  {
    TMR1IF=0; //타이머1 인터럽트 플래그 다시 0을 만들어서 시간재기
    TMR1L=(65536-50000)%256;          //0.1초 카운트값 초기화
    TMR1H=(65536-50000)/256;
    tmr1_count++;
    if(tmr1_count==10)                //변수값이 10 즉, 0.1초씩 10번이므로 1
초가 됨
```

```
        {
            LED ^= 1;                   //LED Toggle
            tmr1_count = 0;             // 다시 10번 카운트하기 위해 리셋
        }
    }
```

- 브레이크 포인트 설정한 후에는 빨간색으로 라인 반전이 표시된다.

실행 6_Window 메뉴에서 Debugging→Watches를 클릭하여 Watch창을 표시한다. 이 Watch창에서 모든 변수, 레지스터값들을 확인할 수 있다.

실행 7_Watch창에 tmr1_count 변수를 입력한다. 이를 통해 매 브레이크가 걸릴 때마다 변수값의 변화상태를 점검한다.

– Enter new watch를 클릭하여 변수 또는 레지스터 이름을 넣으면 된다.

실행 8_디버깅 버튼에서 Reset 버튼을 누른 후, Continue 버튼을 클릭한다. 이로 인해 프로그램은 처음부터 실행을 하게 된다.

실행 9_스위치를 누르면 브레이크 포인트 지점에서 멈추고 Watch창에서 각 변수들의 값들도 빨간색으로 업데이트되어 표시된다. 여기서는 tmr1_count 변수값이 0x00으로 표시된다.

실행 10_다시 Continue 버튼을 클릭하고, 스위치를 누르면 브레이크 포인트 지점에서 멈추고 Watch창에서 tmr1_count 변수값이 0x01으로 +1이 증가되어 표시된다. 계속 반복하거나 Watch창에서 tmr1_count 변수값을 9로 바꾼 후에 실행하여 변수값이 10이 되면 LED가 점멸하고 다시 0으로 값이 바뀌는지 확인한다.

- 다음 그림은 디버깅 중인 Watch창을 나타내었다.

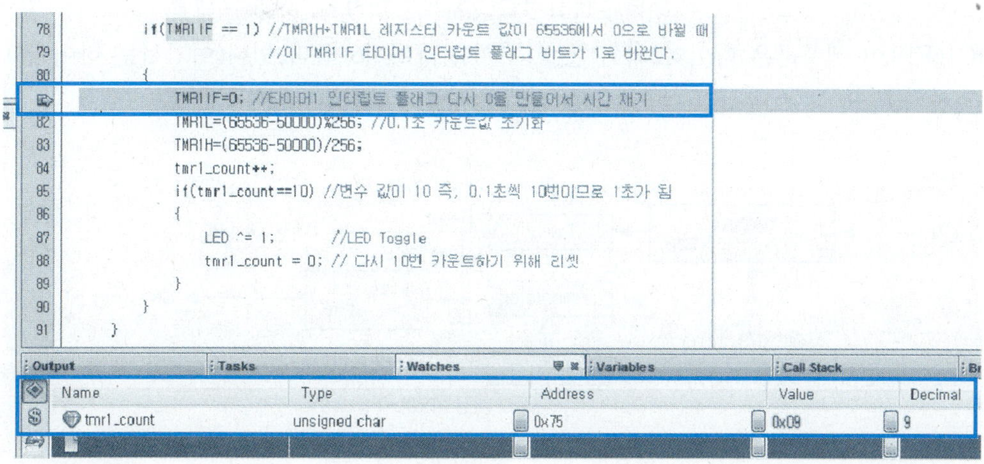

9장

타이머2 응용실습

이번 장에서는 PIC16F1939의 타이머의 중에서 타이머2를 이용한 응용 프로그램을 실습하고자 한다.

1. 타이머2의 개요

타이머2는 그림 9-1처럼 8비트 타이머(TMRx)와 PR(Period Register) 레지스터를 가지고 있고 양쪽 레지스터를 읽거나 쓸 수 있다. 동작은 내부 클럭을 입력받아 TMR2가 증가하다가 미리 설정된 PR2 값과 같아지면 TMR2IF 인터럽트 플래그가 1로 바뀌면서 TMR2 값은 다시 0으로 리셋되어 PR2로 설정된 시간을 잴 수 있는 타이머이다.

특히 프리스케일러와 포스트스케일러를 소프트웨어로 프로그램을 할 수 있다. PIC16F1939 제품군은 타이머2와 같은 타이머4, 타이머6이 더 있다(여기서는 타이머2만 사용한다).

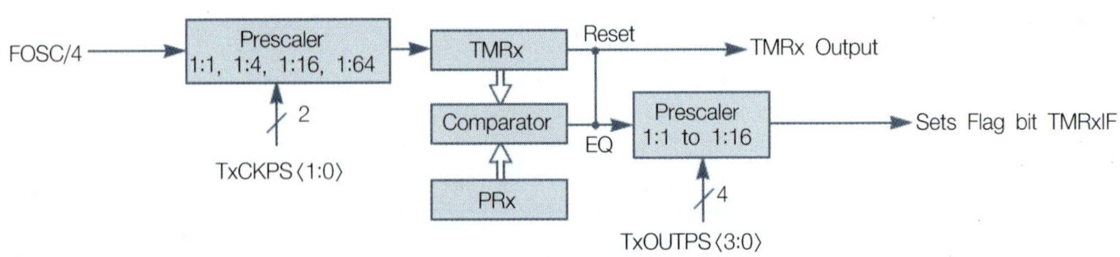

그림 9-1 타이머2(/4/6) 블록도

2. 타이머2의 구성 및 동작

타이머2의 동작은 그림 9-2와 같다. Fosc/4는 외장 및 내장 오실레이터를 통해 4분주된 클럭이 들어오고 프리스케일러(Prescaler)에 그 클럭이 들어온다. 여기서 T2CKPS의 <1:0> 비트에 따라 레지스터 추가를 재분주하게 된다.

타이머2의 TMR2 레지스터는 8bit의 레지스터이므로 0~255까지 카운터가 된다. 비교기(Comparator)의 우측에 EQ(Equal)가 있다. EQ와 비교하여 TMR2가 증가하여 미리 설정된 PR2의 값과 같아지면 포스트스케일러로 출력을 보내주면서 TMR2는 리셋(Reset)이 된다. 리셋되는 순간 TMR2 OUTPUT(출력)이 나간다.

포스트스케일러(Postscaler)를 통해 들어오는 EQ된 클럭은 다시 TOUTPS<3:0>에 따라 다시 분주되어 나간다. 이를 통해 나가는 분주된 시간이 다 되면 타이머2의 인터럽트 플래그인 TMR2IF 비트 값이 0에서 1로 바뀐다. 이때 인터럽트가 수행될 수도 있다.

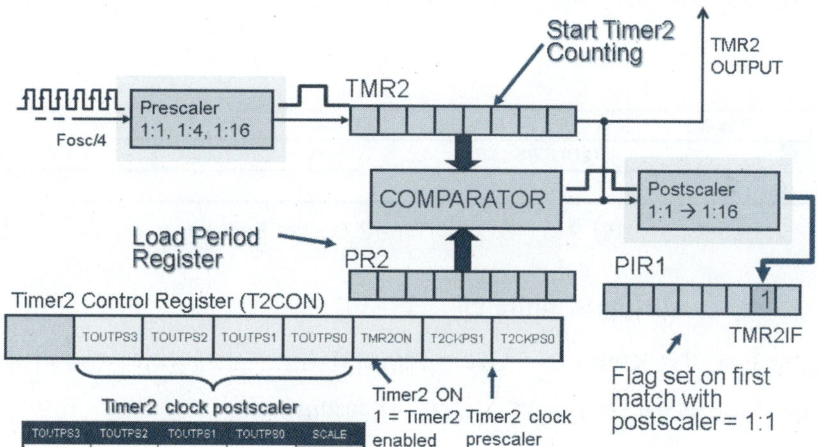

TOUTPS3	TOUTPS2	TOUTPS1	TOUTPS0	SCALE
0	0	0	0	1:1
0	0	0	1	1:2
0	0	1	0	1:3
0	0	1	1	1:4
0	1	0	0	1:5
0	1	0	1	1:6
0	1	1	0	1:7
0	1	1	1	1:8
1	0	0	0	1:9
1	0	0	1	1:10
1	0	1	0	1:11
1	0	1	1	1:12
1	1	0	0	1:13
1	1	0	1	1:14
1	1	1	0	1:15
1	1	1	1	1:16

T2CKPS1	T2CKPS0	Scale
0	0	1:1
0	1	1:4
1	X	1:16

그림 9-2 T2CON 레지스터의 프리스케일러, 포스트스케일러 분주비 설정

타이머2의 시작은 T2CON(Timer2 Control Register)의 TMR2ON비트를 1로 설정하면 타이머2가 동작한다. T2CON의 T2CKPS<1:0>비트로 $F_{osc}/4$의 입력을 타이머2 클럭 프리스케일러의 3개 비율(1:1, 1:4, 1:16)을 결정한다. T2CON의 TOUTPS<3:0>비트로 타이머2 클럭 포스트스케일러의 16개 비율(1:1에서 1:16까지)을 결정한다. T2CON의 TMR2ON 비트가 1로 설정되면서 타이머2가 활성화되면서 TMR2 레지스터가 타이머2의 카운팅을 0부터 시작한다. 예를 들면, 시간 주기를 설정하는 PR2 레지스터에 11111000을 설정하고 TMR2레지스터가 카운터를 시작하여 비교기(COMPARATOR)를 통하여 완전히 매치할 때까지 카운터가 하나씩 증가하면서 동작한다. 매치가 되면 포스트스케일러의 1:1에 첫 번째에 PIR1 레지스터의 TMR2IF 비트가 1로 바뀌게 된다. 이 비트가 바로 타이머2에 설정된 시간이 완료되었음을 알려주는 것이다.

그림 9-2에서 TMR2를 00000000로 설정하고, PR2값 11111000으로 설정한다.

TMR2ON이 1로 설정하면 타이머2 카운팅 시작하다. TMR2와 PR2가 완전히 매치할 때까지 작동한다. 이들 레지스터가 완전히 매치할 경우에는 카운트 하나씩 증가한다.

그림 9-3은 타이머2 또는 타이머4, 6등을 제어하는 TxCON 레지스터에 대해 나타내었다.

U-0	R/W-0/0	R/W-0/0	R/W-0/0	R/W-0/0	R/W-0/0	R/W-0/0	R/W-0/0
—	TxOUTPS<3:0>				TMRxON	TxCKPS<1:0>	
bit 7							bit 0

그림 9-3 TxCON: Timer2 Control Register

여기서 x는 2, 즉 타이머2를 의미한다.

TxOUTPS<3:0>, TxCKPS<1:0> : 프리스케일러와 포스트스케일러의 분주비 설정

TMRxON : 타이머2(또는 4, 6)의 시작(1) 및 정지(0) 설정 비트

3. 타이머2의 초기화

타이머2를 초기화하기 위하여 PIE1(Peripheral Interrupt Enable 1)레지스터의 타이머2 인터럽트를 비활성화 하기 위하여 TMR2IE 비트를 0으로 설정하고, PIR1(Peripheral Interrupt Request 1) 레지스터의 타이머2 인터럽트 플래그를 초기화하기 위하여 TMR2IF 비트를 0으로 설정한다.

T2CON(Timer2 Control) 레지스터에 포스트스케일러(1:15)를 설정하기 위해 TOUTPS <3:0>비트를 1110로 설정하고 프리스케일러(1:16)를 설정하기 위해 T2CKPS<1:0> 비트를 10으로 설정하고 타이머2를 초기화하고 동작 정지를 하기 위하여 TMR2ON비트를 0으로 설정한다. 즉, T2CON 레지스터는 T2CON=0b01110010으로 설정한다.

TMR2 레지스터를 삭제하려면 TMR2 = 0x00으로 설정하고 PR2(Period Register Timer2) 레지스터에 PR2 = 0b10000000으로 설정하면 타이머2를 초기화가 완료된다.

타이머2가 시작하기 위해서는 T2CON 레지스터의 TMR2ON 비트가 1로 설정되면 타이머2 카운터(TMR2)가 카운터를 시작한다.

타이머2 카운터가 카운터를 시작하여 PR2 레지스터와 같은 값인 TMR2=0b10000000가 되면 타이머2 인터럽트 플래그 비트인 PIR1(Peripheral Interrupt Request 1) 레지스터의 TMR2IF 비트가 1로 바뀌게 된다.

```
/* PIE1레지스터에서 타이머2 인터럽트를 0으로 설정하여 타이머2 인터럽트 동작을 중지시키고 PIR1레지
스터에서 타이머2 인터럽트 플래그를 0으로 초기화 한다.*/
TMR2IE = 0; //TMR2IE  인터럽트 동작중지 초기화
TMR2IF = 0; //TMR2IF  인터럽트 상태 플래그 초기화
/*T2CON 레지스터 설정:
   Postscaler =  1:15
   Prescaler = 1:16
   타이머2 OFF */
T2CON = 0b01110010; //포스트 스케일러, 프리스케일러 설정, TMR2ON 초기화
//TMR2 레지스터 초기화시킨다.
    TMR2 = 0x00;  //TMR2 레지스터 초기화
//측정할 시간을 계산하여 PR2 레지스터에 값을 입력한다.
PR2 = 0b10000000; //PR레지스터 설정
//타이머2 카운터 시작한다.
TMR2ON = 1;  //타이머2 동작 설정
//타이머2 인터럽트는 중지된 상태
//타이머2의 인터럽트 플래그 TMR2IF 비트가 초기값은 0이므로
while(!TMR2IF);
를 계속 수행한다.
```

TMR2와 PR2 값이 같아지면, 즉 시간이 다 되면 TMR2IF 비트가 0에서 1로 바뀌므로 while문을 빠져나와 다음 문장을 실행한다.

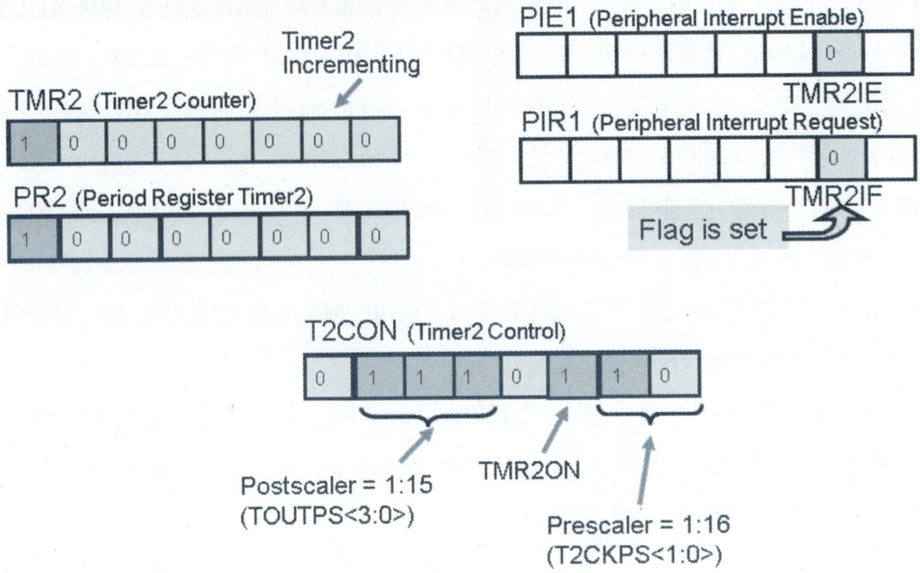

그림 9-4 타이머2 레지스터의 초기화

실습예제 : 타이머2 주변장치를 이용한 1초 타이머 만들기 구동실습

1) 실습목표

(1) Microchip PICDEM 2 PLUS 보드 사용시

- PIC16F1939 PIC 마이크로컨트롤러 입출력 포트 초기화 설정
- PIC16F1939 PIC 마이크로컨트롤러 타이머2 주변장치 초기화 설정
- 포트 B(RB0~RB7핀) 중에 RB0 핀 LED 출력 설정
- 타이머2 인터럽트 플래그 폴링 방식 구동방법
- 타이머2 이용한 1초 만들기 소스 코딩 및 구동

(2) INSEM 8bit PIC 평가 보드 사용시

- PIC16F1939 PIC 마이크로컨트롤러 입출력 포트 초기화 설정
- PIC16F1939 PIC 마이크로컨트롤러 타이머2 주변장치 초기화 설정
- 포트 D(RD0~RD7핀) 중에 RD0 핀 LED 출력 설정 및 구동
- 타이머2 인터럽트 플래그 폴링 방식 구동방법

• 타이머2 이용한 1초 만들기 소스 코딩 및 구동

2) 실습회로

(1) Microchip PICDEM 2 PLUS 보드 또는 자작 보드 사용시

• 6장 I/O 포트를 이용한 스위치, LED 입출력 구동실습 예제에서 그림 6-4 실습회로 참조

(2) INSEM 8bit PIC 평가 보드 사용시

• 6장 I/O 포트를 이용한 스위치, LED 입출력 구동실습 예제에서 그림 6-5~그림 6-8 실습회로 참조
다른 점퍼들은 모두 제거하고 아래 언급한 점퍼들만 연결한다.

• 보드 전원부 세팅 및 회로
• 40PIN PIC16F1939 주변 회로
• LED 회로도와 PIC MCU 핀과 연결 회로도
 – JP35는 점퍼로 연결되어야 한다.
• 스위치 회로도와 PIC MCU 핀과 연결 회로도
 – JP44는 점퍼로 연결되어야 한다.

3) 실습환경

• MPLAB X IDE 통합 개발 SW 설치
• MPLAB XC8 컴파일러 설치(5장 마이크로칩 8비트 PIC 마이크로컨트롤러 개발환경 셋업 참조)
• 마이크로칩 디버거 장비(PICKit3, ICD3, REAL ICE 중에 택일) 설치(여기에서는 PICKit3로 모든 실습을 함)
• 전원 9V 또는 자작 보드로 실습시에는 +5V 전원 공급장치 필요

(1) Microchip PICDEM 2 PLUS 보드 사용시 연결 사진

• 6장 I/O 포트를 이용한 스위치, LED 입출력 구동실습 예제에서 그림 6-9 실습환경 참조

(2) INSEM 8bit PIC 평가 보드 사용시 연결 사진

- 6장 I/O 포트를 이용한 스위치, LED 입출력 구동실습 예제에서 그림 6-10 실습환경 참조

(3) 자작 보드 사용시 연결 구성도

- 6장 I/O 포트를 이용한 스위치, LED 입출력 구동실습 예제에서 그림 6-11 실습환경 참조

4) 실습 코딩 순서

Step 1 MPLAB X IDE를 이용한 새 프로젝트 만들기

실행 1_MPLAB X IDE 실행 후 File 메뉴에서 New Project를 선택한다.

실행 2_프로젝트 선택에서 Categories에서 Microchip Embedded 선택 후 Projects에서 Standalone Project 선택, 그리고 Next를 클릭한다.

실행 3_Device 선택에서 Family에서 Mid-Range 8bit MCU ..... 선택, Device에서 PIC16F1939 선택 후 Next를 클릭한다.

실행 4_Header 선택은 그대로 하고 Next를 클릭한다.

실행 5_Hardware Tool 선택에서 PICKit3 선택, Next를 클릭한다.

실행 6_컴파일러 선택에서 Compiler Toolchains에서 XC8 (V1.xx).... 선택 후 Next를 클릭한다.

실행 7_Browse 버튼을 클릭하여 Project 만들 폴더 만들기 후 Project Name란에 프로젝트 이름(예 : timer0_1sec)을 입력 후 Finish를 클릭한다.

- Encoding 옵션 설정 : 한글 지원 관련
- UTF-8 또는 x-window949 정도 설정하면 한글 주석 처리 가능

실행 8_File 메뉴에서 New File을 선택한다.

실행 9_Categories에서 C 선택, File Type에서 C Main File 또는 C Source File을 선택 후 Next를 클릭한다.

실행 10_File Name에 소스 코드 이름 입력(예 : timer0_1sec.c) 후 Finish를 클릭한다.

Step 2 타이머2 주변장치를 이용한 1초 타이머 만들기 구동 소스 코딩

실행 1_디폴트 헤더문 입력

```
#include <xc.h>
```

이 Header 삽입문은 맨 처음 삽입해야 하는 삽입문으로 프로젝트에서 선택된 PIC 마이크로컨트롤러의 헤더파일로 연결되는 Header 삽입문이다. 일반적으로는 #inlcude <pic16f1939.h> 로 삽입될 수도 있지만, PIC MCU가 변경시에는 모든 파일의 이름을 변경해야 하는 단점이 있다.

실행 2_컨피그레이션 비트 설정 매크로 삽입 코딩

```
__CONFIG(FOSC_INTOSC & WDTE_OFF & PWRTE_ON & MCLRE_OFF & BOREN_OFF);
```

이미 5장에서 설명한 컨피그레이션 비트 설정 매크로이다. 현재 설정은 내장된 오실레이터 16MHz를 사용하고, 와치독 타이머는 끄고, 파워-업 타이머는 켜고, MCLR핀은 외부 리셋 기능 끄고, BOR 리셋 기능도 꺼진 상태로 설정된다.

실행 3_LED 포트 설정 및 기타 define문 코딩

실습에서 사용할 시스템 클럭과 LED 등의 I/O포트에 대해 #define문으로 설정해 놓으면 하드웨어 매칭이 수월하여 테스트나 디버깅시에 매우 편리하다.

PICDEM 2 PLUS 보드를 사용할 때는 아래와 같이 선언한다.

```
#define PICDEM2PLUS
//#define INSEM_8bitPIC
```

또한, INSEM 8bit PIC 평가 보드를 사용할 시에는 아래와 같이 선언한다.

```
//#define PICDEM2PLUS
#define INSEM_8bitPIC
```

PIC MCU에서 사용하는 시스템 클럭 계산에 대한 선언문은 아래와 같다.

```
#define Fosc 16000000          //내부 16MHz 클럭 설정
#define Fcy Fosc / 4           // Fcy = Fosc/4
#define Tcy 1 / Fcy            // 1/4MHz = 250ns
```

즉, OSCCON 레지스터를 설정하여 16MHz 내부 클럭 발진회로를 설정하고, 그 주파수의 4분주가 인스트럭션 사이클로 어셈블러로 1사이클 명령어가 수행하는 속도이다. Fcy라고 표현하며, 시간으로는 Tcy라고 주로 표현된다.

따라서, 1 사이클 어셈블러 명령어는 250ns에 실행이 된다.

아래는 LED 출력을 위한 I/O 포트 선언문이다.

- Microchip PICDEM 2 PLUS 보드 또는 자작 보드 사용시

```
//LED 포트 설정
#define   LED          PORTBbits.RB0 //D2 LED 출력, 비트별 설정 표현 가능
```

- INSEM 8bit PIC 평가 보드 사용시

```
//LED 포트 설정
#define   LED                      PORTDbits.RD0       //D1   LED 출력
```

실행 4_포트 입출력 초기화 함수 코딩

실습목표에서 포트 B를 사용하여 RB0 핀으로 LED 출력으로 초기화한다. 한 가지 주의할 사항은 각 포트의 핀들 중에는 여러 기능을 가진 핀들이 많다. 그 중에서도 ANxx 핀들은 ADC 주변장치가 사용하는 아날로그 입력핀들이다. PIC MCU 전원이 들어오는 순간에 각 포트들의 초기화는 바로 ANxx 핀들이 활성화되는 아날로그 입력 포트로 설정된다. 따라서, 항상 사용할 핀의 기능 중에 ANxx 이름이 같이 있는지 체크하고, 데이터시트 I/O 포트 장에 초기화 예제를 꼭 참고하기 바란다.

- Microchip PICDEM 2 PLUS 보드 또는 자작 보드 사용시

```
void initial_port(void)
{
    //PORTB 사용 LED 출력 포트 초기화
    TRISB = 0b11111110; //PORTB RB0 핀을 출력으로 설정
    // 1 = 입력, 0 = 출력
    ANSELB = 0x00; //포트 B의 ANxx 핀들 모두 디지털로 설정
}
```

- INSEM 8bit PIC 평가 보드 사용시

```
void initial_port(void)
{
    //PORTD 사용 LED 출력 포트 초기화
    TRISD = 0b11111110;          //PORTD RD0핀을 출력으로 설정
    // 1 = 입력, 0 = 출력
    ANSELD = 0x00;               //포트 D의 ANxx 핀들 모두 디지털로 설정
}
```

실행 5_타이머2 초기화 함수 소스 코딩

타미어2에는 프리스케일러와 포스트스케일러가 있어서 이들 카운트 비율을 설정을 하여 단위시간을 카운트하도록 한다. 이번 실습에서는 10ms를 단위시간으로 타이머2를 초기화한다. 이를 위해 프리스케일러는 1:16로 설정, 포스트스케일러는 1:10으로 설정하면, 시스템 클럭인 Tcy가 250ns이므로, 250ns × 16 × 10 = 40μs로 카운트된다. 따라서, 타이머2의 PR2 레지스터를 250으로 세팅하여 약 1초의 시간을 카운트할 수 있도록 타이머2를 초기화하는 함수이다.

```
void initial_timer2(void)
{
    TMR2 = 0;                   //타이머2 값 0으로 초기화
    TMR2IE = 0;                 //타이머2 인터럽트 설정 : 인터럽트 기능 Disable
    TMR2IF = 0;                 //타이머2의 인터럽트 플래그 초기화 -> 0
    T2CON = 0b01001010;         //타이머2 프리스케일러 1:16, 포스트스케일러 1:10
    PR2 = 250;                  //10ms 계산, 250ns X PR2 X 16(pre) X 10(post)
    TMR2ON = 1;                 //타이머2 동작 시작
}
```

실행 6_메인 함수 및 1초 타이머 구동 소스 코딩

```
int main(int argc, char** argv)
{
    unsigned char tmr2_count;       // 1초 인터럽트 회수 카운팅하는 변수

    //오실레이터 초기화
    OSCCON = 0b01111000;            //16MHz 내부 클럭 설정

    initial_port();                 //LED를 위한 포트 초기화 함수 실행

    initial_timer2();               //타이머2 초기화

    tmr2_count =0;                  //변수 초기화
    while(1)
    {
        if(TMR2IF == 1)             //TMR2 레지스터 카운트값이 PR2 값과 같은 때
                                    //이 TMR2IF 타이머1 인터럽트 플래그 비트가 1로
                                    바뀐다.
        {
            TMR2IF=0;               //타이머2 인터럽트 플래그 다시 0을 만들어서 시간
```

9장

```
                                    재기
            tmr2_count++;
            if(tmr2_count==100)     //변수값이 100 즉, 0.01초씩 100번이므로 1초가 됨
            {
                LED ^= 1;           //LED Toggle
                tmr2_count = 0;     // 다시 100번 카운트하기 위해 리셋
            }
        }
    }
}
```

실행 7_다음 그림과 같이 C언어로 timer2_1sec.c란 파일을 그림처럼 코딩을 완성한다.

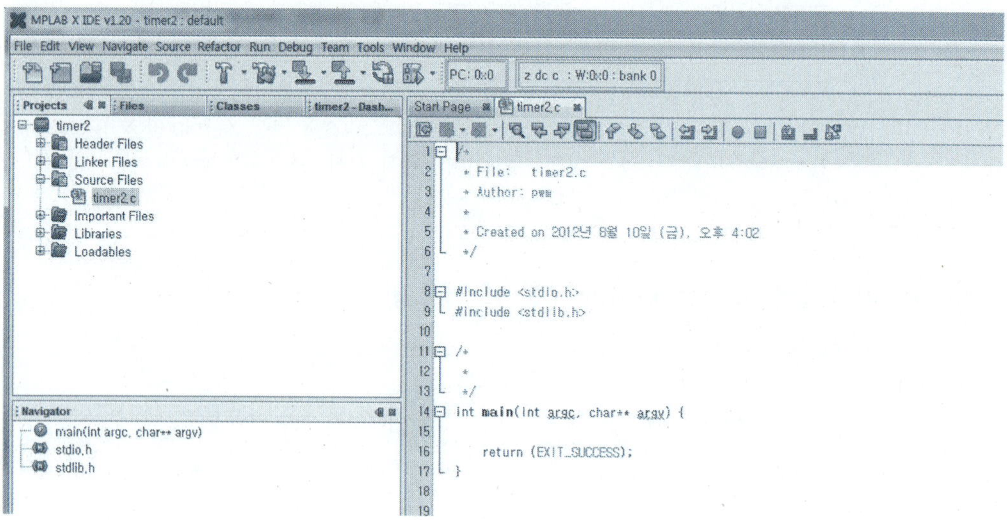

Step 3 타이머2 이용한 1초 타이머 만들기 소스 설명

1초를 만들려면 타이머2이 잴 수 있는 최대 시간을 계산하여야 한다.

타이머2의 최대 카운트 시간 = Tcy × PR2 레지스터 최대 카운트값 × 타이머2의 프리스케일러 최대 설정값 × 타이머2의 포스트스케일러 최대 설정값

따라서, 타이머2이 잴 수 있는 최대 시간 = 250ns × 255(PR2) × 16(Pre) × 16(post) = 16.32ms이 된다.

그러나, 이 약 16ms으로는 1초를 측정할 수 없다. 그래서, 앞장의 타이머1과 마찬가지로 타이머2의 인터럽트 플래그를 사용하여 인터럽트 방식이 아닌 폴링 방식으로 타이머2

인터럽트 플래그가 PR2 레지스터값과 일치하면 타이머2 인터럽트 플래그가 1로 바뀌므로, 타이머2을 0.01초로 초기화하여 약 1초 동안에 약 100회정도 반복하여 약 1초의 시간을 카운트하여 LED를 점멸시킨다.

1초를 만들기 위해 타이머2 인터럽트는 몇 번 발생하는지 계산은 1000ms/ 10ms = 100회이므로, 100번 타이머2 인터럽트가 걸리면 1초로 간주한다. 보다 정확한 시간을 만들기 위해서는 폴링 방식이 아닌 인터럽트 방식이어야 하며, 이 방법은 추후 10장 인터럽트 응용실습 이후에서 다루기로 한다.

따라서, 0.1초를 우선 만들기 위해 프리스케일러를 1:16, 포스트스케일러를 1:10로 설정하여 250ns × 16 × 10 = 40μs 단위시간을 만든다.

그리고, PR2 레지스터를 250으로 설정하면,

0.01 sec = PR2 × 40us = 250 × 40us으로 설정을 한다.

결론적으로, 10ms를 100번 타이머2 인터럽트 플래그 회수를 계산하면 된다.

Step 4 소스 코드 확인

```
#include <xc.h>

__CONFIG(FOSC_INTOSC & WDTE_OFF & PWRTE_ON & MCLRE_OFF & BOREN_OFF);

//PICDEM 2 PLUS 보드를 사용시
#define PICDEM2PLUS
//#define INSEM_8bitPIC

//PIC MCU에서 사용하는 시스템 클럭 계산
#define Fosc 16000000                          //내부 16MHz 클럭 설정
#define Fcy Fosc / 4                           // Fcy = Fosc/4
#define Tcy 1 / Fcy                            // 1/4MHz = 250ns

// LED 출력을 위한 I/O 포트 선언문이다.
#ifdef PICDEM2PLUS
    #define  LED         PORTBbits.RB0         //D2 LED 출력, 비트별 설정 표현 가능
#endif
#ifdef INSEM_8bitPIC
    #define  LED         PORTDbits.RD0         //D1  LED 출력

#endif
```

```
#ifdef PICDEM2PLUS
   void initial_port(void)
   {
      //PORTB 사용 LED 출력 포트 초기화
      TRISB = 0b11111110;              //PORTB RB0 핀을 출력으로 설정
      // 1 = 입력, 0 = 출력
      ANSELB = 0x00;                   //포트 B의 ANxx 핀들 모두 디지털로 설정
   }
#endif

#ifdef INSEM_8bitPIC
   void initial_port(void)
   {
      //PORTD 사용 LED 출력 포트 초기화
      TRISD = 0b11111110;              //PORTD RD0 핀을 출력으로 설정
      // 1 = 입력, 0 = 출력
      ANSELD = 0x00;                   //포트 D의 ANxx 핀들 모두 디지털로 설정
   }
#endif

void initial_timer2(void)
{
   TMR2 = 0;                    //타이머2 값 0으로 초기화
   TMR2IE = 0;                  //타이머2 인터럽트 설정 : 인터럽트 기능 Disable
   TMR2IF = 0;                  //타이머2의 인터럽트 플래그 초기화 -> 0
   T2CON = 0b01001010;          //타이머2 프리스케일러 1:16, 포스트스케일러 1:10
   PR2 = 250;                   //10ms 계산, 250ns X PR2 X 16(pre) X 10(post)
   TMR2ON = 1;                  //타이머2 동작 시작
}

int main(int argc, char** argv)
{
   unsigned char tmr2_count;           // 1초 인터럽트 회수 카운팅하는 변수

   //오실레이터 초기화
   OSCCON = 0b01111000;                //16MHz 내부 클럭 설정

   initial_port();                     //LED를 위한 포트 초기화 함수 실행

   initial_timer2();                   //타이머2 초기화
```

```
    tmr2_count =0;                              //변수 초기화

    while(1)
    {
        if(TMR2IF == 1)                 //TMR2 레지스터 카운트값이 PR2 값과 같은 때
                                        //이 TMR2IF 타이머1 인터럽트 플래그 비트가 1로 바뀐다.
        {
            TMR2IF=0;                   //타이머2 인터럽트 플래그 다시 0을 만들어서 시간재기
            tmr2_count++;
            if(tmr2_count==100)         //변수값이 100 즉, 0.01초씩 100번이므로 1초가 됨
            {
                LED ^= 1;               //LED Toggle
                tmr2_count = 0;         // 다시 100번 카운트하기 위해 리셋
            }
        }
    }
}
```

실행 1_Make & Program 버튼 클릭 후, PICDEM 2 Plus 보드 동작을 확인한다.

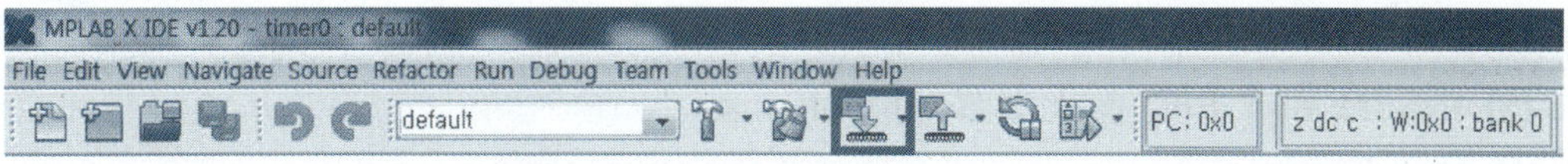

실행 2_경고창이 실행된 경우 OK를 클릭한다.

5) 실습결과

(1) Microchip PICDEM 2 PLUS 보드 사용시

위 보드 그림과 같이 RB0 숫자 아래의 LED가 약 1초마다 점멸한다. 앞 장에서 이미 설명한 바와 같이 약 1초라고 하는 이유는 위에서 설명한 1초 만들기로는 정확한 시간이 맞지만, 폴링 방식으로 타이머2 인터럽트 플래그를 계속 비교하는 루틴이 있으므로 시간의 오차가 생기게 된다.

(2) INSEM 8bit PIC 평가 보드 사용시

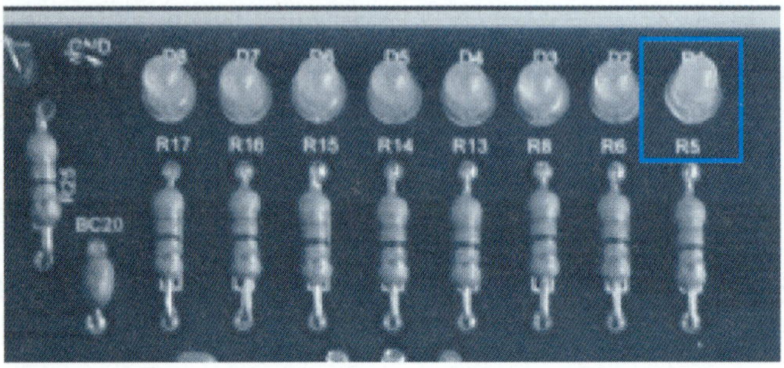

위 보드 그림과 같이 D1 숫자 아래의 LED가 약 1초마다 점멸한다.

6) 디버깅(Debugging) 실습

디버깅 방법을 앞 장인 6장에서 설명하였다. 필히 6장의 디버깅 설정 및 버튼 기능들은 숙지한다. 이번 실습에서 검증할 디버깅 포인트는 tmr2_count 변수값에 의한 LED 점멸 확인이다.

실행 1_디버깅할 포인트 : 타이머1 인터럽트 플래그가 1이 될 때 tmr1_count 변수값을 어떻게 증가하는가?

실행 2_MPLAB X IDE 통합 개발환경 프로그램에서 Run 메뉴에서 Run Project (timer2_1sec)을 클릭한다.

실행 3_Debug 메뉴에서 Discrete Debugger Operation → Launch Debugger(Project timer2_1sec)을 클릭한다(또는 아래 두 번째 그림과 같이 Debug 아이콘에서 Launch Debugger(Project timer2_1sec)을 클릭해도 된다).

– 동작전압에 대한 주의사항이 뜨면 OK를 클릭하면 된다.

실행 4_다음 디버깅 버튼들이 메뉴창 아래 표시되는지 확인한다.

실행 5_브레이크 포인트(break point)를 삽입한다.

아래 소스 코드에서 사각형 표시 위치에서 오른쪽 마우스 버튼을 클릭하여 “Toggle Line Breakpoint”를 클릭하며 라인 숫자표시 부분에 빨간색 사각형 표시가 생긴다.

```
if(TMR2IF == 1)     //TMR2 레지스터 카운트값이 PR2 값과 같은 때
                    //이 TMR2IF 타이머1 인터럽트 플래그 비트가 1로 바뀐다.
{
    TMR2IF=0; //타이머2 인터럽트 플래그 다시 0을 만들어서 시간재기
    tmr2_count++;
    if(tmr2_count==100)      //변수값이 100 즉, 0.01초씩 100번이므로 1초가 됨
    {
        LED ^= 1;            //LED Toggle
        tmr2_count = 0;      // 다시 100번 카운트하기 위해 리셋
    }
}
```

• 브레이크 포인트 설정한 후에는 빨간색으로 라인 반전이 표시된다.

실행 6_Window 메뉴에서 Debugging → Watches를 클릭하여 Watch창을 표시한다.

이 Watch창에서 모든 변수, 레지스터값들을 확인할 수 있다.

실행 7_Watch창에 tmr2_count 변수를 입력한다. 이를 통해 매 브레이크가 걸릴 때마다 변수값의 변화상태를 점검한다.

– Enter new watch 를 클릭하여 변수 또는 레지스터 이름을 넣으면 된다.

실행 8_ 디버깅 버튼에서 Reset 버튼을 누른 후, Continue 버튼을 클릭한다. 이로 인해 프로그램은 처음부터 실행을 하게 된다.

실행 9_ 스위치를 누르면 브레이크 포인트 지점에서 멈추고 Watch창에서 각 변수들의 값들도 빨간색으로 업데이트되어 표시된다. 여기서는 tmr2_count 변수값이 0x00으로 표시된다.

실행 10_ 다시 Continue 버튼을 클릭하고, 스위치를 누르면 브레이크 포인트 지점에서 멈추고 Watch창에서 tmr2_count 변수값이 0x01으로 +1이 증가되어 표시된다. 계속 반복하거나 Watch창에서 tmr2_count 변수값을 99로 바꾼 후에 실행하여 변수값이 100이 되면 LED가 점멸하고 다시 0으로 값이 바뀌는지 확인한다.

다음 그림은 디버깅 중인 Watch창을 나타내었다.

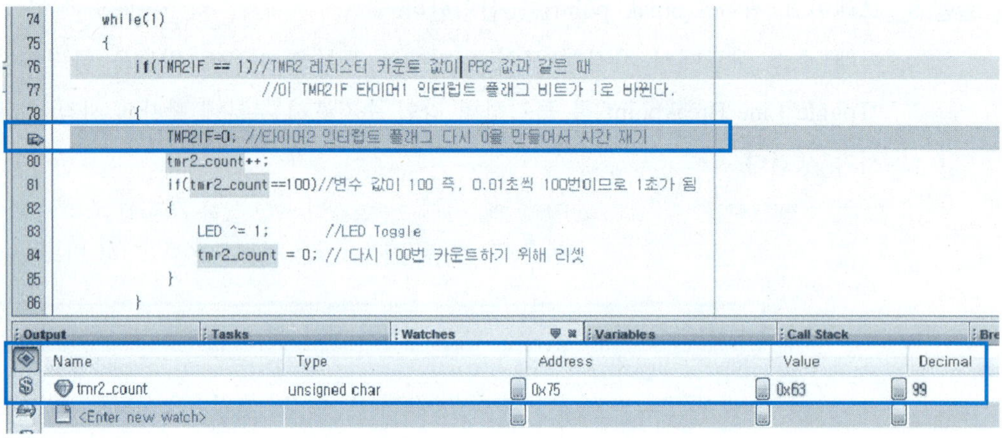

10장

인터럽트 응용실습

인터럽트(Interrupt)란 '방해하다' '훼방놓다'라는 뜻이다. 인터럽트란 주프로그램 수행 중에 주프로그램을 일시적으로 중지시키는 조건이나 사건(event, 비동기적)의 발생을 말한다. 마이크로컨트롤러는 여러 가지 일들을 처리해야만 한다. 하지만, 마이크로컨트롤러는 같은 시간에 한가지 일 밖에 할 수 없는 구조이므로 순서적으로 하나씩 처리해 나가게 된다.

따라서 지금 하고 있는 일보다 급한 일이 발생하면 그 일을 먼저 처리해 주고 나서 하던 일을 계속하게 되는 것이다. 그 급한 일을 처리하는 것이 바로 인터럽트이다. 그 급한 일의 경중에 따라 인터럽트의 중요도(priority)가 결정되고, 현재하고 있는 일보다 중요도가 낮은 일은 무시될 수도 있다.

이 장에서는 임베디드 시스템에서 마이크로컨트롤러의 수행능력을 높이는데 매우 큰 역할을 하는 인터럽트에 관하여 설명하고, 실습을 통해 인터럽트의 활용을 습득할 수 있다.

1. 인터럽트의 개요

마이크로컨트롤러 내부의 하드웨어적인 요구에 의해서 정상적인 프로그램의 실행순서를 변경하여 보다 시급한 작업을 먼저 수행한 후에 다시 원래의 프로그램으로 복귀하는 것을 인터럽트(interrupt, 가로채기)라고 한다.

인터럽트는 주변장치의 서비스 요청에 마이크로컨트롤러가 가장 빠르게 대응할 수 있는 방법이며, 이것을 이용하면 주변장치 측으로 부터의 발생시기를 예측하기 어려운 비동기적인 일(event, 사건)을 마이크로컨트롤러가 빠르게 처리할 수 있어서, 인터럽트는 서로 비동기적으로 동작하는 마이크로컨트롤러(매우 고속으로 동작)와 주변장치(비교적 저속으로 동작) 사이에서 효율적으로 일을 수행하는 중요한 수단이 된다.

인터럽트가 발생하면 프로세서는 현재 수행 중인 프로그램을 멈추고 상태 레지스터와 PC(Program Counter) 등을 스택에 잠시 저장한 후 인터럽트 서비스 루틴으로 점프한다. 서브루틴의 경우에서처럼 나중에 되돌아 올 복귀주소(Return Address)와 상테 레지스터 값이 자동적으로 스택에 저장되었다가 인터럽트 서비스 루틴(Interrupt service routine)의 마지막에서 복귀 명령을 만나면 다시 자동적으로 이 복귀주소가 되찾아져서 인터럽트 발생 전의 위치와 상태로 정확하게 되돌아간다.

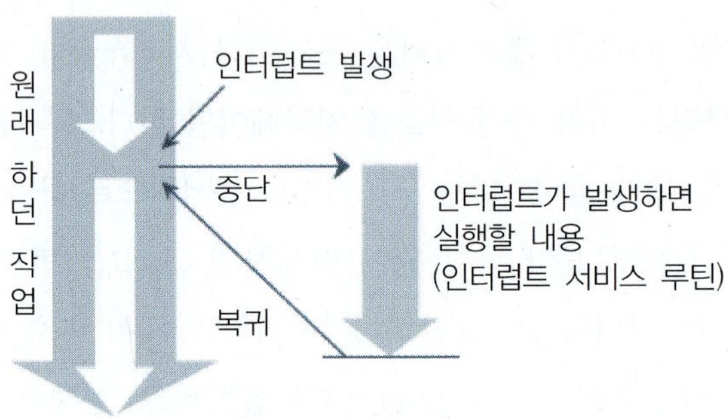

그림 10-1 인터럽트 발생과 서비스 루틴 실행과정

2. 인터럽트의 종류

인터럽트의 종류는 발생원인이 존재하는 곳에 따라 내부와 외부로 나누고, 차단가능성에 따라 차단가능 인터럽트와 차단 불가능 인터럽트로 나뉘며, 인터럽트 발생원인을 확인하는 방법에 따라 조사형과 벡터형으로 나눈다.

1) 인터럽트 발생시 마이크로컨트롤러의 반응방식에 따른 분류

- 차단 가능 인터럽트(INT : Maskable Interrupt)
- 차단 불가능 인터럽트(NMI : Non-Maskable Intrrupt)

인터럽트 요청시 프로세서는 인터럽트를 무조건 받아들일 수 있는 입장이 아니다. 그래서 이 상황에 따라 응답의 방법에 따라 요청된 인터럽트에 대해 항상 응답해야 하는 인터럽트를 마스크 불가능(Non maskable, NMI) 인터럽트라 하고, 그렇지 않은 경우를 마스크 가능(Maskable) 인터럽트라 한다.

전원이상 등의 매우 중요한 돌발사태에 대비하기 위해 대부분의 마이크로컨트롤러에서 사용되지만 PIC16F 마이크로컨트롤러는 차단불가능 인터럽트를 사용하지 않는다. 차단 가능한 인터럽트를 차단하는 방법은 특정 레지스터값의 설정에 따라 이루어진다.

2) 인터럽트를 요구한 입/출력 기기를 확인하는 방법에 따른 분류

- 벡터형 인터럽트(vectored interrupt)
- 조사형 인터럽트(polled interrupt)

인터럽트를 요청한 장치가 특정한 상태 비트를 세트해 표시해 놓으면 이를 마이크로컨트롤러가 소프트웨어적으로 조사하고 찾는 순서에 따라 우선순위가 정해지는 방식을 조사형 인터럽트라 하고, 인터럽트 발생원인에 따라 미리 지정된 서비스루틴의 시작번지(인터럽트 벡터)에서 처리하는 방식을 벡터형 인터럽트라 하는데 벡터형이 인터럽트 발생원인을 찾고 서비스 루틴을 처리하는 시간이 빠른 장점이 있다. PIC16F 마이크로컨트롤러는 벡터형을 사용한다.

3. 폴링과 인터럽트

마이크로컨트롤러에서 입력을 받아들이는 방법은 폴링(polling)과 인터럽트(interrupt) 두 가지가 있다. 폴링방식처럼 순차적인 제어를 하는 방법과 인터럽트 방식처럼 메인프로그램과 인터럽트 서비스루틴을 인터럽트가 발생할 때마다 오고가는 방법이 있다.

1) 폴 링

사용자가 명령어를 사용하여 인터럽트 발생을 알려주는 주변장치 등의 인터럽트 플래그 비트 값을 계속 읽어서 변화를 알아내는 방식이다.

폴링 방식은 인터럽트 서비스 루틴 및 각 장치들의 인터럽트 기능을 활성화 없이도 언제든지 가능하다.

2) 인터럽트

마이크로컨트롤러 자체가 하드웨어적으로 그 변화를 체크하여 변화 시에만 일정한 동작을 하는 방식이다.

인터럽트(interrupt)는 발생시기를 예측하기 힘든 사건에 마이크로컨트롤러가 가장 빠르게 대응할 수 있는 방법이며, 비교적 저속으로 동작하는 주변장치의 요청에 고속으로 동작하는 마이컴이 효율적으로 대처하는 중요한 수단이 된다.

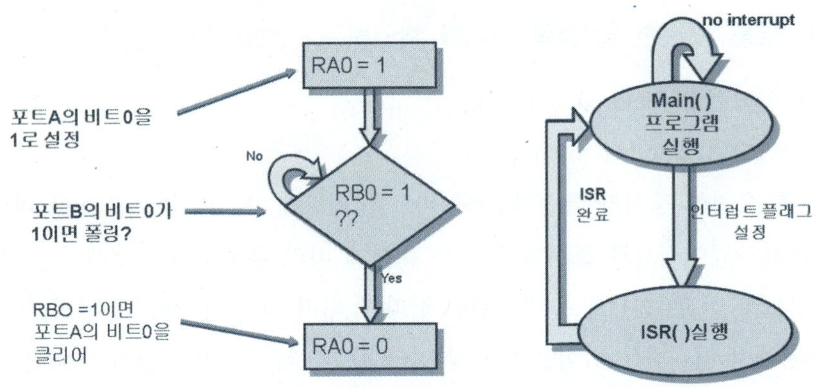

(a) 폴링 방식 (b) 인터럽트 방식

그림 10-2 폴링 방식과 인터럽트 방식 비교

(1) 폴링 방식 프로그램 구조

```
RA0 = 1;             //포트 A의 비트0 설정
while(RB0 == 0);     //비트0일 동안에는 반복 루프
                     //포트 B는 0
RA0 = 0;             //RB0가 1일 때 포트 A의 비트0을 삭제
```

(2) 인터럽트 방식 프로그램 구조

```
//=====Main Routine==========
void main (void)
{
```

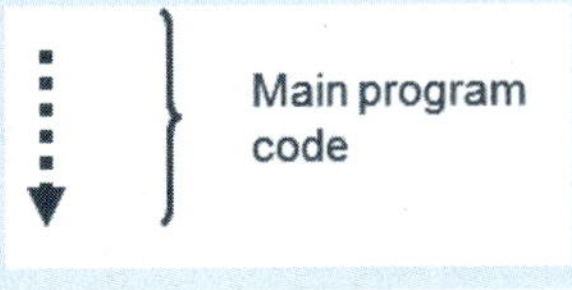

```
메인 프로그램이 수행되다가 인터럽트가 발생하면 아래 void interrupt isr(void) 함수가 실행된다.
}
//==Interrupt Service Routine==
void interrupt isr (void)
{
```

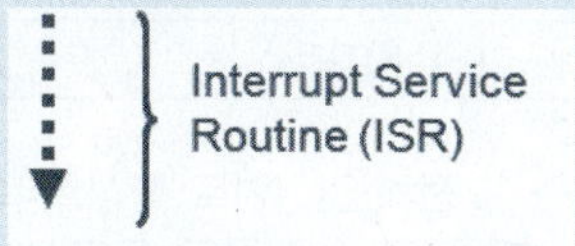


```
}
```

PIC16F1939 등의 PIC16 계열 마이크로컨트롤러는 인터럽트가 발생시에 0x0004 번지로 프로그램 카운터가 점프하게 된다. 바로 0x0004 번지가 인터럽트 벡터라고 하는 곳이고, 이곳에는 JMP interrupt isr 함수라는 명령어가 들어 있어서 바로 위의 void interrupt isr(void) 함수로 점프하게 된다. 이 함수를 인터럽트 서비스 루틴이라고 한다. 이 함수를 다 실행하게 되면 다시 프로그램 카운터는 메인 함수에서 실행하다가 멈추었던 그 다음 명령어부터 다시 실행하게 된다. 다른 PIC 계열 마이크로컨트롤러에서는 더 많은 인터럽트 벡터가 존재한다.

(3) 인터럽트 관련 레지스터

PIC 마이크로컨트롤러를 사용한 거의 대부분의 펌웨어(애플리케이션 소스 코드)에서는 이 인터럽트 기능을 이용하여 실시간 작업을 수행한다. 여기서 실시간의 의미는 약간의 시간지연이 존재하는 소프트웨어적인 딜레이이다. PIC16F1939는 5개의 인터럽트 관련 레지스터가 있다.

주변기기를 위한 인터럽트 활성화는 Peripheral Interrupt Enable 1(PIE1), Peripheral Interrupt Enable 2(PIE2)를 사용하고 주변장치의 인터럽트 발생시에 알려주는 인터럽트 플래그 비트들이 있는 Peripheral Interrupt Request 1(PIR1), Peripheral Interrupt Request 2(PIR2)를 사용한다(PIC16F1939는 PIE3, PIR3 레지스터가 더 있으나, 여기서는 사용 안 함으로 생략함).

- Interrupt Control(INTCON)
- Peripheral Interrupt Enable 1(PIE1)
- Peripheral Interrupt Enable 2(PIE2)

- Peripheral Interrupt Request 1(PIR1)
- Peripheral Interrupt Request 2(PIR2)

① INTCON 레지스터(Core Interrupts)

bit7							bit0
GIE	PEIE	TMR0IE	INTE	RBIE	TMR0IF	INTF	RBIF

Enabie Bits	설 명
GIE	글로벌 인터럽트 활성화
PEIE	주변기기 인터럽트 활성화
TMR0IE	타이머0 인터럽트 활성화
INTE	외부 인터럽트 활성화
RBIE	포트 B 변경 인터럽트 활성화

전체 인터럽트 활성화 비트로 인터럽트 모드시에 반드시 1로 설정해야 함

모든 주변기기 인터럽트시 반드시 사용

인터럽트가 비활성화되면 플래그들을 설정

Flag Bits	설명
TMR0IF	타이머0 오버플로우 인터럽트 플래그
INTF	RB0/INT 외부 인터럽트 플래그
RBIF	포트 B 변경 인터럽트 플래그

그림 10-3 INTCON 레지스터 구성

그림 10-3에서 설정할 때 GIE와 PEIE는 반드시 설정해야 한다.

다음은 타이머1을 이용한 인터럽트 설정 초기화 예이다.

예
```
GIE =1;          //전체 인터럽트 비트 : ON
PEIE = 1;        //타이머1의 주변장치 인터럽트 비트 : ON
TMR1IE = 1;      //타이머1 인터럽트 설정 : 인터럽트 기능 Enable 설정
TMR1IF = 0;      //타이머1의 인터럽트 플래그 초기화→0
```

② PIE1과 PIR1 레지스터

R/W-0/0	R/W-0/0	R/W-0/0	R/W-0/0	R/W-0/0	R/W-0/0	R/W-0/0	R/W-0/0
TMR1GIE	ADIE	RCIE	TXIE	SSPIE	CCP1IE	TMR2IE	TMR1IE
bit 7							bit 0

위 PIE1 레지스터는 각 비트마다 해당 주변장치들의 인터럽트 기능을 사용(1) 또는 미사용(0)에 대한 설정한다. 예를 들어, 내부 A/D 컨버터를 인터럽트 방식으로 동작시킬 경

우 6번째 비트인 ADIE 비트를 1로 설정한다(ADIE=1;).

R/W-0/0	R/W-0/0	R-0/0	R-0/0	R/W-0/0	R/W-0/0	R/W-0/0	R/W-0/0
TMR1GIF	ADIF	RCIF	TXIF	SSPIF	CCP1IF	TMR2IF	TMR1IF
bit 7							bit 0

위 PIR1 레지스터는 각 주변장치들마다 초기화되어 설정된 어떤 동작이 완료될 때마다 이 레지스터의 해당 비트들이 1로 세트된다. 이 비트들은 PIE1 레지스터의 인터럽트 기능 설정과 상관없이 PIR1 레지스터의 값이 주변장치들의 동작결과에 따라 바뀌게 된다. 여기서 한가지 중요한 것은 이 PIR1 레지스터의 비트가 1로 세트되면 소프트웨어적으로 다시 0으로 바꾸어야만 해당 주변장치가 재동작하여 완료될 때 다시 1로 바뀌게 된다.

따라서, 폴링 방식일 때는 해당 함수에서 인터럽트 방식일 때는 인터럽트 서비스 루틴 함수에서 각 해당 인터럽트 플래그 비트를 0으로 만들면 된다. 예를 들어, UART 통신으로 한 문자가 수신되면 RCIF 비트가 1로 하드웨어적으로 자동으로 바뀌게 된다. 이때 UART 수신 버퍼의 수신 문자를 확인하고 다시 RCIF 비트를 0으로 만들어야 다시 한 문자를 수신할 수가 있다(RCIF=0;).

③ PIE2와 PIR2 레지스터

R/W-0/0	R/W-0/0	R/W-0/0	R/W-0/0	R/W-0/0	R/W-0/0	U-0	R/W-0/0
OSFIE	C2IE	C1IE	EEIE	BCLIE	LCDIE	—	CCP2IE
bit 7							bit 0

R/W-0/0	R/W-0/0	R/W-0/0	R/W-0/0	R/W-0/0	R/W-0/0	U-0	R/W-0/0
OSFIF	C2IF	C1IF	EEIF	BCLIF	LCDIF	—	CCP2IF
bit 7							bit 0

위 첫번째 레지스터는 PIE2 레지스터이고, 두번째는 PIR2 레지스터이다. 각 비트들의 동작은 PIE1, PIR1 레지스터와 같다. 자세한 설명은 데이터시트를 참고하기 바란다 (www.microchip.com 에서 칩 이름으로 검색하면 데이터시트가 나온다).

(4) 인터럽트의 내부 구성

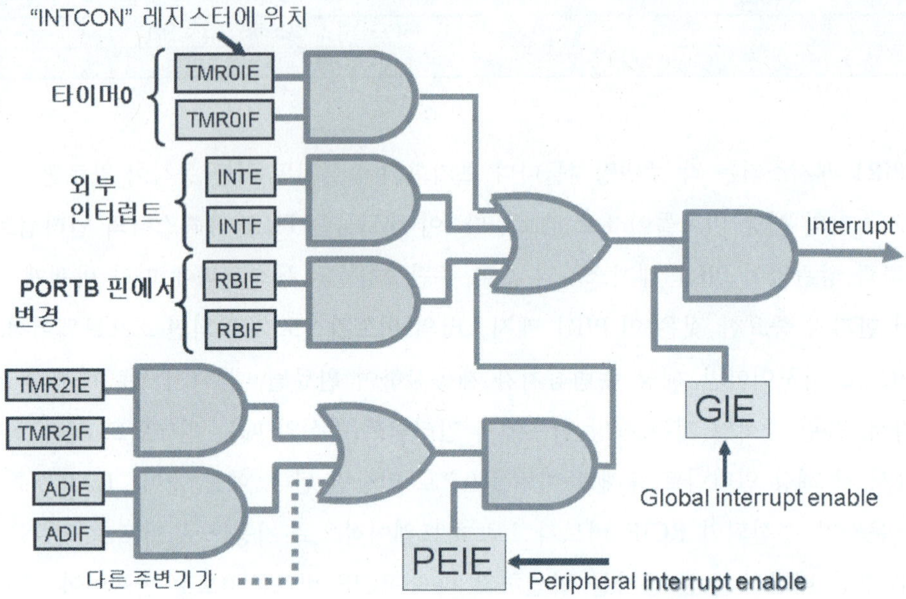

그림 10-4 인터럽트의 내부 구성

그림 10-4는 PIC16F 제품군의 일반적인 인터럽트 내부 구성도이다. 타이머0, 외부 인터럽트핀(INT), 포트 B의 변화감지 인터럽트 등은 PEIE 비트 활성화를 거치지 않고 GIE 비트만 설정하면 인터럽트가 활성화 되고, 나머지 주변장치들은 PEIE 비트도 설정해야 인터럽트가 활성화 된다.

(5) 외부 인터럽트 핀

외부 인터럽트 핀은 그림 10-5처럼 RB0/AN12/INT핀을 사용한다. 이 핀으로 0, 5V 전압이 바뀜에 따라 인터럽트가 걸리게 된다. 따라서, INTE 비트를 1로 초기화하여 외부 인터럽트 핀의 동작을 인터럽트 사용하여 설정하면, 외부 신호에 의해 INTF 비트가 1로 세트되고, 프로그램 카운터는 인터럽트 벡터 번지인 0x0004 번지로 점프하여 다시 인터럽트 서비스 루틴 함수를 실행하게 된다.

전원이 인가되는 시점에서는 아날로그 AN12로 설정되어 있고, 외부 인터럽트 핀으로 사용하는 경우에는 ANSELB=0 또는 ANSELBbits. ANSB0=0으로 반드시 설정해야 한다. 그림 10-5에서 RB0 핀(사각형 표시)이 외부 인터럽트 입력핀이다.

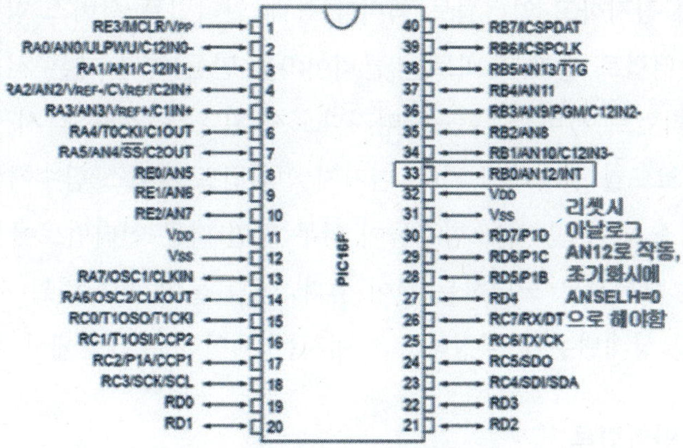

그림 10-5 외부 인터럽트 핀

(6) 외부 인터럽트 프로그램

```
void interrupt ist(void)                    //인터럽트 서비스 루틴 함수
{
    if(TMR1IF == 1)
    {
        INTF = 0;                           //RB0/INT 외부 인터럽트 플래그 비트 클리어
                                            //항상 발생하는 모든 인터럽트 플래그는 인터럽트 서비스 루
                                            틴안에서 꼭 0으로 만들어야 다시 인터럽트가 걸리게 된다.

    }
}
int main(int argc, char** argv)
{
        INTCON = 0b00000000;                //INTCON 값 클리어

        INTE = 1;                           //외부 인터럽트 핀 활성화

        GIE =1;                             //전체 인터럽트 비트 : ON

        while(1);                           //main(메인)이 끝나지 않도록 써주는 while(반복문)이다.
}
```

메인 프로그램에서는 각 초기화 루틴을 거치고 인터럽트를 활성화시킨 후에 while()문을 실행하고 있는 상태에서 활성화한 인터럽트가 발생하면 while()문내에서 실행하던 함

수나 코드를 일시 정지하고 인터럽트 벡터를 통해 인터럽트 서비스 함수를 실행하게 된다. 이때 해당 인터럽트 플래그 비트는 클리어(0을 만듦)하고 다른 서브 함수들 실행을 다 마친 후에 인터럽트 서비스 루틴을 빠져나오게 된다. 그리고, 다시 일시 정지된 이후 메인 프로그램의 코드를 실행하게 된다. 한가지 인터럽트 서비스 함수에 대해 주의할 사항은 인터럽트 서비스 루틴 및 서브 함수들이 너무 길면 다른 인터럽트에 영향을 끼치게 되므로 가급적 짧은 루틴으로 코딩하는 것이 좋다. 예를 들면, 인터럽트 서비스 함수에서는 일정의 데이터 및 상태변수만 설정하고 나머지는 메인 프로그램에서 처리하도록 한다.

(7) 타이머1과 인터럽트

① 폴링 방식(인터럽트 플래그 비트만 이용) 타이머1 초기화

타이머1에 대한 폴링 방식 동작을 설명하면 다음 예제와 같이 T1CON 레지스터로 타이머1의 시간 및 클럭 입력 등을 설정하고, TMR1H, TMR1L, TMR1IF 등의 타이머1과 관련된 레지스터 및 인터럽트 플래그 비트를 클리어 및 설정시간으로 초기화한다. 그리고 난 후, TMR1ON 비트를 1로 세트하여 타이머1을 동작시킨다. 타이머1의 TMR1H, TMR1L 레지스터가 0xFF, 0xFF에서 0x00, 0x00으로 오버플로우가 될 때 TMR1IF 비트가 1로 바뀐다. 바로 이 비트를 계속 해당 함수에서 체크하여 0에서 1로 바뀔 때를 감지하는 방식이 폴링 방식이다.

```
TMR1H = 0;              //타이머1 값 설정
TMR1L = 0;
TMR1IE = 0;             //타이머1 인터럽트 설정 : 인터럽트 기능 Disable
TMR1IF = 0;             //타이머1의 인터럽트 플래그 초기화→0
T1CON = 0b00110000;     //타이머1 프리스케일러 1:8
                        //타이머1 초기화
                        //내부 Fosc/4 클럭 설정
                        //1:8 프리스케일 설정
                        //내장 발진회로 사용 중지
                        //타이머1 동작중지
TIMR1ON = 1;            //TIMER1 동작
```

② 인터럽트(주변기기 인터럽트)일 때 타이머1 초기화

타이머1에 대한 인터럽트 방식으로 프로그래밍할 때 다음 예제와 같이 인터럽트 서비스 함수와 메인 프로그램에서의 인터럽트 초기화 코드가 필요하다. 인터럽트 시에 타이

머1의 초기화 설정시 필요한 레지스터 설정 및 초기화 프로그램 예제이다.

```
void interrupt ist(void)                //인터럽트 서비스 루틴 함수
{
        TMR1IF = 0;                     //타이머1의 인터럽트 플래그 초기화 -> 0
}
void main(void)
{
        TMR1IE = 1;                     //타이머1 인터럽트 기능Enable 설정
        TMR1IF = 0;                     //타이머1의 인터럽트 플래그 초기화 -> 0
        PEIE = 1;                       //타이머1의 주변장치 인터럽트 비트 : ON
        GIE =1;                         //전체 인터럽트 비트 : ON
}
```

실습예제 : 타이머1을 이용한 인터럽트 구동 0.5초 타이머 만들기 실습

1) 실습목표

(1) Microchip PICDEM 2 PLUS 보드 사용시

- PIC16F1939 PIC 마이크로컨트롤러 입출력 포트 초기화 설정
- PIC16F1939 PIC 마이크로컨트롤러 타이머1 주변장치 초기화 설정
- 포트 B(RB0~RB7핀) 중에 RB0핀 LED 출력 설정
- 타이머1 인터럽트 동작 초기화 설정
- 타이머1 인터럽트 서비스 루틴 및 인터럽트 방식 구동방법
- 타이머1 이용한 0.5초 만들기 소스 코딩 및 구동

(2) INSEM 8bit PIC 평가 보드 사용시

- PIC16F1939 PIC 마이크로컨트롤러 입출력 포트 초기화 설정
- PIC16F1939 PIC 마이크로컨트롤러 타이머1 주변장치 초기화 설정
- 포트 D(RD0~RD7핀) 중에 RD0 핀 LED 출력 설정 및 구동
- 타이머1 인터럽트 동작 초기화 설정
- 타이머1 인터럽트 서비스 루틴 및 인터럽트 방식 구동방법

- 타이머1 이용한 0.5초 만들기 소스 코딩 및 구동

2) 실습회로

(1) Microchip PICDEM 2 PLUS 보드 또는 자작 보드 사용시

- 6장 I/O 포트를 이용한 스위치, LED 입출력 구동실습 예제에서 그림 6-4 실습회로 참조

(2) INSEM 8bit PIC 평가 보드 사용시

- 6장 I/O 포트를 이용한 스위치, LED 입출력 구동실습 예제에서 그림 6-5~6-8 실습회로 참조
  다른 점퍼들은 모두 제거하고 아래 언급한 점퍼들만 연결한다.
- 보드 전원부 세팅 및 회로
- 40PIN PIC16F1939 주변 회로
- LED 회로도와 PIC MCU 핀과 연결 회로도
  - JP35는 점퍼로 연결되어야 한다.
- 스위치 회로도와 PIC MCU 핀과 연결 회로도
  - JP44는 점퍼로 연결되어야 한다.

3) 실습환경

- MPLAB X IDE 통합 개발 SW 설치
- MPLAB XC8 컴파일러 설치(5장 마이크로칩 8비트 PIC 마이크로컨트롤러 개발환경 셋업 참조)
- 마이크로칩 디버거 장비(PICKit3, ICD3, REAL ICE 중에 택일) 설치(여기에서는 PICKit3로 모든 실습을 함)
- 전원 9V 또는 자작 보드로 실습시에는 +5V 전원 공급장치 필요

(1) Microchip PICDEM 2 PLUS 보드 사용시 연결 사진

- 6장 I/O 포트를 이용한 스위치, LED 입출력 구동실습 예제에서 그림 6-9 실습환경 참조

(2) INSEM 8bit PIC 평가 보드 사용시 연결 사진

• 6장 I/O 포트를 이용한 스위치, LED 입출력 구동실습 예제에서 그림 6-10 실습환경 참조

(3) 자작 보드 사용시 연결 구성도

• 6장 I/O 포트를 이용한 스위치, LED 입출력 구동실습 예제에서 그림 6-11 실습환경 참조

4) 실습 코딩 순서

Step 1 MPLAB X IDE를 이용한 새 프로젝트 만들기

실행 1_MPLAB X IDE 실행 후 File 메뉴에서 New Project를 선택한다.

실행 2_프로젝트 선택에서 Categories에서 Microchip Embedded 선택 후 Projects에서 Standalone Project 선택, 그리고 Next를 클릭한다.

실행 3_Device 선택에서 Family에서 Mid-Range 8bit MCU ..... 선택, Device에서 PIC16F1939 선택 후 Next를 클릭한다.

실행 4_Header 선택은 그대로 하고 Next를 클릭한다.

실행 5_Hardware Tool 선택에서 PICKit3 선택, Next를 클릭한다.

실행 6_컴파일러 선택에서 Compiler Toolchains에서 XC8 (V1.xx).... 선택 후 Next를 클릭한다.

실행 7_Browse 버튼을 클릭하여 Project 만들 폴더 만들기 후 Project Name란에 프로젝트 이름(예 : timer0_1sec)을 입력 후 Finish를 클릭한다.

- Encoding 옵션 설정 : 한글 지원 관련
- UTF-8 또는 x-window949 정도 설정하면 한글 주석 처리 가능

실행 8_File 메뉴에서 New File을 선택한다.

실행 9_Categories에서 C 선택, File Type에서 C Main File 또는 C Source File을 선택 후 Next를 클릭한다.

실행 10_File Name에 소스 코드 이름 입력(예 : timer0_1sec.c) 후 Finish를 클릭한다.

Step 2 타이머1을 이용한 인터럽트 구동 0.5초 타이머 만들기 실습 소스 코딩

실행 1_디폴트 헤더문 입력

```
#include <xc.h>
```

이 Header 삽입문은 맨 처음 삽입해야 하는 삽입문으로 프로젝트에서 선택된 PIC 마이크로컨트롤러의 헤더파일로 연결되는 Header 삽입문이다. 일반적으로는 #inlcude <pic16f1939.h>로 삽입될 수도 있지만, PIC MCU가 변경시에는 모든 파일의 이름을 변경해야 하는 단점이 있다.

실행 2_컨피그레이션 비트 설정 매크로 삽입 코딩

```
__CONFIG(FOSC_INTOSC & WDTE_OFF & PWRTE_ON & MCLRE_OFF & BOREN_OFF);
```

이미 5장에서 설명한 컨피그레이션 비트 설정 매크로이다. 현재 설정은 내장된 오실레이터 16MHz를 사용하고, 와치독 타이머는 끄고, 파워-업 타이머는 켜고, MCLR핀은 외부 리셋 기능 끄고, BOR 리셋 기능도 꺼진 상태로 설정된다.

실행 3_LED 포트 설정 및 전역 변수, 기타 define문 코딩

실습에서 사용할 시스템 클럭과 LED 등의 I/O 포트에 대해 #define문으로 설정해 놓으면 하드웨어 매칭이 수월하여 테스트나 디버깅 시에 매우 편리하다. PICDEM 2 PLUS 보드를 사용할 때는 아래와 같이 선언한다.

```
#define PICDEM2PLUS
//#define INSEM_8bitPIC
```

또한, INSEM 8bit PIC 평가 보드를 사용할 시에는 아래와 같이 선언한다.

```
//#define PICDEM2PLUS
#define INSEM_8bitPIC
```

PIC MCU에서 사용하는 시스템 클럭 계산에 대한 선언문은 아래와 같다.

```
#define Fosc 16000000          //내부 16MHz 클럭 설정
#define Fcy Fosc / 4           // Fcy = Fosc/4
#define Tcy 1 / Fcy            // 1/4MHz = 250ns
```

즉, OSCCON 레지스터를 설정하여 16MHz 내부 클럭 발진회로를 설정하고, 그 주파수의 4분주가 인스트럭션 사이클로 어셈블러로 1사이클 명령어가 수행하는 속도이다. Fcy라고 표현하며, 시간으로는 Tcy라고 주로 표현된다.

따라서, 1 사이클 어셈블러 명령어는 250ns에 실행이 된다.

아래는 LED 출력을 위한 I/O 포트 선언문이다.

- Microchip PICDEM 2 PLUS 보드 또는 자작 보드 사용시

```
//LED 포트 설정
#define  LED        PORTBbits.RB0 //D2 LED 출력, 비트별 설정 표현 가능
```

- INSEM 8bit PIC 평가 보드 사용시

```
//LED 포트 설정
#define  LED                  PORTDbits.RD0      //D1  LED 출력
```

– 전역 변수선언 : 메인 함수와 타이머1 인터럽트 서비스 루틴의 함수간에 타이머1 인터럽트 횟수를 카운트하는 변수를 공유해야 하므로

```
unsigned char tmr1_count;  // 1초 인터럽트 회수 카운팅하는 전역 변수
```

위와 같이 선언하여 소스 코드 #include 삽입문 다음 위치 정도에 삽입한다.

실행 4_포트 입출력 초기화 함수 코딩

실습목표에서 포트 B를 사용하여 RB0 핀으로 LED 출력으로 초기화한다. 한 가지 주의할 사항은 각 포트의 핀들 중에는 여러 기능을 가진 핀들이 많다. 그 중에서도 ANxx 핀들은 ADC 주변장치가 사용하는 아날로그 입력핀들이다. PIC MCU 전원이 들어오는 순간에 각 포트들의 초기화는 바로 ANxx 핀들이 활성화되는 아날로그 입력 포트로 설정된다. 따라서, 항상 사용할 핀의 기능 중에 ANxx 이름이 같이 있는지 체크하고, 데이터시트 I/O 포트 장에 초기화 예제를 꼭 참고하기 바란다.

- Microchip PICDEM 2 PLUS 보드 또는 자작 보드 사용시

```
void initial_port(void)
{
    //PORTB 사용 LED 출력 포트 초기화
    TRISB = 0b11111110;          //PORTB RB0 핀을 출력으로 설정
    // 1 = 입력, 0 = 출력
    ANSELB = 0x00;               //포트 B의 ANxx 핀들 모두 디지털로 설정
}
```

- INSEM 8bit PIC 평가 보드 사용시

```
void initial_port(void)
```

```
{
    //PORTD 사용 LED 출력 포트 초기화
    TRISD = 0b11111110;         //PORTD RD0핀을 출력으로 설정
    // 1 = 입력, 0 = 출력
    ANSELD = 0x00;              //포트 D의 ANxx 핀들 모두 디지털로 설정
}
```

실행 5_타이머1 및 타이머1 인터럽트 초기화 함수 소스 코딩

타미어1의 프리스케일러 값을 1:8로 설정하여 시스템 클럭인 Tcy가 250ns이므로, 250ns × 8 = 2μs로 카운트된다. 따라서, 타이머1의 TMR1H와 TMR1L 레지스터가 50000까지 카운트하면 약 0.1초의 시간을 카운트할 수 있도록 타이머1을 초기화하는 함수이다.

또한, 타이머1의 인터럽트 동작을 하기 위해서 타이머1 인터럽트 설정 비트 TMR1IE을 1로 설정한다.

그리고, 타이머1 등의 주변장치들의 인터럽트를 통합하는 비트인 PEIE 비트를 1로 설정하여야 한다. 마지막으로 전체 인터럽트 비트 설정 비트인 GIE 비트를 1로 설정하여야 한다.

```
void initial_timer1_interrupt(void)
{
    TMR1H = 0;                  //타이머1 값 설정
    TMR1L = 0;
    TMR1IE = 0;                 //타이머1 인터럽트 설정 : 인터럽트 기능 Disable
    TMR1IF = 0;                 //타이머1의 인터럽트 플래그 초기화 -> 0
    T1CON = 0b00110000;         //타이머1 프리스케일러 1:8
    TMR1L=(65536-50000)%256;    //0.1초 카운트값 초기화
    TMR1H=(65536-50000)/256;
    TMR1IE = 1                  //타이머1 인터럽트 설정 :인터럽트 기능 Enable 설정
    PEIE = 1;                   //타이머1의 주변장치 인터럽트 비트 : ON
    GIE =1;                     //전체 인터럽트 비트 : ON
    TMR1ON = 1;                 //타이머1 ON
}
```

실행 6_인터럽트 서비스 루틴 함수 및 0.5초 타이머 인터럽트 구동 소스 코딩

타이머1 초기화에 의해 0.1초마다 타이머1의 인터럽트에 의해 PC(프로그램 카운터)는 이 함수를 콜하여 실행한다. 이 함수에서 타이머1 인터럽트 플래그가

1인 것을 if문으로 확인하고(이유는 다른 인터럽트가 걸려도 이 함수를 콜하므로 각각의 인터럽트 플래그로 분리하여 체크한다), 타이머1 인터럽트 플래그를 리셋하고, 타이머1의 TMR1H/L 레지스터에 0.1초 값을 재설정한다. 그리고, 전역 변수인 tmr1_count 값이 5이면 0.5초가 된 것이므로 LED를 토글하고, 다시 tmr1_count 변수를 리셋한다.

여기서 주의사항은 전역 변수 등은 #include 삽입문 다음 위치 정도에 오는 것이 좋다. 이유는 C컴파일러는 라인 대 라인 방식으로 빌드해 가므로 변수가 선언이 되어 있는지 않는 변수가 나오면 에러 처리가 된다. 반드시 변수가 선언이 먼저 된 상태에서 그 다음에 다른 함수에서 그 전역 변수를 사용해도 된다.

```
void interrupt ist(void)
{
    if(TMR1IF == 1)
    {
        TMR1IF=0;                        //타이머1 인터럽트 플래그 다시 0을 만들어서 시간
                                         재기
        TMR1L=(65536-50000)%256;  //0.1초 카운트값 초기화
        TMR1H=(65536-50000)/256;
        tmr1_count++;
        if(tmr1_count==5)               //변수값이 5 즉, 0.1초씩 5번이므로 0.5초가 됨
        {
            LED ^= 1;                   //RB0 LED Toggle
            tmr1_count = 0;             // 다시 5번 카운트하기 위해 리셋
        }
    }
}
```

실행 7_메인 함수 소스 코딩

```
int main(int argc, char** argv)
{
    //오실레이터 초기화
    OSCCON = 0b01111000;            //16MHz 내부 클럭 설정

    initial_port();                 //LED를 위한 포트 초기화 함수 실행

    initial_timer1_interrupt();     //타이머1 인터럽트 구동 초기화
```

10장

```
    tmr1_count =0;                          //전역 변수 초기화

    while(1)                 //이 while문은 할 일이 없다고 해도 반드시 있어야 한다.
                             // 이 반복문이 없으면 계속 시스템이 리셋-동작을 반복
    {
                             //타이머1 인터럽트 서비스 루틴에서 0.1초마다 실행되고,
                             //메인 함수 루틴에서는 아무런 할 일이 없는 상태이다.
    }

}
```

실행 8_아래 그림과 같이 C언어로 timer1_interrupt.c란 파일을 그림처럼 코딩을 완성한다.

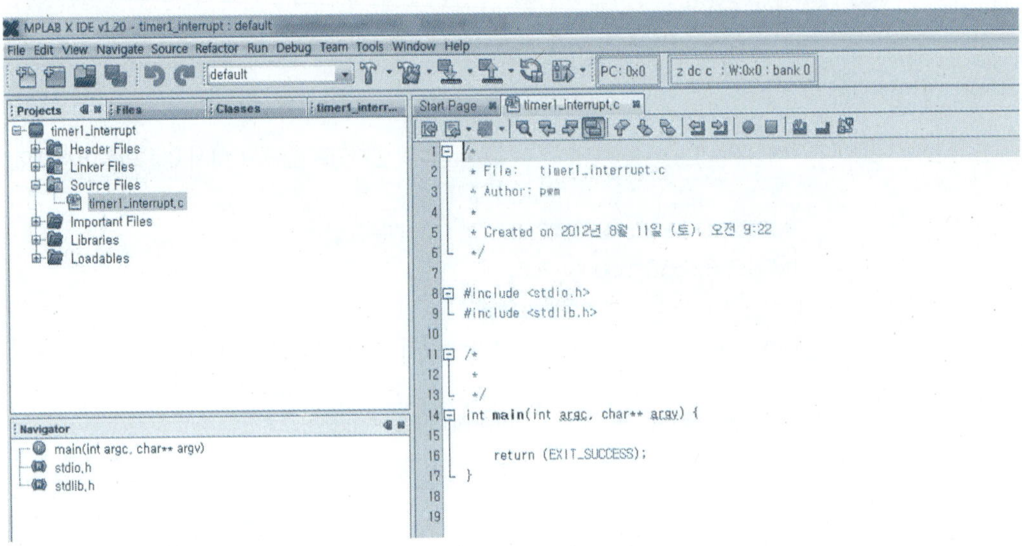

Step 3 타이머1 이용한 인터럽트 구동 0.5초 타이머 만들기 소스 설명

8장의 타이머1을 이용한 1초 만들기 설명을 참조한다. 여기서는 간략히 설명한다.

타이머1의 카운트 시간 = Tcy × TMR1H/L 레지스터 카운트값 × 타이머1의 프리스케일러 설정값이므로, 타이머1을 이용해 0.1초를 우선 만들기 위해 프리스케일러를 1:8로 설정하여 250ns × 8 = 2μs 단위시간을 만든다.

0.1 sec = 250ns × TMR1H/L × 8이 되고, TMR1H/L 레지스터를 통해 50000을 카운트하면 된다.

TMR1H, TMR1L 값 세팅을 아래와 같이 하고,

```
TMR1L=(65536-50000)%256;
TMR1H=(65536-50000)/256;
```

위 루틴들은 타이머1 초기화 함수에 설정된다.

그리고, 0.5초를 만들기 위해 타이머1 인터럽트는 몇 번 발생하는지 계산은 1000ms/100ms = 5회이므로, 5번 타이머1 인터럽트가 걸리면 0.5초로 간주한다.

타이머1 인터럽트 서비스 루틴에서 tmr1_count 값을 if문으로 아래와 같이 비교하면 된다.

```
if(tmr1_count==5)                    //변수값이 5 즉, 0.1초씩 5번이므로 0.5초가 됨
{
        LED ^= 1; //RB0 LED Toggle
        tmr1_count = 0;              // 다시 5번 카운트하기 위해 리셋
}
```

Step 4 소스 코드 확인

```
#include <xc.h>

__CONFIG(FOSC_INTOSC & WDTE_OFF & PWRTE_ON & MCLRE_OFF & BOREN_OFF);

//PICDEM 2 PLUS 보드를 사용시
#define PICDEM2PLUS
//#define INSEM_8bitPIC

//PIC MCU에서 사용하는 시스템 클럭 계산
#define Fosc 16000000                      //내부 16MHz 클럭 설정
#define Fcy Fosc / 4                       // Fcy = Fosc/4
#define Tcy 1 / Fcy                        // 1/4MHz = 250ns

// LED 출력을 위한 I/O 포트 선언문이다.
#ifdef PICDEM2PLUS
    #define   LED          PORTBbits.RB0   //D2 LED 출력, 비트별 설정 표현 가능
#endif
#ifdef INSEM_8bitPIC
    #define   LED          PORTDbits.RD0   //D1  LED 출력

#endif

//전역 변수 선언 : 타이머1 인터럽트 회수 카운트 변수
unsigned char tmr1_count;                  // 1초 인터럽트 회수 카운팅하는 전역 변수
```

```
3#ifdef PICDEM2PLUS
    void initial_port(void)
    {
        //PORTB 사용 LED 출력 포트 초기화
        TRISB = 0b11111110;                   //PORTB RB0 핀을 출력으로 설정
        // 1 = 입력, 0 = 출력
        ANSELB = 0x00;                        //포트 B의 ANxx 핀들 모두 디지털로 설정
    }
#endif
#ifdef INSEM_8bitPIC
    void initial_port(void)
    {
        //PORTD 사용 LED 출력 포트 초기화
        TRISD = 0b11111110;                   //PORTD RD0 핀을 출력으로 설정
        // 1 = 입력, 0 = 출력
        ANSELD = 0x00;                        //포트 D의 ANxx 핀들 모두 디지털로 설정
    }
#endif

void initial_timer1_interrupt(void)
{
        TMR1H = 0;                    //타이머1 값 설정
        TMR1L = 0;
        TMR1IE = 0;                   //타이머1 인터럽트 설정 : 인터럽트 기능 Disable
        TMR1IF = 0;                   //타이머1의 인터럽트 플래그 초기화 -> 0
        T1CON = 0b00110000;           //타이머1 프리스케일러 1:8
        TMR1L=(65536-50000)%256; //0.1초 카운트값 초기화
        TMR1H=(65536-50000)/256;
        TMR1IE = 1;                   //타이머1 인터럽트 설정 : 인터럽트 기능 Enable 설정
        PEIE = 1;                     //타이머1의 주변장치 인터럽트 비트 : ON
        GIE =1;                       //전체 인터럽트 비트 : ON
        TMR1ON = 1;                   //타이머1 ON
}

void interrupt ist(void)
{
    if(TMR1IF == 1)
    {
        TMR1IF=0;                             //타이머1 인터럽트 플래그 다시 0을 만들어서 시간
                                              재기
        TMR1L=(65536-50000)%256;              //0.1초 카운트값 초기화
        TMR1H=(65536-50000)/256;
```

```
            tmr1_count++;
            if(tmr1_count==5)                       //변수값이 5 즉, 0.1초씩 5번이므로 0.5초가 됨
            {
                LED ^= 1;                           //RB0 LED Toggle
                tmr1_count = 0;                     // 다시 5번 카운트하기 위해 리셋
            }
        }
}

int main(int argc, char** argv)
{
    //오실레이터 초기화
    OSCCON = 0b01111000;            //16MHz 내부 클럭 설정

    initial_port();                 //LED를 위한 포트 초기화 함수 실행

    initial_timer1_interrupt();     //타이머1 인터럽트 구동 초기화

    tmr1_count =0;                  //전역 변수 초기화

    while(1)                        // 이 while문은 할 일이 없다고 해도 반드시 있어야 한다.
                                    // 이 반복문이 없으면 계속 시스템이 리셋-동작을 반복
    {
                                    //타이머1 인터럽트 서비스 루틴에서 0.1초마다 실행되고,
                                    //메인 함수 루틴에서는 아무런 할 일이 없는 상태이다.
    }
}
```

실행 1_Make & Program 버튼 클릭 후 PICDEM 2 Plus 보드 동작을 확인한다.

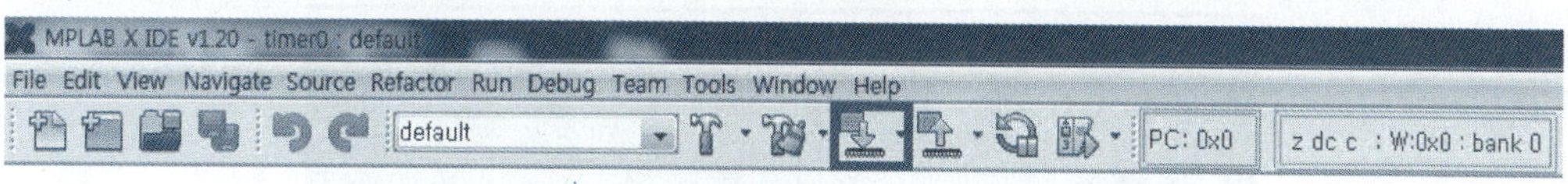

실행 2_경고창이 실행된 경우 OK를 클릭한다.

5) 실습결과

(1) Microchip PICDEM 2 PLUS 보드 사용시

위 보드 그림과 같이 RB0 숫자 아래의 LED가 0.5초마다 점멸한다. 앞 장에서 실습한 폴링 방식과 비교하면 좀더 정확한 0.5초 타이머가 될 수 있다. 왜냐하면 일정 단위시간마다 인터럽트가 걸리기 때문에 폴링 방식처럼 if문으로 비교하는 방식의 불규칙한 시간이 아니기 때문이다. 따라서, Window 메뉴에서 Output에서 Disassembly Listing Files 를 클릭하여 C언어 소스 코드를 어셈블러로 변환된 파일을 볼 수 있다. 여기서 시간비교 루틴에 의해 어느 정도의 어셈블러 라인이 추가되어 있는지 계산하여 좀 더 정확한 시간 보상이 가능하다.

(2) INSEM 8bit PIC 평가 보드 사용시

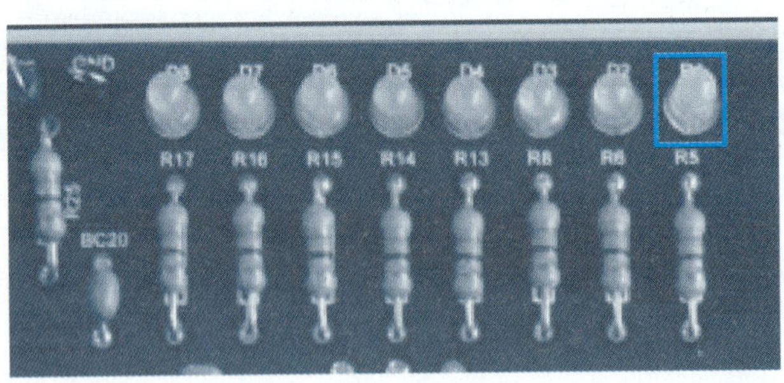

위 보드 그림과 같이 D1 숫자 아래의 LED가 약 0.5초마다 점멸한다.

6) 디버깅(Debugging) 실습

디버깅 방법을 앞 장인 6장에서 설명하였다. 필히 6장의 디버깅 설정 및 버튼 기능들은 숙지한다. 이번 실습에서 검증할 디버깅 포인트는 타이머1이 0.1초마다 인터럽트 서비스 루틴을 실행하는지와 tmr1_count 전역 변수값에 의한 LED 점멸 확인이다.

실행 1_디버깅할 포인트 : 타이머1 인터럽트 플래그가 1이 될 때 인터럽트 서비스 루틴을 실행하고, tmr1_count 전역 변수값은 어떻게 증가하는가?

실행 2_MPLAB X IDE 통합 개발환경 프로그램에서 Run 메뉴에서 Run Project (timer1_interrupt)을 클릭한다.

실행 3_Debug 메뉴에서 Discrete Debugger Operation -> Launch Debugger(Project timer1_interrupt)을 클릭한다(또는 아래 두 번째 그림과 같이 Debug 아이콘에서 Launch Debugger(Project timer1_interrupt)을 클릭해도 된다).

– 동작전압에 대한 주의사항이 뜨면, OK를 클릭하면 된다.

실행 4_아래 디버깅 버튼들이 메뉴창 아래 표시되는지 확인한다.

실행 5_브레이크 포인트(break point)를 삽입한다.

아래 소스 코드에서 사각형 표시위치에서 오른쪽 마우스 버튼을 클릭하여 "Toggle Line Breakpoint"를 클릭하며 라인 숫자표시 부분에 빨간색 사각형 표시가 생긴다.

```
void interrupt ist(void)
{
    if(TMR1IF == 1)
    {
        TMR1IF=0; //타이머1 인터럽트 플래그 다시 0을 만들어서 시간재기
        TMR1L=(65536-50000)%256;//0.1초 카운트값 초기화
        TMR1H=(65536-50000)/256;
        tmr1_count++;
        if(tmr1_count==5)              //변수값이 5 즉, 0.1초씩 5번이므로 0.5초가 됨
        {
            LED ^= 1;                  //RB0 LED Toggle
```

- 브레이크 포인트 설정한 후에는 빨간색으로 라인 반전이 표시된다.

실행 6_Window 메뉴에서 Debugging → Watches를 클릭하여 Watch창을 표시한다. 이 Watch창에서 모든 변수, 레지스터값들을 확인할 수 있다.

실행 7_Watch창에 tmr1_count 변수를 입력한다. 이를 통해 매 브레이크가 걸릴 때마다 변수값의 변화상태를 점검한다.

- Enter new watch를 클릭하여 변수 또는 레지스터 이름을 넣으면 된다.

실행 8_디버깅 버튼에서 Reset 버튼을 누른 후, Continue 버튼을 클릭한다. 이로 인해 프로그램은 처음부터 실행을 하게 된다.

실행 9_스위치를 누르면 브레이크 포인트 지점에서 멈추고 Watch창에서 각 변수들의 값들도 빨간색으로 업데이트되어 표시된다. 여기서는 tmr1_count 변수값이 0x00으로 표시된다.

실행 10_다시 Continue 버튼을 클릭하고, 스위치를 누르면 브레이크 포인트 지점에서 멈추고 Watch창에서 tmr1_count 변수값이 0x01으로 +1이 증가되어 표시된다. 계속 반복하거나 Watch창에서 tmr1_count 변수값을 4로 바꾼 후에 실행하여 변수값이 5가 되면 LED가 점멸하고 다시 0으로 값이 바뀌는지 확인한다.

다음 그림은 디버깅 중인 Watch창을 나타내었다.

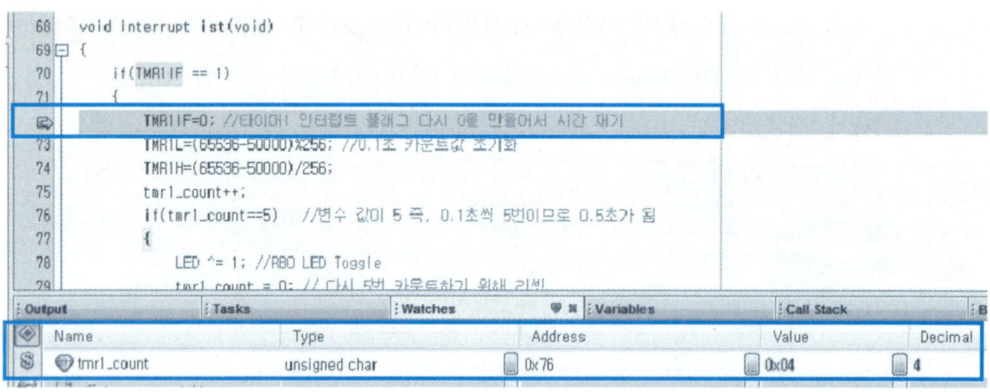

11장

UART 시리얼 통신 응용실습

UART(Universal Asynchronous Receiver/Transmitter)는 시리얼 통신으로 비동기 통신을 위한 전용 하드웨어를 뜻한다. 비동기통신이란 서로 보-레이트(baud rate)는 일치하고 클럭 라인이 없는 상태로 동기화를 하지 않고 통신한다란 뜻이며 일반적으로 마이크로컨트롤러의 입출력 구동전압이 3.3~5V이므로 시리얼 통신을 위해서는 약 +/-10V로 변환하여 연결해야 하므로 레벨 컨버팅 드라이브단이 필요하다(예; MAX232, MAX3232 등). 이 장에서는 비동기 시리얼 통신을 UART 주변장치를 이용하여 실습을 하고자 한다.

1. UART의 개요

UART는 컴퓨터에 부착된 직렬장치들로 향하는 인터페이스를 제어하는 장치이다. UART 통신은 시리얼 기반의 통신방식으로 일반적으로 RS-232 프로토콜을 통해 원격지와 통신을 지원하는 방식이다.

UART는 컴퓨터에게 RS-232C DTE 인터페이스를 제공함으로써 모뎀이나 기타 다른 직렬장치들과 통신하거나 데이터를 주고받을 수 있게 한다. 이 인터페이스의 일부로서 UART는 다음과 같은 일을 수행한다.

데이터 송신시에는 PIC 마이크로컨트롤러로부터 받은 데이터(바이트 단위)를 외부 시리얼 포트로 전송하기 위해 하나의 단일 직렬 비트 스트림으로 변환한다.

데이터 수신시에는 외부 시리얼 포트로 부터 데이터인 직렬 비트 스트림을 PIC 마이크로컨트롤러로 전송하기 위해서 바이트로 변환한다. 외부 데이터 송신시에 패리티 비트를 추가할 수도 있으며, 수신되는 바이트들의 패리티를 확인하고 패리티 비트를 제거한다.

데이터를 외부로 내보낼 때에는 시작 비트와 정지 비트를 추가하고, 수신되는 데이터에서는 그것들을 제거한다. 보다 진보된 UART들은 일정량의 데이터 버퍼링을 제공함으로써 PIC 마이크로컨트롤러와 직렬장치들의 데이터 스트림이 대등하도록 맞추어 준다.

1) RS-232

RS-232C는 1969년 미국의 EIA(Electric Industries Association)에 의해서 정해진 표준 인터페이스로 이것의 정의는 "직렬 2진 데이터의 교환을 하는 데이터 터미널 장비(DTE)와 데이터 통신장비(DCE)간의 인터페이스의 제반을 규정하는 것"이라고 하고 있다. 여기에서 RS는 Recommended Standard의 약자이고, 232는 특정규격의 식별번호이며, C는 버전을 의미한다.

RS-232C는 직렬전송을 위한 규격이다. 병렬전송에서는 8비트가 동시에 8개의 데이터선을 통해 전송되는 반면, 직렬전송은 한 번에 한 비트씩 전송된다.

CCITT에서는 RS-232C와 유사한 규격을 V.24라는 이름의 권고안으로 채택하였으며 ISO에서도 RS-232C와 호환성이 있는 ISO 2110를 채택하였다.

시리얼 포트는 컴퓨터나 임베디드 시스템들이 외부와 데이터를 주고받기 위한 인터페이스이다. 통신을 하기 위한 최소 단위는 1바이트(= 8비트)이다. 컴퓨터 내에선 데이터가 병렬로 처리되는데 반해서 전화선은 직렬이다.

그러므로 병렬을 직렬로 직렬을 병렬로 바꾸어 주는 작업이 필요한데 이 작업을 해주는 것이 RS-232C 방식이다. 이 방식은 일반적으로 1바이트 단위로 전송하는데 다른 데이터와의 혼란을 방지하기 위하여 앞뒤로 한 비트씩 첨가한다. 이를 시작(start)비트와 정지(stop)비트라고 한다. 그러므로 10비트를 1바이트로 보내게 되는데 2400bps라 하면 초당 2400바이트를 전송할 수 있는 것이다.

RS-232 기본 인터페이스는 RXD, TXD 라인을 통해 신호를 송수신하며 일반적으로 RS-232 송신기(transceiver)를 통해 전송 전압을 끌어 올려 보다 먼 거리까지 전송할 수 있도록 하는 기능을 구현하여 사용한다.

두 대의 컴퓨터가 상호 교신을 하기 위해서는 미리 규정된 약속을 지켜야 하듯이 RS-232C를 이용한 비동기식 전송에 있어서는 다음과 같은 사항이 서로 일치하지 않으면 통신이 되지 않는다.

(1) 통신속도

직렬 전송시 송신측과 수신측의 전송속도를 일치시키는 일이다. 통신속도는 시간당 데이터를 전송할 수 있는 양을 나타낸다. 통상 통신속도는 Bit Rate(bps : bits per second)를 사용하는데, 이는 1초당 전송되는 비트의 수를 말한다.

한편, RS-232 통신의 경우 보-레이트(baud rate)라는 용어를 많이 사용하는데 이는 1초당 전송되는 변조된 신호의 수를 뜻한다. 보-레이트는 그 의미상으로 bps와 분명히 구분되지만, 하나의 비트가 하나의 신호인 경우에는 bps와 같은 값을 가진다고 보아도 무방하다.

(2) 스톱비트

데이터의 시작과 끝을 알리는 스타트와 스톱비트를 사용하고 있다. 전송을 시작할 경우 논리 1을 내보내고 8비트를 전송한 후 스톱비트를 전송한다. 스타트비트는 고정되어 있어 사용자가 조정할 필요가 없지만 스톱비트는 1과 2비트 중 하나를 선택한다.

(3) 패리티 비트

이것은 데이터를 전송할 때 데이터의 패리티 비트를 추가하여 외적인 방해에 의해 오류가 발생했을 경우에 오류를 검출하기 위해 사용한다. 패리티의 종류는 짝수 및 홀수 방식과 사용하지 않는 경우가 있다.

패리티 비트는 데이터 길이가 7인 경우에 8번째 비트를 패리티 비트로 이용한다. 그런데 2바이트 한글은 8비트 모두를 사용하여야 하기 때문에 패리티를 사용할 경우에는 한글을 전송할 수 없다. 따라서 패리티가 고정되어 있는 장비에서는 한글 전송에 문제가 있다.

(4) 자료 길이

하나의 데이터를 전송하는데 필요한 데이터 길이, 즉 비트수를 말한다. 보통 7과 8비트가 있다. 2바이트 한글 전송에서는 데이터 길이를 8로 설정하여야 한다(9비트 전송도 가능하다).

2) UART로 PC와 통신하기

UART 통신으로 PC와 통신하는 경우를 살펴보자.

먼저 UART를 통해 데이터를 보내기 위해 미리 정해 주어야 하는 통신규약을 생각해 보자. 통신을 위해서는 서로 약속을 잘 이행해야 한다. 먼저 통신속도를 정해야 한다. 여기서는 보-레이트를 115,200bps로 사용하기로 한다. 다음 패리티를 설정해야 하는데, 여기서는 패리트 비트 없음(No Parity)로 하기로 한다.

다음은 정지 비트(Stop Bit)를 정해 주어야 하는데, 정지비트는 1로 한다. 다음은 전송문자의 데이터 비트수를 결정해야 한다. 다음은 전송문자의 데이터비트수를 8비트로 결정한다.

표 11-1 UART 설정 예

보드 비율(Baud Rate)	115200
패리티	No Parity
정지비트(Stop Bit)	1
전송문자 데이터 비트수	8
흐름제어	없음

2. UART 송수신 모듈의 구성 및 동작

PIC16F1939의 UART 주변장치는 동기/비동기 송수신(Enhanced Universal Synchronous Asynchronous Receiver Transmitter, EUSART) 모듈이라고 한다. EUSART 모듈은 비동기(풀 듀플렉스) 모드, 동기 - 마스터(하프 듀플렉스) 모드, 동기 - 슬레이브(하프 듀플렉스) 모드 등으로 설정하여 사용할 수 있다. 이번 장에서는 비동기(풀 듀플렉스) 모드로 실습한다. 이 모드에서 EUSART는 표준 nonreturn-to-zero(NRZ) 포맷을 이용한다(1 시작비트, 8 또는 9 데이터 비트와 1 정지 비트). 가장 일반적인 데이터 포맷은 8비트이다. 8비트 보-레이트 클럭 발생기의 클럭은 오실레이터에서 표준 보-레이트 주파수를 설정할 수 있다.

EUSART 송/수신부는 첫 번째 비트인 전송 데이터의 LSB를 전달하고 받는다. EUSART

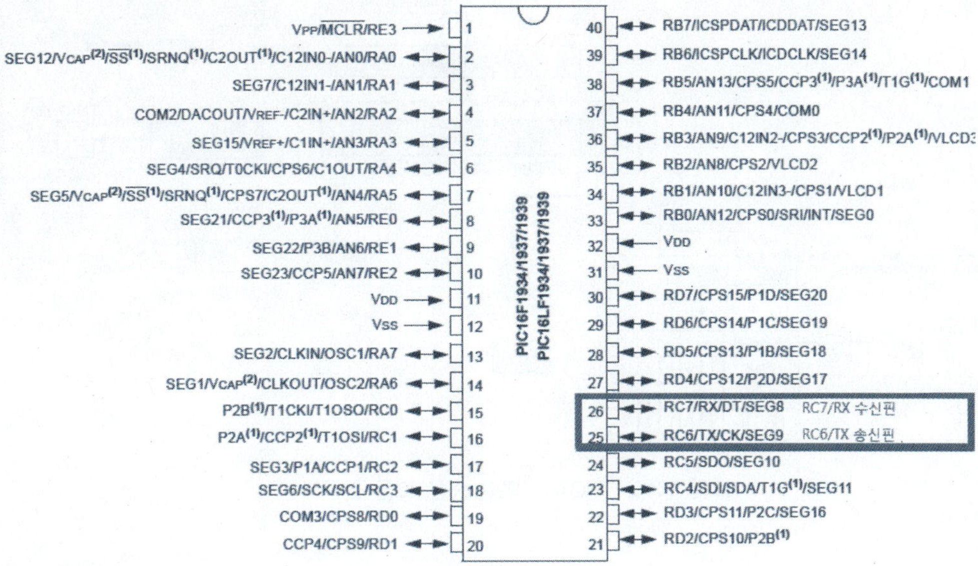

그림 11-1 UART 송수신 핀

의 전송기 및 수신기는 기능상 독립적이나 동일한 데이터 포맷과 보-레이트를 사용한다. BRGH 비트 (TXSTA<2>)에 따라서 보-레이트 발생기는 비트 시프트 레이트의 x4, x16 또는 x64의 클럭을 생성한다. 이 장에서는 EUSART 모듈을 UART 모듈로 부르기로 한다.

그림 11-1과 같이 RC6(26번) 핀은 UART 송신 데이터가 출력되는 핀(TX)이고, RC7 (27번) 핀은 UART 수신 데이터가 입력되는 핀(RX)이다.

1) PIC16F1939의 UART 송신 모듈

그림 11-2는 PIC16F1939의 UART 송신 블록도이다. 송신부의 중심에는 직렬 전송을 위한 시프트 레지스터(TSR)가 있다. 이 TSR 시프트 레지스터는 유저가 프로그램에서 데이터 전송 버퍼인 TXREG에 데이트를 쓰기한 후에, 그 데이터를 전송받는다. TSR 레지스터는 정지 비트가 이전의 데이터를 전송한 로드(LOAD)로부터 데이터가 완전히 전송될 때까지 다시 TXREG로부터 데이터를 전송받지 않는다. 스톱비트가 전달되자마자 TSR는 TXREG 레지스터로부터(만약 활성화되어 있으면) 새로운 데이터를 전송받는다.

일단 TXREG 레지스터가 데이터를 TSR 레지스터에 전송하면(1Tcy에서 발생), TXREG 레지스터는 아무 것도 없는 상태로 되고, TXIF 플래그 비트는 1로 된다. 이 인터럽트는

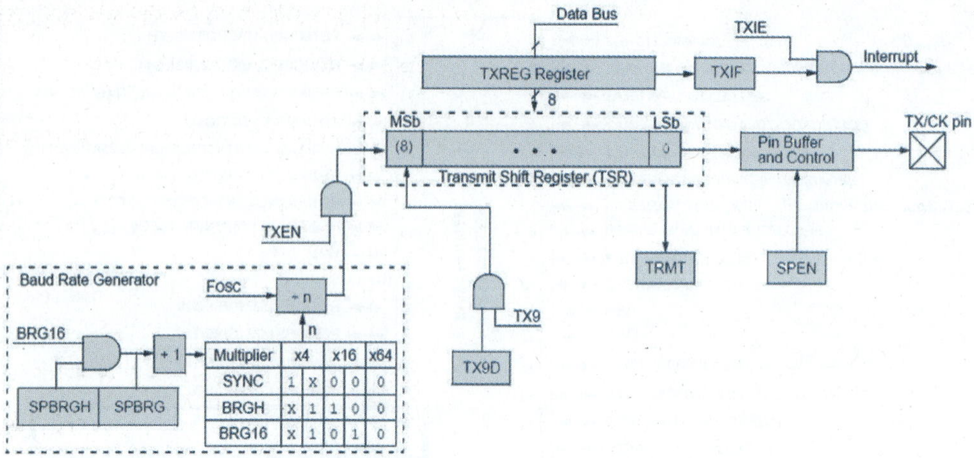

그림 11-2 PIC16F1939 송신 모듈 블록도

TXIE 송신 활성화 비트를 클리어하거나 설정해 인터럽트가 설정되거나 비설정이 될 수 있다.

TRMT 비트 (TXSTA<1>)은 TSR 레지스터의 상태를 보여준다. TRMT 상태 비트는 TSR 레지스터가 비어있을 때 1로 세트되는 읽기만 가능한 비트이다. 바로 이 비트가 1인 경우에 TX 핀으로 데이터가 완전히 나갔음을 의미한다. 따라서, 폴링 방식인 경우에 TRMT 비트가 1로 바뀔 때까지 기다렸다가 다음 데이터를 전송할 때 사용한다.

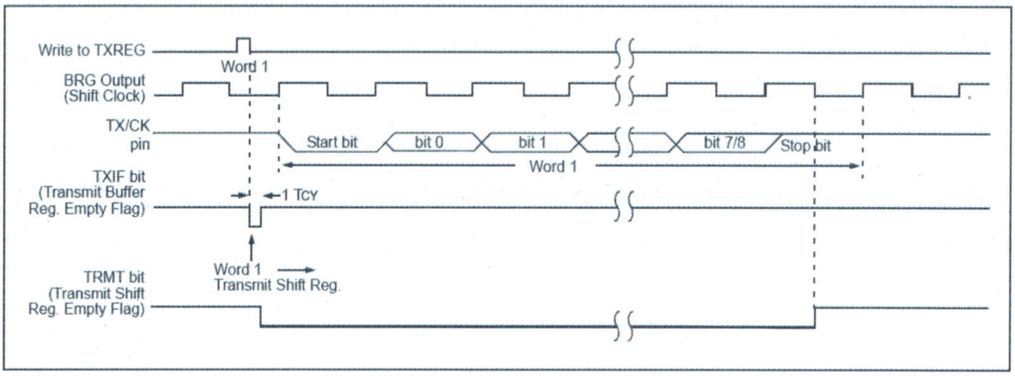

그림 11-3 UART 비동기 송신

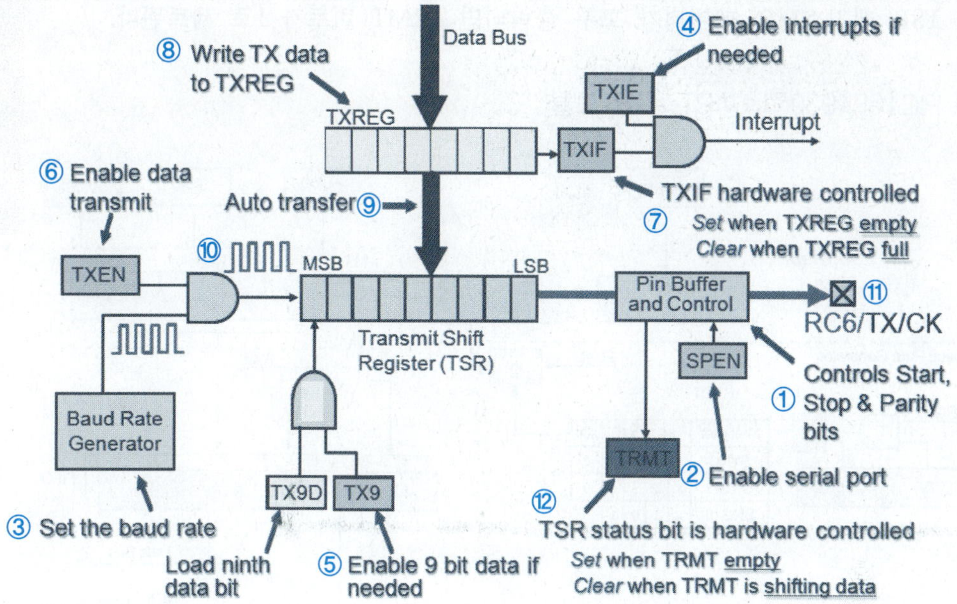

그림 11-4 UART 송신 모듈 동작순서

그림 11-4에서 UART 송신 모듈 동작은 다음 순서로 진행된다.

① 표 11-1과 같이 UART 모듈에 대한 Start 비트, Stop 비트, 패리티 비트 등을 설정한다.

② SPEN 비트를 1로 세트하여 UART TX핀을 활성화한다.

③ 보-레이트 클럭 발생기에 비동기 통신에 사용할 보-레이트를 설정한다(다음 부분에서 자세히 다룸).

④ UART 전송을 인터럽트 처리시에는 TXIE 비트를 1로 세트한다. 폴링 방식(인터럽트 사용 안함)일 경우에는 0으로 설정한다.

⑤ 데이터 형식이 9비트 전송일 경우에는 이 비트를 1로 세트하고 TX9D 비트에 데이터의 9번째 비트가 1이면 1로 , 0이면 0으로 입력한다. 8비트 데이터 전송의 경우에는 TX9 비트를 0으로 한다.

⑥ TXEN 비트를 1로 하여 데이터 전송 활성화로 만든다.

⑦ UART 전송을 인터럽트 처리시에 UART 송신 인터럽트 플래그 비트를 0으로 만든다.

⑧ 전송할 데이터를 UART 송신 버퍼 레지스터인 TXREG 레지스터에 쓴다.

⑨ TXREG 레지스터로 쓰여진 데이터는 자동으로 TSR 레지스터로 전송된다.

⑩, ⑪ 보-레이트 클럭 발생기에 의해 출력된 클럭에 따라 TSR 레지스터의 비트가 LSB부터 핀 버퍼를 거쳐 RC6 핀인 TX 핀으로 출력된다.

11장

⑫ TSR 레지스터의 데이터가 모두 출력되면 TRMT 비트가 1로 세트된다.

2) PIC16F1939의 UART 수신 모듈

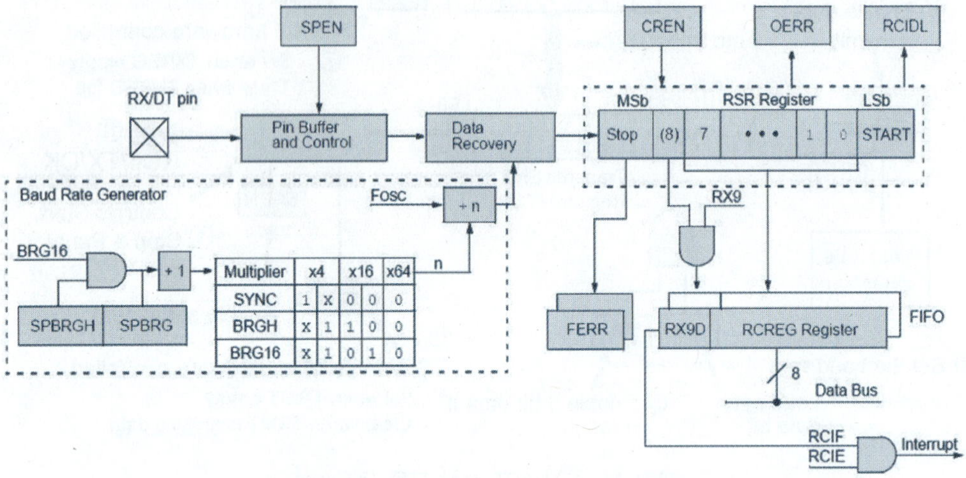

그림 11-5 PIC16F1939 수신 모듈 블록도

그림 11-5는 PIC16F1938 수신 모듈 블록도이다. 데이터는 RX/DT 핀에서 받아지고 데이터 Recovery 블록으로 전송된다. 이 블록은 보-레이트 클럭 발생기에서 클럭을 전송받아 동작하는 고속 시프터(shifter)이다. 일단 비동기 전송 모드가 설정되면 UART 수신은 CREN 비트를 설정하여 활성화된다(RCSTA<4>). 데이터 Recovery 블록에서 다시 시프트 레지스터인 RSR 레지스터로 데이터가 전송된다.

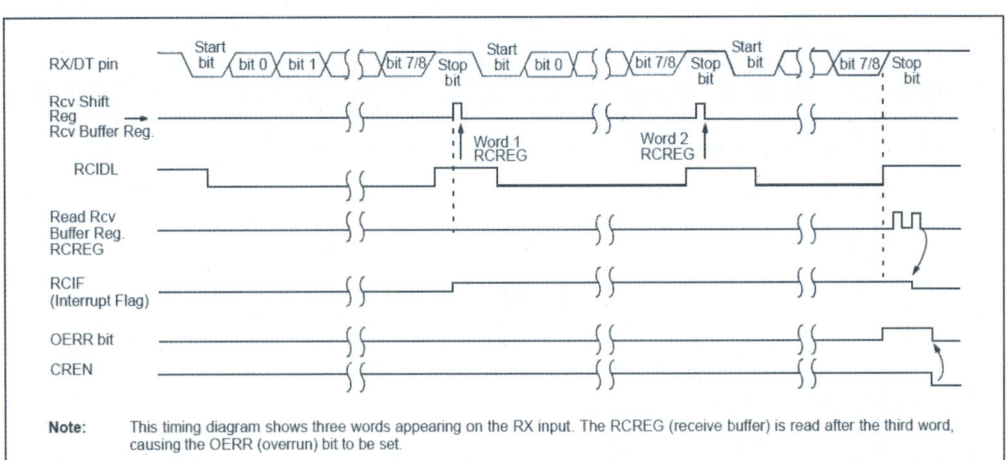

그림 11-6 UART 비동기 수신

스톱비트까지 수신한 후에는 RSR 레지스터에 수신된 데이터는 RCREG 레지스터로(빈 경우에) 옮겨진다. 전송이 완료된 경우 RCIF 플래그 비트는 1로 세트된다. UART 수신 인터럽트 동작시에는 RCIE 비트를 1로 설정하고, 인터럽트를 사용하지 않을 경우에는 0으로 한다. RCIF 인터럽트 플래그 비트는 RCREG 레지스터에 수신된 데이터를 다른 변수로 전송 후에 0으로 클리어하여 다른 데이터를 수신하게 된다.

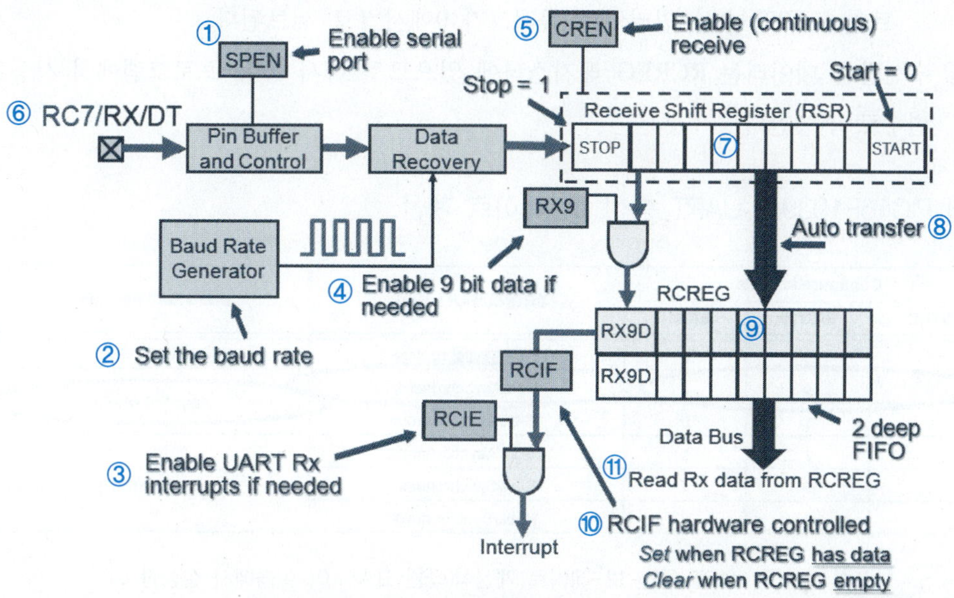

그림 11-7 UART 수신 모듈 설정

그림 11-7에서 UART 수신 모듈 동작은 다음 순서로 진행된다.

① 이미 UART 송신 동작에서 이 SPEN 비트를 1로 세트하여 UART RX핀이 활성화 된다.

② 보-레이트 클럭 발생기에 비동기 통신에 사용할 보-레이트를 설정한다(다음 부분에서 자세히 다룸).

③ UART 수신을 인터럽트 처리시에는 RCIE 비트를 1로 세트한다. 폴링 방식(인터럽트 사용 안함)일 경우에는 0으로 설정한다.

④ 데이터 형식이 9비트 수신일 경우에는 이 비트를 1로 세트하고 RX9D 비트에 데이터의 9번째 비트가 수신된다. 8비트 데이터 전송의 경우에는 RX9 비트를 0으로 한다.

⑤ CREN 비트를 1로 하여 데이터 연속 수신으로 활성화한다.

⑥ 외부 장치의 UART TX 핀으로부터 전송된 데이터를 RC7핀인 RX 핀으로부터 데이터를 수신한다.

⑦ 수신된 데이터는 데이터 Recovery 블록을 통과하여 RSR 레지스터로 전송된다.

⑧ 수신된 데이터는 RSR 레지스터에 모두 쌓인 후에 RCREG 레지스터로 자동으로 전송된다.

⑨~⑩ RCREG 레지스터에 수신된 데이터가 모두 자동으로 전송되고 난 후에 RCIF 비트인 UART 수신 인터럽트 플래그가 0에서 1로 세트된다.

⑪ 수신받은 데이터는 RCREG 레지스터에 있으므로 다시 응용 프로그램에서 사용할 변수로 전송한다.

3) PIC16F1939의 UART 통신 보-레이트 계산

Configuration Bits			BRG/EUSART Mode	Baud Rate Formula
SYNC	BRG16	BRGH		
0	0	0	8-bit/Asynchronous	Fosc/[64 (n+1)]
0	0	1	8-bit/Asynchronous	Fosc/[16 (n+1)]
0	1	0	16-bit/Asynchronous	
0	1	1	16-bit/Asynchronous	Fosc/[4 (n+1)]
1	0	x	8-bit/Synchronous	
1	1	x	16-bit/Synchronous	

그림 11-8 UART 통신 보-레이트 계산식(타원 표시 : 이 실습에서 설정한 예)

위 보-레이트 계산식을 아래와 같이 소스 코드상에 define문으로 설정할 수 있다.

위 계산식의 결과값은 SPBRG 레지스터에 써넣게 된다. 또한, 이 값은 자연수이다. 따라서, 소수값이 가장 적은 값으로 보-레이트를 설정하여야 한다. 이런 경우 Fosc의 주파수를 보-레이트와 관련된 발진 주파수를 사용하기도 한다.

예를 들면, X-tal을 11.0592MHz를 사용하면 계산 결과값이 소수가 없는 자연수 값을 얻게 되므로 통신상 오류가 적게 된다. 다음 예는 소스 코드상에서 보-레이트와 Fosc 주파수에 따라 define문으로 자동으로 계산된 결과를 BRG_VALUE 로 얻게 되므로 나중에 UART 초기화시에 SPBRG 레지스터에 BRG_VALUE 값을 대입하면 된다.

```
//MCU 구동 주파수 : 4MHz, UART 통신속도 : 9600bps

#define BAUD_RATE          9600
```

```
#define FOSC            4000000

#define BRG_VALUE       (FOSC/16 /BAUD_RATE - 1)
```

4) PIC16F1939의 UART 관련 레지스터

(1) RCSTA 레지스터

RCSTA 레지스터는 수신상태 및 제어 레지스터이다.

SPEN	RX9	SREN	CREN	ADDEN	FERR	OERR	RX9D

비트	기 능
SPEN	시리얼 포트 활성화 비트 1=시리얼 포트 활성화(시리얼 포트 핀들로써 RX/DT와 TX/CK로 구성) 0=시리얼 포트 비활성화
RX9	1=9비트 데이터 수신 활성화 0=8비트 데이터 수신 활성화
SREN	동기 모드(마스터) 1=단일 Rx 활성화 0=단일 Rx 비활성화
CREN	연속적인 수신 활성화 1=활성화 0=비활성화
ADDEN	어드레스 감지 활성화 비트 1=활성화 (RSR〈9〉 비트가 세트될 때 Rx 버퍼에 로드하고 인터럽트가 활성화된다) 0= 패리티를 위하여 9번째 비트를 사용하고 비활성화
FERR	1=프레밍 에러가 발생한다(정지 비트를 감지하지 않는다)
OERR	1-오버런 에러 발생한다(다른 데이터가 로드될 때 FIFO는 가득 채운다.)
RX9D	수신된 데이터의 9번째 비트

그림 11-9 UART RCSTA 수신상태 및 제어 레지스터

(2) TXSTA 레지스터

TXSTA 레지스터는 송신상태 및 제어 레지스터이다.

CSRC	TX9	TXEN	SYNC	SENB	BRGH	TRMT	TX9D

비트	기 능
CSRC	클럭소스 선택 비트 1=마스터 모드(BRG로부터 클럭은 내부에서 발생한다.) 0=슬레이브 모드(외부 소스로부터 클럭 발생)
TX9	9번째 비트 전송 활성화 비트
TXEN	전송활성화 비트 1=Tx 활성화 0=Tx 비활성화
SYNC	AUSART 모드 1=동기 모드 0=비동기 모드
SENB	단지 EUSART를 위하여 1=동기 브레이크 문자 비트를 보낸다. 0=동기 브레이크 전송이 완료된다.
BRGH	보드 비율 선택 1=고속 0=저속
TRMT	전송 시프트 레지스터(TSR) 상태 1=TSR가 빈 상태 0=TSR이 가득인 상태
TX9D	전송 데이터의 9번째 비트

그림 11-10 UART TXSTA 송신상태 및 제어 레지스터

(3) BAUDCON 레지스터

R-0/0	R-1/1	U-0	R/W-0/0	R/W-0/0	U-0	R/W-0/0	R/W-0/0
ABDOVF	RCIDL	—	SCKP	BRG16	—	WUE	ABDEN
bit 7							bit 0

비트	기 능
ABDOVF	- 비동기 모드(Asynchronous mode): 1 = 자동 보드 타이머 오버플로우 된다(Auto-baud timer overflowed). 0 = 자동 보드 타이머 오버플로우 되지 않는다.(Auto-baud timer did not overflow). - 동기 모드(Synchronous mode): Don't care
RCIDL	- 비동기 모드(Asynchronous mode): 1 = 수신기가 아이들(Idle) 상태 0 = 시작 비트가 수신되고 수신기가 수신된다. - 동기 모드(Synchronous mode): Don't care
SCKP	- 비동기 모드(Asynchronous mode): 1 = TX/CK핀에 반전 데이터(inverted data)를 전송한다. 0 = TX/CK핀에 비반전 데이터(non-inverted data)를 전송한다. - 동기 모드(Synchronous mode): 1 = 데이터는 클럭의 상승 엣지(rising edge)에 클럭된다. 0 = 데이터는 클럭의 하강 엣지(falling edge)에 클럭된다.
BRG16	1 = 16비트 보-레이트 발생기를 사용 0 = 8비트 보-레이트 발생기를 사용
WUE	- 비동기 모드(Asynchronous mode): 1 = 수신기가 하강 엣지에서 대기한다. 문자를 수신하지 않는다. byte RCIF 바이트는 설정한다. RCIF가 설정한 후 WUE는 자동적으로 삭제된다. 0 = 수신기가 일반적으로 동작한다. - 동기 모드(Synchronous mode): Don't care
ABDEN	- 비동기 모드(Asynchronous mode): 1 = 자동 보-레이트 감지 모드가 활성화(자동 보-레이트가 완료시 삭제) 0 = 자동 보-레이트 감지 모드가 비활성화 - 동기 모드(Synchronous mode): Don't care

그림 11-11

(4) PIE1과 PIR1 레지스터

PIE1과 PIR1 레지스터에서 URAT 송수신 인터럽트를 설정한다.

REGISTER PIE1: PERIPHERAL INTERRUPT ENABLE REGISTER 1

R/W-0/0	R/W-0/0	R/W-0/0	R/W-0/0	R/W-0/0	R/W-0/0	R/W-0/0	R/W-0/0
TMR1GIE	ADIE	RCIE	TXIE	SSPIE	CCP1IE	TMR2IE	TMR1IE
bit 7							bit 0

REGISTER PIR1: PERIPHERAL INTERRUPT REQUEST REGISTER 1

R/W-0/0	R/W-0/0	R-0/0	R-0/0	R/W-0/0	R/W-0/0	R/W-0/0	R/W-0/0
TMR1GIF	ADIF	RCIF	TXIF	SSPIF	CCP1IF	TMR2IF	TMR1IF
bit 7							bit 0

그림 11-12 UART 송수신 인터럽트 설정 레지스터

PIE1 레지스터에서 RCIE 비트는 UART 수신 인터럽트 동작/중지, TXIE 비트는 UART 송신 인터럽트 동작/중지 설정 비트이다. PIR1 레지스터에서 RCIF 비트는 RX핀으로부터 데이터가 수신되면 이 비트가 1로 세트되고, TXIF 비트는 TX 핀으로부터 데이터가 송신시 1로 세트된다.

5) PIC16F1939의 UART 통신 초기화(폴링 방식)

(1) UART 통신 초기화(폴링 방식)

UART 모듈에 대한 폴링 방식으로 프로그래밍할 때 아래 예제와 같이 초기화 코드가 필요하다.

```
//Baud Rate 계산
#define BAUD_RATE          9600
#define FOSC               4000000

#define BRG_VALUE          (FOSC/16 /BAUD_RATE - 1)
SPBRG = BRG_VALUE;
     TRISC7 = 1;           //송수신 핀 입력 초기화
     TRISC6 = 1;
//UART 송수신 인터럽트 플래그 클리어
RCIF = 0;
TXIF = 0;
//UART 송신 초기화
```

```
TXEN = 1;
BRGH = 1;

//UART 수신 초기화
SPEN = 1;
CREN = 1;
.........
//한 문자 송신 시
TXREG = 'A';                    // A 글자를 송신
while(!TRMT);
........
//한 문자 수신 시
if(RCIF ==1) buf = RCREG;
RCIF=0;                         // 한 글자 buf 변수에 수신됨
```

2) UART 스트링 전송함수

아래 소스와 같이 UART 한 문자 전송 루틴을 이용하여 문자열(스트링)을 보낼 수 있는 전송함수를 만들 수 있다.

```
void uart_tx_string(const char *ptr_string
{
        while(*ptr_string != 0 )           // ptr_string 의 문자열에서 Null 문자(0x00)가 있는지
                                           체크 : 문자열 마지막에 Null 문자가 항상 있음
        {
                TXREG = *ptr_string++;     // 문자열에서 전송할 한 문자를 TXREG 로 이동
                while(!TRMT);              // 한 문자가 전송이 완료되면 TRMT 비트가 1로 바뀜
}
}
```


실습예제 1 : UART(비동기 시리얼 통신) 주변장치를 이용한 데이터 전송실습

1) 실습목표

(1) Microchip PICDEM 2 PLUS 보드 사용시

- PIC16F1939 PIC 마이크로컨트롤러 입출력 포트 초기화 설정
- PIC16F1939 PIC 마이크로컨트롤러 UART 주변장치 초기화 설정

- 포트 B(RB0~RB7핀) 중에 RB0 핀 LED 출력 설정
- UART 주변장치 초기화 설정
- UART 주변장치의 RX 핀으로부터 한 문자 수신 함수 소스 코딩
- UART 주변장치의 TX 핀으로 한 문자 송신 함수 소스 코딩
- UART 응용 문자열 송신 함수 소스 코딩
- 윈도우용 시리얼 통신 응용 프로그램인 "하이퍼터미널" 설정
- 하이퍼터미널에서 키보드 숫자 '0'(ASCII값:0x30)이 입력되면 LED(RB0) OFF되고, 모터 동작중지 메시지("LED Off !!") 출력
- 하이퍼터미널에서 키보드 숫자 '1'(ASCII값 : 0x31)이 입력되면 LED(RB0) ON되고, 모터 동작중지 메시지("LED On !!") 출력

(2) INSEM 8bit PIC **평가 보드 사용시**

- PIC16F1939 PIC 마이크로컨트롤러 입출력 포트 초기화 설정
- PIC16F1939 PIC 마이크로컨트롤러 UART 주변장치 초기화 설정
- 포트 D(RD0~RD7핀) 중에 RD0 핀 LED 출력 설정 및 구동
- UART 주변장치 초기화 설정
- UART 주변장치의 RX 핀으로부터 한 문자 수신 함수 소스 코딩
- UART 주변장치의 TX 핀으로 한 문자 송신 함수 소스 코딩
- UART 응용 문자열 송신 함수 소스 코딩
- 윈도우용 시리얼 통신 응용 프로그램인 "하이퍼터미널" 설정
- 하이퍼터미널에서 키보드 숫자 '0'(ASCII값 : 0x30)이 입력되면 LED(RD7) OFF되고, 모터 동작중지 메시지("LED Off !!") 출력
- 하이퍼터미널에서 키보드 숫자 '1'(ASCII값:0x31)이 입력되면 LED(RD7) ON되고, 모터 동작중지 메시지("LED On !!") 출력

2) 실습회로

(1) Microchip PICDEM 2 PLUS 보드 또는 자작 보드 사용시

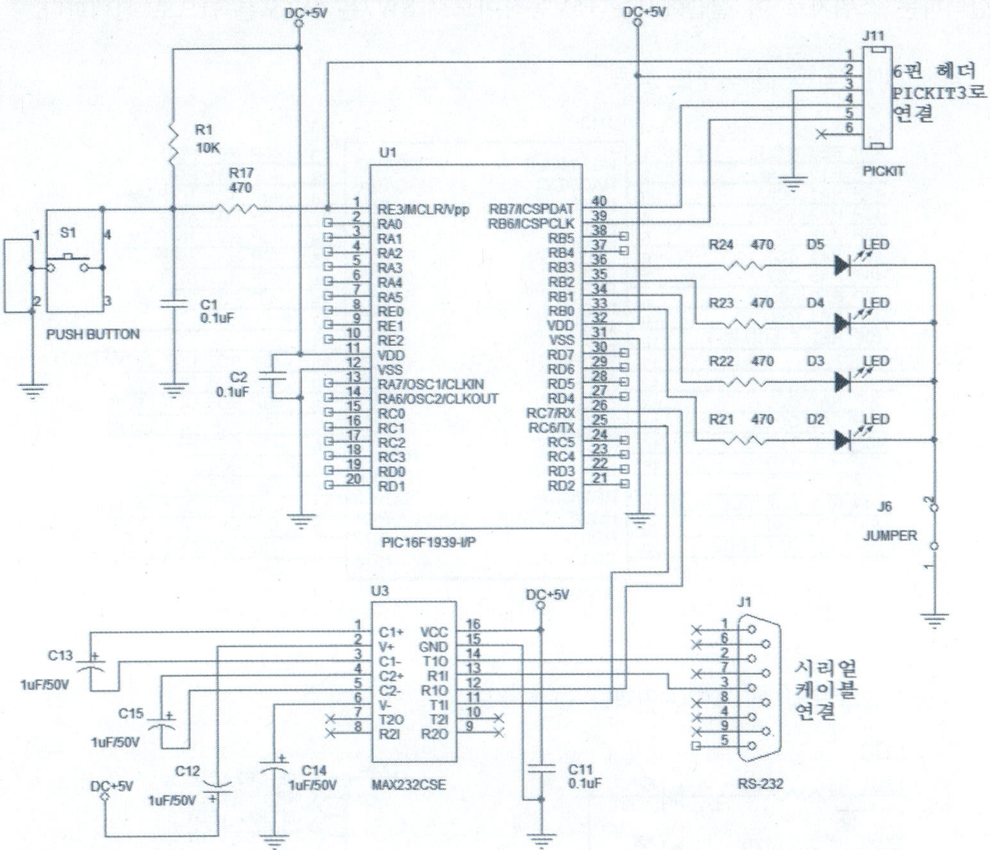

(2) INSEM 8bit PIC 평가 보드 사용시

① 보드 전원부 세팅 및 회로

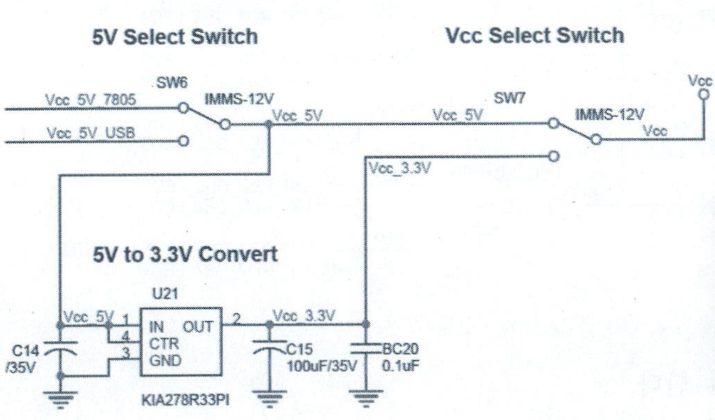

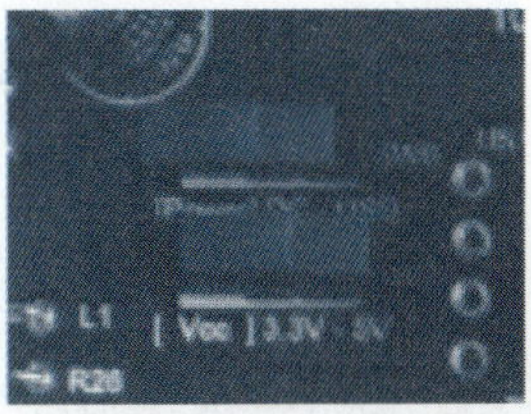

위 그림과 같이 SW6(위)과 SW7(아래)의 설정은 현재 보드에 전원장치로 전원을 공급하므로, SW6은 Power DC 방향(왼쪽)으로 SW7은 PIC MCU의 Vdd 핀으로 전원 공급전압을 선택하는 스위치로 이 실습에서는 +5V동작이므로 SW7은 5V(오른쪽)으로 선택한다.

② 40PIN PIC16F1939 주변 회로

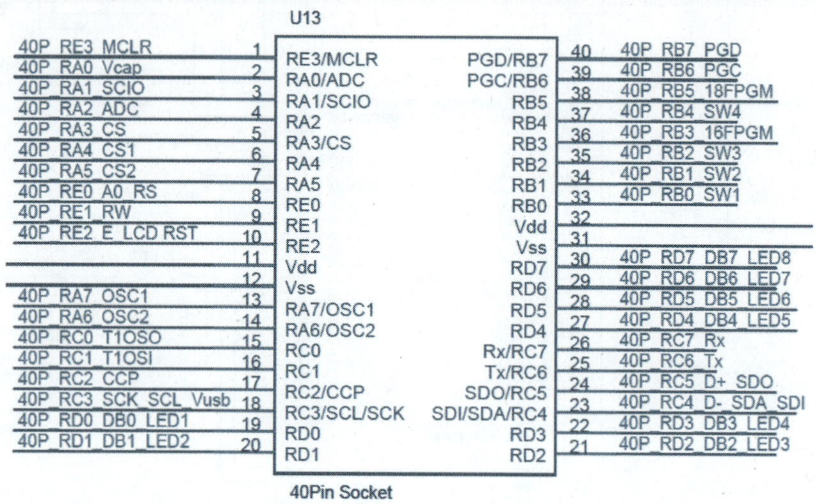

③ LED 회로도와 PIC MCU 핀과 연결 회로도

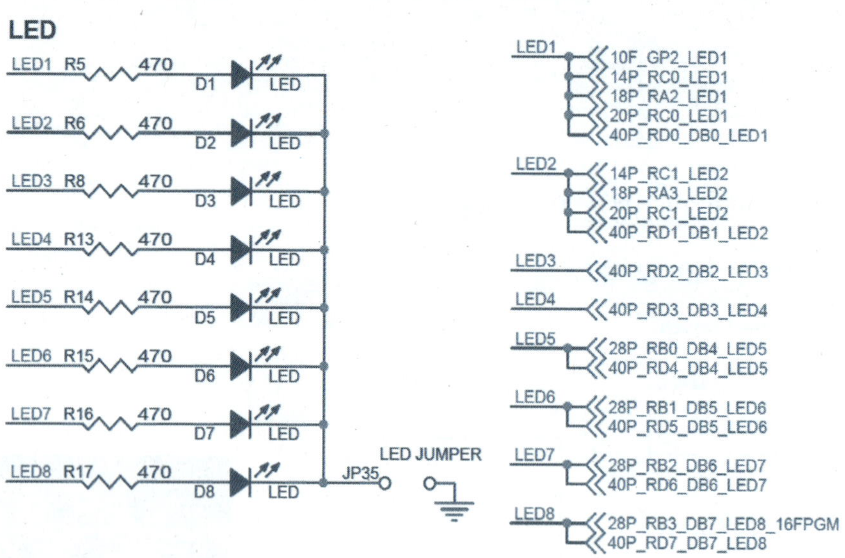

JP35는 점퍼로 연결되어야 한다.

④ 전압 레벨 시프터(MAX232) 주변 회로와 PIC MCU 핀과 연결 회로도

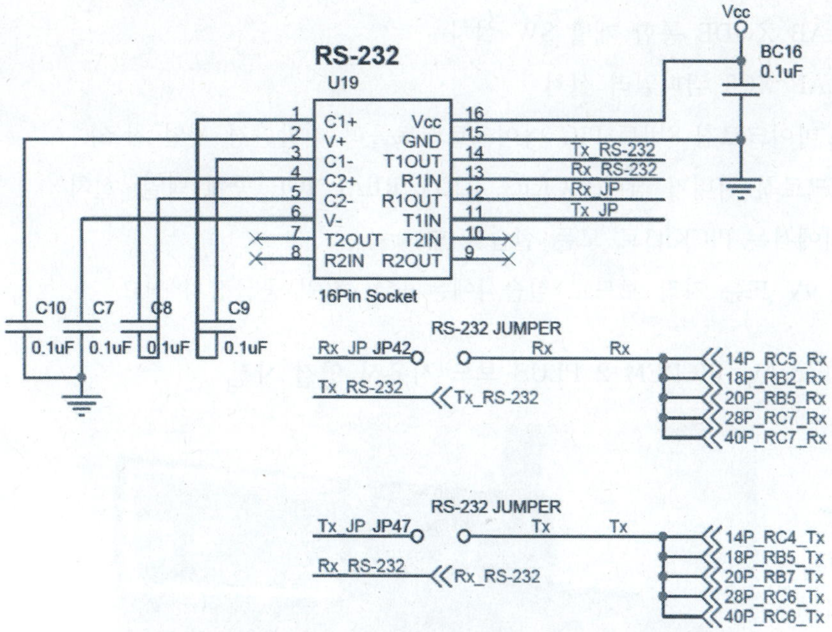

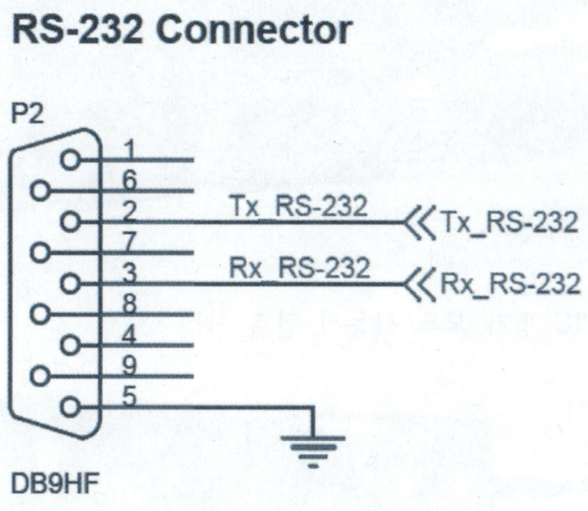

11장

위 회로도에서 JP47과 JP42를 점퍼로 연결되어야 한다.

※ 참고사항 : Vcap핀에는 0.1uF콘덴서를 연결해야하나 이 실습에서는 사용하지 않음.

3) 실습환경

- MPLAB X IDE 통합 개발 SW 설치
- MPLAB XC8 컴파일러 설치
  (5장 마이크로칩 8비트 PIC 마이크로컨트롤러 개발환경 셋업 참조)
- 마이크로칩 디버거 장비(PICKit3, ICD3, REAL ICE 중에 택일) 설치
  (여기에서는 PICKit3로 모든 실습을 함)
- 전원 9V 또는 자작 보드로 실습시에는 +5V 전원 공급장치 필요

(1) Microchip PICDEM 2 PLUS 보드 사용시 연결 사진

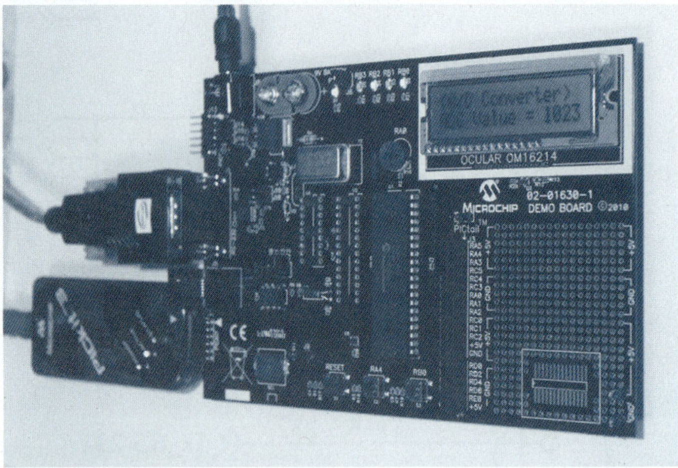

(2) INSEM 8bit PIC 평가 보드 사용시 연결 사진

(3) 자작 보드 사용시 연결 구성도

- 6장 I/O 포트를 이용한 스위치, LED 입출력 구동실습 예제에서 그림 6-11 실습환경 참조

(4) 하이퍼터미널 설정 및 설치하기

① 시리얼 COM 포트 확인 및 USB 시리얼 드라이버 설치방법

하이퍼터미널을 사용하기 위해선 필수적으로 장치 관리자에서 포트(COM & LPT) 항목안의 시리얼 포트에 대한 COM 포트 번호를 확인하여야 하며, 일반적으로 데스크탑 PC에는 9핀 시리얼 포트가 COM1, COM2로 지정되어 있다. 그러나, 노트북인 경우에는 USB-시리얼 컨버터 케이블을 사용하여 해당 케이블의 USB 드라이버를 찾아 설치하여야 한다. 윈도우 7인 경우에는 인터넷 연결시 거의 자동으로 설치된다.

실행 1_내 컴퓨터를 실행한다.

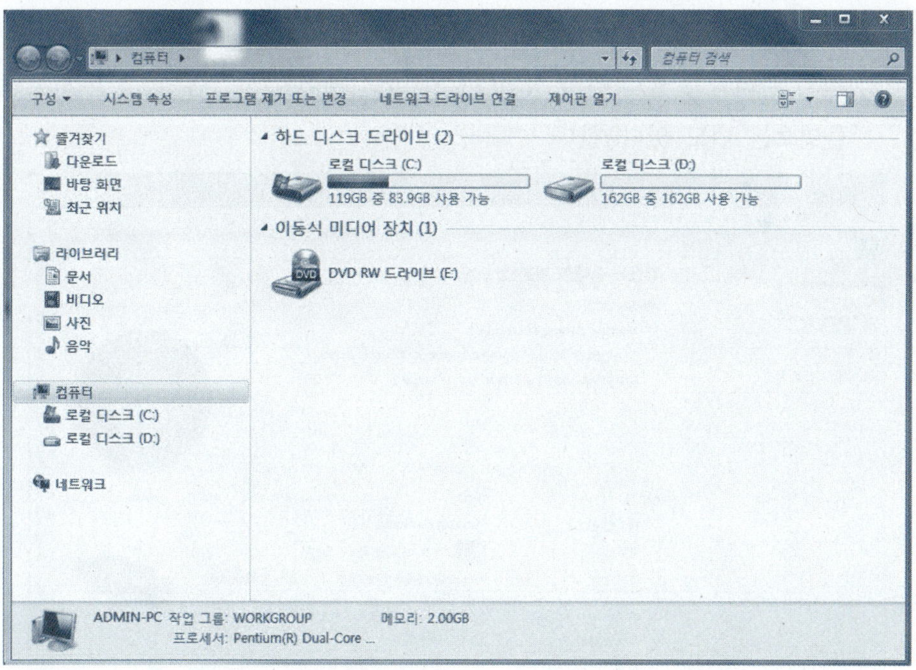

실행 2_마우스 오른쪽 클릭, 속성(B)를 클릭한다.

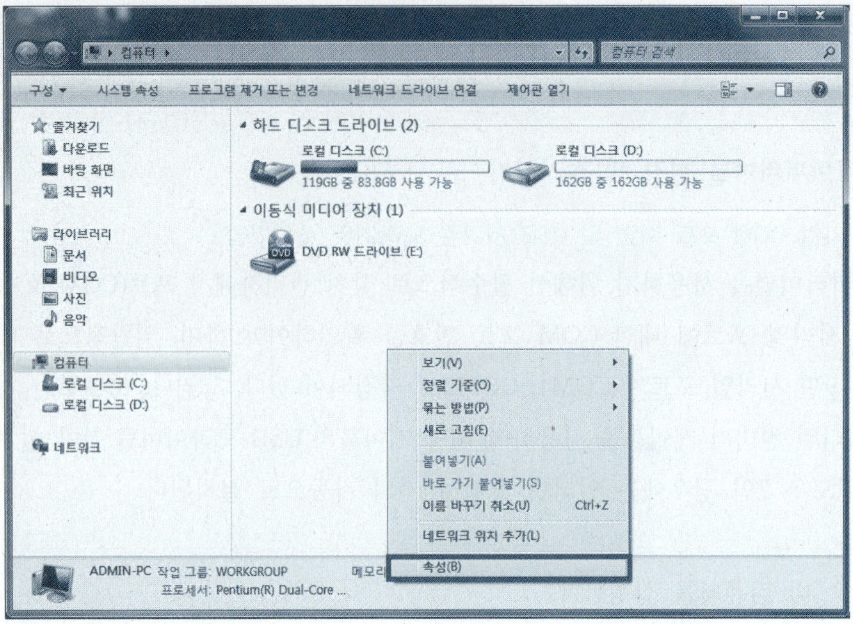

실행 3_장치 관리자를 클릭(위의 방법대로가 아닌 제어판-시스템 및 보안-시스템으로 들어오는 법도 있다.)한다.

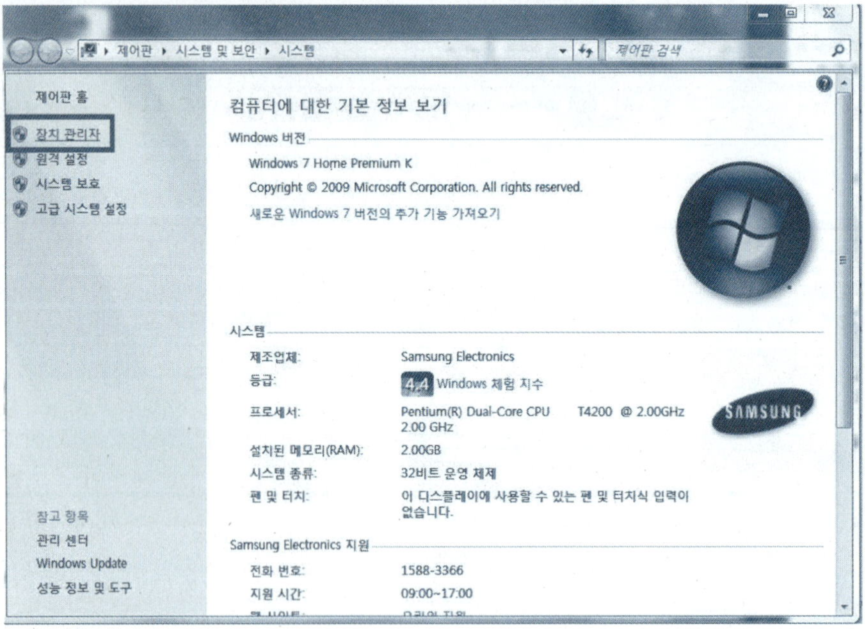

실행 4_장치 관리자 실행 후 기타 장치-USB Serial PORT를 클릭한다.

확인 USB 시리얼 포트 드라이버가 정상적으로 설치된 경우에는 실행 4~8까지 진행할 필요 없다.

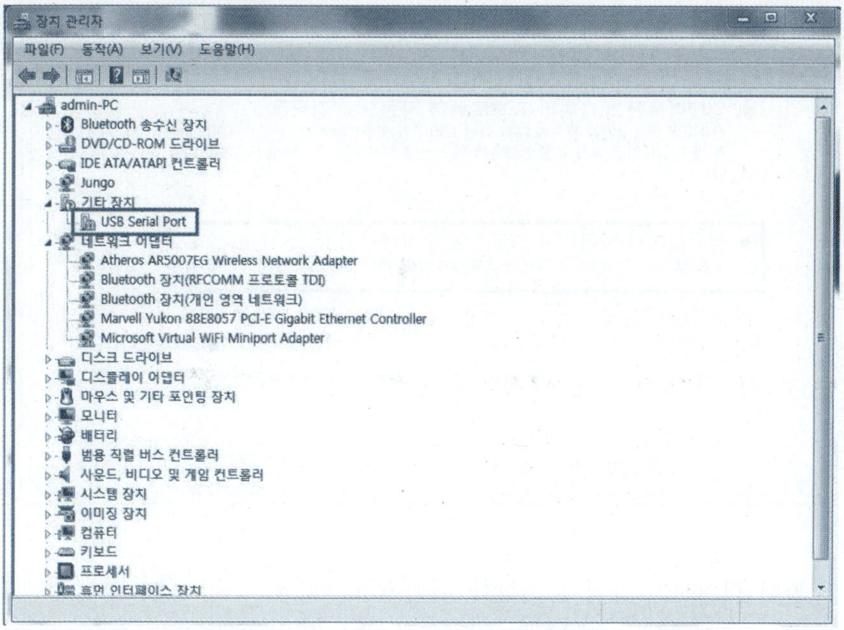

실행 5_마우스 우클릭-드라이버 소프트웨어 업데이트(P)를 클릭한다.

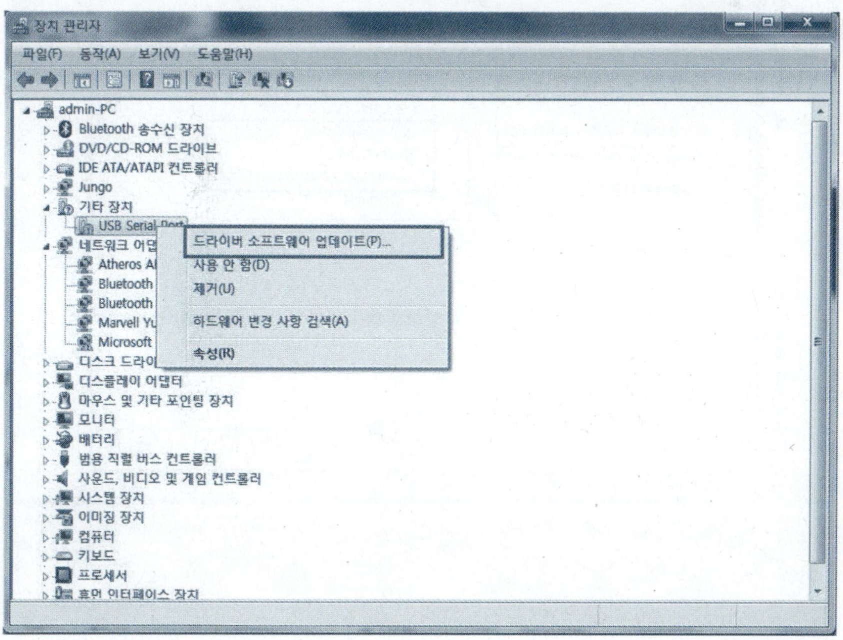

11장

실행 6_'컴퓨터에서 드라이버 소프트웨어 찾아보기'를 클릭한다.

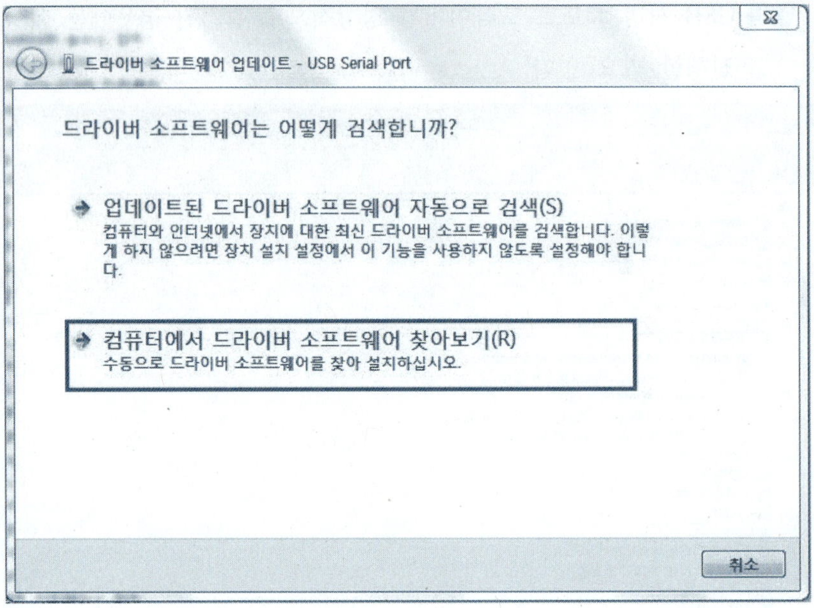

실행 7_폴더 찾아보기-자신이 저장한 위치-win2000_xp_vista_x86_x64 선택한다.

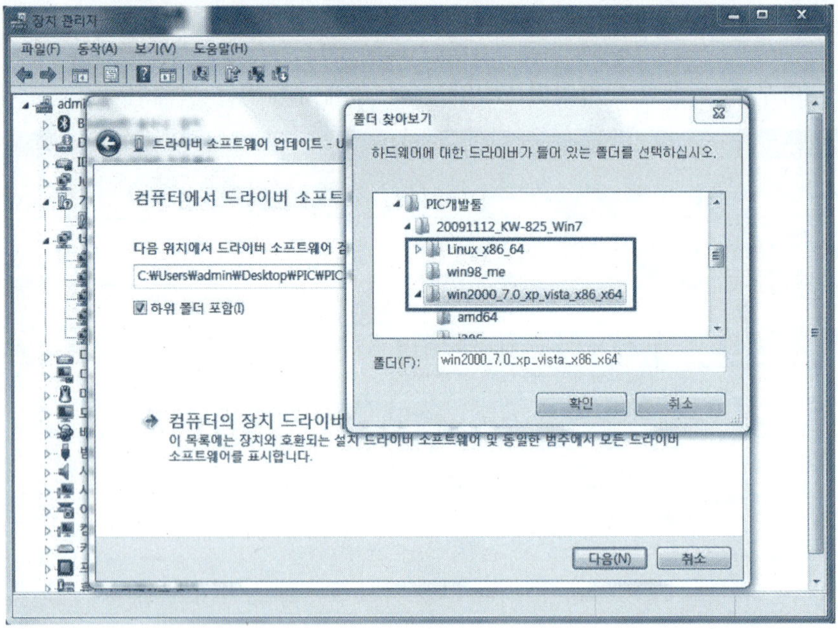

실행 8_소프트웨어 설치 및 설치 후 닫기를 클릭한다.

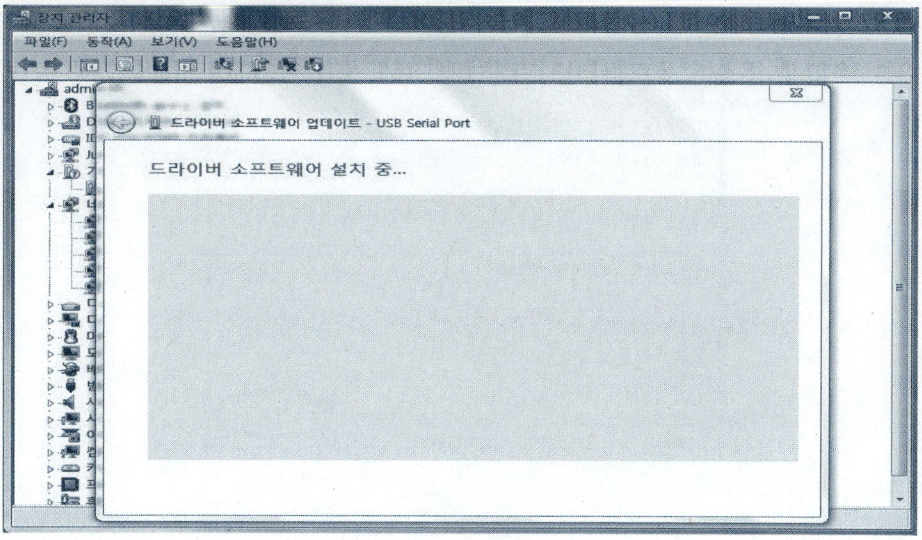

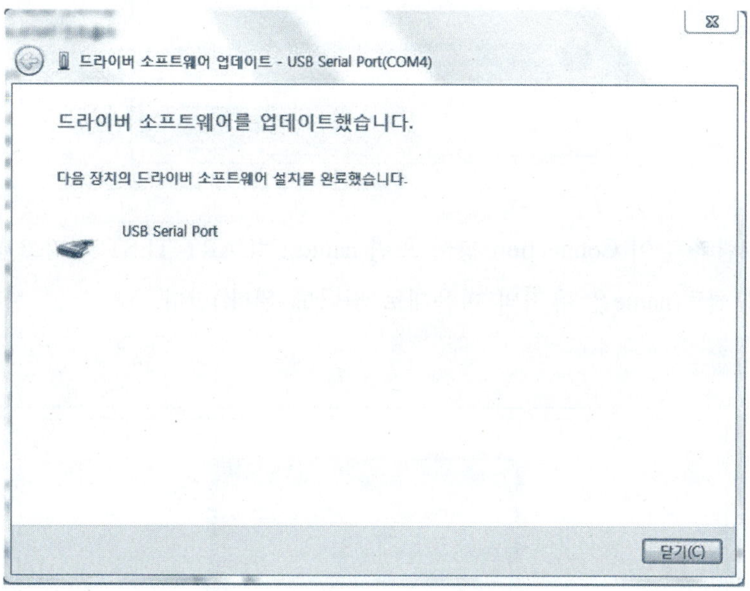

② 하이퍼터미널 프로그램 실행

실행 1_윈도우 XP인 경우에는 시작 → 모든 프로그램 → 보조프로그램 → 통신 → 하이퍼터미널 클릭하면 된다.

윈도우 7인 경우에는 하이퍼터미널 프로그램이 없으므로 인터넷 검색을 통해 다운로드받거나, 시리얼 통신 전용 프로그램을 다운받아 설치하면 된다.

실행 2__그림과 같이 취소를 선택한다.

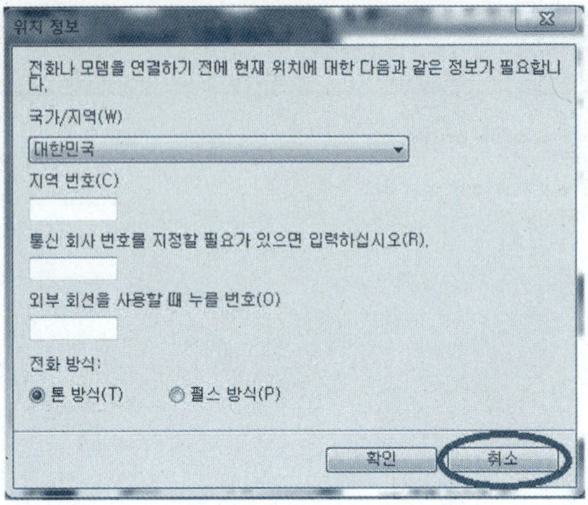

실행 3__그림과 같은 창이 뜰 경우 확인를 클릭한다.

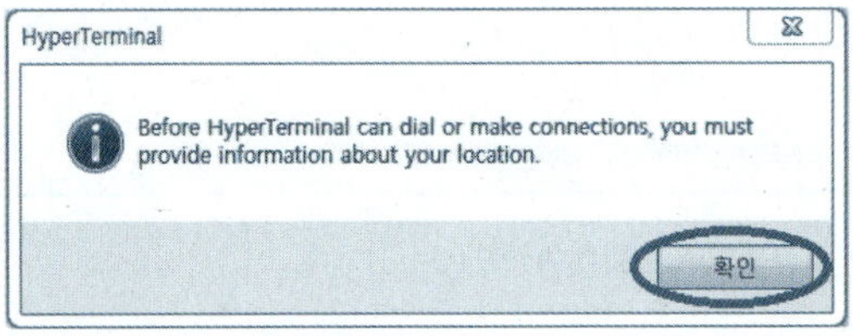

실행 4__그림과 같이 Connection 창이 뜨면 name : "UART TEST"이라고 넣은 후 OK를 클릭(name은 유저의 마음대로 넣어도 된다.)한다.

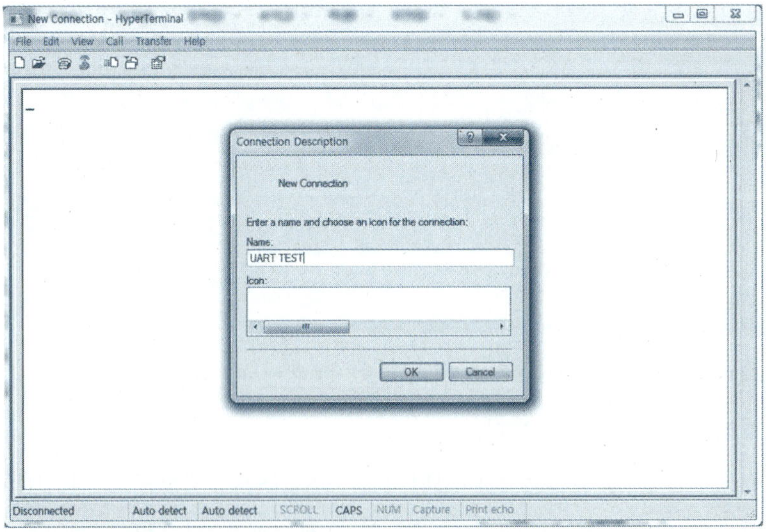

실행 5_실행 2와 같이 취소를 선택한다.

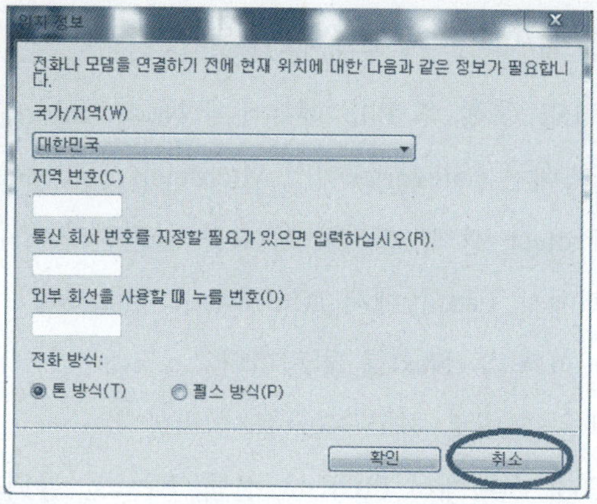

실행 6_실행 3과 같이 확인을 선택한다.

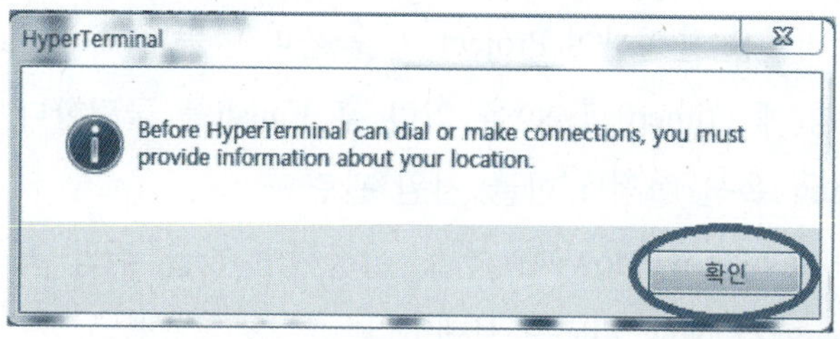

실행 7_Connect using를 선택하여 자신 컴퓨터에 설치된 COM을 선택[예; COM3, COM2(USB 시리얼 통신 포트 연결시, COM 포트 번호로 설정한다.)] 선택 후 OK를 클릭한다.

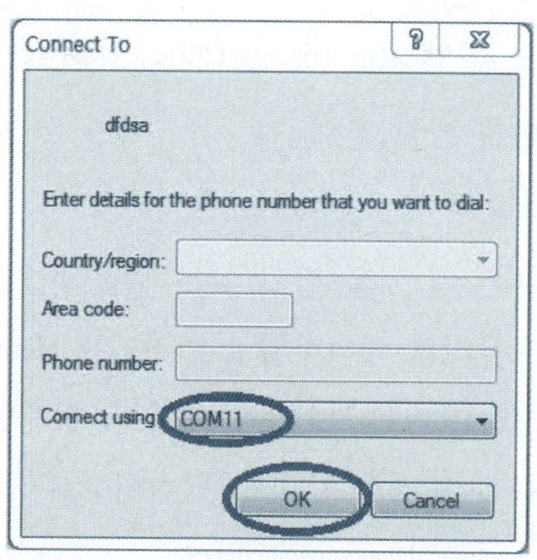

4) 실습 코딩 순서

Step 1 MPLAB X IDE를 이용한 새 프로젝트 만들기

실행 1_MPLAB X IDE 실행 후 File 메뉴에서 New Project를 선택한다.

실행 2_프로젝트 선택에서 Categories에서 Microchip Embedded 선택 후 Projects에서 Standalone Project 선택, 그리고 Next를 클릭한다.

실행 3_Device 선택에서 Family에서 Mid-Range 8bit MCU ..... 선택, Device에서 PIC16F1939 선택 후 Next를 클릭한다.

실행 4_Header 선택은 그대로 하고 Next를 클릭한다.

실행 5_Hardware Tool 선택에서 PICKit3 선택, Next를 클릭한다.

실행 6_컴파일러 선택에서 Compiler Toolchains에서 XC8 (V1.xx).... 선택 후 Next를 클릭한다.

실행 7_Browse 버튼을 클릭하여 Project 만들 폴더 만들기 후 Project Name란에 프로젝트 이름(예 : timer0_1sec)을 입력 후 Finish를 클릭한다.

- Encoding 옵션 설정 : 한글 지원 관련
- UTF-8 또는 x-window949 정도 설정하면 한글 주석 처리 가능

실행 8_File 메뉴에서 New File을 선택한다.

실행 9_Categories에서 C 선택, File Type에서 C Main File 또는 C Source File을 선택 후 Next를 클릭한다.

실행 10_File Name에 소스 코드 이름 입력(예 : timer0_1sec.c) 후 Finish를 클릭한다.

Step 2 UART 시리얼 통신 주변장치를 이용한 데이터 전송실습 소스 코딩

실행 1_디폴트 헤더문 입력

```
#include <xc.h>
```

이 Header 삽입문은 맨 처음 삽입해야 하는 삽입문으로 프로젝트에서 선택된 PIC 마이크로컨트롤러의 헤더파일로 연결되는 Header 삽입문이다. 일반적으로는 #inlcude <pic16f1939.h> 로 삽입될 수도 있지만, PIC MCU가 변경시에는 모든 파일의 이름을 변경해야 하는 단점이 있다.

실행 2_컨피그레이션 비트 설정 매크로 삽입 코딩

```
__CONFIG(FOSC_INTOSC & WDTE_OFF & PWRTE_ON & MCLRE_OFF & BOREN_OFF);
```

이미 5장에서 설명한 컨피그레이션 비트 설정 매크로이다. 현재 설정은 내장된 오실레이터 16MHz를 사용하고, 와치독 타이머는 끄고, 파워-업 타이머는 켜고, MCLR핀은 외부 리셋 기능 끄고, BOR 리셋 기능도 꺼진 상태로 설정된다.

실행 3_LED 포트 설정 및 전역 변수, 기타 define문 코딩

실습에서 사용할 시스템 클럭과 LED 등의 I/O포트에 대해 #define문으로 설정해 놓으면 하드웨어 매칭이 수월하여 테스트나 디버깅 시에 매우 편리하다.

PICDEM 2 PLUS 보드를 사용할 때는 아래와 같이 선언한다.

```
#define PICDEM2PLUS
//#define INSEM_8bitPIC
```

또한, INSEM 8bit PIC 평가 보드를 사용할 시에는 아래와 같이 선언한다.

```
//#define PICDEM2PLUS
#define INSEM_8bitPIC
```

PIC MCU에서 사용하는 시스템 클럭 계산에 대한 선언문은 아래와 같다.

```
#define Fosc 16000000                       //내부 16MHz 클럭 설정
#define Fcy Fosc / 4                        // Fcy = Fosc/4
#define Tcy 1 / Fcy                         // 1/4MHz = 250ns
```

즉, OSCCON 레지스터를 설정하여 16MHz 내부 클럭 발진회로를 설정하고, 그 주파수의 4분주가 인스트럭션 사이클로 어셈블러로 1사이클 명령어가 수행하는 속도이다. Fcy라고 표현하며, 시간으로는 Tcy라고 주로 표현된다. 따라서, 1사이클 어셈블러 명령어는 250ns에 실행이 된다. 또한, 아래와 같이 UART 통신 보-레이트(Baud-Rate)를 설정하기 위한 선언문이다. PIC MCU의 동작 주파수(Fosc)가 16MHz인 경우 UART 통신 보-레이트 속도를 9600bps로 설정하는 계산식을 선언문으로 설정한다.

```
#define BAUD_RATE 9600
#define BRG_VALUE (Fosc/16 /BAUD_RATE - 1)
```

보-레이트 설정법은 데이터시트 ESUART 주변장치 또는 UART 통신 부분을 참조한다. 위 선언문에서 설정한 통신속도 : 9600bps, Fosc=16MHz, BRGH = 1이면, SPBRG = (Fosc/(9600*16))-1이 계산식으로 구할 수 있다.

정확한 값은 103.16666666666666666666666666667이지만 PIC MCU의 레지스

터에서 사용하는 입력 가능한 숫자는 0을 포함한 자연수이다. 따라서, 위 같이 계산한 결과 SPBRG 값은 103으로 설정해야 한다. 그러면, 여기서 문제가 발생할 수 있다. 즉, 소수점의 값은 어떻게 되는 것인가 이다. 이런 경우 UART 통신으로 수많은 데이터, 즉 수백, 수천 바이트를 연속해서 보내는 경우에 바로 이 소수점의 영향으로 1~2비트가 밀리게 된다.

그러면 비동기 통신 방식이므로 비트가 밀린 이후의 모든 데이터는 오류가 난 상태로 수신측에서 전달된다. 따라서, PIC MCU의 동작 주파수를 선정할 때 UART 통신을 사용해야 한다면 이 소수점이 없거나 아주 작은 값으로 MCU 발진 주파수나 보-레이트를 설정하면 좋다. 또한, 대량 데이터를 보낼 때 어느 정도 보내야 안정한지 테스트도 꼭 해야 한다.

아래는 LED 출력을 위한 I/O 포트 선언문이다.

- Microchip PICDEM 2 PLUS 보드 또는 자작 보드 사용시

```
//LED 포트 설정
#define  LED        PORTBbits.RB0       //D2 LED 출력, 비트별 설정 표현 가능
```

- INSEM 8bit PIC 평가 보드 사용시

```
//LED 포트 설정
#define  LED        PORTDbits.RD0       //D1  LED 출력
```

실행 4_포트 입출력 초기화 함수 코딩

실습목표에서 포트 B를 사용하여 RB0 핀으로 LED 출력으로 초기화한다. 한 가지 주의할 사항은 각 포트의 핀들 중에는 여러 기능을 가진 핀들이 많다. 그 중에서도 ANxx 핀들은 ADC 주변장치가 사용하는 아날로그 입력핀들이다. PIC MCU 전원이 들어오는 순간에 각 포트들의 초기화는 바로 ANxx 핀들이 활성화되는 아날로그 입력 포트로 설정된다.

따라서, 항상 사용할 핀의 기능 중에 ANxx 이름이 같이 있는지 체크하고, 데이터시트 I/O 포트 장에 초기화 예제를 꼭 참고하기 바란다. 그리고, UART 통신 관련 RC7(RX 수신핀)과 RC6(TX 송신핀)도 다른 핀 기능이 먼저 초기화되어 있는지도 확인한다. 이번 실습하는 PIC16F1939에서는 다른 초기화없이 UART 초기화하면 RC7, RC6핀을 UART 통신용으로 사용이 가능하다.

- Microchip PICDEM 2 PLUS 보드 또는 자작 보드 사용시

```
void initial_port(void)
{
    //PORTB 사용 LED 출력 포트 초기화
    TRISB = 0b11111110;         //PORTB RB0 핀을 출력으로 설정
    // 1 = 입력, 0 = 출력
    ANSELB = 0x00;              //포트 B의 ANxx 핀들 모두 디지털로 설정
    TRISCbits.TRISC7 = 1;       //송수신 RC7(RX)핀 초기화
    TRISCbits.TRISC6 = 0;       //송수신 RC6(TX)핀 초기화
}
```

- INSEM 8bit PIC 평가 보드 사용시

```
void initial_port(void)
{
    //PORTD 사용 LED 출력 포트 초기화
    TRISD = 0b11111110;         //PORTD RD0 핀을 출력으로 설정
    // 1 = 입력, 0 = 출력
    ANSELD = 0x00;              //포트 D의 ANxx 핀들 모두 디지털로 설정

    TRISCbits.TRISC7 = 1;       //송수신 RC7(RX)핀 초기화
    TRISCbits.TRISC6 = 0;       //송수신 RC6(TX)핀 초기화
}
```

실행 5_UART 통신 주변장치 초기화 함수 소스 코딩

```
void initial_uart(void)
{
    //통신 보-레이트 설정 : 9600bps
    SPBRG = BRG_VALUE;          //define문에서 설정됨
    //TXSTA 레지스터 송신 초기화
    TXEN = 1;                   //TX 송신 모듈 On [0:Disable, 1:Enable]
    BRGH = 1;                   //고속 보-레이트 설정 On [0:Disable, 1:Enable]
    TX9 = 0;                    //9Bit 송신 설정 비트 [0:8Bit, 1:9Bit]
    SYNC = 0;                   //동기/비동기 통신 모드  [0:비동기, 1:동기]
    //RCSTA 레지스터 수신 초기화
    SPEN = 1;                   //시리얼 포트 RX, TX 핀 사용[0:Disable, 1:Enable]
    CREN =1;                    //연속 수신 가능 On [0:Disable, 1:Enable]
    RX9 = 0; /                  /9Bit 수신 설정 비트 [0:8Bit, 1:9Bit]
    //UART 인터럽트 초기화
    RCIF = 0;                   //수신 인터럽트 플래그
```

11장

```
	TXIF = 0;                       //송신 인터럽트 플래그
	RCIE = 0;                       //수신 인터럽트 설정 비트[0:Disable, 1:Enable]
	TXIE = 0;                       //송신 인터럽트 설정 비트[0:Disable, 1:Enable]
}
```

실행 6_UART 응용 한 문자 송신 함수 소스 코딩

UART 초기화가 끝난 상태에서 이 함수 입력 파라미터로 한 바이트를 넘겨 받아 TXREG 레지스터로 값을 넣으면 RC6(TX 송신)핀으로 데이터가 출력된다. 그리고, TRMT 비트를 통해 UART 의 송신 시프트 레지스터가 송신되어 비워질 때까지 기다린다. 이 이유는 이 함수를 곧바로 다시 실행하면 아직 송신 중인 경우에 TXREG 비트에 값을 재쓰기 방지한다.

```
void uart_putch(unsigned char data)
{
	TXREG = data;
	while(!TRMT);
}
```

실행 7_UART 응용 한 문자 수신 함수 소스 코딩

```
unsigned char uart_getch(void)
{
	while(!RCIF);
	RCIF = 0;
	return RCREG;
}
```

실행 8_UART 응용 문자열 송신 함수 소스 코딩

UART 통신을 통해 문자열을 전송할 경우에 아래와 같은 함수를 사용하여 송신할 수 있다. ptr_string으로 문자열의 첫 번째 문자가 있는 주소를 넘겨 받아 그 이후에 계속 전송하고 문자열의 맨 마지막 데이터가 NULL(0x00) 문자이면 송신을 멈추게 한다.

```
void uart_puts(const unsigned char* ptr_string)
{
	while(*ptr_string != 0 )
	{
		TXREG = *ptr_string++;
```

```
                while(!TRMT);
        }
}
```

여기서 const unsigned char* ptr_string 입력변수는 상수 선언된 문자열이다. 따라서, 아래는 전역 변수 위치에 상수로 선언된 UART 통신 전송할 문자열 예제이다.

```
const unsigned char ABCD[] = {"This is UART string Example"};
......
uart_puts(ABCD);
```

또는 이 함수에 직접 문자열을 입력하여 사용한다.

```
uart_puts("This is UART string Example");
```

그리고, const unsigned char* ptr_string 입력변수가 상수가 아닌 경우에는 unsigned char* ptr_string 입력변수로 선언하기도 한다.

실행 9_메인 함수 및 UART 데이터 송수신 구동 소스 코딩

```
//전역 변수 선언
unsigned char rx_data;              //UART 통신 수신 데이터 한 문자 저장

int main(int argc, char** argv)
{
    //오실레이터 초기화
    OSCCON = 0b01111000;            //16MHz 내부 클럭 설정

    initial_port();                 //LED를 위한 포트 초기화 함수 실행

    initial_uart();                 //UART 통신 포트의 초기화 함수 실행

    uart_puts(ABCD);                //UART 통신 예제 문자열 전송

    while(1)
    {
        rx_data = uart_getch();     //UART 통신 한 문자 수신 후 변수에 저장
        if(rx`_data=='0')           //하이퍼터미널에서 키보드 0을 누르면
                                    //UART RX 핀으로 0x30을 수신함
      {
                LED = 0; //LED 끔
```

```
                uart_puts("LED Off !!");            //TX 핀으로 전송
                uart_putch(0x0D);                   // 하이퍼터미널의 줄바꿈
                uart_putch(0x0A);                   // 첫 글자 위치로 커서 이동
            }
            else if(rx_data=='1') //하이퍼터미널에서 키보드 1을 누르면
                                                    //UART RX 핀으로 0x31을 수신함
            {
                LED = 1;
                uart_puts("LED On !!");             //TX 핀으로 전송
                uart_putch(0x0D);                   // 하이퍼터미널의 줄바꿈
                uart_putch(0x0A);                   // 첫 글자 위치로 커서 이동
            }
        }
}
```

실행 10_다음 그림과 같이 C언어로 uart_test.c란 파일을 그림처럼 코딩을 완성한다.

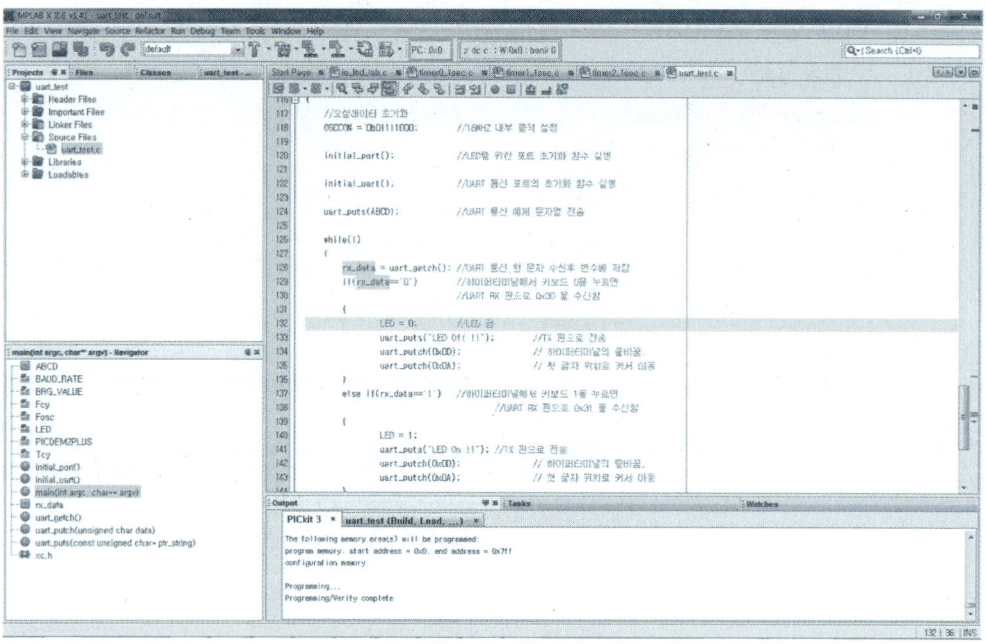

Step 3 소스 코드 확인

```
#include <xc.h>

__CONFIG(FOSC_INTOSC & WDTE_OFF & PWRTE_ON & MCLRE_OFF & BOREN_OFF);

//PICDEM 2 PLUS 보드를 사용시
#define PICDEM2PLUS
//#define INSEM_8bitPIC

//PIC MCU에서 사용하는 시스템 클럭 계산
#define Fosc 16000000                    //내부 16MHz 클럭 설정
#define Fcy Fosc / 4                     // Fcy = Fosc/4
#define Tcy 1 / Fcy                      // 1/4MHz = 250ns

//PIC MCU의 동작 주파수(Fcy) 4MHz인 경우, UART 통신 보-레이트 속도 9600bps 설정
#define BAUD_RATE 9600
#define BRG_VALUE (Fosc/16 /BAUD_RATE - 1)

// LED 출력을 위한 I/O 포트 선언문이다.
#ifdef PICDEM2PLUS
    #define  LED         PORTBbits.RB0   //D2 LED 출력, 비트별 설정 표현 가능
#endif
#ifdef INSEM_8bitPIC
    #define  LED         PORTDbits.RD0   //D1  LED 출력

#endif

//UART 통신 전송할 문자열 예제
const unsigned char ABCD[] = {"This is UART string Example"};


//I/O 포트 초기화 함수
#ifdef PICDEM2PLUS
   void initial_port(void)
   {
       //PORTB 사용 LED 출력 포트 초기화
       TRISB = 0b11111110;               //PORTB RB0 핀을 출력으로 설정
       // 1 = 입력, 0 = 출력
       ANSELB = 0x00;                    //포트 B의 ANxx 핀들 모두 디지털로 설정
       TRISCbits.TRISC7 = 1;             //송수신 RC7(RX)핀 초기화
       TRISCbits.TRISC6 = 0;             //송수신 RC6(TX)핀 초기화
   }
```

```
#endif

#ifdef INSEM_8bitPIC
    void initial_port(void)
    {
        //PORTD 사용 LED 출력 포트 초기화
        TRISD = 0b11111110;                 //PORTD RD0 핀을 출력으로 설정
        // 1 = 입력, 0 = 출력
        ANSELD = 0x00;                      //포트 D의 ANxx 핀들 모두 디지털로 설정

        TRISCbits.TRISC7 = 1;               //송수신 RC7(RX)핀 초기화
        TRISCbits.TRISC6 = 0;               //송수신 RC6(TX)핀 초기화
    }

#endif

//UART 통신 초기화 함수
void initial_uart(void)
{
        //통신 보-레이트 설정 : 9600bps
        SPBRG = BRG_VALUE;                  //define문에서 설정됨
        //TXSTA 레지스터 송신 초기화
        TXEN = 1;                           //TX 송신 모듈 On [0:Disable, 1:Enable]
        BRGH = 1;                           //고속 보-레이트 설정 On [0:Disable, 1:Enable]
        TX9 = 0;                            //9Bit 송신 설정 비트 [0:8Bit, 1:9Bit]
        SYNC = 0;                           //동기/비동기 통신 모드  [0:비동기, 1:동기]
        //RCSTA 레지스터 수신 초기화
        SPEN = 1;                           //시리얼 포트 RX, TX 핀 사용[0:Disable, 1:Enable]
        CREN =1;                            //연속 수신 가능 On [0:Disable, 1:Enable]
        RX9 = 0;                            //9Bit 수신 설정 비트 [0:8Bit, 1:9Bit]
        //UART 인터럽트 초기화
        RCIF = 0;                           //수신 인터럽트 플래그
        TXIF = 0;                           //송신 인터럽트 플래그
        RCIE = 0;                           //수신 인터럽트 설정 비트[0:Disable, 1:Enable]
        TXIE = 0;                           //송신 인터럽트 설정 비트[0:Disable, 1:Enable]
}

//UART 통신 한 문자 송신 함수
void uart_putch(unsigned char data)
{
        TXREG = data;
        while(!TRMT);
```

```
}

//UART 통신 한 문자 수신 함수
unsigned char uart_getch(void)
{
        while(!RCIF);
        RCIF = 0;
        return RCREG;
}

//UART 통신 문자열 송신 함수
void uart_puts(const unsigned char* ptr_string)
{
        while(*ptr_string != 0 )
        {
                TXREG = *ptr_string++;
                while(!TRMT);
        }
}

//전역 변수 선언
unsigned char rx_data;                  //UART 통신 수신 데이터 한 문자 저장

int main(int argc, char** argv)
{
    //오실레이터 초기화
    OSCCON = 0b01111000;                //16MHz 내부 클럭 설정

    initial_port();                     //LED를 위한 포트 초기화 함수 실행

    initial_uart();                     //UART 통신 포트의 초기화 함수 실행

    uart_puts(ABCD);                    //UART 통신 예제 문자열 전송

    while(1)
    {
        rx_data = uart_getch();                 //UART 통신 한 문자 수신 후 변수에 저장
        if(rx_data=='0')                        //하이퍼터미널에서 키보드 0을 누르면
                                                //UART RX 핀으로 0x30 을 수신함
        {
                LED = 0; //LED 끔
                uart_puts("LED Off !!");        //TX 핀으로 전송
```

```
            uart_putch(0x0D);                // 하이퍼터미널의 줄바꿈
            uart_putch(0x0A);                // 첫 글자 위치로 커서 이동
        }
        else if(rx_data=='1')                //하이퍼터미널에서 키보드 1을 누르면
                                             //UART RX 핀으로 0x31을 수신함
        {
            LED = 1;
            uart_puts("LED On !!");          //TX 핀으로 전송
            uart_putch(0x0D);                // 하이퍼터미널의 줄바꿈
            uart_putch(0x0A);                // 첫 글자 위치로 커서 이동
        }
    }
}
```

실행 1__Make & Program 버튼 클릭 후, PICDEM 2 Plus 보드 동작을 확인한다.

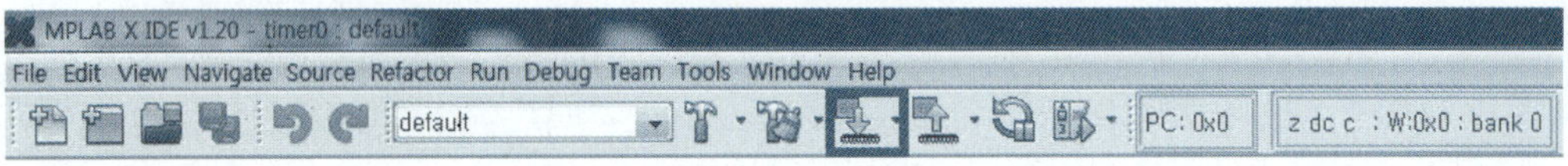

실행 2__경고창이 실행된 경우 OK를 클릭

5) 실습결과

(1) Microchip PICDEM 2 PLUS 보드 사용시

• 하이퍼터미널 출력 결과

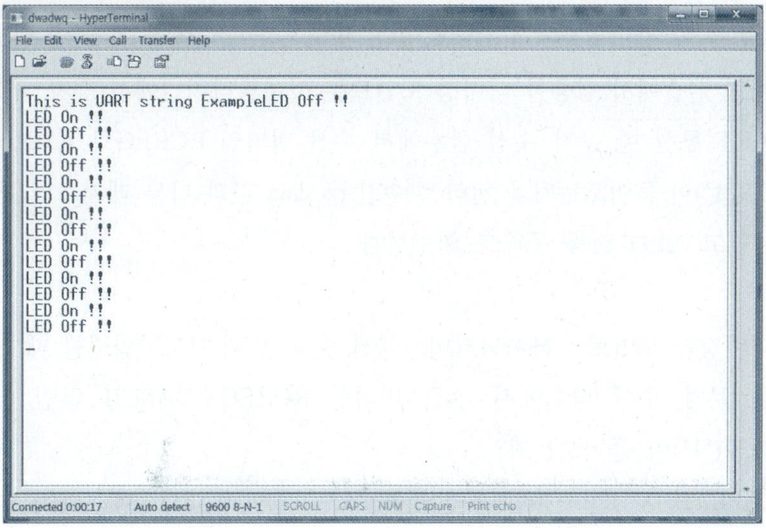

위 보드 그림과 같이 RB0 숫자 아래의 LED가 하이퍼터미널에서 숫자 '0'을 입력하면 LED가 꺼지면서 "LED Off !!"라는 글자가 하이퍼터미널에 출력된다. 그리고, 숫자 '1'을 입력하면 그 반대로 LED가 켜지면서 "LED On !!"라는 글자가 출력된다.

(2) INSEM 8bit PIC 평가 보드 사용시

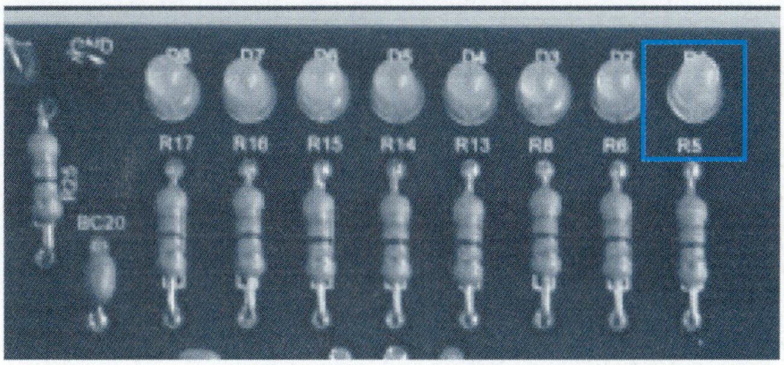

위 보드 그림과 같이 D1 숫자 아래의 LED가 위 마이크로칩 보드 사용시의 결과와 같이 하이퍼터미널에서 입력된 숫자에 의해 점멸한다.

6) 디버깅(Debugging) 실습

디버깅 방법을 앞 장인 6장에서 설명하였다. 필히 6장의 디버깅 설정 및 버튼 기능들은 숙지한다. 이번 실습에서 검증할 디버깅 포인트는 하이퍼터미널에서 숫자 '0'과 '1'을 입력할 때 UART 통신 한 문자 수신 함수에서 수신 버퍼인 RCREG로 ASCII 값인 0x30 ('0') 과 0x31('1')이 들어오는지와 전역 변수인 rx_data 값과 다른 레지스터값들을 Watch 창에서 확인한고, LED 점등 동작도 확인한다.

실행 1_디버깅할 포인트 : 하이퍼터미널에서 숫자 '0'과 '1'을 입력할 때 UART 통신 한 문자 수신 함수에서 수신 버퍼인 RCREG로 ASCII 값인 0x30('0') 과 0x31('1')이 들어오는가?

실행 2_MPLAB X IDE 통합 개발환경 프로그램에서 Run 메뉴에서 Run Project (uart_test)을 클릭한다.

실행 3_Debug 메뉴에서 Discrete Debugger Operation → Launch Debugger(Project uart_test)을 클릭한다.(또는 아래 두 번째 그림과 같이 Debug 아이콘에서 Launch Debugger(Project uart_test)을 클릭해도 된다)
- 동작전압에 대한 주의사항이 뜨면, OK를 클릭하면 된다.

실행 4_다음의 디버깅 버튼들이 메뉴창 아래 표시되는지 확인한다.

실행 5_브레이크 포인트(break point)를 삽입한다.
아래 소스 코드에서 2곳의 사각형 표시 위치에서 오른쪽 마우스 버튼을 클릭하여 "Toggle Line Breakpoint"를 클릭하며 라인 숫자표시 부분에 빨간색 사각형 표시가 생긴다.

```
//UART 통신 한 문자 수신 함수
unsigned char uart_getch(void)
{
        while(!RCIF);
        RCIF = 0;
        return RCREG;
```

```
..................

        rx_data = uart_getch();          //UART 통신 한 문자 수신 후 변수에 저장
        if(rx_data=='0')                 //하이퍼터미널에서 키보드 0을 누르면
                                         //UART RX 핀으로 0x30을 수신함
        {
                LED = 0; //LED 끔
                uart_puts("LED Off !!");           //TX 핀으로 전송
                uart_putch(0x0D);                  // 하이퍼터미널의 줄바꿈
```

• 브레이크 포인트 설정한 후에는 빨간색으로 라인 반전이 표시된다.

실행 6_Window 메뉴에서 Debugging → Watches를 클릭하여 Watch창을 표시한다. 이 Watch창에서 모든 변수, 레지스터값들을 확인할 수 있다.

실행 7_Watch창에 RCREG, rx_data, TXSTA, RCSTA, TXREG, SPBRG 변수와 레지스터를 입력한다. 이를 통해 매 브레이크가 걸릴 때마다 변수값의 변화상태를 점검한다.

– Enter new watch를 클릭하여 변수 또는 레지스터 이름을 넣으면 된다.

실행 8_디버깅 버튼에서 Reset 버튼을 누른 후, Continue 버튼을 클릭한다. 이로 인해 프로그램은 처음부터 실행을 하게 된다.

실행 9_하이퍼터미널에서 숫자가 입력되면 브레이크 포인트 지점에서 멈추고 Watch창에서 각 변수들과 레지스터의 값들도 빨간색으로 업데이트되어 표시된다. 여기서는 RCREG 및 rx_data 값이 입력한 숫자의 ASCII 코드 값이 표시된다.

실행 10_다시 Continue 버튼을 클릭하고, 하이퍼터미널에서 숫자가 입력되면 브레이크 포인트 지점에서 멈추고 Watch창에서 변수나 레지스터값이 UART 통신의 의해 값들이 변경되어 표시된다.

• 다음 그림은 디버깅 중인 Watch창을 나타내었다.

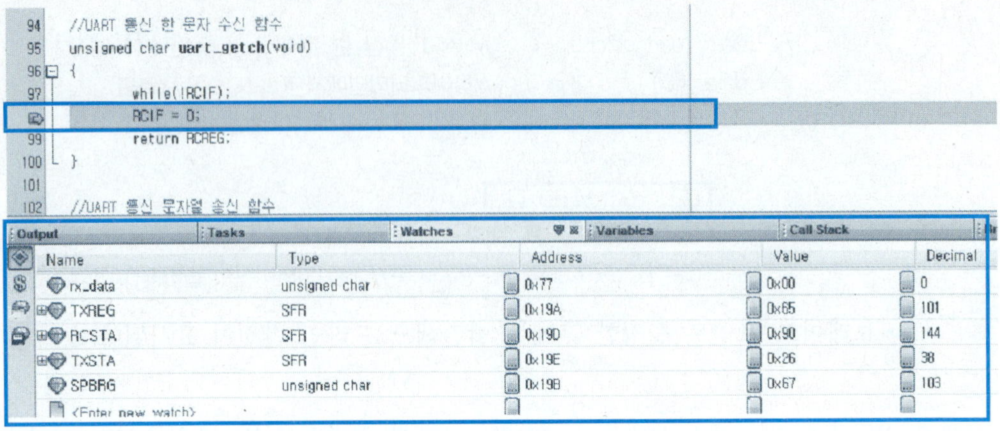

실습예제 2 : UART와 타이머1 주변장치를 이용한 인터럽트 구동 전자시계 만들기 실습

이번 실습은 타이머1와 인터럽트를 이용하여 UART 통신을 통해 하이퍼터미널로 전자시계를 표시하는 실습이다. 이전 실습에서 실습회로, 실습환경, 실습 코딩 순서 등이 동일하거나 비슷하여 추가사항만 정리하기로 한다. 따라서, 이전 실습인 "UART(비동기 시리얼 통신) 주변장치를 이용한 데이터 전송실습"을 실행한 후에 실습환경부터 추가된 사항을 실습하면 된다.

1) 실습목표

(1) Microchip PICDEM 2 PLUS 보드 사용시

- PIC16F1939 PIC 마이크로컨트롤러 입출력 포트 초기화 설정
- PIC16F1939 PIC 마이크로컨트롤러 UART 주변장치 초기화 설정
- PIC16F1939 PIC 마이크로컨트롤러 타이머1 주변장치 초기화 설정
- 포트 B(RB0~RB7핀) 중에 RB0 핀 LED 출력 설정
- 타이머1 인터럽트 동작 초기화 설정
- 타이머1 인터럽트 서비스 루틴 및 인터럽트 방식 구동방법
- UART 주변장치 초기화 설정
- UART 주변장치의 RX 핀으로부터 한 문자 수신 함수 소스 코딩

- UART 주변장치의 TX핀으로 한 문자 송신 함수 소스 코딩
- stdio.h 헤더 응용 stdio 라이브러리 추가 및 printf 문 사용 방법
- 윈도우용 시리얼 통신 응용 프로그램인 "하이퍼터미널" 설정
- 타이머1 이용한 1초 만들기 소스 코딩
- 전자시계를 동작하기 위한 시간, 분, 초 계산 소스 코딩
- 전자시계 표시를 위한 UART 통신으로 printf문을 사용하여 문자열 출력 함수 소스 코딩

(2) INSEM 8bit PIC **평가 보드 사용시**

- PIC16F1939 PIC 마이크로컨트롤러 입출력 포트 초기화 설정
- PIC16F1939 PIC 마이크로컨트롤러 UART 주변장치 초기화 설정
- PIC16F1939 PIC 마이크로컨트롤러 타이머1 주변장치 초기화 설정
- 포트 D(RD0~RD7핀) 중에 RD0 핀 LED 출력 설정 및 구동
- 타이머1 인터럽트 동작 초기화 설정
- 타이머1 인터럽트 서비스 루틴 및 인터럽트 방식 구동방법
- UART 주변장치 초기화 설정
- UART 주변장치의 RX 핀으로부터 한 문자 수신 함수 소스 코딩
- UART 주변장치의 TX 핀으로 한 문자 송신 함수 소스 코딩
- stdio.h 헤더 응용 stdio 라이브러리 추가 및 printf 문 사용방법
- 윈도우용 시리얼 통신 응용 프로그램인 "하이퍼터미널" 설정
- 타이머1 이용한 1초 만들기 소스 코딩
- 전자시계를 동작하기 위한 시간, 분, 초 계산 소스 코딩
- 전자시계 표시를 위한 UART 통신으로 printf문을 사용하여 문자열 출력 함수 소스 코딩

2) 실습회로

이전 실습인 UART(비동기 시리얼 통신) 주변장치를 이용한 데이터 전송실습의 실습회로 내용과 동일하다.

3) 실습환경

이전 실습인 UART(비동기 시리얼 통신) 주변장치를 이용한 데이터 전송실습의 실습 회로 내용과 동일하다.

4) 실습 코딩 순서

Step 1 MPLAB X IDE를 이용한 새 프로젝트 만들기

실행 1_MPLAB X IDE 실행 후 File 메뉴에서 New Project를 선택한다.

실행 2_프로젝트 선택에서 Categories에서 Microchip Embedded 선택 후 Projects에서 Standalone Project 선택, 그리고 Next를 클릭한다.

실행 3_Device 선택에서 Family에서 Mid-Range 8bit MCU ..... 선택, Device에서 PIC16F1939 선택 후 Next를 클릭한다.

실행 4_Header 선택은 그대로 하고 Next를 클릭한다.

실행 5_Hardware Tool 선택에서 PICKit3 선택, Next를 클릭한다.

실행 6_컴파일러 선택에서 Compiler Toolchains에서 XC8 (V1.xx).... 선택 후 Next를 클릭한다.

실행 7_Browse 버튼을 클릭하여 Project 만들 폴더 만들기 후 Project Name란에 프로젝트 이름(예 : timer0_1sec)을 입력 후 Finish를 클릭한다.

- Encoding 옵션 설정 : 한글 지원 관련
- UTF-8 또는 x-window949 정도 설정하면 한글 주석 처리 가능

실행 8_File 메뉴에서 New File을 선택한다.

실행 9_Categories에서 C 선택, File Type에서 C Main File 또는 C Source File을 선택 후 Next를 클릭한다.

실행 10_File Name에 소스 코드 이름 입력(예 : timer0_1sec.c) 후 Finish를 클릭한다.

Step 2 UART와 타이머1 주변장치를 이용한 인터럽트 구동 전자시계 만들기 실습

이전 실습인 UART(비동기 시리얼 통신) 주변장치를 이용한 데이터 전송실습의 실습 회로 내용과 동일하다. 실행 6 이후부터 전자시계 관련한 여러 함수, 변수등의 추가 부분이며 실습 소스 코드에 반드시 삽입하여야 한다.

실행 1_디폴트 헤더문 입력

```
#include <xc.h>
```

실행 2_컨피그레이션 비트 설정 매크로 삽입 코딩

```
__CONFIG(FOSC_INTOSC & WDTE_OFF & PWRTE_ON & MCLRE_OFF & BOREN_OFF);
```

실행 3_LED 포트 설정 및 전역 변수, 기타 define문 코딩

```
#define PICDEM2PLUS
//#define INSEM_8bitPIC

#define Fosc 16000000              //내부 16MHz 클럭 설정
#define Fcy Fosc / 4               // Fcy = Fosc/4
#define Tcy 1 / Fcy                // 1/4MHz = 250ns

#define BAUD_RATE 9600
#define BRG_VALUE (Fosc/16 /BAUD_RATE - 1)
```

- Microchip PICDEM 2 PLUS 보드 또는 자작 보드 사용시

```
    //LED 포트 설정
    #define  LED      PORTBbits.RB0     //D2 LED 출력, 비트별 설정 표현 가능
```

- INSEM 8bit PIC 평가 보드 사용시

```
    //LED 포트 설정
    #define  LED      PORTDbits.RD0     //D1  LED 출력
```

실행 4_포트 입출력 초기화 함수 코딩

- Microchip PICDEM 2 PLUS 보드 또는 자작 보드 사용시

```
  void initial_port(void)
  {
      //PORTB 사용 LED 출력 포트 초기화
      TRISB = 0b11111110;          //PORTB RB0 핀을 출력으로 설정
```

```
    // 1 = 입력, 0 = 출력
    ANSELB = 0x00;              //포트 B의 ANxx 핀들 모두 디지털로 설정
    TRISCbits.TRISC7 = 1;       //송수신 RC7(RX)핀 초기화
    TRISCbits.TRISC6 = 0;       //송수신 RC6(TX)핀 초기화
}
```

- INSEM 8bit PIC 평가 보드 사용시

```
void initial_port(void)
{
    //PORTD 사용 LED 출력 포트 초기화
    TRISD = 0b11111110;         //PORTD RD0 핀을 출력으로 설정
    // 1 = 입력, 0 = 출력
    ANSELD = 0x00;              //포트 D의 ANxx 핀들 모두 디지털로 설정

    TRISCbits.TRISC7 = 1;       //송수신 RC7(RX)핀 초기화
    TRISCbits.TRISC6 = 0;       //송수신 RC6(TX)핀 초기화
}
```

실행 5_UART 통신 주변장치 초기화 함수 소스 코딩

```
void initial_uart(void)
{
    //통신 보-레이트 설정 : 9600bps
    SPBRG = BRG_VALUE;          //define문에서 설정됨
    //TXSTA 레지스터 송신 초기화
    TXEN = 1;                   //TX 송신 모듈 On [0:Disable, 1:Enable]
    BRGH = 1;                   //고속 보-레이트 설정 On [0:Disable, 1:Enable]
    TX9 = 0;                    //9Bit 송신 설정 비트 [0:8Bit, 1:9Bit]
    SYNC = 0;                   //동기/비동기 통신 모드  [0:비동기, 1:동기]
    //RCSTA 레지스터 수신 초기화
    SPEN = 1;                   //시리얼 포트 RX, TX 핀 사용[0:Disable, 1:Enable]
    CREN =1;                    //연속 수신 가능 On [0:Disable, 1:Enable]
    RX9 = 0;                    //9Bit 수신 설정 비트 [0:8Bit, 1:9Bit]
    //UART 인터럽트 초기화
    RCIF = 0;                   //수신 인터럽트 플래그
    TXIF = 0;                   //송신 인터럽트 플래그
    RCIE = 0;                   //수신 인터럽트 설정 비트[0:Disable, 1:Enable]
    TXIE = 0;                   //송신 인터럽트 설정 비트[0:Disable, 1:Enable]
}
```

실행 6_UART 응용 한 문자 송신 함수 소스 코딩

stdio.h 헤더를 삽입하고 stdio 라이브러리를 추가하여 printf 문을 사용하기 위해서는 반드시 아래와 같이 UART 한 문자 송신 함수이름이 putch(char data)로 설정하여야 한다. 기존의 uart_putch() 함수이름이 변경된 것이다. printf 문을 사용하기 위해서는 꼭 변경하기 바란다.

```
void putch(char data)
{
        TXREG = data;
        while(!TRMT);
}
```

실행 7_UART 응용 한 문자 수신 함수 소스 코딩

```
unsigned char uart_getch(void)
{
        while(!RCIF);
        RCIF = 0;
        return RCREG;
}
```

실행 8_UART 응용 문자열 송신 함수는 아래 실행 9에서 printf 문으로 대치된다. 소스 코드도 삭제하여도 된다.

실행 9_stdio.h 헤더 응용 stdio 라이브러리 추가 및 printf 문 사용 방법

표준 입출력 관련한 함수들중에 UART 시리얼 통신과 아주 밀접한 관계가 있는 함수가 바로 printf 문이다. 이전 실습에서 위 실행 8에서 삭제된 uart_puts() 함수에서는 소수점, 변수 포맷 형식 및 한글 등의 표시를 하려면 엄청난 루틴들이 필요하다. 한마디로 C언어를 아주 잘 구사하여야 한다. 그러나, printf문을 사용하면 너무나 쉽게 표시가 가능하다.

아래 순서는 printf문을 사용하는 방법에 대한 순서이다. 그리고, 꼭 UART 한 문자 송신 함수인 putch() 함수가 선언되어 있어야 한다(위 실행 6 참조).

– #include <xc.h> 헤더문 다음에 아래 소스를 삽입한다.

```
#include <stdio.h> //printf문 사용 위해
                   //표준 입출력 라이브러리 헤더 삽입
```

실행 10_타이머1 및 타이머1 인터럽트 초기화 함수 소스 코딩

타이머1의 프리스케일러 값을 1:8로 설정하여 시스템 클럭인 Tcy가 250ns이므로, 250ns × 8 = 2μs로 카운트된다. 따라서, 타이머1의 TMR1H와 TMR1L 레지스터가 50000까지 카운트하면 약 0.1초의 시간을 카운트할 수 있도록 타이머1을 초기화하는 함수이다.

또한, 타이머1의 인터럽트 동작을 하기 위해서 타이머1 인터럽트 설정 비트 TMR1IE을 1로 설정한다.

그리고, 타이머1 등의 주변장치들의 인터럽트를 통합하는 비트인 PEIE 비트를 1로 설정하여야 한다. 마지막으로 전체 인터럽트 비트 설정 비트인 GIE 비트를 1로 설정하여야 한다.

```
void initial_timer1_interrupt(void)
{
      TMR1H = 0;                   //타이머1 값 설정
      TMR1L = 0;
      TMR1IE = 0;                  //타이머1 인터럽트 설정 : 인터럽트 기능 Disable
      TMR1IF = 0;                  //타이머1의 인터럽트 플래그 초기화 -> 0
      T1CON = 0b00110000;          //타이머1 프리스케일러 1:8
      TMR1L=(65536-50000)%256;     //0.1초 카운트값 초기화
      TMR1H=(65536-50000)/256;
      TMR1IE = 1;                  //타이머1 인터럽트 설정 :인터럽트 기능 Enable 설정
      PEIE = 1;                    //타이머1의 주변장치 인터럽트 비트 : ON
      GIE =1;                      //전체 인터럽트 비트 : ON
      TMR1ON = 1;                  //타이머1 ON
}
```

실행 11_인터럽트 서비스 루틴 함수 및 1초 타이머 인터럽트 구동 소스 코딩

- 전역 변수 선언 : 메인 함수와 타이머1 인터럽트 서비스 루틴의 함수 간에 타이머1 인터럽트 횟수를 카운트하는 변수를 전역에서 공유해야 하므로

```
unsigned char tmr1_count;  // 1초 인터럽트 회수 카운팅하는 전역 변수
unsigned char timer_sec;   // 전자시계의 초를 카운팅하는 전역 변수
```

타이머1 초기화에 의해 0.1초마다 타이머1의 인터럽트에 의해 PC(프로그램 카운터)는 이 함수를 콜하여 실행한다. 이 함수에서 타이머1 인터럽트 플래그가 1인 것을 if문으로 확인하고(이유는 다른 인터럽트가 걸려도 이 함수를 콜함으로 각각의 인터럽트 플래그로 분리하여 체크한다), 타이머1 인터럽트 플

래그를 리셋하고, 타이머1의 TMR1H/L 레지스터에 0.1초 값을 재설정한다. 그리고, 전역 변수인 tmr1_count 값이 10이면 1초가 된 것이므로 LED를 토글하고, 다시 tmr1_count 변수를 리셋한다.

여기서 주의사항은 전역 변수 등은 #include 삽입문 다음 위치 정도에 오는 것이 좋다. 이유는 C컴파일러는 라인 대 라인 방식으로 빌드해 가므로 변수가 선언이 되어 있지 않는 변수가 나오면 에러 처리가 된다. 반드시 변수가 선언이 먼저 된 상태에서 그 다음에 다른 함수에서 그 전역 변수를 사용해도 된다.

```
void interrupt isr(void)
{
    if(TMR1IF == 1)
    {
        TMR1IF=0;                          //타이머1 인터럽트 플래그 다시 0을 만들어서 시
                                           간재기
        TMR1L=(65536-50000)%256;  //0.1초 카운트값 초기화
        TMR1H=(65536-50000)/256;
        tmr1_count++;
        if(tmr1_count==10)                 //변수값이 10 즉, 0.1초씩 10번이므로 1초가 됨
        {
            LED ^= 1;                      //RB0 LED Toggle
            tmr1_count = 0;                // 다시 10번 카운트하기 위해 리셋
            timer_sec++;                   // 00초에서 59초까지 카운팅
        }
    }
}
```

실행 12_전자시계를 동작하기 위한 시간, 분, 초 계산 소스 코딩

- 전역 변수 선언 : 타이머1의 인터럽트 서비스 루틴에서 timer_sec 변수를 통해 0~59초까지 증가시키고, 59초에서 0초로 바뀔 때, timer_min 변수의 값을 +1을 증가시킨다. 마찬가지로 timer_min 의 값이 0에서 59분까지 증가하다가 59분에서 0분으로 바뀔 때, timer_hour의 값을 +1씩 증가시킨다. 그리고, 0에서 23시까지 증가하다가 다시 23시에서 00시로 바뀌게 하는 변수들을 아래와 같이 정의한다.

```
unsigned char timer_min;   // 전자시계의 분을 카운팅하는 전역 변수
unsigned char timer_hour;  // 전자시계의 시간을 카운팅하는 전역 변수
```

• 전자시계를 동작하기 위한 시간, 분, 초 계산을 위한 함수 코딩

```
void    calculate_timer(void)
{
    if(timer_sec == 60)                 //초가 60초가 되면 if문 실행
                                        //if(timer_sec > 59)와 같음
    {
        timer_sec = 0;                  //초 카운팅 변수를 다시 0초로 바꿈
        timer_min++;                    //분 카운팅 변수를 +1 증가시킴
        if(timer_min == 60)             //분이 60분이 되면 if문 실행
                                        //if(timer_min > 59)와 같음
        {
            timer_min = 0;              //분 카운팅 변수를 다시 0분으로 바꿈
            timer_hour++;               //시간 카운팅 변수를 +1 증가시킴
            if(timer_hour == 24)        //24시간이 되면 if문 실행
                                        //if(timer_hour > 23)과 같음
            {
                timer_hour = 0;         //시간 카운팅 변수를 다시 0시로 바꿈
            }
        }
    }
}
```

실행 13_메인 함수 및 전자시계 표시를 위한 UART 통신으로 printf문 소스 코딩

```
int main(int argc, char** argv)
{
    //오실레이터 초기화
    OSCCON = 0b01111000;                //16MHz 내부 클럭 설정

    initial_port();                     //LED를 위한 포트 초기화 함수 실행

    initial_uart();                     //UART 통신 포트의 초기화 함수 실행

    initial_timer1_interrupt();         //타이머1 인터럽트 동작 초기화 함수 실행

    //전역 변수
    rx_data=0;                          //UART 통신 수신 데이터 한 문자 저장 초기화
    tmr1_count=0;                       // 1초 인터럽트 회수 카운팅하는 전역 변수 초기화
    timer_sec=0;                        // 전자시계의 초를 카운팅하는 전역 변수 초기화
    timer_min=0;                        // 전자시계의 분을 카운팅하는 전역 변수 초기화
```

```
    timer_hour=0;                       // 전자시계의 시간을 카운팅하는 전역 변수 초기화

    while(1)
    {
        calculate_timer();              //시, 분, 초 계산 함수 실행
        printf("UART Timer  %2d : %2d : %2d₩r", timer_hour, timer_min, timer_sec);
        //시간 분 초 표시 및 동일 라인에서 계속 표시함(₩r 설정)
    }
}
```

여기서 printf문에서 %2d의 의미는 정수 표현을 2자리로 잡아서 표현한다는 것이다. 만약 %d로 하면 자동으로 자릿수를 잡기 때문에 0:0:0일 때와 23:59:43 등의 십의 자리가 있을 경우에의 총 문자열 숫자가 달라져서 시간 표시 끝부분이 지저분하게 이전 시간이 된다. 따라서, %2d로 사전이 자리를 십의 자리로 맞추어 표시하면 된다.

실행 14_uart_timer.c란 파일 이름으로 소스 코딩을 완성한다.

Step 3 소스 코드 확인

```
#include <xc.h>
#include <stdio.h> //printf문 사용 위해 표준 입출력 라이브러리 헤더 삽입
//이 Header 삽입문은 맨 처음 삽입해야 하는 삽입문으로 프로젝트에서 선택된
//PIC 마이크로컨트롤러의 헤더파일로 연결되는 Header 삽입문이다.
//일반적으로는 #inlcude <pic16f1939.h> 로 삽입될 수도 있지만,
//PIC MCU가 변경시에는 모든 파일의 이름을 변경해야 하는 단점이 있다.


__CONFIG(FOSC_INTOSC & WDTE_OFF & PWRTE_ON & MCLRE_OFF & BOREN_OFF);
//위 설정은 내장된 오실레이터 16MHz를 사용하고, 와치독 타이머는 끄고,
//파워-업 타이머는 켜고, MCLR핀은 외부 리셋 기능 끄고,
//BOR 리셋 기능도 꺼진 상태로 설정된다.

//PICDEM 2 PLUS 보드를 사용시
#define PICDEM2PLUS
//#define INSEM_8bitPIC

//PIC MCU에서 사용하는 시스템 클럭 계산
#define Fosc 16000000                  //내부 16MHz 클럭 설정
```

11장

```
#define Fcy Fosc / 4                                   // Fcy = Fosc/4
#define Tcy 1 / Fcy                                    // 1/4MHz = 250ns

//PIC MCU의 동작 주파수(Fosc) 16MHz인 경우, UART 통신 보-레이트 속도 9600bps 설정
#define BAUD_RATE 9600
#define BRG_VALUE (Fosc/16 /BAUD_RATE - 1)

// LED 출력을 위한 I/O 포트 선언문이다.
#ifdef PICDEM2PLUS
    #define  LED         PORTBbits.RB0          //D2 LED 출력, 비트별 설정 표현 가능
#endif
#ifdef INSEM_8bitPIC
    #define  LED         PORTDbits.RD0          //D1  LED 출력

#endif

//I/O 포트 초기화 함수
#ifdef PICDEM2PLUS
   void initial_port(void)
   {
       //PORTB 사용 LED 출력 포트 초기화
       TRISB = 0b11111110;                         //PORTB RB0 핀을 출력으로 설정
       // 1 = 입력, 0 = 출력
       ANSELB = 0x00;                              //포트 B의 ANxx 핀들 모두 디지털로 설정
       TRISCbits.TRISC7 = 1;                       //송수신 RC7(RX)핀 초기화
       TRISCbits.TRISC6 = 0;                       //송수신 RC6(TX)핀 초기화
   }
#endif

#ifdef INSEM_8bitPIC
   void initial_port(void)
   {
       //PORTD 사용 LED 출력 포트 초기화
       TRISD = 0b11111110;                         //PORTD RD0 핀을 출력으로 설정
       // 1 = 입력, 0 = 출력
       ANSELD = 0x00;                              //포트 D의 ANxx 핀들 모두 디지털로 설정

       TRISCbits.TRISC7 = 1;                       //송수신 RC7(RX)핀 초기화
       TRISCbits.TRISC6 = 0;                       //송수신 RC6(TX)핀 초기화
   }
```

```
#endif

//UART 통신 초기화 함수
void initial_uart(void)
{
	//통신 보-레이트 설정 : 9600bps
	SPBRG = BRG_VALUE;		//define문에서 설정됨
	//TXSTA 레지스터 송신 초기화
	TXEN = 1;			//TX 송신 모듈 On [0:Disable, 1:Enable]
	BRGH = 1;			//고속 보-레이트 설정 On [0:Disable, 1:Enable]
	TX9 = 0;			//9Bit 송신 설정 비트 [0:8Bit, 1:9Bit]
	SYNC = 0;			//동기/비동기 통신 모드  [0:비동기, 1:동기]
	//RCSTA 레지스터 수신 초기화
	SPEN = 1;			//시리얼 포트 RX, TX 핀 사용[0:Disable, 1:Enable]
	CREN =1;			//연속 수신 가능 On [0:Disable, 1:Enable]
	RX9 = 0;			//9Bit 수신 설정 비트 [0:8Bit, 1:9Bit]
	//UART 인터럽트 초기화
	RCIF = 0;			//수신 인터럽트 플래그
	TXIF = 0;			//송신 인터럽트 플래그
	RCIE = 0;			//수신 인터럽트 설정 비트[0:Disable, 1:Enable]
	TXIE = 0;			//송신 인터럽트 설정 비트[0:Disable, 1:Enable]
}

//printf문을 위한 UART 통신 한 문자 송신 함수
void putch(unsigned char data)
{
	TXREG = data;
	while(!TRMT);
}

//UART 통신 한 문자 수신 함수
unsigned char uart_getch(void)
{
	while(!RCIF);
	RCIF = 0;
	return RCREG;
}

//타이머1 및 타이머1 인터럽트 초기화  함수 : 0.1초 인터럽트 설정
void initial_timer1_interrupt(void)
```

11장

```
{
        TMR1H = 0;                    //타이머1 값 설정
        TMR1L = 0;
        TMR1IE = 0;                   //타이머1 인터럽트 설정 : 인터럽트 기능 Disable
        TMR1IF = 0;                   //타이머1의 인터럽트 플래그 초기화 -> 0
        T1CON = 0b00110000;           //타이머1 프리스케일러 1:8
        TMR1L=(65536-50000)%256;      //0.1초 카운트값 초기화
        TMR1H=(65536-50000)/256;
        TMR1IE = 1;                   //타이머1 인터럽트 설정 :인터럽트 기능 Enable 설정
        PEIE = 1;                     //타이머1의 주변장치 인터럽트 비트 : ON
        GIE =1;                       //전체 인터럽트 비트 : ON
        TMR1ON = 1;                   //타이머1 ON
}

//전역 변수 선언
unsigned char rx_data;                //UART 통신 수신 데이터 한 문자 저장
unsigned char tmr1_count;             // 1초 인터럽트 회수 카운팅하는 전역 변수
unsigned char timer_sec;              // 전자시계의 초를 카운팅하는 전역 변수
unsigned char timer_min;              // 전자시계의 분을 카운팅하는 전역 변수
unsigned char timer_hour;             // 전자시계의 시간을 카운팅하는 전역 변수

//인터럽트 서비스 루틴 함수 및 1초 타이머 인터럽트 구동
void interrupt isr(void)
{
    if(TMR1IF == 1)
    {
        TMR1IF=0; //타이머1 인터럽트 플래그 다시 0을 만들어서 시간재기
        TMR1L=(65536-50000)%256;              //0.1초 카운트값 초기화
        TMR1H=(65536-50000)/256;
        tmr1_count++;
        if(tmr1_count==10)                    //변수값이 10 즉, 0.1초씩 10번이므로 1초가 됨
        {
            LED ^= 1; //RB0 LED Toggle
            tmr1_count = 0;                   // 다시 10번 카운트하기 위해 리셋
            timer_sec++;                      // 00초에서 59초까지 카운팅
        }
    }
}

//전자시계를 동작하기 위한 시간, 분, 초 계산을 위한 함수 코딩
```

```
void    calculate_timer(void)
{
    if(timer_sec == 60)              //초가 60초가 되면 if문 실행 if(timer_sec > 59)와 같음
    {
        timer_sec = 0;               //초 카운팅 변수를 다시 0초로 바꿈
        timer_min++;                 //분 카운팅 변수를 +1 증가시킴
        if(timer_min == 60)          //분이 60분이 되면 if문 실행 if(timer_min > 59)와 같음
        {
            timer_min = 0;           //분 카운팅 변수를 다시 0분으로 바꿈
            timer_hour++;            //시간 카운팅 변수를 +1 증가시킴
            if(timer_hour == 24)     //24시간이 되면 if문 실행 if(timer_hour > 23)과 같음
            {
                timer_hour = 0;      //시간 카운팅 변수를 다시 0시로 바꿈
            }
        }
    }
}

int main(int argc, char** argv)
{
    //오실레이터 초기화
    OSCCON = 0b01111000;             //16MHz 내부 클럭 설정

    initial_port();                  //LED를 위한 포트 초기화 함수 실행

    initial_uart();                  //UART 통신 포트의 초기화 함수 실행

    initial_timer1_interrupt();      //타이머1 인터럽트 동작 초기화 함수 실행

    //전역 변수
    rx_data=0;                       //UART 통신 수신 데이터 한 문자 저장 초기화
    tmr1_count=0;                    // 1초 인터럽트 회수 카운팅하는 전역 변수 초기화
    timer_sec=0;                     // 전자시계의 초를 카운팅하는 전역 변수 초기화
    timer_min=0;                     // 전자시계의 분을 카운팅하는 전역 변수 초기화
    timer_hour=0;                    // 전자시계의 시간을 카운팅하는 전역 변수 초기화

    while(1)
    {
        calculate_timer();           //시, 분, 초 계산 함수 실행
        printf("UART Timer  %2d : %2d : %2d\r", timer_hour, timer_min, timer_sec);
```

```
            //시간 분 초 표시 및 동일 라인에서 계속 표시함(\r 설정)
    }
}
```

실행 1_Make & Program 버튼 클릭 후, PICDEM 2 Plus 보드 동작을 확인한다.

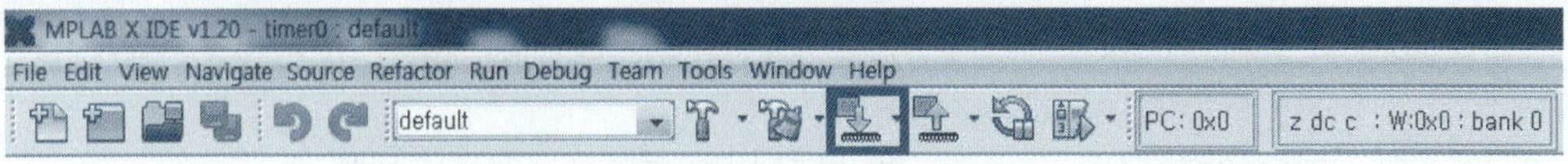

실행 2_경고창이 실행된 경우 OK를 클릭한다.

5) 실습결과

(1) Microchip PICDEM 2 PLUS 보드 사용시

• 하이퍼터미널 출력 결과

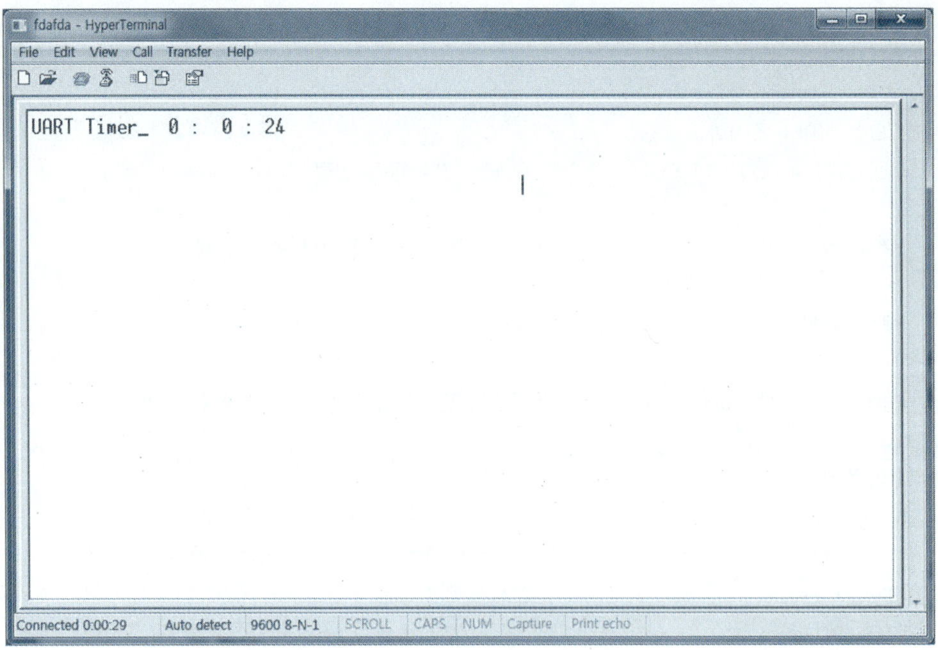

실습 보드의 RB0 숫자 아래의 LED가 1초마다 점멸하고, 위 그림과 같이 하이퍼터미널에서는 UART Timer xx : xx : xx의 시간/분/초가 표시가 된다.

(2) INSEM 8bit PIC 평가 보드 사용시

앞의 보드 그림과 같이 D1 숫자 아래의 LED가 1초마다 점멸하고, 앞의 그림과 같이 하이퍼터미널에서는 UART Timer xx : xx : xx 의 시간/분/초가 표시가 된다.

6) 디버깅(Debugging) 실습

디버깅 방법을 앞 장인 6장에서 설명하였다. 필히 6장의 디버깅 설정 및 버튼 기능들은 숙지한다. 이번 실습에서 검증할 디버깅 포인트는 타이머1 인터럽트 동작 확인, 시간/분/초 넘어가는 부분 변수 확인, UART 통신 동작 확인 등을 변수 및 레지스터들도 함께 Watch창에서 확인하고, LED 점등 동작도 확인한다.

특히, 이번 디버깅 실습은 아주 중요하다. 전자시계의 완전한 동작을 검증하기 위해서는 만약 이 디버깅 모드가 없다면, 프로그램(롬 써넣기)한 후에 하루 동안 지켜보아야 23시 59분 59초에 다시 0시 0분 0초가 되는지를 확인할 수 있다. 그러나, 이 디버깅 모드를 이용하면 아주 간단하게 시/분/초 동작이 제대로 되는지를 알 수 있다.

실행 1_디버깅할 포인트 : 타이머1 인터럽트 동작 확인, 시간/분/초 넘어가는 부분 변수 확인, UART 통신 동작 확인, LED 점등 및 변수, 레지스터값 확인

실행 2_MPLAB X IDE 통합 개발환경 프로그램에서 Run 메뉴에서 Run Project (uart_timer)을 클릭한다.

실행 3_Debug 메뉴에서 Discrete Debugger Operation → Launch Debugger(Project uart_timer)을 클릭한다.(또는 아래 두 번째 그림과 같이 Debug 아이콘에서 Launch Debugger(Project uart_timer)을 클릭해도 된다)

– 동작전압에 대한 주의사항이 뜨면, OK를 클릭하면 된다.

실행 4_다음의 디버깅 버튼들이 메뉴창 아래 표시되는지 확인한다.

실행 5_브레이크 포인트(break point)를 삽입한다.

아래 소스 코드에서 3곳의 사각형 표시 위치에서 오른쪽 마우스 버튼을 클릭하여 “Toggle Line Breakpoint"를 클릭하며 라인 숫자표시 부분에 빨간색 사각형 표시가 생긴다.

```
//전자시계를 동작하기 위한 시간, 분, 초 계산을 위한 함수 코딩
void    calculate_timer(void)
{
    if(timer_sec == 60)              //초가 60초가 되면 if문 실행
                                     //if(timer_sec > 59)와 같음
    {
        timer_sec = 0;               //초 카운팅 변수를 다시 0초로 바꿈
        timer_min++;                 //분 카운팅 변수를 +1 증가시킴
        if(timer_min == 60)          //분이 60분이 되면 if문 실행
                                     //if(timer_min > 59)와 같음
        {
            timer_min = 0;           //분 카운팅 변수를 다시 0분으로 바꿈
            timer_hour++;            //시간 카운팅 변수를 +1 증가시킴
            if(timer_hour == 24)     //24시간이 되면 if문 실행
            {
                timer_hour = 0;      //시간 카운팅 변수를 다시 0시로 바꿈
            }
        }
```

브레이크 포인트 설정한 후에는 빨간색으로 라인 반전이 표시된다.

실행 6_Window 메뉴에서 Debugging → Watches를 클릭하여 Watch창을 표시한다. 이 Watch창에서 모든 변수, 레지스터값들을 확인할 수 있다.

실행 7_Watch창에 timer_hour, timer_min, timer_sec, RCREG, TXSTA, RCSTA, TXREG, SPBRG 변수와 레지스터를 입력한다. 이를 통해 매 브레이크가 걸릴 때마다 변수값의 변화상태를 점검한다.

– Enter new watch 를 클릭하여 변수 또는 레지스터 이름을 넣으면 된다.

실행 8_우선 초 변수인 timer_sec가 59초에서 다시 0초로 바뀌는지 확인하기 위해 Watch창에서 timer_sec 변수 Value 또는 Decimal 에 있는 값 위에서 더블클릭하면 변수값에서 커서 점멸한다. 여기서 59를 입력하고서 디버깅 버튼에서 Continue 버튼을 클릭한다. 이로 인해 다시 1초가 실행되고, 59초에서 60초가 되는 순간 calculate_timer() 함수에서

```
    if(timer_sec == 60)              //초가 60초가 되면 if문 실행
                                     //if(timer_sec > 59)와 같음
```

```
{
    timer_sec = 0;          //초 카운팅 변수를 다시 0초로 바꿈
    timer_min++;            //분 카운팅 변수를 +1 증가시킴
```

위 사각형 부분에서 인터럽트가 걸리게 된다. 이때까지는 timer_sec는 60이다. 만약 이 부분에서 인터럽트가 걸리지 않는다면 브레이크포인트 위치와 소스 코드등의 버그를 잡아야 한다. 또한, Watch창에서 Decimal 탭이 안 보이는 경우 Address 탭 위에서 오른쪽 마우스를 클릭하면 변수 형식 선택창이 표시된다. 거기서, Decimal 체크한다(다른 표현형식도 필요하면 클릭한다).

실행 9_이와 같은 방법으로 timer_sec를 59초, timer_min은 59분, timer_hour는 23시로 Watch창의 변수값을 설정한다. 디버깅 버튼에서 다시 Continue 버튼을 클릭한다. 그 결과 timer_sec는 0초로 바뀌게 되고, timer_min 변수도 59에서 0분으로 바뀌게 되고, timer_hour 시간 변수도 24로 바뀌게 되면서 3번의 브레이크 포인트에서 정지, Continue 버튼 3번 누를 때까지 차례로 변경된다.

실행 10_다시 Continue 버튼을 클릭하면 하이퍼터미널에서 시간이 0시 0분 0초로 표시되면서 동작한다. 이 동작이 정상적으로 되면 완전한 전자시계 동작이 된다.

• 다음 그림은 디버깅 중인 Watch창을 나타내었다.

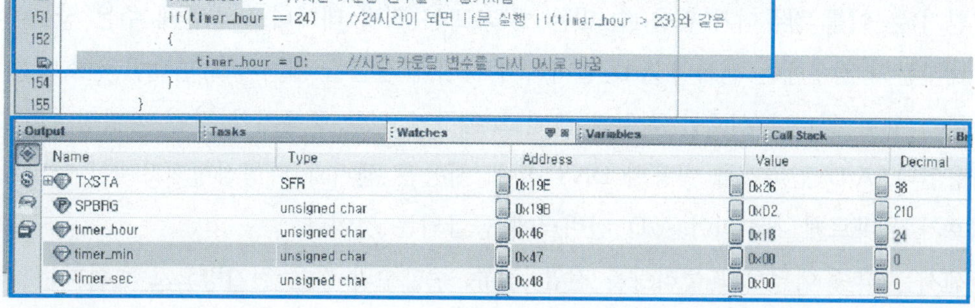

11장

12장

ADC 응용실습

ADC(Analog to Digital Converter)는 아날로그 입력신호 즉 입력된 전압을 디지털 값으로 변환하는 장치로, PIC 마이크로컨트롤러에 내장된 AD 컨버터의 해상도에 따라 8비트, 10비트 또는 12비트 등의 2진수 값으로 변환하는 주변장치를 실습하고자 한다.

1. A/D 컨버터의 개요

전류, 전압, 온도, 습도, 압력, 속도, 가속도 등과 같은 아날로그 물리량을 측정하여 컴퓨터로 제어 또는 분석하려면 디지털 값으로 변환하여 읽어들여야 하는데 이러한 장치를 DAS(Data Acquisition System)라고 한다.

DAS는 센서, A/D 컨버터, 컴퓨터 등으로 구성된다. 센서는 측정하려는 물리량을 전압, 전류 또는 주파수와 같은 전기량으로 변환하는 소자이며, A/D 컨버터(아날로그 디지털 변환기)는 이를 컴퓨터가 읽을 수 있는 병렬 또는 직렬 데이터로 변환해 주는 장치이다.

대부분의 경우에는 센서와 A/D 컨버터의 사이에 잡음을 제거하고 필요한 신호만을 추출하기 위한 필터나 신호를 적절한 크기로 바꾸기 위한 증폭기와 같은 파형정형회로가 사용된다. A/D 컨버터를 이용한 DAS 설계, 사용은 센서와 파형정형회로에서 아날로그 신호가 올바르게 처리되어 A/D 컨버터에 공급되는 것이다.

센서는 각종 아날로그 물리량을 전압, 전류, 주파수와 같은 전기량으로 변환하는 소자이므로 측정하려는 물리량의 성격에 적합한 것을 선정, 측정하려는 아날로그 물리량의 범위 및 시스템의 응용목적에 따라 센서의 출력범위 즉, 분해능이나 정밀도가 적합한 것이어야 한다.

일반적으로 센서의 입력에 대한 출력신호의 직선성이 우수하고, 센서의 성능의 환경변화에 영향을 적게 받는 것이 좋다. 한번 A/D변환을 수행하는데 필요한 시간을 변환시간(conversion time)이라고 하며, 이는 초당 샘플링 속도(sampling rate)로 나타낸다. A/D컨버터는 변환시간에 따라 가격이 크게 달라지므로 응용목적에 따라 적절한 변환시간을 갖는 모델을 선정한다.

분해능(resolution)이란 디지털 출력값을 한 등급만큼 변화시키기 위한 아날로그 입력의 최소변화를 의미하며, 이것은 A/D 컨버터가 표현할 수 있는 최소 아날로그량을 나타내는데, n비트 A/D 컨버터의 경우 기준 스텝 전압의 범위는 $1/2^n$이다. 분해능은 아날로그량을 얼마나 미세하게 읽어들일 수 있는가 하는 척도가 되므로 일반적으로 높을수록 좋다.

ADC(Analog-Digital Converter)가 아날로그 신호를 디지털 데이터로 변환하는 동안에 입력전압이 변동하면 출력에 불확실성이 발생한다. 이를 방지하기 위하여 ADC의 입력단에는 샘플/홀드(S/H; Sample /Hold) 또는 트랙/홀드(T/H ; Track/Hold) 회로를 사용한다. 결국 ADC는 아날로그 전압 레벨을 2진수로 변경하는 장치이다.

분해능이 8비트 및 10비트별 레벨에 대한 예이다.

8–bit → 2^8 → 256단계 레벨
10–bit → 2^{10} → 1024단계 레벨

예를 들어 5볼트 전압에 대한 256단계 분해능을 구해보자(기준 스텝 전압의 범위는 $1/2^n$이므로 전압분해능 = 5V/256 = 19.5mV값을 얻을 수 있다.

2. A/D 컨버터의 구조

A/D 컨버터의 종류는 병렬 비교형(Flash) ADC 구조, 이중 적분형(Dual Slope) ADC 구조, 축차비교형(SAR) ADC 구조가 있다.

1) 병렬 비교형 ADC 구조

병렬 비교형(Flash) ADC 구조는 아날로그 입력신호를 여러 개의 저항으로 나눈 기준 전압과 각각의 비교기로 비교하는 방식을 사용하고, 한 번에 비교가 완료하고 매우 빠른 처리속도가 요구되는 분야에 사용된다.

장점은 매우 빠른 변환시간을 갖고, 단점은 높은 분해능을 갖게 하려면 정밀 저항회로와 비교기의 수가 많아져 회로가 복잡하고 가격이 비싸다.

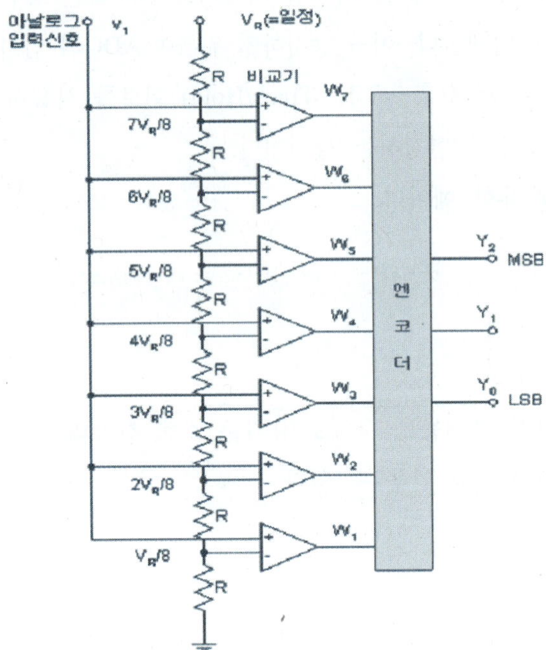

입력	W_7	0	0	0	0	0	0	0	1
	W_6	0	0	0	0	0	0	1	1
	W_5	0	0	0	0	0	1	1	1
	W_4	0	0	0	0	1	1	1	1
	W_3	0	0	0	1	1	1	1	1
	W_2	0	0	1	1	1	1	1	1
	W_1	0	1	1	1	1	1	1	1
출력	Y_2	0	0	0	0	1	1	1	1
	Y_1	0	0	1	1	0	0	1	1
	Y_0	0	1	0	1	0	1	0	1

그림 12-1 병렬 비교형(Flash) ADC 구조

2) 이중 적분형 ADC 구조

이중 적분형(Dual Slope) ADC 구조는 일정한 시간동안 아날로그 입력신호를 적분하고 나서 계수기를 리셋한 후에 다시 기준 전압을 적분기의 출력이 0이 될 때까지 적분하여 그 시간을 측정한다. 이 방식은 저속으로 동작하는 시스템에 많이 사용된다.

장점은 일정한 시간동안 아날로그 입력신호를 적분하므로 입력신호의 잡음에 대하여도 안정된 변환특성을 갖는다.

단점은 2번의 적분시간 때문에 변환시간이 늦는 것이 단점이다.

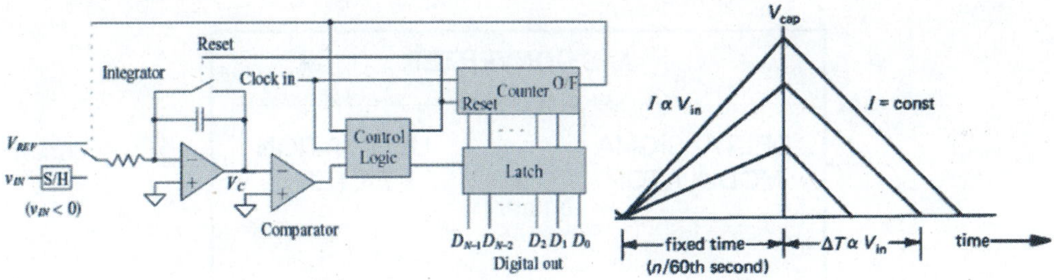

그림 12-2 이중 적분형(Dual Slope) ADC 구조

3) 축차비교형 ADC 구조형

축차비교형 ADC는 SAR(successive Approximation Register)을 사용하여 최상위 비트로부터 순서대로 하위 비트 쪽으로 수정하여 가는 방법으로 DAC의 출력을 훨씬 빨리 아날로그 입력전압에 근사시킨다.

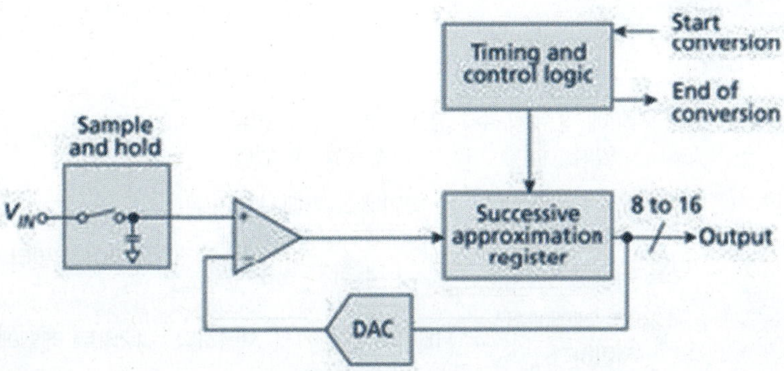

그림 12-3 축차비교형(SAR) ADC 구조형

장점은 비교적 변환시간이 빠르고 회로도 간단하고 현재 저가형이면서 분해능이 비교적 높은 범용 A/D Converter에 가장 널리 사용되고 있다. 또한, 마이크로컨트롤러에도 내장형으로 많이 사용되고 있다.

단점은 변환 중에 아날로그 입력전압이 일정하게 유지하고, 반드시 샘플/홀드가 필요하다.

4) 델타–시그마형 ADC 구조

델타-시그마(Delta-Sigma) 컨버터는 DC전압에서 몇 MHz에 이르는 광범한 주파수에 대한 시그널 변환에 이상적이며 매우 높은 분해능의 결과를 얻을 수 있다.

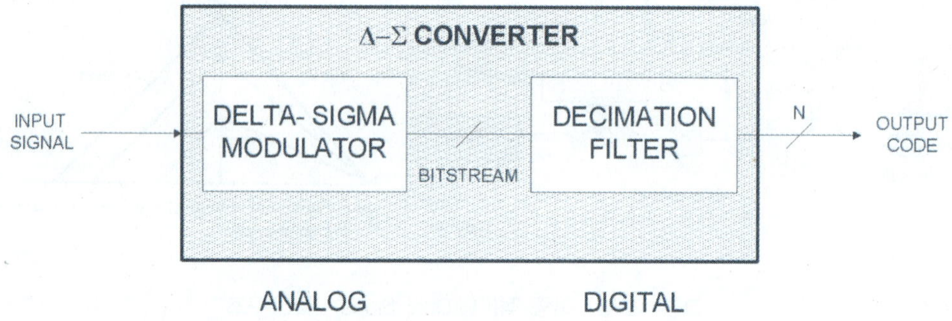

그림 12–4 델타–시그마(Delta–Sigma) 형 ADC 구조

표 12–1 ADC 구조별 비교

	이중적분형	델타–시그마형	축차비교형
속도	느림(max~100Hz)	느림~보통	빠름(low MHz)
해상도	높음(12~16bit)	매우 높음(16~24bit)	높음(8~16bit)
50/60Hz 저항력	저항력 좋다	저항력 아주 좋다	저항력 보통
소음 정도	우수	최상	보통
신호 레벨		신호 레벨이 매우 적다	
소비전력	변환 사이에 종료될 수 있다.	사용전력이 낮고 변환사이에 종료될 수 있다.	변환 사이에 종료될 수 있다.
외부 구성요소	바이패스 커패시터, integrating cap, 낮은 드리프트 저항	바이패스 커패시터,자주 안티앨리어싱 필터가 존재 하지 않는다.	바이패스 커패시터,안티 앨리어싱 필터가 필수적이다.
비용	12비트 레벨에서 저렴하다.	16비트 레벨에서 저렴하다.	12비트 레벨에서 저렴하다.

델타-시그마(DS) ADC 장점은 고해상도(Higher resolution), 노이즈에 강한 특성, 더 적은 전력소모, 구성부품의 집적화, Anti-Aliasing Filter가 거의 불필요하다.

다른 ADC와의 상대적인 단점은 샘플링 Rate가 더 느리다. 표 12-1은 ADC 구조별 비교를 나타내었다.

참고사항

여기서 안티앨리어싱은 높은 해상도의 신호를 낮은 해상도에서 나타낼 때 생기는 앨리어싱(깨진 패턴)을 최소화하는 방법이다.

3. ADC 모듈의 구성 및 동작

1) PIC16F1939 ADC 모듈 구성 및 ANx 전압 입력핀

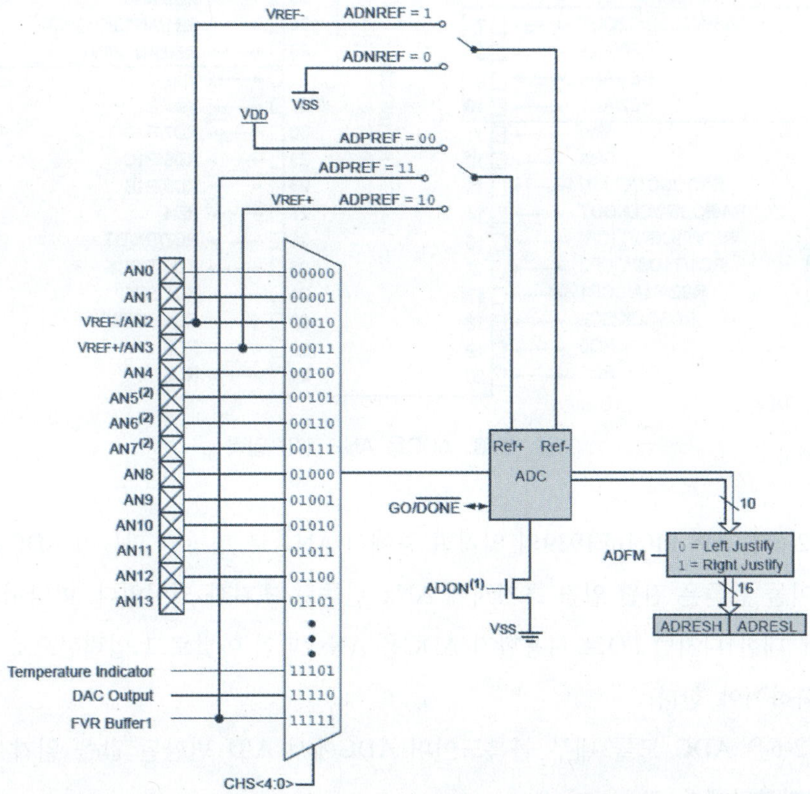

그림 12-5 PIC16F1939 ADC 내부 블록도

ADC(아날로그-디지털 컨버터) 모듈은 PIC 마이크로컨트롤러마다 다르지만, 이 실습에서 사용하는 PIC16F1937은 13개의 아날로그 입력을 가지고 있다. 아날로그 입력핀으로 입력된 전압은 샘플/홀드 회로의 커패시터에 충전된다. 샘플/홀드 커패시터의 출력은 A/D 컨버터의 입력으로 들어간다. A/D 컨버터는 이 입력된 아날로그 전압 레벨에 따른 연속적인 근사값을 디지털 결과값으로 내어놓는다.

따라서, 이 A/D 컨버터의 아날로그 입력신호의 변환은 10비트 디지털 숫자에 대응되는 결과이다. 또한, A/D 변환할 전압범위를 지정하는 아날로그 참조 전압(+, －공급)은 PIC MCU의 공급되는 전압이거나(AVDD, AVss핀 사용), AN3/VREF+ 과 AN2/VREF-핀으로 특정 전압을 연결하여 A/D 전압범위를 설정한다.

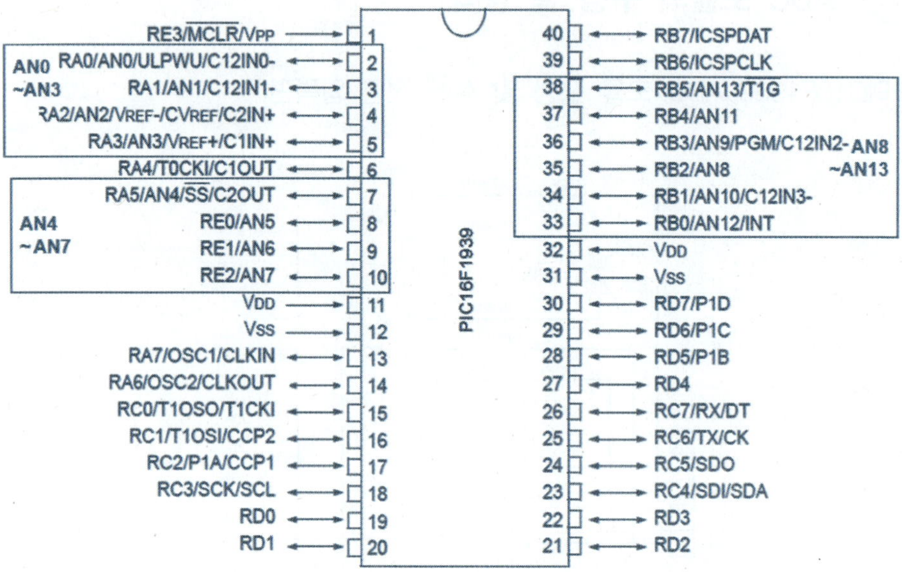

그림 12-6 ADC용 ANx 전압 입력

그림 12-6과 같이 PIC16F1939의 입력핀 중에서 ANx 로 명명된 핀들이 ADC용 입력핀들이다. 이들 핀들은 전원 입력 초기시에 ANx 핀들로 초기화 되어있다. 따라서, 꼭 입출력 핀들에 대한 디지털 I/O로 사용할지 ADC용 ANx 피인 아날로그 입력핀으로 사용할지를 초기화하여야 한다.

그림 12-6은 ADC 모듈 내부 블록도이며 ADC에서 A/D 변환된 값을 읽기 위해서는 네 가지 기본단계가 필요하다.

① 아날로그 입력핀과 변환 클럭 등을 초기화한 후에 아날로그 모듈을 동작시킨다.

② ADCON0의 GO_DONE 비트를 1로 세팅한다.

③ GO_DONE 비트가 0 이 되길 기다린다(A/D 변환이 완료되면 PIC 마이크로컨트롤러가 자동으로 0으로 만듬).

④ ADRESH(상위), ADRESL(하위) 레지스터에 A/D 변환된 결과값을 읽는다.

ADC 모듈의 동작은 그림 12-7과 같이 취득 시간은 ADC 모듈 안에 있는 커패시터가 외부 전압량에 연결되는 시간이다. 대개는 데이터시트에 자세한 설명이 나와 있다. 다음과 같이 취득시간에 대한 간단한 계산식을 나타내었다.

TACQ(ADC 취득시간) = AMP회로 안정화 시간 +충전시간 + 온도계수
= TAMP + TC + TCOFF
(일반적으로 섭씨 50일 때 약 TACQ(ADC 취득시간)가 7.45μs이다)

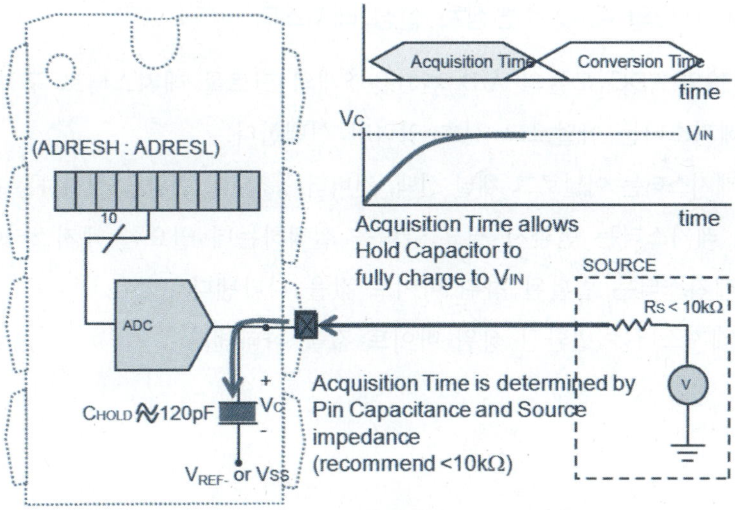

그림 12-7 ADC 동작시 취득시간

그림 12-8과 같이 GO 비트가 셋될 때 A/D 변환이 시작되고, 11 TAD 만큼의 변환 시간이 필요하다. A/D 변환이 완료되면 ADRESH:ADRESL 레지스터에 A/D 변환의 10비트 결과값이 저장된다. A/D 변환이 끝나면 결과는 A/D 결과 레지스터로 로드되고, GO/

DOWN(ADCON0<2>) 비트는 클리어되고, A/D 인터럽트 플래그 비트(ADIF)는 셋된다.

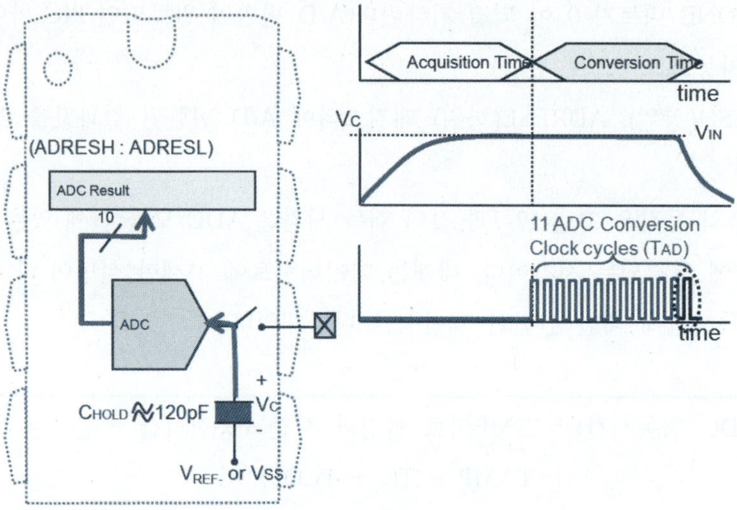

그림 12-8 ADC 동작시 변환시간

2) PIC16F1939의 ADC 주변장치 설정 레지스터

PIC16F1939의 ADC 모듈의 A/D 변환은 5개의 컨트롤 레지스터로 구현한다.

ANSEL 레지스터는 아날로그 신호 입력핀 선택한다.

ADCON0레지스터는 아날로그 채널 선택, 컨버터 동작 켬, 변환을 실시하는 레지스터이다.

ADCON1 레지스터는 변환시 필요 클럭을 설정하는데 필요한 레지스터이다.

ADRESL레지스터는 변환된 하위 바이트 값을 나타낸다.

ADRESH레지스터는 변환된 상위 바이트 값을 나타낸다.

(1) ADC 제어 레지스터

U-0	R/W-0/0	R/W-0/0	R/W-0/0	R/W-0/0	R/W-0/0	R/W-0/0	R/W-0/0
—	CHS<4:0>					$GO/\overline{DONE}$	ADON
bit 7							bit 0

bit 7 Unimplemented: Read as '0'

bit 6-2 CHS〈4:0〉: 아날로그 입력 채널 선택 비트

11111 =FVR (Fixed Voltage Reference) Buffer 1 Output(2)

11110 = DAC output(1)

11101 = Temperature Indicator(3)

11100 = Reserved. No channel connected.

•

•

•

01110 = Reserved. No channel connected.

01101 = AN13

01100 = AN12

01011 = AN11

01010 = AN10

01001 = AN9

01000 = AN8

00111 = AN7(4)

00110 = AN6(4)

00101 = AN5(4)

00100 = AN4

00011 = AN3

00010 = AN2

00001 = AN1

00000 = AN0

bit 1 GO/DONE: A/D 변환 시작 및 상태 비트

1 = A/D 변환 수행 중이며 변환이 완료 되면 자동으로 0으로 바뀜

0 = A/D 변환 완료

bit 0 ADON: ADC 모듈 동작/중지 비트

1 = ADC 모듈 동작

0 = ADC 모듈 정지(전류 소모 X)

그림 12-9 ADCON0 레지스터

R/W-0/0	R/W-0/0	R/W-0/0	R/W-0/0	U-0	R/W-0/0	R/W-0/0	R/W-0/0
ADFM	ADCS<2:0>			—	ADNREF	ADPREF<1:0>	
bit 7							bit 0

bit 7 ADFM: A/D 변환값 출력 형식 설정 비트
1 = ADRESH : ADRESL 레지스터 16비트상에 10비트 A/D 변환값 우정렬 출력(아래 설명 참조)
0 = ADRESH : ADRESL 레지스터 16비트상에 10비트 A/D 변환값 좌정렬 출력(아래 설명 참조)

bit 6-4 ADCS⟨2:0⟩: A/D 변환 클럭 선택 비트
111 = FRC (clock supplied from a dedicated RC oscillator)
110 = FOSC/64
101 = FOSC/16
100 = FOSC/4
011 = FRC (clock supplied from a dedicated RC oscillator)
010 = FOSC/32
001 = FOSC/8
000 = FOSC/2

bit 3 Unimplemented: Read as '0'

bit 2 ADNREF: A/D 변환 기준 음전압 설정 비트
1 = Vref- 전압 = 외부 Vref- 핀으로 연결
0 = Vref- 전압 = VSS(GND, 0V) 로 연결

bit 1-0 ADPREF⟨1:0⟩: A/D 변환 기준 양전압 설정 비트
11 = Vref+ 전압 = 내부 FVR 모듈의 고정 출력 전압으로 연결
10 = Vref+ 전압 = 외부 Vref+ 핀으로 연결
01 = Reserved
00 = Vref+ 전압 = VDD(+5V 또는 구동전압) 으로 연결

그림 12-10 ADCON1 레지스터

(2) ADC 결과 레지스터(ADRESH, ADRESL) 출력 형식

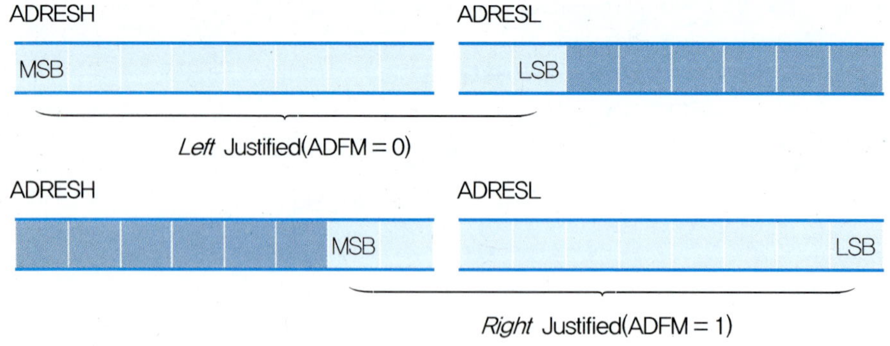

그림 12-11 ADC 결과 레지스터

① 10비트 ADC의 결과를 두 개의 ADRESH, ADRESL 레지스터에 배치한다.
② A/D 변환 결과값 표시방법에는 좌정렬(그림 12-11 위쪽)과 우정렬(그림 12-11 아래쪽)으로 표시할 수 있다.
③ 형식은 선택 비트인 ADFM 비트가 있는 ADCON1 레지스터에 의하여 결정된다.
④ 좌정렬은 10비트를 좌로 밀어버리고 우를 남기는 것이고 우정렬은 그와 반대로 10비트를 우로 밀어버리고 좌를 남기는 것이다.
⑤ 보통 우정렬을 많이 사용하고 좌정렬은 노이즈가 많은 경우에 사용한다. 우정렬은 변화가 예민한 경우에 사용한다.

실습예제 1 : ADC 주변장치를 이용한 A/D 변환 및 UART 출력실습

1) 실습목표

(1) Microchip PICDEM 2 PLUS **보드 사용시**

- PIC16F1939 PIC 마이크로컨트롤러 입출력 포트 초기화 설정
- PIC16F1939 PIC 마이크로컨트롤러 UART 주변장치 초기화 설정
- PIC16F1939 PIC 마이크로컨트롤러 ADC 주변장치 초기화 설정
- ADC 응용 폴링 방식 A/D 변환 함수 소스 코딩
- UART 주변장치 초기화 설정
- UART 주변장치의 TX핀으로 한 문자 송신 함수 소스 코딩
- stdio.h 헤더 응용 stdio 라이브러리 추가 및 printf 문 사용 방법
- 윈도우용 시리얼 통신 응용 프로그램인 "하이퍼터미널" 설정
- 가변저항(R16l, POT)과 연결된 AN0 아날로그 입력 채널로부터 전압을 읽고 ADC를 응용 A/D 변환 함수 소스 코딩
  - UART 통신으로 printf문을 사용하여 A/D 변환값 출력 소스 코딩

(2) INSEM 8bit PIC **평가 보드 사용시**

- PIC16F1939 PIC 마이크로컨트롤러 입출력 포트 초기화 설정
- PIC16F1939 PIC 마이크로컨트롤러 UART 주변장치 초기화 설정
- PIC16F1939 PIC 마이크로컨트롤러 ADC 주변장치 초기화 설정

- ADC 응용 폴링 방식 A/D 변환 함수 소스 코딩
- UART 주변장치 초기화 설정
- UART 주변장치의 TX핀으로 한 문자 송신 함수 소스 코딩
- stdio.h 헤더 응용 stdio 라이브러리 추가 및 printf 문 사용방법
- 윈도우용 시리얼 통신 응용 프로그램인 "하이퍼터미널" 설정
- 가변저항(R21, POT)과 연결된 AN2 아날로그 입력 채널로부터 전압을 읽고 ADC를 응용 A/D 변환 함수 소스 코딩
- UART 통신으로 printf문을 사용하여 A/D 변환값 출력 소스 코딩

2) 실습회로

(1) Microchip PICDEM 2 PLUS 보드 또는 자작 보드 사용시

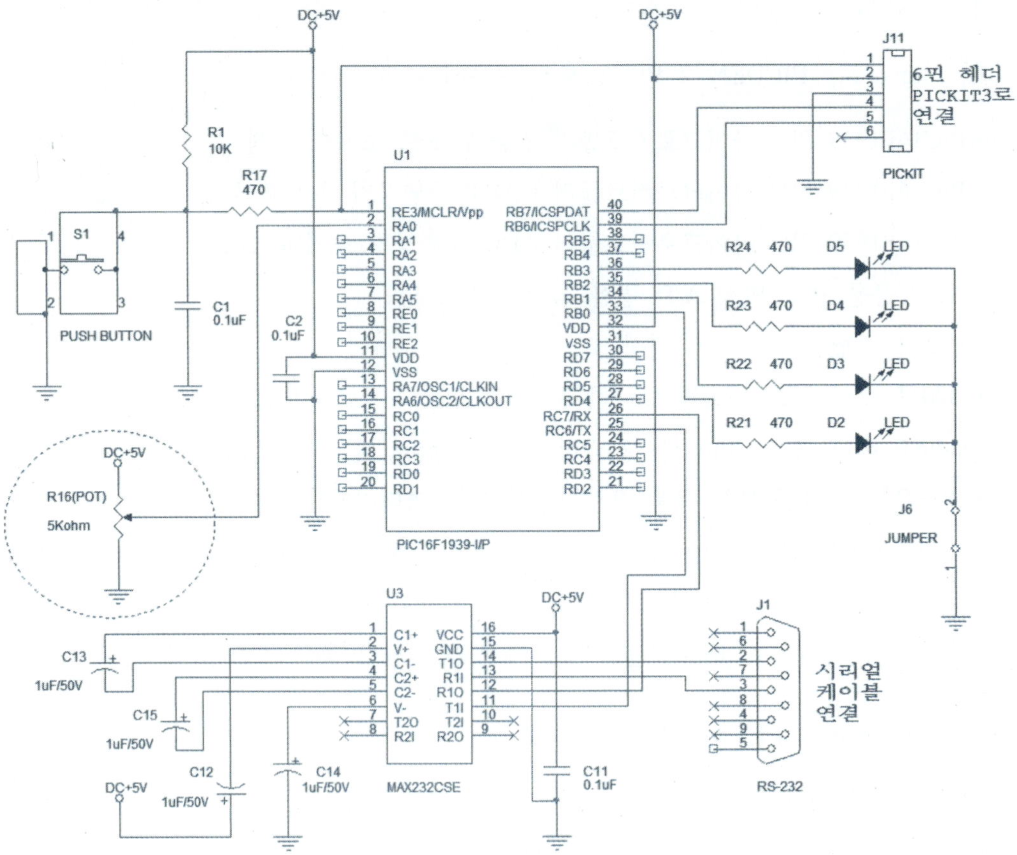

(2) INSEM 8bit PIC 평가 보드 사용시

① 보드 전원부 세팅 및 회로

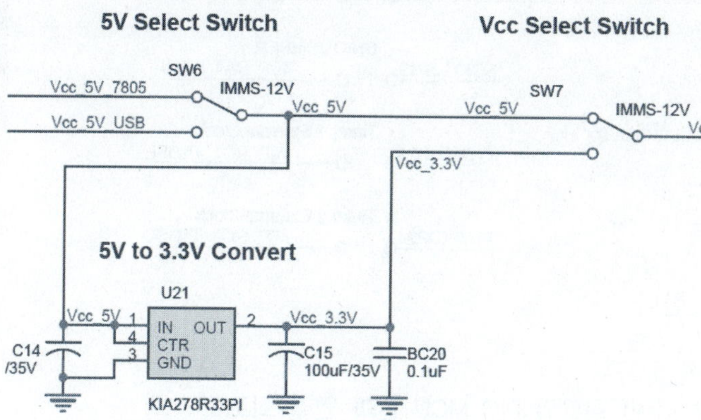

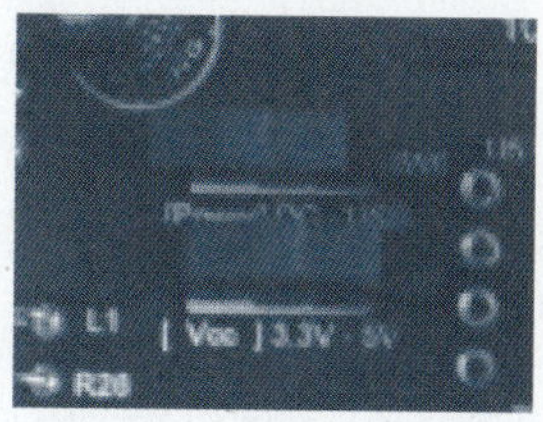

위 그림과 같이 SW6(위)과 SW7(아래)의 설정은 현재 보드에 전원장치로 전원을 공급하므로, SW6은 Power DC 방향(왼쪽)으로 SW7은 PIC MCU의 Vdd 핀으로 전원 공급전압을 선택하는 스위치로 이 실습에서는 +5V 동작이므로 SW7은 5V(오른쪽)으로 선택한다.

② 40PIN PIC16F1939 주변 회로

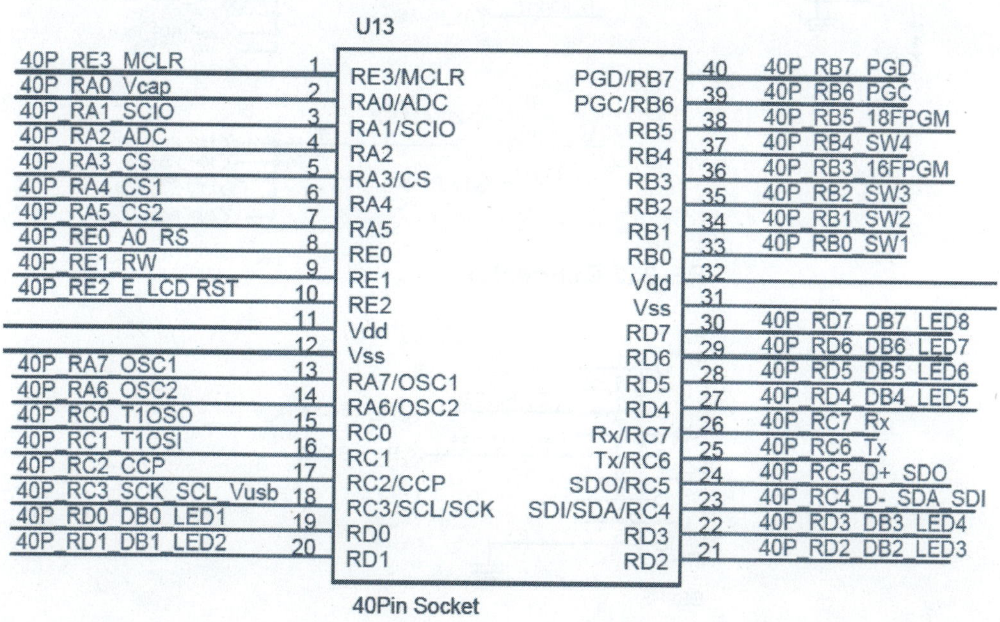

12장

③ 가변저항(R21, POT) 주변 회로도와 PIC MCU 핀과 연결 회로도

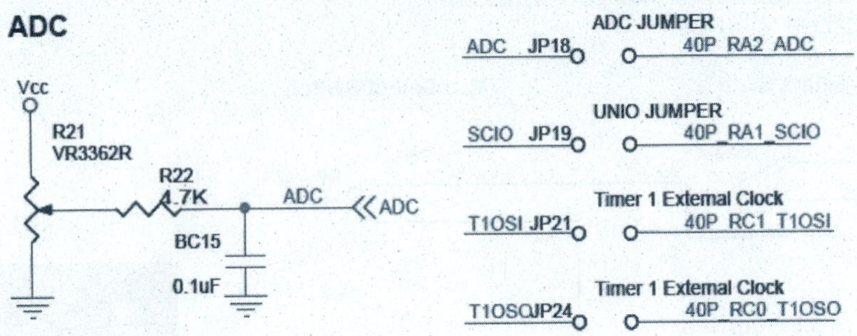

– JP18는 점퍼로 연결해야 한다.

④ 전압 레벨 시프터(MAX232) 주변 회로와 PIC MCU 핀과 연결 회로도

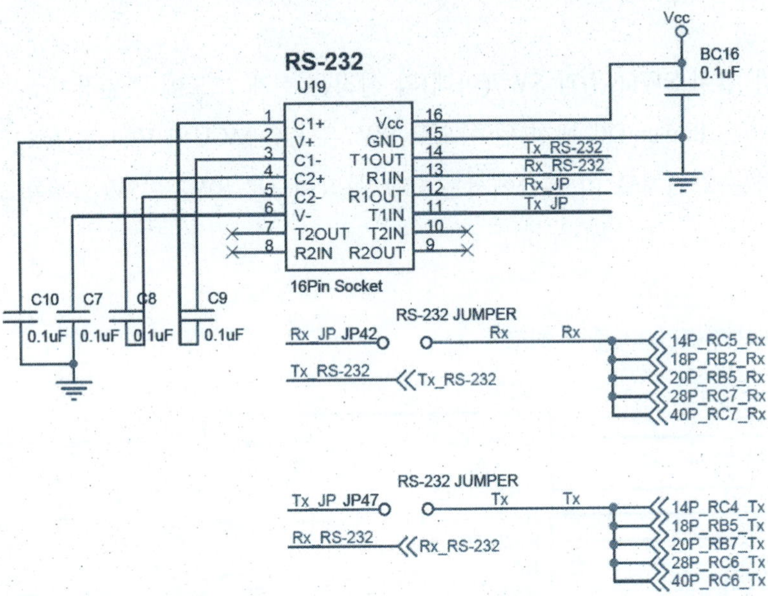

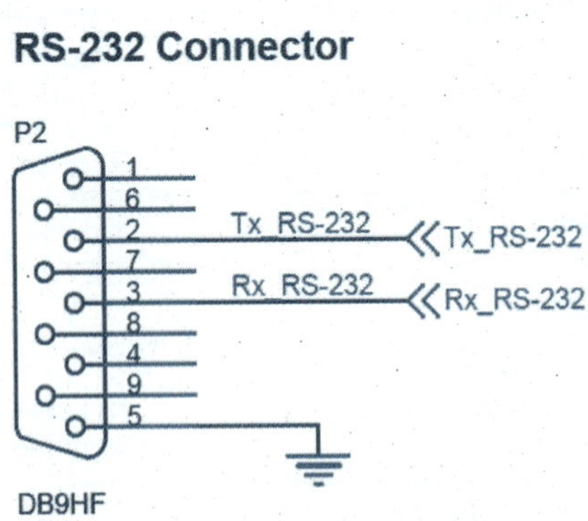

• 앞 회로도에서 JP47과 JP42를 점퍼로 연결되어야 한다.

※ 참고사항: Vcap핀에는 0.1uF콘덴서를 연결해야하나 이 실습에서는 사용하지 않음.

3) 실습환경

• MPLAB X IDE 통합 개발 SW 설치
• MPLAB XC8 컴파일러 설치(5장 마이크로칩 8비트 PIC 마이크로컨트롤러 개발환경 셋업 참조)
• 마이크로칩 디버거 장비(PICKit3, ICD3, REAL ICE 중에 택일) 설치(이 교재에서는 PICKit3로 모든 실습을 함)
• 전원 9V 또는 자작 보드로 실습시에는 +5V 전원 공급장치 필요

(1) Microchip PICDEM 2 PLUS 보드 사용시 연결 사진

• 11장 UART(비동기 시리얼 통신) 주변장치를 이용한 데이터 전송실습예제에서 실습환경 참조

(2) INSEM 8bit PIC 평가 보드 사용시 연결 사진

• 11장 UART(비동기 시리얼 통신) 주변장치를 이용한 데이터 전송실습예제에서 실습환경 참조

(3) 자작 보드 사용시 연결 구성도

• 6장 I/O 포트를 이용한 스위치, LED 입출력 구동실습 예제에서 그림 6-11 실습환경 참조

(4) 하이퍼터미널 설정 및 설치하기

• 11장 UART(비동기 시리얼 통신) 주변장치를 이용한 데이터 전송실습예제 참조

4) 실습 코딩 순서

Step 1 MPLAB X IDE를 이용한 새 프로젝트 만들기

실행 1_MPLAB X IDE 실행 후 File 메뉴에서 New Project를 선택한다.

실행 2_프로젝트 선택에서 Categories에서 Microchip Embedded 선택 후 Projects에서 Standalone Project 선택, 그리고 Next를 클릭한다.

실행 3_Device 선택에서 Family에서 Mid-Range 8bit MCU ..... 선택, Device에서 PIC16F1939 선택 후 Next를 클릭한다.

실행 4_Header 선택은 그대로 하고 Next를 클릭한다.

실행 5_Hardware Tool 선택에서 PICKit3 선택, Next를 클릭한다.

실행 6_컴파일러 선택에서 Compiler Toolchains에서 XC8 (V1.xx).... 선택 후 Next를 클릭한다.

실행 7_Browse 버튼을 클릭하여 Project 만들 폴더 만들기 후 Project Name란에 프로젝트 이름(예 : timer0_1sec)을 입력 후 Finish를 클릭한다.

- Encoding 옵션 설정 : 한글 지원 관련
- UTF-8 또는 x-window949 정도 설정하면 한글 주석 처리 가능

실행 8_File 메뉴에서 New File을 선택한다.

실행 9_Categories에서 C 선택, File Type에서 C Main File 또는 C Source File을 선택 후 Next를 클릭한다.

실행 10_File Name에 소스 코드 이름 입력(예 : timer0_1sec.c) 후 Finish를 클릭한다.

Step 2 ADC 주변장치를 이용한 A/D 변환 및 UART 출력실습 소스 코딩

실행 1_디폴트 헤더문 입력

```
#include <xc.h>
```

실행 2_컨피그레이션 비트 설정 매크로 삽입 코딩

```
__CONFIG(FOSC_INTOSC & WDTE_OFF & PWRTE_ON & MCLRE_OFF & BOREN_OFF);
```

실행 3_LED 포트 설정 및 전역 변수, 기타 define문 코딩

```
#define PICDEM2PLUS
//#define INSEM_8bitPIC
```

OSCCON 레지스터를 설정하여 16MHz 내부 클럭 발진회로를 설정하고, 그 주파수의 4분주가 인스트럭션 사이클로 어셈블러로 1사이클 명령어가 수행하는 속도이다. Fcy라고 표현하며, 시간으로는 Tcy라고 주로 표현된다. 따라서, 1 사이클 어셈블러 명령어는 250ns에 실행이 된다.

```
#define Fosc 16000000                    //내부 16MHz 클럭 설정
#define Fcy Fosc / 4                     // Fcy = Fosc/4
```

```
#define Tcy 1 / Fcy                               // 1/4MHz = 250ns
```

또한, 아래와 같이 UART 통신 보-레이트(Baud-Rate)를 설정하기 위한 선언문이다. PIC MCU의 동작 주파수(Fosc)가 16MHz인 경우, UART 통신 보-레이트 속도를 9600bps로 설정하는 계산식을 선언문으로 설정한다.

```
#define BAUD_RATE 9600
#define BRG_VALUE (Fosc/16 /BAUD_RATE - 1)
```

보-레이트 설정법은 데이터시트 ESUART 주변장치 또는 UART 통신 부분을 참조한다. 또한, 보-레이트 계산방법 및 주의사항 등은 11장 UART 통신 부분을 참고한다. 간략히 설명하자면 위 선언문에서 설정한 통신속도 : 9600bps, Fosc = 16Mhz, BRGH = 1이면 SPBRG = (Fosc/(9600*16))-1 이 계산식으로 구할 수 있다. 따라서, 위 같이 계산한 결과 SPBRG 값은 103으로 설정한다.

- Microchip PICDEM 2 PLUS 보드 또는 자작 보드 사용시

```
    //LED 포트 설정
    #define   LED         PORTBbits.RB0        //D2 LED 출력, 비트별 설정 표현 가능
```

- INSEM 8bit PIC 평가 보드 사용시

```
    //LED 포트 설정
    #define   LED         PORTDbits.RD0        //D1   LED 출력
```

실행 4_포트 입출력 초기화 함수 코딩

- Microchip PICDEM 2 PLUS 보드 또는 자작 보드 사용시

```
void initial_port(void)
{
    //PORTB 사용 LED 출력 포트 초기화
    TRISB = 0b11111110;             //PORTB RB0 핀을 출력으로 설정
    // 1 = 입력, 0 = 출력
    ANSELB = 0x00;                  //포트 B의 ANxx 핀들 모두 디지털로 설정
    TRISCbits.TRISC7 = 1;           //송수신 RC7(RX)핀 초기화
    TRISCbits.TRISC6 = 0;           //송수신 RC6(TX)핀 초기화
}
```

- INSEM 8bit PIC 평가 보드 사용시

```
void initial_port(void)
{
    //PORTD 사용 LED 출력 포트 초기화
```

12장

```
	TRISD = 0b11111110;           //PORTD RD0 핀을 출력으로 설정
	// 1 = 입력, 0 = 출력
	ANSELD = 0x00;                //포트 D의 ANxx 핀들 모두 디지털로 설정

	TRISCbits.TRISC7 = 1;         //송수신 RC7(RX)핀 초기화
	TRISCbits.TRISC6 = 0;         //송수신 RC6(TX)핀 초기화
}
```

실행 5_UART 통신 주변장치 초기화 함수 소스 코딩

```
void initial_uart(void)
{
	//통신 보-레이트 설정 : 9600bps
	SPBRG = BRG_VALUE;            //define문에서 설정됨
	//TXSTA 레지스터 송신 초기화
	TXEN = 1;                     //TX 송신 모듈 On [0:Disable, 1:Enable]
	BRGH = 1;                     //고속 보-레이트 설정 On [0:Disable, 1:Enable]
	TX9 = 0;                      //9Bit 송신 설정 비트 [0:8Bit, 1:9Bit]
	SYNC = 0;                     //동기/비동기 통신 모드  [0:비동기, 1:동기]
	//RCSTA 레지스터 수신 초기화
	SPEN = 1;                     //시리얼 포트 RX, TX 핀 사용[0:Disable, 1:Enable]
	CREN =1;                      //연속 수신 가능 On [0:Disable, 1:Enable]
	RX9 = 0;                      //9Bit 수신 설정 비트 [0:8Bit, 1:9Bit]
	//UART 인터럽트 초기화
	RCIF = 0;                     //수신 인터럽트 플래그
	TXIF = 0;                     //송신 인터럽트 플래그
	RCIE = 0;                     //수신 인터럽트 설정 비트[0:Disable, 1:Enable]
	TXIE = 0;                     //송신 인터럽트 설정 비트[0:Disable, 1:Enable]
}
```

실행 6_UART 응용 한 문자 송신 함수 소스 코딩

stdio.h 헤더를 삽입하고 stdio 라이브러리를 추가하여 printf 문을 사용하기 위해서는 반드시 아래와 같이 UART 한 문자 송신 함수이름이 putch(char data)로 설정하여야 한다. 기존의 uart_putch() 함수이름이 변경된 것이다. printf 문을 사용하기 위해서는 꼭 변경하기 바란다.

```
void putch(char data)
{
	TXREG = data;
	while(!TRMT);
}
```

실행 7_UART 응용 한 문자 수신 함수 소스 코딩

```
unsigned char uart_getch(void)
{
        while(!RCIF);
        RCIF = 0;
        return RCREG;
}
```

실행 8_stdio.h 헤더 응용 stdio 라이브러리 추가 및 printf 문 사용방법

표준 입출력 관련한 함수들 중에 UART 시리얼 통신과 아주 밀접한 관계가 있는 함수가 바로 printf 문이다. 이전 실습에서 위 실행 8에서 삭제된 uart_puts() 함수에서는 소수점, 변수 포맷 형식 및 한글 등의 표시를 하려면 엄청난 루틴들이 필요하다. 한마디로 C언어를 아주 잘 구사하여야 한다. 그러나, printf문을 사용하면 너무나 쉽게 표시가 가능하다.

아래 순서는 printf문을 사용하는 방법에 대한 순서이다. 그리고, 꼭 UART 한 문자 송신 함수인 putch() 함수가 선언되어 있어야 한다(위 실행 6 참조).

- #include <xc.h> 헤더문 다음에 아래 소스를 삽입한다.

```
        #include <stdio.h>    //printf문 사용 위해
                              //표준 입출력 라이브러리 헤더 삽입
```

실행 9_ADC 주변장치 초기화 함수 소스 코딩

우선 가변저항에서 전압을 입력할 아날로그 입력핀에 대해 ANSELx 레지스터로 포트 초기화를 해야 한다. 또한, 사용되는 보드마다 회로가 다르므로 #if 문으로 구별하였다.

또한, ADCON1 레지스터의 ADFM 비트는 10비트의 ADC 변환 결과값이 저장되는 ADRESH(10비트 중의 상위 바이트), ADRESL(10비트 중의 하위 바이트) 레지스터에 좌정렬로 저장할지, 우정렬로 저장할지를 선택하는 비트이다. 만약

```
        ADCON1bits.ADFM = 0;
```

이면, 좌정렬(Left justified)로 아래와 같이 결과값(0x02A9(Hex표시) 0b00001010101001(Binary 표시))이 저장된다.

ADRESH : ADRESL => 1010 1010 : 01xx xxxx

(x를 0으로 간주하면, 0xAA4, x는 의미 없는 비트)

12장

또한,

```
ADCON1bits.ADFM = 1;
```

이면, 우정렬(Right justified)로 아래와 같이 결과값(0x02A9(Hex 표시) 0b000010 10101001(Binary표시))이 저장된다.

ADRESH : ADRESL => xxxx xx10 : 1010 1001
(x를 0으로 간주하면 0x02A9, x는 의미 없는 비트)

따라서 초기 설정된 ADC 해상도는 10bit(비트)이지만 8bit값만 사용할 경우에는 좌정렬을 한 후 ADRESH 레지스터만 사용하면 된다. 그리고, 좌정렬과 우정렬시에 표시되는 값과 레지스터가 달라지므로 우정렬인 경우 해당 값에 대한 스케일 조정이 필요하다.

ADCON1 레지스터의 ADCS<2:0> 비트는 A/D 컨버터의 컨버전 클럭을 선택하는 3개의 비트이다. 마이크로칩스 데이터시트 30장에 보면 전기적 특성(Electrical Specifi- cation)에서 Table 30-9 A/D Conversion Requirement가 있다. 여기서 Tad 값은 A/D 클럭 주기로 최소 1.0μs에서 최대 9.0μs 시간 내에 있어야 ADC 주변장치가 정상적인 A/D 변환을 가질 수 있다.

Step 2에서 16MHz 내부 클럭을 설정하였고, Tosc는 62.5ns으로 설정을 하였다.

따라서, ADCS<2:0> 비트를 통해 Fosc 분주비를 설정할 수 있다. 이 실습에서는 A/D 컨버전이 빠르면 빠를수록 좋기 때문에 최소 클럭인 1μs로 세팅하려고 하면, 1μs / 62.5ns = 16분주 값을 알 수 있으므로, 여기서는 Fosc/16을 아래와 같이 설정하면 된다.

```
ADCON1bits.ADCS = 5; //ADC 변환 클럭: Fosc/16 = 1us(최소 클럭)
```

ADCON0 레지스터의 CHS<4:0> 비트는 이 실습에서 사용하는 PIC16F1939 MCU의 ANx 아날로그 입력핀은 AN0~AN13까지 모두 14개 아날로그 입력채널을 가지고 있다. 입력 채널이 14개라고 해서 동시에 14개의 아날로그 입력전압을 변환할 수는 없다. 언급된 ADC 주변장치 블록도를 보면 A/D 컨버터는 1개 밖에 없기 때문에 14개 아날로그 입력을 동시에 변환하는 것은 불가능하다. 따라서, 한 채널씩 돌아가면서 A/D 변환을 해야 한다. 그러므로, CHS 비트를 계속 바꿔가면서 변환해야 한다.

```
//ADC 주변장치 및 아날로그 입력핀 초기화
void initial_adc(void)
{
    //아날로그 입력핀 설정
#ifdef PICDEM2PLUS          //Microchip PICDEM 2 PLUS 보드 사용시
    TRISAbits.TRISA0 = 1;   //RA0핀 입력핀으로 설정
    ANSELA=0x01;            //AN0(RA0)을 아날로그 입력으로 RA0 포텐쇼미터 연결
                            //가변저항 RA0의  전압값을 읽기
#endif

#ifdef INSEM_8bitPIC        //INSEM 8bit PIC 평가 보드 사용시
    TRISAbits.TRISA2 = 1;   //RA2핀 입력핀으로 설정
    ANSELA=0x04;            //AN2(RA2)를 아날로그 입력으로 R21 포텐쇼미터 연결
                            //가변저항 R21의 전압값을 읽기
#endif

    //ADC 초기화
    //ADCON1 레지스터 초기화
    ADCON1bits.ADFM = 0;            //10비트 ADC 결과값을 좌정렬 설정
                                    //0 : 좌정렬  1 : 우정렬

    ADCON1bits.ADCS = 5;            //ADC 변환 클럭 설정 : Fosc/16 = 1μs(최소 클럭)

    ADCON1bits.ADNREF = 0;          //ADC 변환 -전압 기준(Vref-) : Vss 핀(0V) 설정
    ADCON1bits.ADPREF = 0;          //ADC 변환 +전압 기준(Vref+) : Vdd 핀(+5V) 설정

    ADCON0bits.CHS = 0;             //CHS<4:0> 5비트 아날로그 입력 채널 선택
        //각 비트별로 아날로그 입력 채널 선택시에는 아래와 같이 각 비트별로 설정 가능
        //ADCON0bits.CHS4 = 0;      //AN0 아날로그 입력 설정
        //ADCON0bits.CHS3 = 0;      //AN0 아날로그 입력 설정
        //ADCON0bits.CHS2 = 0;      //AN0 아날로그 입력 설정
        //ADCON0bits.CHS1 = 0;      //AN0 아날로그 입력 설정
        //ADCON0bits.CHS0 = 0;      //AN0 아날로그 입력 설정

    //ADCON0 레지스터 초기화
#ifdef PICDEM2PLUS  //Microchip PICDEM 2 PLUS 보드 사용시
        ADCON0bits.CHS = 0;         //AN0(RA0)을 아날로그 입력 채널로 RA0 포텐쇼미
                                    터 연결
#endif

#ifdef INSEM_8bitPIC                //INSEM 8bit PIC 평가 보드 사용시
```

```
    ADCON0bits.CHS = 2;            //AN2(RA2)를 아날로그 입력 채널로 R21 포텐쇼미
                                   터 연결
#endif
    //CHS 각 비트별 설정도 가능
    //ADCON0bits.CHS4 = 0;         //AN0 아날로그 입력 설정
    //ADCON0bits.CHS3 = 0;         //AN0 아날로그 입력 설정
    //ADCON0bits.CHS2 = 0;         //AN0 아날로그 입력 설정
    //ADCON0bits.CHS1 = 0;         //AN0 아날로그 입력 설정
    //ADCON0bits.CHS0 = 0;         //AN0 아날로그 입력 설정

    PIR1bits.ADIF = 0;             //ADC 인터럽트 플래그 클리어
    PIE1bits.ADIE = 0;             //ADC 인터럽트 동작중지
    ADCON0bits.ADON = 1;           //아날로그 모듈 ON
}
```

실행 10_ADC 응용 폴링 방식 A/D 변환 함수 소스 코딩

A/D 변환하기 위해서는 10비트 A/D 변환이 완료되면 ADRESH(상위 저장 바이트), ADRESL(하위 저장 바이트) 레지스터에 저장하는 값의 정렬순서를 실행9에서 ADFM 비트를 사용하는 방법을 설명하였다. 따라서, 아래와 같이 위의 설정을 #define문을 사용하여 8비트 값 또는 10비트 값을 얻을 것인지 설정한다.

```
#define ADC_8BIT          //10비트 ADC 결과값을 정렬 설정, 0 : 좌정렬
#define ADC_10BIT         //10비트 ADC 결과값을 정렬 설정, 1 : 우정렬
```

소스에서 위 define문을 사용 예로 10비트 출력일 경우,

```
//#define ADC_8BIT        //10비트 ADC 결과값을 정렬 설정, 0 : 좌정렬
#define ADC_10BIT         //10비트 ADC 결과값을 정렬 설정, 1 : 우정렬
```

위와 같이 //ADC_8BIT 를 주석처리한다.

그리고, A/D 변환을 시작하는 비트는 GO_nDONE 또는 GO 비트로 pic161939.h 파일에 정의되어 있다(XC8 컴파일러 설치된 디렉토리의 include 폴더 참조). 이 실습에서는 GO_nDONE 비트로 사용한다. 이 비트는 0으로 초기화되어 있고, 이 GO_nDONE 비트를 1로 세팅하는 순간, 마이크로칩스 데이터시트 그림 15-2의 Analog-to-Digital Conversion Tad Cycle에 표시된 대로 Sample and Hold를 거쳐 Analog to Digital Convert를 수행하게 된다. ADC가 완료되면 자동으로 GO_nDONE 비트가 0 으로 클리어되기 때문에 폴링 방식으로 제어가 가

능하다.

아래와 같이

```
GO_nDONE = 1;
while(GO_nDONE);
```

으로 하면 GON_nDONE 비트가 1이 되고, while문에서 A/D변환이 시작되고 while문에서 계속 있다가 A/D변환이 완료되면, MCU가 자동으로 GO_nDONE 비트를 0으로 클리어시키므로 while문을 빠져나가게 된다.

인터럽트 방식으로 사용시에는 PIE1bits.ADIE 비트를 1로 세팅하고, GO_nDONE 비트를 1로 세팅하고 나서 A/D 변환이 완료되면 인터럽트 이벤트가 발생하고, 인터럽트 서비스 루틴에서 PIR1bits.ADIF 비트가 1인지를 if문으로 판별하고 1이면 ADRESH, ADRESL 레지스터에 저장된 값을 전역 변수로 저장하면 된다.

따라서, 다수의 아날로그 입력핀에 대해 ANx 채널을 함수 입력 파라미터로 설정하여 함수를 아래와 같이 코딩한다(A/D 변환 10비트 사용 설정).

```
//#define ADC_8BIT          //10비트 ADC 결과값을 정렬 설정, 0 : 좌정렬
#define ADC_10BIT           //10비트 ADC 결과값을 정렬 설정, 1 : 우정렬

//ADC 응용 폴링 방식 A/D 변환 함수
unsigned int adc_read(unsigned char ANx_Channel)
{
    unsigned int adc_buf;  //10비트 A/D 변환 결과값 저장 : 16비트 변수 선언

    //A/D 변환할 아날로그 ANx 채널 초기화
    ADCON0bits.CHS = ANx_Channel;
    //Microchip PICDEM 2 PLUS 보드 사용시 : AN0(RA0)을 아날로그 입력 채널
    //INSEM 8bit PIC 평가 보드 사용시 : AN2(RA2)를 아날로그 입력 채널

#ifdef ADC_8BIT                          //좌정렬 A/D 변환 후 8비트 변환값 사용시
        ADCON1bits.ADFM = 0;             //10비트 ADC 결과값을 좌정렬 설정
    GO_nDONE = 1;                        //A/D 변환 시작(폴링 방식)
    while(GO_nDONE);                     //A/D 변환 완료시까지 대기
        adc_buf = (unsigned int)ADRESH;          //8비트 A/D 변환값을 캐스트 연산자 사용
                                                 //16비트로 저장
#endif

#ifdef ADC_10BIT                         //우정렬 A/D 변환 후 10비트 변환값 사용시
        ADCON1bits.ADFM = 1;             //10비트 ADC 결과값을 우정렬 설정
```

12장

```
    GO_nDONE = 1;                          //A/D 변환 시작(폴링 방식)
    while(GO_nDONE);                       //A/D 변환 완료시까지 대기

        adc_buf = (unsigned int)(ADRESH <<8) + ADRESL;
                                           //10비트 A/D 변환값을 16비트 변수로 저장
#endif

    return adc_buf;                        //10비트 A/D 변환값을 리턴
}
```

실행 11_메인 함수 및 A/D 변환 및 UART 출력 소스 코딩

```
int main(int argc, char** argv)
{
    unsigned int adc_value;                //A/D 변환값 저장 버퍼

    //오실레이터 초기화
    OSCCON = 0b01111000;                   //16MHz 내부 클럭 설정

    initial_port();                        //LED를 위한 포트 초기화 함수 실행

    initial_uart();                        //UART 통신 포트의 초기화 함수 실행

    initial_adc();                         //ADC 주변장치 초기화 함수 실행

    while(1)
    {
        //A/D 변환할 아날로그 ANx 채널 초기화
        #ifdef PICDEM2PLUS                      //Microchip PICDEM 2 PLUS 보드 사용시
            adc_value = adc_read(0);            //AN0(RA0)을 아날로그 입력 채널
        #endif
        #ifdef INSEM_8bitPIC                          //INSEM 8bit PIC 평가 보드 사용시
            adc_value = adc_read(2);                  //AN2(RA2)를 아날로그 입력 채널
        #endif

        printf("ADC Value = 0x%x₩r", adc_value); //결과 Hex 값으로 표시
        //A/D 변환값을 동일 라인에서 계속 표시함(₩r 설정)
    }
}
```

실행 12_**adc_uart.c란 파일을 저장하고 코딩을 완성한다.**

Step 4 소스 코드 확인

```
#include <xc.h>
#include <stdio.h>    //printf문 사용 위해 표준 입출력 라이브러리 헤더 삽입

__CONFIG(FOSC_INTOSC & WDTE_OFF & PWRTE_ON & MCLRE_OFF & BOREN_OFF);

//PICDEM 2 PLUS 보드를 사용시
#define PICDEM2PLUS
//#define INSEM_8bitPIC

//PIC MCU에서 사용하는 시스템 클럭 계산
#define Fosc 16000000                        //내부 16MHz 클럭 설정
#define Fcy Fosc / 4                         // Fcy = Fosc/4
#define Tcy 1 / Fcy                          // 1/4MHz = 250ns

//PIC MCU의 동작 주파수(Fosc) 16MHz인 경우, UART 통신 보-레이트 속도 9600bps 설정
#define BAUD_RATE 9600
#define BRG_VALUE (Fosc/16 /BAUD_RATE - 1)

// LED 출력을 위한 I/O 포트 선언문이다.
#ifdef PICDEM2PLUS
   #define  LED           PORTBbits.RB0      //D2 LED 출력, 비트별 설정 표현 가능
#endif
#ifdef INSEM_8bitPIC
   #define  LED           PORTDbits.RD0      //D1  LED 출력

#endif

//I/O 포트 초기화 함수
#ifdef PICDEM2PLUS
  void initial_port(void)
  {
        //PORTB 사용 LED 출력 포트 초기화
        TRISB = 0b11111110;          //PORTB RB0 핀을 출력으로 설정
        // 1 = 입력, 0 = 출력
        ANSELB = 0x00;               //포트 B의 ANxx 핀들 모두 디지털로 설정
        TRISCbits.TRISC7 = 1;        //송수신 RC7(RX)핀 초기화
        TRISCbits.TRISC6 = 0;        //송수신 RC6(TX)핀 초기화
```

```
    }
#endif

#ifdef INSEM_8bitPIC
    void initial_port(void)
    {
            //PORTD 사용 LED 출력 포트 초기화
            TRISD = 0b11111110;        //PORTD RD0 핀을 출력으로 설정
            // 1 = 입력, 0 = 출력
            ANSELD = 0x00;             //포트 D의 ANxx 핀들 모두 디지털로 설정

            TRISCbits.TRISC7 = 1;      //송수신 RC7(RX)핀 초기화
            TRISCbits.TRISC6 = 0;      //송수신 RC6(TX)핀 초기화
    }

#endif

//UART 통신 초기화 함수
void initial_uart(void)
{
            //통신 보-레이트 설정 : 9600bps
            SPBRG = BRG_VALUE;         //define문에서 설정됨
            //TXSTA 레지스터 송신 초기화
            TXEN = 1;                  //TX 송신 모듈 On [0:Disable, 1:Enable]
            BRGH = 1;                  //고속 보-레이트 설정 On [0:Disable, 1:Enable]
            TX9 = 0;                   //9Bit 송신 설정 비트 [0:8Bit, 1:9Bit]
            SYNC = 0;                  //동기/비동기 통신 모드  [0:비동기, 1:동기]
            //RCSTA 레지스터 수신 초기화
            SPEN = 1;                  //시리얼 포트 RX, TX 핀 사용[0:Disable, 1:Enable]
            CREN =1;                   //연속 수신 가능 On [0:Disable, 1:Enable]
            RX9 = 0;                   //9Bit 수신 설정 비트 [0:8Bit, 1:9Bit]
            //UART 인터럽트 초기화
            RCIF = 0;                  //수신 인터럽트 플래그
            TXIF = 0;                  //송신 인터럽트 플래그
            RCIE = 0;                  //수신 인터럽트 설정 비트[0:Disable, 1:Enable]
            TXIE = 0;                  //송신 인터럽트 설정 비트[0:Disable, 1:Enable]
}

//printf문을 위한 UART 통신 한 문자 송신 함수
void putch(unsigned char data)
```

```
{
        TXREG = data;
        while(!TRMT);
}

//UART 통신 한 문자 수신 함수
unsigned char uart_getch(void)
{
        while(!RCIF);
        RCIF = 0;
        return RCREG;
}

//ADC 주변장치 및 아날로그 입력핀 초기화
void initial_adc(void)
{
    //아날로그 입력핀 설정
#ifdef PICDEM2PLUS              //Microchip PICDEM 2 PLUS 보드 사용시
    TRISAbits.TRISA0 = 1;       //RA0핀 입력핀으로 설정
    ANSELA=0x01;                //AN0(RA0)을 아날로그 입력으로 RA0 포텐쇼미터 연결
                                //가변저항 RA0의 전압값을 읽기
#endif

#ifdef INSEM_8bitPIC            //INSEM 8bit PIC 평가 보드 사용시
    TRISAbits.TRISA2 = 1;       //RA2핀 입력핀으로 설정
    ANSELA=0x04;                //AN2(RA2)를 아날로그 입력으로 R21 포텐쇼미터 연결
                                //가변저항 R21의 전압값을 읽기
#endif

    //ADC 초기화
    //ADCON1 레지스터 초기화
    ADCON1bits.ADFM = 0;                //10비트 ADC 결과값을 좌정렬 설정
                                        //0 : 좌정렬  1 : 우정렬

    ADCON1bits.ADCS = 5;                //ADC 변환 클럭 설정 : Fosc/16 = 1us(최소 클럭)

    ADCON1bits.ADNREF = 0;              //ADC 변환 -전압 기준(Vref-) : Vss 핀(0V) 설정
    ADCON1bits.ADPREF = 0;              //ADC 변환 +전압 기준(Vref+) : Vdd 핀(+5V) 설정

    ADCON0bits.CHS = 0;                 //CHS<4:0> 5비트 아날로그 입력 채널 선택
        //각 비트별로 아날로그 입력 채널 선택시에는 아래와 같이 각 비트별로 설정 가능
        //ADCON0bits.CHS4 = 0;          //AN0 아날로그 입력 설정
```

```
        //ADCON0bits.CHS3 = 0;          //AN0 아날로그 입력 설정
        //ADCON0bits.CHS2 = 0;          //AN0 아날로그 입력 설정
        //ADCON0bits.CHS1 = 0;          //AN0 아날로그 입력 설정
        //ADCON0bits.CHS0 = 0;          //AN0 아날로그 입력 설정

    //ADCON0 레지스터 초기화
#ifdef PICDEM2PLUS                      //Microchip PICDEM 2 PLUS 보드 사용시
        ADCON0bits.CHS = 0;             //AN0(RA0)을 아날로그 입력 채널로 RA0 포텐쇼미터 연결
#endif

#ifdef INSEM_8bitPIC                    //INSEM 8bit PIC 평가 보드 사용시
    ADCON0bits.CHS = 2;                 //AN2(RA2)를 아날로그 입력 채널로 R21 포텐쇼미터 연결
#endif
    //CHS 각 비트별 설정도 가능
    //ADCON0bits.CHS4 = 0;              //AN0 아날로그 입력 설정
    //ADCON0bits.CHS3 = 0;              //AN0 아날로그 입력 설정
    //ADCON0bits.CHS2 = 0;              //AN0 아날로그 입력 설정
    //ADCON0bits.CHS1 = 0;              //AN0 아날로그 입력 설정
    //ADCON0bits.CHS0 = 0;              //AN0 아날로그 입력 설정

    PIR1bits.ADIF = 0;                  //ADC 인터럽트 플래그 클리어
    PIE1bits.ADIE = 0;                  //ADC 인터럽트 동작중지
    ADCON0bits.ADON = 1;                //아날로그 모듈 ON
}


//#define ADC_8BIT                      //10비트 ADC 결과값을 정렬 설정. 0 : 좌정렬
#define ADC_10BIT                       //10비트 ADC 결과값을 정렬 설정. 1 : 우정렬

//ADC 응용 폴링 방식 A/D 변환 함수
unsigned int adc_read(unsigned char ANx_Channel)
{
    unsigned int adc_buf;               //10비트 A/D 변환 결과값 저장 : 16비트 변수 선언

    //A/D 변환할 아날로그 ANx 채널 초기화
    ADCON0bits.CHS = ANx_Channel;
    //Microchip PICDEM 2 PLUS 보드 사용시 : AN0(RA0)을 아날로그 입력 채널
    //INSEM 8bit PIC 평가 보드 사용시 : AN2(RA2)를 아날로그 입력 채널

#ifdef ADC_8BIT                         //좌정렬 A/D 변환 후 8비트 변환값 사용시
        ADCON1bits.ADFM = 0;            //10비트 ADC 결과값을 좌정렬 설정
```

```
    GO_nDONE = 1;                                  //A/D 변환 시작(폴링 방식)
    while(GO_nDONE);                               //A/D 변환 완료시까지 대기

        adc_buf = (unsigned int)ADRESH;            //8비트 A/D 변환값을 캐스트 연산자 사용
                                                   //16비트로 저장
#endif

#ifdef ADC_10BIT                                   //우정렬 A/D 변환 후 10비트 변환값 사용시
        ADCON1bits.ADFM = 1;                       //10비트 ADC 결과값을 우정렬 설정

    GO_nDONE = 1;                                  //A/D 변환 시작(폴링 방식)
    while(GO_nDONE);                               //A/D 변환 완료시까지 대기

        adc_buf = (unsigned int)(ADRESH <<8) + ADRESL;
                                                   //10비트 A/D 변환값을 16비트 변수로 저장
#endif

    return adc_buf;                                //10비트 A/D 변환값을 리턴
}

int main(int argc, char** argv)
{
    unsigned int adc_value;                        //A/D 변환값 저장 버퍼

    //오실레이터 초기화
    OSCCON = 0b01111000;                           //16MHz 내부 클럭 설정

    initial_port();                                //LED를 위한 포트 초기화 함수 실행

    initial_uart();                                //UART 통신 포트의 초기화 함수 실행

    initial_adc();                                 //ADC 주변장치 초기화 함수 실행
    while(1)
    {
        //A/D 변환할 아날로그 ANx 채널 초기화
        #ifdef PICDEM2PLUS                         //Microchip PICDEM 2 PLUS 보드 사용시
            adc_value = adc_read(0);               //AN0(RA0)을 아날로그 입력 채널
        #endif

        #ifdef INSEM_8bitPIC                       //INSEM 8bit PIC 평가 보드 사용시
            adc_value = adc_read(2);               //AN2(RA2)를 아날로그 입력 채널
        #endif
```

```
        printf("ADC Value = 0x%x\r", adc_value); //결과 Hex 값으로 표시
        //A/D 변환값을 동일 라인에서 계속 표시함(\r 설정)
    }
}
```

실행 1_Make & Program 버튼 클릭 후, PICDEM 2 Plus 보드 동작을 확인한다.

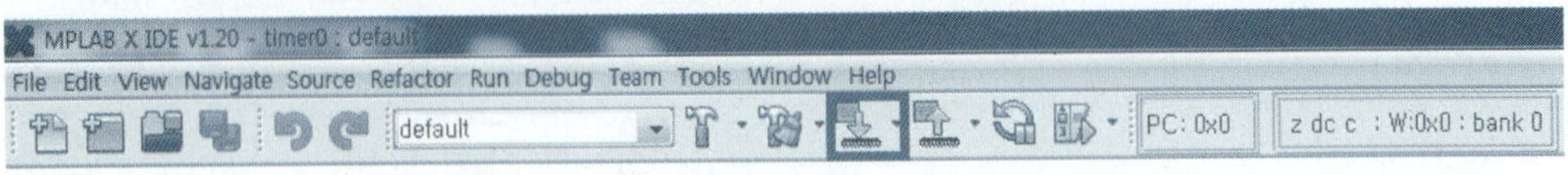

실행 2_경고창이 실행된 경우 OK를 클릭한다.

5) 실습결과

(1) Microchip PICDEM 2 PLUS 보드 사용시

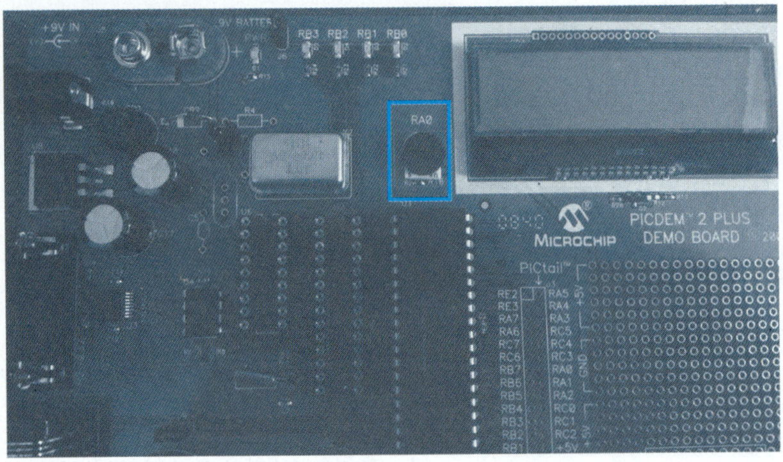

위 보드 그림에서 사각형 표시가 가변저항(포텐셔미터) RA0이다. 반시계방향으로 돌리면 저항값이 작아져서 값이 0에 가까워지고, 시계방향으로 돌리면 저항값이 커져서 값이 10비트의 최대치인 0x3FF까지 A/D 변환이 된다. 그리고, 아래와 같이 printf 문의 소스를 변경하면 Hex 값이 3자리로 고정되어 출력된다.

```
printf("ADC Value = 0x%3x\r", adc_value);
```

또한, 가변저항을 조정하지 않을 때도 A/D 변환값이 1~2씩 흔들리는 것은 가변저항기

의 접점저항 노이즈와 MCU의 전원에서 VCC(+5V) 전압과 VSS(GND) 핀의 전원 노이즈로 ADC 주변장치의 Vref가 흔들리는 것이다. 따라서, 이 값을 제거할 수는 없으므로 흔들리지 않는 적당한 비트까지의 값을 적용해야 한다. 물론 배터리 전원 등을 사용할 때는 이 노이즈가 더 감소한다. 다음 그림은 하이퍼터미널로 출력되는 결과이다.

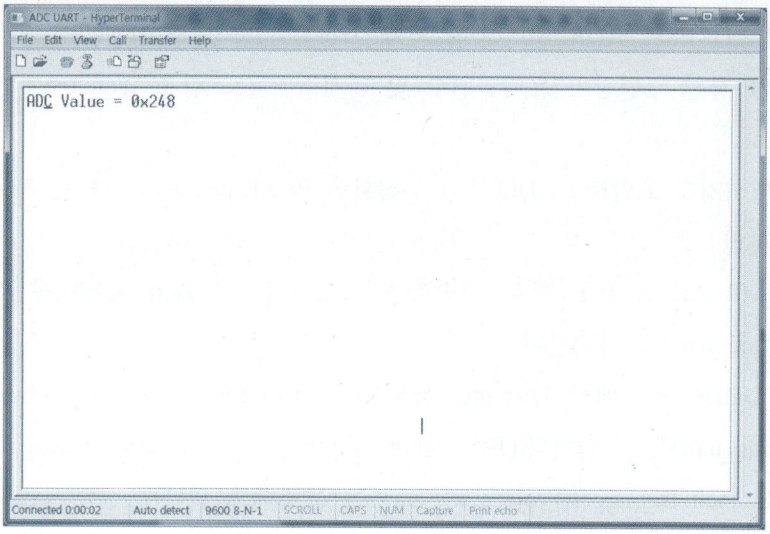

(2) INSEM 8bit PIC 평가 보드 사용시

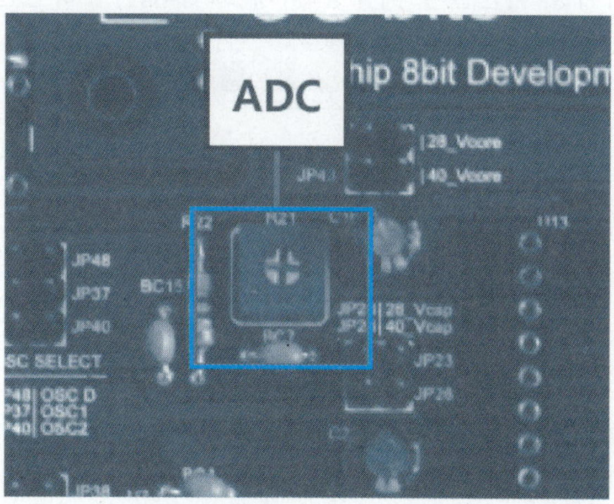

위 보드 그림에서 R21이 가변저항이다. 따라서, +자 드라이버로 조심히 시계/반시계방향으로 돌려가면 출력결과를 확인한다.

6) 디버깅(Debugging) 실습

디버깅 방법을 앞 장인 6장에서 설명하였다. 필히 6장의 디버깅 설정 및 버튼 기능들은 숙지한다. 이번 실습에서 검증할 디버깅 포인트는 GO_nDONE 비트 1로 세팅하여 while(GO_nDONE) 문 다음 소스를 브레이크 포인트로 지정한다. 즉, A/D 변환 완료된 시점에서의 ADRESH, ADRESL 레지스터에 저장된 값을 확인한다. 또한 각 ADC 주변장치, UART 통신 주변장치 등의 변수 및 레지스터들도 함께 Watch창에서 확인한다.

실행 1_디버깅할 포인트 : ADC 변환 동작확인 및 adc_value변수 확인, 각 레지스터값 확인

실행 2_MPLAB X IDE 통합 개발환경 프로그램에서 Run 메뉴에서 Run Project (adc_uart)을 클릭한다.

실행 3_Debug 메뉴에서 Discrete Debugger Operation → Launch Debugger(Project adc_uart)을 클릭한다.(또는 아래 두 번째 그림과 같이 Debug 아이콘에서 Launch Debugger(Project adc_uart)을 클릭해도 된다)

- 동작전압에 대한 주의사항이 뜨면, OK를 클릭하면 된다.

실행 4_다음의 디버깅 버튼들이 메뉴창 아래 표시되는지 확인한다.

실행 5_브레이크 포인트(break point)를 삽입한다.

아래 소스 코드에서 사각형 표시 위치에서 오른쪽 마우스 버튼을 클릭하여 "Toggle Line Breakpoint"를 클릭하며 라인 숫자표시 부분에 빨간색 사각형 표시가 생긴다.

```
//ADC 응용 폴링 방식 A/D 변환 함수
unsigned int adc_read(unsigned char ANx_Channel)
{
    unsigned int adc_buf;           //10비트 A/D 변환 결과값 저장 : 16비트 변수 선언

    //A/D 변환할 아날로그 ANx 채널 초기화
    ADCON0bits.CHS = ANx_Channel;
    //Microchip PICDEM 2 PLUS 보드 사용시 : AN0(RA0)을 아날로그 입력 채널
```

```
    //INSEM 8bit PIC 평가 보드 사용시 : AN2(RA2)를 아날로그 입력 채널

    GO_nDONE = 1;                      //A/D 변환 시작(폴링 방식)
    while(GO_nDONE);                   //A/D 변환 완료시까지 대기

#ifdef ADC_8BIT                        //좌정렬 A/D 변환 후 8비트 변환값 사용시
        ADCON1bits.ADFM = 0;           //10비트 ADC 결과값을 좌정렬 설정
        adc_buf = (unsigned int)ADRESH;   //8비트 A/D 변환값을 캐스트 연산자 사용
                                          //16비트로 저장
#endif

#ifdef ADC_10BIT                       //우정렬 A/D 변환 후 10비트 변환값 사용시
        ADCON1bits.ADFM = 1;           //10비트 ADC 결과값을 우정렬 설정
        adc_buf = (unsigned int)(ADRESH <<8) + ADRESL;
                                       //10비트 A/D 변환값을 16비트 변수로 저장
#endif

    return adc_buf;                    //10비트 A/D 변환값을 리턴
}
```

브레이크 포인트 설정한 후에는 빨간색으로 라인 반전이 표시된다.

실행 6_Window 메뉴에서 Debugging→Watches를 클릭하여 Watch창을 표시한다. 이 Watch창에서 모든 변수, 레지스터값들을 확인할 수 있다.

실행 7_Watch창에 adc_value, ADRESH, ADRESL, ADCON0, ADCON1, RCREG, TXSTA, RCSTA, TXREG, SPBRG 변수와 레지스터를 입력한다. 이를 통해 매 브레이크가 걸릴 때마다 변수값의 변화상태를 점검한다.

- Enter new watch를 클릭하여 변수 또는 레지스터 이름을 넣으면 된다.

실행 8_디버깅 버튼에서 Continue 버튼을 클릭하면 위 브레이크 포인트 위치에서 멈춘다. 이때 Watch 창에서 각 변수와 레지스터값들을 확인한다.

실행 9_다시 Continue 버튼을 클릭하면 하이퍼터미널에서 ADC 변환 출력값과 Watch 창의 값들과 비교한다.

다음 그림은 디버깅 중인 Watch창을 나타내었다(ADC 값 : 0x3FF일 때).

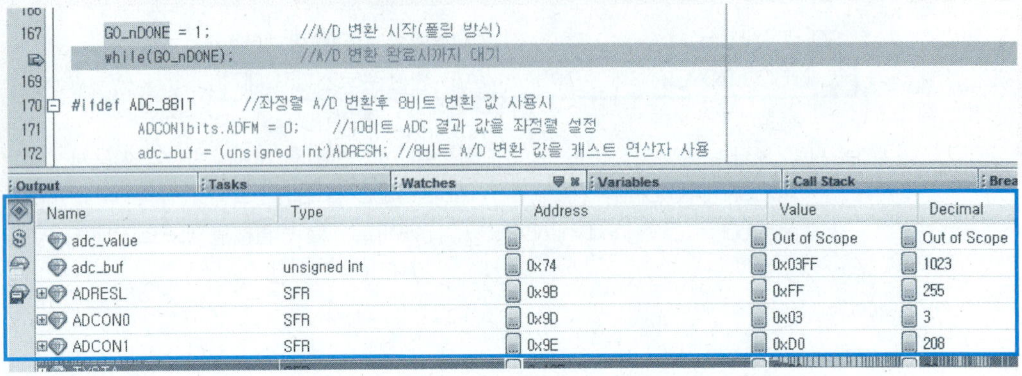

실습예제 2 : ADC 주변장치를 이용한 전압측정 UART 출력실습

1) 실습목표

이전 ADC 주변장치 실습에서 A/D 변환값을 Hex 값이 아닌 실제 측정 전압값으로 표시한다.

2) 실습 코딩

이전 실습에서와 동일하게 10비트 A/D 변환값을 얻어야 하므로 아래와 같이 동일하게 //#define ADC_8BIT를 주석 처리하고, ADC_10BIT를 define문으로 정의한다.

```
//#define ADC_8BIT        //10비트 ADC 결과값을 정렬 설정, 0 : 좌정렬
#define ADC_10BIT         //10비트 ADC 결과값을 정렬 설정, 1 : 우정렬
```

실행 1_A/D 변환값을 전압표시 소스 코딩

ADC 주변장치로 측정된 디지털 값을 전압값으로 출력하기 위해서는 최대 변환범위와 최대 전압범위를 확인한다.

최대 전압범위는 0~5V이고, 최대 A/D 변환범위는 10비트인 0~1023(0x3FF)이다.

따라서, A/D 변환의 1비트의 스텝 전압은 5V / 1023(스텝) = 0.0048876V이다.
이 스텝 전압에 adc_value 값을 곱하면 바로 전압을 얻을 수 있다.

그리고, 스텝 값처럼 소수점 표현이 가능해야 하므로 전압 표시 변수는 float형이 되어야 한다. 그리고, pritf 문에서 float형 변수를 한자리 정수와 두자리 소수점으로 표시하도록 한다.

따라서, 아래와 같이 변수 정의와 소스를 코딩한다.

```
//전압출력 변수 정의
float adc_volt;                    //10비트 ADC 결과값을 0~5V로 나타내는 float형 변수

//A/D 변환전압출력변수 계산
adc_volt = (float)(5*((float)(adc_value)/1023));

//전압출력 printf문
printf("ADC volt = %1.2f ₩r",adc_volt);
//%1.2f에서 1은 정수 자리, .2는 소수점 자리 표시
```

실행 2_메인 함수의 A/D 변환 및 전압출력 소스 코딩

위 실행 1을 이전 ADC 실습 소스 코드의 메인 함수로 적용하기 위해 아래 define문을 메인 함수 위에 삽입한다.

```
#define ADC_VOLT      //A/D 변환 전압으로 표시
#define ADC_HEX       //A/D 변환 Hex 값으로 표시
```

위 define문에서 ADC_HEX만을 주석처리하면 전압으로 표시하고, ADC_VOLT만을 주석처리하면 Hex 값으로 표시된다.

따라서, 메인 함수 전체 소스 코드는 아래와 같다.

```
#define ADC_VOLT                   //A/D 변환 전압으로 표시
//#define ADC_HEX                  //A/D 변환 Hex 값으로 표시

int main(int argc, char** argv)
{
    unsigned int adc_value;        //A/D 변환값 저장 버퍼

#ifdef ADC_VOLT                    //AD 변환 전압출력시
    //전압출력 변수 정의
    float adc_volt;                //10비트 ADC 결과값을 0~5V로 나타내는 float형 변수
#endif

    //오실레이터 초기화
    OSCCON = 0b01111000;           //16MHz 내부 클럭 설정
```

```
    initial_port();                    //LED를 위한 포트 초기화 함수 실행

    initial_uart();                    //UART 통신 포트의 초기화 함수 실행

    initial_adc();                     //ADC 주변장치 초기화 함수 실행

    while(1)
    {
#ifdef ADC_VOLT                        //AD 변환 전압출력시
                                       //A/D 변환 전압출력 변수 계산
        adc_volt = (float)(5*((float)(adc_value)/1023));
#endif

        //A/D 변환할 아날로그 ANx 채널 초기화
        #ifdef PICDEM2PLUS                 //Microchip PICDEM 2 PLUS 보드 사용시
            adc_value = adc_read(0);       //AN0(RA0)을 아날로그 입력 채널
        #endif

        #ifdef INSEM_8bitPIC                    //INSEM 8bit PIC 평가 보드 사용시
            adc_value = adc_read(2);            //AN2(RA2)를 아날로그 입력 채널
        #endif

#ifdef ADC_VOLT                                 //AD 변환 전압출력시
            //전압출력 printf문
        printf("ADC Volt = %1.2fV \r",adc_volt);
#endif

#ifdef ADC_HEX                                          //AD 변환 Hex값 출력시
        printf("ADC Value = 0x%3x\r", adc_value);       //결과 Hex 값으로 표시
        //A/D 변환값을 동일 라인에서 계속 표시함(\r 설정)
#endif
    }
}
```

실행 3_**Make & Program 버튼 클릭 후, PICDEM 2 Plus 보드 동작을 확인한다.**

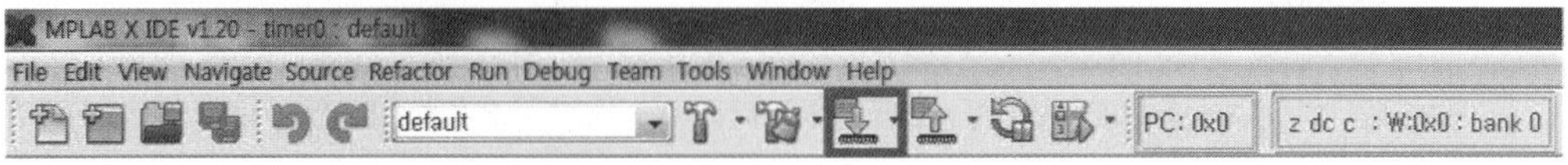

실행 4__경고창이 실행된 경우 OK를 클릭한다.

3) 실습결과

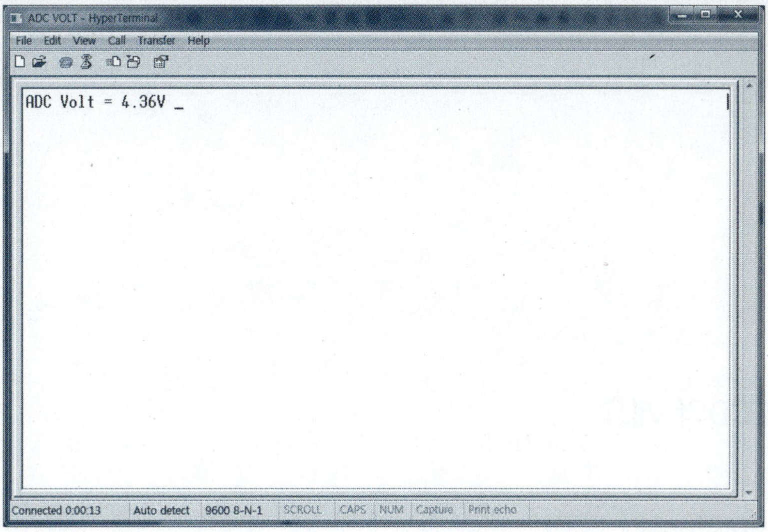

이전 실습의 결과와 같이 사용 보드에서 가변저항(포텐셔미터, RA0 또는 R21)을 반시계방향으로 돌리면 저항값이 작아져서 값이 0.00V에 가까워지고, 시계방향으로 돌리면 저항값이 커져서 값이 5.00V로 표시된다.

위 그림은 하이퍼터미널로 출력되는 결과이다.

13장

캐릭터형 LCD 응용실습

1. LCD의 개요

TEXT LCD(Character LCD)는 LCD 화면에 정해진 형태의 문자를 정해진 개수만큼 표시할 수 있도록 만들어진 LCD 디스플레이 장치로서, 간단한 문자 표시가 필요한 각종 임베디드 장치들에서 널리 사용되고 있다. TEXT LCD는 실생활에 매우 많이 사용되고 있는 주변장치이다.

따라서 대부분의 마이크로컨트롤러들과 TEXT LCD는 그대로 연결할 수 있도록 신호들이 만들어져 있고, 마이크로컨트롤러 개발환경에서도 TEXT LCD 관련 함수를 제공하고 있다.

HBE-MCU-Multi TEXT LCD 구조는 16문자 * 2라인의 표시부를 가지며, 표시부 상단에 커넥터가 위치한다. 이 LCD에는 백라이트(backlight) 기능이 포함되어 있다.

표 13-1은 사용되는 인터페이스 커넥터 핀의 기능을 요약한 것이다.

TEXT LCD는 보통 LCD 표시부와 LCD 제어부를 하나로 하여 LCD 모듈로 시판된다. LCD 제어기의 내부에는 명령(Instruction)과 데이터를 위한 2개의 레지스터, BF (Busy Flag), AC(Address Counter), 데이터 표시램(DDRAM), 문자발생램(CGRAM), 문자발생롬(CGROM)이 있다.

표 13-1 인터페이스 커넥터 핀 기능

핀	신호이름	기 능
1	VSS	전원 GND
2	VDD	전원 +5VDC
3	VEE	Contrast 제어 전압 레벨(VDD–VEE = 13.5~0V)
4	RS	Register Select(0 = instruction, 1 = data)
5	R/W	Read/Write(0 = FPGA –> LCD, 1 : FPGA <– LCD)
6	E	Enable Signal for read/write LCD
7	DB0(LSB)	DATA
8	DB1	
9	DB2	
10	DB3	
11	DB4	
12	DB5	
13	DB6	
14	DB7(MSB)	
15	A	+LED(backlight LED용 전원 +4.4~4.7V)
16	K	–LED(backlight LED용 전원 GND)

LCD 제어기의 내장 레지스터는 다음과 같다.

- 명령 레지스터(IR) : DDRAM과 CGRAM에 대한 어드레스와 클리어, 커서시프트 등 제어명령을 보유한다.
- 데이터 레지스터(DR) : DDRAM과 CGRAM에 쓴 데이터나 읽은 데이터를 일시적으로 저장한다.

위의 레지스터들은 RS(4번 핀)과 R/W(5번 핀)을 사용하여 선택을 할 수 있다. 선택방법은 표 13-2와 같다.

표 13-2 RS, R/W 신호에 따른 TEXT LCD 제어기 레지스터 선택방법

RS	R/W	레지스터 접근
0	0	IR쓰기(각종 제어명령 쓰기)
0	1	BF읽기, AC읽기
1	0	DR쓰기
1	1	DR읽기

- BF : 1이면 LCD의 제어기가 동작 중으로 명령수행 불능, 0이면 다음 명령수행 가능을 표시한다.
- AC : DDRAM과 CGRAM의 주소를 지정할 때 사용하는데 IR에 주소정보를 쓰면 주소정보가 AC로 전송되고, DDRAM이나 DDROM에 데이터를 쓰면 AC는 자동으로 +1 혹은 −1이 된다.
- DDRAM(Data Display RAM) : 80 × 8비트 용량으로 80개의 8비트 아스키(ASCII) 코드를 저장할 수 있다. 0 × 00−0F 주소가 LCD 1행의 1-16번째, 0 × 40−4F 주소가 LCD 2행의 1~16번째 문자로 표시된다(1행 2행의 번호 불연속임에 주의해야 한다.).
- CGRAM(Character Generator RAM) : 사용자가 자유로이 문자를 만들 때 사용하는 램으로 5 × 7은 8개, 5 × 10은 4개 만들어 저장 가능하다.
- CGROM(Character Generator ROM) : 5 × 7, 5 × 10도트의 문자를 내장하고 있다. 특수기호, 숫자, 영문자의 문자코드는 아스키코드와 일치한다.

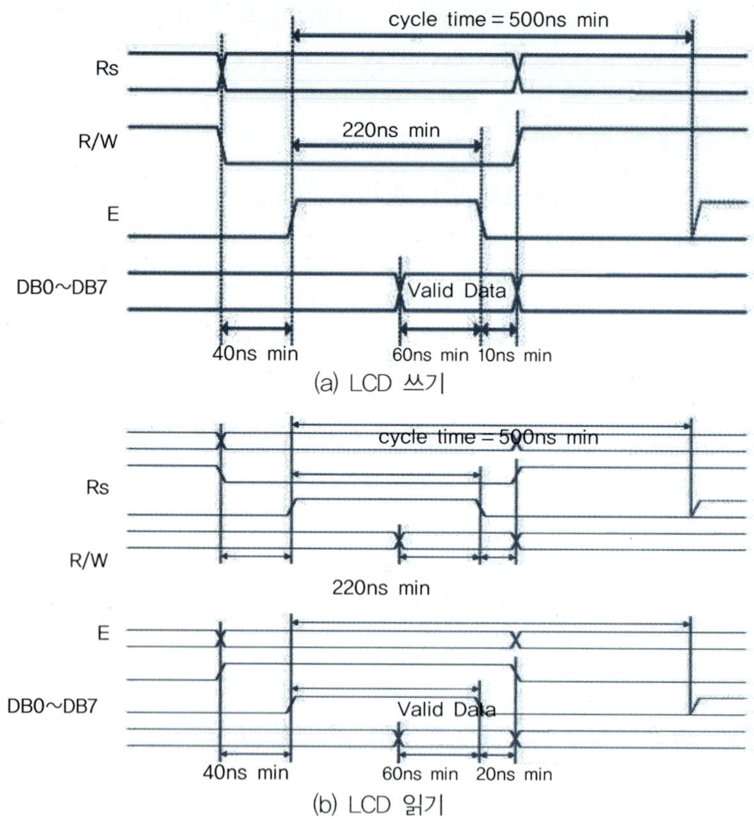

그림 13-1 TEXT LCD의 R/W 타이밍도

LCD 모듈을 제어할 때는 각 제어신호의 동작 타이밍을 고려하여야 하며, 일반 반도체 소자들에 비해 액세스 타임이 긴 편이므로 유의하여야 한다. 그림 13-1은 LCD 모듈의 Read 및 Write 동작시의 타이밍이다.

표 13-3은 LCD 모듈에 문자 등을 표시하기 위한 제어명령이며, 이들 명령은 FPGA가 LCD 모듈을 제어하는 프로그램에서 사용된다.

전체 데이터 버스는 8비트로 DB0~DB7로 인터페이스한다. LCD 모듈은 각 명령을 실행하기 위해 일정한 시간을 요구하므로 다음 명령을 보내기 전에 충분히 지연시키거나, BUSY FLAG를 체크하여 앞에서 전송한 명령의 실행완료 상태를 체크하여야 한다.

표 13-3 LCD 모듈 표시 제어명령

기 능	제어신호		제 어 명 령							
	RS	R/W	DB7	DB6	DB5	DB4	DB3	DB2	DB1	DB0
Clear Display	0	0	0	0	0	0	0	0	0	1
Return Home	0	0	0	0	0	0	0	0	1	0
Entry Mode Set	0	0	0	0	0	0	0	1	I/D	S
Set CG RAM address	0	0	0	1	CG RAM address					
Set DD RAM address	0	0	1	DD RAM address						
Read busy flag and address	0	1	BF	Address Counter						
Data write to CG RAM or DD RAM	1	0	Write address							

- Clear Display

모든 디스플레이 상태를 소거하고 커서를 Home 위치로 돌려놓는다.

- Return Home

DD RAM의 내용은 변경하지 않고 커서만을 Home으로 위치시킨다.

- Entry Mode Set

데이터를 Read하거나 Write할 경우에 커서의 위치를 증가시킬 것인가(I/D=1), 감소시킬 것인가(I/D=0)를 결정하며, 또 이때 화면을 이동할 것인지(S=1), 아닌지(S=0)를 결정한다.

- Display ON/OFF Control

화면표시를 ON/OFF하거나(D) 커서를 ON/OFF하거나(C) 커서를 깜박이게 할 것인지(B)의 여부를 지정한다.

- Cursor or Display Shift

화면(S/C=1) 또는 커서(S/C=0)를 오른쪽(R/L=1) 또는 왼쪽(R/L=0)으로 이동한다.

- Function SET

인터페이스에서 데이터의 길이를 8비트(DL=1) 또는 4비트(DL=0)로 지정하고, 화면표시 행수를 2행(N=1) 또는 1행(N=0)으로 지정하며, 문자의 폰트를 5 × 10 도트(F=1) 또는 5 × 7도트(F=0)로 지정한다.

전원 투입 후 최초에는 주로 이 명령을 보내게 되는데, LCD 모듈이 리셋되려면 약 50ms가 소요되므로 충분히 기다린 후에 이 코드를 보내야 한다. 또한, 4비트로 인터페이스할 경우에는 DB4~DB7을 사용하며, 상위 4 비트를 먼저 전송하고 다음에 하위 4 비트를 전송해야 한다.

- Set CG RAM Address

Character Generator RAM의 어드레스를 지정한다. 이후에 송수신하는 데이터는 CG RAM의 데이터이다.

- Set DD RAM Address

Display Data RAM의 어드레스를 지정한다. 이후에 송수신하는 데이터는 DD RAM의 데이터이다.

- Read Busy Flag & Address

LCD 모듈이 내부 동작중임을 나타내는 Busy Flag(BF) 및 어드레스 카운터의 내용을 read한다. LCD 모듈이 각 제어 코드를 실행하는 데는 일정한 시간이 필요하므로 FPGA가 BF를 읽어 1일 경우에는 기다리고, 0일 경우 다음 제어 코드를 보내는 방법을 사용하면 보다 효율적인 처리가 가능하다.

- DD RAM Address

DD RAM은 표시될 각 문자의 ASCII 코드 데이터가 저장되어 있는 메모리이며 모두 80개의 번지가 있는데, 화면의 각 행과 열의 위치에는 고유한 어드레스값이 부여된다. 그런데, 각 행과 행 사이의 어드레스가 연속하여 있지 않으므로 주의하여야 한다.

표 13-4는 표시문자의 위치에 대한 DD RAM의 어드레스이다.

표 13-4 표시문자 위치에 대한 DD RAM 어드레스

구분	1	2	3	4	……	13	14	15	16
Line1	00	01	02	03	……	0D	0E	0F	10
Line2	40	41	42	43	……	4D	4E	4F	50

표 13-5 ASCII 도형문자 종류 및 코드값

구분	00H	10H	20H	30H	40H	50H	60H	70H	80H	90H
0				0	@	P	`	p		
1			!	1	A	Q	a	q		
2			"	2	B	R	b	r		
3			#	3	C	S	c	s		
4			$	4	D	T	d	t		
5			%	5	E	U	e	u		
6			&	6	F	V	f	v		
7	사용자 정의 영역	미사용 영역	'	7	G	W	g	w	미사용 영역	
8			(	8	H	X	h	x		
9			)	9	I	Y	I	y		
A			*	:	J	Z	j	z		
B			+		K	[	k	{		
C			,	〈	L	¥	l	|		
D			−	=	M	]	m	}		
E			.	〉	N	^	n	→		
F			/	?	O	_	o	←		

실습예제 1 : I/O 포트를 이용한 캐릭터형 LCD 구동실습

1) 실습목표

(1) Microchip PICDEM 2 PLUS 보드 사용시

- PIC16F1939 PIC 마이크로컨트롤러 입출력 포트 초기화 설정
  (4비트 데이터 버스 : RD0~RD3, 컨트롤 핀 : RD4~RD6)
- PIC16F1939 PIC 마이크로컨트롤러 ADC 주변장치 초기화 설정
- ADC 응용 폴링 방식 A/D 변환 함수 소스 코딩
- 캐릭터형 LCD 초기화 및 컨트롤 함수 소스 코딩
- 캐릭터형 LCD 컨트롤용 시간 delay 함수 소스 코딩
- 가변저항(R16, POT)과 연결된 AN0 아날로그 입력 채널로부터 전압을 읽고 ADC를 응용 A/D 변환값을 캐릭터형 LCD로 출력하는 함수 소스 코딩

(2) INSEM 8bit PIC 평가 보드 사용시

- PIC16F1939 PIC 마이크로컨트롤러 입출력 포트 초기화 설정
  (8비트 데이터 버스 : RD0~RD7, 컨트롤 핀 : RE0~RE2)
- PIC16F1939 PIC 마이크로컨트롤러 ADC 주변장치 초기화 설정
- ADC 응용 폴링 방식 A/D 변환 함수 소스 코딩
- 캐릭터형 LCD 초기화 및 컨트롤 함수 소스 코딩
- 캐릭터형 LCD 컨트롤용 시간 delay 함수 소스 코딩
- 가변저항(R21, POT)과 연결된 AN2 아날로그 입력 채널로부터 전압을 읽고 ADC를 응용 A/D 변환값을 캐릭터형 LCD로 출력하는 함수 소스 코딩

2) 실습회로

(1) Microchip PICDEM 2 PLUS 보드 또는 자작 보드 사용시

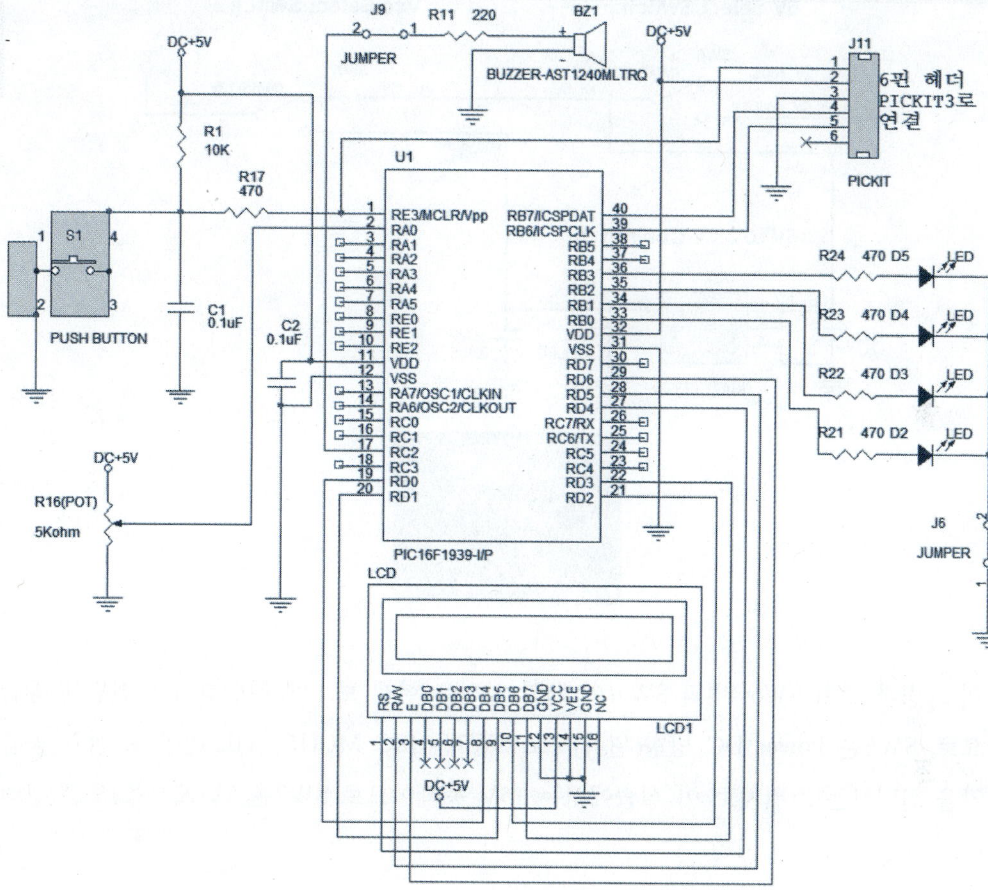

(2) INSEM 8bit PIC 평가 보드 사용시

① 보드 전원부 세팅 및 회로

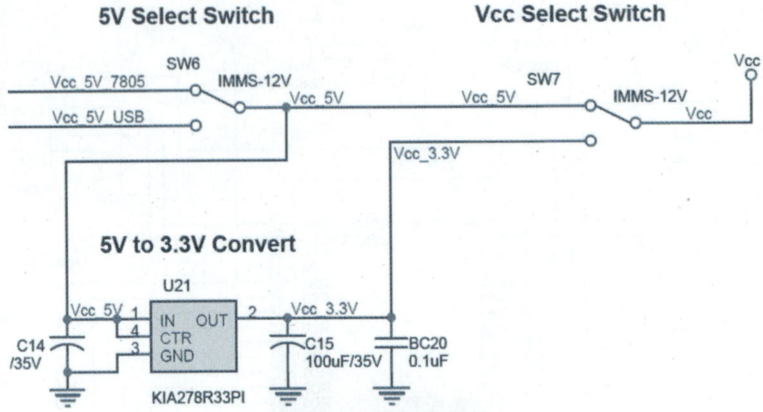

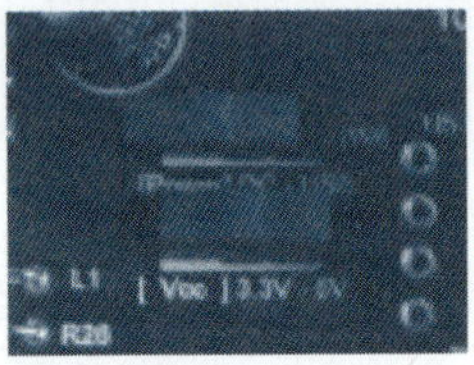

위 그림과 같이 SW6(위)과 SW7(아래)의 설정은 현재 보드에 전원장치로 전원을 공급함으로, SW6은 Power DC 방향(왼쪽)으로 SW7은 PIC MCU의 Vdd 핀으로 전원 공급 전압을 선택하는 스위치로 이 실습에서는 +5V 동작이므로 SW7은 5V(오른쪽)으로 선택한다.

② 40PIN PIC16F1939 주변 회로

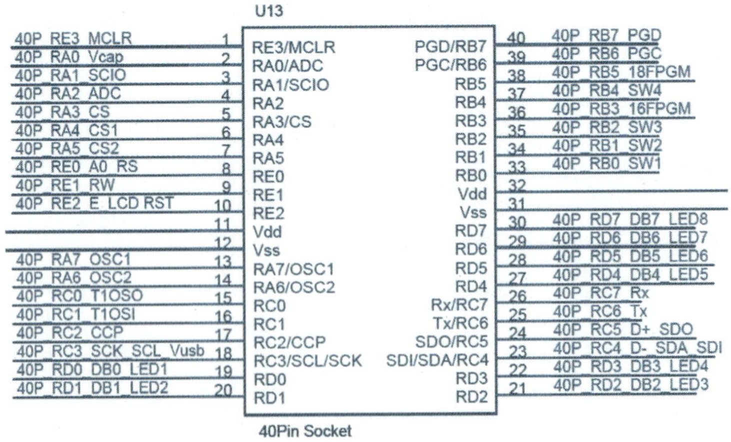

③ 가변저항(R21, POT) 주변 회로도와 PIC MCU 핀과 연결 회로도

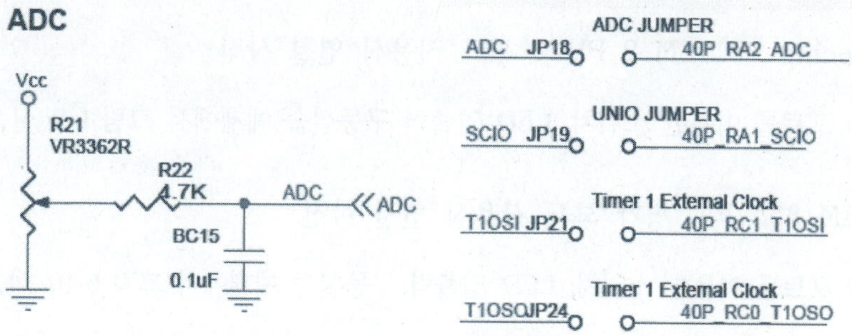

JP18는 점퍼로 연결해야 한다.

④ 캐릭터형 LCD 주변 회로와 PIC MCU 핀과 연결 회로도

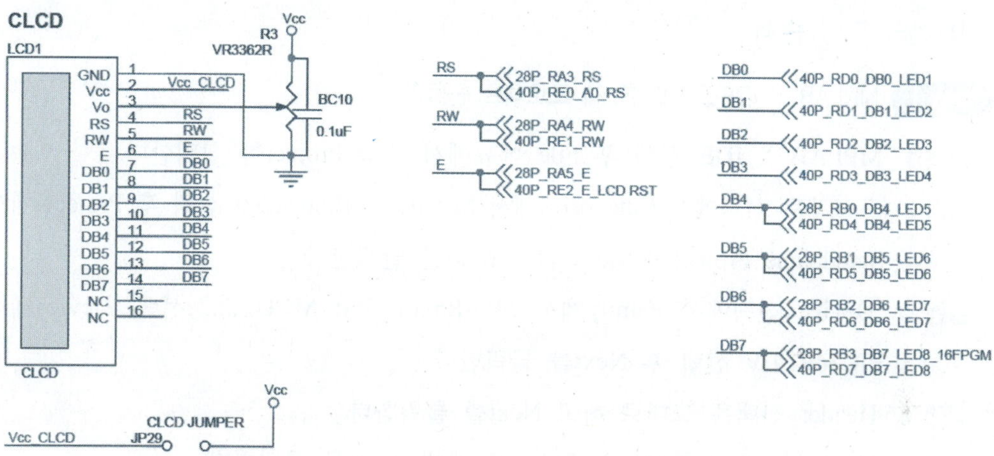

JP29는 점퍼로 연결해야 한다.(캐릭터 LCD 전원공급)

※ 참고사항: Vcap핀에는 0.1uF콘덴서를 연결해야하나 이 실습에서는 사용하지 않음.

3) 실습환경

- MPLAB X IDE 통합 개발 SW 설치
- MPLAB XC8 컴파일러 설치
  (5장 마이크로칩 8비트 PIC 마이크로컨트롤러 개발환경 셋업 참조)
- 마이크로칩 디버거 장비(PICKit3, ICD3, REAL ICE 중에 택일) 설치
  (이 서적에서는 PICKit3로 모든 실습을 함)

• 전원 9V 또는 자작 보드로 실습시에는 +5V 전원 공급장치 필요

(1) Microchip PICDEM 2 PLUS **보드 사용시 연결 사진**

• 6장 I/O 포트를 이용한 스위치, LED 입출력 구동실습 예제에서 그림 6-9 실습환경 참조

(2) INSEM 8bit PIC **평가 보드 사용시 연결 사진**

• 6장 I/O 포트를 이용한 스위치, LED 입출력 구동실습 예제에서 그림 6-10 실습환경 참조

(3) **자작 보드 사용시 연결 구성도**

• 6장 I/O 포트를 이용한 스위치, LED 입출력 구동실습 예제에서 그림 6-11 실습환경 참조

4) 실습 코딩 순서

Step 1 MPLAB X IDE를 이용한 새 프로젝트 만들기

실행 1_MPLAB X IDE 실행 후 File 메뉴에서 New Project를 선택한다.

실행 2_프로젝트 선택에서 Categories에서 Microchip Embedded 선택 후 Projects에서 Standalone Project 선택, 그리고 Next를 클릭한다.

실행 3_Device 선택에서 Family에서 Mid-Range 8bit MCU ..... 선택, Device에서 PIC16F1939 선택 후 Next를 클릭한다.

실행 4_Header 선택은 그대로 하고 Next를 클릭한다.

실행 5_Hardware Tool 선택에서 PICKit3 선택, Next를 클릭한다.

실행 6_컴파일러 선택에서 Compiler Toolchains에서 XC8 (V1.xx).... 선택 후 Next를 클릭한다.

실행 7_Browse 버튼을 클릭하여 Project 만들 폴더 만들기 후 Project Name란에 프로젝트 이름(예 : timer0_1sec)을 입력 후 Finish를 클릭한다.

- Encoding 옵션 설정 : 한글 지원 관련
- UTF-8 또는 x-window949 정도 설정하면 한글 주석 처리 가능

실행 8_File 메뉴에서 New File을 선택한다.

실행 9_Categories에서 C 선택, File Type에서 C Main File 또는 C Source File을 선택 후 Next를 클릭한다.

실행 10_File Name에 소스 코드 이름 입력(예 : timer0_1sec.c) 후 Finish를 클릭한다.

Step 2 ADC 주변장치를 이용한 A/D 변환 및 UART 출력실습 소스 코딩

실행 1_디폴트 헤더문 입력

```
#include <xc.h>
```

이 Header 삽입문은 맨 처음 삽입해야 하는 삽입문으로 프로젝트에서 선택된 PIC 마이크로컨트롤러의 헤더파일로 연결되는 Header 삽입문이다. 일반적으로는 #inlcude <pic16f1939.h> 로 삽입될 수도 있지만, PIC MCU가 변경시에는 모든 파일의 이름을 변경해야 하는 단점이 있다.

실행 2_컨피그레이션 비트 설정 매크로 삽입 코딩

```
__CONFIG(FOSC_INTOSC & WDTE_OFF & PWRTE_ON & MCLRE_OFF & BOREN_OFF);
```

이미 5장에서 설명한 컨피그레이션 비트 설정 매크로이다. 현재 설정은 내장된 오실레이터 16MHz를 사용하고, 와치독 타이머는 끄고, 파워-업 타이머는 켜고, MCLR핀은 외부 리셋 기능 끄고, BOR 리셋 기능도 꺼진 상태로 설정된다.

실행 3_캐릭터형 LCD, LED에 대한 I/O 포트 설정 및 전역 변수, 기타 define문 코딩

실습에서 사용할 시스템 클럭과 캐릭터형 LCD, LED 등의 I/O 포트에 대해 #define문으로 설정한다.

PICDEM 2 PLUS 보드를 사용할 때는 아래와 같이 선언한다.

```
#define PICDEM2PLUS
//#define INSEM_8bitPIC
```

또한, INSEM 8bit PIC 평가 보드를 사용할 시에는 아래와 같이 선언한다.

```
//#define PICDEM2PLUS
#define INSEM_8bitPIC
```

OSCCON 레지스터를 설정하여 16MHz 내부 클럭 발진회로를 설정하고, 그 주파수의 4분주가 인스트럭션 사이클로 어셈블러로 1사이클 명령어가 수행하는 속도이다. Fcy라고 표현하며, 시간으로는 Tcy라고 주로 표현된다. 따라서, 1 사이클 어셈블러 명령어는 250ns에 실행이 된다.

```
#define Fosc 16000000          //내부 16MHz 클럭 설정
#define Tosc 1/Fosc            //내부 16MHz 클럭 주기
#define Fcy Fosc / 4           // Fcy = Fosc/4
#define Tcy 1 / Fcy            // 1/4MHz = 250ns
```

캐릭터형 LCD는 일반적으로 히타치사의 HD44780 컨트롤러가 내장되어 14핀(백라이트 없는 타입)과 16핀(백라이트 있는 타입) 등으로 판매되고 있다. 8비트 데이터 버스 또는 4비트 데이터 버스를 사용하고, 컨트롤 핀으로는 RS(1:데이터, 0:명령), R/W(1:읽기, 0:쓰기), EN(1:On, 0:Off) 핀 등이 있다.

```
// 캐릭터형 LCD, LED에 대한 I/O 포트 설정 선언문이다.
//PICDEM 2 PLUS 보드를 사용할 때
#ifdef PICDEM2PLUS
    #define  LED          PORTBbits.RB0      //D2 LED 출력, 비트별 설정 표현 가능

    //캐릭터형 LCD 포트 설정
    //LCD 컨트롤 핀 설정
    #define LCD_PWR       LATDbits.LATD7     // LCD ON/OFF 라인
    // 이 LCD_PWR 핀은 PICDEM 2 PLUS에만 있는 핀임

    #define LCD_EN        LATDbits.LATD6     // LCD 컨트롤 활성화
    #define LCD_RW        LATDbits.LATD5     // LCD 데이터 읽기/쓰기
    #define LCD_RS        LATDbits.LATD4     // LCD 모드 선택

    //LCD 컨트롤 핀 설정
    #define LCD_DAT0      LATDbits.LATD0     // Data bit 0
    #define LCD_DAT1      LATDbits.LATD1     // Data bit 1
    #define LCD_DAT2      LATDbits.LATD2     // Data bit 2
    #define LCD_DAT3      LATDbits.LATD3     // Data bit 3
    #define LCD_DATA      LATD               // LCD 4비트 데이터 버스

#endif


//INSEM 8bit PIC 평가 보드를 사용할 때
#ifdef INSEM_8bitPIC

    //캐릭터형 LCD 포트 설정
    //LCD 컨트롤 핀 설정
    #define LCD_EN        LATEbits.LATE2     // LCD 컨트롤 활성화
    #define LCD_RW        LATEbits.LATE1     // LCD 데이터 읽기/쓰기
    #define LCD_RS        LATEbits.LATE0     // LCD 모드 선택

    //LCD 컨트롤 핀 설정
```

```
    #define LCD_DATA      LATD                // LCD 8비트 데이터 버스

#endif
```

실행 4_포트 입출력 초기화 함수 코딩

실습목표에서 포트 B를 사용하여 RB0 핀으로 LED 출력으로, 포트 D를 사용하여 캐릭터형 LCD의 4비트 데이터 버스 및 컨트롤 핀으로 초기화한다. (Microchip PICDEM 2 PLUS 보드 또는 자작 보드 사용 기준) 한가지 주의할 사항은 각 포트의 핀들 중에는 여러 기능을 가진 핀들이 많다. 그 중에서도 ANxx 핀들은 ADC 주변장치가 사용하는 아날로그 입력핀들이다. PIC MCU 전원이 들어오는 순간에 각 포트들의 초기화는 바로 ANxx 핀들이 활성화되는 아날로그 입력 포트로 설정된다. 따라서, 항상 사용할 핀의 기능 중에 ANxx 이름이 같이 있는지 체크하고, 데이터시트 I/O 포트 장에 초기화 예제를 꼭 참고하기 바란다.

- Microchip PICDEM 2 PLUS 보드 또는 자작 보드 사용시

```
void initial_port(void)
{
    //PORTB 사용 LED 출력 포트 초기화
    TRISB = 0b11111110;         //PORTB RB0 핀을 출력으로 설정
    // 1 = 입력, 0 = 출력
    ANSELB = 0x00;              //포트 B의 ANxx 핀들 모두 디지털로 설정

    //캐릭터형 LCD을 위한 포트 D 초기화
    TRISD = 0;                  //포트 D의 RD0~RD7 핀까지 모두 출력 설정
    ANSELD = 0;                 //포트 D의 ANxx 핀들 모두 디지털로 설정
}
```

- INSEM 8bit PIC 평가 보드 사용시

이 실습에서는 LED 포트와 LCD 포트가 같은 포트 D를 사용하므로 LED는 사용하지 않는 것으로 한다.

```
void initial_port(void)
{
    //캐릭터형 LCD을 위한 포트 D 초기화
    TRISD = 0;                  //포트 D의 RD0~RD7 핀까지 모두 출력 설정
    // 1 = 입력, 0 = 출력
```

```
    ANSELD = 0x00;                //포트 D의 ANxx 핀들 모두 디지털로 설정

    TRISEbits.TRISE0 = 0;         //RE0핀 LCD_RS 출력 설정
    TRISEbits.TRISE1 = 0;         //RE1핀 LCD_RW 출력 설정
    TRISEbits.TRISE2 = 0;         //RE2핀 LCD_EN 출력 설정
    ANSELE = 0x00;                //포트 E의 ANxx 핀들 모두 디지털로 설정

}
```

실행 5_캐릭터형 LCD 컨트롤용 시간 delay 함수 소스 코딩

캐릭터형 LCD의 컨트롤을 위해 시간 delay 함수가 필요하다. 타이머x 주변장치를 사용할 수도 있지만, 간단한 반복문을 사용하여 딜레이 함수를 만든다. 6장 실습장에서 보다 자세한 설명을 참고한다.

우선 마이크로초 딜레이 함수를 define문으로 정의한다.

```
#define  DelayUs(x)  { unsigned char _dcnt; ₩
            _dcnt = 1; ₩
            while(—_dcnt != 0) ₩
            continue; }
```

위 마이크로초 딜레이 함수에서 PIC MCU 발진 주파수가 더 높게 설정한다면 _dcnt 값을 더 올려야 한다. 위 마이크로초 딜레이 함수를 사용하여 아래 밀리초 딜레이 함수를 코딩한다.

```
void DelayMs(unsigned char cnt)
{
  unsigned char  i;
  do {
    i = 4;
    do {
      DelayUs(250);
    } while(—i);
  } while(—cnt);
}
```

실행 6_캐릭터형 LCD 컨트롤 함수 소스 코딩

PICDEM 2 PLUS 보드에서는 캐릭터형 LCD의 데이터 버스가 4비트로 전송이 되고, INSEM 8bit PIC 평가 보드에서는 8비트로 전송이 된다.

I/O 포트가 여유가 있는 경우에는 8비트 데이터 전송도 좋지만, I/O 포트가 여유가 없는 경우에는 4비트 전송이 더 좋다.

이 실습에서는 각 보드에 따라 각각 다른 LCD 컨트롤 함수에 대한 소스를 코딩한다. 또한, 아래 LCD 컨트롤 함수로 구동할 때 초기화 및 문자표시 등이 오류가 나는 경우에는 딜레이 함수의 시간을 더 늘려서 테스트한다.

- Microchip PICDEM 2 PLUS 보드 또는 자작 보드 사용시

```
//캐릭터 LCD의 명령, 데이터 모드 선언
#define LCD_COMMAND_MODE      1          // LCD Command
#define LCD_DATA_MODE         0          // LCD Data

//캐릭터형 LCD ON, OFF 함수 정의
#define LCD_ON()    LCD_PWR = 1          // LCD on
#define LCD_OFF()   LCD_PWR = 0          // LCD off
```

– 캐릭터형 LCD 4비트 데이터 쓰기 함수

```
void write_4bit_data(unsigned char Lcd_command, unsigned char Lcd_data)
{
    unsigned char buffer;
      LCD_EN = 1;                              //LCD On
      LCD_RW = 0;                              //LCD 쓰기 모드
      if(Lcd_command)    LCD_RS = 0;           //LCD 명령 전송 모드
      else               LCD_RS = 1;           //LCD 데이터 전송 모드

      DelayMs(100);
       buffer = LATD;
       buffer &= 0xF0;
      LCD_DATA = buffer | (Lcd_data & 0x0F); //LCD 명령 또는 데이터 전송
      DelayMs(100);
      LCD_EN = 0;                              //LCD Off
}
```

– 캐릭터형 LCD 바이트(8비트) 데이터 쓰기 함수

```
void write_byte_data(unsigned char Lcd_command, unsigned char Lcd_data)
{
    write_4bit_data(Lcd_command, Lcd_data >> 4); // Output the high nibble to the LCD
    write_4bit_data(Lcd_command, Lcd_data);       // Now send the low nibble
}
```

13장

– 캐릭터형 LCD 한 문자 데이터 전송 함수

```
void LCD_Put_Data(unsigned char Lcd_data)
{
    write_byte_data(LCD_DATA_MODE,Lcd_data);   // LCD에 문자를 출력을 보냄
    DelayMs(100); // 명령이 완료될 때까지 기다림
}
```

– 캐릭터형 LCD 문자열 데이터 전송 함수

```
void LCD_Write_String(const char *Str)
{
    unsigned char i = 0;                              // 문자 인덱스 버퍼
    while (Str[i]) // 문자열이 완료되지 않는 동안 반복
    LCD_Put_Data(Str[i++]);                           // 최근 문자를 표시
}
```

– 캐릭터형 LCD 전체 출력 문자 지우기 함수

```
void LCD_Clear(void)
{
    write_4bit_data(LCD_COMMAND_MODE ,0x00);   // 초기화 디스플레이 명령을 보냄
    write_4bit_data(LCD_COMMAND_MODE ,0x01);   // 초기화 디스플레이 명령을 보냄
    DelayMs(100);                              // 명령이 완료될 때까지 기다림
}
```

– 캐릭터형 LCD 커서 위치 초기화 함수(첫 번째 라인, 첫 번째 칸)

```
void LCD_Home(void)
{
    write_4bit_data(LCD_COMMAND_MODE ,0x00);   // 초기화 디스플레이 명령을 보냄
    write_4bit_data(LCD_COMMAND_MODE ,0x02);   // 초기화 디스플레이 명령을 보냄
    DelayMs(100);                              // 명령이 완료될 때까지 기다림
}
```

– 캐릭터형 LCD 표시 위치 조정 함수

Position은 0~15까지 입력 가능하다. 왜냐면, 일반적으로 캐릭터형 LCD는 가로로 16문자까지 출력이 가능하다. 따라서, 0이면 첫 번째 글자 위치에, 15이면 마지막 16번째 글자 위치를 지정할 수 있다.

Lcd_line은 0~1까지 입력이 가능하다. 0이면 첫 번째 라인, 1이면 두 번째 라인으로 지정이 된다.

```
void LCD_Goto(unsigned Position, unsigned char Lcd_line)
{
    if ((Lcd_line > 1) || (Position > 15))          // 올바르지 못한 선 또는 열일 경우
        return; // 그냥 아무 것도 하지 않음
    write_byte_data(LCD_COMMAND_MODE ,(Lcd_line == 1) ? (0xC0 | Position) : (0x80
| Position));
    // LCD_Goto 명령
    DelayMs(100);                                    // 명령이 완료될 때까지 기다린다.
}
```

• **INSEM 8bit PIC 평가 보드 사용시**

```
#define LCD_STROBE()   ((LCD_EN = 1),(LCD_EN=0))
```

– 캐릭터형 LCD 8비트 데이터 쓰기 함수

```
void write_byte_data(unsigned char Lcd_data)
{
  DelayMs(100);
  LCD_DATA = Lcd_data;
  LCD_STROBE();
}
```

– 캐릭터형 LCD 한 문자 데이터 전송 함수

```
void LCD_Put_Data(unsigned char Lcd_data)
{
  LCD_RS = 1;           //write characters
  write_byte_data( Lcd_data );
}
```

– 캐릭터형 LCD 문자열 데이터 전송 함수

```
void LCD_Write_String(const char *Str)
{
  LCD_RS = 1;              //write characters
  while(*Str)
    write_byte_data(*Str++);
}
```

– 캐릭터형 LCD 전체 출력 문자 지우기 함수

```
void LCD_Clear(void)
{
  LCD_RS = 0;
  write_byte_data(0x1);
```

```
  DelayMs(100);
}
```

– 캐릭터형 LCD 커서 위치 초기화 함수(첫 번째 라인, 첫 번째 칸)

```
void LCD_Home(void)
{
    write_4bit_data(LCD_COMMAND_MODE ,0x00); // 초기화 디스플레이 명령을 보냄
    write_4bit_data(LCD_COMMAND_MODE ,0x02); // 초기화 디스플레이 명령을 보냄
    DelayMs(100); // 명령이 완료될 때까지 기다림
}
```

– 캐릭터형 LCD 표시 위치 조정 함수

Position은 0~15까지 입력 가능하다. 왜냐면, 일반적으로 캐릭터형 LCD는 가로로 16문자까지 출력이 가능하다. 따라서, 0이면 첫 번째 글자 위치에, 15이면 마지막 16번째 글자 위치를 지정할 수 있다.

Lcd_line은 0~1까지 입력이 가능하다. 0이면 첫 번째 라인, 1이면 두 번째 라인으로 지정이 된다.

```
void LCD_Goto(unsigned Position, unsigned char Lcd_line)
{
    LCD_RS = 0;
    if ((Lcd_line > 1) || (Position > 15))          // 올바르지 못한 선 또는 열일 경우
        return; // 그냥 아무 것도 하지 않음
    write_byte_data((Lcd_line == 1) ? (0xC0 | Position) : (0x80 | Position));
    // LCD_Goto 명령
    DelayMs(100);                                   // 명령이 완료될 때까지 기다린다.
}
```

실행 7_캐릭터형 LCD 초기화 함수 소스 코딩

일반적인 캐릭터형 LCD의 초기화는 해당 데이터시트에 자세히 소개되어 있다. 그리고, 이 실습에서 사용하는 캐릭터형 LCD도 거의 유사한 초기화 과정을 가지게 된다. 따라서, 2가지 보드에 대해 4비트 I/O 전송방식과 8비트 I/O 전송방식의 초기화 함수를 아래 다른 보드에 적용한다. 가급적 변경하지 말고 그대로 사용하는 것이 좋다.

• Microchip PICDEM 2 PLUS 보드 또는 자작 보드 사용시

– 4비트 데이터 라인 방식일 때

```
void initial_CLCD(void)
{
    LCD_OFF();
    LCD_ON();              // LCD를 켜 Display에 표시
    LCD_RS = 0;            // 명령 모드에서 LCD를 설정
    LCD_RW = 0;            // LCD는 버스에서 데이터를 수신 => 쓰기 모드
    LCD_EN = 0;            // LCD 사용 데이터 수신 (LCD는 Bus에서 무엇이든 읽어옴)
    LCD_EN = 1;            // 요청시 LCD는 데이터를 설정한다.

    DelayMs(100);
    write_4bit_data(LCD_COMMAND_MODE ,0x02);
    DelayMs(100);
    write_4bit_data(LCD_COMMAND_MODE ,0x02);
    DelayMs(100);
    write_4bit_data(LCD_COMMAND_MODE ,0x08);
    DelayMs(100);
    write_4bit_data(LCD_COMMAND_MODE ,0x00);
    DelayMs(100);
    write_4bit_data(LCD_COMMAND_MODE ,0x0C);
    DelayMs(100);
    write_4bit_data(LCD_COMMAND_MODE ,0x00);
    DelayMs(100);
    write_4bit_data(LCD_COMMAND_MODE ,0x01);
    DelayMs(100);
    write_4bit_data(LCD_COMMAND_MODE ,0x00);
    DelayMs(100);
    write_4bit_data(LCD_COMMAND_MODE ,0x02);
    DelayMs(100);
    write_4bit_data(LCD_COMMAND_MODE ,0x04);
    DelayMs(100);
    write_4bit_data(LCD_COMMAND_MODE ,0x0E);
    DelayMs(100);

    LCD_Clear();
    LCD_ON(); // LCD를 켜 Display에 표시
}
```

- INSEM 8bit PIC 평가 보드 사용시

– 8비트 데이터 라인 방식일 때

```
void initial_CLCD(void)
```

```
{
  LCD_RS = 0;
  LCD_EN = 0;
  LCD_RW = 0;

  DelayMs(100);              //wait 30mSec after power applied.
  LCD_DATA = 0b00111100;
  LCD_STROBE();
  DelayMs(100);
  LCD_DATA = 0b00001100;
  //1100: 커서 없음. 1110 : 아래 바 커서. 1111: 커서 점멸
  LCD_STROBE();
  DelayMs(100);
  LCD_DATA = 0b00000001;
  LCD_STROBE();
  DelayMs(100);
  LCD_DATA = 0b00000110;
  LCD_STROBE();

  LCD_Clear();               //Clear screen
}
```

실행 8_ADC 주변장치 초기화 함수 소스 코딩

ADC 주변장치를 사용하여 가변저항의 위치에 따라 달라지는 전압을 A/D 변환하여 10비트 A/D 변환값을 얻을 수 있다. 따라서, 아래와 같이 ADFM 비트를 1로 세팅하여 우정렬을 설정한다.

```
        ADCON1bits.ADFM = 1;
```

예로, 결과값(0x02A9(Hex표시) 0b000010 10101001(Binary표시))이 저장된다. 그리고, ADCON1 레지스터의 ADCS<2:0> 비트는 A/D 컨버터의 컨버전 클럭은 A/D 컨버전이 빠르면 빠를수록 좋기 때문에 최소 클럭인 1μs로 세팅하려고 하면, 1us / 62.5ns = 16분주 값을 알 수 있으므로, 여기서는 Fosc/16을 아래와 같이 설정하면 된다. 보다 자세한 사항은 12장의 ADC 실습을 참고한다.

```
ADCON1bits.ADCS = 5;               //ADC 변환 클럭: Fosc/16 = 1μs(최소 클럭)

//ADC 주변장치 및 아날로그 입력핀 초기화
void initial_adc(void)
{
    //아날로그 입력핀 설정
```

```
#ifdef PICDEM2PLUS              //Microchip PICDEM 2 PLUS 보드 사용시
    TRISAbits.TRISA0 = 1;       //RA0핀 입력핀으로 설정
    ANSELA=0x01;                //AN0(RA0)을 아날로그 입력으로 RA0 포텐쇼미터 연결
                                //가변저항 RA0의 전압값을 읽기
#endif

#ifdef INSEM_8bitPIC  /         /INSEM 8bit PIC 평가 보드 사용시
    TRISAbits.TRISA2 = 1;       //RA2핀 입력핀으로 설정
    ANSELA=0x04;                //AN2(RA2)를 아날로그 입력으로 R21 포텐쇼미터 연결
                                //가변저항 R21의 전압값을 읽기
#endif

    //ADC 초기화
    //ADCON1 레지스터 초기화
    ADCON1bits.ADFM = 0;              /10비트 ADC 결과값을 좌정렬 설정
                                      //0 : 좌정렬  1 : 우정렬

    ADCON1bits.ADCS = 5;              //ADC 변환 클럭 설정 : Fosc/16 = 1μs(최소 클럭)

    ADCON1bits.ADNREF = 0;            //ADC 변환 -전압 기준(Vref-) : Vss 핀(0V) 설정
    ADCON1bits.ADPREF = 0;            //ADC 변환 +전압 기준(Vref+) : Vdd 핀(+5V) 설정

    ADCON0bits.CHS = 0; //CHS<4:0> 5비트 아날로그 입력 채널 선택

    //ADCON0 레지스터 초기화
#ifdef PICDEM2PLUS  //Microchip PICDEM 2 PLUS 보드 사용시
        ADCON0bits.CHS = 0;           //AN0(RA0)을 아날로그 입력 채널로 RA0 포텐쇼미
                                      터 연결
#endif

#ifdef INSEM_8bitPIC  //INSEM 8bit PIC 평가 보드 사용시
    ADCON0bits.CHS = 2;               //AN2(RA2)를 아날로그 입력 채널로 R21 포텐쇼미
                                      터 연결
#endif

    PIR1bits.ADIF = 0;                //ADC 인터럽트 플래그 클리어
    PIE1bits.ADIE = 0;                //ADC 인터럽트 동작중지
    ADCON0bits.ADON = 1;              //아날로그 모듈 ON
}
```

실행 9_**ADC 응용 폴링 방식 A/D 변환 함수 소스 코딩**

10비트 A/D 변환이 완료되면 ADRESH(상위 저장 바이트), ADRESL(하위 저

장 바이트) 레지스터에 저장하는 값의 정렬순서를 실행 9에서 ADFM 비트를 1로 세팅한다. 따라서, 소스에서 위 define문을 10비트 출력으로 설정한다.

```
//#define ADC_8BIT          //10비트 ADC 결과값을 정렬 설정, 0 : 좌정렬
#define ADC_10BIT           //10비트 ADC 결과값을 정렬 설정, 1 : 우정렬
```

위와 같이 //ADC_8BIT를 주석처리한다.

그리고, 또한, A/D 변환에 대해서는 12장의 ADC 실습을 참고한다.

```
//#define ADC_8BIT          //10비트 ADC 결과값을 정렬 설정, 0 : 좌정렬
#define ADC_10BIT           //10비트 ADC 결과값을 정렬 설정, 1 : 우정렬

//ADC 응용 폴링 방식 A/D 변환 함수
unsigned int adc_read(unsigned char ANx_Channel)
{
    unsigned int adc_buf;  //10비트 A/D 변환 결과값 저장 : 16비트 변수 선언

    //A/D 변환할 아날로그 ANx 채널 초기화
    ADCON0bits.CHS = ANx_Channel;
    //Microchip PICDEM 2 PLUS 보드 사용시 : AN0(RA0)을 아날로그 입력 채널
    //INSEM 8bit PIC 평가 보드 사용시 : AN2(RA2)를 아날로그 입력 채널

#ifdef ADC_8BIT                         //좌정렬 A/D 변환 후 8비트 변환값 사용시
        ADCON1bits.ADFM = 0;            //10비트 ADC 결과값을 좌정렬 설정

    GO_nDONE = 1;                       //A/D 변환 시작(폴링 방식)
    while(GO_nDONE);                    //A/D 변환 완료시까지 대기

        adc_buf = (unsigned int)ADRESH; //8비트 A/D 변환값을 캐스트 연산자 사용
                                        //16비트로 저장
#endif

#ifdef ADC_10BIT                        //우정렬 A/D 변환 후 10비트 변환값 사용시
        ADCON1bits.ADFM = 1;            //10비트 ADC 결과값을 우정렬 설정

    GO_nDONE = 1;                       //A/D 변환 시작(폴링 방식)
    while(GO_nDONE);                    //A/D 변환 완료시까지 대기

        adc_buf = (unsigned int)(ADRESH <<8) + ADRESL;
                                        //10비트 A/D 변환값을 16비트 변수로 저장
#endif

    return adc_buf;                     //10비트 A/D 변환값을 리턴
}
```

실행 10_A/D 변환값을 캐릭터형 LCD로 출력하는 함수 소스 코딩

캐릭터형 LCD에 표시되는 문자는 LCD_Put_Data(unsigned char Lcd_data) 함수로 문자를 출력할 때 LCD로 보내는 데이터 즉, Lcd_data 입력변수의 형식은 UART 시리얼 통신 실습에서 하이퍼터미널로 표시되는 방식과 마찬가지로 ASCII 코드 값이어야 한다.

예를 들면, LCD에 숫자 0을 표시할 때는 LCD_Put_Data('0'); 또는 LCD_Put_Data(0x30); 으로 코딩을 해야 한다. 따라서, A/D 변환값을 LCD에 표시하기 위해서는 16진수 포맷으로 표시할지, 십진수로 표시할지를 결정해야 한다. 이 실습에서는 십진수 형식으로 출력하는 함수를 아래와 같이 소스를 코딩한다.

여기서, %는 나머지, / 몫을 구하여 각 자리별로 십진수를 구하여 ASCII 코드 값으로 0x30 인 0의 표시값을 더하여 XXXX 4자리 십진수를 표시하게 한다.

```
// A/D 변환값 10진수 변환 LCD 출력 함수 소스 코딩
void display_Lcd_adc_value(unsigned int ad_value)
{
    unsigned char digit_1000;                    //천(1000)자리 표시 변수
    unsigned char digit_100;                     //백(100)자리 표시 변수
    unsigned char digit_10;                      //십(10)자리 표시 변수
    unsigned char digit_1;                       //일(1)자리 표시 변수

    digit_1000  = (ad_value/1000)+'0';           //천의 자리 계산 + 0x30
    digit_100   = ((ad_value%1000)/100)+'0';     //백의 자리 계산 + 0x30
    digit_10    = (((ad_value%1000)%100)/10)+'0';
    //십의 자리 계산 + 0x30
    digit_1     = (((ad_value%1000)%100)%10)+'0';
    //일의 자리 계산 + 0x30

     LCD_Put_Data(digit_1000);                   //천의 자리 ASCII 값 LCD로 출력
     LCD_Put_Data(digit_100);                    //백의 자리 ASCII 값 LCD로 출력
     LCD_Put_Data(digit_10);                     //십의 자리 ASCII 값 LCD로 출력
     LCD_Put_Data(digit_1);                      //일의 자리 ASCII 값 LCD로 출력
}
```

13장

실행 11_메인 함수 캐릭터형 LCD로 출력하는 함수 소스 코딩

```
const char Lcd_title[] = {"<A/D Converter>"};

int main(int argc, char** argv)
{
    unsigned int adc_value;              //A/D 변환값 저장 버퍼

    //오실레이터 초기화
    OSCCON = 0b01111000;                 //16MHz 내부 클럭 설정

    initial_port();                      //LED를 위한 포트 초기화 함수 실행

    initial_adc();                       //ADC 주변장치 초기화 함수 실행

    initial_CLCD();

    LCD_Write_String(Lcd_title);         //LCD 첫 번째 라인에 "A/D Converter" 표시

    LCD_Goto(0, 1);                      //0: 첫 번째 문자, 1: 두 번째 라인 위치로 이동

    LCD_Write_String("ADC Value = ");

    while(1)
    {

        //A/D 변환할 아날로그 ANx 채널 초기화
        #ifdef PICDEM2PLUS                       //Microchip PICDEM 2 PLUS 보드 사용시
            adc_value = adc_read(0);             //AN0(RA0)을 아날로그 입력 채널
        #endif

        #ifdef INSEM_8bitPIC                     //INSEM 8bit PIC 평가 보드 사용시
            adc_value = adc_read(2);             //AN2(RA2)를 아날로그 입력 채널
        #endif

        LCD_Goto(12, 1);                         //12:13번째 문자, 1: 두 번째 라인 위치
                                                 로 이동
        display_Lcd_adc_value(adc_value);        //A/D 변환값 십진수 4자리로 표시
                                                 //0000 ~ 1023 , 10비트 값 출력
    }
}
```

실행 12_ **Lcd_adc.c**란 파일을 저장하고 코딩을 완성한다.

Step 3 소스 코드 확인

```
#include <xc.h>

__CONFIG(FOSC_INTOSC & WDTE_OFF & PWRTE_ON & MCLRE_OFF & BOREN_OFF);

//PICDEM 2 PLUS 보드를 사용시
#define PICDEM2PLUS
//#define INSEM_8bitPIC

//PIC MCU에서 사용하는 시스템 클럭 계산
#define Fosc 16000000                    //내부 16MHz 클럭 설정
#define Tosc 1/Fosc                      //내부 16MHz 클럭 주기
#define Fcy Fosc / 4                     // Fcy = Fosc/4
#define Tcy 1 / Fcy                      // 1/4MHz = 250ns

// 캐릭터형 LCD, LED에 대한 I/O 포트 설정 선언문이다.
#ifdef PICDEM2PLUS
    #define  LED              PORTBbits.RB0 //D2 LED 출력, 비트별 설정 표현 가능

    //캐릭터형 LCD 포트 설정
    //LCD 컨트롤 핀 설정
    #define LCD_PWR          LATDbits.LATD7    // LCD ON/OFF 라인
    // 이 LCD_PWR 핀은 PICDEM 2 PLUS에만 있는 핀임

    #define LCD_EN           LATDbits.LATD6    // LCD 컨트롤 활성화
    #define LCD_RW           LATDbits.LATD5    // LCD 데이터 읽기/쓰기
    #define LCD_RS           LATDbits.LATD4    // LCD 모드 선택

    //LCD 컨트롤 핀 설정
    #define LCD_DAT0     LATDbits.LATD0        // Data bit 0
    #define LCD_DAT1     LATDbits.LATD1        // Data bit 1
    #define LCD_DAT2     LATDbits.LATD2        // Data bit 2
    #define LCD_DAT3     LATDbits.LATD3        // Data bit 3
    #define LCD_DATA         LATD              // LCD 4비트 데이터 버스

#endif
#ifdef INSEM_8bitPIC
```

```
    //캐릭터형 LCD 포트 설정
    //LCD 컨트롤 핀 설정
    #define LCD_ENLATEbits.LATE2                    // LCD 컨트롤 활성화
    #define LCD_RW          LATEbits.LATE1          // LCD 데이터 읽기/쓰기
    #define LCD_RSLATEbits.LATE0                    // LCD 모드 선택

    //LCD 컨트롤 핀 설정
    #define LCD_DATA        LATD                    // LCD 8비트 데이터 버스

#endif

//I/O 포트 초기화 함수
#ifdef PICDEM2PLUS
   void initial_port(void)
   {
         //PORTB 사용 LED 출력 포트 초기화
         TRISB = 0b11111110;                        //PORTB RB0 핀을 출력으로 설정
         // 1 = 입력, 0 = 출력
         ANSELB = 0x00;                             //포트 B의 ANxx 핀들 모두 디지털로 설정

         //캐릭터형 LCD을 위한 포트 D 초기화
         TRISD = 0;                                 //포트 D의 RD0~RD7 핀까지 모두 출력 설정
         ANSELD = 0;                                //포트 D의 ANxx 핀들 모두 디지털로 설정
   }

#endif

#ifdef INSEM_8bitPIC
   void initial_port(void)
   {
         //캐릭터형 LCD을 위한 포트 D 초기화
         TRISD = 0;                                 //포트 D의 RD0~RD7 핀까지 모두 출력 설정
         // 1 = 입력, 0 = 출력
         ANSELD = 0x00;                             //포트 D의 ANxx 핀들 모두 디지털로 설정

         TRISEbits.TRISE0 = 0;                      //RE0핀 LCD_RS 출력 설정
         TRISEbits.TRISE1 = 0;                      //RE1핀 LCD_RW 출력 설정
         TRISEbits.TRISE2 = 0;                      //RE2핀 LCD_EN 출력 설정
         ANSELE = 0x00;                             //포트 E의 ANxx 핀들 모두 디지털로 설정
```

```
  }

#endif

//캐릭터형 LCD 컨트롤용 시간 delay 함수 소스
//마이크로초 딜레이 함수 define문 정의
#define  DelayUs(x)  {  unsigned char _dcnt; ₩
                        _dcnt = 1; ₩
                        while(—_dcnt != 0) ₩
                        continue; }

//밀리초 딜레이 함수
void DelayMs(unsigned char cnt)
{
  unsigned char  i;
  do {
    i = 4;
    do {
      DelayUs(250);
    } while(—i);
  } while(—cnt);
}

//캐릭터 LCD의 명령, 데이터 모드 선언
#define LCD_COMMAND_MODE      1          // LCD Command
#define LCD_DATA_MODE         0          // LCD Data

#ifdef PICDEM2PLUS
//Microchip PICDEM 2 PLUS 보드 사용시에만 아래 LCD_ON(), LCD_OFF() 함수 적용
//캐릭터형 LCD ON, OFF 함수 정의
#define LCD_ON()    LCD_PWR = 1          // LCD on
#define LCD_OFF()   LCD_PWR = 0          // LCD off

//캐릭터형 LCD 4비트 데이터 쓰기 함수
void write_4bit_data(unsigned char Lcd_command, unsigned char Lcd_data)
{
    unsigned char buffer;
         LCD_EN = 1;                      //LCD On
         LCD_RW = 0;                      //LCD 쓰기 모드
         if(Lcd_command)    LCD_RS = 0;   //LCD 명령 전송 모드
```

13장

```
        else                  LCD_RS = 1;             //LCD 데이터 전송 모드

        DelayMs(100);
       buffer = LATD;
       buffer &= 0xF0;
        LCD_DATA = buffer | (Lcd_data & 0x0F);//LCD 명령 또는 데이터 전송
        DelayMs(100);
        LCD_EN = 0;                              //LCD Off
}

void write_byte_data(unsigned char Lcd_command, unsigned char Lcd_data)
{
    write_4bit_data(Lcd_command, Lcd_data >> 4); // Output the high nibble to the LCD
    write_4bit_data(Lcd_command, Lcd_data);      // Now send the low nibble
}

void LCD_Put_Data(unsigned char Lcd_data)
{
    write_byte_data(LCD_DATA_MODE,Lcd_data);  // LCD에 문자를 출력을 보냄
    DelayMs(100);                             // 명령이 완료될 때까지 기다림
}

void LCD_Write_String(const char *Str)
{
    unsigned char i = 0;                      // 문자 인덱스 버퍼
    while (Str[i])                            // 문자열이 완료되지 않는 동안 반복
    LCD_Put_Data(Str[i++]);                   // 최근 문자를 표시
}

void LCD_Clear(void)
{
    write_4bit_data(LCD_COMMAND_MODE ,0x00); // 초기화 디스플레이 명령을 보냄
    write_4bit_data(LCD_COMMAND_MODE ,0x01); // 초기화 디스플레이 명령을 보냄
    DelayMs(100); // 명령이 완료될 때까지 기다림
}

void LCD_Home(void)
{
    write_4bit_data(LCD_COMMAND_MODE ,0x00); // 초기화 디스플레이 명령을 보냄
    write_4bit_data(LCD_COMMAND_MODE ,0x02); // 초기화 디스플레이 명령을 보냄
```

```
    DelayMs(100); // 명령이 완료될 때까지 기다림
}


void LCD_Goto(unsigned Position, unsigned char Lcd_line)
{
    if ((Lcd_line > 1) || (Position > 15)) // 올바르지 못한 선 또는 열일 경우
        return; // 그냥 아무 것도 하지 않음
    write_byte_data(LCD_COMMAND_MODE ,(Lcd_line == 1) ? (0xC0 | Position) : (0x80 | Position));
    // LCD_Goto 명령
    DelayMs(100); // 명령이 완료될 때까지 기다린다.
}

//캐릭터형 LCD 초기화 함수
void initial_CLCD(void)
{
    LCD_OFF();
    LCD_ON();                    // LCD를 켜 Display에 표시
    LCD_RS = 0;                  // 명령 모드에서 LCD를 설정
    LCD_RW = 0;                  // LCD는 버스에서 데이터를 수신 => 쓰기 모드
    LCD_EN = 0;                  // LCD 사용 데이터 수신 (LCD는 Bus에서 무엇이든 읽어옴)
    LCD_EN = 1;                  // 요청시 LCD는 데이터를 설정한다.

    DelayMs(100);
    write_4bit_data(LCD_COMMAND_MODE ,0x02);
    DelayMs(100);
    write_4bit_data(LCD_COMMAND_MODE ,0x02);
    DelayMs(100);
    write_4bit_data(LCD_COMMAND_MODE ,0x08);
    DelayMs(100);
    write_4bit_data(LCD_COMMAND_MODE ,0x00);
    DelayMs(100);
    write_4bit_data(LCD_COMMAND_MODE ,0x0C);
    DelayMs(100);
    write_4bit_data(LCD_COMMAND_MODE ,0x00);
    DelayMs(100);
    write_4bit_data(LCD_COMMAND_MODE ,0x01);
    DelayMs(100);
    write_4bit_data(LCD_COMMAND_MODE ,0x00);
    DelayMs(100);
```

```
    write_4bit_data(LCD_COMMAND_MODE ,0x02);
    DelayMs(100);
    write_4bit_data(LCD_COMMAND_MODE ,0x04);
    DelayMs(100);
    write_4bit_data(LCD_COMMAND_MODE ,0x0E);
    DelayMs(100);

    LCD_Clear();
    LCD_ON();                          // LCD를 켜 Display에 표시
}
#endif

#ifdef INSEM_8bitPIC
#define LCD_STROBE()   ((LCD_EN = 1),(LCD_EN=0))
//write a byte to the LCD in 4 bit mode
void write_byte_data(unsigned char Lcd_data)
{
  DelayMs(100);
  LCD_DATA = Lcd_data;
  LCD_STROBE();
}

//Clear and home the LCD
void LCD_Clear(void)
{
  LCD_RS = 0;
  write_byte_data(0x1);
  DelayMs(100);
}

//write a string of chars to the LCD
void LCD_Write_String(const char *Str)
{
  LCD_RS = 1;                          //write characters
  while(*Str)
    write_byte_data(*Str++);
}

//write one character to the LCD
void LCD_Put_Data(unsigned char Lcd_data)
```

```
{
  LCD_RS = 1;                                  //write characters
  write_byte_data( Lcd_data );
}


void LCD_Goto(unsigned Position, unsigned char Lcd_line)
{
    LCD_RS = 0;
    if ((Lcd_line > 1) || (Position > 15))  // 올바르지 못한 선 또는 열일 경우
        return;                              // 그냥 아무 것도 하지 않음
    write_byte_data((Lcd_line == 1) ? (0xC0 | Position) : (0x80 | Position));
    // LCD_Goto 명령
    DelayMs(100);                            // 명령이 완료될 때까지 기다린다.
}

//initialise the LCD - put into 8 bit mode
void initial_CLCD(void)
{
  LCD_RS = 0;
  LCD_EN = 0;
  LCD_RW = 0;

  DelayMs(100);                              //wait 30mSec after power applied.
  LCD_DATA = 0b00111100;
  LCD_STROBE();
  DelayMs(100);
  LCD_DATA = 0b00001100;
  //1100: 커서 없음, 1110 : 아래 바 커서, 1111: 커서 점멸
  LCD_STROBE();
  DelayMs(100);
  LCD_DATA = 0b00000001;
  LCD_STROBE();
  DelayMs(100);
  LCD_DATA = 0b00000110;
  LCD_STROBE();

  LCD_Clear();       //Clear screen
}
#endif
```

13장

```
//ADC 주변장치 및 아날로그 입력핀 초기화
void initial_adc(void)
{
    //아날로그 입력핀 설정
#ifdef PICDEM2PLUS              //Microchip PICDEM 2 PLUS 보드 사용시
    TRISAbits.TRISA0 = 1;       //RA0핀 입력핀으로 설정
    ANSELA=0x01;                //AN0(RA0)을 아날로그 입력으로 RA0 포텐쇼미터 연결
                                //가변저항 RA0의  전압값을 읽기
#endif

#ifdef INSEM_8bitPIC            //INSEM 8bit PIC 평가 보드 사용시
    TRISAbits.TRISA2 = 1;       //RA2핀 입력핀으로 설정
    ANSELA=0x04;                //AN2(RA2)를 아날로그 입력으로 R21 포텐쇼미터 연결
                                //가변저항 R21의 전압값을 읽기
#endif

    //ADC 초기화
    //ADCON1 레지스터 초기화
    ADCON1bits.ADFM = 0;                //10비트 ADC 결과값을 좌정렬 설정
                                        //0 : 좌정렬  1 : 우정렬

    ADCON1bits.ADCS = 5;                //ADC 변환 클럭 설정 : Fosc/16 = 1μs(최소 클럭)

    ADCON1bits.ADNREF = 0;              //ADC 변환 -전압 기준(Vref-) : Vss 핀(0V) 설정
    ADCON1bits.ADPREF = 0;              //ADC 변환 +전압 기준(Vref+) : Vdd 핀(+5V) 설정

    ADCON0bits.CHS = 0;                 //CHS<4:0> 5비트 아날로그 입력 채널 선택

    //ADCON0 레지스터 초기화
#ifdef PICDEM2PLUS                      //Microchip PICDEM 2 PLUS 보드 사용시
        ADCON0bits.CHS = 0;             //AN0(RA0)을 아날로그 입력 채널로 RA0 포텐쇼미터 연결
#endif

#ifdef INSEM_8bitPIC                    //INSEM 8bit PIC 평가 보드 사용시
    ADCON0bits.CHS = 2;                 //AN2(RA2)를 아날로그 입력 채널로 R21 포텐쇼미터 연결
#endif

    PIR1bits.ADIF = 0;                  //ADC 인터럽트 플래그 클리어
    PIE1bits.ADIE = 0;                  //ADC 인터럽트 동작중지
    ADCON0bits.ADON = 1;                //아날로그 모듈 ON
```

```
}

//#define ADC_8BIT                    //10비트 ADC 결과값을 정렬 설정. 0 : 좌정렬
#define ADC_10BIT                     //10비트 ADC 결과값을 정렬 설정. 1 : 우정렬

//ADC 응용 폴링 방식 A/D 변환 함수
unsigned int adc_read(unsigned char ANx_Channel)
{
    unsigned int adc_buf;             //10비트 A/D 변환 결과값 저장 : 16비트 변수 선언

    //A/D 변환할 아날로그 ANx 채널 초기화
    ADCON0bits.CHS = ANx_Channel;
    //Microchip PICDEM 2 PLUS 보드 사용시 : AN0(RA0)을 아날로그 입력 채널
    //INSEM 8bit PIC 평가 보드 사용시 : AN2(RA2)를 아날로그 입력 채널

#ifdef ADC_8BIT                       //좌정렬 A/D 변환 후 8비트 변환값 사용시
        ADCON1bits.ADFM = 0;          //10비트 ADC 결과값을 좌정렬 설정

    GO_nDONE = 1;                     //A/D 변환 시작(폴링 방식)
    while(GO_nDONE);                  //A/D 변환 완료시까지 대기

        adc_buf = (unsigned int)ADRESH; //8비트 A/D 변환값을 캐스트 연산자 사용
                                        //16비트로 저장
#endif

#ifdef ADC_10BIT                              //우정렬 A/D 변환 후 10비트 변환값 사용시
        ADCON1bits.ADFM = 1;                  //10비트 ADC 결과값을 우정렬 설정

    GO_nDONE = 1;                     //A/D 변환 시작(폴링 방식)
    while(GO_nDONE);                  //A/D 변환 완료시까지 대기

        adc_buf = (unsigned int)(ADRESH <<8) + ADRESL;
                                              //10비트 A/D 변환값을 16비트 변수로 저장
#endif

    return adc_buf;                           //10비트 A/D 변환값을 리턴
}

// A/D 변환값 10진수 변환 LCD 출력 함수 소스 코딩
```

13장

```
void display_Lcd_adc_value(unsigned int ad_value)
{
    unsigned char digit_1000;                     //천(1000)자리 표시 변수
    unsigned char digit_100;                      //백(100)자리 표시 변수
    unsigned char digit_10;                       //십(10)자리 표시 변수
    unsigned char digit_1;                        //일(1)자리 표시 변수

    digit_1000  = (ad_value/1000)+'0';            //천의 자리 계산 + 0x30
    digit_100   = ((ad_value%1000)/100)+'0';      //백의 자리 계산 + 0x30
    digit_10    = (((ad_value%1000)%100)/10)+'0'; //십의 자리 계산 + 0x30
    digit_1     = (((ad_value%1000)%100)%10)+'0'; //일의 자리 계산 + 0x30

     LCD_Put_Data(digit_1000);                    //천의 자리 ASCII 값 LCD로 출력
     LCD_Put_Data(digit_100);                     //백의 자리 ASCII 값 LCD로 출력
     LCD_Put_Data(digit_10);                      //십의 자리 ASCII 값 LCD로 출력
     LCD_Put_Data(digit_1);                       //일의 자리 ASCII 값 LCD로 출력
}

const char Lcd_title[] = {"<A/D Converter>"};

int main(int argc, char** argv)
{
    unsigned int adc_value;                       //A/D 변환값 저장 버퍼

    //오실레이터 초기화
    OSCCON = 0b01111000;                          //16MHz 내부 클럭 설정

    initial_port();                               //LED를 위한 포트 초기화 함수 실행

    initial_adc();                                //ADC 주변장치 초기화 함수 실행

    initial_CLCD();

    LCD_Write_String(Lcd_title);                  //LCD 첫 번째 라인에 "A/D Converter" 표시

    LCD_Goto(0, 1);                               //0: 첫 번째 문자, 1: 두 번째 라인 위치로 이동

    LCD_Write_String("ADC Value = ");

    while(1)
    {
```

```
        //A/D 변환할 아날로그 ANx 채널 초기화
        #ifdef PICDEM2PLUS                          //Microchip PICDEM 2 PLUS 보드 사용시
            adc_value = adc_read(0);                //AN0(RA0)을 아날로그 입력 채널
        #endif

        #ifdef INSEM_8bitPIC                        //INSEM 8bit PIC 평가 보드 사용시
            adc_value = adc_read(2);                //AN2(RA2)를 아날로그 입력 채널
        #endif

        LCD_Goto(12, 1);                            //12: 13번째 문자, 1: 두 번째 라인 위치로 이동
        display_Lcd_adc_value(adc_value);           //A/D 변환값 십진수 4자리로 표시
                                                    //0000 ~ 1023 , 10비트 값 출력
    }
}
```

실행 1_Make & Program 버튼 클릭 후, PICDEM 2 Plus 보드 동작을 확인한다.

실행 2_경고창이 실행된 경우 OK를 클릭

5) 실습결과

(1) Microchip PICDEM 2 PLUS 보드 사용시

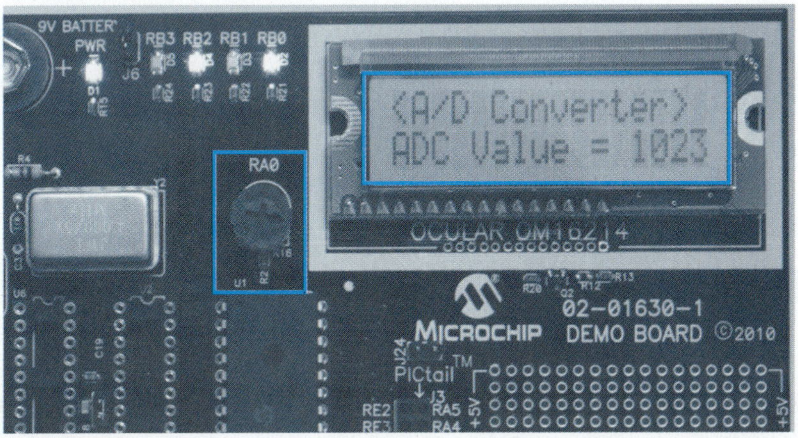

위 보드 그림에서 사각형 표시가 가변저항(포텐셔미터) RA0를 반시계방향으로 돌리면

0000이 LCD에 출력되고, 시계방향으로 돌리면 10비트의 최대치인 1023까지 A/D 변환값이 LCD 창의 두 번째 라인에 출력된다.

(2) INSEM 8bit PIC 평가 보드 사용시

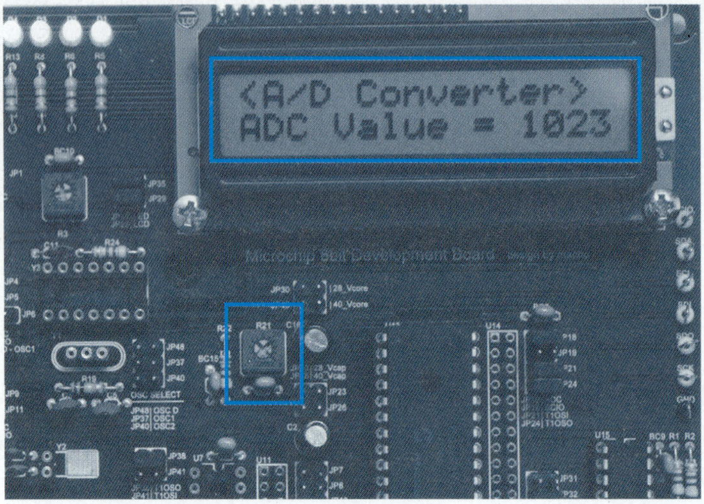

위 보드 그림에서 R21이 가변저항이다. 따라서, +자 드라이버로 조심히 시계/반시계방향으로 돌려가면 A/D 변환값의 LCD 출력 결과를 확인한다.

6) 디버깅(Debugging) 실습

디버깅 방법을 앞 장인 6장에서 설명하였다. 필히 6장의 디버깅 설정 및 버튼 기능들은 숙지한다. 또한, 이 실습의 디버깅 방법은 12장의 ADC 실습과 동일하며, 각 변수들과 레지스터값들을 Watch창에서 체크하면서 디버깅한다. 12장 ADC 실습의 디버깅 과정을 참조하기 바란다.

실습예제 2 : 캐릭터형 LCD 응용 전자시계 구동실습

11장에서 실습한 "UART와 타이머1을 이용한 전자시계 만들기 실습"을 응용하여 타이머1을 이용한 전자시계를 캐릭터형 LCD로 시간을 표시하는 실습이다. 따라서, 이전 실습인 캐릭터형 LCD 구동실습과 11장의 전자시계 실습을 꼭 참고한다.

1) 실습목표

(1) Microchip PICDEM 2 PLUS **보드 사용시**

- PIC16F1939 PIC 마이크로컨트롤러 입출력 포트 초기화 설정
  (4비트 데이터 버스 : RD0~RD3, 컨트롤 핀 : RD4~RD6)
- PIC16F1939 PIC 마이크로컨트롤러 타이머1 주변장치 초기화 설정
- 타이머1 인터럽트 동작 초기화 설정
- 타이머1 인터럽트 서비스 루틴 및 인터럽트 방식 구동방법
- 타이머1 이용한 1초 만들기 소스 코딩
- 캐릭터형 LCD 초기화 및 컨트롤 함수 소스 코딩
- 캐릭터형 LCD 컨트롤용 시간 delay 함수 소스 코딩
- 전자시계를 동작하기 위한 시간, 분, 초 계산 소스 코딩
- 캐릭터형 LCD로 전자시계 표시를 위한 출력 함수 소스 코딩

(2) INSEM 8bit PIC **평가 보드 사용시**

- PIC16F1939 PIC 마이크로컨트롤러 입출력 포트 초기화 설정
  (8비트 데이터 버스 : RD0~RD7, 컨트롤 핀 : RE0~RE2)
- PIC16F1939 PIC 마이크로컨트롤러 UART 주변장치 초기화 설정
- PIC16F1939 PIC 마이크로컨트롤러 타이머1 주변장치 초기화 설정
- 포트 D(RD0~RD7핀) 중에 RD0 핀 LED 출력 설정 및 구동
- 타이머1 인터럽트 동작 초기화 설정
- 타이머1 인터럽트 서비스 루틴 및 인터럽트 방식 구동방법
- 타이머1 이용한 1초 만들기 소스 코딩
- 캐릭터형 LCD 초기화 및 컨트롤 함수 소스 코딩
- 캐릭터형 LCD 컨트롤용 시간 delay 함수 소스 코딩
- 전자시계를 동작하기 위한 시간, 분, 초 계산 소스 코딩
- 캐릭터형 LCD로 전자시계 표시를 위한 출력 함수 소스 코딩

2) 실습회로

이전 실습인 "I/O 포트를 이용한 캐릭터형 LCD 구동실습"의 실습회로 내용과 동일하다.

3) 실습환경

이전 실습인 "I/O 포트를 이용한 캐릭터형 LCD 구동실습"의 실습회로 내용과 동일하다.

4) 실습 코딩 순서

Step 1 MPLAB X IDE를 이용한 새 프로젝트 만들기

실행 1_MPLAB X IDE 실행 후 File 메뉴에서 New Project를 선택한다.

실행 2_프로젝트 선택에서 Categories에서 Microchip Embedded 선택 후 Projects에서 Standalone Project 선택, 그리고 Next를 클릭한다.

실행 3_Device 선택에서 Family에서 Mid-Range 8bit MCU ..... 선택, Device에서 PIC16F1939 선택 후 Next를 클릭한다.

실행 4_Header 선택은 그대로 하고 Next를 클릭한다.

실행 5_Hardware Tool 선택에서 PICKit3 선택, Next를 클릭한다.

실행 6_컴파일러 선택에서 Compiler Toolchains에서 XC8 (V1.xx).... 선택 후 Next를 클릭한다.

실행 7_Browse 버튼을 클릭하여 Project 만들 폴더 만들기 후 Project Name란에 프로젝트 이름(예 : timer0_1sec)을 입력 후 Finish를 클릭한다.

- Encoding 옵션 설정 : 한글 지원 관련
- UTF-8 또는 x-window949 정도 설정하면 한글 주석 처리 가능

실행 8_File 메뉴에서 New File을 선택한다.

실행 9_Categories에서 C 선택, File Type에서 C Main File 또는 C Source File을 선택 후 Next를 클릭한다.

실행 10_File Name에 소스 코드 이름 입력(예 : timer0_1sec.c) 후 Finish를 클릭한다.

Step 2 캐릭터형 LCD 응용 전자시계 구동실습 소스 코딩

이전 실습인 UART(비동기 시리얼 통신) 주변장치를 이용한 데이터 전송실습의 실습회로 내용과 동일하다. 실행 6 이후부터 전자시계 관련한 여러 함수, 변수 등의 추가 부분

이며 실습 소스 코드에 반드시 삽입하여야 한다.

실행 1_디폴트 헤더문 입력

```
#include <xc.h>
```

실행 2_컨피그레이션 비트 설정 매크로 삽입 코딩

```
__CONFIG(FOSC_INTOSC & WDTE_OFF & PWRTE_ON & MCLRE_OFF & BOREN_OFF);
```

실행 3_캐릭터형 LCD, LED에 대한 I/O 포트 설정 및 전역 변수, 기타 define문 코딩

실습에서 사용할 시스템 클럭과 캐릭터형 LCD, LED 등의 I/O 포트에 대해 #define문으로 설정한다.

PICDEM 2 PLUS 보드를 사용할 때는 아래와 같이 선언한다.

```
#define PICDEM2PLUS
//#define INSEM_8bitPIC
```

또한, INSEM 8bit PIC 평가 보드를 사용할 시에는 아래와 같이 선언한다.

```
//#define PICDEM2PLUS
#define INSEM_8bitPIC

//PIC MCU에서 사용하는 시스템 클럭 계산
#define Fosc 16000000                   //내부 16MHz 클럭 설정
#define Tosc 1/Fosc                     //내부 16MHz 클럭 주기
#define Fcy Fosc / 4                    // Fcy = Fosc/4
#define Tcy 1 / Fcy                     // 1/4MHz = 250ns
```

캐릭터형 LCD는 일반적으로 히타치사의 HD44780 컨트롤러가 내장되어 14핀(백라이트 없는 타입)과 16핀(백라이트 있는 타입) 등으로 판매되고 있다. 8비트 데이터 버스 또는 4비트 데이터 버스를 사용하고, 컨트롤 핀으로는 RS(1:데이터, 0:명령), R/W(1:읽기, 0:쓰기), EN(1:On, 0:Off) 핀 등이 있다.

```
// 캐릭터형 LCD, LED에 대한 I/O 포트 설정 선언문이다.
//PICDEM 2 PLUS 보드를 사용할 때
#ifdef PICDEM2PLUS

    //캐릭터형 LCD 포트 설정
    //LCD 컨트롤 핀 설정
    #define LCD_PWR         LATDbits.LATD7      // LCD ON/OFF 라인
```

```
    // 이 LCD_PWR 핀은 PICDEM 2 PLUS에만 있는 핀임

    #define LCD_EN        LATDbits.LATD6    // LCD 컨트롤 활성화
    #define LCD_RW        LATDbits.LATD5    // LCD 데이터 읽기/쓰기
    #define LCD_RS        LATDbits.LATD4    // LCD 모드 선택

    //LCD 컨트롤 핀 설정
    #define LCD_DAT0      LATDbits.LATD0    // Data bit 0
    #define LCD_DAT1      LATDbits.LATD1    // Data bit 1
    #define LCD_DAT2      LATDbits.LATD2    // Data bit 2
    #define LCD_DAT3      LATDbits.LATD3    // Data bit 3
    #define LCD_DATA      LATD              // LCD 4비트 데이터 버스

#endif


//INSEM 8bit PIC 평가 보드를 사용할 때
#ifdef INSEM_8bitPIC

    //캐릭터형 LCD 포트 설정
    //LCD 컨트롤 핀 설정
    #define LCD_EN        LATEbits.LATE2    // LCD 컨트롤 활성화
    #define LCD_RW        LATEbits.LATE1    // LCD 데이터 읽기/쓰기
    #define LCD_RS        LATEbits.LATE0    // LCD 모드 선택

    //LCD 컨트롤 핀 설정
    #define LCD_DATA      LATD              // LCD 8비트 데이터 버스

#endif
```

실행 4_포트 입출력 초기화 함수 코딩

- Microchip PICDEM 2 PLUS 보드 또는 자작 보드 사용시

```
void initial_port(void)
{
    //캐릭터형 LCD을 위한 포트 D 초기화
    TRISD = 0;             //포트 D의 RD0~RD7 핀까지 모두 출력 설정
    ANSELD = 0;            //포트 D의 ANxx 핀들 모두 디지털로 설정
}
```

• INSEM 8bit PIC 평가 보드 사용시

```
void initial_port(void)
{
    //캐릭터형 LCD을 위한 포트 D 초기화
    TRISD = 0;                          //포트 D의 RD0~RD7 핀까지 모두 출력 설정
    // 1 = 입력, 0 = 출력
    ANSELD = 0x00;   //포트 D의 ANxx 핀들 모두 디지털로 설정

    TRISEbits.TRISE0 = 0;               //RE0핀 LCD_RS 출력 설정
    TRISEbits.TRISE1 = 0;               //RE1핀 LCD_RW 출력 설정
    TRISEbits.TRISE2 = 0;               //RE2핀 LCD_EN 출력 설정
    ANSELE = 0x00;                      //포트 E의 ANxx 핀들 모두 디지털로 설정

}
```

실행 5_캐릭터형 LCD 컨트롤용 시간 delay 함수 소스 코딩

캐릭터형 LCD의 컨트롤을 위해 시간 delay 함수가 필요하다. 타이머x 주변장치를 사용할 수도 있지만, 간단한 반복문을 사용하여 딜레이 함수를 만든다. 6장 실습장에서 보다 자세한 설명을 참고한다.

우선 마이크로초 딜레이 함수를 define문으로 정의한다.

```
//캐릭터형 LCD 컨트롤용 시간 delay 함수 소스
//마이크로초 딜레이 함수 define문 정의
#define  DelayUs(x)  { unsigned char _dcnt; ₩
          _dcnt = 1; ₩
          while(--_dcnt != 0) ₩
          continue; }

//밀리초 딜레이 함수
void DelayMs(unsigned char cnt)
{
  unsigned char  i;
  do {
    i = 4;
    do {
      DelayUs(250);
    } while(--i);
  } while(--cnt);
}
```

실행 6_캐릭터형 LCD 컨트롤 함수 소스 코딩

PICDEM 2 PLUS 보드에서는 캐릭터형 LCD의 데이터 버스가 4비트로 전송이 되고, INSEM 8bit PIC 평가 보드에서는 8비트로 전송이 된다. I/O 포트가 여유가 있는 경우에는 8비트 데이터 전송도 좋지만, I/O 포트가 여유가 없는 경우에는 4비트 전송이 더 좋다.

이 실습에서는 각 보드에 따라 각각 다른 LCD 컨트롤 함수에 대한 소스를 코딩한다. 또한, 아래 LCD 컨트롤 함수로 구동할 때 초기화 및 문자 표시등이 오류가 나는 경우에는 딜레이 함수의 시간을 더 늘려서 테스트한다.

- Microchip PICDEM 2 PLUS 보드 또는 자작 보드 사용시

```
//캐릭터 LCD의 명령, 데이터 모드 선언
#define LCD_COMMAND_MODE      1          // LCD Command
#define LCD_DATA_MODE         0          // LCD Data

//캐릭터형 LCD ON, OFF 함수 정의
#define LCD_ON()    LCD_PWR = 1          // LCD on
#define LCD_OFF()   LCD_PWR = 0          // LCD off
```

– 캐릭터형 LCD 4비트 데이터 쓰기 함수

```
void write_4bit_data(unsigned char Lcd_command, unsigned char Lcd_data)
{
    unsigned char buffer;
      LCD_EN = 1;                              //LCD On
      LCD_RW = 0;                              //LCD 쓰기 모드
      if(Lcd_command)    LCD_RS = 0;           //LCD 명령 전송 모드
      else               LCD_RS = 1;           //LCD 데이터 전송 모드

      DelayMs(100);
       buffer = LATD;
       buffer &= 0xF0;
      LCD_DATA = buffer | (Lcd_data & 0x0F);  //LCD 명령 또는 데이터 전송
      DelayMs(100);
      LCD_EN = 0;                              //LCD Off
}
```

– 캐릭터형 LCD 바이트(8비트) 데이터 쓰기 함수

```
void write_byte_data(unsigned char Lcd_command, unsigned char Lcd_data)
{
```

```
    write_4bit_data(Lcd_command, Lcd_data >> 4);  // Output the high nibble to the LCD
    write_4bit_data(Lcd_command, Lcd_data);       // Now send the low nibble
}
```

– 캐릭터형 LCD 한 문자 데이터 전송 함수

```
void LCD_Put_Data(unsigned char Lcd_data)
{
    write_byte_data(LCD_DATA_MODE,Lcd_data); // LCD에 문자를 출력을 보냄
    DelayMs(100); // 명령이 완료될 때까지 기다림
}
```

– 캐릭터형 LCD 문자열 데이터 전송 함수

```
void LCD_Write_String(const char *Str)
{
    unsigned char i = 0;                    // 문자 인덱스 버퍼
    while (Str[i]) // 문자열이 완료되지 않는 동안 반복
    LCD_Put_Data(Str[i++]);                 // 최근 문자를 표시
}
```

– 캐릭터형 LCD 전체 출력 문자 지우기 함수

```
void LCD_Clear(void)
{
    write_4bit_data(LCD_COMMAND_MODE ,0x00); // 초기화 디스플레이 명령을 보냄
    write_4bit_data(LCD_COMMAND_MODE ,0x01); // 초기화 디스플레이 명령을 보냄
    DelayMs(100); // 명령이 완료될 때까지 기다림
}
```

– 캐릭터형 LCD 커서 위치 초기화 함수(첫 번째 라인, 첫 번째 칸)

```
void LCD_Home(void)
{
    write_4bit_data(LCD_COMMAND_MODE ,0x00); // 초기화 디스플레이 명령을 보냄
    write_4bit_data(LCD_COMMAND_MODE ,0x02); // 초기화 디스플레이 명령을 보냄
    DelayMs(100); // 명령이 완료될 때까지 기다림
}
```

– 캐릭터형 LCD 표시 위치 조정 함수

Position은 0~15까지 입력 가능하다. 왜냐면, 일반적으로 캐릭터형 LCD는 가로로 16문자까지 출력이 가능하다. 따라서, 0이면 첫 번째 글자 위치에, 15이면 마지막 16번째 글자 위치를 지정할 수 있다.

Lcd_line은 0~1까지 입력이 가능하다. 0이면 첫 번째 라인, 1이면 두 번째 라인으로 지정이 된다.

```
void LCD_Goto(unsigned Position, unsigned char Lcd_line)
{
    if ((Lcd_line > 1) || (Position > 15))          // 올바르지 못한 선 또는 열일 경우
        return; // 그냥 아무 것도 하지 않음
    write_byte_data(LCD_COMMAND_MODE ,(Lcd_line == 1) ? (0xC0 | Position) : (0x80
| Position));
    // LCD_Goto 명령
    DelayMs(100);                                   // 명령이 완료될 때까지 기다린다.
}

# INSEM 8bit PIC 평가 보드 사용시

#define LCD_STROBE()  ((LCD_EN = 1),(LCD_EN=0))
```

– 캐릭터형 LCD 8비트 데이터 쓰기 함수

```
void write_byte_data(unsigned char Lcd_data)
{
  DelayMs(100);
  LCD_DATA = Lcd_data;
  LCD_STROBE();
}
```

– 캐릭터형 LCD 한 문자 데이터 전송 함수

```
void LCD_Put_Data(unsigned char Lcd_data)
{
  LCD_RS = 1;           //write characters
  write_byte_data( Lcd_data );
}
```

– 캐릭터형 LCD 문자열 데이터 전송 함수

```
void LCD_Write_String(const char *Str)
{
  LCD_RS = 1;           //write characters
  while(*Str)
    write_byte_data(*Str++);
}
```

– 캐릭터형 LCD 전체 출력 문자 지우기 함수

```
void LCD_Clear(void)
{
  LCD_RS = 0;
  write_byte_data(0x1);
  DelayMs(100);
}
```

– 캐릭터형 LCD 커서 위치 초기화 함수(첫 번째 라인, 첫 번째 칸)

```
void LCD_Home(void)
{
    write_4bit_data(LCD_COMMAND_MODE ,0x00); // 초기화 디스플레이 명령을 보냄
    write_4bit_data(LCD_COMMAND_MODE ,0x02); // 초기화 디스플레이 명령을 보냄
    DelayMs(100); // 명령이 완료될 때까지 기다림
}
```

– 캐릭터형 LCD 표시 위치 조정 함수

Position은 0~15까지 입력 가능하다. 왜냐면, 일반적으로 캐릭터형 LCD는 가로로 16문자까지 출력이 가능하다. 따라서, 0이면 첫 번째 글자 위치에, 15이면 마지막 16번째 글자 위치를 지정할 수 있다.

Lcd_line은 0~1까지 입력이 가능하다. 0이면 첫 번째 라인, 1이면 두 번째 라인으로 지정이 된다.

```
void LCD_Goto(unsigned Position, unsigned char Lcd_line)
{
    LCD_RS = 0;
    if ((Lcd_line > 1) || (Position > 15))          // 올바르지 못한 선 또는 열일 경우
        return; // 그냥 아무 것도 하지 않음
    write_byte_data((Lcd_line == 1) ? (0xC0 | Position) : (0x80 | Position));
    // LCD_Goto 명령
    DelayMs(100);                                   // 명령이 완료될 때까지 기다린다.
}
```

실행 7_캐릭터형 LCD 초기화 함수 소스 코딩

일반적인 캐릭터형 LCD의 초기화는 해당 데이터시트에 자세히 소개되어 있다. 그리고, 이 실습에서 사용하는 캐릭터형 LCD도 거의 유사한 초기화 과정을 가지게 된다. 따라서, 2가지 보드에 대해 4비트 I/O 전송방식과 8비트 I/O

전송방식의 초기화 함수를 아래 다른 보드에 적용한다. 가급적 변경하지 말고 그대로 사용하는 것이 좋다.

- Microchip PICDEM 2 PLUS 보드 또는 자작 보드 사용시

– 4비트 데이터 라인 방식일 때

```
void initial_CLCD(void)
{
    LCD_OFF();
    LCD_ON();           // LCD를 켜 Display에 표시
    LCD_RS = 0;         // 명령 모드에서 LCD를 설정
    LCD_RW = 0;         // LCD는 버스에서 데이터를 수신 => 쓰기 모드
    LCD_EN = 0;         // LCD 사용 데이터 수신 (LCD는 Bus에서 무엇이든 읽어옴)
    LCD_EN = 1;         // 요청시 LCD는 데이터를 설정한다.

    DelayMs(100);
    write_4bit_data(LCD_COMMAND_MODE ,0x02);
    DelayMs(100);
    write_4bit_data(LCD_COMMAND_MODE ,0x02);
    DelayMs(100);
    write_4bit_data(LCD_COMMAND_MODE ,0x08);
    DelayMs(100);
    write_4bit_data(LCD_COMMAND_MODE ,0x00);
    DelayMs(100);
    write_4bit_data(LCD_COMMAND_MODE ,0x0C);
    DelayMs(100);
    write_4bit_data(LCD_COMMAND_MODE ,0x00);
    DelayMs(100);
    write_4bit_data(LCD_COMMAND_MODE ,0x01);
    DelayMs(100);
    write_4bit_data(LCD_COMMAND_MODE ,0x00);
    DelayMs(100);
    write_4bit_data(LCD_COMMAND_MODE ,0x02);
    DelayMs(100);
    write_4bit_data(LCD_COMMAND_MODE ,0x04);
    DelayMs(100);
    write_4bit_data(LCD_COMMAND_MODE ,0x0E);
    DelayMs(100);

    LCD_Clear();
```

```
    LCD_ON();                // LCD를 켜 Display에 표시
}
```

• **INSEM 8bit PIC 평가 보드 사용시**

– 8비트 데이터 라인 방식일 때

```
void initial_CLCD(void)
{
  LCD_RS = 0;
  LCD_EN = 0;
  LCD_RW = 0;

  DelayMs(100);             //wait 30mSec after power applied.
  LCD_DATA = 0b00111100;
  LCD_STROBE();
  DelayMs(100);
  LCD_DATA = 0b00001100;
  //1100: 커서 없음. 1110 : 아래 바 커서. 1111: 커서 점멸
  LCD_STROBE();
  DelayMs(100);
  LCD_DATA = 0b00000001;
  LCD_STROBE();
  DelayMs(100);
  LCD_DATA = 0b00000110;
  LCD_STROBE();

  LCD_Clear();              //Clear screen
}
```

실행 8_타이머1 및 타이머1 인터럽트 초기화 함수 소스 코딩

타미어1의 프리스케일러 값을 1:8로 설정하여 시스템 클럭인 Tcy가 250ns이므로, 250ns × 8 = 2μs로 카운트된다. 따라서, 타이머1의 TMR1H와 TMR1L 레지스터가 50000까지 카운트하면 약 0.1초의 시간을 카운트할 수 있도록 타이머1을 초기화하는 함수이다.

또한, 타이머1의 인터럽트 동작을 하기 위해서 타이머1 인터럽트 설정 비트 TMR1IE을 1로 설정한다. 그리고, 타이머1등의 주변장치들의 인터럽트를 통합하는 비트인 PEIE 비트를 1로 설정하여야 한다.

마지막으로 전체 인터럽트 비트 설정 비트인 GIE 비트를 1로 설정하여야 한다.

```
//타이머1 및 타이머1 인터럽트 초기화  함수 : 0.1초 인터럽트 설정
void initial_timer1_interrupt(void)
{
      TMR1H = 0;                        //타이머1 값 설정
      TMR1L = 0;
      TMR1IE = 0;                       //타이머1 인터럽트 설정 : 인터럽트 기능 Disable
      TMR1IF = 0;                       //타이머1의 인터럽트 플래그 초기화 -> 0
      T1CON = 0b00110000;               //타이머1 프리스케일러 1:8
      TMR1L=(65536-50000)%256;  //0.1초 카운트값 초기화
      TMR1H=(65536-50000)/256;
      TMR1IE = 1;                       //타이머1 인터럽트 설정 :인터럽트 기능 Enable 설정
      PEIE = 1;                         //타이머1의 주변장치 인터럽트 비트 : ON
      GIE =1;                           //전체 인터럽트 비트 : ON
      TMR1ON = 1;                       //타이머1 ON
}
```

실행 9_인터럽트 서비스 루틴 함수 및 1초 타이머 인터럽트 구동 소스 코딩

- 전역 변수 선언 : 메인 함수와 타이머1 인터럽트 서비스 루틴의 함수 간에 타이머1 인터럽트 횟수를 카운트하는 변수를 전역에서 공유해야 하므로

```
unsigned char tmr1_count;  // 1초 인터럽트 회수 카운팅하는 전역 변수
unsigned char timer_sec;   // 전자시계의 초를 카운팅하는 전역 변수
```

타이머1 초기화에 의해 0.1초마다 타이머1의 인터럽트에 의해 PC(프로그램 카운터)는 이 함수를 콜하여 실행한다. 이 함수에서 타이머1 인터럽트 플래그가 1인 것을 if문으로 확인하고(이유는 다른 인터럽트가 걸려도 이 함수를 콜하므로 각각의 인터럽트 플래그로 분리하여 체크한다), 타이머1 인터럽트 플래그를 리셋하고, 타이머1의 TMR1H/L 레지스터에 0.1초 값을 재설정한다. 그리고, 전역 변수인 tmr1_count 값이 10이면 1초가 된 것이므로 LED를 토글하고, 다시 tmr1_count 변수를 리셋한다.

여기서 주의사항은 전역 변수 등은 #include 삽입문 다음 위치 정도에 오는 것이 좋다. 이유는 C컴파일러는 라인 대 라인 방식으로 빌드해 가므로 변수가 선언이 되어 있지 않는 변수가 나오면 에러 처리가 된다. 반드시 변수가 선언이 먼저 된 상태에서 그 다음에 다른 함수에서 그 전역 변수를 사용해도 된다.

```
//인터럽트 서비스 루틴 함수 및 1초 타이머 인터럽트 구동
void interrupt isr(void)
{
    if(TMR1IF == 1)
    {
        TMR1IF=0;                           //타이머1 인터럽트 플래그 다시 0을 만
                                            들어서 시간재기
        TMR1L=(65536-50000)%256;            //0.1초 카운트값 초기화
        TMR1H=(65536-50000)/256;
        tmr1_count++;
        if(tmr1_count==10)          //변수값이 10 즉, 0.1초씩 10번이므로 1초가 됨
        {
            tmr1_count = 0;         // 다시 10번 카운트하기 위해 리셋
            timer_sec++;            // 00초에서 59초까지 카운팅
        }
    }
}
```

실행 10_전자시계를 동작하기 위한 시간, 분, 초 계산 소스 코딩

- 전역 변수 선언 : 타이머1의 인터럽트 서비스 루틴에서 timer_sec 변수를 통해 0~59초까지 증가시키고, 59초에서 0초로 바뀔 때 timer_min 변수의 값을 +1을 증가시킨다. 마찬가지로 timer_min의 값이 0에서 59분까지 증가하다가 59분에서 0분으로 바뀔 때 timer_hour의 값을 +1씩 증가시킨다. 그리고, 0에서 ~23시까지 증가하다가 다시 23시에서 00시로 바뀌게 하는 변수들을 아래와 같이 정의한다.

```
unsigned char timer_min;  // 전자시계의 분을 카운팅하는 전역 변수
unsigned char timer_hour; // 전자시계의 시간을 카운팅하는 전역 변수
```

- 전자시계를 동작하기 위한 시간, 분, 초 계산을 위한 함수 코딩

```
void    calculate_timer(void)
{
    if(timer_sec == 60)             //초가 60초가 되면 if문 실행
                                    //if(timer_sec > 59)와 같음
    {
        timer_sec = 0;              //초 카운팅 변수를 다시 0초로 바꿈
        timer_min++;                //분 카운팅 변수를 +1 증가시킴
        if(timer_min == 60)         //분이 60분이 되면 if문 실행
                                            //if(timer_min > 59)와 같음
        {
```

13장

```
                    timer_min = 0;              //분 카운팅 변수를 다시 0분으로 바꿈
                    timer_hour++;               //시간 카운팅 변수를 +1 증가시킴
                    if(timer_hour == 24)        //24시간이 되면 if문 실행
                                                //if(timer_hour > 23)과 같음
                    {
                        timer_hour = 0;         //시간 카운팅 변수를 다시 0시로 바꿈
                    }
                }
        }
}
```

실행 11_메인 함수 및 캐릭터형 LCD로 전자시계 표시를 위한 함수 소스 코딩

캐릭터형 LCD에 표시되는 문자는 LCD_Put_Data(unsigned char Lcd_data) 함수로 문자를 출력할 때 LCD로 보내는 데이터 즉, Lcd_data 입력변수의 형식은 UART 시리얼 통신 실습에서 하이퍼터미널로 표시되는 방식과 마찬가지로 ASCII 코드 값이어야 한다.

예를 들면, LCD에 숫자 0을 표시할 때는 LCD_Put_Data('0'); 또는 LCD_Put_Data(0x30); 으로 코딩을 해야 한다. 따라서, A/D 변환값을 LCD에 표시하기 위해서는 16진수 포맷으로 표시할지, 십진수로 표시할지를 결정해야 한다. 이 실습에서는 십진수 형식으로 출력하는 함수를 아래와 같이 소스를 코딩한다.

여기서, %는 나머지, / 몫을 구하여 각 자리별로 십진수를 구하여 ASCII 코드 값으로 0x30인 0의 표시 값을 더하여 XXXX 4자리 십진수를 표시하게 한다.

```
 // 각 시, 분, 초를 10진수로 변환하여 LCD로 출력 함수 소스 코딩
void display_Lcd_dec_value(unsigned char time_value)
{
    unsigned char digit_10;                      //십(10)자리 표시 변수
    unsigned char digit_1;                       //일(1)자리 표시 변수

    digit_10     = (time_value/10)+'0';          //십의 자리 계산 + 0x30
    digit_1      = (time_value%10)+'0';          //일의 자리 계산 + 0x30

     LCD_Put_Data(digit_10);                     //십의 자리 ASCII 값 LCD로 출력
     LCD_Put_Data(digit_1);                      //일의 자리 ASCII 값 LCD로 출력
}
```

```
const char Lcd_timer_title[] = {"Elec. Watch"};

int main(int argc, char** argv)
{
    //오실레이터 초기화
    OSCCON = 0b01111000;                        //16MHz 내부 클럭 설정

    initial_port();                             //LED를 위한 포트 초기화 함수 실행

    initial_timer1_interrupt();                 //타이머1 인터럽트 동작 초기화 함수 실행

    //전역 변수
    tmr1_count=0;          // 1초 인터럽트 회수 카운팅하는 전역 변수 초기화
    timer_sec=0;           // 전자시계의 초를 카운팅하는 전역 변수 초기화
    timer_min=0;           // 전자시계의 분을 카운팅하는 전역 변수 초기화
    timer_hour=0;          // 전자시계의 시간을 카운팅하는 전역 변수 초기화

    initial_CLCD();

    LCD_Write_String(Lcd_timer_title);
    //LCD 첫 번째 라인에 "Elec. Watch" 표시

    LCD_Goto(0, 1);        //0: 첫 번째 문자, 1: 두 번째 라인 위치로 이동

    while(1)
    {
        calculate_timer();  //시, 분, 초 계산 함수 실행

        LCD_Goto(0, 1);  //0: 첫 번째 문자, 1: 두 번째 라인 위치로 이동

        display_Lcd_dec_value(timer_hour);      //시간 표시
        LCD_Put_Data(':');
        display_Lcd_dec_value(timer_min);       //분 표시
        LCD_Put_Data(':');
        display_Lcd_dec_value(timer_sec);       //초 표시
         LCD_Put_Data(' ');

        if(timer_hour>11)                       //00~11시 : AM 표시, 12~23시 : PM
                                                표시
```

13장

```
            {
                LCD_Put_Data('P');
                LCD_Put_Data('M');
            }
            else
            {
                LCD_Put_Data('A');
                LCD_Put_Data('M');
            }
        }
    }
```

실행 12_**Lcd_timer.c란 파일을 저장하고 코딩을 완성한다.**

Step 3 소스 코드 확인

```
#include <xc.h>
//이 Header 삽입문은 맨 처음 삽입해야 하는 삽입문으로 프로젝트에서 선택된
//PIC 마이크로컨트롤러의 헤더파일로 연결되는 Header 삽입문이다.
//일반적으로는 #inlcude <pic16f1939.h>로 삽입될 수도 있지만,
//PIC MCU가 변경시에는 모든 파일의 이름을 변경해야 하는 단점이 있다.

__CONFIG(FOSC_INTOSC & WDTE_OFF & PWRTE_ON & MCLRE_OFF & BOREN_OFF);
//위 설정은 내장된 오실레이터 16MHz를 사용하고, 와치독 타이머는 끄고,
//파워-업 타이머는 켜고, MCLR핀은 외부 리셋 기능 끄고,
//BOR 리셋 기능도 꺼진 상태로 설정된다.

//PICDEM 2 PLUS 보드를 사용시
#define PICDEM2PLUS
//#define INSEM_8bitPIC

//PIC MCU에서 사용하는 시스템 클럭 계산
#define Fosc 16000000                        //내부 16MHz 클럭 설정
#define Tosc 1/Fosc                          //내부 16MHz 클럭 주기
#define Fcy Fosc / 4                         // Fcy = Fosc/4
#define Tcy 1 / Fcy                          // 1/4MHz = 250ns

// 캐릭터형 LCD, LED에 대한 I/O 포트 설정 선언문이다.
#ifdef PICDEM2PLUS
```

```
    //캐릭터형 LCD 포트 설정
    //LCD 컨트롤 핀 설정
    #define LCD_PWR         LATDbits.LATD7      // LCD ON/OFF 라인
    // 이 LCD_PWR 핀은 PICDEM 2 PLUS에만 있는 핀임

    #define LCD_EN          LATDbits.LATD6      // LCD 컨트롤 활성화
    #define LCD_RW          LATDbits.LATD5      // LCD 데이터 읽기/쓰기
    #define LCD_RS          LATDbits.LATD4      // LCD 모드 선택

    //LCD 컨트롤 핀 설정
    #define LCD_DAT0    LATDbits.LATD0          // Data bit 0
    #define LCD_DAT1    LATDbits.LATD1          // Data bit 1
    #define LCD_DAT2    LATDbits.LATD2          // Data bit 2
    #define LCD_DAT3    LATDbits.LATD3          // Data bit 3
    #define LCD_DATA        LATD                // LCD 4비트 데이터 버스

#endif
#ifdef INSEM_8bitPIC

    //캐릭터형 LCD 포트 설정
    //LCD 컨트롤 핀 설정
    #define LCD_ENLATEbits.LATE2                // LCD 컨트롤 활성화
    #define LCD_RW          LATEbits.LATE1      // LCD 데이터 읽기/쓰기
    #define LCD_RSLATEbits.LATE0                // LCD 모드 선택

    //LCD 컨트롤 핀 설정
    #define LCD_DATA        LATD                // LCD 8비트 데이터 버스

#endif

//I/O 포트 초기화 함수
#ifdef PICDEM 2 PLUS
   void initial_port(void)
   {
        //PORTB 사용 LED 출력 포트 초기화
        TRISB = 0b11111110;                     //PORTB RB0 핀을 출력으로 설정
        // 1 = 입력, 0 = 출력
        ANSELB = 0x00;                          //포트 B의 ANxx 핀들 모두 디지털로 설정

        //캐릭터형 LCD을 위한 포트 D 초기화
```

```
        TRISD = 0;                  //포트 D의 RD0~RD7 핀까지 모두 출력 설정
        ANSELD = 0;                 //포트 D의 ANxx 핀들 모두 디지털로 설정
    }

#endif

#ifdef INSEM_8bitPIC
    void initial_port(void)
    {
        //캐릭터형 LCD을 위한 포트 D 초기화
        TRISD = 0;                  //포트 D의 RD0~RD7 핀까지 모두 출력 설정
        // 1 = 입력, 0 = 출력
        ANSELD = 0x00;              //포트 D의 ANxx 핀들 모두 디지털로 설정

        TRISEbits.TRISE0 = 0;       //RE0핀 LCD_RS 출력 설정
        TRISEbits.TRISE1 = 0;       //RE1핀 LCD_RW 출력 설정
        TRISEbits.TRISE2 = 0;       //RE2핀 LCD_EN 출력 설정
        ANSELE = 0x00;              //포트 E의 ANxx 핀들 모두 디지털로 설정

    }

#endif

//캐릭터형 LCD 컨트롤용 시간 delay 함수 소스
//마이크로초 딜레이 함수 define문 정의
#define  DelayUs(x)  {  unsigned char _dcnt; ₩
                        _dcnt = 1; ₩
                        while(--_dcnt != 0) ₩
                        continue; }

//밀리초 딜레이 함수
void DelayMs(unsigned char cnt)
{
  unsigned char  i;
  do {
    i = 4;
    do {
      DelayUs(250);
    } while(--i);
  } while(--cnt);
```

```
}

//캐릭터 LCD의 명령, 데이터 모드 선언
#define LCD_COMMAND_MODE      1          // LCD Command
#define LCD_DATA_MODE         0          // LCD Data

#ifdef PICDEM2PLUS
//Microchip PICDEM 2 PLUS 보드 사용시에만 아래 LCD_ON(), LCD_OFF() 함수 적용
//캐릭터형 LCD ON, OFF 함수 정의
#define LCD_ON()    LCD_PWR = 1          // LCD on
#define LCD_OFF()   LCD_PWR = 0          // LCD off

//캐릭터형 LCD 4비트 데이터 쓰기 함수
void write_4bit_data(unsigned char Lcd_command, unsigned char Lcd_data)
{
    unsigned char buffer;
        LCD_EN = 1;                          //LCD On
        LCD_RW = 0;                          //LCD 쓰기 모드
        if(Lcd_command)    LCD_RS = 0;       //LCD 명령 전송 모드
        else               LCD_RS = 1;       //LCD 데이터 전송 모드

        DelayMs(100);
       buffer = LATD;
       buffer &= 0xF0;
        LCD_DATA = buffer | (Lcd_data & 0x0F); //LCD 명령 또는 데이터 전송
        DelayMs(100);
        LCD_EN = 0;                          //LCD Off
}

void write_byte_data(unsigned char Lcd_command, unsigned char Lcd_data)
{
    write_4bit_data(Lcd_command, Lcd_data >> 4); // Output the high nibble to the LCD
    write_4bit_data(Lcd_command, Lcd_data);      // Now send the low nibble
}

void LCD_Put_Data(unsigned char Lcd_data)
{
    write_byte_data(LCD_DATA_MODE,Lcd_data);  // LCD에 문자를 출력을 보냄
    DelayMs(100); // 명령이 완료될 때까지 기다림
}
```

```
void LCD_Write_String(const char *Str)
{
    unsigned char i = 0;                // 문자 인덱스 버퍼
    while (Str[i])                      // 문자열이 완료되지 않는 동안 반복
    LCD_Put_Data(Str[i++]);             // 최근 문자를 표시
}

void LCD_Clear(void)
{
    write_4bit_data(LCD_COMMAND_MODE ,0x00);        // 초기화 디스플레이 명령을 보냄
    write_4bit_data(LCD_COMMAND_MODE ,0x01);        // 초기화 디스플레이 명령을 보냄
    DelayMs(100);                                   // 명령이 완료될 때까지 기다림
}

void LCD_Home(void)
{
    write_4bit_data(LCD_COMMAND_MODE ,0x00);        // 초기화 디스플레이 명령을 보냄
    write_4bit_data(LCD_COMMAND_MODE ,0x02);        // 초기화 디스플레이 명령을 보냄
    DelayMs(100);                                   // 명령이 완료될 때까지 기다림
}


void LCD_Goto(unsigned Position, unsigned char Lcd_line)
{
    if ((Lcd_line > 1) || (Position > 15))          // 올바르지 못한 선 또는 열일 경우
        return; // 그냥 아무 것도 하지 않음
    write_byte_data(LCD_COMMAND_MODE ,(Lcd_line == 1) ? (0xC0 | Position) : (0x80 | Position));
    // LCD_Goto 명령
    DelayMs(100);                                   // 명령이 완료될 때까지 기다린다.
}

//캐릭터형 LCD 초기화 함수
void initial_CLCD(void)
{
    LCD_OFF();
    LCD_ON();               // LCD를 켜 Display에 표시
    LCD_RS = 0;             // 명령 모드에서 LCD를 설정
    LCD_RW = 0;             // LCD는 버스에서 데이터를 수신 => 쓰기 모드
    LCD_EN = 0;             // LCD 사용 데이터 수신 (LCD는 Bus에서 무엇이든 읽어옴)
```

```
    LCD_EN = 1;                 // 요청시 LCD는 데이터를 설정한다.

    DelayMs(100);
    write_4bit_data(LCD_COMMAND_MODE ,0x02);
    DelayMs(100);
    write_4bit_data(LCD_COMMAND_MODE ,0x02);
    DelayMs(100);
    write_4bit_data(LCD_COMMAND_MODE ,0x08);
    DelayMs(100);
    write_4bit_data(LCD_COMMAND_MODE ,0x00);
    DelayMs(100);
    write_4bit_data(LCD_COMMAND_MODE ,0x0C);
    DelayMs(100);
    write_4bit_data(LCD_COMMAND_MODE ,0x00);
    DelayMs(100);
    write_4bit_data(LCD_COMMAND_MODE ,0x01);
    DelayMs(100);
    write_4bit_data(LCD_COMMAND_MODE ,0x00);
    DelayMs(100);
    write_4bit_data(LCD_COMMAND_MODE ,0x02);
    DelayMs(100);
    write_4bit_data(LCD_COMMAND_MODE ,0x04);
    DelayMs(100);
    write_4bit_data(LCD_COMMAND_MODE ,0x0E);
    DelayMs(100);

    LCD_Clear();
    LCD_ON();                   // LCD를 켜 Display에 표시
}
#endif

#ifdef INSEM_8bitPIC
#define LCD_STROBE()   ((LCD_EN = 1),(LCD_EN=0))
//write a byte to the LCD in 4 bit mode
void write_byte_data(unsigned char Lcd_data)
{
  DelayMs(100);
  LCD_DATA = Lcd_data;
  LCD_STROBE();
}
```

13장

```
//Clear and home the LCD
void LCD_Clear(void)
{
  LCD_RS = 0;
  write_byte_data(0x1);
  DelayMs(100);
}

//write a string of chars to the LCD
void LCD_Write_String(const char *Str)
{
  LCD_RS = 1;          //write characters
  while(*Str)
    write_byte_data(*Str++);
}

//write one character to the LCD
void LCD_Put_Data(unsigned char Lcd_data)
{
  LCD_RS = 1;          //write characters
  write_byte_data( Lcd_data );
}


void LCD_Goto(unsigned Position, unsigned char Lcd_line)
{
    LCD_RS = 0;
    if ((Lcd_line > 1) || (Position > 15))            // 올바르지 못한 선 또는 열일 경우
        return; // 그냥 아무 것도 하지 않음
    write_byte_data((Lcd_line == 1) ? (0xC0 | Position) : (0x80 | Position));
    // LCD_Goto 명령
    DelayMs(100);                                     // 명령이 완료될 때까지 기다린다.
}

//initialise the LCD - put into 8 bit mode
void initial_CLCD(void)
{
  LCD_RS = 0;
  LCD_EN = 0;
```

```
  LCD_RW = 0;

  DelayMs(100);                         //wait 30mSec after power applied.
  LCD_DATA = 0b00111100;
  LCD_STROBE();
  DelayMs(100);
  LCD_DATA = 0b00001100;                //1100: 커서 없음, 1110 : 아래 바 커서, 1111: 커서 점멸
  LCD_STROBE();
  DelayMs(100);
  LCD_DATA = 0b00000001;
  LCD_STROBE();
  DelayMs(100);
  LCD_DATA = 0b00000110;
  LCD_STROBE();

  LCD_Clear();                          //Clear screen
}
#endif

//타이머1 및 타이머1 인터럽트 초기화 함수 : 0.1초 인터럽트 설정
void initial_timer1_interrupt(void)
{
        TMR1H = 0;                      //타이머1 값 설정
        TMR1L = 0;
        TMR1IE = 0;                     //타이머1 인터럽트 설정 : 인터럽트 기능 Disable
        TMR1IF = 0;                     //타이머1의 인터럽트 플래그 초기화 -> 0
        T1CON = 0b00110000;             //타이머1 프리스케일러 1:8
        TMR1L=(65536-50000)%256;        //0.1초 카운트값 초기화
        TMR1H=(65536-50000)/256;
        TMR1IE = 1;                     //타이머1 인터럽트 설정 :인터럽트 기능 Enable 설정
        PEIE = 1;                       //타이머1의 주변장치 인터럽트 비트 : ON
        GIE =1;                         //전체 인터럽트 비트 : ON
        TMR1ON = 1;                     //타이머1 ON
}

//전역 변수 선언
unsigned char tmr1_count;               // 1초 인터럽트 회수 카운팅하는 전역 변수
unsigned char timer_sec;                // 전자시계의 초를 카운팅하는 전역 변수
unsigned char timer_min;                // 전자시계의 분을 카운팅하는 전역 변수
unsigned char timer_hour;               // 전자시계의 시간을 카운팅하는 전역 변수
```

13장

```
//인터럽트 서비스 루틴 함수 및 1초 타이머 인터럽트 구동
void interrupt isr(void)
{
    if(TMR1IF == 1)
    {
        TMR1IF=0;                    //타이머1 인터럽트 플래그 다시 0을 만들어서 시간재기
        TMR1L=(65536-50000)%256;     //0.1초 카운트값 초기화
        TMR1H=(65536-50000)/256;
        tmr1_count++;
        if(tmr1_count==10)           //변수값이 10 즉, 0.1초씩 10번이므로 1초가 됨
        {
            tmr1_count = 0;          // 다시 10번 카운트하기 위해 리셋
             timer_sec++;            // 00초에서 59초까지 카운팅
        }
    }
}

//전자시계를 동작하기 위한 시간, 분, 초 계산을 위한 함수 코딩
void    calculate_timer(void)
{
    if(timer_sec == 60)              //초가 60초가 되면 if문 실행 if(timer_sec > 59)와 같음
    {
        timer_sec = 0;               //초 카운팅 변수를 다시 0초로 바꿈
        timer_min++;                 //분 카운팅 변수를 +1 증가시킴
        if(timer_min == 60)          //분이 60분이 되면 if문 실행 if(timer_min > 59)와 같음
        {
            timer_min = 0;           //분 카운팅 변수를 다시 0분으로 바꿈
            timer_hour++;            //시간 카운팅 변수를 +1 증가시킴
            if(timer_hour == 24)     //24시간이 되면 if문 실행 if(timer_hour > 23)과 같음
            {
                timer_hour = 0;      //시간 카운팅 변수를 다시 0시로 바꿈
            }
        }
    }
}

// 각 시, 분, 초를 10진수로 변환하여 LCD로 출력 함수 소스 코딩
void display_Lcd_dec_value(unsigned char time_value)
{
```

```
    unsigned char digit_10;                     //십(10)자리 표시 변수
    unsigned char digit_1;                      //일(1)자리 표시 변수

    digit_10    = (time_value/10)+'0';          //십의 자리 계산 + 0x30
    digit_1     = (time_value%10)+'0';          //일의 자리 계산 + 0x30

     LCD_Put_Data(digit_10);                    //십의 자리 ASCII 값 LCD로 출력
     LCD_Put_Data(digit_1);                     //일의 자리 ASCII 값 LCD로 출력
}

const char Lcd_timer_title[] = {"Elec. Watch"};

int main(int argc, char** argv)
{
    //오실레이터 초기화
    OSCCON = 0b01111000;                        //16MHz 내부 클럭 설정

    initial_port();                             //LED를 위한 포트 초기화 함수 실행

    initial_timer1_interrupt();                 //타이머1 인터럽트 동작 초기화 함수 실행

    //전역 변수
    tmr1_count=0;                  // 1초 인터럽트 회수 카운팅하는 전역 변수 초기화
    timer_sec=0;                   // 전자시계의 초를 카운팅하는 전역 변수 초기화
    timer_min=0;                   // 전자시계의 분을 카운팅하는 전역 변수 초기화
    timer_hour=0;                  // 전자시계의 시간을 카운팅하는 전역 변수 초기화

    initial_CLCD();

    LCD_Write_String(Lcd_timer_title);
    //LCD 첫 번째 라인에 "Elec. Watch" 표시

    LCD_Goto(0, 1);                //0: 첫 번째 문자, 1: 두 번째 라인 위치로 이동

    while(1)
    {
        calculate_timer();         //시, 분, 초 계산 함수 실행

        LCD_Goto(0, 1);            //0: 첫 번째 문자, 1: 두 번째 라인 위치로 이동
```

```
        display_Lcd_dec_value(timer_hour);          //시간 표시
        LCD_Put_Data(':');
        display_Lcd_dec_value(timer_min);           //분 표시
        LCD_Put_Data(':');
        display_Lcd_dec_value(timer_sec);           //초 표시
         LCD_Put_Data(' ');

        if(timer_hour>11)                           //00~11시 : AM 표시, 12~23시 : PM 표시
        {
            LCD_Put_Data('P');
            LCD_Put_Data('M');
        }
        else
        {
            LCD_Put_Data('A');
            LCD_Put_Data('M');
        }
    }
}
```

실행 1_Make & Program 버튼 클릭 후, PICDEM 2 Plus 보드 동작을 확인한다.

실행 2_경고창이 실행된 경우 OK를 클릭한다.

5) 실습결과

(1) Microchip PICDEM 2 PLUS 보드 사용시

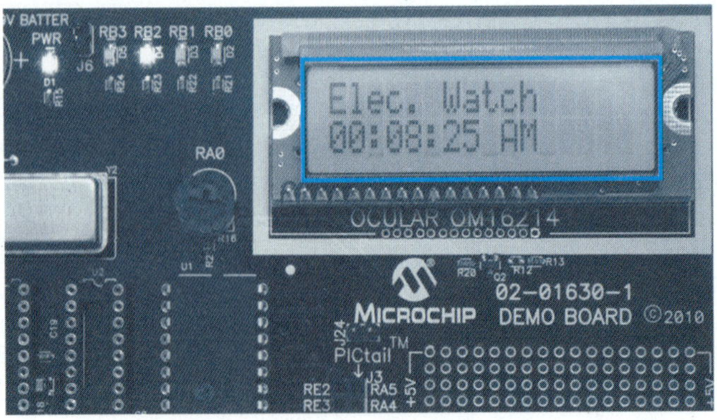

위 보드 그림에서 사각형 표시와 같이 시간이 xx : xx : xx A(P)M의 시간/분/초가 표시가 된다.

(2) INSEM 8bit PIC **평가 보드 사용시**

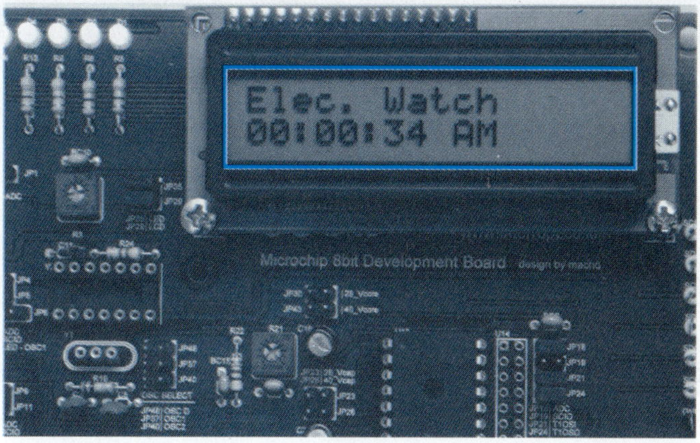

위 보드 그림과 같이 xx : xx : xx A(P)M 의 시간/분/초가 표시가 된다.

6) 디버깅(Debugging) 실습

디버깅 방법을 앞 장인 6장에서 설명하였다. 필히 6장의 디버깅 설정 및 버튼 기능들은 숙지한다. 또한, 이 실습의 디버깅 방법은 11장의 전자시계 만들기 실습과 동일하며, 각 변수들과 레지스터값들을 Watch창에서 체크하면서 디버깅한다. 11장의 UART와 타이머 1을 이용한 전자시계 만들기 실습의 디버깅 과정을 참조하기 바란다.

14장

MSSP 주변장치(I^2C 통신, SPI 통신) 응용실습

1. MSSP 모듈 개요

마스터 동기 시리얼 포트 〈Master Synchronous Serial PORT (MSSP)〉 모듈은 다른 주변장치 또는 마이크로컨트롤러 장치와 통신하기 위한 유용한 직렬 인터페이스이다. 이 주변장치는 시리얼 EEPROM 메모리, 시프트 레지스터, 디스플레이 드라이버, A/D 변환기, 기타 디바이스와 SPI 또는 I^2C 통신방식으로 데이터를 주고 받을 수 있다.

MSSP 모듈은 아래의 2개 통신 모드 중에 1개 모드만으로 사용이 가능하다.

- Serial Peripheral Interface(SPI) 통신 모드
  - SPI 통신 모드 특징
    - a. 마스터 모드 지원
    - b. 슬레이브 모드 지원
    - c. 클럭 극성 변경 모드 지원
    - d. 슬레이브 선택 동기화(슬레이브 모드시)
    - e. 슬레이브 장치들과 데이지-체인(Daisy-Chain) 연결
- Inter-Integrated Circuit(I^2C) 통신 모드
  - Full Master Mode
  - Slave mode(일반적인 주소 호출과 함께 사용 가능)
  - I^2C 통신 특징

a. 마스터 모드 지원

b. 슬레이브 모드 지원

c. 바이트 NACKing 가능(슬레이브 모드시)

d. 제한적 다중 마스터(multi-master) 기능 지원

e. 7/10 비트 어드레싱 지원

f. 스타트(start)와 스톱(stop) 인터럽트 지원

g. 인터럽트 지원

h. 클럭 스트레칭(stretching) 기능 지원

i. 버스 충돌감지 기능

j. General Call 어드레스 매칭 지원

k. 어드레스 마스킹 지원

l. 어드레스 홀드와 데이터 홀드 모드 지원

m. 선택 가능한 SDA 홀드 타임 지원

1) I^2C 통신

I^2C(Inter-Integrated Circuit, 아이-스퀘어-씨)는 필립스에서 개발한 직렬 컴퓨터 버스이며 마더보드, 임베디드 시스템, 휴대전화 등에 저속의 주변 기기를 연결하기 위해 사용된다.

(1) I^2C의 개요

I^2C(Inter-Integrated Circuit) 버스는 마이크로프로세서와 저속 주변장치 사이의 통신을 위한 용도로 Philips에서 개발한 규격인데 두 가닥의 선을 사용하므로 TWI(Two Wire Interface)라고도 하고 있다. I^2C 버스는 양방향 오픈 드레인 선인 SCL(Serial Clock)과 SDA(Serial Data)로 이루어져 있으며 마스터-슬레이브 형태로 동작한다.

SCL은 통신의 동기를 위한 클럭용 선이고 SDA는 데이터용 선이다. 마스터는 SCL로 동기를 위한 클럭을 출력하며 슬레이브는 SCL로 출력되는 클럭에 맞추어 SDA를 통해 데이터를 출력하거나 입력받는다. 단지 SDA 한 선으로만 데이터를 주고받기 때문에 I^2C 버스는 반 이중(half duplex) 통신만 가능하다. SCL선과 SDA선은 모두 오픈 드레인이므로 두 선에는 각각 풀 업 저항을 연결해 주어야 한다.

(2) I^2C Interface 구성

SCL(Serial Clock)은 통신의 동기를 위한 클럭용 선이고 SDA(Serial Data)는 데이터용 선이다. Master는 SCL로 동기를 위한 클럭을 출력하며, Slave는 SCL로 출력되는 클럭에 맞추어 SDA를 통해 데이터를 출력하거나 입력받는다. 단지 SDA 한 선으로만 데이터를 주고받기 때문에 I^2C 버스는 반이중(half duplex) 통신만 가능하다. SCL선과 SDA선은 모두 오픈 드레인이므로 두 선에는 각각 풀업 저항을 연결해 주어야 한다.

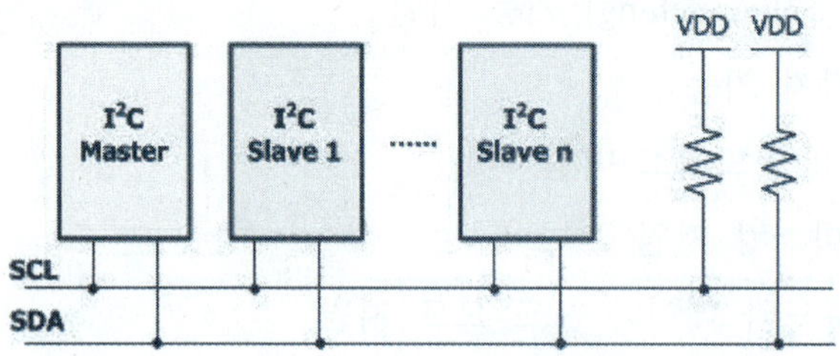

그림 14-1 I^2C 마스터와 슬레이브 사이의 연결

모든 I^2C 마스터와 슬레이브 장치들의 SCL은 서로 연결되며 SDA 또한 서로 연결된다. 모든 장치들이 SCL과 SDA를 각각 공유하고 있으므로, 마스터가 슬레이브를 개별적으로 지정하기 위한 방법이 있어야 한다. I^2C 버스에서 마스터가 각 슬레이브를 구분하는 수단은 슬레이브의 주소이다. 모든 I^2C 슬레이브 장치들은 7비트의 고유한 주소를 가지고 있으며 마스터는 주소로 원하는 슬레이브를 지정한다. 주소의 길이가 7비트이므로 마스터는 최대 128개의 슬레이브 장치들과 연결될 수 있다. 물론 슬레이브 장치들의 주소는 모두 달라야 한다.

(3) I^2C 통신방식

마스터가 하나 밖에 없지만 I^2C 버스에 두 개 이상의 마스터들이 존재할 수도 있다. 버스에 연결된 장치의 수가 아무리 많아도 한 순간에는 오직 하나의 마스터와 하나의 슬레이브만이 통신할 수 있다. 현재 통신을 진행하고 있는 마스터가 버스 소유권을 가지고 있다. 두 개 이상의 마스터가 있는 경우에 현재 버스의 소유권을 가지고 있는 마스터 및 마스터와 통신을 진행하고 있는 슬레이브 장치 이외의 나머지 장치들은 이들의 통신을 방해하지 않아야 한다.

SCL과 SDA는 모두 오픈 드레인이므로 모든 장치들의 SCL과 SDA는 각각 와이어드

AND로 연결되어 있다. 와이어드 AND 연결에서는 어느 한 장치라도 '0'을 출력하면 해당 신호의 상태는 논리 '0'이 된다. 만일 SCL이나 SDA에 연결되어 있는 어떤 장치가 논리 '0'을 출력한다면 다른 장치가 그 신호의 상태를 논리 '1'로 만들 수 있는 방법은 없다. 통신에 참여하지 않은 장치가 SCL이나 SDA로 '0'을 출력하면 마스터가 정상적으로 통신을 진행할 수 없다. 이것은 I²C 버스에 연결되어 있지만 현재 통신에 참여하지 않고 있는 장치들은 모두 자신의 출력을 플로우팅 상태로 유지해야 한다는 것을 뜻한다.

통신이 진행되지 않는 상황에서 모든 장치의 출력은 플로우팅 상태이므로 SCL과 SDA의 상태는 모두 논리 '1'이다. 이 상황에서 I²C 버스의 사용을 원하는 마스터는 SCL과 SDA로 시작조건을 출력하며 버스 소유권을 주장하고 통신을 시작할 수 있다. 두 신호의 상태가 모두 논리 '1'이 아니라면 현재 다른 마스터가 버스 소유권을 가지고 통신을 진행 중에 있다는 것을 뜻하므로 그 마스터가 버스 소유권을 반납할 때까지는 다른 마스터가 새로운 통신을 시작해서는 안 된다.

(4) 안정화 구간

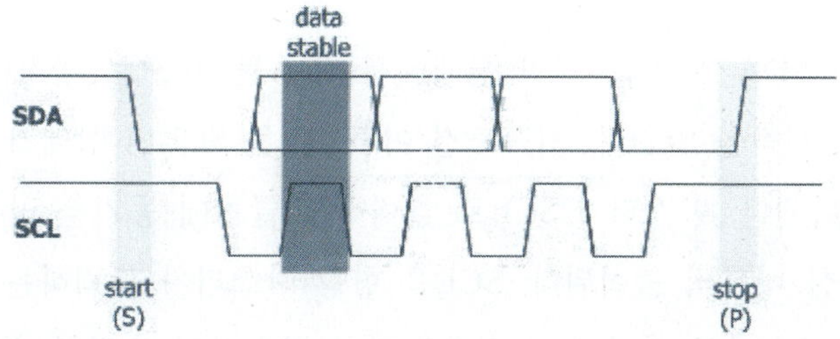

그림 14-2 I²C 프로토콜의 시작조건, 정지조건, 데이터 안정구간

I²C 프로토콜에서 SCL이 '0'인 구간에서는 SDA의 상태 변화가 허용되지만 SCL이 '1'인 구간에서는 SDA는 안정된 논리상태를 유지해야 한다. 마스터가 슬레이브로 데이터를 출력할 때 SCL이 '0'인 구간에서 SDA의 비트 전환을 하며 SCL이 '1'인 구간에서는 SDA의 상태를 그대로 유지한다. 슬레이브가 데이터를 출력하고 마스터가 그 데이터를 읽을 때에도 마찬가지이다. 그래서 SCL이 '1'인 구간은 데이터가 안정한 구간이다.

I²C 프로토콜에서 SCL이 '1'을 유지하고 있는 구간에서 SDA의 상태가 변하는 것은 일반 데이터 전송이 아닌 특별한 조건을 의미한다. SCL이 '1'인 동안 SDA가 '1'에서 '0'으로 바뀌는 것을 시작조건(start condition, S)이라고 하며 SCL이 '1'인 동안 SDA가 '0'에서 '1'로 바뀌는 것을 정지조건(stop condition, P)이라고 한다. I²C 통신을 원하는 마스

터는 SCL과 SDA가 모두 논리 '1'일 때 SDA의 상태를 '0'으로 바꾸어 시작조건을 출력하며 다른 장치들에게 통신의 시작을 알린다. 마찬가지로 통신을 끝낼 때에는 SCL이 '1'인 동안 SDA를 '0'에서 '1'로 바꾸어 정지조건을 출력하며 버스 소유권의 반납을 다른 장치에게 알린다.

(5) I^2C의 패킷 형식

그림 14-3은 I^2C 버스에서 사용되는 데이터 패킷의 형식을 보여준다. ACK를 포함한 9비트가 I^2C 규격에서 통신의 기본 단위가 된다.

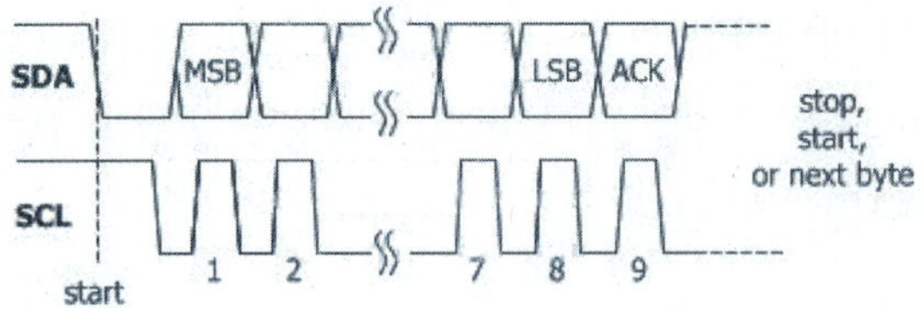

그림 14-3 I^2C 버스에서 사용되는 데이터 패킷 형식

마스터는 SCL과 SDA가 모두 '1'인 상태에서 SDA를 '0'으로 바꾸어, 즉 시작조건을 출력하면서 통신의 시작을 알린다. 시작조건 이후부터는 SCL의 상태가 '0'인 구간에서만 SDA의 논리값이 바뀐다. 마스터가 SCL로 출력하는 클럭에 동기를 맞추어 SDA로는 데이터가 MSB부터 한 비트씩 출력된다. SCL은 항상 마스터가 출력하는 신호이지만 SDA는 현재의 동작이 마스터의 읽기냐 쓰기냐에 따라 마스터의 출력일 수도 슬레이브의 출력일 수도 있다.

8비트 데이터가 8클럭 사이클 동안 SDA로 출력되면 그 데이터를 수신한 쪽에서 9번째 클럭에 맞추어 그 8비트 데이터의 수신 여부를 확인해 주는 ACK 비트를 출력한다. 다시 말해서 ACK 비트는 직전의 8비트 정보를 수신한 쪽에서 그 정보의 송신자에게 직전 8비트 정보에 대한 수신 여부를 확인하는 값이다. ACK 비트가 '0'이면 정상 수신을 나타내며 ACK 비트가 '1'이면 (항상 그런 것은 아니지만) 정상 수신이 아님을 나타낸다. 값이 '0'인 ACK 비트와 구분하기 위하여 값이 '1'인 ACK 비트를 NACK(no acknowledgement)라고 부하도 한다.

만일 마스터가 SDA로 8비트 정보를 출력했다면 그 정보를 수신한 슬레이브가 9번째 클럭에 SDA로 ACK 비트를 출력하여 마스터에게 수신결과를 알린다. 이 때 마스터가

ACK 비트를 받으려면 9번째 클럭 사이클 동안 자신의 SDA 출력을 '1'로 유지하고 있어야 한다. 반대로 SDA로 출력된 8비트 정보가 슬레이브의 출력이라면 그것을 수신한 마스터가 9번째 클럭에서 ACK 비트를 출력한다. 이 때 마스터의 ACK 비트를 받기 위해 슬레이브는 자신의 SDA 출력을 '1'로 유지하고 있어야 한다.

8비트 정보와 이어지는 ACK 비트의 전송이 끝난 다음에는 마스터가 정지조건을 출력할 수도 있고 시작조건을 다시 출력할 수도 있으며, 다음 바이트 전송이 이어질 수도 있다. 다음 동작은 현재 진행 중인 동작이 무엇인가에 따라 달라진다.

(6) I^2C의 주소지정 형식

모든 I^2C 슬레이브 장치는 7비트의 고유한 주소를 가지고 있으며 마스터는 이 주소를 사용하여 상대 슬레이브 장치를 지정한다. 다음 그림은 마스터가 슬레이브의 주소를 지정하고 데이터를 주고받는 방법에 대한 설명이다.

먼저 마스터는 시작조건에 이어서 자신이 원하는 슬레이브의 7비트 주소를 출력한다. 버스에 연결되어 있는 모든 슬레이브 장치들은 SDA선을 계속 감시하면서 마스터가 출력한 주소가 자신의 주소와 일치하는지 여부를 검사한다. 만일 마스터가 출력한 주소가 어떤 슬레이브의 주소와 같으면 그 슬레이브는 ACK 비트에 '0'을 출력하여 마스터에게 응답한다. 마스터가 출력한 주소를 가진 슬레이브가 없으면 아무도 ACK 비트로 '0'을 출력하지 않으므로 ACK 비트의 상태는 '1'을 유지하여 마스터는 NACK을 받게 된다.

마스터가 ACK을 받으면 이것은 자신이 출력한 주소를 가진 슬레이브가 응답했다는 뜻이므로 마스터는 다음 단계를 진행한다. 반면에 마스터가 NACK을 받으면 이것은 자신의 호출에 응답하는 슬레이브가 없다는 것을 뜻하므로 마스터가 더 이상 할 수 있는 일은 없다. 마스터는 정지조건을 출력하여 현재의 상황을 종료하고 통신을 다시 시작해야 한다.

슬레이브 주소 7비트 다음에 오는 8번째 비트는 다음 동작이 마스터의 읽기인지 쓰기인지를 가리킨다. 마스터가 이 비트로 0을 출력했다면 이것은 마스터 쓰기임을 뜻하므로 슬레이브 주소 다음의 1바이트 데이터는 마스터의 출력이다. 이 데이터는 앞서 주소가 지정된 슬레이브를 위한 것이므로 그 슬레이브가 이 값을 읽어들인다. 반면에 슬레이브 주소 7비트 다음에 오는 8번째 비트가 1이면 이것은 다음 동작이 마스터의 읽기라는 것을 의미한다. 그러므로 마스터에 의해 주소가 지정된 슬레이브는 ACK을 응답한 후 이어서 마스터에게 보낼 데이터를 출력한다.

주의할 것은 슬레이브 주소는 7비트이지만 패킷의 상위 7비트로 정렬되고 마지막에

R/W 비트가 LSB 위치에 추가된다는 것이다. 그렇기 때문에 슬레이브의 주소를 왼쪽으로 한 비트 시프트시킨 후의 8비트 값을 슬레이브의 주소라고 생각하는 것이 더 편할 수도 있다. 예를 들면 DS1037이라는 RTC 칩의 I²C 주소는 1101000b으로 고정되어 있다. 즉 DS1037의 I²C 주소는 0x68이다. DS1037에 데이터를 기록해야 할 때 마스터는 I²C 버스로 시작조건을 출력한 다음 11010000b을 출력한다. DS1037의 데이터를 읽고자 한다면 마스터는 I²C 버스로 시작조건을 출력한 다음 11010001b을 출력한다. 그러므로 8비트 값인 0xd0을 DS1037의 쓰기 주소, 0xd1을 DS1037의 읽기 주소로 생각할 수도 있다.

I²C 버스 규격은 I²C 버스의 전기적 특성 및 타이밍과 함께 앞에서 설명한 시작조건, 정지조건, 주소지정 방법 등에 대해서만 규정하고 있다. 구체적인 통신 방법, 즉 마스터가 슬레이브의 주소를 출력한 다음 정지 비트를 출력할 때까지 주고받는 데이터의 바이트 수, 슬레이브의 내부 레지스터 주소지정 방법 등은 슬레이브 장치에 따라 달라진다. 매우 다양한 종류의 I²C 슬레이브 장치가 있으니 여러 가지 다양한 방법이 있을 수 있다.

대부분의 마이크로컨트롤러는 I²C 인터페이스를 지원한다. 그렇기 때문에 UART를 사용할 때와 비슷하게 I²C 관련 몇 개의 레지스터를 설정한 후 레지스터 읽기/쓰기를 통해 간단하게 I²C 통신을 실행할 수 있다. 마이크로컨트롤러가 I²C 인터페이스를 지원하지 않으면 프로그램을 통해 비교적 쉽게 I²C 프로토콜을 구현할 수 있다. 송·수신 타이밍을 정확하게 맞추어야 하는 비동기 통신과 달리 마스터가 출력하는 클럭에 맞추어 모든 동작이 이루어지므로 타이밍에 관련된 어려움이 특별히 없기 때문이다.

(7) I²C 통신의 예

직렬 EEPROM, ADC, DAC, RTC 등을 포함한 다양한 매우 장치들이 I²C 인터페이스를 지원하고 있다. I²C 슬레이브 장치와 통신을 하려면 그 슬레이브의 데이터시트를 참고하여 구체적인 통신방법을 이해해야 한다. 그림 14-4는 24LC64라는 64Kbit 직렬 EEPROM의 내부 데이터를 읽기 위한 여러 방법 중 하나이다.

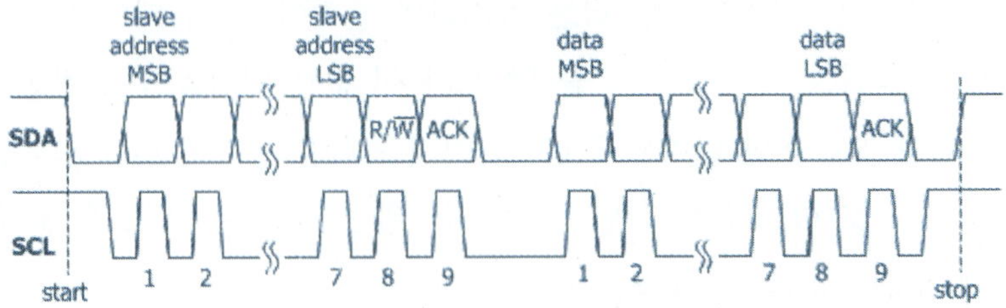

그림 14-4 직렬 EEPROM의 내부 데이터를 읽기 위한 방법

24LC64의 주소는 1010A2A1A0b로 정해져 있다. 앞 4비트는 1010로 고정되어 있지만 뒤의 3 비트 A2A1A0는 사용자가 임의로 바꿀 수 있다. 주소의 마지막 3비트를 사용자가 조절할 수 있도록 24LC64는 이 3비트에 각각 대응되는 3개의 입력핀 A2, A1, A0을 가지고 있다. 주소의 일부를 사용자가 정하도록 만든 것은 24LC64에 여러 가지 다른 주소를 부여할 수 있도록 하기 위한 것이다. 만일 24LC64의 주소가 완전히 고정되어 있다면 I^{2}C Master가 구동할 수 있는 24LC64는 1개뿐이다.

그림 14-4는 24LC64의 저장된 값을 특정 주소부터 연속으로 읽는 방법이다. 맨 먼저 Master는 시작조건을 출력한 다음 24LC64의 7비트 주소를 출력하고 8번째 비트로 '0'을 출력하여 다음 동작이 쓰기라는 것을 알린다. Master가 지정한 주소와 동일한 주소를 가진 24LC64가 있다면 그 IC는 ACK을 출력하여 Master에게 응답한다. ACK을 받은 Master는 이어서 24LC64의 저장공간 중에서 자신이 원하는 주소를 MSB부터 연속해서 출력한다. 24LC64의 저장용량은 64Kbits, 즉 8K바이트이므로 내부 주소지정을 위해서는 13비트의 주소정보가 필요하다. 그러므로 Master는 두 번에 걸쳐 주소를 출력한다. 매 바이트를 받을 때마다 24LC64는 Master에게 ACK을 보낸다.

24LC64 내부의 주소를 출력한 후 ACK을 받으면 Master는 시작조건과 Slave 주소를 다시 한 번 더 출력한다. 그런데 이번에는 Master가 24LC64의 데이터를 읽을 차례이므로 7비트 Slave 주소 다음에 오는 8번째 비트는 '1'로 설정한다. 24LC64가 다시 Master에게 ACK으로 응답하면 그 다음부터 Master는 24LC64가 출력하는 데이터를 연속해서 읽는다. 24LC64의 출력을 1바이트 받을 때마다 Master는 ACK을 출력하여 이를 24LC64에게 알린다. ACK을 받은 24LC64는 내부에서 주소를 1증가시키고 새로운 주소의 데이터를 읽어서 다음 SCL 클럭에 맞추어 출력하게 된다. 데이터를 연속해서 수신한 Master는 자신이 원하는 마지막 데이터를 받으면 이번에는 NACK을 출력하고 이어 정지조건을 출력하여 통신을 끝낸다.

위의 예는 I^{2}C 통신을 사용하는 24LC64를 사용하기 위한 많은 방법들 중 하나일 뿐이다. I^{2}C 인터페이스를 가진 장치마다 사용법이 다르기도 하거니와 한 장치에서도 명령의 종류에 따라 다양한 방법이 있을 수 있다.

(8) I^{2}C의 장단점

I^{2}C 버스의 가장 큰 장점으로 Slave 장치의 수에 관계없이 두 가닥의 선만으로 Master와 Slave 사이의 양방향 통신이 가능하다는 것을 들 수 있다. 두 개 이상의 Master를 사용

할 수 있다는 사실은 I^2C 버스가 가진 또 다른 장점이다.

반면에 I^2C 버스의 양방향 특성은 오픈 드레인 구조에 기반을 두고 있으므로 근본적으로 동시 양방향 통신이 불가능하고 통신속도를 높이기 어렵다. 표준 모드에서 I^2C 통신의 최대 속도는 100 kHz이며 고속 모드에서는 일반적으로 400kHz까지 가능하다. 다른 동기 통신 프로토콜, 예를 들어 뒤에서 설명할 SPI와 비교하면 매우 낮은 속도이므로 I^2C 버스는 저속 주변장치와의 데이터 통신이나 주변장치의 동작 모드 설정 등의 용도로 많이 쓰인다. 동작 모드 설정은 사용 빈도가 높지 않기 때문에 낮은 속도가 별 문제가 되지 않는다.

I^2C 인터페이스를 사용하는 제품의 수는 무척 많은 반면 Slave의 주소는 7비트로 그 길이가 제한되어 있어서 다수의 Slave 장치를 사용할 때 Slave 주소가 충돌할 가능성이 있다. 이런 문제에 대한 해결책으로 Slave 주소의 하위 2~3 비트를 사용자가 임의로 설정할 수 있는 제품들이 많기는 하지만 주소가 7비트로 제한되어 있어서 근본적인 해결책이 될 수는 없다.

2) SPI(Serial Peripheral Interconnect) 통신

(1) SPI의 개요

SPI(Serial Peripheral Interconnect) 버스는 전이중(full duplex) 통신이 가능한 동기 통신 규격이다. I^2C와 마찬가지로 마스터슬레이브 방식으로 동작하며 마스터가 동기를 위한 클럭을 출력한다. 각 SPI 슬레이브 장치는 Chip Enable(/CE) 입력을 가지고 있으며 이 입력이 활성화되었을 때에만 동작한다. 따라서 마스터는 여러 개의 Slave Select(SS) 선을 슬레이브들의 /CE에 연결하고 한 순간에 하나의 슬레이브만 선택하는 방법을 사용하여 두 개 이상의 슬레이브 장치들을 구동할 수 있다. SPI의 통신속도는 최고 70MHz 이상 이르기 때문에 I^2C에 비해 훨씬 빠르다.

그림 14-5에 표시된 4개의 신호는 SPI 버스에서 정의된 신호이다.

① SCLK : Serial Clock. 마스터가 출력하는 동기용 클럭(output from master)

② SDO : Serial Data Output 핀으로 이 핀을 통해 데이터가 송신된다. 마스터가 출력하는 동기용 클럭(output from master)이다.

③ SDI : Serial Data In 핀으로 이 핀을 통해 데이터가 수신된다. 슬레이브의 출력이며 마스터에는 입력(output from slave)이다.

④ \SS : Slave를 선택하는 핀. 마스터의 출력으로 슬레이브를 선택하기 위한 신호(Active Low)이다.

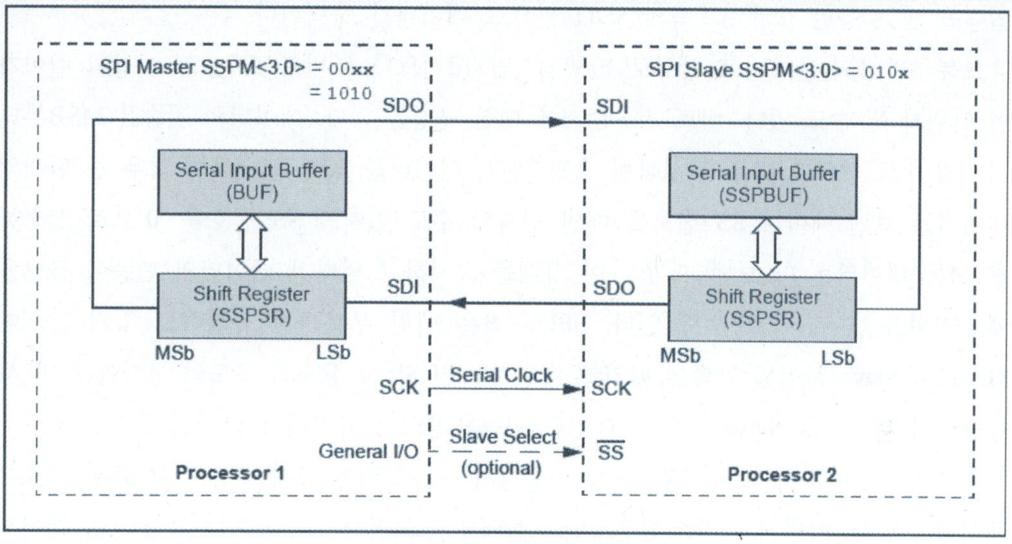

그림 14-5 SPI 버스의 신호

(2) SPI 통신과정

SCLK는 Master가 출력하는 클럭 신호이다. SCLK를 기준으로 Master와 Slave 사이의 데이터 교환이 진행된다. 마스터측 SDO핀은 Slave로 정보를 보내기 위한 선이다. 반대로 마스터측 SDI핀은 Master가 Slave의 정보를 받기 위한 선이다. 앞의 그림에서 보듯이 마스터측의 SDO핀과 슬레이브측의 SDI핀이 서로 연결되며 마스터측의 SDI핀과 슬레이브측의 SDO핀이 서로 연결된다. 마스터측의 /SS핀은 Master가 Slave를 선택하기 위한 Master의 출력으로 Slave의 /SS핀 입력에 연결된다. Slave는 /SS핀 입력이 '0'인 동안에만 활성화된다.

통신을 진행하기 위해서 Master는 우선 SS로 '0'을 출력하여 해당 Slave를 활성화시킨다. 그런 다음 Master는 SLCK로 동기를 위한 클럭을 출력하는데 이 클럭에 맞추어 마스터측 SDO 핀으로 데이터를 한 비트씩 내보낸다. 이와 동시에 Master는 자신이 출력하는 클럭에 맞추어 마스터측 SDI 핀으로부터 한 비트씩 읽는다. 다시 말해서 SPI Master는 자신의 출력인 SCLK에 맞추어 마스터측 SDO 핀으로 데이터를 내보내며 동시에 마스터측 SDI핀으로부터 데이터를 수신한다. SPI 버스는 언제나 양방향 통신을 진행한다.

SCLK에 맞추어 SDO 핀으로 데이터를 출력하는 동안 SDI 핀으로는 데이터가 수신된다. 수신되는 데이터는 상황에 따라 의미가 있는 값일 수도 있고 쓰레기 값일 수도 있다. 마찬가지로 Slave의 데이터를 읽기 위하여 SLCK에 맞추어 슬레이브측의 SDI 핀으로부터 입력을 받는 동안 슬레이브측의 SDO 핀으로 데이터가 출력된다.

보통 SPI 통신은 8비트 단위로 진행되지만 12비트나 16비트 또는 그 이상의 길이가 한 단위가 될 수도 있다. 비트 전송순서에 대한 규정은 없다. 데이터의 전송은 MSB부터 시작될 수도 있고 LSB부터 시작될 수도 있다. 데이터를 연속 전송하는 경우 한 단위의 데이터를 보낼 때마다 SS 신호를 매번 인가할 수도 있지만 SS 신호를 '0'으로 설정한 후 모든 데이터를 다 보낼 때까지 이 상태를 유지하고 있다가 데이터의 전송이 끝났을 때 /SS핀을 '1'로 바꿀 수도 있다. SPI 규격은 이런 부분까지 규정하고 있지 않으며 Master와 Slave 사이의 약속에 따라 결정된다. SPI Slave 장치의 용도와 특성에 따라 사용방법이 다르므로 Slave 장치의 데이터시트를 반드시 확인해야 한다.

/SS핀이 없는 디바이스인 경우에는 사용자가 프로그램을 통해 수동으로 /SS핀 신호를 제어해야 한다. 따라서, GPIO 핀을 Slave 선택용으로 정하고 수동으로 그 신호를 제어해야 한다.

(3) 2개 이상의 SPI Slave 연결

I²C 버스처럼 SPI 버스에서도 한 개의 Master가 두 개 이상의 Slave와 연결될 수 있다. I²C Slave가 고유한 주소를 가지고 있는 것처럼 각각의 SPI Slave는 /SS핀 신호를 가지고 있다. SPI Master는 각 Slave의 /SS핀 신호를 제어하여 원하는 Slave를 선택한다. 그림 14-6은 한 개의 SPI Master에 두 개의 Slave들을 연결하는 방법을 설명한다.

세 장치의 SCLK, SDO, SDI핀들은 각각 서로 연결되어 있지만 Slave의 /SS핀 신호들은 서로 묶이지 않고 Master의 다른 핀들로 연결된다. Slave의 수에 상관없이 한 순간에는 하나의 Slave만 Master와 통신할 수 있다. 두 Slave가 모두 활성화되면 Slave의 출력인 슬레이브측 SDO핀에서 데이터의 충돌이 일어난다. 그래서 Master는 자신이 원하는 Slave의 /SS핀 신호만 '0'으로 설정하여 활성화시키고 나머지 Slave의 /SS핀은 '1'로 두어야 한다. /SS핀 입력이 '1'인 Slave는 선택되지 않았기 때문에 자신의 SDO핀 출력을 hi-Z 상태로 만들어 선택된 Slave와 Master 간의 통신에 영향을 주지 않는다. 따라서 모든 SPI Slave의 SDO핀 출력은 tri-state 모드를 지원한다. /SS핀 입력이 '1'인 Slave는 당연히 Master가 출력한 SCLK와 마스터측의 SDO핀의 출력신호를 무시한다.

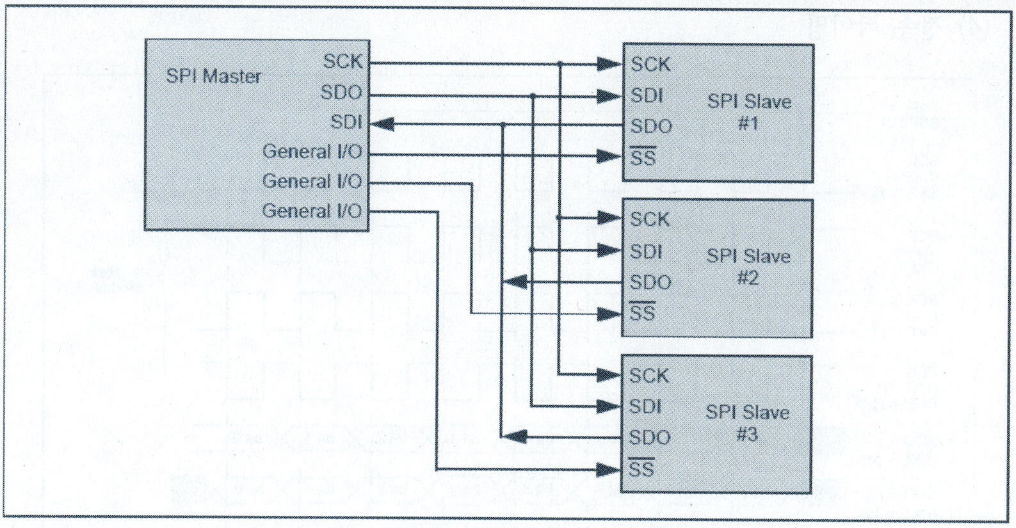

그림 14-6 여러 슬레이브 채널 SPI 통신 연결도

세 개 이상의 Slave도 같은 방법으로 Master와 연결할 수 있다. Slave의 수가 하나씩 늘어날 때마다 새로운 Slave를 위한 /SS핀 신호만 하나 더 필요할 뿐이다. 그런데 이 때 Master에 연결된 Slave들이 사용하는 SPI 모드가 한 가지가 아니거나 비트 전송순서가 다를 수 있는데 이런 경우에는 통신의 효율이 많이 낮아진다. 가령 어떤 Slave는 모드 0을 사용하고 또 다른 Slave는 모드 1을 사용한다면 Master가 Slave를 바꿀 때마다 동작 모드를 매번 다시 설정해야 한다. 또한 동작 모드가 같아도 비트 전송순서가 다르다면 마찬가지 문제가 생긴다.

Master가 하나의 Slave만 구동한다면 Slave의 /SS핀 신호를 GND로 고정시켜 두어도 상관없다. 어차피 SCLK, SDO, SDI 핀들을 공유할 다른 Slave가 없기 때문에 이 선들은 하나뿐인 Slave 전용으로 사용된다. 그렇기 때문에 Slave를 항상 활성화시켜 둬도 기능상의 문제는 생기지는 않는다.

(4) 전송 타이밍

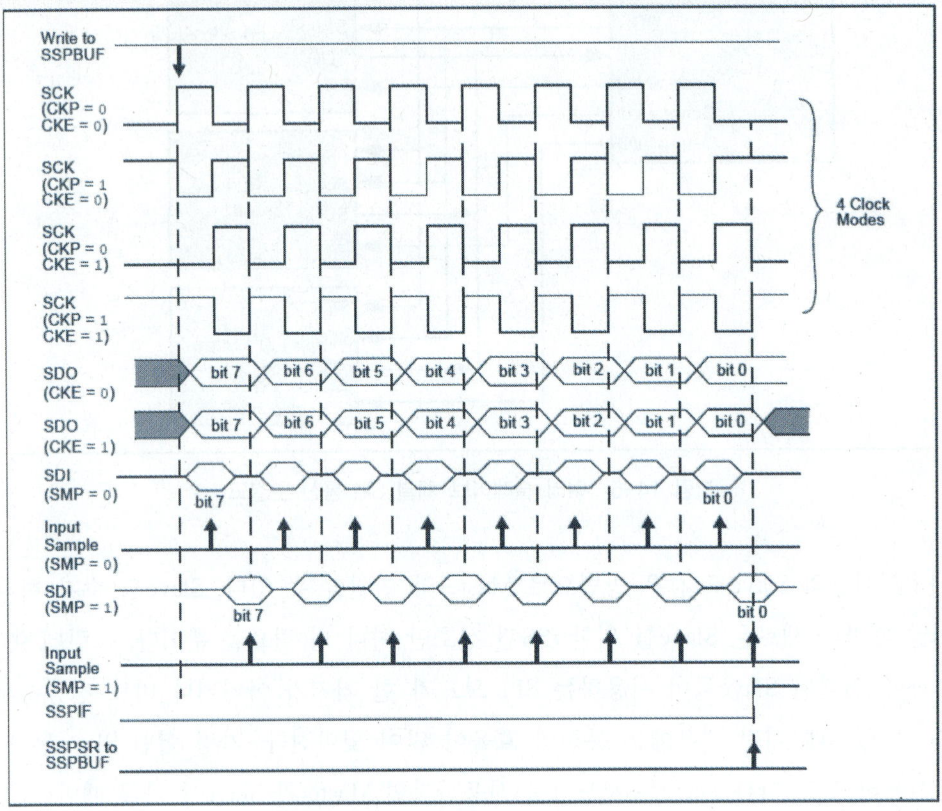

그림 14-7 마스터 모드시 전송 타이밍도

(5) SPI의 장단점

SPI 버스의 가장 큰 장점으로는 최고 70MHz에 이르는 빠른 통신속도와 동시 양방향 통신이 가능하다는 점을 들 수 있다.

전송 데이터 단위에 대한 제약이 없어서 8비트, 16비트, 24비트 등 원하는 길이를 한 워드로 설정할 수 있다. 비트 순서에 대한 제약도 없으므로 필요에 따라 MSB부터 전송할 수도 있고 LSB부터 전송할 수도 있다.

I^{2}C Slave와 달리 SPI Slave는 자체 주소를 가지고 있지 않으므로 주소충돌의 문제도 발생하지 않는다. I^{2}C 버스와 달리 SPI 버스에는 한 개의 버스 Master만 있을 수 있으며 I^{2}C 버스에 비해 필요한 핀의 수가 더 많다.

SPI 버스는 기본적으로 4가닥의 선을 사용하며 Master에 연결된 Slave의 숫자가 많아질수록 Slave를 선택하기 위한 /SS핀의 수 역시 Slave 수에 비례해서 늘어난다. 또한 I^2C 버스의 ACK와 같은 메커니즘이 없어서 Master는 자신이 통신하고 있는 장치가 실제 존재하는지 여부를 확인할 수 없다.

출처 및 참고자료 :

http://blog.naver.com/PostView.nhn?blogId=eslectures&logNo=80137860924&categ

2. MSSP 모듈 구성 및 동작

1) MSSP 모듈 구조

(1) SPI 통신 모드

그림 14-8과 같이 MSSP 모듈을 SPI 모드인 경우 블록도이다. 이 경우 MSSP 모듈은 송신/수신 시프트 레지스터(SSPSR)와 버퍼 레지스터(SSPBUF)로 이루어져 있다.

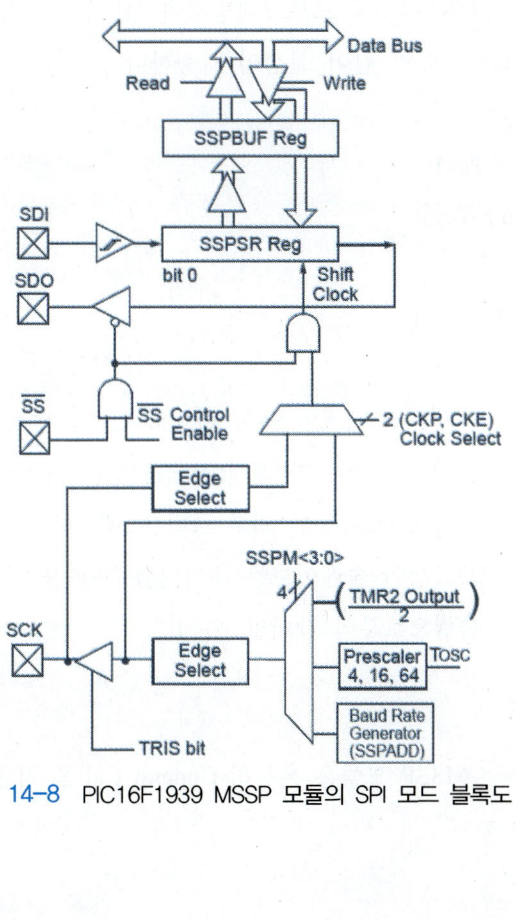

그림 14-8 PIC16F1939 MSSP 모듈의 SPI 모드 블록도

최상위 데이터 비트(MSB)를 첫 번째 비트부터 SSPSR 레지스터는 SDO 핀으로 데이터를 전송한다. 수신된 데이터가 준비될 때까지 SSPBUF는 SSPSR에 쓰여진 데이터를 가지고 있는다. 데이터의 8비트가 수신되자 마자 바이트는 SSPBUF 레지스터로 이동된다. 그 후 버퍼 풀 검출 비트인 BF(SSPSTAT<0>), 그리고 인터럽트 플래그 비트인 SSPIF는 1로 세트된다.

따라서, 데이터를 송신하는 경우에는 SSPBUF에 전송할 데이터를 써넣기를 하면 된다. 그리고, 데이터를 수신하는 경우에는 항상 마스터측과 슬레이브측의 SDI, SDO핀이 엇갈려 연결되어 있으므로 먼저 아무 의미없는 데이터(dummy)를 SSPBUF에 써넣기를 하고 난 후 다시 SSPBUF를 읽기를 하면 상대방측으로부터 전송된 데이터를 수신할 수 있다.

SPI 통신 마스터 모드에서는 마스터가 SCK 핀을 통제하기 때문에 SPI 모듈 초기화 루틴에서 전송 클럭 주파수 등을 설정해야 한다.

SSPSR 레지스터는 프로그램 된 클럭 레이트(rate)에서의 SDI 핀의 신호에서 시프트하는 것을 계속할 것이다. 각 바이트가 수신되기 때문에 보통의 수신된 바이트(인터럽트와 적절한 상태 비트 set)처럼 그것은 SSPBUF 레지스터로 적재될 것이다. 클럭 극성은 적절하게 CKP 비트 (SSPCON1<4>)를 프로그래밍하여 선택된다. 마스터 모드에서 SPI 클럭 레이트(비트 레이트)는 아래와 같이 설정이 가능하다.

- Fosc/4(또는 Tcy)
- Fosc/16(또는 4 × Tcy)
- Fosc/64(또는 16 × Tcy)
- Timer2 출력/2
- Fosc/(4 × (SSPADD + 1))

슬레이브 모드에서 외부 클럭 펄스인 SCK 핀으로 입력되기 때문에 SSPBUF로 데이터가 수신되면서 송신된다. 마지막 비트가 래치(latch)되었을 때 SSPIF 인터럽트 플래그 비트는 1로 세트된다. 슬레이브 모드 동안 외부 클럭은 SCK핀의 외부 소스에 의해 공급된다. 또한, 슬립(sleep) 모드 동안 슬레이브는 데이터를 전송 또는 수신할 수 있다. 바이트가 수신일 때 장치는 슬립으로부터 깨어날 수 있다.

(2) I^2C 통신 모드

I^2C 모드로 동작하는 MSSP 모듈은 온전히 General Call을 지원하기 위해 모든 장치와

슬레이브 기능으로 동작할 수 있다. 또한, Free Bus 지원으로 멀티-마스터 기능도 가능하다. 이를 위해서 MSSP 모듈은 시작(start)과 정지(stop) 비트에 대한 인터럽트 기능을 제공한다. MSSP 모듈은 7비트와 10비트 어드레싱 뿐만 아니라 표준 모드 규격를 지원한다.

그림 14-9와 같이 I^2C 통신 모드에서 사용되는 2개 핀, 즉 SDA, SCL 핀은 데이터 전송을 위해 사용된다. 포트에 있는 핀들은 MSSP 모듈을 I^2C 모드로 초기화으로써 자동적으로 I^2C 모드가 인에이블되며 이에 따라 위 2개의 핀들로 I^2C 통신 모드로 동작할 수 있도록 설정된다. 따라서, MSSP 모듈 기능은 SSP 인에이블 비트(SSPEN)를 설정하여 인에이블 된다.

SSPCON1 레지스터는 아래와 같이 4개의 I^2C 모드 중에 한 가지를 선택할 수 있다. 이 기능의 해당 비트는 SSPCON1<3:0>이다.

- I^2C 슬레이브 모드(7비트 어드레스)
- I^2C 슬레이브 모드(10비트 어드레스)
- I^2C 마스터 모드(클럭 = Fosc/4(SSPADD + 1))

위 I^2C 모드를 설정하기 전에 SCL와 SDA 핀은 해당 TRIS 비트를 입력으로 초기화시켜야 한다. 그와 동시에 SSPEN 비트를 설정하여 I^2C 모드를 설정하여 I^2C 모드에서 클럭

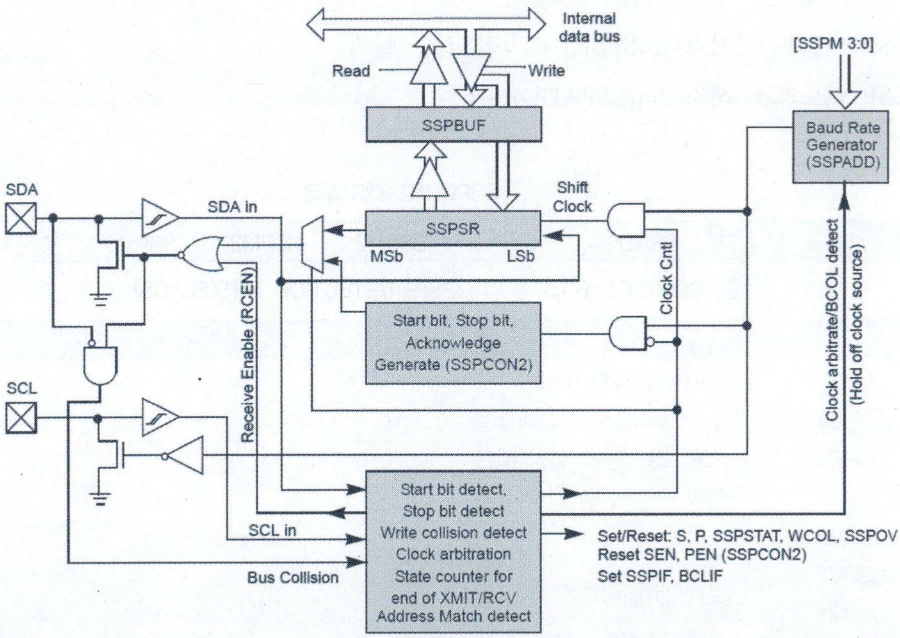

그림 14-9 PIC16F1939 MSSP 모듈의 I^2C 모드 블록도

과 데이터 라인으로 사용되는 SCL와 SDA핀을 인에이블한다. SSPSTAT 레지스터는 데이터 전송의 상태를 나타낸다. 이 레지스터의 비트들의 상태에 따라 송수신시에 시작 또는 정지 비트를 검출하고, 수신된 바이트가 데이터 또는 주소인지도 나타낸다.

SSPBUF는 전송할 데이터를 쓰기 또는 수신할 데이터를 읽기 위해 사용하는 레지스터이다 SSPSR 레지스터는 SSPBUF로부터 받은 데이터를 SDA핀을 통해 외부로 데이터를 전송하게 한다. 데이터를 수신할 때는 한 바이트가 수신되어 SSPBUF 레지스터로 옮겨지고 플래그 비트 SSPIF는 1로 세트된다. SSPBUF 레지스터가 읽히기 전에 다른 완전한 바이트가 수신되는 경우에는 수신 오버플로우(overflow)가 발생하고 SSPOV 비트(SSPCON1<6>)은 1로 세트되며 SSPSR에 있는 바이트는 무시된다.

SSPADD 레지스터는 슬레이브 주소를 보관한다.

2) PIC16F1939의 MSSP 주변장치 설정 레지스터

MSSP 모듈은 SPI 통신과 I²C 통신을 위한 6개의 레지스터를 아래와 같이 가지고 있다.

- SSP 컨트롤 레지스터1(SSPCON1)
- SSP 컨트롤 레지스터2(SSPCON2)
- SSP 상태 레지스터(SSPSTAT)
- 시리얼 송신 / 수신 버퍼(SSPBUF)
- SSP 시프트 레지스터(SSPSR) - 직접 접근 불가
- SSP 어드레스 레지스터(SSPADD)

표 14-1 SSPCON1 레지스터

WCOL	SSPOV	SSPEN	CKP	SSPM3	SSPM2	SSPM1	SSPM0

CONTROL BITS / DETECTION BITS(FLAGS)

BIT	FUNCTION
WCOL	쓰기 충돌감지 비트
SSPOV	수신 오버플로우 상태 비트
SSPEN	SSP 모듈 동작 설정 비트
CKP	클럭 극성 선택 비트
SSPM3	모드 선택 비트
SSPM2	
SSPM1	
SSPM0	

표 14-2 SSPCON1 레지스터의 SSPM 비트

SSPM3	SSPM2	SSPM1	SSPM0	모드
0	0	0	0	SPI 마스터 모드, 클럭 = FOSC/4
0	0	0	1	SPI 마스터 모드, 클럭 = FOSC/16
0	0	1	0	SPI 마스터 모드, 클럭 = FOSC/64
0	0	1	1	SPI 마스터 모드, 클럭 = TMR2 출력/2
0	1	0	0	SPI 슬레이브 모드, 클럭 = SCK 핀, SS핀 제어 활성화
0	1	0	1	SPI 슬레이브 모드, clock = SCK 핀, SS핀 제어 비활성화, SS는 I/O핀으로 사용할 수 있다.
0	1	1	0	I^2C 슬레이브 모드, 7비트 어드레스
0	1	1	1	I^2C 슬레이브 모드, 10비트 어드레스
1	0	0	0	I^2C 마스터 모드, 클럭 = FOSC / (4 * (SSPADD+1))
1	0	0	1	미사용
1	0	1	0	미사용
1	0	1	1	I^2C 폼웨어는 마스터 모드를 제어한다(슬레이브 아이들 상태)
1	1	0	0	미사용
1	1	0	1	미사용
1	1	1	0	I^2C 슬레이브 모드, 시작과 정지 비트를 가진 7비트 어드레스는 인터럽트를 활성화한다.
1	1	1	1	I^2C 슬레이브 모드, 시작과 정지 비트를 가진 10비트 어드레스는 인터럽트를 활성화한다.

표 14-3 SSPCON2 상태 레지스터

GCEN	ACKSTAT	ACKDT	ACKEN	RCEN	PEN	RSEN	SEN

CONTROL BITS　DETECTION BITS(FLAGS)

BIT	FUNCTION
GCEN	General Call 설정 비트(I^2C 슬레이브 모드만)
ACKSTAT	ACK 상태 비트(I^2C만 사용)
ACKDT	ACK 데이터 비트(I^2C만 사용)
ACKEN	ACK 시퀀스 설정 비트(I^2C 마스터에서만 사용)
RCEN	수신 설정 비트(I^2C 마스터에서만 사용)
PEN	스톱 상태 설정 비트(I^2C 마스터에서만 사용)
RSEN	반복 시작 상태 설정 비트(I^2C 마스터에서만 사용)
SEN	시작 상태 설정/스트레치 설정 비트

표 14-4 SSPSTAT 상태 레지스터

SMP	CKE	$D/\overline{A}$	P	S	$R/\overline{W}$	UA	BF

CONTROL BITS (SMP, CKE) / DETECTION BITS(FLAGS) (D/A, P, S, R/W, UA, BF)

BIT	FUNCTION
SMP	SPI 데이터 입력 샘플 비트 또는 I^2C Slew Rate 컨트롤 사용 설정 비트
CKE	SPI 클럭 에지 선택 비트
D/A	데이터/어드레스 비트(I^2C만 사용)
P	정지 상태 비트(I^2C만 사용)
S	시작상태 비트(I^2C만 사용)
R/W	읽기 / 쓰기 상태 비트(I^2C만 사용)
UA	업데이트 주소상태 비트(10비트 I^2C만 사용)
BF	SSPBUF 레지스터인 버퍼 풀 상태 비트

➥ I^2C 주소 레지스터(SSPADD)

- 슬레이브 모드: PIC의 슬레이브 주소를 포함하는 받은 값을 비교한다.
- 마스터 모드: I^2C 시스템의 클럭 속도 (전송속도)을 계산하는 데 사용한다.

$$\text{BAUD RATE} = \frac{\text{Fosc}}{4 \times (\text{SPADD} + 1)}$$

➥ MSSP 인터럽트

MSSP 인터럽트 플래그 (SSPIF) 다음 이벤트와 PIR1 레지스터에서 설정한다.

- 조건을 시작
- 조건을 정지
- TX 또는 RX 완료
- 송신받았음을 알림
- 상태를 다시 시작

실습예제 1 : I^2C 통신 응용 전자 온도계 구현 실습

이전 실습에서 "MSSP 주변장치의 I^2C 통신 모드를 이용한 외부 시리얼 EEPROM 메모리 응용실습"을 응용하여 마이크로칩사의 TC74 전자 온도 센서를 사용, I^2C 통신을 이용하여 TC74 전자 온도 센서로부터 온도를 읽어 캐릭터형 LCD로 온도를 표시하는 실습이다. 따라서, 이전 실습과 13장 캐릭터형 LCD 구동실습을 꼭 참고한다. 또한, TC74의 데이터시트는 꼭 찾아서 검토하며, TC74 온도 센서는 INSEM 8bit PIC 평가 보드에는 실장되어 있지 않아서 이 실습에서는 Microchip PICDEM 2 PLUS 보드에서만 실습을 한다(INSEM 8bit PIC 평가 보드에 TC74 전자 온도 센서를 이 실습회로와 같이 추가하면 실습 가능함).

1) 실습목표

(1) Microchip PICDEM 2 PLUS 보드 사용시

- PIC16F1939 PIC 마이크로컨트롤러 입출력 포트 초기화 설정
  (4비트 데이터 버스 : RD0~RD3, 컨트롤 핀 : RD4~RD6)
- PIC16F1939 PIC 마이크로컨트롤러 MSSP 주변장치 I^2C 통신 모드 초기화 설정
- I^2C 통신용 컨트롤 함수 소스 코딩
- I^2C용 TC74 전자 온도 센서로부터 온도값 읽기 함수 소스 코딩
- 캐릭터형 LCD 초기화 및 컨트롤 함수 소스 코딩
- 캐릭터형 LCD 컨트롤용 시간 delay 함수 소스 코딩
- TC74 전자 온도 센서의 온도값을 캐릭터형 LCD로 출력하는 함수 소스 코딩

2) 실습회로

(1) Microchip PICDEM 2 PLUS 보드 또는 자작 보드 사용시

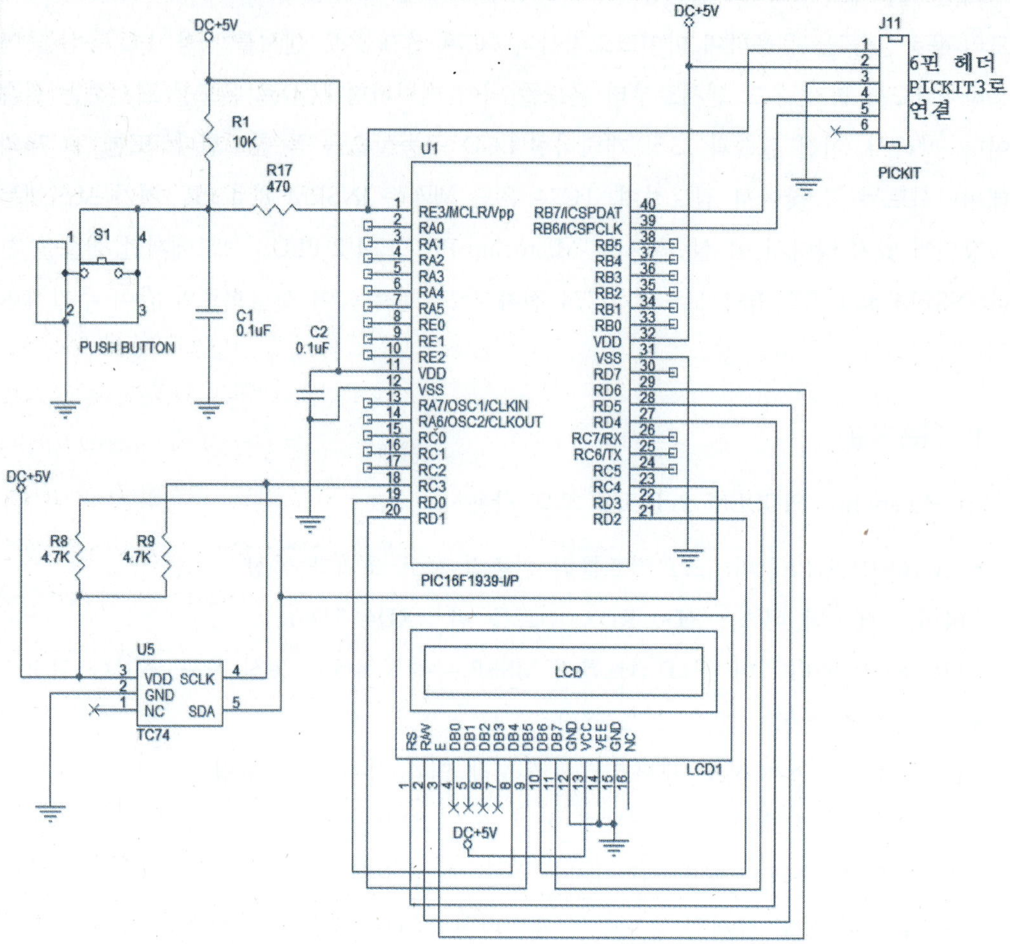

※ 참고사항: Vcap핀에는 0.1uF콘덴서를 연결해야하나 이 실습에서는 사용하지 않음.

3) 실습환경

- MPLAB X IDE 통합 개발 SW 설치
- MPLAB XC8 컴파일러 설치
  (5장 마이크로칩 8비트 PIC 마이크로컨트롤러 개발환경 셋업 참조)
- 마이크로칩 디버거 장비(PICKit3, ICD3, REAL ICE 중에 택일) 설치

(여기에서는 PICKit3로 모든 실습을 함)

- 전원 9V 또는 자작 보드로 실습시에는 +5V 전원 공급장치 필요

(1) Microchip PICDEM 2 PLUS 보드 사용시 연결 사진

- 6장 I/O 포트를 이용한 스위치, LED 입출력 구동실습 예제에서 그림 6-9 실습환경 참조

(2) 자작 보드 사용시 연결 구성도

- 6장 I/O 포트를 이용한 스위치, LED 입출력 구동실습 예제에서 그림 6-11 실습환경 참조

4) 실습 코딩 순서

Step 1 MPLAB X IDE를 이용한 새 프로젝트 만들기

실행 1_MPLAB X IDE 실행 후 File 메뉴에서 New Project를 선택한다.

실행 2_프로젝트 선택에서 Categories에서 Microchip Embedded 선택 후 Projects에서 Standalone Project 선택, 그리고 Next를 클릭한다.

실행 3_Device 선택에서 Family에서 Mid-Range 8bit MCU ..... 선택, Device에서 PIC16F1939 선택 후 Next를 클릭한다.

실행 4_Header 선택은 그대로 하고 Next를 클릭한다.

실행 5_Hardware Tool 선택에서 PICKit3 선택, Next를 클릭한다.

실행 6_컴파일러 선택에서 Compiler Toolchains에서 XC8 (V1.xx).... 선택 후 Next를 클릭한다.

실행 7_Browse 버튼을 클릭하여 Project 만들 폴더 만들기 후 Project Name란에 프로젝트 이름(예 : timer0_1sec)을 입력 후 Finish를 클릭한다.

- Encoding 옵션 설정 : 한글 지원 관련
- UTF-8 또는 x-window949 정도 설정하면 한글 주석 처리 가능

실행 8_File 메뉴에서 New File을 선택한다.

실행 9_Categories에서 C 선택, File Type에서 C Main File 또는 C Source File을 선택 후 Next를 클릭한다.

실행 10_File Name에 소스 코드 이름 입력(예 : timer0_1sec.c) 후 Finish를 클릭한다.

Step 2 I^2C 통신 응용 전자온도계 구현 실습 소스 코딩

이전 실습에서 "MSSP 주변장치의 I^2C 통신 모드를 이용한 외부 시리얼 EEPROM 메모리 응용실습"의 과정과 거의 동일하므로 소스만 나타낸다. 그리고, 추가되는 기능과 함수에 대해 설명한다.

실행 1_디폴트 헤더문 입력

```
#include <xc.h>
```

실행 2_컨피그레이션 비트 설정 매크로 삽입 코딩

```
__CONFIG(FOSC_INTOSC & WDTE_OFF & PWRTE_ON & MCLRE_OFF & BOREN_OFF);
```

실행 3_캐릭터형 LCD, LED에 대한 I/O 포트 설정 및 전역 변수, 기타 define문 코딩

```
#define Fosc 16000000                        //내부 16MHz 클럭 설정
#define Tosc 1/Fosc                          //내부 16MHz 클럭 주기
#define Fcy Fosc / 4                         // Fcy = Fosc/4
#define Tcy 1 / Fcy                          // 1/4MHz = 250ns

    //캐릭터형 LCD 포트 설정
    //LCD 컨트롤 핀 설정
    #define LCD_PWR       LATDbits.LATD7     // LCD ON/OFF 라인
    // 이 LCD_PWR 핀은 PICDEM 2 PLUS에만 있는 핀임

    #define LCD_EN        LATDbits.LATD6     // LCD 컨트롤 활성화
    #define LCD_RW        LATDbits.LATD5     // LCD 데이터 읽기/쓰기
    #define LCD_RS        LATDbits.LATD4     // LCD 모드 선택

    //LCD 컨트롤 핀 설정
    #define LCD_DAT0      LATDbits.LATD0     // Data bit 0
    #define LCD_DAT1      LATDbits.LATD1     // Data bit 1
    #define LCD_DAT2      LATDbits.LATD2     // Data bit 2
    #define LCD_DAT3      LATDbits.LATD3     // Data bit 3
    #define LCD_DATA      LATD               // LCD 4비트 데이터 버스
```

실행 4_포트 입출력 초기화 함수 코딩

• Microchip PICDEM 2 PLUS 보드 또는 자작 보드 사용시

```
void initial_port(void)
{
    // 1 = 입력, 0 = 출력

    //캐릭터형 LCD을 위한 포트 D 초기화
    TRISD = 0;              //포트 D의 RD0~RD7 핀까지 모두 출력 설정
    ANSELD = 0;             //포트 D의 ANxx 핀들 모두 디지털로 설정
}
```

실행 5_캐릭터형 LCD 컨트롤용 시간 delay 함수 소스 코딩

```
#define  DelayUs(x)  { unsigned char _dcnt; ₩
            _dcnt = 1; ₩
            while(--_dcnt != 0) ₩
            continue; }

void DelayMs(unsigned char cnt)
{
  unsigned char  i;
  do {
    i = 4;
    do {
      DelayUs(250);
    } while(--i);
  } while(--cnt);
}
```

실행 6_캐릭터형 LCD 컨트롤 함수 소스 코딩

• Microchip PICDEM 2 PLUS 보드 또는 자작 보드 사용시

```
//캐릭터 LCD의 명령, 데이터 모드 선언
#define LCD_COMMAND_MODE      1          // LCD Command
#define LCD_DATA_MODE         0          // LCD Data

//캐릭터형 LCD ON, OFF 함수 정의
#define LCD_ON()     LCD_PWR = 1         // LCD on
#define LCD_OFF()    LCD_PWR = 0         // LCD off
```

14장

- 캐릭터형 LCD 4비트 데이터 쓰기 함수

```
void write_4bit_data(unsigned char Lcd_command, unsigned char Lcd_data)
{
    unsigned char buffer;
      LCD_EN = 1;                                //LCD On
      LCD_RW = 0;                                //LCD 쓰기 모드
      if(Lcd_command)     LCD_RS = 0;            //LCD 명령 전송 모드
      else                LCD_RS = 1;            //LCD 데이터 전송 모드

      DelayMs(100);
       buffer = LATD;
       buffer &= 0xF0;
      LCD_DATA = buffer | (Lcd_data & 0x0F);//LCD 명령 또는 데이터 전송
      DelayMs(100);
      LCD_EN = 0;                                //LCD Off
}
```

- 캐릭터형 LCD 바이트(8비트) 데이터 쓰기 함수

```
void write_byte_data(unsigned char Lcd_command, unsigned char Lcd_data)
{
    write_4bit_data(Lcd_command, Lcd_data >> 4); // Output the high nibble to the LCD
    write_4bit_data(Lcd_command, Lcd_data);      // Now send the low nibble
}
```

- 캐릭터형 LCD 한 문자 데이터 전송 함수

```
void LCD_Put_Data(unsigned char Lcd_data)
{
    write_byte_data(LCD_DATA_MODE,Lcd_data);          // LCD에 문자를 출력을 보냄
    DelayMs(100); // 명령이 완료될 때까지 기다림
}
```

- 캐릭터형 LCD 문자열 데이터 전송 함수

```
void LCD_Write_String(const char *Str)
{
    unsigned char i = 0;              // 문자 인덱스 버퍼
    while (Str[i])                    // 문자열이 완료되지 않는 동안 반복
    LCD_Put_Data(Str[i++]);           // 최근 문자를 표시
}
```

– 캐릭터형 LCD 전체 출력 문자 지우기 함수

```
void LCD_Clear(void)
{
    write_4bit_data(LCD_COMMAND_MODE ,0x00); // 초기화 디스플레이 명령을 보냄
    write_4bit_data(LCD_COMMAND_MODE ,0x01); // 초기화 디스플레이 명령을 보냄
    DelayMs(100); // 명령이 완료될 때까지 기다림
}
```

– 캐릭터형 LCD 커서 위치 초기화 함수(첫 번째 라인, 첫 번째 칸)

```
void LCD_Home(void)
{
    write_4bit_data(LCD_COMMAND_MODE ,0x00); // 초기화 디스플레이 명령을 보냄
    write_4bit_data(LCD_COMMAND_MODE ,0x02); // 초기화 디스플레이 명령을 보냄
    DelayMs(100); // 명령이 완료될 때까지 기다림
}
```

– 캐릭터형 LCD 표시 위치 조정 함수

```
void LCD_Goto(unsigned Position, unsigned char Lcd_line)
{
    if ((Lcd_line > 1) || (Position > 15))          // 올바르지 못한 선 또는 열일 경우
        return;                                      // 그냥 아무 것도 하지 않음
    write_byte_data(LCD_COMMAND_MODE ,(Lcd_line == 1) ? (0xC0 | Position) : (0x80
| Position));
    // LCD_Goto 명령
    DelayMs(100);                                    // 명령이 완료될 때까지 기다린다.
}
```

실행 7_캐릭터형 LCD 초기화 함수 소스 코딩

• Microchip PICDEM 2 PLUS 보드 또는 자작 보드 사용시

```
        4비트 데이터 라인 방식일 때
void initial_CLCD(void)
{
    LCD_OFF();
    LCD_ON();               // LCD를 켜 Display에 표시
    LCD_RS = 0;             // 명령 모드에서 LCD를 설정
    LCD_RW = 0;             // LCD는 버스에서 데이터를 수신 => 쓰기 모드
    LCD_EN = 0;             // LCD 사용 데이터 수신 (LCD는 Bus에서 무엇이든 읽어옴)
    LCD_EN = 1;             // 요청시 LCD는 데이터를 설정한다.
```

```
    DelayMs(100);
    write_4bit_data(LCD_COMMAND_MODE ,0x02);
    DelayMs(100);
    write_4bit_data(LCD_COMMAND_MODE ,0x02);
    DelayMs(100);
    write_4bit_data(LCD_COMMAND_MODE ,0x08);
    DelayMs(100);
    write_4bit_data(LCD_COMMAND_MODE ,0x00);
    DelayMs(100);
    write_4bit_data(LCD_COMMAND_MODE ,0x0C);
    DelayMs(100);
    write_4bit_data(LCD_COMMAND_MODE ,0x00);
    DelayMs(100);
    write_4bit_data(LCD_COMMAND_MODE ,0x01);
    DelayMs(100);
    write_4bit_data(LCD_COMMAND_MODE ,0x00);
    DelayMs(100);
    write_4bit_data(LCD_COMMAND_MODE ,0x02);
    DelayMs(100);
    write_4bit_data(LCD_COMMAND_MODE ,0x04);
    DelayMs(100);
    write_4bit_data(LCD_COMMAND_MODE ,0x0E);
    DelayMs(100);

    LCD_Clear();
    LCD_ON(); // LCD를 켜 Display에 표시
}
```

실행 8_**MSSP 주변장치 I^2C 통신 모드 초기화 함수 소스 코딩**

```
//I2C 통신용 보-레이트 계산
#define I2C_CLK  100000                          //I2C 클럭 :100kHz 설정
#define I2C_SSP_ADD ((Fosc/I2C_CLK)/4)-1

//MSSP 주변장치 I2C 통신 모드 초기화 함수
void initial_i2c(void)
{
    SSPADD=I2C_SSP_ADD;                          // I2C 클럭 :100kHz로 설정

    //SSPM<3:0> 비트 : SSP 또는 I2C 통신 모드 설정
```

```
    SSPCON1bits.SSPM3 = 1;
    SSPCON1bits.SSPM2 = 0;
    SSPCON1bits.SSPM1 = 0;
    SSPCON1bits.SSPM0 = 0;
    //SSPM<3:0> 비트 = 1000 : I2C 마스터 모드 , I2C_clk=Fosc / (4*(SSPADD+1))
    NOP();                          //1 Cycle 딜레이
    SSPSTATbits.SMP = 1;            //Sampled at end of data
    SSPSTATbits.CKE = 0;            //SM 버스 사용 중지
    SSPCON1bits.SSPEN = 1;          //SSPEN 비트 : 1 = SSP 포트 사용, 0=사용 불가
    PIR1bits.SSPIF = 0;             //SSP 주변장치 인터럽트 플래그 클리어
}
```

실행 9_I^2C 통신 폴링 방식의 각 I^2C 컨트롤 함수 소스 코딩

TC74 전자 온도 센서의 데이터시트를 보면 Slave 어드레스가 0x9A(0b10011001)이다. 그러나, 데이터시트에 종류별로 다른 어드레스를 가질 수 있으므로 꼭 확인한다. 따라서, I^2C 통신을 통해 부를 외부 I^2C용 TC74 온도 센서의 Slave 주소는 아래와 같이 정의한다.

```
#define TC74_Temp_Address           0x9A
//TC74 온도 센서 I2C용 Slave 주소
#define TC74_Command_Read_Temp              0x00
//TC74 Read Temperature 명령

#define TO_MAX  20000                       //I2C 통신 최대 카운트값
                                            //이 값을 넘으면 타임 아웃함

//I2C 통신 타임 아웃 상태 표시: TO_MAX까지 시도함
#define TOFAULT()                           ₩
        do                                  ₩
        {                                   ₩
        LCD_Goto(0,0);                      ₩
        LCD_Write_String("TC74 TEMP I2C");  ₩
        LCD_Goto(0,1);                      ₩
        LCD_Write_String(" Timeout  Fault "); ₩
        } while(1);

//I2C 통신 에러 상태 표시
#define COMFAULT()                          ₩
        do                                  ₩
```

```
        {                                   ₩
                    LCD_Goto(0,0);          ₩
        LCD_Write_String("TC74 TEMP I2C");  ₩
        LCD_Goto(0,1);                      ₩
        LCD_Write_String("   Comms Error   ");  ₩
        } while(1);

//I2C 통신 START 명령 전송
#define I2C_START()                         ₩
        do                                  ₩
        {                                   ₩
                SSPIF = 0;                  ₩
                SEN = 1;                    ₩
                do                          ₩
                {                           ₩
                        if (TO_Counter == TO_MAX)           ₩
                        {       TOFAULT();          }       ₩
                        TO_Counter++;                       ₩
                } while(!SSPIF);                            ₩
                TO_Counter = 0;                             ₩
        } while(0);

//I2C 통신 RESTART 명령 전송
#define I2C_RESTART()                       ₩
        do                                  ₩
        {                                   ₩
                SSPIF = 0;                  ₩
                RSEN=1;                     ₩
                do                          ₩
                {                           ₩
                        if (TO_Counter == TO_MAX)           ₩
                        {       TOFAULT();          }       ₩
                        TO_Counter++;                       ₩
                } while(!SSPIF);                            ₩
        TO_Counter = 0;                                     ₩
        } while(0);


//I2C 통신 STOP 명령 전송
#define I2C_STOP()                          ₩
```

```
	do						₩
	{						₩
		SSPIF = 0;				₩
		PEN= 1;					₩
		do					₩
		{					₩
			if (TO_Counter == TO_MAX)		₩
			{	TOFAULT();	}	₩
			TO_Counter++;			₩
		} while(!SSPIF);			₩
		TO_Counter = 0;				₩
	} while(0);

//I2C 통신 쓰기 명령 완료시까지 기다리는 함수 선언
#define I2C_WRITE_WAIT() ₩
	do						₩
	{						₩
		SSPIF = 0;				₩
		TO_Counter = 0;				₩
		do					₩
		{					₩
			if (TO_Counter == TO_MAX)	₩
			{	TOFAULT();	}	₩
			TO_Counter++;			₩
		} while(!SSPIF);			₩
		if (ACKSTAT != CLEAR)			₩
		{	COMFAULT();	}		₩
	} while(0);

//I2C 통신 읽기 명령 완료시까지 기다리는 함수 선언
#define I2C_READ_WAIT()				₩
	do					₩
	{					₩
		SSPIF = 0;			₩
		RCEN= 1;			₩
		do				₩
		{				₩
			if (TO_Counter == TO_MAX)	₩
			{	TOFAULT();	}	₩
```

```
                TO_Counter++;                    ₩
            } while(!SSPIF);                     ₩
            TO_Counter = 0;                      ₩
    } while(0);

//I2C 통신 NACK 명령 전송
#define I2C_NACK()                    ₩
    do                                ₩
    {                                 ₩
            SSPIF = 0;                ₩
            ACKDT= 1;                 ₩
            ACKEN= 1;                 ₩
            do                        ₩
            {                         ₩
                if (TO_Counter == TO_MAX)        ₩
                {       TOFAULT();      }        ₩
                TO_Counter++;                    ₩
            } while(!SSPIF);                     ₩
            TO_Counter = 0;                      ₩
    } while(0);
```

실행 10_I^2C 통신용 TC74 온도 센서 읽기 함수 소스 코딩

```
#define WRITE     0x00              //쓰기 명령 슬레이브 비트
#define READ      0x01              //읽기 명령 슬레이브 비트

//TC74 전자 온도 센서에서 온도 읽기 함수
unsigned char I2C_Read_Temp(void)
{
    unsigned char   Thermal;        // 온도에 대한 로컬 버퍼
    unsigned int    TO_Counter = 0;
    I2C_START();                    // 시작조건을 위해 진행 & 대기
    NOP();
    NOP();
    NOP();
    SSPBUF = (TC74_Temp_Address + WRITE);        // 명령을 작성 지정
    I2C_WRITE_WAIT();                            // 쓰기 & 완료될 때까지 대기
    NOP();
    NOP();
    NOP();
```

```
    SSPBUF = TC74_Command_Read_Temp;      // 온도 읽기 명령 쓰기
    I2C_WRITE_WAIT();                     // 쓰기 & 완료될 때까지 대기
    NOP();
    NOP();
    NOP();
    I2C_RESTART();                        // 읽기를 위해 다시 시작
    NOP();
    NOP();
    NOP();
    SSPBUF = (TC74_Temp_Address + READ); // 명령을 읽도록 지정
    I2C_WRITE_WAIT();                     // 쓰기 & 완료될 때까지 대기
    NOP();
    NOP();
    NOP();
    I2C_READ_WAIT();                      // 데이터가 수신될 때까지 기다려
    NOP();
    NOP();
    NOP();
    Thermal = SSPBUF;                     // 온도를 저장
    I2C_NACK();                           // 온도를 저장
    NOP();
    NOP();
    NOP();
    I2C_STOP();                           // 정지 명령을 실행 이동
    NOP();
    NOP();
    NOP();
    return(Thermal);                      // 측정된 온도값을 읽고 돌아가기
}
```

실행 11_TC74 온도 센서의 온도값 계산하는 방법

TC74와 같은 전자 온도 센서에는 온도 센서가 출력하는 디지털 온도값에 대해 실제 측정 대비 표시되는 온도에 대한 비교 테이블이 존재한다. TC74 데이터시트를 살펴보면 표 14-5와 같이 온도변환표를 찾을 수 있다. 이런 변환표들은 그래프 등의 형식으로도 존재하므로 데이터시트를 꼼꼼히 살펴보고 변환값에 대한 보상 및 계산 등을 고려한다.

표 14-5 온도 대비 디지털 변환값

Actual Temperature	Registered Temperature	Binary Hex
+130.00℃	+127℃	0111 1111
+127.00℃	+127℃	0111 1111
+126.50℃	+126℃	0111 1110
+25.25℃	+25℃	0001 1001
+0.50℃	0℃	0000 0000
+0.25℃	0℃	0000 0000
0.00℃	0℃	0000 0000
−0.25℃	−1℃	1111 1111
−0.50℃	−1℃	1111 1111
−0.75℃	−1℃	1111 1111
−1.00℃	−1℃	1111 1111
−25.00℃	−25℃	1110 0111
−25.25℃	−26℃	1110 0110
−54.75℃	−55℃	1100 1001
−55.00℃	−55℃	1100 1001
−65.00℃	−65℃	1011 1111

위의 변환표를 보면 TC74 전자 온도 센서에서 온도 읽기 함수인 unsigned char I^2C_Read_Temp(void)에서 값을 읽으면 Binary Hex에 있는 값처럼 온도 센서에서 값을 읽을 수 있다. 여기서 온도 센서의 오차가 있는 것은 이미 스펙으로 표시되어 있으므로 일반적인 온도계산에 대해서만 설명한다.

즉, 0도 일 때는 0x00(0) 이고, 영상 127도이면 0x7F(127), 영하 1도이면 0xFF(-1), 영하 65도이면 0xBF(−65)이다.

이것을 소스로 코딩을 하면 우선 읽은 온도값이 0보다 큰지 작은지를 판단하고, 0보다 작으면 2의 보수를 취하기 위해 [영하 온도값 = 0−온도값]으로 계산한다. 0보다 크면 그대로 표시하면 된다. 또한, 최대 , 최저 온도값이 되면 경고 메시지 등을 표시하면 좋다(이 실습에서는 제외).

실행 12_ **메인 함수 및 TC74 전자 온도 센서의 온도값을 캐릭터형 LCD로 출력하는 함수 소스 코딩**

```
//온도값 변수 선언
signed char temper; //영상, 영하 온도값 표시로 부호 있는 char 선언
unsigned char temper_xxx,temper_xx,temper_x; //표시용 온도 변수


int main(int argc, char** argv)
{
    //오실레이터 초기화
    OSCCON = 0b01111000;        //16MHz 내부 클럭 설정
    //OSCCON = 0b01110000;      //4MHz 설정

    initial_port();             //LED를 위한 포트 초기화 함수 실행

    initial_i2c();              //ADC 주변장치 초기화 함수 실행

    initial_CLCD();             //캐릭터형 LCD  초기화 함수 실행

    LCD_Goto(0, 0);             //0: 첫 번째 문자, 0: 첫번째 라인 위치로 이동
    LCD_Write_String("Elec Thermometer");

    while(1)
    {
        temper = I2C_Read_Temp(); //TC74 온도 센서에서 온도 읽기
        DelayMs(200);           //딜레이

        LCD_Goto(0,1);          //0: 첫 번째 문자, 1: 두 번째 라인 위치로 이동

        if(temper <= 0)         //최저 측정온도 -65 C : 0b10111111 (0xBF)
        {
            temper =  (0 - temper);          //음수 값 계산을 위해
            if(temper!=0)   LCD_Put_Data('-'); //0도가 아니면 영하 표시
            temper_xx = ((temper/10) +'0');  //영하 십자리 계산
            if(temper_xx != '0') LCD_Put_Data(temper_xx); //영하 십자리 0 아니면 표시
            temper_x =  ((temper%10) +'0');            //영하 일자리 표시
        }
        else                                 //최대 측정 온도 +127 C :
                                             0b01111111 (0x7F)
```

```
        {
            LCD_Put_Data('+');                                    //영상 표시
            temper_xxx = ((temper/100)+'0');                      //영상 백자리 계산
            if(temper_xxx != '0') LCD_Put_Data(temper_xxx); //백자리 0 아니면 표시
            temper_xx = (((temper%100)/10)+'0');                  //영상 십자리 계산
            if(temper_xx != '0')    LCD_Put_Data(temper_xx); //십자리 0 아니면 표시
            temper_x = ((temper%10)+'0');                         //영상 일자리 계산
        }
        LCD_Put_Data(temper_x);                                   //영상/영하 일자리 표시
        LCD_Put_Data(0x43);                                       //섭씨(C) 표시
    }
}
```

실행 14_eeprom_i²c.c란 파일을 저장하고 코딩을 완성한다.

Step 3 소스 코드 확인

```
#include <xc.h>
//이 Header 삽입문은 맨 처음 삽입해야 하는 삽입문으로 프로젝트에서 선택된
//PIC 마이크로컨트롤러의 헤더파일로 연결되는 Header 삽입문이다.
//일반적으로는 #inlcude <pic16f1939.h>로 삽입될 수도 있지만,
//PIC MCU가 변경시에는 모든 파일의 이름을 변경해야 하는 단점이 있다.

__CONFIG(FOSC_INTOSC & WDTE_OFF & PWRTE_ON & MCLRE_OFF & BOREN_OFF);
//위 설정은 내장된 오실레이터 16MHz를 사용하고, 와치독 타이머는 끄고,
//파워-업 타이머는 켜고, MCLR핀은 외부 리셋 기능 끄고,
//BOR 리셋 기능도 꺼진 상태로 설정된다.

//PIC MCU에서 사용하는 시스템 클럭 계산
#define Fosc 16000000                   //내부 16MHz 클럭 설정
#define Tosc 1/Fosc                     //내부 16MHz 클럭 주기
#define Fcy Fosc / 4                    // Fcy = Fosc/4
#define Tcy 1 / Fcy                     // 1/4MHz = 250ns

    //캐릭터형 LCD 포트 설정
    //LCD 컨트롤 핀 설정
    #define LCD_PWR         LATDbits.LATD7      // LCD ON/OFF 라인
    // 이 LCD_PWR 핀은 PICDEM 2 PLUS에만 있는 핀임
```

```
    #define LCD_EN          LATDbits.LATD6      // LCD 컨트롤 활성화
    #define LCD_RW          LATDbits.LATD5      // LCD 데이터 읽기/쓰기
    #define LCD_RS          LATDbits.LATD4      // LCD 모드 선택

    //LCD 컨트롤 핀 설정
    #define LCD_DAT0     LATDbits.LATD0         // Data bit 0
    #define LCD_DAT1     LATDbits.LATD1         // Data bit 1
    #define LCD_DAT2     LATDbits.LATD2         // Data bit 2
    #define LCD_DAT3     LATDbits.LATD3         // Data bit 3
    #define LCD_DATA        LATD                // LCD 4비트 데이터 버스


//I/O 포트 초기화 함수
   void initial_port(void)
   {
          // 1 = 입력, 0 = 출력

          //캐릭터형 LCD을 위한 포트 D 초기화
          TRISD = 0;                            //포트 D의 RD0~RD7 핀까지 모두 출력 설정
          ANSELD = 0;                           //포트 D의 ANxx 핀들 모두 디지털로 설정
   }

//캐릭터형 LCD 컨트롤용 시간 delay 함수 소스
//마이크로초 딜레이 함수 define문 정의
#define  DelayUs(x)  {  unsigned char _dcnt; ₩
                        _dcnt = 1; ₩
                        while(--_dcnt != 0) ₩
                        continue; }

//밀리초 딜레이 함수
void DelayMs(unsigned char cnt)
{
  unsigned char  i;
  do {
    i = 4;
    do {
      DelayUs(250);
    } while(--i);
  } while(--cnt);
}
```

```
//캐릭터 LCD의 명령, 데이터 모드 선언
#define LCD_COMMAND_MODE      1                    // LCD Command
#define LCD_DATA_MODE         0                    // LCD Data

//Microchip PICDEM 2 PLUS 보드 사용시에만 아래 LCD_ON(), LCD_OFF() 함수 적용
//캐릭터형 LCD ON, OFF 함수 정의
#define LCD_ON()    LCD_PWR = 1                    // LCD on
#define LCD_OFF()   LCD_PWR = 0                    // LCD off

//캐릭터형 LCD 4비트 데이터 쓰기 함수
void write_4bit_data(unsigned char Lcd_command, unsigned char Lcd_data)
{
    unsigned char buffer;
        LCD_EN = 1;                                //LCD On
        LCD_RW = 0;                                //LCD 쓰기 모드
        if(Lcd_command)    LCD_RS = 0;             //LCD 명령 전송 모드
        else               LCD_RS = 1;             //LCD 데이터 전송 모드

        DelayMs(100);
       buffer = LATD;
       buffer &= 0xF0;
        LCD_DATA = buffer | (Lcd_data & 0x0F);     //LCD 명령 또는 데이터 전송
        DelayMs(100);
        LCD_EN = 0;                                //LCD Off
}

void write_byte_data(unsigned char Lcd_command, unsigned char Lcd_data)
{
    write_4bit_data(Lcd_command, Lcd_data >> 4);   // Output the high nibble to the LCD
    write_4bit_data(Lcd_command, Lcd_data);        // Now send the low nibble
}

void LCD_Put_Data(unsigned char Lcd_data)
{
    write_byte_data(LCD_DATA_MODE,Lcd_data);       // LCD에 문자를 출력을 보냄
    DelayMs(100); // 명령이 완료될 때까지 기다림
}

void LCD_Write_String(const char *Str)
{
```

```
    unsigned char i = 0; // 문자 인덱스 버퍼
    while (Str[i]) // 문자열이 완료되지 않는 동안 반복
    LCD_Put_Data(Str[i++]); // 최근 문자를 표시
}

void LCD_Clear(void)
{
    write_4bit_data(LCD_COMMAND_MODE ,0x00);            // 초기화 디스플레이 명령을 보냄
    write_4bit_data(LCD_COMMAND_MODE ,0x01);            // 초기화 디스플레이 명령을 보냄
    DelayMs(100); // 명령이 완료될 때까지 기다림
}

void LCD_Home(void)
{
    write_4bit_data(LCD_COMMAND_MODE ,0x00);            // 초기화 디스플레이 명령을 보냄
    write_4bit_data(LCD_COMMAND_MODE ,0x02);            // 초기화 디스플레이 명령을 보냄
    DelayMs(100); // 명령이 완료될 때까지 기다림
}


void LCD_Goto(unsigned Position, unsigned char Lcd_line)
{
    if ((Lcd_line > 1) || (Position > 15))              // 올바르지 못한 선 또는 열일 경우
        return; // 그냥 아무 것도 하지 않음
    write_byte_data(LCD_COMMAND_MODE ,(Lcd_line == 1) ? (0xC0 | Position) : (0x80 | Position));
    // LCD_Goto 명령
    DelayMs(100);                                       // 명령이 완료될 때까지 기다린다.
}

//캐릭터형 LCD 초기화 함수
void initial_CLCD(void)
{
    LCD_OFF();
    LCD_ON();               // LCD를 켜 Display에 표시
    LCD_RS = 0;             // 명령 모드에서 LCD를 설정
    LCD_RW = 0;             // LCD는 버스에서 데이터를 수신 => 쓰기 모드
    LCD_EN = 0;             // LCD 사용 데이터 수신 (LCD는 Bus에서 무엇이든 읽어옴)
    LCD_EN = 1;             // 요청시 LCD는 데이터를 설정한다.

    DelayMs(100);
```

14장

```
    write_4bit_data(LCD_COMMAND_MODE ,0x02);
    DelayMs(100);
    write_4bit_data(LCD_COMMAND_MODE ,0x02);
    DelayMs(100);
    write_4bit_data(LCD_COMMAND_MODE ,0x08);
    DelayMs(100);
    write_4bit_data(LCD_COMMAND_MODE ,0x00);
    DelayMs(100);
    write_4bit_data(LCD_COMMAND_MODE ,0x0C);
    DelayMs(100);
    write_4bit_data(LCD_COMMAND_MODE ,0x00);
    DelayMs(100);
    write_4bit_data(LCD_COMMAND_MODE ,0x01);
    DelayMs(100);
    write_4bit_data(LCD_COMMAND_MODE ,0x00);
    DelayMs(100);
    write_4bit_data(LCD_COMMAND_MODE ,0x02);
    DelayMs(100);
    write_4bit_data(LCD_COMMAND_MODE ,0x04);
    DelayMs(100);
    write_4bit_data(LCD_COMMAND_MODE ,0x0E);
    DelayMs(100);

    LCD_Clear();
    LCD_ON();                                   // LCD를 켜 Display에 표시
}

//I2C 통신용 보-레이트 계산
#define I2C_CLK      100000                     //I2C 클럭 :100kHz 설정
#define I2C_SSP_ADD ((Fosc/I2C_CLK)/4)-1

#define TC74_Temp_Address          0x9A         //TC74 온도 센서 I2C용 Slave 주소
#define TC74_Command_Read_Temp   0x00           //TC74 Read Temperature 명령

#define TO_MAX     20000                        //I2C 통신 최대 카운트값
                                                //이 값을 넘으면 타임 아웃함

//MSSP 주변장치 I2C 통신 모드 초기화 함수
void initial_i2c(void)
{
```

```
    SSPADD=I2C_SSP_ADD;                       // I2C 클럭 :100kHz로 설정

    //SSPM<3:0> 비트 : SSP 또는 I2C 통신 모드 설정
    SSPCON1bits.SSPM3 = 1;
    SSPCON1bits.SSPM2 = 0;
    SSPCON1bits.SSPM1 = 0;
    SSPCON1bits.SSPM0 = 0;
    //SSPM<3:0> 비트 = 1000 : I2C 마스터 모드 , I2C_clk=Fosc / (4*(SSPADD+1))
    NOP();                         //1 Cycle 딜레이
    SSPSTATbits.SMP = 1;           //Sampled at end of data
    SSPSTATbits.CKE = 0;           //SM 버스 사용 중지
    SSPCON1bits.SSPEN = 1;         //SSPEN 비트 : 1 = SSP 포트 사용, 0=사용 불가
    PIR1bits.SSPIF = 0;            //SSP 주변장치 인터럽트 플래그 클리어
}

//I2C 통신 타임 아웃 상태 표시: TO_MAX까지 시도함
#define TOFAULT()                                   ₩
        do                                          ₩
        {                                           ₩
        LCD_Goto(0,0);                              ₩
        LCD_Write_String("TC74 TEMP I2C");          ₩
        LCD_Goto(0,1);                              ₩
        LCD_Write_String(" Timeout  Fault ");       ₩
        } while(1);

//I2C 통신 에러 상태 표시
#define COMFAULT()                                  ₩
        do                                          ₩
        {                                           ₩
                LCD_Goto(0,0);                      ₩
        LCD_Write_String("TC74 TEMP I2C");          ₩
        LCD_Goto(0,1);                              ₩
        LCD_Write_String("   Comms Error  ");       ₩
        } while(1);


//I2C 통신 START 명령 전송
#define I2C_START()                                 ₩
        do                                          ₩
        {                                           ₩
```

```
                SSPIF = 0;                              ₩
                SEN = 1;                                ₩
                do                                      ₩
                {                                       ₩
                        if (TO_Counter == TO_MAX)       ₩
                        {       TOFAULT()       }       ₩
                        TO_Counter++;                   ₩
                } while(!SSPIF);                        ₩
                TO_Counter = 0;                         ₩
        } while(0);

//I2C 통신 RESTART 명령 전송
#define I2C_RESTART()                                   ₩
        do                                              ₩
        {                                               ₩
                SSPIF = 0;                              ₩
                RSEN=1;                                 ₩
                do                                      ₩
                {                                       ₩
                        if (TO_Counter == TO_MAX)       ₩
                        {       TOFAULT();      }       ₩
                        TO_Counter++;                   ₩
                } while(!SSPIF);                        ₩
        TO_Counter = 0;                                 ₩
        } while(0);

//I2C 통신 STOP 명령 전송
#define I2C_STOP()                                      ₩
        do                                              ₩
        {                                               ₩
                SSPIF = 0;                              ₩
                PEN= 1;                                 ₩
                do                                      ₩
                {                                       ₩
                        if (TO_Counter == TO_MAX)       ₩
                        {       TOFAULT();      }       ₩
                        TO_Counter++;                   ₩
                } while(!SSPIF);                        ₩
            TO_Counter = 0;                             ₩
        } while(0);
```

```
//I2C 통신 쓰기 명령 완료시까지 기다리는 함수 선언
#define I2C_WRITE_WAIT()                                ₩
        do                                              ₩
        {                                               ₩
                SSPIF = 0;                              ₩
                TO_Counter = 0;                         ₩
                do                                      ₩
                {                                       ₩
                        if (TO_Counter == TO_MAX)       ₩
                        {       TOFAULT();        }     ₩
                        TO_Counter++;                   ₩
                } while(!SSPIF);                        ₩
                if (ACKSTAT != 0)                       ₩
                {       COMFAULT();       }             ₩
        } while(0);

//I2C 통신 읽기 명령 완료시까지 기다리는 함수 선언
#define I2C_READ_WAIT()                                 ₩
        do                                              ₩
        {                                               ₩
                SSPIF = 0;                              ₩
                RCEN= 1;                                ₩
                do                                      ₩
                {                                       ₩
                        if (TO_Counter == TO_MAX)       ₩
                        {       TOFAULT();      }       ₩
                        TO_Counter++;                   ₩
                } while(!SSPIF);                        ₩
                TO_Counter = 0;                         ₩
        } while(0);

//I2C 통신 NACK 명령 전송
#define I2C_NACK()                                      ₩
        do                                              ₩
        {                                               ₩
                SSPIF = 0;                              ₩
                ACKDT= 1;                               ₩
                ACKEN= 1;                               ₩
                do                                      ₩
                {                                       ₩
```

```
                    if (TO_Counter == TO_MAX)    ₩
                    {       TOFAULT();       }   ₩
                    TO_Counter++;                ₩
              } while(!SSPIF);                   ₩
              TO_Counter = 0;                    ₩
        } while(0);

#define WRITE       0x00                        //쓰기 명령 슬레이브 비트
#define READ        0x01                        //읽기 명령 슬레이브 비트

//TC74 전자 온도 센서에서 온도 읽기 함수
unsigned char I2C_Read_Temp(void)
{
    unsigned char   Thermal;                    // 온도에 대한 로컬 버퍼
    unsigned int    TO_Counter = 0;
    I2C_START();                                // 시작조건을 위해 진행 & 대기
    NOP();
    NOP();
    NOP();
    SSPBUF = (TC74_Temp_Address + WRITE);       // 명령을 작성 지정
    I2C_WRITE_WAIT();                           // 쓰기 & 완료될 때까지 대기
    NOP();
    NOP();
    NOP();
    SSPBUF = TC74_Command_Read_Temp;            // 온도 읽기 명령 쓰기
    I2C_WRITE_WAIT();                           // 쓰기 & 완료될 때까지 대기
    NOP();
    NOP();
    NOP();
    I2C_RESTART();                              // 읽기를 위해 다시 시작
    NOP();
    NOP();
    NOP();
    SSPBUF = (TC74_Temp_Address + READ);        // 명령을 읽도록 지정
    I2C_WRITE_WAIT();                           // 쓰기 & 완료될 때까지 대기
    NOP();
    NOP();
    NOP();
    I2C_READ_WAIT();                            // 데이터가 수신될 때까지 기다려
    NOP();
```

```
    NOP();
    NOP();
    Thermal = SSPBUF;                       // 온도를 저장
    I2C_NACK();                             // 온도를 저장
    NOP();
    NOP();
    NOP();
    I2C_STOP();                             // 정지 명령을 실행 이동
    NOP();
    NOP();
    NOP();
    return(Thermal);                        // 측정된 온도값을 읽고 돌아가기
}

//온도값 변수 선언
signed char temper;                         //영상, 영하 온도값 표시로 부호 있는 char 선언
unsigned char temper_xxx,temper_xx,temper_x;  //표시용 온도 변수

int main(int argc, char** argv)
{
    //오실레이터 초기화
    OSCCON = 0b01111000;                    //16MHz 내부 클럭 설정
    //OSCCON = 0b01110000;                  //4MHz 설정

    initial_port();                         //LED를 위한 포트 초기화 함수 실행

    initial_i2c();                          //ADC 주변장치 초기화 함수 실행

    initial_CLCD();                         //캐릭터형 LCD  초기화 함수 실행

    LCD_Goto(0, 0);                         //0: 첫 번째 문자, 0: 첫번째 라인 위치로 이동
    LCD_Write_String("Elec Thermometer");

    while(1)
    {
        temper = I2C_Read_Temp();           //TC74 온도 센서에서 온도 읽기
        DelayMs(200);                       //딜레이

        LCD_Goto(0,1);                      //0: 첫 번째 문자, 1: 두 번째 라인 위치로 이동
```

```
        if(temper <= 0)                          //최저 측정온도 -65 C : 0b10111111 (0xBF)
        {
            temper =  (0 - temper);                          //음수 값 계산을 위해
            if(temper!=0)    LCD_Put_Data('-');              //0도가 아니면 영하 표시
            temper_xx = ((temper/10) +'0');                  //영하 십자리 계산
            if(temper_xx != '0') LCD_Put_Data(temper_xx);    //영하 십자리 0 아니면 표시
            temper_x =  ((temper%10) +'0');                  //영하 일자리 표시
        }
        else                                     //최대 측정온도 +127 C : 0b01111111 (0x7F)
        {
            LCD_Put_Data('+');                               //영상 표시
            temper_xxx = ((temper/100)+'0');                 //영상 백자리 계산
            if(temper_xxx != '0') LCD_Put_Data(temper_xxx); //백자리 0 아니면 표시
            temper_xx = (((temper%100)/10)+'0');             //영상 십자리 계산
            if(temper_xx != '0') LCD_Put_Data(temper_xx);    //십자리 0 아니면 표시
            temper_x = ((temper%10)+'0');                    //영상 일자리 계산
        }
        LCD_Put_Data(temper_x);                              //영상/영하 일자리 표시
        LCD_Put_Data(0x43);                                  //섭씨(C) 표시
    }
}
```

실행 1_Make & Program 버튼 클릭 후 보드 동작을 확인한다.

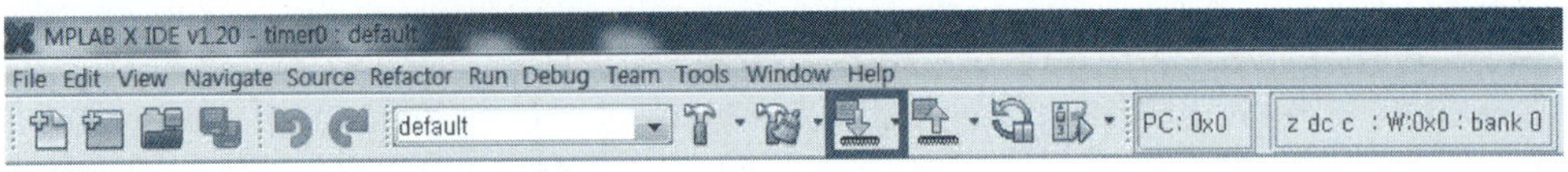

실행 2_경고창이 실행된 경우 OK를 클릭한다.

5) 실습결과

(1) Microchip PICDEM 2 PLUS 보드 사용시

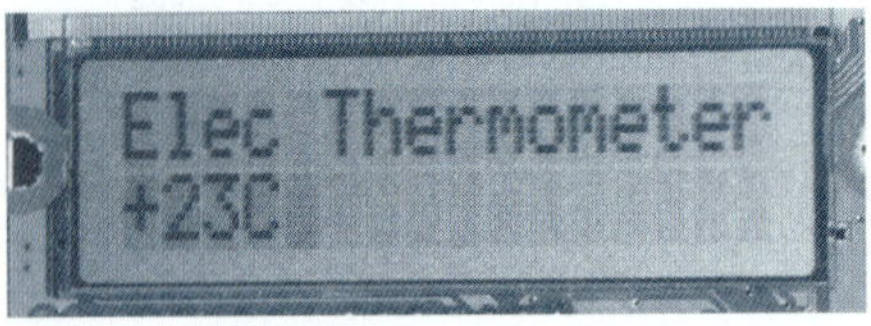

위 그림과 같이 보드 위에 장착된 TC74(U5) 전자 온도 센서에서 측정된 온도가 캐릭터형 LCD에 표시된다(영상 23도 표시 예).

실습예제 2 : MSSP 주변장치의 I^2C 통신 모드를 이용한 외부 시리얼 EEPROM 메모리 응용실습

1) 실습목표

(1) Microchip PICDEM 2 PLUS 보드 사용시

- PIC16F1939 PIC 마이크로컨트롤러 입출력 포트 초기화 설정
  (4비트 데이터 버스 : RD0~RD3, 컨트롤 핀 : RD4~RD6)
- 포트 A(RA0~RA5핀) 중에 RA4 핀을 스위치(S2) 입력 설정
- 포트 B(RB0~RB7핀) 중에 RB0 핀을 스위치(S3) 입력 설정
- PIC16F1939 PIC 마이크로컨트롤러 MSSP 주변장치 I^2C 통신 모드 초기화 설정
- I^2C 통신용 컨트롤 함수 소스 코딩
- I^2C용 EEPROM 메모리(24LC256) 컨트롤 함수 소스 코딩(읽기, 쓰기)
- 캐릭터형 LCD 초기화 및 컨트롤 함수 소스 코딩
- 캐릭터형 LCD 컨트롤용 시간 delay 함수 소스 코딩
- 1바이트 값을 16진수로 변환하여 캐릭터형 LCD로 출력하는 함수 소스 코딩
- 스위치 S2를 누르면 I^2C용 시리얼 EEPROM 메모리의 특정 번지에 8개의 데이터 쓰기를 하는 소스 코딩 및 캐릭터형 LCD에 상태 표시하는 소스 코딩
- 스위치 S3를 누르면 I^2C용 시리얼 EEPROM 메모리의 특정 번지에 8개의 데이터 읽기를 하는 소스 코딩 및 캐릭터형 LCD에 상태 표시하는 소스 코딩

(2) INSEM 8bit PIC 평가 보드 사용시

- PIC16F1939 PIC 마이크로컨트롤러 입출력 포트 초기화 설정
  (8비트 데이터 버스 : RD0~RD7, 컨트롤 핀 : RE0~RE2)
- 포트 B(RB0~RB7핀) 중에 RB0 핀을 스위치(SW1) 입력 설정
- 포트 B(RB0~RB7핀) 중에 RB1 핀을 스위치(SW2) 입력 설정
- PIC16F1939 PIC 마이크로컨트롤러 MSSP 주변장치 I^2C 통신 모드 초기화 설정
- I^2C 통신용 컨트롤 함수 소스 코딩
- I^2C용 EEPROM 메모리(24LC256) 컨트롤 함수 소스 코딩(읽기, 쓰기)
- 캐릭터형 LCD 초기화 및 컨트롤 함수 소스 코딩
- 캐릭터형 LCD 컨트롤용 시간 delay 함수 소스 코딩

- 1바이트 값을 16진수로 변환하여 캐릭터형 LCD로 출력하는 함수 소스 코딩
- 스위치 SW1를 누르면 I^2C용 시리얼 EEPROM 메모리의 특정 번지에 8개의 데이터 쓰기를 하는 소스 코딩 및 캐릭터형 LCD에 상태 표시하는 소스 코딩
- 스위치 SW2를 누르면 I^2C용 시리얼 EEPROM 메모리의 특정 번지에 8개의 데이터 읽기를 하는 소스 코딩 및 캐릭터형 LCD에 상태 표시하는 소스 코딩

2) 실습회로

(1) Microchip PICDEM 2 PLUS 보드 또는 자작 보드 사용시

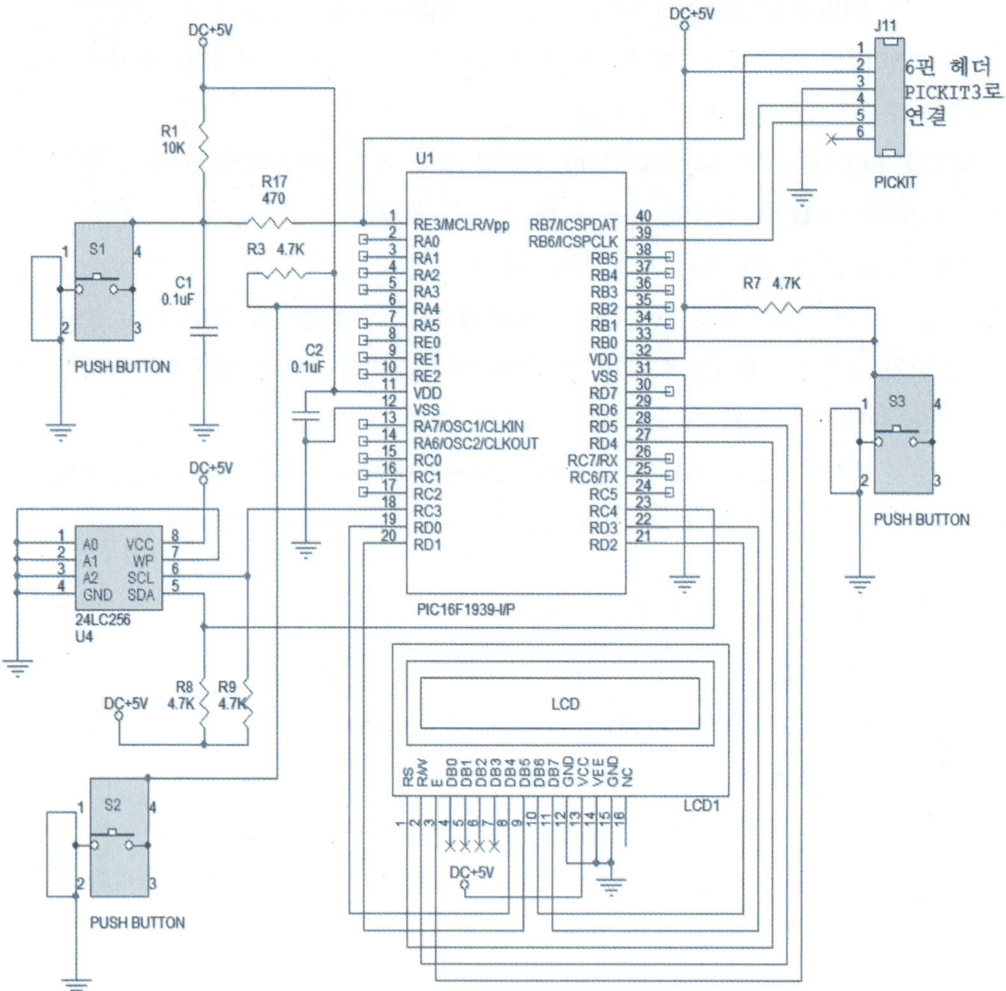

(2) INSEM 8bit PIC 평가 보드 사용시

① 보드 전원부 세팅 및 회로

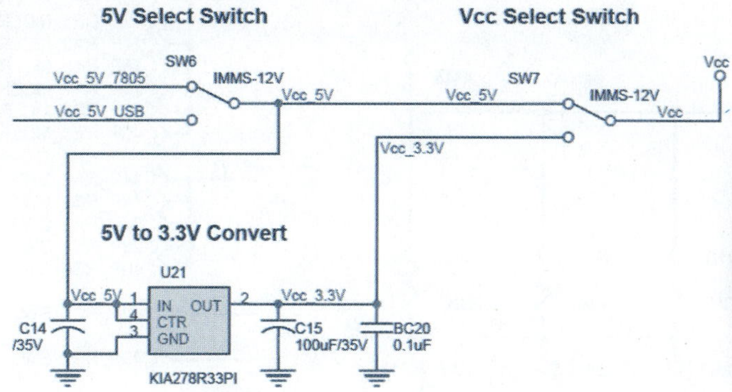

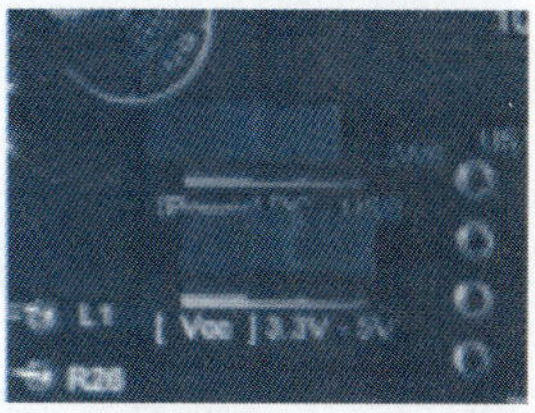

위 그림과 같이 SW6(위)과 SW7(아래)의 설정은 현재 보드에 전원장치로 전원을 공급하므로, SW6은 Power DC 방향(왼쪽)으로 SW7은 PIC MCU의 Vdd 핀으로 전원 공급 전압을 선택하는 스위치로 이 실습에서는 +5V 동작이므로 SW7은 5V(오른쪽)으로 선택한다.

② 40PIN PIC16F1939 주변 회로

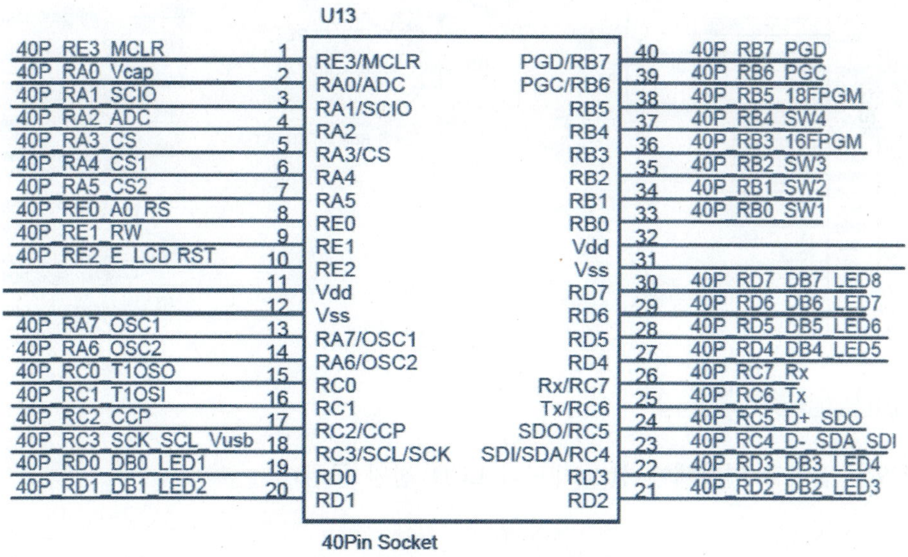

③ 스위치 회로도와 PIC MCU 핀과 연결 회로도

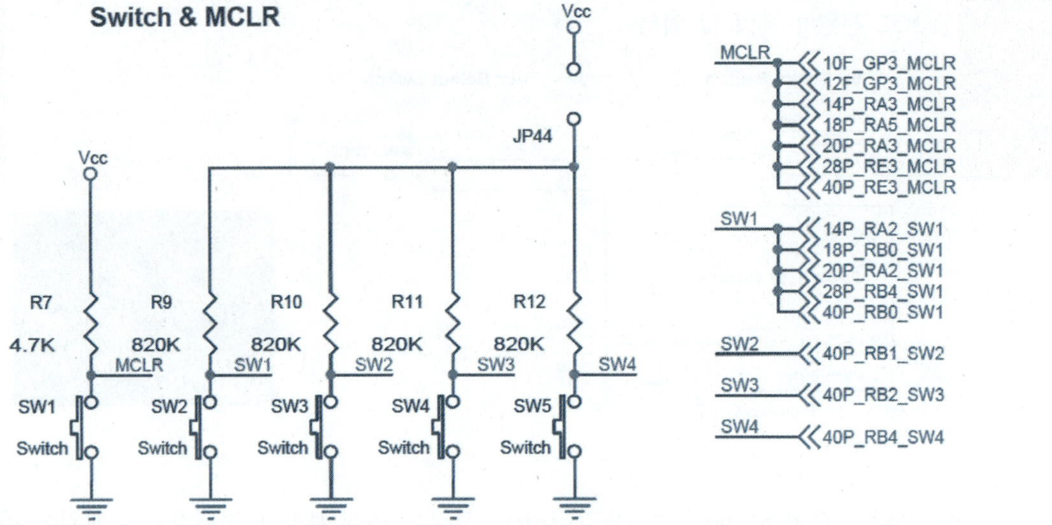

JP44는 점퍼로 연결되어야 한다.

④ 캐릭터형 LCD 주변 회로와 PIC MCU 핀과 연결 회로도

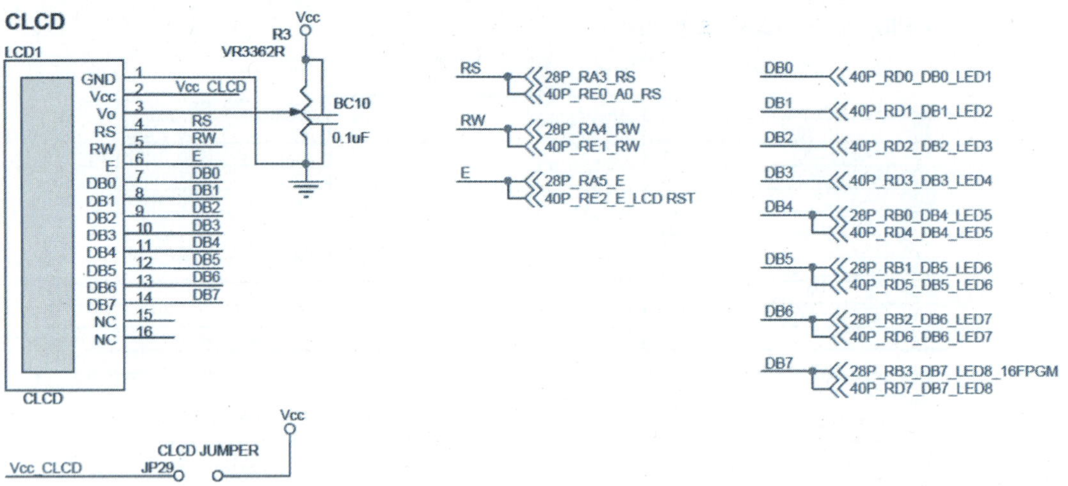

JP29는 점퍼로 연결해야 한다(캐릭터 LCD 전원 공급).

⑤ 외부 I²C 통신용 시리얼 EEPROM 메모리 주변 회로와 PIC MCU 핀과 연결 회로도

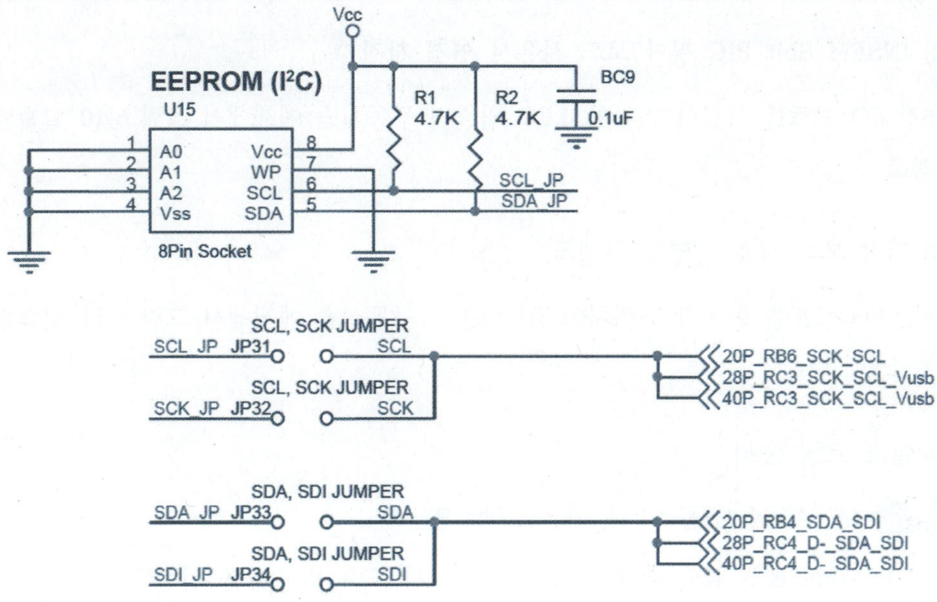

JP31, JP33은 점퍼로 연결해야 한다.

또한, U15 소켓에 I²C용 시리얼 EEPROM 메모리를 삽입한다(이 실습에서는 마이크로칩사의 24LC256을 사용한다).

※ 참고사항: Vcap핀에는 0.1uF콘덴서를 연결해야하나 이 실습에서는 사용하지 않음.

3) 실습환경

- MPLAB X IDE 통합 개발 SW 설치
- MPLAB XC8 컴파일러 설치
  (5장 마이크로칩 8비트 PIC 마이크로컨트롤러 개발환경 셋업 참조)
- 마이크로칩 디버거 장비(PICKit3, ICD3, REAL ICE 중에 택일) 설치
  (여기에서는 PICKit3로 모든 실습을 함)
- 전원 9V 또는 자작 보드로 실습시에는 +5V 전원 공급장치 필요

(1) Microchip PICDEM 2 PLUS 보드 사용시 연결 사진

- 6장 I/O 포트를 이용한 스위치, LED 입출력 구동실습 예제에서 그림 6-9 실습환경

참조

(2) INSEM 8bit PIC 평가 보드 사용시 연결 사진

• 6장 I/O 포트를 이용한 스위치, LED 입출력 구동실습 예제에서 그림 6-10 실습환경 참조

(3) 자작 보드 사용시 연결 구성도

• 6장 I/O 포트를 이용한 스위치, LED 입출력 구동실습 예제에서 그림 6-11 실습환경 참조

4) 실습 코딩 순서

Step 1 MPLAB X IDE를 이용한 새 프로젝트 만들기

실행 1_MPLAB X IDE 실행 후 File 메뉴에서 New Project를 선택한다.

실행 2_프로젝트 선택에서 Categories에서 Microchip Embedded 선택 후 Projects에서 Standalone Project 선택, 그리고 Next를 클릭한다.

실행 3_Device 선택에서 Family에서 Mid-Range 8bit MCU ..... 선택, Device에서 PIC16F1939 선택 후 Next를 클릭한다.

실행 4_Header 선택은 그대로 하고 Next를 클릭한다.

실행 5_Hardware Tool 선택에서 PICKit3 선택, Next를 클릭한다.

실행 6_컴파일러 선택에서 Compiler Toolchains에서 XC8 (V1.xx).... 선택 후 Next를 클릭한다.

실행 7_Browse 버튼을 클릭하여 Project 만들 폴더 만들기 후 Project Name란에 프로젝트 이름(예 : timer0_1sec)을 입력 후 Finish를 클릭한다.

- Encoding 옵션 설정 : 한글 지원 관련
- UTF-8 또는 x-window949 정도 설정하면 한글 주석 처리 가능

실행 8_File 메뉴에서 New File을 선택한다.

실행 9_Categories에서 C 선택, File Type에서 C Main File 또는 C Source File을 선택 후 Next를 클릭한다.

실행 10_File Name에 소스 코드 이름 입력(예 : timer0_1sec.c) 후 Finish를 클릭한다.

Step 2 MSSP 주변장치의 I²C 통신 모드를 이용한 외부 시리얼 EEPROM 메모리 응용실습 소스 코딩

실행 1_디폴트 헤더문 입력

```
#include <xc.h>
```

이 Header 삽입문은 맨 처음 삽입해야 하는 삽입문으로 프로젝트에서 선택된 PIC 마이크로컨트롤러의 헤더파일로 연결되는 Header 삽입문이다. 일반적으로는 #inlcude <pic16f1939.h> 로 삽입될 수도 있지만, PIC MCU가 변경시에는 모든 파일의 이름을 변경해야 하는 단점이 있다.

실행 2_컨피그레이션 비트 설정 매크로 삽입 코딩

```
__CONFIG(FOSC_INTOSC & WDTE_OFF & PWRTE_ON & MCLRE_OFF & BOREN_OFF);
```

이미 5장에서 설명한 컨피그레이션 비트 설정 매크로이다. 현재 설정은 내장된 오실레이터 16MHz를 사용하고, 와치독 타이머는 끄고, 파워-업 타이머는 켜고, MCLR핀은 외부 리셋 기능 끄고, BOR 리셋 기능도 꺼진 상태로 설정된다.

실행 3_캐릭터형 LCD, LED에 대한 I/O 포트 설정 및 전역 변수, 기타 define문 코딩

실습에서 사용할 시스템 클럭과 캐릭터형 LCD, LED 등의 I/O포트에 대해 #define문으로 설정한다.

PICDEM 2 PLUS 보드를 사용할 때는 아래와 같이 선언한다.

```
#define PICDEM2PLUS
//#define INSEM_8bitPIC
```

또한, INSEM 8bit PIC 평가 보드를 사용할 시에는 아래와 같이 선언한다.

```
//#define PICDEM2PLUS
#define INSEM_8bitPIC
```

이미 6장에서 실습한 I/O포트 핀 관련한 스위치에 대한 define문은 아래와 같다.

- Microchip PICDEM 2 PLUS 보드 또는 자작 보드 사용시

```
//스위치 설정
#define   S2          PORTAbits.RA4
#define   S3          PORTBbits.RB0
```

• INSEM 8bit PIC 평가 보드 사용시

```
//스위치 설정
#define  SW1     PORTBbits.RB0
#define  SW2     PORTBbits.RB1
```

OSCCON 레지스터를 설정하여 16MHz 내부 클럭 발진회로를 설정하고, 그 주파수의 4분주가 인스트럭션 사이클로 어셈블러로 1사이클 명령어가 수행하는 속도이다. Fcy라고 표현하며, 시간으로는 Tcy라고 주로 표현된다. 따라서, 1사이클 어셈블러 명령어는 250ns에 실행이 된다.

```
#define Fosc 16000000          //내부 16MHz 클럭 설정
#define Tosc 1/Fosc            //내부 16MHz 클럭 주기
#define Fcy Fosc / 4           // Fcy = Fosc/4
#define Tcy 1 / Fcy            // 1/4MHz = 250ns
```

또한, 13장에서 실습한 캐릭터형 LCD에 대한 각 제어 핀에 대한 define문은 아래와 같고, 자세한 사항은 13장을 참고한다.

8비트 데이터 버스 또는 4비트 데이터 버스를 사용하고, 컨트롤 핀으로는 RS(1:데이터, 0:명령), R/W(1:읽기, 0:쓰기), EN(1:On, 0:Off) 핀 등이 있다.

```
// 캐릭터형 LCD, LED에 대한 I/O 포트 설정 선언문이다.
//PICDEM 2 PLUS 보드를 사용할 때
#ifdef PICDEM2PLUS
    #define  LED         PORTBbits.RB0     //D2 LED 출력, 비트별 설정 표현 가능

    //캐릭터형 LCD 포트 설정
    //LCD 컨트롤 핀 설정
    #define LCD_PWR      LATDbits.LATD7    // LCD ON/OFF 라인
    // 이 LCD_PWR 핀은 PICDEM 2 PLUS에만 있는 핀임

    #define LCD_EN       LATDbits.LATD6    // LCD 컨트롤 활성화
    #define LCD_RW       LATDbits.LATD5    // LCD 데이터 읽기/쓰기
    #define LCD_RS       LATDbits.LATD4    // LCD 모드 선택

    //LCD 컨트롤 핀 설정
    #define LCD_DAT0     LATDbits.LATD0    // Data bit 0
    #define LCD_DAT1     LATDbits.LATD1    // Data bit 1
    #define LCD_DAT2     LATDbits.LATD2    // Data bit 2
    #define LCD_DAT3     LATDbits.LATD3    // Data bit 3
```

```
    #define LCD_DATA      LATD                  // LCD 4비트 데이터 버스

#endif


//INSEM 8bit PIC 평가 보드를 사용할 때
#ifdef INSEM_8bitPIC

    //캐릭터형 LCD 포트 설정
    //LCD 컨트롤 핀 설정
    #define LCD_EN        LATEbits.LATE2        // LCD 컨트롤 활성화
    #define LCD_RW        LATEbits.LATE1        // LCD 데이터 읽기/쓰기
    #define LCD_RS        LATEbits.LATE0        // LCD 모드 선택

    //LCD 컨트롤 핀 설정
    #define LCD_DATA      LATD                  // LCD 8비트 데이터 버스

#endif
```

실행 4_포트 입출력 초기화 함수 코딩

실습목표에서 포트 B를 사용하여 RB0 핀으로 LED 출력으로, 포트 D를 사용하여 캐릭터형 LCD의 4비트 데이터 버스 및 컨트롤 핀으로 초기화한다. (Microchip PICDEM 2 PLUS 보드 또는 자작 보드 사용 기준) 한가지 주의할 사항은 각 포트의 핀들 중에는 여러 기능을 가진 핀들이 많다. 그 중에서도 ANxx 핀들은 ADC 주변장치가 사용하는 아날로그 입력핀들이다. PIC MCU 전원이 들어오는 순간에 각 포트들의 초기화는 바로 ANxx 핀들이 활성화되는 아날로그 입력 포트로 설정된다. 따라서, 항상 사용할 핀의 기능 중에 ANxx 이름이 같이 있는지 체크하고, 데이터시트 I/O 포트 장에 초기화 예제를 꼭 참고하기 바란다.

- Microchip PICDEM 2 PLUS 보드 또는 자작 보드 사용시

```
void initial_port(void)
{
    // 1 = 입력, 0 = 출력
    //S2 스위치 입력 포트 초기화
    TRISAbits.TRISA4 = 1;          //RA4 핀을 입력으로 설정
```

```
    ANSELA = 0x00;                  //포트 A의 ANxx 핀들 모두 디지털로 설정

    //S3 스위치 입력 포트 초기화
    TRISBbits.TRISB0 = 1;           //RB0 핀을 입력으로 설정
    ANSELB = 0x00;                  //포트 A의 ANxx 핀들 모두 디지털로 설정

    //캐릭터형 LCD를 위한 포트 D 초기화
    TRISD = 0;                      //포트 D의 RD0~RD7 핀까지 모두 출력 설정
    ANSELD = 0;                     //포트 D의 ANxx 핀들 모두 디지털로 설정
}
```

• **INSEM 8bit PIC 평가 보드 사용시**

```
void initial_port(void)
{
    // 1 = 입력, 0 = 출력
    //SW1 스위치 입력 포트 초기화
    TRISBbits.TRISB0 = 1;           //RB0 핀을 입력으로 설정
    ANSELB = 0x00;                  //포트 B의 ANxx 핀들 모두 디지털로 설정

    //SW2 스위치 입력 포트 초기화
    TRISBbits.TRISB1 = 1;           //RB1 핀을 입력으로 설정

    //캐릭터형 LCD를 위한 포트 D 초기화
    TRISD = 0;                      //포트 D의 RD0~RD7 핀까지 모두 출력 설정
    // 1 = 입력, 0 = 출력
    ANSELD = 0x00;                  //포트 D의 ANxx 핀들 모두 디지털로 설정

    TRISEbits.TRISE0 = 0;           //RE0핀 LCD_RS 출력 설정
    TRISEbits.TRISE1 = 0;           //RE1핀 LCD_RW 출력 설정
    TRISEbits.TRISE2 = 0;           //RE2핀 LCD_EN 출력 설정
    ANSELE = 0x00;                  //포트 E의 ANxx 핀들 모두 디지털로 설정

}
```

실행 5_캐릭터형 LCD 컨트롤용 시간 delay 함수 소스 코딩

캐릭터형 LCD의 컨트롤을 위해 시간 delay 함수가 필요하다. 타이머x 주변장치를 사용할 수도 있지만, 간단한 반복문을 사용하여 딜레이 함수를 만든다. 6장 실습장에서 보다 자세한 설명을 참고한다.

우선 마이크로초 딜레이 함수를 define문으로 정의한다.

```
#define  DelayUs(x)  { unsigned char _dcnt; ₩
           _dcnt = 1; ₩
           while(—_dcnt != 0) ₩
           continue; }
```

위 마이크로초 딜레이 함수에서 PIC MCU 발진 주파수가 더 높게 설정한다면 _dcnt 값을 더 올려야 한다.

위 마이크로초 딜레이 함수를 사용하여 아래 밀리초 딜레이 함수를 코딩한다.

```
void DelayMs(unsigned char cnt)
{
  unsigned char  i;
  do {
    i = 4;
    do {
      DelayUs(250);
    } while(—i);
  } while(—cnt);
}
```

실행 6_캐릭터형 LCD 컨트롤 함수 소스 코딩

PICDEM 2 PLUS 보드에서는 캐릭터형 LCD의 데이터 버스가 4비트로 전송이 되고, INSEM 8bit PIC 평가 보드에서는 8비트로 전송이 된다. I/O 포트가 여유가 있는 경우에는 8비트 데이터 전송도 좋지만, I/O 포트가 여유가 없는 경우에는 4비트 전송이 더 좋다.

이 실습에서는 각 보드에 따라 각각 다른 LCD 컨트롤 함수에 대한 소스를 코딩한다. 또한, 아래 LCD 컨트롤 함수로 구동할 때 초기화 및 문자 표시 등이 오류가 나는 경우에는 딜레이 함수의 시간을 더 늘려서 테스트 한다.

- Microchip PICDEM 2 PLUS 보드 또는 자작 보드 사용시

```
//캐릭터 LCD의 명령, 데이터 모드 선언
#define LCD_COMMAND_MODE      1          // LCD Command
#define LCD_DATA_MODE         0          // LCD Data

//캐릭터형 LCD ON, OFF 함수 정의
#define LCD_ON()      LCD_PWR = 1        // LCD on
```

```
#define LCD_OFF()   LCD_PWR = 0              // LCD off
```

– 캐릭터형 LCD 4비트 데이터 쓰기 함수

```
void write_4bit_data(unsigned char Lcd_command, unsigned char Lcd_data)
{
    unsigned char buffer;
      LCD_EN = 1;                              //LCD On
      LCD_RW = 0;                              //LCD 쓰기 모드
      if(Lcd_command)    LCD_RS = 0;           //LCD 명령 전송 모드
      else               LCD_RS = 1;           //LCD 데이터 전송 모드

      DelayMs(100);
       buffer = LATD;
       buffer &= 0xF0;
      LCD_DATA = buffer | (Lcd_data & 0x0F);   //LCD 명령 또는 데이터 전송
      DelayMs(100);
      LCD_EN = 0;                              //LCD Off
}
```

– 캐릭터형 LCD 바이트(8비트) 데이터 쓰기 함수

```
void write_byte_data(unsigned char Lcd_command, unsigned char Lcd_data)
{
    write_4bit_data(Lcd_command, Lcd_data >> 4);  // Output the high nibble to the LCD
    write_4bit_data(Lcd_command, Lcd_data);       // Now send the low nibble
}
```

– 캐릭터형 LCD 한 문자 데이터 전송 함수

```
void LCD_Put_Data(unsigned char Lcd_data)
{
    write_byte_data(LCD_DATA_MODE,Lcd_data); // LCD에 문자를 출력을 보냄
    DelayMs(100);                            // 명령이 완료될 때까지 기다림
}
```

– 캐릭터형 LCD 문자열 데이터 전송 함수

```
void LCD_Write_String(const char *Str)
{
    unsigned char i = 0;                     // 문자 인덱스 버퍼
    while (Str[i]) // 문자열이 완료되지 않는 동안 반복
    LCD_Put_Data(Str[i++]);                  // 최근 문자를 표시
}
```

– 캐릭터형 LCD 전체 출력 문자 지우기 함수

```
void LCD_Clear(void)
{
    write_4bit_data(LCD_COMMAND_MODE ,0x00); // 초기화 디스플레이 명령을 보냄
    write_4bit_data(LCD_COMMAND_MODE ,0x01); // 초기화 디스플레이 명령을 보냄
    DelayMs(100); // 명령이 완료될 때까지 기다림
}
```

– 캐릭터형 LCD 커서 위치 초기화 함수(첫 번째 라인, 첫 번째 칸)

```
void LCD_Home(void)
{
    write_4bit_data(LCD_COMMAND_MODE ,0x00); // 초기화 디스플레이 명령을 보냄
    write_4bit_data(LCD_COMMAND_MODE ,0x02); // 초기화 디스플레이 명령을 보냄
    DelayMs(100); // 명령이 완료될 때까지 기다림
}
```

– 캐릭터형 LCD 표시 위치 조정 함수

Position은 0~15까지 입력 가능하다. 왜냐면, 일반적으로 캐릭터형 LCD는 가로로 16문자까지 출력이 가능하다. 따라서, 0이면 첫 번째 글자 위치에, 15이면 마지막 16번째 글자 위치를 지정할 수 있다.

Lcd_line은 0~1까지 입력이 가능하다. 0이면 첫 번째 라인, 1이면 두 번째 라인으로 지정이 된다.

```
void LCD_Goto(unsigned Position, unsigned char Lcd_line)
{
    if ((Lcd_line > 1) || (Position > 15))          // 올바르지 못한 선 또는 열일 경우
        return;                                     // 그냥 아무 것도 하지 않음
    write_byte_data(LCD_COMMAND_MODE ,(Lcd_line == 1) ? (0xC0 | Position) : (0x80
| Position));
    // LCD_Goto 명령
    DelayMs(100);                                   // 명령이 완료될 때까지 기다린다.
}
```

• INSEM 8bit PIC 평가 보드 사용시

```
#define LCD_STROBE()  ((LCD_EN = 1),(LCD_EN=0))
```

– 캐릭터형 LCD 8비트 데이터 쓰기 함수

```
void write_byte_data(unsigned char Lcd_data)
{
```

```
  DelayMs(100);
  LCD_DATA = Lcd_data;
  LCD_STROBE();
}
```

– 캐릭터형 LCD 한 문자 데이터 전송 함수

```
void LCD_Put_Data(unsigned char Lcd_data)
{
  LCD_RS = 1;        //write characters
  write_byte_data( Lcd_data );
}
```

– 캐릭터형 LCD 문자열 데이터 전송 함수

```
void LCD_Write_String(const char *Str)
{
  LCD_RS = 1;           //write characters
  while(*Str)
    write_byte_data(*Str++);
}
```

– 캐릭터형 LCD 전체 출력 문자 지우기 함수

```
void LCD_Clear(void)
{
  LCD_RS = 0;
  write_byte_data(0x1);
  DelayMs(100);
}
```

– 캐릭터형 LCD 커서 위치 초기화 함수(첫 번째 라인, 첫 번째 칸)

```
void LCD_Home(void)
{
    write_4bit_data(LCD_COMMAND_MODE ,0x00); // 초기화 디스플레이 명령을 보냄
    write_4bit_data(LCD_COMMAND_MODE ,0x02); // 초기화 디스플레이 명령을 보냄
    DelayMs(100); // 명령이 완료될 때까지 기다림
}
```

– 캐릭터형 LCD 표시 위치 조정 함수

Position은 0~15까지 입력 가능하다. 왜냐면, 일반적으로 캐릭터형 LCD는 가로로 16문자까지 출력이 가능하다. 따라서, 0이면 첫 번째 글자 위치에, 15이면 마지막 16번째 글자 위치를 지정할 수 있다.

Lcd_line은 0~1까지 입력이 가능하다. 0이면 첫 번째 라인, 1이면 두 번째 라인으로 지정이 된다.

```
void LCD_Goto(unsigned Position, unsigned char Lcd_line)
{
    LCD_RS = 0;
    if ((Lcd_line > 1) || (Position > 15))          // 올바르지 못한 선 또는 열일 경우
        return;                                     // 그냥 아무 것도 하지 않음
    write_byte_data((Lcd_line == 1) ? (0xC0 | Position) : (0x80 | Position));
    // LCD_Goto 명령
    DelayMs(100);                                   // 명령이 완료될 때까지 기다린다.
}
```

실행 7_캐릭터형 LCD 초기화 함수 소스 코딩

일반적인 캐릭터형 LCD의 초기화는 해당 데이터시트에 자세히 소개되어 있다. 그리고, 이 실습에서 사용하는 캐릭터형 LCD도 거의 유사한 초기화 과정을 가지게 된다. 따라서, 2가지 보드에 대해 4비트 I/O 전송방식과 8비트 I/O 전송방식의 초기화 함수를 아래 다른 보드에 적용한다. 가급적 변경하지 말고 그대로 사용하는 것이 좋다.

- Microchip PICDEM 2 PLUS 보드 또는 자작 보드 사용시
  4비트 데이터 라인 방식일 때

```
void initial_CLCD(void)
{
    LCD_OFF();
    LCD_ON();               // LCD를 켜 Display에 표시
    LCD_RS = 0;             // 명령 모드에서 LCD를 설정
    LCD_RW = 0;             // LCD는 버스에서 데이터를 수신 => 쓰기 모드
    LCD_EN = 0;             // LCD 사용 데이터 수신(LCD는 Bus에서 무엇이든 읽어옴)
    LCD_EN = 1;             // 요청시 LCD는 데이터를 설정한다.

    DelayMs(100);
    write_4bit_data(LCD_COMMAND_MODE ,0x02);
    DelayMs(100);
    write_4bit_data(LCD_COMMAND_MODE ,0x02);
    DelayMs(100);
    write_4bit_data(LCD_COMMAND_MODE ,0x08);
    DelayMs(100);
```

14장

```
    write_4bit_data(LCD_COMMAND_MODE ,0x00);
    DelayMs(100);
    write_4bit_data(LCD_COMMAND_MODE ,0x0C);
    DelayMs(100);
    write_4bit_data(LCD_COMMAND_MODE ,0x00);
    DelayMs(100);
    write_4bit_data(LCD_COMMAND_MODE ,0x01);
    DelayMs(100);
    write_4bit_data(LCD_COMMAND_MODE ,0x00);
    DelayMs(100);
    writc_4bit_data(LCD_COMMAND_MODE ,0x02);
    DelayMs(100);
    write_4bit_data(LCD_COMMAND_MODE ,0x04);
    DelayMs(100);
    write_4bit_data(LCD_COMMAND_MODE ,0x0E);
    DelayMs(100);

    LCD_Clear();
    LCD_ON();                    // LCD를 켜 Display에 표시
}
```

- INSEM 8bit PIC 평가 보드 사용시

  8비트 데이터 라인 방식일 때

```
void initial_CLCD(void)
{
  LCD_RS = 0;
  LCD_EN = 0;
  LCD_RW = 0;

  DelayMs(100);             //wait 30mSec after power applied.
  LCD_DATA = 0b00111100;
  LCD_STROBE();
  DelayMs(100);
  LCD_DATA = 0b00001100;
  //1100: 커서 없음, 1110 : 아래 바 커서, 1111: 커서 점멸
  LCD_STROBE();
  DelayMs(100);
  LCD_DATA = 0b00000001;
  LCD_STROBE();
  DelayMs(100);
```

```
    LCD_DATA = 0b00000110;
    LCD_STROBE();

    LCD_Clear();                //Clear screen
}
```

실행 8_MSSP 주변장치 I²C 통신 모드 초기화 함수 소스 코딩

```
//MSSP 주변장치 I2C 통신 모드 초기화 함수
void initial_i2c(void)
{
    SSPADD=I2C_SSP_ADD;              // I2C 클럭 :100kHz로 설정

    //SSPM<3:0> 비트 : SSP 또는 I2C 통신 모드 설정
    SSPCON1bits.SSPM3 = 1;
    SSPCON1bits.SSPM2 = 0;
    SSPCON1bits.SSPM1 = 0;
    SSPCON1bits.SSPM0 = 0;
    //SSPM<3:0> 비트 = 1000 : I2C 마스터 모드 , I2C_clk=Fosc / (4*(SSPADD+1))
    NOP();                           //1 Cycle 딜레이
    SSPSTATbits.SMP = 1;             //Sampled at end of data
    SSPSTATbits.CKE = 0;             //SM 버스 사용 중지
    SSPCON1bits.SSPEN = 1;           //SSPEN 비트 : 1 = SSP 포트 사용, 0=사용 불가
    PIR1bits.SSPIF = 0;              //SSP 주변장치 인터럽트 플래그 클리어
}
```

실행 9_I²C 통신 폴링 방식의 각 I²C 컨트롤 함수 소스 코딩

I²C 통신용 보-레이트 계산을 위한 define문은 아래와 같다.

```
#define I2C_CLK           100000          //I2C 클럭 :100kHz 설정
#define I2C_SSP_ADD       ((Fosc/I2C_CLK)/4)-1
```

또한, 24LC256의 데이터시트를 보면 Slave 어드레스가 컨트롤비트 1010 4비트와 A0~A2까지의 입력핀의 상태인 A2 A1 A0의 3비트와 마지막 Read/Write의 명령인 R/W 1비트로 총 8비트로 구성되어 있다. 8비트 모두 표시하면 1 0 1 0 A2 A1 A0 R/W로 된다.

이 실습의 회로도에서는 A0~A3핀을 모두 GND로 연결하였으므로 모두 0이 되어서 1010000 R/W가 된다. 따라서, I²C 통신을 통해 부를 외부 I²C용 시리얼

EEPROM 메모리의 Slave 주소는 다음과 같이 정의한다.

```
#define 24LC256_Write_Address 0xA0      //24LC256 I2C용 EEPROM 쓰기 Slave 주소
#define 24LC256_Read_Address 0xA1       //24LC256 I2C용 EEPROM 읽기 Slave 주소

#define TO_MAX 20000                    //I2C 통신 최대 카운트값
                                        //이 값을 넘으면 타임 아웃함

//I2C 통신 타임 아웃 상태 표시: TO_MAX까지 시도함
#define TOFAULT()                               ₩
        do                                      ₩
        {                                       ₩
        LCDGoto(0,0);                           ₩
        LCDWriteStr("24LC256 I2C MEM.");        ₩
        LCDGoto(0,1);                           ₩
        LCDWriteStr(" Timeout   Fault ");       ₩
        } while(1);

//I2C 통신 에러 상태 표시
#define COMFAULT()                              ₩
        do                                      ₩
        {                                       ₩
                LCDGoto(0,0);                   ₩
        LCDWriteStr("24LC256 I2C MEM.");        ₩
        LCDGoto(0,1);                           ₩
        LCDWriteStr("    Comms Error    ");     ₩
        } while(1);

//I2C 통신 START 명령 전송
#define I2C_START()                             ₩
        do                                      ₩
        {                                       ₩
                SSPIF = 0;                      ₩
                SEN = 1;                        ₩
                do                              ₩
                {                               ₩
                        if (TO_Counter == TO_MAX)       ₩
                        {       TOFAULT();      }       ₩
                        TO_Counter++;                   ₩
                } while(!SSPIF);                        ₩
```

```
            TO_Counter = 0;                         ₩
        } while(0);

//I2C 통신 RESTART 명령 전송
#define I2C_RESTART()                   ₩
        do                              ₩
        {                               ₩
            SSPIF = 0;                  ₩
            RSEN=1;                     ₩
            do                          ₩
            {                           ₩
                if (TO_Counter == TO_MAX)               ₩
                {       TOFAULT();      }               ₩
                TO_Counter++;                           ₩
            } while(!SSPIF);                            ₩
        TO_Counter = 0;                                 ₩
        } while(0);


//I2C 통신 STOP 명령 전송
#define I2C_STOP()                      ₩
        do                              ₩
        {                               ₩
            SSPIF = 0;                  ₩
            PEN= 1;                     ₩
            do                          ₩
            {                           ₩
                if (TO_Counter == TO_MAX)               ₩
                {       TOFAULT();      }               ₩
                TO_Counter++;                           ₩
            } while(!SSPIF);                            ₩
            TO_Counter = 0;                             ₩
        } while(0);

//I2C 통신 쓰기 명령 완료시까지 기다리는 함수 선언
#define I2C_WRITE_WAIT() ₩
        do                                      ₩
        {                                       ₩
            SSPIF = 0;                          ₩
            TO_Counter = 0;                     ₩
```

```
		do					₩
		{					₩
			if (TO_Counter == TO_MAX)	₩
			{	TOFAULT();	}	₩
			TO_Counter++;			₩
		} while(!SSPIF);			₩
		if (ACKSTAT != CLEAR)			₩
		{	COMFAULT();	}		₩
	} while(0);


//I2C 통신 읽기 명령 완료시까지 기다리는 함수 선언
#define I2C_READ_WAIT()				₩
	do					₩
	{					₩
		SSPIF = 0;			₩
		RCEN= 1;			₩
		do				₩
		{				₩
			if (TO_Counter == TO_MAX)	₩
			{	TOFAULT();	}	₩
			TO_Counter++;			₩
		} while(!SSPIF);			₩
		TO_Counter = 0;			₩
	} while(0);

//I2C 통신 NACK 명령 전송
#define I2C_NACK()			₩
	do				₩
	{				₩
		SSPIF = 0;		₩
		ACKDT= 1;		₩
		ACKEN= 1;		₩
		do			₩
		{			₩
			if (TO_Counter == TO_MAX)		₩
			{	TOFAULT();	}		₩
			TO_Counter++;				₩
		} while(!SSPIF);				₩
		TO_Counter = 0;				₩
```

```
        } while(0);
```

실행 10_I²C 통신용 시리얼 EEPROM 메모리 읽기 함수 소스 코딩

```
#define WRITE    0x01     //쓰기 명령 슬레이브 비트
#define READ     0x00     //읽기 명령 슬레이브 비트

#define PASS     1
#define FAIL              0

//시리얼 EEPROM 메모리 읽기 함수
unsigned char I2C_Read_24LC256(unsigned int add_mem)
{
    unsigned char           mem_dat;
    unsigned int TO_Counter = 0;
    I2C_START();            // 읽기 & 기다림 명령 시작
    NOP();
    NOP();
    NOP();
    SSPBUF = Write_Address_24LC256;
    I2C_WRITE_WAIT();       // 읽기 & 기다림 명령 완료
    NOP();
    NOP();
    NOP();
    //sdd_mam 어드레스 high byte 전송
    SSPBUF = ((char)(add_mem>>8) & 0x7F); //
    I2C_WRITE_WAIT();       // 읽기 & 기다림 명령 완료
    NOP();
    NOP();
    NOP();
    //sdd_mam 어드레스 Low byte 전송
    SSPBUF = (char)(add_mem); //
    I2C_WRITE_WAIT();       // 쓰기 & 기다림 명령 완료
    NOP();
    NOP();
    NOP();
    I2C_RESTART();          // 읽기 위해 재시작
    NOP();
    NOP();
    NOP();
```

```
    SSPBUF = Read_Address_24LC256; //READ 비트 추가 1010 0001
    I2C_WRITE_WAIT();      // 쓰기 & 기다림 명령 완료
    NOP();
    NOP();
    NOP();
    I2C_READ_WAIT();       // 데이터가 수신완료 될 때까지 기다림
    NOP();
    NOP();
    NOP();
    mem_dat = SSPBUF;
    I2C_NACK();
    NOP();
    NOP();
    NOP();
    I2C_STOP();            // 정지 명령 실행
    NOP();
    NOP();
    NOP();
    return(mem_dat);
}
```

실행 11_I²C 통신용 시리얼 EEPROM 메모리 쓰기 함수 소스 코딩

```
//시리얼 EEPROM 메모리 쓰기 함수
void I2CWrite24LC256(unsigned int add_mem,unsigned char mem)
{
    unsigned char mem_dat;
    unsigned int TO_Counter = 0;
    I2C_START();                    // 초기화 & 기다림 명령 완료
    NOP();
    NOP();
    NOP();
    SSPBUF = Write_Address_24LC256;
    I2C_WRITE_WAIT();               // 쓰기 & 기다림 명령 완료
    NOP();
    NOP();
    NOP();
    //sdd_mam 어드레스 high byte 전송
    SSPBUF = ((char)(add_mem>>8) & 0x7F); //
    I2C_WRITE_WAIT();               // 쓰기 & 기다림 명령 완료
```

```
    NOP();
    NOP();
    NOP();
    //sdd_mam 어드레스 Low byte 전송
    SSPBUF = (char)(add_mem);           //
    I2C_WRITE_WAIT();                   // 쓰기 & 기다림 명령 완료
    NOP();
    NOP();
    NOP();
    SSPBUF = mem;                       //READ 비트추가 1010 0001
    I2C_WRITE_WAIT();                   // 쓰기 & 기다림 명령 완료
    NOP();
    NOP();
    NOP();
    I2C_STOP();                         // 정지 명령 실행
    NOP();
    NOP();
    NOP();
}
```

실행 12_1바이트 값을 16진수로 변환하여 캐릭터형 LCD로 출력하는 함수 소스 코딩

```
// 1바이트 값을 16진수 변환 LCD 출력 함수 소스 코딩
void display_Lcd_byte_to_hex(unsigned char byte_value)
{
    unsigned char hex_10;       //16진수 십자리 표시 변수
    unsigned char hex_1;        //16진수 일자리 표시 변수

    hex_10 = (char)(byte_value >>4);
    if(hex_10 < 10) {  hex_10 = hex_10 + '0'; }
    else      {     hex_10 = hex_10 + 'A' - 10; }

    hex_1 = (char)(byte_value & 0x0F);
    if(hex_1 < 10) {  hex_1 = hex_1 + '0'; }
    else      {     hex_1 = hex_1 + 'A'- 10; }

     LCD_Put_Data(hex_10);     //16진수 십의 자리 ASCII 값 LCD로 출력
     LCD_Put_Data(hex_1);      //16진수 일의 자리 ASCII 값 LCD로 출력
}
```

실행 13_메인 함수 및 스위치 입력에 따라 8개씩 데이터를 외부 I^2C용 EEPROM 메모리에 쓰기/읽기 실행하고 캐릭터형 LCD로 상태 및 결과를 출력하는 함수 소스 코딩

```
int main(int argc, char** argv)
{
    unsigned int eeprom_addr;          //메모리 주소지정 변수(15비트 사용)
    unsigned int eeprom_count;         //메모리 카운트 변수
    unsigned int eeprom_data;          //메모리 저장용 데이터 변수

    //오실레이터 초기화
    OSCCON = 0b01111000;               //16MHz 내부 클럭 설정

    initial_port();                    //LED를 위한 포트 초기화 함수 실행

    initial_i2c();                     //ADC 주변장치 초기화 함수 실행

    initial_CLCD();                    //캐릭터형 LCD  초기화 함수 실행

    eeprom_addr = 0;
    eeprom_count = 0;
    eeprom_data = 0;

    LCD_Goto(0, 0);                    //0: 첫 번째 문자, 0: 첫 번째 라인 위치로 이동
    LCD_Write_String("Push S2 [Write]");
    LCD_Goto(0, 1);                    //0: 첫 번째 문자, 1: 두 번째 라인 위치로 이동
    LCD_Write_String("Push S3 [Read]");

    while(1)
    {
        if(S2==0)   //S2 스위치 누를 때 I2C용 시리얼 EEPROM 메모리에 쓰기
        {
            eeprom_count = eeprom_addr + 8; //8개 데이터 카운트 설정
            LCD_Clear();
            LCD_Goto(0, 0);                 //0: 첫 번째 문자, 0: 첫 번째 라인 위치
                                            로 이동
            LCD_Write_String("Write 8 bytes ");
            LCD_Goto(0, 1);                 //0: 첫 번째 문자, 1: 두 번째 라인 위치
                                            로 이동
            LCD_Write_String("Start Add:");
             //8개 데이터의 시작 주소 표시
            display_Lcd_byte_to_hex((char)(eeprom_addr>>8));
```

```
                display_Lcd_byte_to_hex((char)(eeprom_addr & 0x00FF));

                for(; eeprom_addr<eeprom_count;eeprom_addr++)
                {   //시리얼 EEPROM 메모리에 데이터 쓰기
                    I2CWrite24LC256( eeprom_addr,eeprom_data );
                    DelayMs(200);
                    DelayMs(200);
                    DelayMs(100);
                    eeprom_data++;
                }
            }
            if(S3==0)                       //S3 스위치 누를 때 I2C용 시리얼 EEPROM 메모리
                                            로부터 읽기
            {
                eeprom_addr -=8;            //eeprom 주소 초기화
                LCD_Clear();
                LCD_Goto(0, 0);             //0: 첫 번째 문자, 0: 첫 번째 라인 위치로 이동
                LCD_Write_String("Read 8 bytes ");
                LCD_Goto(0, 1);             //0: 첫 번째 문자, 1: 두 번째 라인 위치로 이동
                for(; eeprom_addr<eeprom_count;eeprom_addr++)
                {   //시리얼 EEPROM 메모리에 데이터 읽기
                    display_Lcd_byte_to_hex(I2C_Read_24LC256(eeprom_addr));
                }
            }
        }
}
```

실행 14_eeprom_i²c.c란 파일을 저장하고 코딩을 완성한다.

Step 3 소스 코드 확인

```
#include <xc.h>

__CONFIG(FOSC_INTOSC & WDTE_OFF & PWRTE_ON & MCLRE_OFF & BOREN_OFF);

//PICDEM 2 PLUS 보드를 사용시
#define PICDEM2PLUS
//#define INSEM_8bitPIC

//PIC MCU에서 사용하는 시스템 클럭 계산
#define Fosc 16000000                               //내부 16MHz 클럭 설정
```

```
#define Tosc 1/Fosc                          //내부 16MHz 클럭 주기
#define Fcy Fosc / 4                         // Fcy = Fosc/4
#define Tcy 1 / Fcy                          // 1/4MHz = 250ns

#ifdef PICDEM2PLUS
        // Microchip PICDEM 2 PLUS 보드 또는 자작 보드 사용시
         //스위치 설정
         #define   S2          PORTAbits.RA4
         #define   S3          PORTBbits.RB0
#endif
#ifdef INSEM_8bitPIC
        //INSEM 8bit PIC 평가 보드 사용시
         //스위치 설정
         #define   SW1         PORTBbits.RB0
         #define   SW2         PORTBbits.RB1
#endif

// 캐릭터형 LCD, LED에 대한 I/O 포트 설정 선언문이다.
#ifdef PICDEM2PLUS
    #define   LED              PORTBbits.RB0     //D2 LED 출력, 비트별 설정 표현 가능

    //캐릭터형 LCD 포트 설정
    //LCD 컨트롤 핀 설정
    #define LCD_PWR            LATDbits.LATD7    // LCD ON/OFF 라인
    // 이 LCD_PWR 핀은 PICDEM 2 PLUS에만 있는 핀임

    #define LCD_EN             LATDbits.LATD6    // LCD 컨트롤 활성화
    #define LCD_RW             LATDbits.LATD5    // LCD 데이터 읽기/쓰기
    #define LCD_RS             LATDbits.LATD4    // LCD 모드 선택

    //LCD 컨트롤 핀 설정
    #define LCD_DAT0       LATDbits.LATD0        // Data bit 0
    #define LCD_DAT1       LATDbits.LATD1        // Data bit 1
    #define LCD_DAT2       LATDbits.LATD2        // Data bit 2
    #define LCD_DAT3       LATDbits.LATD3        // Data bit 3
    #define LCD_DATA           LATD              // LCD 4비트 데이터 버스

#endif
#ifdef INSEM_8bitPIC
```

```
    //캐릭터형 LCD 포트 설정
    //LCD 컨트롤 핀 설정
    #define LCD_ENLATEbits.LATE2                    // LCD 컨트롤 활성화
    #define LCD_RW          LATEbits.LATE1          // LCD 데이터 읽기/쓰기
    #define LCD_RSLATEbits.LATE0                    // LCD 모드 선택

    //LCD 컨트롤 핀 설정
    #define LCD_DATA        LATD                    // LCD 8비트 데이터 버스

#endif

//I/O 포트 초기화 함수
#ifdef PICDEM2PLUS
   void initial_port(void)
   {
        // 1 = 입력, 0 = 출력
        //S2 스위치 입력 포트 초기화
        TRISAbits.TRISA4 = 1;                   //RA4 핀을 입력으로 설정
        ANSELA = 0x00;                          /포트 A의 ANxx 핀들 모두 디지털로 설정

        //S3 스위치 입력 포트 초기화
        TRISBbits.TRISB0 = 1;                   //RB0 핀을 입력으로 설정
        ANSELB = 0x00;                          //포트 A의 ANxx 핀들 모두 디지털로 설정

        //캐릭터형 LCD을 위한 포트 D 초기화
        TRISD = 0;                              //포트 D의 RD0~RD7 핀까지 모두 출력 설정
        ANSELD = 0;                             //포트 D의 ANxx 핀들 모두 디지털로 설정
   }

#endif

#ifdef INSEM_8bitPIC
   void initial_port(void)
   {
        // 1 = 입력, 0 = 출력
        //SW1 스위치 입력 포트 초기화
        TRISBbits.TRISB0 = 1;                   //RB0 핀을 입력으로 설정
        ANSELB = 0x00;                          //포트 B의 ANxx 핀들 모두 디지털로 설정

        //SW2 스위치 입력 포트 초기화
```

```
        TRISBbits.TRISB1 = 1;                  //RB1 핀을 입력으로 설정

        //캐릭터형 LCD를 위한 포트 D 초기화
        TRISD = 0;                             //포트 D의 RD0~RD7 핀까지 모두 출력 설정
        // 1 = 입력, 0 = 출력
        ANSELD = 0x00;   //포트 D의 ANxx 핀들 모두 디지털로 설정

        TRISEbits.TRISE0 = 0;                  //RE0핀 LCD_RS 출력 설정
        TRISEbits.TRISE1 = 0;                  //RE1핀 LCD_RW 출력 설정
        TRISEbits.TRISE2 = 0;                  //RE2핀 LCD_EN 출력 설정
        ANSELE = 0x00;                         //포트 E의 ANxx 핀들 모두 디지털로 설정
    }

#endif

//캐릭터형 LCD 컨트롤용 시간 delay 함수 소스
//마이크로초 딜레이 함수 define문 정의
#define  DelayUs(x)  {  unsigned char _dcnt; ₩
                        _dcnt = 1; ₩
                        while(--_dcnt != 0) ₩
                        continue; }

//밀리초 딜레이 함수
void DelayMs(unsigned char cnt)
{
  unsigned char  i;
  do {
    i = 4;
    do {
      DelayUs(250);
    } while(--i);
  } while(--cnt);
}

//캐릭터 LCD의 명령, 데이터 모드 선언
#define LCD_COMMAND_MODE      1              // LCD Command
#define LCD_DATA_MODE         0              // LCD Data

#ifdef PICDEM2PLUS
//Microchip PICDEM 2 PLUS 보드 사용시에만 아래 LCD_ON(), LCD_OFF() 함수 적용
```

```
//캐릭터형 LCD ON, OFF 함수 정의
#define LCD_ON()      LCD_PWR = 1              // LCD on
#define LCD_OFF()     LCD_PWR = 0              // LCD off

//캐릭터형 LCD 4비트 데이터 쓰기 함수
void write_4bit_data(unsigned char Lcd_command, unsigned char Lcd_data)
{
    unsigned char buffer;
        LCD_EN = 1;                            //LCD On
        LCD_RW = 0;                            //LCD 쓰기 모드
        if(Lcd_command)     LCD_RS = 0;        //LCD 명령 전송 모드
        else                LCD_RS = 1;        //LCD 데이터 전송 모드

        DelayMs(100);
       buffer = LATD;
       buffer &= 0xF0;
        LCD_DATA = buffer | (Lcd_data & 0x0F); //LCD 명령 또는 데이터 전송
        DelayMs(100);
        LCD_EN = 0;                            //LCD Off
}

void write_byte_data(unsigned char Lcd_command, unsigned char Lcd_data)
{
    write_4bit_data(Lcd_command, Lcd_data >> 4); // Output the high nibble to the LCD
    write_4bit_data(Lcd_command, Lcd_data);      // Now send the low nibble
}

void LCD_Put_Data(unsigned char Lcd_data)
{
    write_byte_data(LCD_DATA_MODE,Lcd_data);   // LCD에 문자를 출력을 보냄
    DelayMs(100);                              // 명령이 완료될 때까지 기다림
}

void LCD_Write_String(const char *Str)
{
    unsigned char i = 0;                       // 문자 인덱스 버퍼
    while (Str[i])                             // 문자열이 완료되지 않는 동안 반복
    LCD_Put_Data(Str[i++]);                    // 최근 문자를 표시
}
```

```
void LCD_Clear(void)
{
    write_4bit_data(LCD_COMMAND_MODE ,0x00); // 초기화 디스플레이 명령을 보냄
    write_4bit_data(LCD_COMMAND_MODE ,0x01); // 초기화 디스플레이 명령을 보냄
    DelayMs(100); // 명령이 완료될 때까지 기다림
}

void LCD_Home(void)
{
    write_4bit_data(LCD_COMMAND_MODE ,0x00); // 초기화 디스플레이 명령을 보냄
    write_4bit_data(LCD_COMMAND_MODE ,0x02); // 초기화 디스플레이 명령을 보냄
    DelayMs(100); // 명령이 완료될 때까지 기다림
}


void LCD_Goto(unsigned Position, unsigned char Lcd_line)
{
    if ((Lcd_line > 1) || (Position > 15))           // 올바르지 못한 선 또는 열일 경우
        return;                                      // 그냥 아무 것도 하지 않음
    write_byte_data(LCD_COMMAND_MODE ,(Lcd_line == 1) ? (0xC0 | Position) : (0x80 | Position));
    // LCD_Goto 명령
    DelayMs(100);                                    // 명령이 완료될 때까지 기다린다.
}

//캐릭터형 LCD 초기화 함수
void initial_CLCD(void)
{
    LCD_OFF();
    LCD_ON();                    // LCD를 켜 Display에 표시
    LCD_RS = 0;                  // 명령 모드에서 LCD를 설정
    LCD_RW = 0;                  // LCD는 버스에서 데이터를 수신 => 쓰기 모드
    LCD_EN = 0;                  // LCD 사용 데이터 수신 (LCD는 Bus에서 무엇이든 읽어옴)
    LCD_EN = 1;                  // 요청시 LCD는 데이터를 설정한다.

    DelayMs(100);
    write_4bit_data(LCD_COMMAND_MODE ,0x02);
    DelayMs(100);
    write_4bit_data(LCD_COMMAND_MODE ,0x02);
    DelayMs(100);
    write_4bit_data(LCD_COMMAND_MODE ,0x08);
```

```
    DelayMs(100);
    write_4bit_data(LCD_COMMAND_MODE ,0x00);
    DelayMs(100);
    write_4bit_data(LCD_COMMAND_MODE ,0x0C);
    DelayMs(100);
    write_4bit_data(LCD_COMMAND_MODE ,0x00);
    DelayMs(100);
    write_4bit_data(LCD_COMMAND_MODE ,0x01);
    DelayMs(100);
    write_4bit_data(LCD_COMMAND_MODE ,0x00);
    DelayMs(100);
    write_4bit_data(LCD_COMMAND_MODE ,0x02);
    DelayMs(100);
    write_4bit_data(LCD_COMMAND_MODE ,0x04);
    DelayMs(100);
    write_4bit_data(LCD_COMMAND_MODE ,0x0E);
    DelayMs(100);

    LCD_Clear();
    LCD_ON();                           // LCD를 켜 Display에 표시
}
#endif

#ifdef INSEM_8bitPIC
#define LCD_STROBE()  ((LCD_EN = 1),(LCD_EN=0))
//write a byte to the LCD in 4 bit mode
void write_byte_data(unsigned char Lcd_data)
{
  DelayMs(100);
  LCD_DATA = Lcd_data;
  LCD_STROBE();
}

//Clear and home the LCD
void LCD_Clear(void)
{
  LCD_RS = 0;
  write_byte_data(0x1);
  DelayMs(100);
}
```

```
//write a string of chars to the LCD
void LCD_Write_String(const char *Str)
{
  LCD_RS = 1;                    //write characters
  while(*Str)
    write_byte_data(*Str++);
}

//write one character to the LCD
void LCD_Put_Data(unsigned char Lcd_data)
{
  LCD_RS = 1;                    //write characters
  write_byte_data( Lcd_data );
}


void LCD_Goto(unsigned Position, unsigned char Lcd_line)
{
    LCD_RS = 0;
    if ((Lcd_line > 1) || (Position > 15))          // 올바르지 못한 선 또는 열일 경우
        return;                                     // 그냥 아무 것도 하지 않음
    write_byte_data((Lcd_line == 1) ? (0xC0 | Position) : (0x80 | Position));
    // LCD_Goto 명령
    DelayMs(100);                                   // 명령이 완료될 때까지 기다린다.
}

//initialise the LCD - put into 8 bit mode
void initial_CLCD(void)
{
  LCD_RS = 0;
  LCD_EN = 0;
  LCD_RW = 0;

  DelayMs(100);                                    //wait 30mSec after power applied.
  LCD_DATA = 0b00111100;
  LCD_STROBE();
  DelayMs(100);
  LCD_DATA = 0b00001100;                           //1100: 커서 없음. 1110 : 아래 바 커서. 1111: 커
                                                   서 점멸
  LCD_STROBE();
```

```
  DelayMs(100);
  LCD_DATA = 0b00000001;
  LCD_STROBE();
  DelayMs(100);
  LCD_DATA = 0b00000110;
  LCD_STROBE();

  LCD_Clear();                                    //Clear screen
}
#endif

#define SSP1_Config          0b00101000

//I2C 통신용 보-레이트 계산
#define I2C_CLK     100000                        //I2C 클럭 :100kHz 설정
#define I2C_SSP_ADD ((Fosc/I2C_CLK)/4)-1

#define Write_Address_24LC256    0xA0             //24LC256 I2C용 EEPROM 쓰기 Slave 주소
#define Read_Address_24LC256     0xA1             //24LC256 I2C용 EEPROM 읽기 Slave 주소

#define TO_MAX     20000                          //I2C 통신 최대 카운트값
                                                  //이 값을 넘으면 타임 아웃함

//MSSP 주변장치 I2C 통신 모드 초기화 함수
void initial_i2c(void)
{
    SSPADD=I2C_SSP_ADD;                           // I2C 클럭 :100kHz로 설정

    //SSPM<3:0> 비트 : SSP 또는 I2C 통신 모드 설정
    SSPCON1bits.SSPM3 = 1;
    SSPCON1bits.SSPM2 = 0;
    SSPCON1bits.SSPM1 = 0;
    SSPCON1bits.SSPM0 = 0;
    //SSPM<3:0> 비트 = 1000 : I2C 마스터 모드 , I2C_clk=Fosc / (4*(SSPADD+1))
    NOP();                                        //1 Cycle 딜레이
    SSPSTATbits.SMP = 1;                          //Sampled at end of data
    SSPSTATbits.CKE = 0;                          //SM 버스 사용 중지
    SSPCON1bits.SSPEN = 1;                        //SSPEN 비트 : 1 = SSP 포트 사용, 0=사용 불가
    PIR1bits.SSPIF = 0;                           //SSP 주변장치 인터럽트 플래그 클리어
}
```

14장

```
//I2C 통신 타임 아웃 상태 표시: TO_MAX까지 시도함
#define TOFAULT()                                   ₩
        do                                          ₩
        {                                           ₩
        LCD_Goto(0,0);                              ₩
        LCD_Write_String("24LC256 I2C MEM.");       ₩
        LCD_Goto(0,1);                              ₩
        LCD_Write_String(" Timeout  Fault ");       ₩
        } while(1);

//I2C 통신 에러 상태 표시
#define COMFAULT()                                  ₩
        do                                          ₩
        {                                           ₩
                LCD_Goto(0,0);                      ₩
        LCD_Write_String("24LC256 I2C MEM.");       ₩
        LCD_Goto(0,1);                              ₩
        LCD_Write_String("   Comms Error  ");       ₩
        } while(1);


//I2C 통신 START 명령 전송
#define I2C_START() ₩
        do                                          ₩
        {                                           ₩
                SSPIF = 0;                          ₩
                SEN = 1;                            ₩
                do                                  ₩
                {                                   ₩
                        if (TO_Counter == TO_MAX)   ₩
                        {       TOFAULT();      }   ₩
                        TO_Counter++;               ₩
                } while(!SSPIF);                    ₩
                TO_Counter = 0;                     ₩
        } while(0);

//I2C 통신 RESTART 명령 전송
#define I2C_RESTART()                               ₩
        do                                          ₩
        {                                           ₩
```

```
                SSPIF = 0;                           ₩
                RSEN=1;                              ₩
                do                                   ₩
                {                                    ₩
                        if (TO_Counter == TO_MAX)    ₩
                        {       TOFAULT();      }    ₩
                        TO_Counter++;                ₩
                } while(!SSPIF);                     ₩
        TO_Counter = 0;                              ₩
        } while(0);

//I2C 통신 STOP 명령 전송
#define I2C_STOP()                                   ₩
        do                                           ₩
        {                                            ₩
                SSPIF = 0;                           ₩
                PEN= 1;                              ₩
                do                                   ₩
                {                                    ₩
                        if (TO_Counter == TO_MAX)    ₩
                        {       TOFAULT();      }    ₩
                        TO_Counter++;                ₩
                } while(!SSPIF);                     ₩
            TO_Counter = 0;                          ₩
        } while(0);

//I2C 통신 쓰기 명령 완료시까지 기다리는 함수 선언
#define I2C_WRITE_WAIT()                             ₩
        do                                           ₩
        {                                            ₩
                SSPIF = 0;                           ₩
                TO_Counter = 0;                      ₩
                do                                   ₩
                {                                    ₩
                        if (TO_Counter == TO_MAX)    ₩
                        {       TOFAULT();      }    ₩
                        TO_Counter++;                ₩
                } while(!SSPIF);                     ₩
                if (ACKSTAT != 0)                    ₩
                {           COMFAULT();         }    ₩
```

```
        } while(0);

//I2C 통신 읽기 명령 완료시까지 기다리는 함수 선언
#define I2C_READ_WAIT()                         ₩
        do                                      ₩
        {                                       ₩
                SSPIF = 0;                      ₩
                RCEN= 1;                        ₩
                do                              ₩
                {                               ₩
                        if (TO_Counter == TO_MAX)  ₩
                        {       TOFAULT();      }  ₩
                        TO_Counter++;           ₩
                } while(!SSPIF);                ₩
                TO_Counter = 0;                 ₩
        } while(0);

//I2C 통신 NACK 명령 전송
#define I2C_NACK()                              ₩
        do                                      ₩
        {                                       ₩
                SSPIF = 0;                      ₩
                ACKDT= 1;                       ₩
                ACKEN= 1;                       ₩
                do                              ₩
                {                               ₩
                        if (TO_Counter == TO_MAX)  ₩
                        {       TOFAULT();      }  ₩
                        TO_Counter++;           ₩
                } while(!SSPIF);                ₩
                TO_Counter = 0;                 ₩
        } while(0);

#define PASS        1
#define FAIL        0
#define WRITE       0x01            //쓰기 명령 슬레이브 비트
#define READ        0x00            //읽기 명령 슬레이브 비트

//시리얼 EEPROM 메모리 읽기 함수
unsigned char I2C_Read_24LC256(unsigned int add_mem)
```

```
{
    unsigned char  mem_dat;
    unsigned int    TO_Counter = 0;
    I2C_START();                                    // 읽기 & 기다림 명령 시작
    NOP();
    NOP();
    NOP();
    SSPBUF = Write_Address_24LC256;                 // PICDEM 2 PLUS = 10100000
    I2C_WRITE_WAIT();                               // 읽기 & 기다림 명령 완료
    NOP();
    NOP();
    NOP();
    //sdd_mam 어드레스 high byte 전송
    SSPBUF = ((char)(add_mem>>8) & 0x7F); //
    I2C_WRITE_WAIT();                               // 읽기 & 기다림 명령 완료
    NOP();
    NOP();
    NOP();
    //sdd_mam 어드레스 Low byte 전송
    SSPBUF = (char)(add_mem); //
    I2C_WRITE_WAIT();                               // 쓰기 & 기다림 명령 완료
    NOP();
    NOP();
    NOP();
    I2C_RESTART();                                  // 읽기 위해 재시작
    NOP();
    NOP();
    NOP();
    SSPBUF = Read_Address_24LC256; //READ 비트추가 1010 0001
    I2C_WRITE_WAIT();                               // 쓰기 & 기다림 명령 완료
    NOP();
    NOP();
    NOP();
    I2C_READ_WAIT();                                // 데이터가 수신완료될 때까지 기다림
    NOP();
    NOP();
    NOP();
    mem_dat = SSPBUF;
    I2C_NACK();
    NOP();
```

```
    NOP();
    NOP();
    I2C_STOP();                             // 정지 명령 실행
    NOP();
    NOP();
    NOP();
    return(mem_dat);
}

//시리얼 EEPROM 메모리 쓰기 함수
void I2CWrite24LC256(unsigned int add_mem,unsigned char mem)
{
    unsigned char mem_dat;
    unsigned int TO_Counter = 0;
    I2C_START();                            // 초기화 & 기다림 명령 완료
    NOP();
    NOP();
    NOP();
    SSPBUF = Write_Address_24LC256;         // PICDEM 2 PLUS = 10100000
    I2C_WRITE_WAIT();                       // 쓰기 & 기다림 명령 완료
    NOP();
    NOP();
    NOP();
    //sdd_mam 어드레스 high byte 전송
    SSPBUF = ((char)(add_mem>>8) & 0x7F); //
    I2C_WRITE_WAIT();                       // 쓰기 & 기다림 명령 완료
    NOP();
    NOP();
    NOP();
    //sdd_mam 어드레스 Low byte 전송
    SSPBUF = (char)(add_mem); //
    I2C_WRITE_WAIT();                       // 쓰기 & 기다림 명령 완료
    NOP();
    NOP();
    NOP();
    SSPBUF = mem;                           //READ 비트 추가 1010 0001
    I2C_WRITE_WAIT();                       // 쓰기 & 기다림 명령 완료
    NOP();
    NOP();
    NOP();
```

```
    I2C_STOP(); // 정지 명령 실행
    NOP();
    NOP();
    NOP();
}

// 1바이트 값을 16진수 변환 LCD 출력 함수 소스 코딩
void display_Lcd_byte_to_hex(unsigned char byte_value)
{
    unsigned char hex_10;                    //16진수 십자리 표시 변수
    unsigned char hex_1;                     //16진수 일자리 표시 변수

    hex_10 = (char)(byte_value >>4);
    if(hex_10 < 10) {  hex_10 = hex_10 + '0'; }
    else    {    hex_10 = hex_10 + 'A' - 10; }

    hex_1 = (char)(byte_value & 0x0F);
    if(hex_1 < 10) {  hex_1 = hex_1 + '0'; }
    else    {    hex_1 = hex_1 + 'A'- 10; }

     LCD_Put_Data(hex_10);                   //16진수 십의 자리 ASCII 값 LCD로 출력
     LCD_Put_Data(hex_1);                    //16진수 일의 자리 ASCII 값 LCD로 출력
}

int main(int argc, char** argv)
{
    unsigned int eeprom_addr;                //메모리 주소지정 변수(15비트 사용)
    unsigned int eeprom_count;               //메모리 카운트 변수
    unsigned int eeprom_data;                //메모리 저장용 데이터 변수

    //오실레이터 초기화
    OSCCON = 0b01111000;                     //16MHz 내부 클럭 설정

    initial_port();                          //LED를 위한 포트 초기화 함수 실행

    initial_i2c();                           //ADC 주변장치 초기화 함수 실행

    initial_CLCD();                          //캐릭터형 LCD  초기화 함수 실행

    eeprom_addr = 0;
```

14장

```
    eeprom_count = 0;
    eeprom_data = 0;

#ifdef PICDEM2PLUS
    LCD_Goto(0, 0);                    //0: 첫 번째 문자, 0: 첫 번째 라인 위치로 이동
    LCD_Write_String("Push S2 [Write]");
    LCD_Goto(0, 1);                    //0: 첫 번째 문자, 1: 두 번째 라인 위치로 이동
    LCD_Write_String("Push S3 [Read]");
#endif
#ifdef INSEM_8bitPIC
    LCD_Goto(0, 0);                    //0: 첫 번째 문자, 0: 첫 번째 라인 위치로 이동
    LCD_Write_String("Push SW1 [Write]");
    LCD_Goto(0, 1);                    //0: 첫 번째 문자, 1: 두 번째 라인 위치로 이동
    LCD_Write_String("Push SW2 [Read]");
#endif

    while(1)
    {
#ifdef PICDEM2PLUS
        if(S2==0)                      //S2 스위치 누를 때 I2C용 시리얼 EEPROM 메모리에 쓰기
#endif
#ifdef INSEM_8bitPIC
        if(SW1==0)                     //SW1 스위치 누를 때 I2C용 시리얼 EEPROM 메모리에 쓰기
#endif
        {
            eeprom_count = eeprom_addr + 8;  //8개 데이터 카운트 설정
            LCD_Clear();
            LCD_Goto(0, 0);                //0: 첫 번째 문자, 0: 첫 번째 라인 위치로 이동
            LCD_Write_String("Write 8 bytes ");
            LCD_Goto(0, 1);                //0: 첫 번째 문자, 1: 두 번째 라인 위치로 이동
            LCD_Write_String("Start Add:");
             //8개 데이터의 시작 주소 표시
            display_Lcd_byte_to_hex((char)(eeprom_addr>>8));
            display_Lcd_byte_to_hex((char)(eeprom_addr & 0x00FF));

            for(; eeprom_addr<eeprom_count;eeprom_addr++)
            {   //시리얼 EEPROM 메모리에 데이터 쓰기
                I2CWrite24LC256( eeprom_addr,eeprom_data );
                DelayMs(200);
                DelayMs(200);
```

```
                    DelayMs(100);
                    eeprom_data++;
                }
            }
#ifdef PICDEM2PLUS
            if(S3==0)               //S3 스위치 누를때 I2C용 시리얼 EEPROM 메모리로부터 읽기
#endif
#ifdef INSEM_8bitPIC
            if(SW2==0)              //SW2 스위치 누를때 I2C용 시리얼 EEPROM 메모리로부터 읽기
#endif
            {
                eeprom_addr -=8;            //eeprom 주소 초기화
                LCD_Clear();
                LCD_Goto(0, 0);             //0: 첫 번째 문자, 0: 첫번째 라인 위치로 이동
                LCD_Write_String("Read 8 bytes ");
                LCD_Goto(0, 1);             //0: 첫 번째 문자, 1: 두 번째 라인 위치로 이동
                for(; eeprom_addr<eeprom_count;eeprom_addr++)
                {   //시리얼 EEPROM 메모리에 데이터 읽기
                    display_Lcd_byte_to_hex(I2C_Read_24LC256(eeprom_addr));
                }
            }
        }
}
```

실행 1_Make & Program 버튼 클릭 후, 보드 동작을 확인한다.

실행 2_경고창이 실행된 경우 OK를 클릭한다.

14장

5) 실습결과

(1) Microchip PICDEM 2 PLUS 보드 사용시

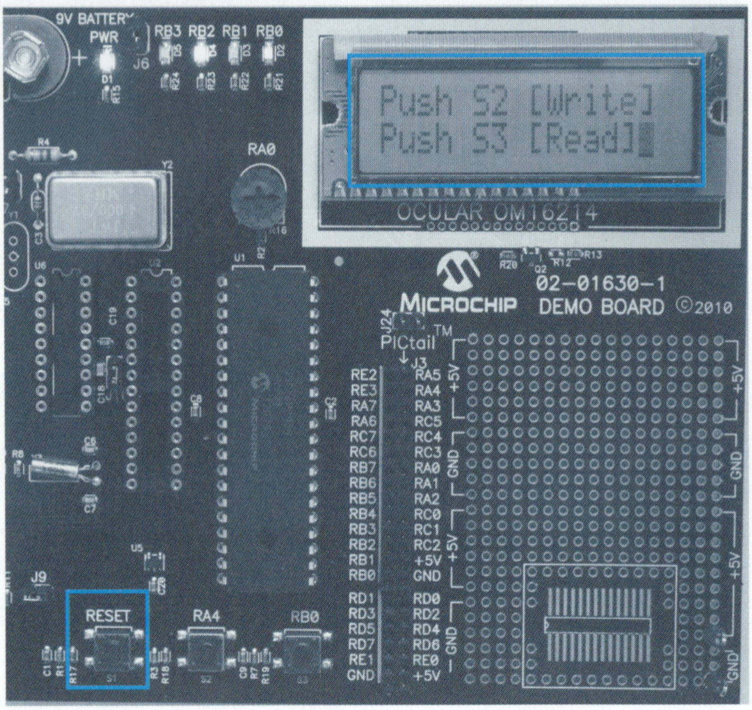

위 보드 그림에서 아래 사각형 표시가 리셋(RESET) 버튼을 누르면 초기 메시지가 위 사각형 캐릭터형 LCD에 표시된다. 표시내용은 S2와 S3를 누르면 시리얼 EEPROM 메모리에 데이터를 쓰기 또는 읽기를 테스트하게 된다.

또한, S2(RA4)를 누르면 I^2C용 시리얼 EEPROM 메모리에 8개 데이터 Write(쓰기)를 실행한다. 실행이 완료되면 아래와 같이 "Write 8 bytes"로 표시되면서 8개 데이터의 시작 번지는 0000번지로 표시된다. S2(RA4) 스위치를 계속 눌렀다, 떼었다를 반복하면 8개의 데이터가 계속 증가하므로 시작번지도 8씩 증가함을 표시한다.

데이터 쓰기를 체크하기 위해 S3(RB0)를 누르면 I^2C용 시리얼 EEPROM 메모리에 8개 데이터 Read(읽기)를 실행한다. 실행이 완료되면 아래와 같이 “Read 8bytes”로 표시되면서 이전 쓰기 시작 번지부터 8개 데이터의 16진수 값이 표시된다.

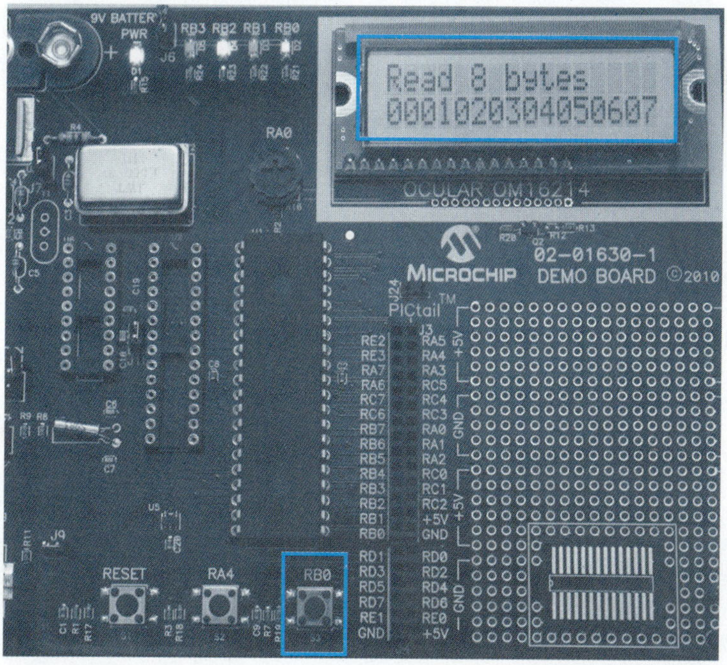

(2) INSEM 8bit PIC 평가 보드 사용시

위 Microchip PICDEM 2 PLUS 보드 사용에서 S2는 SW1, S3는 SW2와 기능이 같으므로 데이터 쓰기는 SW1, 데이터 읽기는 SW2로 실습하면 아래와 같이 캐릭터형 LCD에 출력된다.

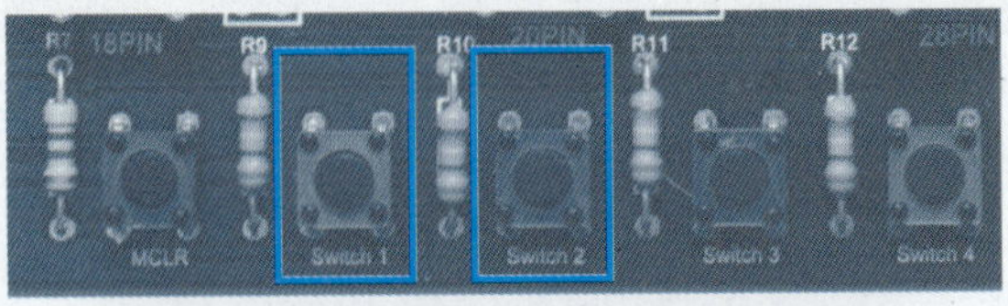

• 초기 화면 표시(SW1 → 데이터 쓰기 실행, SW2 → 데이터 읽기 실행)

• SW1 누를 때 8개 데이터 쓰기 실행 후 출력 화면(시작 번지 : 0x0028)

• SW2 누를 때 8개 데이터 읽기 실행 후 출력 화면
(8개 데이터 표시 : 0x28~0x2F)

실습예제 3 : MSSP 주변장치의 SPI 통신 모드를 이용한 외부 시리얼 EEPROM 메모리 응용실습

이 실습에서는 INSEM 8bit PIC 평가 보드에서만 실습을 한다.

1) 실습목표

(1) INSEM 8bit PIC 평가 보드 사용시

- PIC16F1939 PIC 마이크로컨트롤러 입출력 포트 초기화 설정
  (8비트 데이터 버스 : RD0~RD7, 컨트롤 핀 : RE0~RE2)
- 포트 B(RB0~RB7핀) 중에 RB0 핀을 스위치(SW1) 입력 설정
- 포트 B(RB0~RB7핀) 중에 RB1 핀을 스위치(SW2) 입력 설정
- PIC16F1939 PIC 마이크로컨트롤러 MSSP 주변장치 SPI 통신 모드 초기화 설정
- SPI 통신용 컨트롤 함수 소스 코딩
- SPI용 EEPROM 메모리(25LC320) 컨트롤 함수 소스 코딩(읽기, 쓰기)
- 캐릭터형 LCD 초기화 및 컨트롤 함수 소스 코딩
- 캐릭터형 LCD 컨트롤용 시간 delay 함수 소스 코딩
- 1바이트 값을 16진수로 변환하여 캐릭터형 LCD로 출력하는 함수 소스 코딩
- 스위치 SW1를 누르면 SPI용 시리얼 EEPROM 메모리의 특정 번지에 8개의 데이터 쓰기를 하는 소스 코딩 및 캐릭터형 LCD에 상태 표시하는 소스 코딩
- 스위치 SW2를 누르면 SPI용 시리얼 EEPROM 메모리의 특정 번지에 8개의 데이터 읽기를 하는 소스 코딩 및 캐릭터형 LCD에 상태 표시하는 소스 코딩

2) 실습회로

(1) INSEM 8bit PIC 평가 보드 사용시

① 보드 전원부 세팅 및 회로

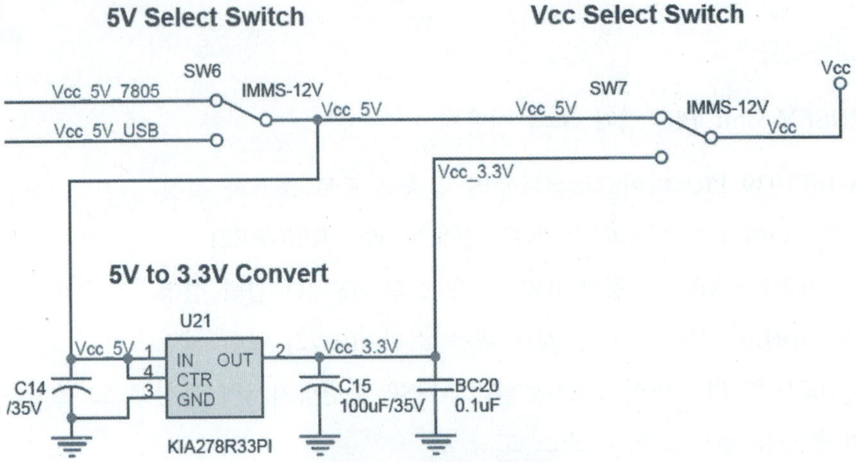

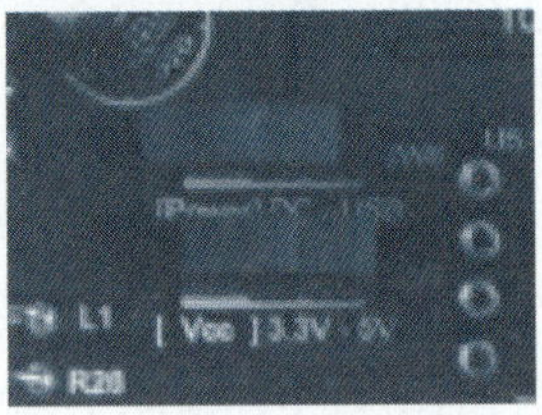

위 그림과 같이 SW6(위)과 SW7(아래)의 설정은 현재 보드에 전원장치로 전원을 공급함으로, SW6은 Power DC 방향(왼쪽)으로 SW7은 PIC MCU의 Vdd 핀으로 전원 공급 전압을 선택하는 스위치로 이 실습에서는 +5V 동작이므로 SW7은 5V(오른쪽)으로 선택한다.

② 40PIN PIC16F1939 주변 회로

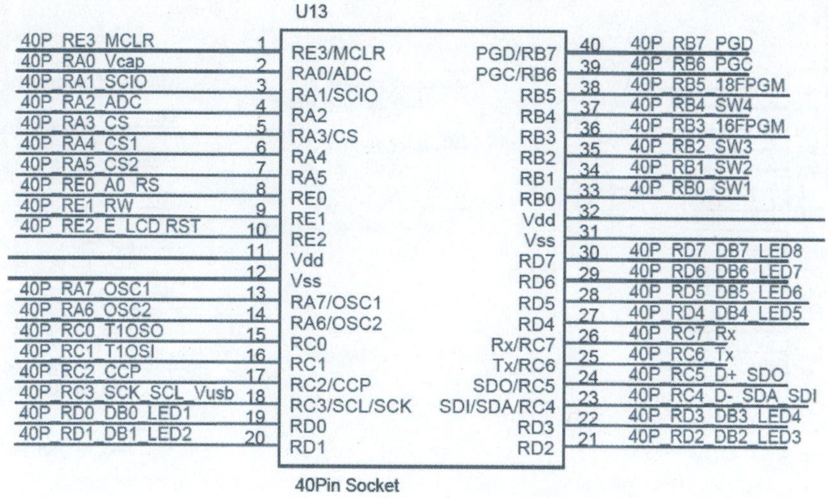

③ 스위치 회로도와 PIC MCU 핀과 연결 회로도

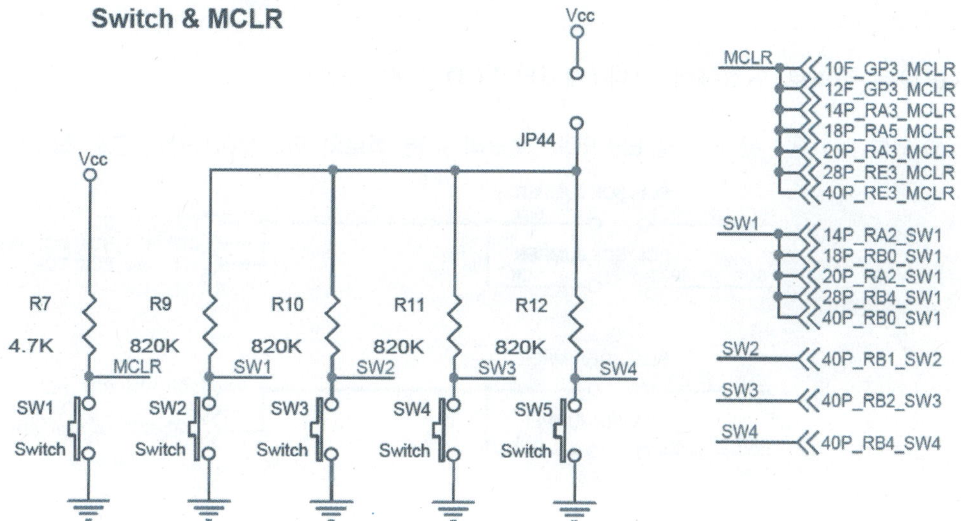

JP44는 점퍼로 연결되어야 한다.

④ 캐릭터형 LCD 주변 회로와 PIC MCU 핀과 연결 회로도

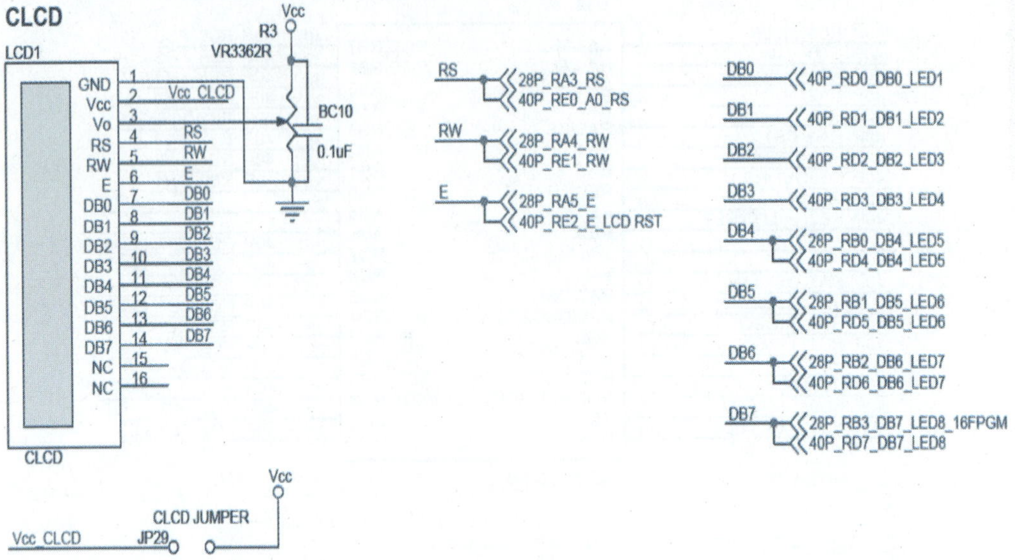

JP29는 점퍼로 연결해야 한다.(캐릭터 LCD 전원 공급)

⑤ 외부 SPI 통신용 시리얼 EEPROM 메모리 주변 회로와 PIC MCU 핀과 연결 회로도

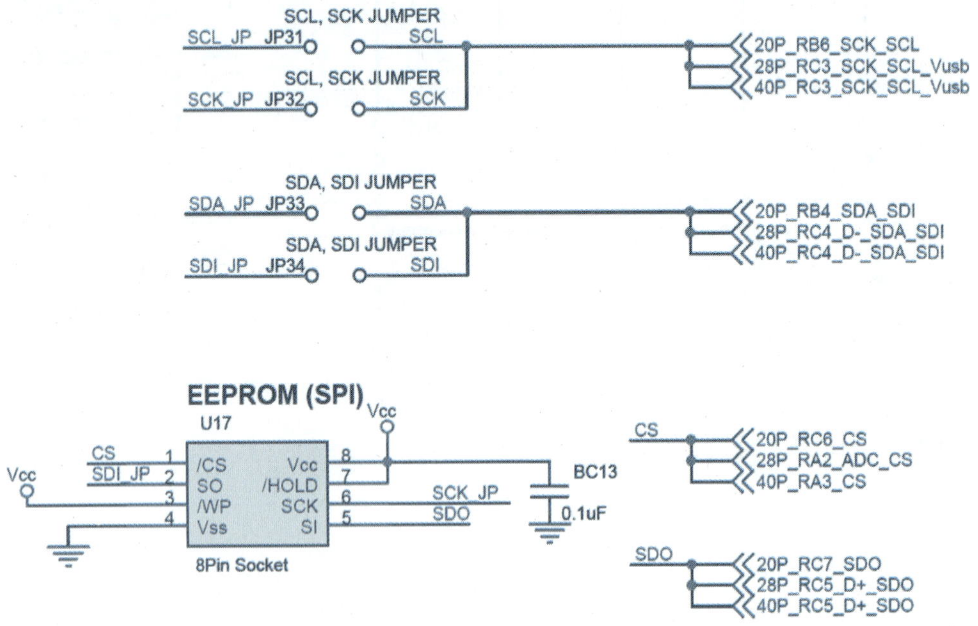

JP32, JP34은 점퍼로 연결해야 한다.

또한, U17 소켓에 SPI용 시리얼 EEPROM 메모리를 삽입한다(이 실습에서는 마이크로칩사의 25LC320을 사용한다).

※ 참고사항: Vcap핀에는 0.1uF콘덴서를 연결해야하나 이 실습에서는 사용하지 않음.

3) 실습환경

- MPLAB X IDE 통합 개발 SW 설치
- MPLAB XC8 컴파일러 설치
  (5장 마이크로칩 8비트 PIC 마이크로컨트롤러 개발환경 셋업 참조)
- 마이크로칩 디버거 장비(PICKit3, ICD3, REAL ICE 중에 택일) 설치
  (본 서적에서는 PICKit3로 모든 실습을 함)
- 전원 9V 또는 자작 보드로 실습시에는 +5V 전원 공급장치 필요

(1) INSEM 8bit PIC 평가 보드 사용시 연결 사진

- 6장 I/O 포트를 이용한 스위치, LED 입출력 구동실습 예제에서 그림 6-10 실습환경 참조

(2) 자작 보드 사용시 연결 구성도

- 6장 I/O 포트를 이용한 스위치, LED 입출력 구동실습 예제에서 그림 6-11 실습환경 참조

4) 실습 코딩 순서

Step 1 MPLAB X IDE를 이용한 새 프로젝트 만들기

실행 1_MPLAB X IDE 실행 후 File 메뉴에서 New Project를 선택한다.

실행 2_프로젝트 선택에서 Categories에서 Microchip Embedded 선택 후 Projects에서 Standalone Project 선택, 그리고 Next를 클릭한다.

실행 3_Device 선택에서 Family에서 Mid-Range 8bit MCU ..... 선택, Device에서 PIC16F1939 선택 후 Next를 클릭한다.

실행 4_Header 선택은 그대로 하고 Next를 클릭한다.

실행 5_Hardware Tool 선택에서 PICKit3 선택, Next를 클릭한다.

실행 6_컴파일러 선택에서 Compiler Toolchains에서 XC8 (V1.xx).... 선택 후 Next를 클

릭한다.

실행 7_Browse 버튼을 클릭하여 Project 만들 폴더 만들기 후 Project Name란에 프로젝트 이름(예 : timer0_1sec)을 입력 후 Finish를 클릭한다.

- Encoding 옵션 설정 : 한글 지원 관련
- UTF-8 또는 x-window949 정도 설정하면 한글 주석 처리 가능

실행 8_File 메뉴에서 New File을 선택한다.

실행 9_Categories에서 C 선택, File Type에서 C Main File 또는 C Source File을 선택 후 Next를 클릭한다.

실행 10_File Name에 소스 코드 이름 입력(예 : timer0_1sec.c) 후 Finish를 클릭한다.

Step 2 MSSP 주변장치의 SPI 통신 모드를 이용한 외부 시리얼 EEPROM 메모리 응용실습 소스 코딩

이전 실습에서 "MSSP 주변장치의 I²C 통신 모드를 이용한 외부 시리얼 EEPROM 메모리 응용실습"의 과정과 거의 동일하므로 소스만 나타낸다. 그리고, 추가되는 기능과 함수에 대해 설명한다.

실행 1_디폴트 헤더문 입력

```
#include <xc.h>
```

실행 2_컨피그레이션 비트 설정 매크로 삽입 코딩

```
__CONFIG(FOSC_INTOSC & WDTE_OFF & PWRTE_ON & MCLRE_OFF & BOREN_OFF);
```

실행 3_캐릭터형 LCD, LED에 대한 I/O 포트 설정 및 전역 변수, 기타 define문 코딩

- INSEM 8bit PIC 평가 보드 사용시

```
//스위치 설정
#define  SW1    PORTBbits.RB0
#define  SW2    PORTBbits.RB1

#define Fosc 16000000                //내부 16MHz 클럭 설정
#define Tosc 1/Fosc                  //내부 16MHz 클럭 주기
#define Fcy Fosc / 4                 // Fcy = Fosc/4
#define Tcy 1 / Fcy                  // 1/4MHz = 250ns
```

```
//INSEM 8bit PIC 평가 보드를 사용할 때
//캐릭터형 LCD 포트 설정
//LCD 컨트롤 핀 설정
#define LCD_EN  LATEbits.LATE2              // LCD 컨트롤 활성화
#define LCD_RW  LATEbits.LATE1              // LCD 데이터 읽기/쓰기
#define LCD_RS  LATEbits.LATE0              // LCD 모드 선택

//LCD 컨트롤 핀 설정
#define LCD_DATA        LATD                // LCD 8비트 데이터 버스

//SPI용 시리얼 EEPROM 25LC320 메모리
#define  MEM_CSLATAbits.LATA3
```

실행 4_포트 입출력 초기화 함수 코딩

- **INSEM 8bit PIC 평가 보드 사용시**

```
//I/O 포트 초기화 함수
void initial_port(void)
{
    // 1 = 입력, 0 = 출력
    //SW1 스위치 입력 포트 초기화
    TRISBbits.TRISB0 = 1;            //RB0 핀을 입력으로 설정
    ANSELB = 0x00;                   //포트 B의 ANxx 핀들 모두 디지털로 설정

    //SW2 스위치 입력 포트 초기화
    TRISBbits.TRISB1 = 1;            //RB1 핀을 입력으로 설정

    //SPI용 시리얼 EEPROM 25LC320 메모리 CS 핀 포트 초기화
    TRISAbits.TRISA3  = 0;           //RA3핀 CS핀 출력 설정
    ANSELA = 0x00;                   //포트 A의 ANxx 핀들 모두 디지털로 설정
    TRISCbits.TRISC5  = 0;           //RC5핀 SDO핀 출력 설정
    TRISCbits.TRISC4  = 1;           //RC4핀 SDI핀 입력 설정
    TRISCbits.TRISC3  = 0;           //RC3핀 SCK핀 출력 설정

    //캐릭터형 LCD을 위한 포트 D 초기화
    TRISD = 0;                       //포트 D의 RD0~RD7 핀까지 모두 출력 설정
    // 1 = 입력, 0 = 출력
    ANSELD = 0x00;                   //포트 D의 ANxx 핀들 모두 디지털로 설정
```

```
    TRISEbits.TRISE0 = 0;          //RE0핀 LCD_RS 출력 설정
    TRISEbits.TRISE1 = 0;          //RE1핀 LCD_RW 출력 설정
    TRISEbits.TRISE2 = 0;          //RE2핀 LCD_EN 출력 설정
    ANSELE = 0x00;                 //포트 E의 ANxx 핀들 모두 디지털로 설정

    MEM_CS = 1;
}
```

실행 5_캐릭터형 LCD 컨트롤용 시간 delay 함수 소스 코딩

```
#define  DelayUs(x)  { unsigned char _dcnt; ₩
         _dcnt = 1; ₩
         while(--_dcnt != 0) ₩
         continue; }

void DelayMs(unsigned char cnt)
{
  unsigned char  i;
  do {
    i = 4;
    do {
      DelayUs(250);
    } while(--i);
  } while(--cnt);
}
```

실행 6_캐릭터형 LCD 컨트롤 함수 소스 코딩

- INSEM 8bit PIC 평가 보드 사용시

```
#define LCD_STROBE()   ((LCD_EN = 1),(LCD_EN=0))
```

– 캐릭터형 LCD 8비트 데이터 쓰기 함수

```
void write_byte_data(unsigned char Lcd_data)
{
  DelayMs(100);
  LCD_DATA = Lcd_data;
  LCD_STROBE();
}
```

– 캐릭터형 LCD 한 문자 데이터 전송 함수

```
void LCD_Put_Data(unsigned char Lcd_data)
{
  LCD_RS = 1;              //write characters
  write_byte_data( Lcd_data );
}
```

– 캐릭터형 LCD 문자열 데이터 전송 함수

```
void LCD_Write_String(const char *Str)
{
  LCD_RS = 1;              //write characters
  while(*Str)
    write_byte_data(*Str++);
}
```

– 캐릭터형 LCD 전체 출력 문자 지우기 함수

```
void LCD_Clear(void)
{
  LCD_RS = 0;
  write_byte_data(0x1);
  DelayMs(100);
}
```

– 캐릭터형 LCD 커서 위치 초기화 함수(첫 번째 라인, 첫 번째 칸)

```
void LCD_Home(void)
{
    write_4bit_data(LCD_COMMAND_MODE ,0x00); // 초기화 디스플레이 명령을 보냄
    write_4bit_data(LCD_COMMAND_MODE ,0x02); // 초기화 디스플레이 명령을 보냄
    DelayMs(100); // 명령이 완료될 때까지 기다림
}
```

– 캐릭터형 LCD 표시 위치 조정 함수

```
void LCD_Goto(unsigned Position, unsigned char Lcd_line)
{
    LCD_RS = 0;
    if ((Lcd_line > 1) || (Position > 15))          // 올바르지 못한 선 또는 열일 경우
        return;                                      // 그냥 아무 것도 하지 않음
    write_byte_data((Lcd_line == 1) ? (0xC0 | Position) : (0x80 | Position));
    // LCD_Goto 명령
    DelayMs(100);                                    // 명령이 완료될 때까지 기다린다.
}
```

실행 7_캐릭터형 LCD 초기화 함수 소스 코딩

• INSEM 8bit PIC 평가 보드 사용시
8비트 데이터 라인 방식일 때

```
void initial_CLCD(void)
{
  LCD_RS = 0;
  LCD_EN = 0;
  LCD_RW = 0;

  DelayMs(100);              //wait 30mSec after power applied.
  LCD_DATA = 0b00111100;
  LCD_STROBE();
  DelayMs(100);
  LCD_DATA = 0b00001100;
  //1100: 커서 없음, 1110 : 아래 바 커서, 1111: 커서 점멸
  LCD_STROBE();
  DelayMs(100);
  LCD_DATA = 0b00000001;
  LCD_STROBE();
  DelayMs(100);
  LCD_DATA = 0b00000110;
  LCD_STROBE();

  LCD_Clear();               //Clear screen
}
```

실행 8_MSSP 주변장치 SPI 통신 모드 초기화 함수 소스 코딩

SPI 통신 인터페이스 중에 클럭 핀은 어느 정도까지 클럭이 되는지가 데이터시트에 자세히 나와 있다. 또한, SPI 마스터 모드인 경우 초기화 함수에서 어느 정도 클럭을 설정할지를 결정해야 한다. 25LC320의 시리얼 EEPROM 메모리인 경우 최대 2MHz까지 통신이 가능하다. SSPCON1 레지스터의 SSPM<3:0> 비트 값을

```
0000이면, SPI 마스터 모드 Clock = Fosc / 4  : 16MHz/4  = 4MHz
0001이면, SPI 마스터 모드 Clock = Fosc / 16 : 16MHz/16 = 1MHz
0010이면, SPI 마스터 모드 Clock = Fosc / 64 : 16MHz/64 = 250kHz
0011이면, SPI 마스터 모드 Clock = TMR2 Output / 2
```

```
01000이면, SPI 슬레이브 모드 Clock = SCK 핀 입력, /SS핀 사용
01010이면, SPI 슬레이브 모드 Clock = SCK 핀 입력, /SS핀 사용 안함
```

위와 같이 설정 가능하다.

이 실습에서는 SSPM<3:0> = 0001인 마스터 모드, 1MHz로 설정한다.

```
//MSSP 주변장치 SPI 통신 모드 초기화 함수
void initial_spi(void)
{
    //SSPM<3:0> 비트 : SSP 통신 마스터 모드 설정 : Fosc / 4,1MHz 클럭 설정
    SSPCON1bits.SSPM3 = 0;
    SSPCON1bits.SSPM2 = 0;
    SSPCON1bits.SSPM1 = 0;
    SSPCON1bits.SSPM0 = 1;
    NOP();                          //1 사이클 딜레이
    SSPSTATbits.SMP = 0;            //데이터 비트 중간 샘플링
    SSPSTATbits.CKE = 1;            //SPI Clock 에지 선택 : Mode 0,0
    SSPCON1bits.CKP = 0;            //클럭 핀 Low Level 시작
    SSPCON1bits.SSPEN = 1;          //SSPEN 비트 : 1 = SSP 포트 사용, 0=사용 불가
    PIR1bits.SSPIF = 0;             //SSP 주변장치 인터럽트 플래그 클리어
}
```

실행 9_SPI 통신 시리얼 EEPROM 메모리 컨트롤 함수 소스 코딩

마이크로칩사의 25LC320의 데이터시트를 보면 아래와 같이 명령어를 define문으로 선언한다.

```
#define READ_INSTRUCTION             0x03    //25LC320 1바이트 읽기 명령
#define WRITE_INSTRUCTION            0x02    //25LC320 1~32바이트 쓰기 명령
#define WRITE_ENABLE_INSTRUCTION     0x06    //25LC320 쓰기 활성 명령
#define WRITE_DISABLE_INSTRUCTION    0x04    //25LC320 쓰기 비활성 명령

//1 바이트 SPI 전송 함수
void spi_transmit_byte(unsigned char x)
{
    SSPBUF = x;
    while(!PIR1bits.SSPIF);
    PIR1bits.SSPIF = 0;
}

//SPI용 시리얼 EEPROM 메모리 쓰기 활성화 함수
```

```
void SPI_Write_Mem_Enalbe(void)
{
        MEM_CS = 0;
    spi_transmit_byte(WRITE_ENABLE_INSTRUCTION);
    DelayUs(10);
        MEM_CS = 1;

}

//SPI용 시리얼 EEPROM 메모리 쓰기 비활성화 함수
void SPI_Write_Mem_Disalbe(void)
{
        MEM_CS = 0;
    spi_transmit_byte(WRITE_DISABLE_INSTRUCTION);
    DelayUs(10);
        MEM_CS = 1;

}
```

실행 10_**SPI 통신용 시리얼 EEPROM 메모리 읽기 함수 소스 코딩**

```
//SPI용 시리얼 EEPROM 메모리 읽기 함수
unsigned char SPI_Read_Mem(unsigned int mem_address)
{
    unsigned char temp;
    MEM_CS=0;
    NOP();                                          //1 Cycle 딜레이
    NOP();                                          //1 Cycle 딜레이
    spi_transmit_byte(READ_INSTRUCTION);            //읽기 명령 보내기
    spi_transmit_byte((unsigned char)(mem_address>>8)); //16비트 주소 중 상위 8비트 전송
    spi_transmit_byte((unsigned char)mem_address);      //16비트 주소 중 하위 8비트 전송
    spi_transmit_byte(0xFF);                        //데이터 수신 위해 1바이트 전송
    temp=SSPBUF;                                    //1 바이트 데이터 수신 저장
    NOP();                                          //1 Cycle 딜레이
    NOP();                                          //1 Cycle 딜레이
    MEM_CS=1;
    return temp;
}
```

실행 11_SPI 통신용 시리얼 EEPROM 메모리 쓰기 함수 소스 코딩

```
//SPI용 시리얼 EEPROM 메모리 1 바이트 쓰기 함수
void SPI_Write_Mem(unsigned int mem_address, unsigned char data)
{
    unsigned char i,j;
    MEM_CS = 0;
    NOP();                    //1 Cycle 딜레이
    NOP();                    //1 Cycle 딜레이
    spi_transmit_byte(WRITE_INSTRUCTION);
    spi_transmit_byte((unsigned char)(mem_address>>8));
    spi_transmit_byte((unsigned char)mem_address);
    spi_transmit_byte(data);
    NOP();                    //1 Cycle 딜레이
    NOP();                    //1 Cycle 딜레이
    MEM_CS = 1;
}

//SPI용 시리얼 EEPROM 메모리 PAGE 쓰기 함수 : 최대 32바이트까지
void SPI_Write_Page_Mem(unsigned int mem_address,unsigned char data_size, unsigned
char *data)
{
    unsigned char i,j;
    MEM_CS = 0;
    NOP();                    //1 Cycle 딜레이
    NOP();                    //1 Cycle 딜레이
    spi_transmit_byte(WRITE_INSTRUCTION);
    spi_transmit_byte((unsigned char)(mem_address>>8));
    spi_transmit_byte((unsigned char)mem_address);
    for(i=0;i<data_size;i++)
    {
        spi_transmit_byte(*data);
        data++;
    }
    NOP();                    //1 Cycle 딜레이
    NOP();                    //1 Cycle 딜레이
    MEM_CS = 1;
}
```

실행 12_1바이트 값을 16진수로 변환하여 캐릭터형 LCD로 출력하는 함수 소스 코딩

```
// 1바이트 값을 16진수 변환 LCD 출력 함수 소스 코딩
void display_Lcd_byte_to_hex(unsigned char byte_value)
```

```
{
    unsigned char hex_10;       //16진수 십자리 표시 변수
    unsigned char hex_1;        //16진수 일자리 표시 변수

    hex_10 = (char)(byte_value >>4);
    if(hex_10 < 10) {  hex_10 = hex_10 + '0'; }
    else     {     hex_10 = hex_10 + 'A' - 10; }

    hex_1 = (char)(byte_value & 0x0F);
    if(hex_1 < 10) {  hex_1 = hex_1 + '0'; }
    else     {     hex_1 = hex_1 + 'A'- 10; }

     LCD_Put_Data(hex_10);    //16진수 십의 자리 ASCII 값 LCD로 출력
     LCD_Put_Data(hex_1);     //16진수 일의 자리 ASCII 값 LCD로 출력
}
```

실행 13_메인 함수 및 스위치 입력에 따라 8개씩 데이터를 외부 SPI용 EEPROM 메모리에 쓰기/읽기 실행하고 캐릭터형 LCD로 상태 및 결과를 출력하는 함수 소스 코딩

```
int main(int argc, char** argv)
{
    unsigned int eeprom_addr;          //메모리 주소지정 변수(15비트 사용)
    unsigned int eeprom_count;         //메모리 카운트 변수
    unsigned char eeprom_data[32];  //메모리 저장용 데이터 변수

    //오실레이터 초기화
    OSCCON = 0b01111000;             //16MHz 내부 클럭 설정

    initial_port();                        //LED를 위한 포트 초기화 함수 실행

    initial_spi();                         //MSSP 주변장치 SPI 초기화 함수 실행

    initial_CLCD();                        //캐릭터형 LCD  초기화 함수 실행

    eeprom_addr = 0;
    eeprom_count = 0;

    LCD_Goto(0, 0);                        //0: 첫 번째 문자, 0: 첫 번째 라인 위치로 이동
    LCD_Write_String("Push SW1 [Write]");
    LCD_Goto(0, 1);                        //0: 첫 번째 문자, 1: 두 번째 라인 위치로 이동
```

```
    LCD_Write_String("Push SW2 [Read]");

    while(1)
    {
        if(SW1==0)                    //SW1 스위치 누를 때 I2C용 시리얼 EEPROM 메모
                                      리에 쓰기
        {
            eeprom_count = eeprom_addr + 8;  //8개 데이터 카운트 설정
            LCD_Clear();
            LCD_Goto(0, 0);                  //0: 첫 번째 문자, 0: 첫 번째 라인 위치
                                             로 이동
            LCD_Write_String("Write 8 bytes ");
            LCD_Goto(0, 1);                  //0: 첫 번째 문자, 1: 두 번째 라인 위치
                                             로 이동
            LCD_Write_String("Start Add:");
             //8개 데이터의 시작 주소 표시
            display_Lcd_byte_to_hex((char)(eeprom_addr>>8));
            display_Lcd_byte_to_hex((char)(eeprom_addr & 0x00FF));
            SPI_Write_Mem_Enalbe(); //SPI용 시리얼 EEPROM 메모리 쓰기 활성화 함수
            for(; eeprom_addr<eeprom_count;eeprom_addr++)
            {
                eeprom_data[eeprom_addr%8]=eeprom_addr%16;
            }
            //시리얼 EEPROM 메모리에 데이터 8바이트 쓰기
            SPI_Write_Page_Mem(eeprom_addr, 8, eeprom_data );
            SPI_Write_Mem_Disalbe();//SPI용 시리얼 EEPROM 메모리 쓰기 비활성화 함수
        }

        if(SW2==0)   //SW2 스위치 누를 때 I2C용 시리얼 EEPROM 메모리로부터 읽기
        {
            eeprom_addr -=8;        //eeprom 주소 초기화
            LCD_Clear();
            LCD_Goto(0, 0);         //0: 첫 번째 문자, 0: 첫 번째 라인 위치로 이동
            LCD_Write_String("Read 8 bytes ");
            LCD_Goto(0, 1);         //0: 첫 번째 문자, 1: 두 번째 라인 위치로 이동
            for(; eeprom_addr<eeprom_count;eeprom_addr++)
            {   //시리얼 EEPROM 메모리에 데이터 읽기
                display_Lcd_byte_to_hex(SPI_Read_Mem(eeprom_addr));
            }
        }
    }
}
```

실행 14_eeprom_spi.c란 파일을 저장하고 코딩을 완성한다.

실행 15_Make & Program 버튼 클릭 후 보드 동작을 확인한다.

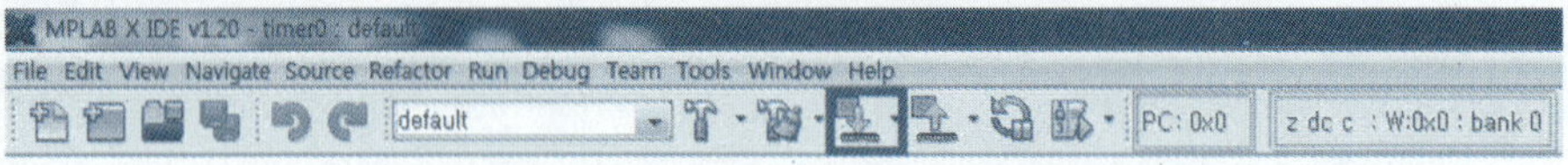

실행 16_경고창이 실행된 경우 OK를 클릭한다.

5) 실습결과

(1) INSEM 8bit PIC 평가 보드 사용시

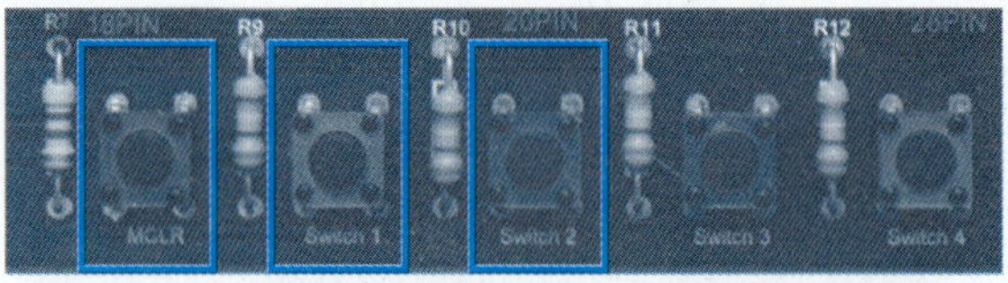

이전 I^2C용 시리얼 메모리 실습과 마찬가지로 위 보드 그림에서 맨 왼쪽 사각형 표시의 리셋(MCLR) 버튼을 누르면 초기 메시지가 아래 사각형 캐릭터형 LCD에 표시된다.

초기 화면 표시(SW1 → 데이터 쓰기 실행, SW2 → 데이터 읽기 실행)

SW1과 SW2를 누르면 시리얼 EEPROM 메모리에 데이터를 쓰기 또는 읽기를 테스트하게 된다. 또한, 가운데 SW1을 누르면 SPI용 시리얼 EEPROM 메모리에 8개 데이터 Write(쓰기)를 실행한다. 실행이 완료되면 아래와 같이 "Write 8 bytes"로 표시되면서 8개 데이터의 시작 번지는 0000번지로 표시된다. SW1스위치를 계속 눌렀다, 떼었다를 반복하면 8개의 데이터가 계속 증가하므로 시작 번지도 8씩 증가함을 표시한다.

SW1 누를 때 8개 데이터 쓰기 실행 후 출력 화면(시작 번지 : 0x0028)

데이터 쓰기를 체크하기 위해 맨 오른쪽 SW2를 누르면 SPI용 시리얼 EEPROM 메모리에 8개 데이터 Read(읽기)를 실행한다. 실행이 완료되면 아래와 같이 "Read 8 bytes"로 표시되면서 이전 쓰기 시작 번지부터 8개 데이터의 16진수 값이 표시된다.

SW2 누를 때 8개 데이터 읽기 실행 후 출력 화면
(8개 데이터 표시 :0x28~0x2F)

15장

CCP 모듈 응용실습 및 브러시 DC 모터 제어 응용실습

1. CCP 모듈의 개요

1) CCP 모듈 구조

CCP 모듈은 Capture/Compare/PWM 모드의 줄임말로써, PIC16F1939 마이크로컨트롤러의 핀 중에 CCPx(x는 번호)로 표시된 핀들이 바로 CCP 기능을 할 수 있다. PIC16F1939 MCU는 CCP1~CCP5까지 5개의 CCP 핀을 지원한다.

Capture 모드는 CCPx 핀으로 들어오는 펄스폭을 16비트 레지스터를 가지고 시간을 잴 수 있고, Compare 모드는 CCPx 핀으로 어떤 펄스폭을 16비트 레지스터의 해상도로 만들어 출력할 수 있다. 그리고, PWM 모드는 Compare 모드를 확장한 것으로 10비트의 주기적인 펄스와 가변적인 펄스폭을 만들어 CCPx 핀으로 출력할 수 있다.

따라서, Capture, Compare, PWM 모드의 공통점은 타이머를 사용하여 펄스폭을 재거나 만들거나 주기적으로 출력해야 하므로 타이머 주변장치와 같이 사용하여야 한다.

표 15-1은 CCP 모드에서 사용하는 타이머와의 관계이다.

표 15-1 CCP 모드에서 사용하는 타이머와의 관계

CCP 모드	타이머 리소스
캡처(Capture)	타이머 1
비교(Compare)	타이머 1
PWM	타이머 2 또는 4.6

ECCP 기능으로 표시가 된 것은 특수한 PWM의 출력에 대한 것으로 데이터시트 CCP 주변장치를 참고하길 바란다(여기서는 기초 단계 레벨이므로 생략함).

ECCP 기능 참고자료는 한국마이크로칩 지사 홈페이지 www.microchipkorea.com에서 자료실 - 기술 참고자료 , 모터 컨트롤 가이드북 PDF 를 다운받아 Full Bridge 모터 컨트롤 부분을 참고 바란다.

2) Capture 모드

캡처 모드에서는 CCPx 핀의 펄스폭이 입력되어 이벤트가 발생할 때 CCPRxH : CCPRxL가 TMR1 레지스터의 16비트 값을 캡처한다. 입력된 펄스에 대한 이벤트는 아래와 같다.

- 매 하강 엣지
- 매 상승 엣지
- 매 4번째 상승 엣지
- 매 16번째 상승 엣지

입력된 펄스에 대한 이벤트는 제어 비트 CCPxM3:CCPxM0 (CCPxCON<3:0>)에 의해 선택된다. Capture가 되면 인터럽트 요청 플래그 비트 CCPxIF가 1로 세팅된다. CCPxIF 비트는 소프트웨어에서 클리어되어야 한다. 그림 15-1과 같이 Capture는 16비트 TMR1 레지스터를 리셋하지 않고 계속 오버플로우되므로 두 번째 캡처들 사이의 시간은 첫 번째 캡처와 두 번째 캡처 값 사이의 차이로서 쉽게 계산될 수 있다. 프리스케일러는 입력 주파수의 평균분해능을 얻기 위해 쓰인다.

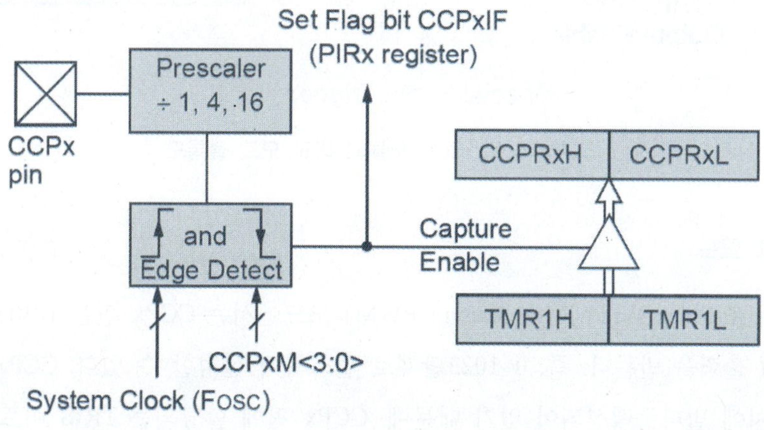

그림 15-1 CCP 모듈의 캡처 모드 블록도

3) Compare 모드

비교 모드에서는 CCPx 레지스터값은 TMR1 레지스터 하이/로우 바이트의 값에 대해서 지속적으로 비교된다. 비교시간이 매치가 되면 CCPx핀은 아래와 같이 출력한다.

- 하이(High)로 출력(1로)한다.
- 로우(Low)로 출력(0으로)한다.
- 토글된다(1과 0로 계속 반복)

CCPx 핀의 동작은 해당 제어비트인 CCPxM3:CCPxM0(CCPxCON<3:0>)의 값으로 초기화하여 설정할 수 있다. 같은 시간에 또한 비교 인터럽트가 발생한다. 비교 모드의 선택은 CCPx 핀의 상태를 현재 상태에서 반대 상태로 옮긴다. 그래서 만일 초기에 출력핀을 로우 상태이라면 출력핀은 Compare에 의해 이벤트가 발생하면 하이 상태로 바뀌게 된다.

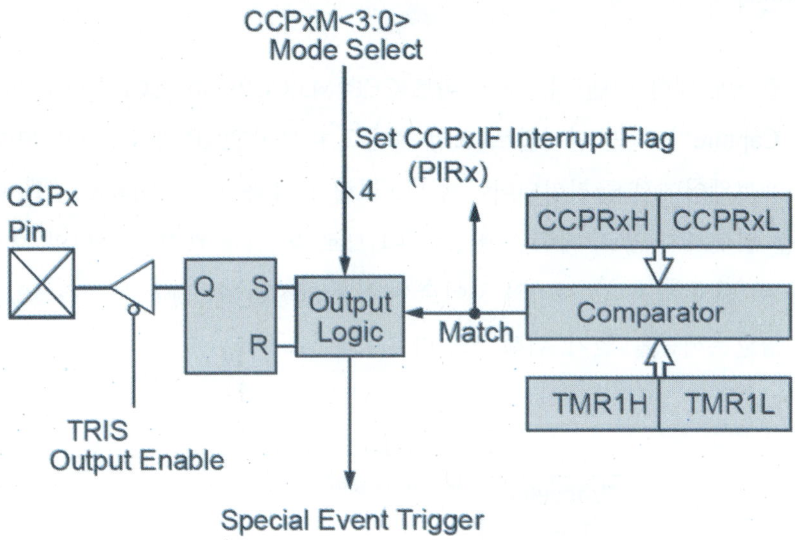

그림 15-2 CCP 모듈의 비교 모드 블록도

4) PWM 모드

펄스폭 변조(Pulse Width Modulation : PWM) 모드에서는 CCPx 핀은 10비트 분해능을 가진 PWM 출력을 만든다. 즉, 0~1023단계로 펄스폭이 설정할 수 있다. CCPx 핀이 포트 데이터 래치에 멀티플렉싱되어 있기 때문에, CCPx 핀에 할당되는 TRIS 비트는 CCPx핀을 출력으로 하기 위해 클리어되어야 한다.

아래 그림과 같이 PWM모드에서 CCP 모듈의 간략화된 블록 다이어그램을 보여준다.

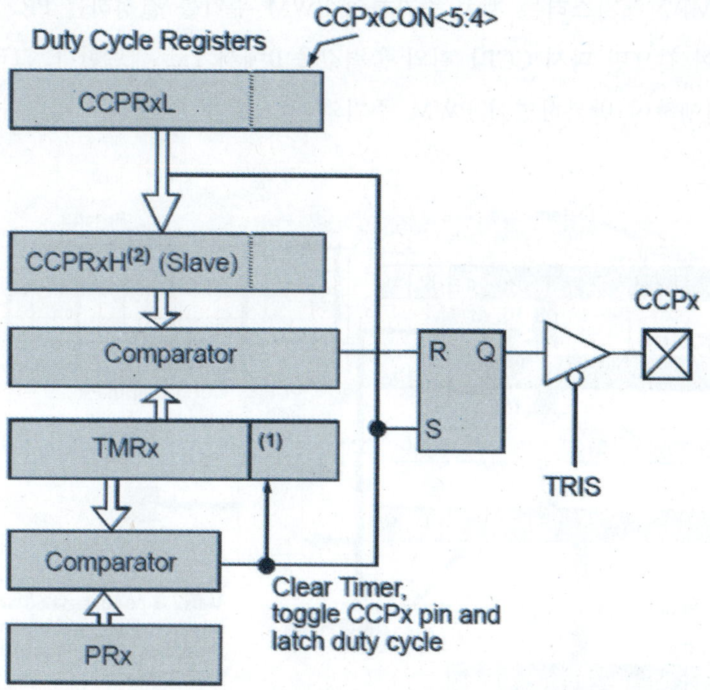

그림 15-3 CCP 모듈의 PWM 모드 블록도

PWM 모드의 자세한 동작을 위해 그림 15-4를 순서대로 설명한다.

① 타이머2는 PWM 모드에서 동작하도록 설정되었다. TMR2 레지스터의 8비트 이하 2비트는 프리스케일러에서 2비트가 추가되어 10비트 타이머로 동작한다.

② TMR2 레지스터가 Fosc 클럭받아 증가하여 00000011로 되는 순간 PWM 주기를 결정하는 PR2 레지스터의 설정값인 000000011과 비교하여 같다고 판단되면 3번이 진행된다.

③ CCP1핀의 출력이 0에서 1로 바뀌게 된다.

④ 2번 이벤트로 인해 10비트의 PWM 펄스폭을 결정하는 상위 8비트인 CCPR1L 레지스터 8비트 값과 하위 2비트인 CCP1CON 레지스터의 2비트로 설정된 값이 CCPR1H 레지스터로 전송된다.

⑤ TMR2 레지스터가 00000000 00에서부터 Fosc 클럭마다 1씩 증가한다. 이때 CCP1

핀의 출력도 계속 1로 클럭이 증가할 때마다 계속 1을 유지하며 출력한다.

⑥ TMR2 레지스터값이 증가하다가 CCPR1H 값과 비교하여 같으면 TMR2의 증가를 중지하고, CCP1 핀을 1에서 0으로 클리어한다.

⑦ 다시 TMR2 레지스터는 계속 증가하여 PWM 주기를 결정하는 PR2 레지스터값과 비교하여 같으면 다시 CCP1 핀의 출력값을 0에서 1로 세트한다. 그리고, 다시 1번으로 진행하여 반복하면서 PWM 주기와 펄스폭을 듀티 사이클마다 출력한다.

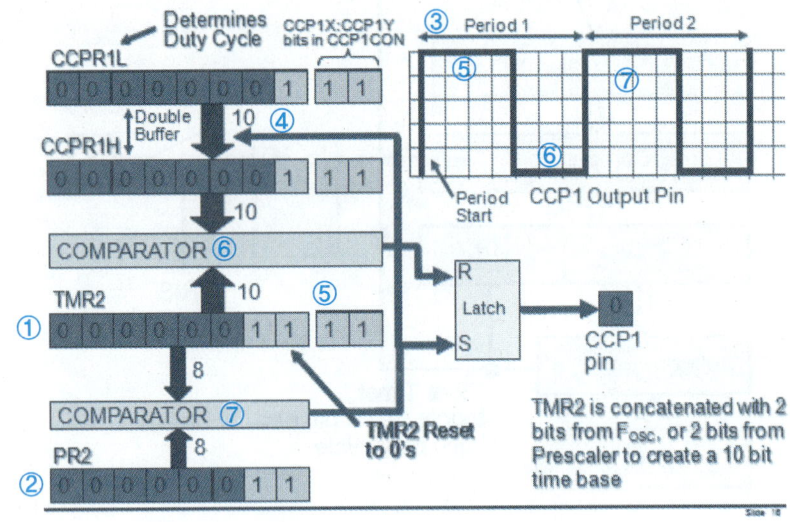

그림 15-4 PWM 모드 동작 과정

2. 펄스폭변조의 개요

PWM(Pulse Width Modulation)은 펄스폭변조라고 한다. 펄스폭을 전송하고자 하는 신호에 따라 변화시키는 변조방식을 PWM 방식이라 하며, 모터 제어나 전압제어에 많이 사용된다.

여기서 펄스란 짧은 시간동안 생기는 진동현상과 같은 것으로, 평상시 0이란 값으로 있다가 짧은 시간 1의 값을 가지는 경우를 생각하면 되겠다. 펄스와 펄스폭은 그림 15-5로 설명하도록 한다.

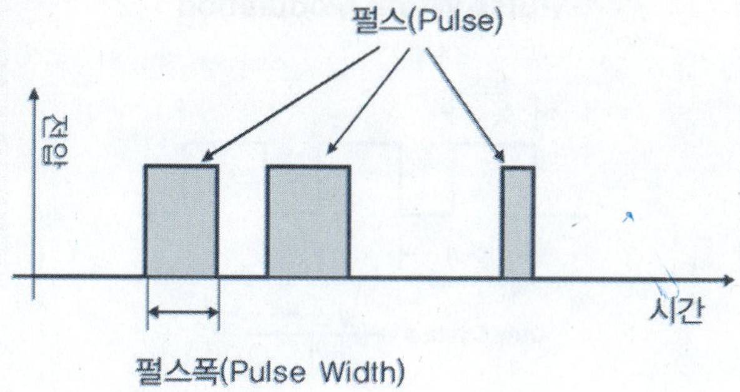

그림 15-5 펄스와 펄스폭

펄스폭변조(PWM)은 그림 15-6과 같이 PWM 주기 안에서의 펄스폭으로 신호의 값을 나타내는 것이다. 이때, 그림의 수치는 전체 PWM 주기와 펄스폭의 비율을 퍼센트로 표시한 것이다.

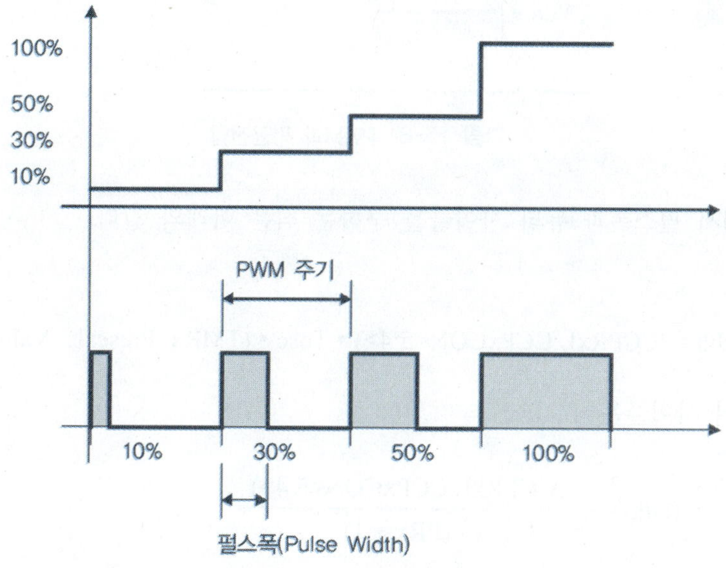

그림 15-6 PWM의 변조방식

PIC 마이크로컨트롤러의 타이머는 이 펄스를 만드는데 매우 유용하다. 타이머를 이용하여 PWM 신호를 생성한 후 모터를 구동하는 예제를 다루게 될 것이다.

PWM 방식는 구동전압을 바꾸고 있는 것과 같은 효과를 내고 있지만, 그 방법이 펄스폭에 따르고 있으므로 펄스폭변조(PWM : Pulse Width Modulation)라 하고 있다.

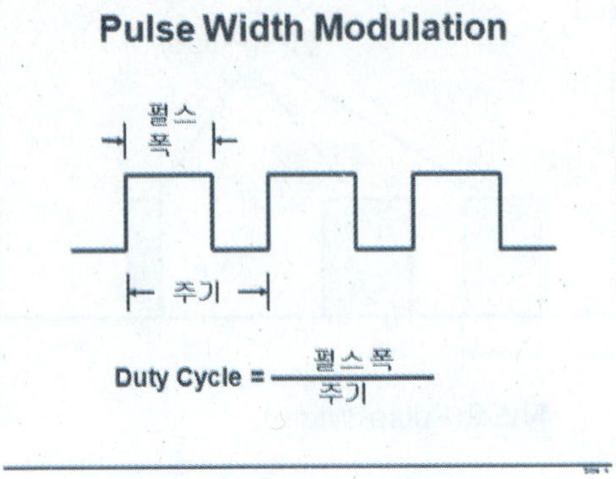

그림 15-7 PWM 주기 및 듀티사이클

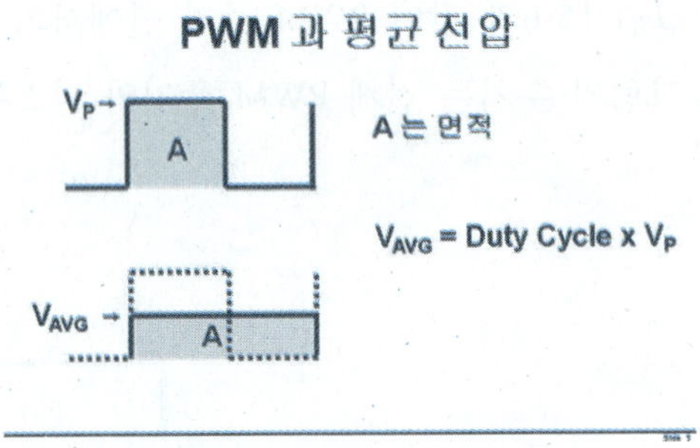

그림 15-8 PWM과 평균전압

위 그림에서 펄스폭과 듀티 사이클을 구하는 식은 아래와 같다.

펄스폭은

$$\text{Pulse Width} = (\text{CCPRxL:CCPxCON}<5:4>) \bullet \text{Tosc} \bullet (\text{TMRx Prescale Value})$$

이고, 듀티 사이클은

$$\text{Duty Cycle Ratio} = \frac{(\text{CCPRxL:CCPxCON}<5:4>)}{4(\text{PRx} + 1)}$$

이다.

1) PIC16F1939의 CCP 주변장치 설정 레지스터

표 15-2 CCPxCON 레지스터

PxM1	PxM0	DCxB1	DCxB0	CCPxM3	CCPxM2	CCPxM1	CCPxM0

BIT	FUNCTION
CCPxM<3:0>	CCP 모드 선택 비트는 입력 캡처, 출력 캡처 혹은 PWM 모드로 구성되어 있다.
DCxB1:DCxB0	PWM 듀티 사이클 2개의 LSB(8MSB는 CCPR1L에 위치한다.)
PxM1:PxM0	이들 PWM 출력 구성 비트들은 단지 Enhanced CCP(ECCP)모드들에서만 가능하다. 이들은 하프-브리지 혹은 풀 브리지 출력 조정(스티어링) 제어를 제공한다.

표 15-3 CCP 모듈 동작 모드 설정표

CCPxM3	CCPxM2	CCPxM1	CCPxM0	CCP 모드 선택
0	0	0	0	CCP 모듈 리셋(Capture Compare/PWM off)
0	0	0	1	미사용(보류)
0	0	1	0	Compare mode, 매치되면 토글 출력
0	0	1	1	미사용(보류)
0	1	0	0	Capture mode, 모두 하강 엣지에서 선택
0	1	0	1	Capture mode, 모두 상승 엣지에서 선택
0	1	1	0	Capture mode, 모두 4번째 상강 엣지에서 선택
0	1	1	1	Capture mode, 모두 16번째 상강 엣지에서 선택
1	0	0	0	Compare mode, 매칭되면 설정 출력
1	0	0	1	Compare mode, 매칭되면 삭제 출력
1	0	1	0	Compare mode, 매칭되면 소프트웨어 인터럽트가 발생한다.
1	0	1	1	Compare mode, 트리거 특별 이벤트
1	1	x	x	PWM 모드

아래 CCPTMRS0, CPTMRS1 레지스터는 PWM 모드시에 사용하는 타이머를 각 CCPx 모듈로 할당하는 레지스터이다. 예를 들어, CCP4 핀을 PWM 모드로 사용하기 위해 타이머6을 CCP4로 설정한다면 C4TSEL <1:0> 비트를 10으로 설정해야 한다.

R/W-0/0	R/W-0/0	R/W-0/0	R/W-0/0	R/W-0/0	R/W-0/0	R/W-0/0	R/W-0/0
C4TSEL<1:0>		C3TSEL<1:0>		C2TSEL<1:0>		C1TSEL<1:0>	
bit 7							bit 0

Legend:		
R = Readable bit	W = Writable bit	U = Unimplemented bit, read as '0'
u = Bit is unchanged	x = Bit is unknown	-n/n = Value at POR and BOR/Value at all other Resets
'1' = Bit is set	'0' = Bit is cleared	

bit 7–6 C4TSEL〈1:0〉: CCP4 타이머 선택
00 = CCP4는 PWM 모드에서 타이머2를 off한다.
01 = CCP4는 PWM 모드에서 타이머4를 off한다.
10 = CCP4는 PWM 모드에서 타이머6을 off한다.
11 = Reserved
bit 5–4 C3TSEL〈1:0〉: CCP3 타이머 선택
00 = CCP3는 PWM 모드에서 타이머2를 off한다.
01 = CCP3는 PWM 모드에서 타이머4를 off한다.
10 = CCP3는 PWM 모드에서 타이머6을 off한다.
11 = Reserved
bit 3–2 C2TSEL〈1:0〉: CCP2 타이머 선택
00 = CCP2는 PWM 모드에서 타이머2를 off한다.
01 = CCP2는 PWM 모드에서 타이머4를 off한다
10 = CCP2는 PWM 모드에서 타이머6을 off한다.
11 = Reserved
bit 1–0 C1TSEL〈1:0〉: CCP1 타이머 선택
00 = CCP1는 PWM 모드에서 타이머2를 off한다.
01 = CCP1는 PWM 모드에서 타이머4를 off한다.
10 = CCP1는 PWM 모드에서 타이머6을 off한다.
11 = Reserved

그림 15–9 CCPTMRS0 레지스터

U-0	U-0	U-0	U-0	U-0	U-0	R/W-0/0	R/W-0/0
—	—	—	—	—	—	C5TSEL<1:0>	
bit 7							bit 0

bit 7–2 미사용: '0'로 읽기

bit 1–0 C5TSEL〈1:0〉: CCP5 타이머 선택

00 = CCP5는 PWM 모드에서 타이머2를 off한다.
01 = CCP5는 PWM 모드에서 타이머4를 off한다.
10 = CCP5는 PWM 모드에서 타이머6을 off한다.

그림 15–10 CCPTMRS1 레지스터

실습예제 : CCP1 주변장치를 이용한 PWM 응용 버저 구동실습

1) 실습목표

(1) Microchip PICDEM 2 PLUS 보드 사용시

- PIC16F1939 PIC 마이크로컨트롤러 입출력 포트 초기화 설정
- PIC16F1939 PIC 마이크로컨트롤러 UART 주변장치 초기화 설정
- PIC16F1939 PIC 마이크로컨트롤러 ADC 주변장치 초기화 설정
- PIC16F1939 PIC 마이크로컨트롤러 CCP1 주변장치 PWM 모드 초기화 설정(타이머2 선택 사용 초기화 포함)
- ADC 응용 폴링 방식 A/D 변환 함수 소스 코딩
- UART 주변장치 초기화 설정
- UART 주변장치의 TX핀으로 한 문자 송신 함수 소스 코딩
- stdio.h 헤더 응용 stdio 라이브러리 추가 및 printf문 사용방법
- 윈도우용 시리얼 통신 응용 프로그램인 "하이퍼터미널" 설정
- 가변저항(R16, POT)과 연결된 AN0 아날로그 입력 채널로부터 전압을 읽고 ADC를 응용 A/D 변환값을 PWM으로 RC2핀(CCP1) 출력하는 함수 소스 코딩
- UART 통신으로 printf문을 사용하여 PWM 주파수 변환값 출력 소스 코딩

(2) INSEM 8bit PIC 평가 보드 사용시

- PIC16F1939 PIC 마이크로컨트롤러 입출력 포트 초기화 설정
- PIC16F1939 PIC 마이크로컨트롤러 UART 주변장치 초기화 설정
- PIC16F1939 PIC 마이크로컨트롤러 ADC 주변장치 초기화 설정
- PIC16F1939 PIC 마이크로컨트롤러 CCP1 주변장치 PWM 모드 초기화 설정(타이머2 선택 사용 초기화 포함)
- ADC 응용 폴링 방식 A/D 변환 함수 소스 코딩
- UART 주변장치 초기화 설정
- UART 주변장치의 TX핀으로 한 문자 송신 함수 소스 코딩
- stdio.h 헤더 응용 stdio 라이브러리 추가 및 printf 문 사용방법
- 윈도우용 시리얼 통신 응용 프로그램인 "하이퍼터미널" 설정

- 가변저항(R21, POT)과 연결된 AN2 아날로그 입력 채널로부터 전압을 읽고 ADC를 응용 A/D 변환값을 PWM으로 RC2핀(CCP1) 출력하는 함수 소스 코딩
- UART 통신으로 printf문을 사용하여 PWM 주파수 변환값 출력 소스 코딩

2) 실습회로

(1) Microchip PICDEM 2 PLUS 보드 또는 자작 보드 사용시

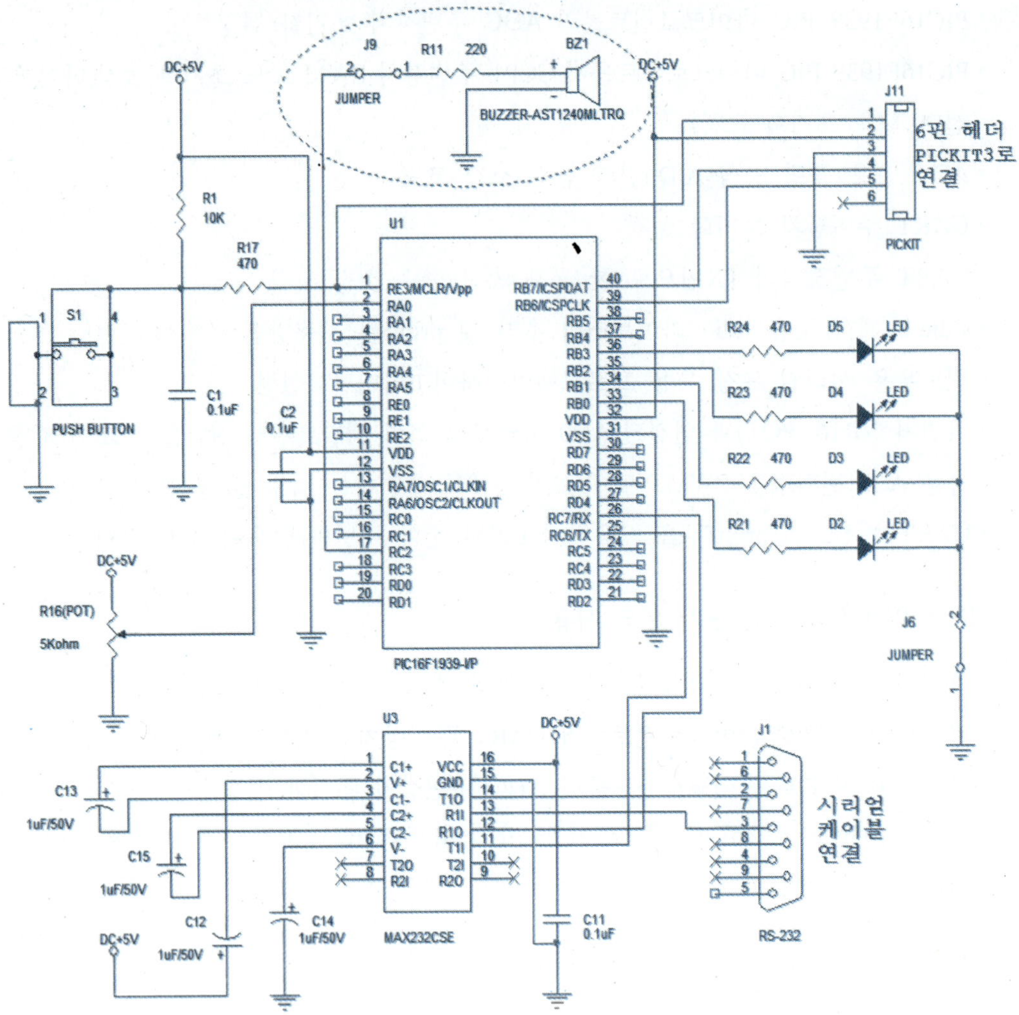

(2) INSEM 8bit PIC 평가 보드 사용시

① 보드 전원부 세팅 및 회로

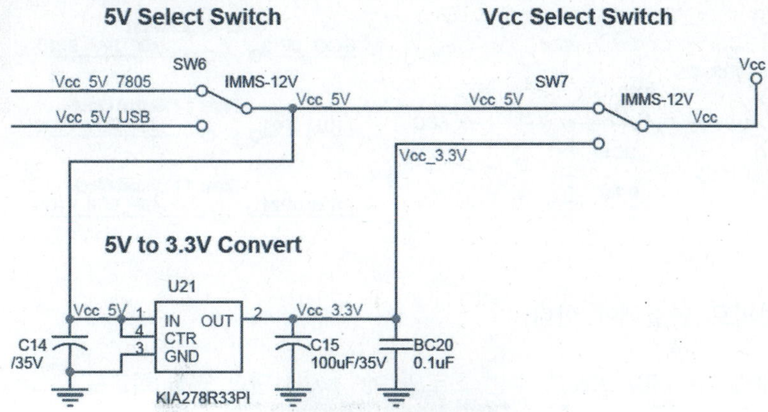

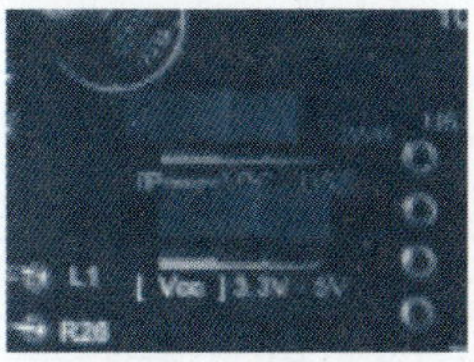

위 그림과 같이 SW6(위)과 SW7(아래)의 설정은 현재 보드에 전원장치로 전원을 공급함으로, SW6은 Power DC 방향(왼쪽)으로 SW7은 PIC MCU의 Vdd 핀으로 전원 공급 전압을 선택하는 스위치로 이 실습에서는 +5V 동작이므로 SW7은 5V(오른쪽)으로 선택한다.

② 40PIN PIC16F1939 주변 회로

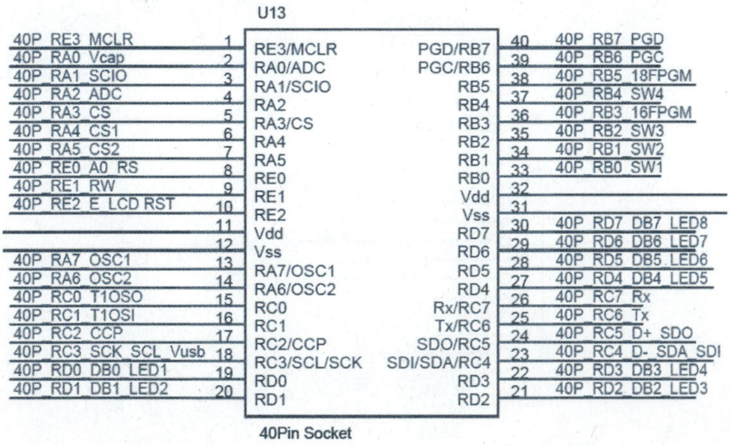

③ 가변저항(R21, POT) 주변 회로도와 PIC MCU 핀과 연결 회로도

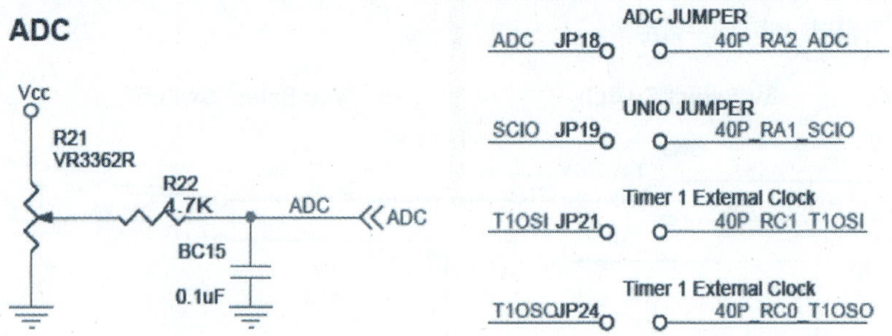

JP18은 점퍼로 연결해야 한다.

④ 전압 레벨 시프터(MAX232) 주변 회로와 PIC MCU 핀과 연결 회로도

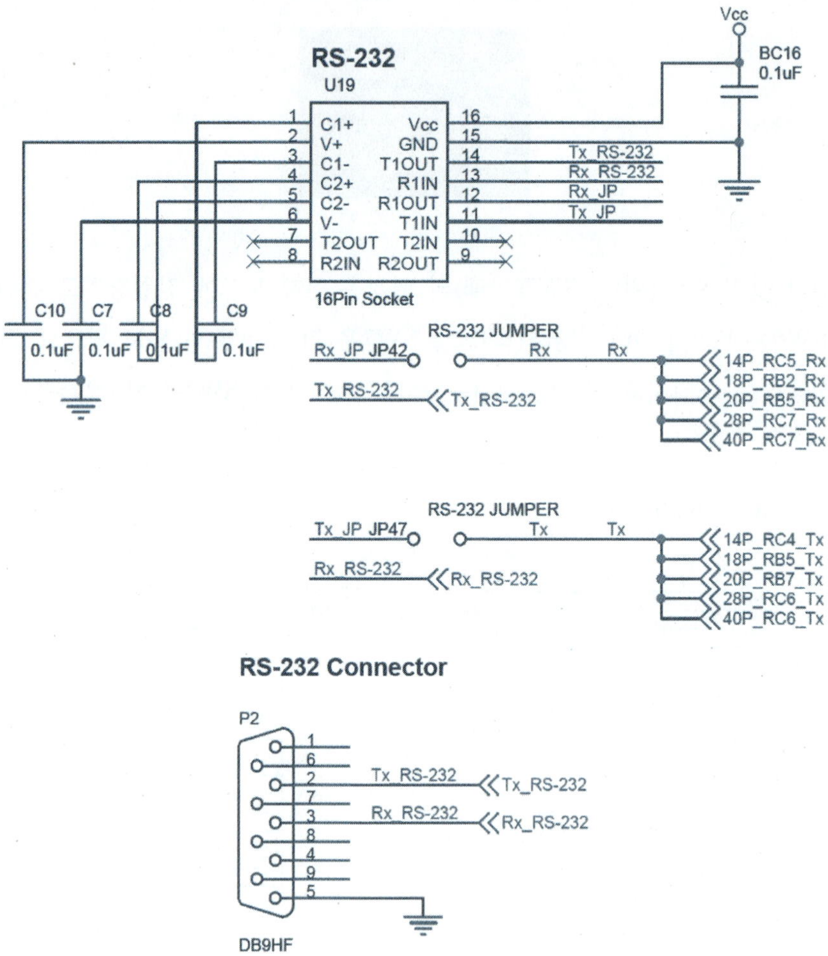

앞 회로도에서 JP47과 JP42를 점퍼로 연결되어야 한다.

⑤ 버저(Buzzer) 주변 회로와 PIC MCU 핀과 연결 회로도

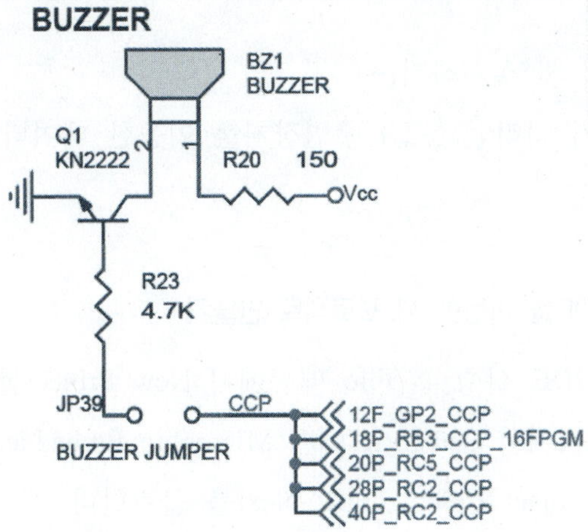

위 회로도에서 JP39를 점퍼로 연결되어야 한다.

※ 참고사항: Vcap핀에는 0.1uF콘덴서를 연결해야하나 이 실습에서는 사용하지 않음.

3) 실습환경

- MPLAB X IDE 통합 개발 SW 설치
- MPLAB XC8 컴파일러 설치
  (5장 마이크로칩 8비트 PIC 마이크로컨트롤러 개발환경 셋업 참조)
- 마이크로칩 디버거 장비(PICKit3, ICD3, REAL ICE 중에 택일) 설치
  (여기에서는 PICKit3로 모든 실습을 함)
- 전원 9V 또는 자작 보드로 실습시에는 +5V 전원 공급장치 필요

(1) Microchip PICDEM 2 PLUS 보드 사용시 연결 사진

- 11장 UART(비동기 시리얼 통신) 주변장치를 이용한 데이터 전송실습환경 참조

(2) INSEM 8bit PIC 평가 보드 사용시 연결 사진

- 11장 UART(비동기 시리얼 통신) 주변장치를 이용한 데이터 전송실습환경 참조

(3) 자작 보드 사용시 연결 구성도

- 6장 I/O 포트를 이용한 스위치, LED 입출력 구동실습 예제에서 그림 6-11 실습환경 참조
- 하이퍼터미널 설정 및 설치하기
- 11장 UART(비동기 시리얼 통신) 주변장치를 이용한 데이터 전송실습 예제 참조

4) 실습 코딩 순서

Step 1 MPLAB X IDE를 이용한 새 프로젝트 만들기

실행 1_MPLAB X IDE 실행 후 File 메뉴에서 New Project를 선택한다.

실행 2_프로젝트 선택에서 Categories에서 Microchip Embedded 선택 후 Projects에서 Standalone Project 선택, 그리고 Next를 클릭한다.

실행 3_Device 선택에서 Family에서 Mid-Range 8bit MCU ..... 선택, Device에서 PIC16F1939 선택 후 Next를 클릭한다.

실행 4_Header 선택은 그대로 하고 Next를 클릭한다.

실행 5_Hardware Tool 선택에서 PICKit3 선택, Next를 클릭한다.

실행 6_컴파일러 선택에서 Compiler Toolchains에서 XC8 (V1.xx).... 선택 후 Next를 클릭한다.

실행 7_Browse 버튼을 클릭하여 Project 만들 폴더 만들기 후 Project Name란에 프로젝트 이름(예 : timer0_1sec)을 입력 후 Finish를 클릭한다.

- Encoding 옵션 설정 : 한글 지원 관련
- UTF-8 또는 x-window949 정도 설정하면 한글 주석 처리 가능

실행 8_File 메뉴에서 New File을 선택한다.

실행 9_Categories에서 C 선택, File Type에서 C Main File 또는 C Source File을 선택 후 Next를 클릭한다.

실행 10_File Name에 소스 코드 이름 입력(예 : timer0_1sec.c) 후 Finish를 클릭한다.

Step 2 CCP1 주변장치를 이용한 PWM 응용 버저 구동실습 소스 코딩

실행 1_디폴트 헤더문 입력

```
#include <xc.h>
```

이 Header 삽입문은 맨 처음 삽입해야 하는 삽입문으로 프로젝트에서 선택된 PIC 마이크로컨트롤러의 헤더파일로 연결되는 Header 삽입문이다. 일반적으로는 #inlcude <pic16f1939.h> 로 삽입될 수도 있지만, PIC MCU가 변경시에는 모든 파일의 이름을 변경해야 하는 단점이 있다.

실행 2_컨피그레이션 비트 설정 매크로 삽입 코딩

```
__CONFIG(FOSC_INTOSC & WDTE_OFF & PWRTE_ON & MCLRE_OFF & BOREN_OFF);
```

이미 5장에서 설명한 컨피그레이션 비트 설정 매크로이다. 현재 설정은 내장된 오실레이터 16MHz를 사용하고, 와치독 타이머는 끄고, 파워-업 타이머는 켜고, MCLR핀은 외부 리셋 기능 끄고, BOR 리셋 기능도 꺼진 상태로 설정된다.

실행 3_LED 포트 설정 및 전역 변수, 기타 define문 코딩

실습에서 사용할 시스템 클럭과 LED 등의 I/O포트에 대해 #define문으로 설정해 놓으면 하드웨어 매칭이 수월하여 테스트나 디버깅 시에 매우 편리하다. PICDEM 2 PLUS 보드를 사용할 때는 아래와 같이 선언한다.

```
#define PICDEM2PLUS
//#define INSEM_8bitPIC
```

또한, INSEM 8bit PIC 평가 보드를 사용할 시에는 아래와 같이 선언한다.

```
//#define PICDEM2PLUS
#define INSEM_8bitPIC
```

OSCCON 레지스터를 설정하여 16MHz 내부 클럭 발진회로를 설정하고, 그 주파수의 4분주가 인스트럭션 사이클로 어셈블러로 1사이클 명령어가 수행하는 속도이다. Fcy라고 표현하며, 시간으로는 Tcy라고 주로 표현된다. 따라서, 1 사이클 어셈블러 명령어는 250ns에 실행이 된다.

```
#define Fosc 16000000          //내부 16MHz 클럭 설정
#define Tosc 1/Fosc            //내부 16MHz 클럭 주기
#define Fcy Fosc / 4           // Fcy = Fosc/4
#define Tcy 1 / Fcy            // 1/4MHz = 250ns
```

또한, 아래와 같이 UART 통신 보-레이트(Baud-Rate)를 설정하기 위한 선언문이다.

PIC MCU의 동작 주파수(Fosc)가 16MHz인 경우 UART 통신 보-레이트 속도를 9600bps로 설정하는 계산식을 선언문으로 설정한다.

```
#define BAUD_RATE 9600
#define BRG_VALUE (Fosc/16 /BAUD_RATE – 1)
```

보-레이트 설정법은 데이터시트 ESUART 주변장치 또는 UART 통신 부분을 참조한다. 또한, 보-레이트 계산방법 및 주의사항 등은 11장 UART 통신 부분을 참고한다. 간략히 설명하자면, 위 선언문에서 설정한 통신속도 : 9600bps, Fosc = 16MHz, BRGH = 1이면, SPBRG = (Fosc/(9600*16))−1 이 계산식으로 구할 수 있다.

따라서, 위 같이 계산한 결과 SPBRG값은 103으로 설정한다.

- Microchip PICDEM 2 PLUS 보드 또는 자작 보드 사용시

```
    //LED 포트 설정
    #define  LED        PORTBbits.RB0       //D2 LED 출력, 비트별 설정 표현 가능
```

- INSEM 8bit PIC 평가 보드 사용시

```
    //LED 포트 설정
    #define  LED        PORTDbits.RD0       //D1  LED 출력
```

실행 4_포트 입출력 초기화 함수 코딩

실습목표에서 포트 B를 사용하여 RB0 핀으로 LED 출력으로 초기화한다. 한 가지 주의할 사항은 각 포트의 핀들 중에는 여러 기능을 가진 핀들이 많다. 그 중에서도 ANxx 핀들은 ADC 주변장치가 사용하는 아날로그 입력핀들이다. PIC MCU 전원이 들어오는 순간에 각 포트들의 초기화는 바로 ANxx 핀들이 활성화되는 아날로그 입력 포트로 설정된다. 따라서, 항상 사용할 핀의 기능 중에 ANxx 이름이 같이 있는지 체크하고, 데이터시트 I/O 포트 장에 초기화 예제를 꼭 참고하기 바란다. 그리고, UART 통신 관련 RC7(RX 수신핀)과 RC6(TX 송신핀)도 다른 핀 기능이 먼저 초기화 되어 있는지도 확인한다. 이번 실습하는 PIC16F1939에서는 다른 초기화없이 UART 초기화하면 RC7, RC6 핀을 UART 통신용으로 사용이 가능하다.

- Microchip PICDEM 2 PLUS 보드 또는 자작 보드 사용시

```
void initial_port(void)
{
    //PORTB 사용 LED 출력 포트 초기화
    TRISB = 0b11111110;         //PORTB RB0 핀을 출력으로 설정
    // 1 = 입력, 0 = 출력
```

```
    ANSELB = 0x00;              //포트 B의 ANxx 핀들 모두 디지털로 설정
    TRISCbits.TRISC7 = 1;       //송수신 RC7(RX)핀 초기화
    TRISCbits.TRISC6 = 0;       //송수신 RC6(TX)핀 초기화
}
```

• INSEM 8bit PIC 평가 보드 사용시

```
void initial_port(void)
{
    //PORTD 사용 LED 출력 포트 초기화
    TRISD = 0b11111110;         //PORTD RD0 핀을 출력으로 설정
    // 1 = 입력, 0 = 출력
    ANSELD = 0x00;              //포트 D의 ANxx 핀들 모두 디지털로 설정

    TRISCbits.TRISC7 = 1;       //송수신 RC7(RX)핀 초기화
    TRISCbits.TRISC6 = 0;       //송수신 RC6(TX)핀 초기화
}
```

실행 5_UART 통신 주변장치 초기화 함수 소스 코딩

```
void initial_uart(void)
{
    //통신 보-레이트 설정 : 9600bps
    SPBRG = BRG_VALUE;          //define문에서 설정됨
    //TXSTA 레지스터 송신 초기화
    TXEN = 1;                   //TX 송신 모듈 On [0:Disable, 1:Enable]
    BRGH = 1;                   //고속 보-레이트 설정 On [0:Disable, 1:Enable]
    TX9 = 0;                    //9Bit 송신 설정 비트 [0:8Bit, 1:9Bit]
    SYNC = 0;                   //동기/비동기 통신 모드  [0:비동기, 1:동기]
    //RCSTA 레지스터 수신 초기화
    SPEN = 1;                   //시리얼 포트 RX, TX 핀 사용[0:Disable, 1:Enable]
    CREN =1;                    //연속 수신 가능 On [0:Disable, 1:Enable]
    RX9 = 0;                    //9Bit 수신 설정 비트 [0:8Bit, 1:9Bit]
    //UART 인터럽트 초기화
    RCIF = 0;                   //수신 인터럽트 플래그
    TXIF = 0;                   //송신 인터럽트 플래그
    RCIE = 0;                   //수신 인터럽트 설정 비트[0:Disable, 1:Enable]
    TXIE = 0;                   //송신 인터럽트 설정 비트[0:Disable, 1:Enable]
}
```

실행 6_UART 응용 한 문자 송신 함수 소스 코딩

stdio.h 헤더를 삽입하고 stdio 라이브러리를 추가하여 printf 문을 사용하기 위

해서는 반드시 아래와 같이 UART 한 문자 송신 함수이름이 putch(char data)로 설정하여야 한다. 기존의 uart_putch() 함수이름이 변경된 것이다. printf 문을 사용하기 위해서는 꼭 변경하기 바란다.

```
void putch(char data)
{
        TXREG = data;
        while(!TRMT);
}
```

실행 7_UART 응용 한 문자 수신 함수 소스 코딩

```
unsigned char uart_getch(void)
{
        while(!RCIF);
        RCIF = 0;
        return RCREG;
}
```

실행 8_stdio.h 헤더 응용 stdio 라이브러리 추가 및 printf 문 사용방법

표준 입출력 관련한 함수들 중에 UART 시리얼 통신과 아주 밀접한 관계가 있는 함수가 바로 printf 문이다. 이전 실습에서 위 실행 8에서 삭제된 uart_puts() 함수에서는 소수점, 변수 포맷 형식 및 한글 등의 표시를 하려면 엄청난 루틴들이 필요하다. 한마디로 C언어를 아주 잘 구사하여야 한다. 그러나, printf문을 사용하면 너무나 쉽게 표시가 가능하다.

아래 순서는 printf문을 사용하는 방법에 대한 순서이다. 그리고, 꼭 UART 한 문자 송신 함수인 putch() 함수가 선언되어 있어야 한다(위 실행 6 참조).

- #include <xc.h> 헤더문 다음에 아래 소스를 삽입한다.

```
#include <stdio.h>    //printf문 사용 위해
                      //표준 입출력 라이브러리 헤더 삽입
```

실행 9_ADC 주변장치 초기화 함수 소스 코딩

우선 가변저항에서 전압을 입력할 아날로그 입력핀에 대해 ANSELx 레지스터로 포트 초기화를 해야 한다. 또한, 사용되는 보드마다 회로가 다르므로 #if 문으로 구별하였다.

또한, ADCON1 레지스터의 ADFM 비트는 10비트의 ADC 변환 결과값이 저장되는 ADRESH(10비트 중의 상위 바이트), ADRESL(10비트 중의 하위 바이트) 레지스터에 좌정렬로 저장할지, 우정렬로 저장할지를 선택하는 비트이다. 이 실습에서는 PWM이 10비트 해상도를 가지므로, 10비트 A/D 변환값을 사용해야 한다. 따라서, 아래와 같이 ADFM 비트를 1로 세팅하여 우정렬을 설정한다.

```
ADCON1bits.ADFM = 1;
```

예로, 결과값(0x02A9(Hex 표시) 0b000010 10101001(Binary 표시))이 저장된다. ADCON1 레지스터의 ADCS<2:0> 비트는 A/D 컨버터의 컨버전 클럭을 선택하는 3개의 비트이다. 12장의 ADC 실습을 참고한다. 이 실습에서는 A/D 컨버전이 빠르면 빠를수록 좋기 때문에 최소 클럭인 1μs로 세팅하려고 하면
1μs / 62.5ns = 16분주 값을 알 수 있으므로, 여기서는 Fosc/16 을 아래와 같이 설정하면 된다.

```
ADCON1bits.ADCS = 5;      //ADC 변환 클럭: Fosc/16 = 1μs(최소 클럭)

//ADC 주변장치 및 아날로그 입력핀 초기화
void initial_adc(void)
{
    //아날로그 입력핀 설정
#ifdef PICDEM2PLUS            //Microchip PICDEM 2 PLUS 보드 사용시
    TRISAbits.TRISA0 = 1;     //RA0핀 입력핀으로 설정
    ANSELA=0x01;              //AN0(RA0)을 아날로그 입력으로 RA0 포텐쇼미터 연결
                              //가변저항 RA0의  전압값을 읽기
#endif

#ifdef INSEM_8bitPIC          //INSEM 8bit PIC 평가 보드 사용시
    TRISAbits.TRISA2 = 1;     //RA2핀 입력핀으로 설정
    ANSELA=0x04;              //AN2(RA2)를 아날로그 입력으로 R21 포텐쇼미터 연결
                              //가변저항 R21의 전압값을 읽기
#endif

    //ADC 초기화
    //ADCON1 레지스터 초기화
    ADCON1bits.ADFM = 0;              //10비트 ADC 결과값을 좌정렬 설정
                                      //0 : 좌정렬  1 : 우정렬
```

```
    ADCON1bits.ADCS = 5;           //ADC 변환 클럭 설정 : Fosc/16 = 1µs(최소 클럭)

    ADCON1bits.ADNREF = 0;         //ADC 변환 -전압 기준(Vref-) : Vss 핀(0V) 설정
    ADCON1bits.ADPREF = 0;         //ADC 변환 +전압 기준(Vref+) : Vdd 핀(+5V) 설정

    ADCON0bits.CHS = 0;            //CHS<4:0> 5비트 아날로그 입력 채널 선택

    //ADCON0 레지스터 초기화
#ifdef PICDEM2PLUS                 //Microchip PICDEM 2 PLUS 보드 사용시
        ADCON0bits.CHS = 0;        //AN0(RA0)을 아날로그 입력 채널로 RA0 포텐쇼미
                                   터 연결
#endif

#ifdef INSEM_8bitPIC               //INSEM 8bit PIC 평가 보드 사용시
    ADCON0bits.CHS = 2;            //AN2(RA2)를 아날로그 입력 채널로 R21 포텐쇼미
                                   터 연결
#endif

    PIR1bits.ADIF = 0;             //ADC 인터럽트 플래그 클리어
    PIE1bits.ADIE = 0;             //ADC 인터럽트 동작중지
    ADCON0bits.ADON = 1;           //아날로그 모듈 ON
}
```

실행 10_ADC 응용 폴링 방식 A/D 변환 함수 소스 코딩

PWM의 해상도와 일치하기 위해 10비트 A/D 변환이 완료되면 ADRESH(상위 저장 바이트), ADRESL(하위 저장 바이트) 레지스터에 저장하는 값의 정렬순서를 실행 9에서 ADFM 비트를 1로 세팅한다. 따라서, 소스에서 위 define문을 10비트 출력으로 설정한다.

```
//#define ADC_8BIT    //10비트 ADC 결과값을 정렬 설정, 0 : 좌정렬
#define ADC_10BIT   //10비트 ADC 결과값을 정렬 설정, 1 : 우정렬
```

위와 같이 //ADC_8BIT를 주석처리한다.

그리고, A/D 변환을 시작하는 비트는 GO_nDONE 또는 GO 비트로 pic161939.h 파일에 정의되어 있다(XC8 컴파일러 설치된 디렉토리의 include 폴더 참조). 이 실습에서는 GO_nDONE 비트로 사용한다. 이 비트는 0으로 초기화되어 있고, 이 GO_nDONE 비트를 1로 세팅하는 순간, 마이크로칩스 데이터시트 그림 14-2의 Analog-to-Digital Conversion Tad Cycle에 표시된 대로 Sample and Hold를 거쳐 Analog to Digital Convert를 수행하게 된다. ADC가 완료되면 자동으로 GO_nDONE 비트가 0 으로 클리어되기 때문에 폴링 방식으로 제어가 가능하다. 또한, A/D 변환에 대해서는 12장의 ADC 실습을 참고한다.

```
//#define ADC_8BIT          //10비트 ADC 결과값을 정렬 설정, 0 : 좌정렬
#define ADC_10BIT           //10비트 ADC 결과값을 정렬 설정, 1 : 우정렬

//ADC 응용 폴링 방식 A/D 변환 함수
unsigned int adc_read(unsigned char ANx_Channel)
{
    unsigned int adc_buf; //10비트 A/D 변환 결과값 저장 : 16비트 변수 선언

    //A/D 변환할 아날로그 ANx 채널 초기화
    ADCON0bits.CHS = ANx_Channel;
    //Microchip PICDEM 2 PLUS 보드 사용시 : AN0(RA0)을 아날로그 입력 채널
    //INSEM 8bit PIC 평가 보드 사용시 : AN2(RA2)를 아날로그 입력 채널

#ifdef ADC_8BIT                     //좌정렬 A/D 변환 후 8비트 변환값 사용시
        ADCON1bits.ADFM = 0;        //10비트 ADC 결과값을 좌정렬 설정

    GO_nDONE = 1;                   //A/D 변환 시작(폴링 방식)
    while(GO_nDONE);                //A/D 변환 완료시까지 대기

        adc_buf = (unsigned int)ADRESH; //8비트 A/D 변환값을 캐스트 연산자 사용
                                        //16비트로 저장
#endif

#ifdef ADC_10BIT                    //우정렬 A/D 변환 후 10비트 변환값 사용시
        ADCON1bits.ADFM = 1;        //10비트 ADC 결과값을 우정렬 설정

    GO_nDONE = 1;                   //A/D 변환 시작(폴링 방식)
    while(GO_nDONE);                //A/D 변환 완료시까지 대기


        adc_buf = (unsigned int)(ADRESH <<8) + ADRESL;
                                    //10비트 A/D 변환값을 16비트 변수로 저장
#endif

    return adc_buf;                 //10비트 A/D 변환값을 리턴
}
```

실행 11_CCP1 주변장치 PWM 모드 초기화(타이머2 선택 사용 초기화 포함) 소스 코딩

RC2 핀은 CCP1 주변장치의 출력 또는 입력핀으로 Capture 모드일 때는 시간을 측정할 클럭 펄스 입력으로, Compare 모드와 PWM 모드일 때는 출력으로 동작한다. 이 실습에서는 PWM 모드이므로, PWM 주기를 만드는 타이머를 1개를 사용해야 한다.

CCP1CON 레지스터에서 CCP1M<3:0> 비트는 Capture/Compare/PWM 모드 중에 한 가지를 선택하는 비트이다. 따라서, 이 실습에서는 CCP1의 PWM 모드를 사용함으로 아래와 같이 PWM 모드로 설정해야 한다. 여기서 주의할 점은 CCP1, CCP2, CCP3 주변장치는 Enhanced PWM 모드로 PxA, PxB, PxC, PxD 핀 등을 이용하여 Full-Bridge, Half-Bridge 등을 구성할 수 있다.

그러나, 나머지 CCP4, CCP5 주변장치는 일반적인 PWM 모드로 사용 가능하다. 이 실습에서 사용하는 CCP1 주변장치의 출력핀인 RC2핀의 다른 기능은 CCP1의 Enhanced PWM의 P1A핀이다. 따라서, P1A인 RC2핀이 액티브-하이로 동작하도록 아래와 같이 설정한다(이 설정으로 이 RC2핀은 리셋 상태는 0 이고, PWM 펄스가 나올 때는 +5V로 출력한다).

```
CCP1CONbits.CCP1M = 0b00001100;
//1100 = PWM mode: PxA, PxC active-high; PxB, PxD active-high로 설정
```

또한, CCP1CON 레지스터의 DC1B<1:0> 비트는 10비트의 PWM 듀티비의 해상도에서 최하위 2비트의 값이 이 비트에 해당한다.

그리고, CCPR1L 레지스터는 10비트의 PWM 듀티비의 해상도에서 상위 8비트에 값이 적용되는 곳이다. 이것은 CCPR1L 레지스터의 비트9~비트2까지의 8비트 값과 CCP1CON 레지스터의 5번 비트, 4번 비트가 순차적으로 결합된 형태를 말한다. 이것을 정리하면 CCPR1L:CCP1CON<5:4>인 10비트의 PWM 듀티비의 해상도를 설정할 수 있다.

예를 들어,

```
CCPR1L = AAAA AAAA, CCPxCON<5:4> = BB
```

위와 같은 형태로 구성되어져 있다면 아래와 같은 결과가 나오게 된다.

```
CCPR1L : CCP1CON<5:4>  = AA AAAA AABB
```

10비트의 PWM의 구형파 주기를 만드는 식은 데이터시트 EQUATION 23-1 PWM PERIOD 에 자세히 나와 있다. 아래와 같이

```
PWM Period (구형파 주기)는
        [(PR2)+1]*4*Tosc*(TMR2 Prescaler Value)
```

와 같이 얻을 수 있다. 따라서, 타이머2의 PR2 레지스터값을 바꾸면 PWM 구형파의 주기를 바꿀 수가 있다. PWM 주기는 무한정 짧게 만들 수는 없다. 데이터시트 Table 23-5~23-7에 보면 Fosc가 32MHz 동작시에 31.25kHz 이하에서는 10비트의 해상도를 유지할 수 있으나, 125kHz에서는 8비트, 250kHz에서는 7비트 등 PWM 주기가 짧아질수록 해상도의 비트는 낮아진다.
이 실습에서는 위 실행 2에서 Fosc가 16MHz이므로 아래와 같이 이미 정의하였다.

```
#define Tosc 1/Fosc                    //내부 16MHz 클럭 주기
```

그리고, TMR2 Prescaler Value는 타이머2의 T2CON 레지스터에서 설정이 가능하다. 버저 소리를 귀로 듣기 위해서는 20~20kHz의 가청주파수 범위에 있어야 하므로 여기서는 1:64 스케일로 설정한다.

```
    T2CONbits.T2CKPS = 3;          //Prescale 1:64
    T2CONbits.T2OUTPS = 0;         //Postscale 1:1
    T2CONbits.TMR2ON = 0;          //타이머2 정지
```

따라서, PR2의 값에 의해 아래와 같이 최소/최대 주파수로 버저 소리를 낼 수 있다.

- PWM 최대 주기는 PR2가 0xFF(255)일 때

```
        [255+1]*4*(1/16000000)*64 = 4.096 ms
        PWM 최소 주파수 : 244.14Hz
```

- PWM 최소 주기는 PR2가 0x00 일 때

```
        [0+1]*4*(1/16000000)*64 = 16 us
        PWM 최대 주파수 : 62.5kHz
```

CCPTMRS0, CCPTMRS1 레지스터는 각 CCP1, 2, 3, 4, 5에 대한 주기를 만드는 타이머x를 선택하는 레지스터이다.
이번 실습에서는 CCP1을 사용하기 때문에 CCP1에 대한 타이머x 설정은 CCPTMRS0 레지스터의 C1TSEL<1:0> 비트에서 설정이 가능하므로 다음과 같이 타이머2로 설정한다.

```
        CCPTMRS0bits.C1TSEL = 0;  //CCP1 PWM 모드 : 타이머2 사용 선택

//CCP1 주변장치 PWM 모드 초기화(타이머2 선택 사용 초기화 포함) 소스 코딩
void initial_ccp1_pwm_timer2(void)
{
    //1100 = PWM mode: PxA, PxC active-high; PxB, PxD active-high로 설정
    CCP1CONbits.CCP1M = 0b00001100;

    //CCPR1L 레지스터는 10비트의 PWM 듀티비의 해상도에서 상위 8비트 값 클리어
    CCPR1L = 0;

    //10비트 PWM 듀티비의 해상도에서 최하위 2비트 값 클리어
    CCP1CONbits.DC1B = 0;

    CCPTMRS0bits.C1TSEL = 0;        //CCP1 PWM 모드 : 타이머2 사용 선택

    TRISCbits.TRISC2 = 1;           //RC2(P1A)핀 입력 초기화 설정

    T2CONbits.T2CKPS = 3;           //Prescale 1:64
    T2CONbits.T2OUTPS = 0;          //Postscale 1:1
    T2CONbits.TMR2ON = 0;           //타이머2 정지

    TMR2 = 0;                       //TMR2 레지스터 클리어

    TRISCbits.TRISC2 = 0;           //RC2(P1A)핀 출력 초기화 설정

    T2CONbits.TMR2ON = 1;           //타이머2 동작 시작
}
```

실행 12_PWM으로 RC2핀(CCP1)출력하는 함수 소스 코딩

16비트의 함수 입력변수 duty_ratio로부터 10비트의 PWM 듀티비를 설정하고, 16비트의 함수 입력변수 period_value로부터 10비트의 주기를 설정하여 CCP1의 출력핀인 RC2핀으로 PWM 출력을 하는 함수를 아래와 같이 소스를 코딩한다.

```
//CCP1 주변장치 PWM 모드 출력 함수(타이머2 선택 사용) 소스 코딩
void pwm_output(unsigned int duty_ratio, unsigned int period_value)
{
    //10비트 PWM 듀티비 설정
```

```
    CCPR1L = (unsigned char)(duty_ratio>>2);      //10비트 중 상위 8비트 듀티비 설정
    CCP1CONbits.DC1B = (unsigned char)(duty_ratio&0x0003);
    //10비트 중 최하위 2비트 듀티비 설정

    //10비트 PWM 주기 설정(타이머2 사용)
    //PWM 최대 주기는 PR2가 0xFF(255)일 때
    //[(PR2)+1]*4*Tosc*(TMR2 Prescaler Value)
    //[255+1]*4*(1/16000000)*64 = 4.096ms, PWM 최소 주파수 : 244.14Hz
    //PWM 최소 주기는 PR2가 0x00일 때
    //[0+1]*4*(1/16000000)*64 = 16us, PWM 최대 주파수 : 62.5kHz

    PR2 = (unsigned char)(period_value>>2);     //상위 8비트만 사용
}
```

실행 13_메인 함수 및 UART 통신으로 printf문을 사용하여 PWM 주파수 변환값 출력 소스 코딩

adc_value의 값에 의해 PWM의 주파수를 UART 시리얼 통신으로 출력하도록 하기 위해서는 위에서 언급한 PWM 주기를 계산하는 식을 이용한다.

```
        PWM PERIOD = [(PR2)+1]* 4 * Tosc*(TMR2 Prescaler Value)
```

주기를 주파수로 바꾸기 위해서는 분자 분모를 반대로 위치하게 만들어서 float형의 변수로 소수점으로 계산한 값을 printf 문으로 출력한다.

따라서, PWM 주파수는 아래와 같이 계산된다.

```
PWM Freq(Hz) = Fosc / [ (PR2+1) * 4 * TMR2 Prescaler Value ]
        여기서,   Fosc = 16MHz
                        TMR2 Prescaler Value = 64
```

또한, 아래와 같이 위 계산식을 통해 변수에 PWM 주파수를 저장할 수 있다.

```
float pwm_freq;                                        //PWM 주파수 저장 변수
pwm_freq = (float)(Fosc / ((float)(PR2+1)*4*64));      //PWM 주파수 계산
```

아래 소스는 전체 메인 함수와 UART 통신으로 printf문을 사용하여 PWM 주파수 변환값을 출력하는 소스이다.

```
//#define ADC_VOLT                        //A/D 변환 전압으로 표시
#define ADC_HEX                           //A/D 변환 Hex 값으로 표시

int main(int argc, char** argv)
{
```

```
    unsigned int adc_value;             //A/D 변환값 저장 버퍼

    float pwm_freq;                     //PWM 주파수 저장 변수

#ifdef ADC_VOLT                         //AD 변환 전압출력시
    //전압출력 변수 정의
    float adc_volt;                     //10비트 ADC 결과값을 0~5V로 나타내는 float형 변수
#endif

    //오실레이터 초기화
    OSCCON = 0b01111000;                //16MHz 내부 클럭 설정

    initial_port();                     //LED를 위한 포트 초기화 함수 실행

    initial_uart();                     //UART 통신 포트의 초기화 함수 실행

    initial_adc();                      //ADC 주변장치 초기화 함수 실행

    initial_ccp1_pwm_timer2();          //CCP1 PWM 모드(타이머2 사용) 초기화 함수 실행

    while(1)
    {
#ifdef ADC_VOLT                         //AD 변환 전압출력시
        //A/D 변환 전압출력 변수 계산
        adc_volt = (float)(5*((float)(adc_value)/1023));
#endif

        //A/D 변환할 아날로그 ANx 채널 초기화
        #ifdef PICDEM2PLUS                          //Microchip PICDEM 2 PLUS 보드 사용시
            adc_value = adc_read(0);                //AN0(RA0)을 아날로그 입력 채널
        #endif

        #ifdef INSEM_8bitPIC                        //INSEM 8bit PIC 평가 보드 사용시
            adc_value = adc_read(2);                //AN2(RA2)를 아날로그 입력 채널
        #endif

#ifdef ADC_VOLT                                     //AD 변환 전압출력시
            //전압출력 printf문
        printf("ADC Volt = %1.2fV ₩r",adc_volt);
#endif
```

```
#ifdef ADC_HEX        //AD 변환 Hex값 출력시
        pwm_output(adc_value/2, adc_value);  //PWM 듀티비 : 50%,
                                             //PWM 주기는 A/D 변환값 상위 8비트
        //PWM 최대 주기는 PR2가 0xFF(255)일 때
        //adc_value가 0x3FF일 때 PWM 최소 주파수 : 244.14Hz
        //PWM 최소 주기는 PR2가 0x00일 때
        //adc_value가 0x00일 때 PWM 최대 주파수 : 62.5kHz

        pwm_freq = (float)(Fosc / ((float)(PR2+1)*4*64));  //PWM 주파수 계산

        printf("PWM Freq = %4.2f Hz\r", pwm_freq);      //PWM 주파수 표시
        //변경되는 A/D 변환값으로 PWM 주파수를 계속 표시함(\r 설정)
#endif
    }
}
```

실행 14_**pwm_adc_uart.c**란 파일을 저장하고 코딩을 완성한다.

Step 3 소스 코드 확인

```
#include <xc.h>
#include <stdio.h>   //printf문 사용 위해 표준 입출력 라이브러리 헤더 삽입


__CONFIG(FOSC_INTOSC & WDTE_OFF & PWRTE_ON & MCLRE_OFF & BOREN_OFF);

//PICDEM 2 PLUS 보드를 사용시
#define PICDEM2PLUS
//#define INSEM_8bitPIC

//PIC MCU에서 사용하는 시스템 클럭 계산
#define Fosc 16000000                    //내부 16MHz 클럭 설정
#define Tosc 1/Fosc                      //내부 16MHz 클럭 주기
#define Fcy Fosc / 4                     // Fcy = Fosc/4
#define Tcy 1 / Fcy                      // 1/4MHz = 250ns

//PIC MCU의 동작 주파수(Fosc) 16MHz인 경우, UART 통신 보-레이트 속도 9600bps 설정
#define BAUD_RATE 9600
#define BRG_VALUE (Fosc/16 /BAUD_RATE - 1)
```

```
// LED 출력을 위한 I/O 포트 선언문이다.
#ifdef PICDEM2PLUS
    #define  LED            PORTBbits.RB0       //D2 LED 출력, 비트별 설정 표현 가능
#endif
#ifdef INSEM_8bitPIC
    #define  LED            PORTDbits.RD0       //D1  LED 출력

#endif

//I/O 포트 초기화 함수
#ifdef PICDEM2PLUS
   void initial_port(void)
   {
         //PORTB 사용 LED 출력 포트 초기화
         TRISB = 0b11111110;                   //PORTB RB0 핀을 출력으로 설정
         // 1 = 입력, 0 = 출력
         ANSELB = 0x00;                        //포트 B의 ANxx 핀들 모두 디지털로 설정
         TRISCbits.TRISC7 = 1;                 //송수신 RC7(RX)핀 초기화
         TRISCbits.TRISC6 = 0;                 //송수신 RC6(TX)핀 초기화
   }
#endif

#ifdef INSEM_8bitPIC
   void initial_port(void)
   {
         //PORTD 사용 LED 출력 포트 초기화
         TRISD = 0b11111110;                   //PORTD RD0핀을 출력으로 설정
         // 1 = 입력, 0 = 출력
         ANSELD = 0x00;                        //포트 D의 ANxx 핀들 모두 디지털로 설정

         TRISCbits.TRISC7 = 1;                 //송수신 RC7(RX)핀 초기화
         TRISCbits.TRISC6 = 0;                 //송수신 RC6(TX)핀 초기화
   }

#endif

//UART 통신 초기화 함수
void initial_uart(void)
{
         //통신 보-레이트 설정 : 9600bps
```

```
        SPBRG = BRG_VALUE;          //define문에서 설정됨
        //TXSTA 레지스터 송신 초기화
        TXEN = 1;                   //TX 송신 모듈 On [0:Disable, 1:Enable]
        BRGH = 1;                   //고속 보-레이트 설정 On [0:Disable, 1:Enable]
        TX9 = 0;                    //9Bit 송신 설정 비트 [0:8Bit, 1:9Bit]
        SYNC = 0;                   //동기/비동기 통신 모드  [0:비동기, 1:동기]
        //RCSTA 레지스터 수신 초기화
        SPEN = 1;                   //시리얼 포트 RX, TX 핀 사용[0:Disable, 1:Enable]
        CREN =1;                    //연속 수신 가능 On [0:Disable, 1:Enable]
        RX9 = 0;                    //9Bit 수신 설정 비트 [0:8Bit, 1:9Bit]
        //UART 인터럽트 초기화
        RCIF = 0;                   //수신 인터럽트 플래그
        TXIF = 0;                   //송신 인터럽트 플래그
        RCIE = 0;                   //수신 인터럽트 설정 비트[0:Disable, 1:Enable]
        TXIE = 0;                   //송신 인터럽트 설정 비트[0:Disable, 1:Enable]
}

//printf문을 위한 UART 통신 한 문자 송신 함수
void putch(unsigned char data)
{
        TXREG = data;
        while(!TRMT);
}

//UART 통신 한 문자 수신 함수
unsigned char uart_getch(void)
{
        while(!RCIF);
        RCIF = 0;
        return RCREG;
}

//ADC 주변장치 및 아날로그 입력핀 초기화
void initial_adc(void)
{
    //아날로그 입력핀 설정
#ifdef PICDEM2PLUS                  //Microchip PICDEM 2 PLUS 보드 사용시
    TRISAbits.TRISA0 = 1;           //RA0핀 입력핀으로 설정
    ANSELA=0x01;                    //AN0(RA0)을 아날로그 입력으로 RA0 포텐쇼미터 연결
                                    //가변저항 RA0의 전압값을 읽기
```

15장

```
#endif

#ifdef INSEM_8bitPIC                      //INSEM 8bit PIC 평가 보드 사용시
    TRISAbits.TRISA2 = 1;                 //RA2핀 입력핀으로 설정
    ANSELA=0x04;                          //AN2(RA2)를 아날로그 입력으로 R21 포텐쇼미터 연결
                                          //가변저항 R21의 전압값을 읽기
#endif

    //ADC 초기화
    //ADCON1 레지스터 초기화
    ADCON1bits.ADFM = 0;                  //10비트 ADC 결과값을 좌정렬 설정
                                          //0 : 좌정렬  1 : 우정렬

    ADCON1bits.ADCS = 5;                  //ADC 변환 클럭 설정 : Fosc/16 = 1µs(최소 클럭)

    ADCON1bits.ADNREF = 0;                //ADC 변환 -전압 기준(Vref-) : Vss 핀(0V) 설정
    ADCON1bits.ADPREF = 0;                //ADC 변환 +전압 기준(Vref+) : Vdd 핀(+5V) 설정

    ADCON0bits.CHS = 0;                   //CHS<4:0> 5비트 아날로그 입력 채널 선택

    //ADCON0 레지스터 초기화
#ifdef PICDEM2PLUS                        //Microchip PICDEM 2 PLUS 보드 사용시
        ADCON0bits.CHS = 0;               //AN0(RA0)을 아날로그 입력 채널로 RA0 포텐쇼미터 연결
#endif

#ifdef INSEM_8bitPIC  //INSEM 8bit PIC 평가 보드 사용시
    ADCON0bits.CHS = 2;                   //AN2(RA2)를 아날로그 입력 채널로 R21 포텐쇼미터 연결
#endif

    PIR1bits.ADIF = 0;                    //ADC 인터럽트 플래그 클리어
    PIE1bits.ADIE = 0;                    //ADC 인터럽트 동작중지
    ADCON0bits.ADON = 1;                           //아날로그 모듈 ON
}


//#define ADC_8BIT                        //10비트 ADC 결과값을 정렬 설정, 0 : 좌정렬
#define ADC_10BIT                         //10비트 ADC 결과값을 정렬 설정, 1 : 우정렬

//ADC 응용 폴링 방식 A/D 변환 함수
unsigned int adc_read(unsigned char ANx_Channel)
```

```
{
    unsigned int adc_buf;                  //10비트 A/D 변환 결과값 저장 : 16비트 변수 선언

    //A/D 변환할 아날로그 ANx 채널 초기화
    ADCON0bits.CHS = ANx_Channel;
    //Microchip PICDEM 2 PLUS 보드 사용시 : AN0(RA0)을 아날로그 입력 채널
    //INSEM 8bit PIC 평가 보드 사용시 : AN2(RA2)를 아날로그 입력 채널

    GO_nDONE = 1;                              //A/D 변환 시작(폴링 방식)
    while(GO_nDONE);                           //A/D 변환 완료시까지 대기

#ifdef ADC_8BIT                                //좌정렬 A/D 변환 후 8비트 변환값 사용시
        ADCON1bits.ADFM = 0;                   //10비트 ADC 결과값을 좌정렬 설정
        adc_buf = (unsigned int)ADRESH;        //8비트 A/D 변환값을 캐스트 연산자 사용
                                               //16비트로 저장
#endif

#ifdef ADC_10BIT                               //우정렬 A/D 변환 후 10비트 변환값 사용시
        ADCON1bits.ADFM = 1;                   //10비트 ADC 결과값을 우정렬 설정
        adc_buf = (unsigned int)(ADRESH <<8) + ADRESL;
                                               //10비트 A/D 변환값을 16비트 변수로 저장
#endif

    return adc_buf;                            //10비트 A/D 변환값을 리턴
}

//CCP1 주변장치 PWM 모드 초기화(타이머2 선택 사용 초기화 포함) 소스 코딩
void initial_ccp1_pwm_timer2(void)
{
    //1100 = PWM mode: PxA, PxC active-high; PxB, PxD active-high로 설정
    CCP1CONbits.CCP1M = 0b00001100;

    //CCPR1L 레지스터는 10비트의 PWM 듀티비의 해상도에서 상위 8비트 값 클리어
    CCPR1L = 0;

    //10비트 PWM 듀티비의 해상도에서 최하위 2비트 값 클리어
    CCP1CONbits.DC1B = 0;

    CCPTMRS0bits.C1TSEL = 0;                   //CCP1 PWM 모드 : 타이머2 사용 선택
```

```
    TRISCbits.TRISC2 = 1;                          //RC2(P1A)핀 입력 초기화 설정

    T2CONbits.T2CKPS = 3;                          //Prescale 1:64
    T2CONbits.T2OUTPS = 0;                         //Postscale 1:1
    T2CONbits.TMR2ON = 0;                          //타이머2 정지

    TMR2 = 0;                                      //TMR2 레지스터 클리어

    TRISCbits.TRISC2 = 0;                          //RC2(P1A)핀 출력 초기화 설정

    T2CONbits.TMR2ON = 1;                          //타이머2 동작 시작
}

//CCP1 주변장치 PWM 모드 출력 함수(타이머2 선택 사용) 소스 코딩
void pwm_output(unsigned int duty_ratio, unsigned int period_value)
{
    //10비트 PWM 듀티비 설정
    CCPR1L = (unsigned char)(duty_ratio>>2);      //10비트 중 상위 8비트 듀티비 설정
    CCP1CONbits.DC1B = (unsigned char)(duty_ratio&0x0003);
    //10비트 중 최하위 2비트 듀티비 설정

    //10비트 PWM 주기 설정(타이머2 사용)
    //PWM 최대 주기는 PR2가 0xFF(255)일 때
    //[(PR2)+1]*4*Tosc*(TMR2 Prescaler Value)
    //[255+1]*4*(1/16000000)*64 = 4.096ms, PWM 최소 주파수 : 244.14Hz
    //PWM 최소 주기는 PR2가 0x00일 때
    //[0+1]*4*(1/16000000)*64 = 16us, PWM 최대 주파수 : 62.5kHz

    PR2 = (unsigned char)(period_value>>2);       //상위 8비트만 사용
}

//#define ADC_VOLT                                 //A/D 변환 전압으로 표시
#define ADC_HEX                                    //A/D 변환 Hex 값으로 표시

int main(int argc, char** argv)
{
    unsigned int adc_value;                        //A/D 변환값 저장 버퍼

    float pwm_freq; //PWM 주파수 저장 변수
```

```
#ifdef ADC_VOLT                                //AD 변환 전압출력시
    //전압출력 변수 정의
    float adc_volt;                            //10비트 ADC 결과값을 0~5V로 나타내는 float형 변수
#endif

    //오실레이터 초기화
    OSCCON = 0b01111000;                       //16MHz 내부 클럭 설정

    initial_port();                            //LED를 위한 포트 초기화 함수 실행

    initial_uart();                            //UART 통신 포트의 초기화 함수 실행

    initial_adc();                             //ADC 주변장치 초기화 함수 실행

    initial_ccp1_pwm_timer2();                 //CCP1 PWM 모드(타이머2 사용) 초기화 함수 실행

    while(1)
    {
#ifdef ADC_VOLT                                //AD 변환 전압출력시
        //A/D 변환 전압출력 변수 계산
        adc_volt = (float)(5*((float)(adc_value)/1023));
#endif

        //A/D 변환할 아날로그 ANx 채널 초기화
        #ifdef PICDEM2PLUS                     //Microchip PICDEM 2 PLUS 보드 사용시
            adc_value = adc_read(0);           //AN0(RA0)을 아날로그 입력 채널
        #endif

        #ifdef INSEM_8bitPIC                   //INSEM 8bit PIC 평가 보드 사용시
            adc_value = adc_read(2);           //AN2(RA2)를 아날로그 입력 채널
        #endif

#ifdef ADC_VOLT                                //AD 변환 전압출력시
            //전압출력 printf문
        printf("ADC Volt = %1.2fV ₩r",adc_volt);
#endif

#ifdef ADC_HEX                                 //AD 변환 Hex값 출력시
        pwm_output(adc_value/2, adc_value);    //PWM 듀티비 : 50%,
                                               //PWM 주기는 A/D 변환값 상위 8비트
```

```
        //PWM 최대 주기는 PR2가 0xFF(255)일 때
        //adc_value가 0x3FF일 때 PWM 최소 주파수 : 244.14Hz
        //PWM 최소 주기는 PR2가 0x00일 때
        //adc_value가 0x00일 때 PWM 최대 주파수 : 62.5kHz

        pwm_freq = (float)(Fosc / ((float)(PR2+1)*4*64));        //PWM 주파수 계산

        printf("PWM Freq = %4.2f Hz\r", pwm_freq);               //PWM 주파수 표시
        //변경되는 A/D 변환값으로 PWM 주파수를 계속 표시함(\r 설정)
#endif
    }
}
```

실행 1__Make & Program 버튼 클릭 후, PICDEM 2 Plus 보드 동작을 확인한다.

실행 2__경고창이 실행된 경우 OK를 클릭한다.

5) 실습결과

(1) Microchip PICDEM 2 PLUS 보드 사용시

ADC 실습과 같이 위 보드 그림에서 사각형 표시가 가변저항(포텐셔미터) RA0를 반시계방향으로 돌리면 0이 되고, 시계방향으로 돌리면 10비트의 최대치인 0x3FF까지 A/D

변환값이 CCP1의 PWM 주기를 변경이 된다. 타이머2를 사용하여 10비트 해상도를 가진 PWM 주기는 PR2가 0xFF(255)일 때 4.096ms이고, 이때 PWM 최소 주파수는 약 244.14Hz 정도 출력된다. RC2핀을 오실로스코프로 측정해 보면 50% 듀티비를 가진 펄스가 출력되는 것을 확인할 수 있다. 그리고, PWM 최소 주기는 PR2가 0x00일 때 16μs이고, 이때 PWM 최대 주파수는 약 62.5kHz가 된다.

다음 그림은 하이퍼터미널로 출력되는 결과이다.

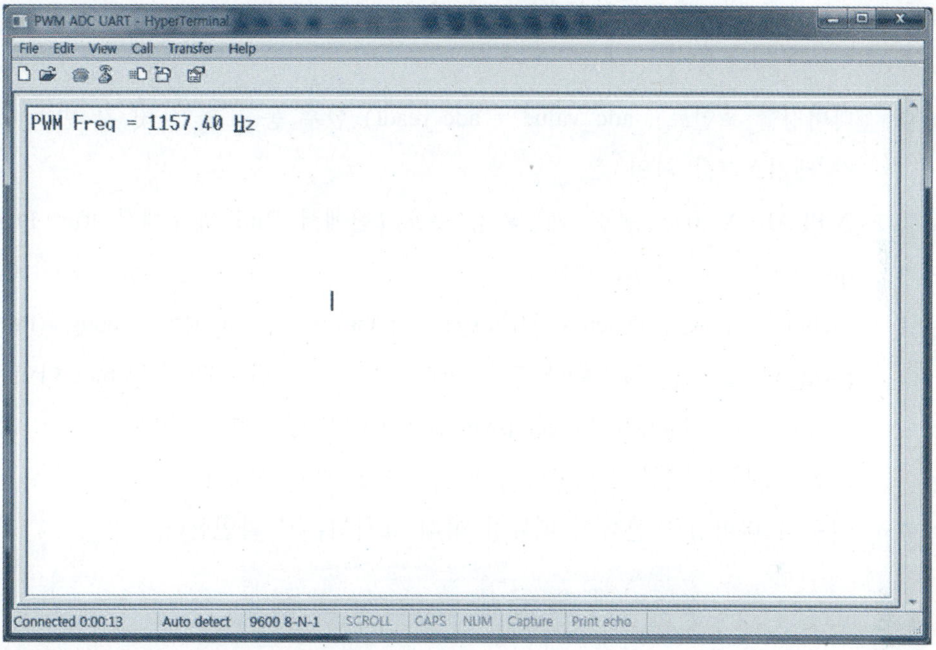

(2) INSEM 8bit PIC **평가 보드 사용시**

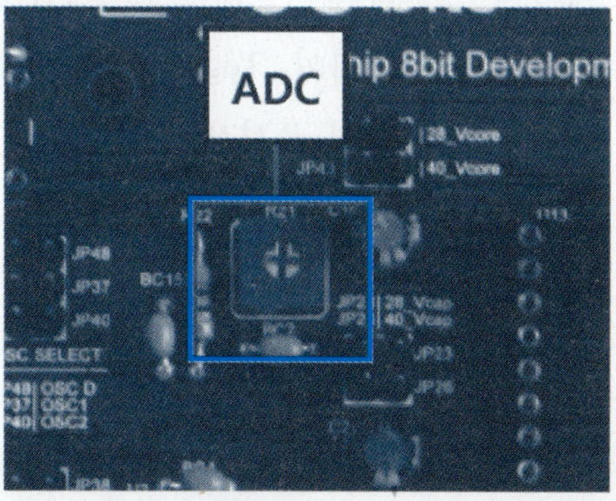

앞 보드 그림에서 R21이 가변저항이다. 따라서, +자 드라이버로 조심히 시계/반시계방

향으로 돌려가면 PWM의 출력결과를 확인한다.

6) 디버깅(Debugging) 실습

디버깅 방법을 앞 장인 6장에서 설명하였다. 필히 6장의 디버깅 설정 및 버튼 기능들은 숙지한다. 이번 실습에서 검증할 디버깅 포인트는 12장의 ADC 실습에서 디버깅 포인트와 비슷하며 이 실습에서는 adc_read() 함수를 브레이크 포인트로 지정한다. 또한 각각의 CCP1, ADC, UART 주변장치 등의 변수 및 레지스터들도 함께 Watch창에서 확인한다.

실행 1_디버깅할 포인트 : adc_value = adc_read() 함수 동작 확인 및 각 변수 확인, 각 레지스터값 확인

실행 2_MPLAB X IDE 통합 개발환경 프로그램에서 Run 메뉴에서 Run Project (pwm_adc_uart)을 클릭한다.

실행 3_Debug 메뉴에서 Discrete Debugger Operation → Launch Debugger(Project pwm_adc_uart)을 클릭한다.(또는 아래 두 번째 그림과 같이 Debug 아이콘에서 Launch Debugger(Project pwm_adc_uart)을 클릭해도 된다)
- 동작전압에 대한 주의사항이 뜨면, OK를 클릭하면 된다.

실행 4_다음의 디버깅 버튼들이 메뉴창 아래 표시되는지 확인한다.

실행 5_브레이크 포인트(break point)를 삽입한다.
아래 소스 코드에서 보드에 따라 다르게 2개의 사각형 표시 중 한 개의 위치에서 오른쪽 마우스 버튼을 클릭하여 "Toggle Line Breakpoint"를 클릭하며 라인 숫자표시 부분에 빨간색 사각형 표시가 생긴다.

```
    while(1)
    {
#ifdef ADC_VOLT                //AD 변환 전압출력시
        //A/D 변환 전압출력 변수 계산
        adc_volt = (float)(5*((float)(adc_value)/1023));
#endif

        //A/D 변환할 아날로그 ANx 채널 초기화
```

```
        #ifdef PICDEM2PLUS                       //Microchip PICDEM 2 PLUS 보드 사용시
            adc_value = adc_read(0);             //AN0(RA0)을 아날로그 입력 채널
        #endif

        #ifdef INSEM_8bitPIC                     //INSEM 8bit PIC 평가 보드 사용시
            adc_value = adc_read(2);             //AN2(RA2)를 아날로그 입력 채널
        #endif

    #ifdef ADC_VOLT                              //AD 변환 전압출력시
                                                 //전압출력 printf문
        printf("ADC Volt = %1.2fV ₩r",adc_volt);
```

- 브레이크 포인트 설정한 후에는 빨간색으로 라인 반전 표시된다.

실행 6_Window 메뉴에서 Debugging → Watches를 클릭하여 Watch창을 표시한다. 이 Watch창에서 모든 변수, 레지스터값들을 확인할 수 있다.

실행 7_Watch창에 pwm_freq, adc_value, CCPR1L, CCP1CON, PR2, ADRESH, ADRESL, ADCON0, ADCON1, RCREG, TXSTA, RCSTA, TXREG, SPBRG 변수와 레지스터를 입력한다. 이를 통해 매 브레이크가 걸릴 때마다 변수값의 변화상태를 점검한다.

여기서, pwm_freq는 float 형이므로 pwm_freq 위에서 오른쪽 마우스 클릭하여 Display Value Column As → IEEE Float(24 bit)를 선택하면 값을 표시한다.

#Enter new watch를 클릭하여 변수 또는 레지스터 이름을 넣으면 된다.

실행 8_디버깅 버튼에서 Continue 버튼을 클릭하면 위 브레이크 포인트 위치에서 멈춘다. 이때 Watch 창에서 각 변수와 레지스터값들을 확인한다.

실행 9_다시 Continue 버튼을 클릭하면 하이퍼터미널에서 출력값과 Watch창의 값들과 비교한다.

다음 그림은 디버깅 중인 Watch창을 나타내었다.

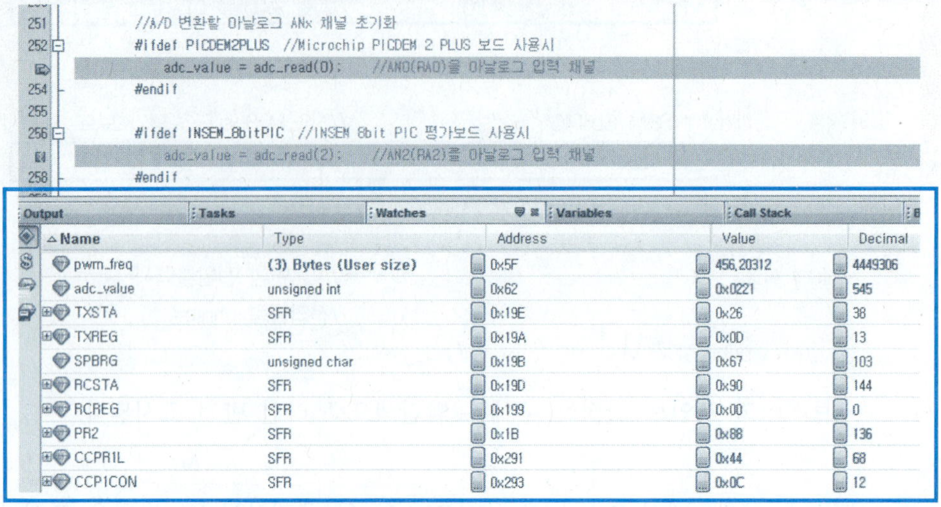

3. 브러시 DC 모터 제어의 기초

1) 구성요소

① 고정자(Stator)

② 회전자(Rotor) / 전기자(Armature)

③ 브러시(Brush)와 정류자(Commutator)

2) 동작원리

(1) 고정자(Stator)

고정자는 회전자를 둘러싸고 있으며 고정자계를 발생시킨다.

(2) 회전자(Rotor)

- 전기자(Armature)
- 권선들도 구성
- 정류(Commutation)가 이루어짐

3) 브러시 DC 모터의 구조

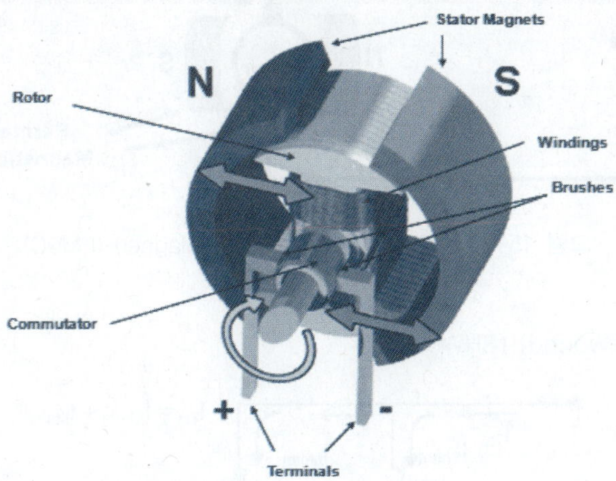

그림 15-11 브러시 DC 모터의 구조

(1) BDC 모터의 종류

- 영구자석형(Permanent Magnet)
- 분권형(Shunt - wound)
- 직권형(Series - wound)
- 복권형(Compound - wound)
- −분권형(Shunt), + 직권형(Series)

① 영구자석형(Permanent Magnet) (PMDC)

- 특 징
  - −가장 일반적인 DC 모터
  - −1Hp 이하의 소형 출력
    - 예 완구류, RC류, 가전제품 등
- 장 점
  - −권선형에 비해 상대적으로 저렴하다.
  - −일정한 고정자계로 인해 전압에 따른 응답특성 좋음(속도제어 특성 우수)
- 단 점
  - −장시간 사용 시 자성이 변함(감자)

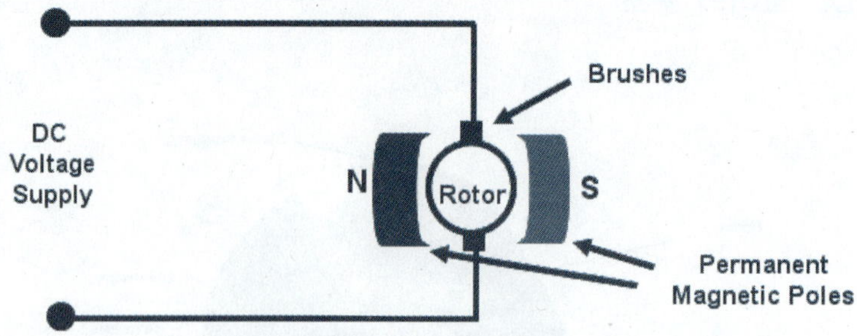

그림 15-12 영구자석형(Permanent Magnet) (PMDC)

② 분권형(Shunt-Wound) (SHWDC)

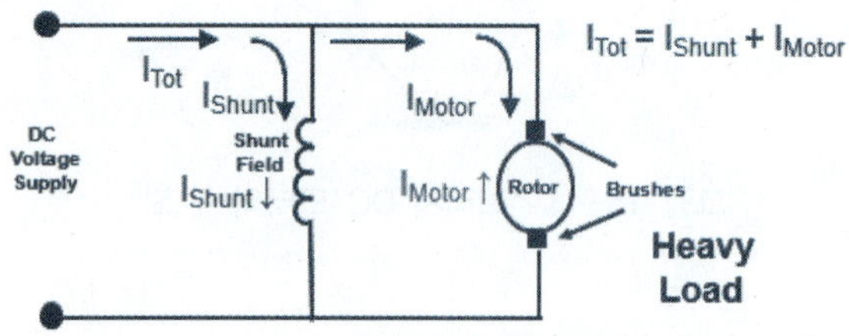

그림 15-13 분권형(Shunt-Wound)(SHWDC)

- 전압을 공급하면 ITot는 상승하고 속도는 상승한다. 반면 Startor/rotor 필드가 상승하면 토크는 떨어진다.
- 모터의 토드가 상승하면 IMotor가 상승하고 IShunt는 감소하고 stator 필드는 감소하고 rotor 필드는 상승한다. 반면 스피드가 감소하면 토크는 상승한다.
- 장점
  - 고속에서 토크 감소
  - 저속에서 일정한 토크 출력 특성 우수
  - 속도제어 특성 우수
  - 산업 및 자동차 관련 분야에 주로 사용
  - 자성의 변화(감자) 우려 없음(No Magnetic)
- 단점
  - 영구자석형 모터 보다 가격이 비싸다.
  - Shunt 전류가 "0"이면 모터 파손

③ 직권형(Series-Wound) (SWDC)

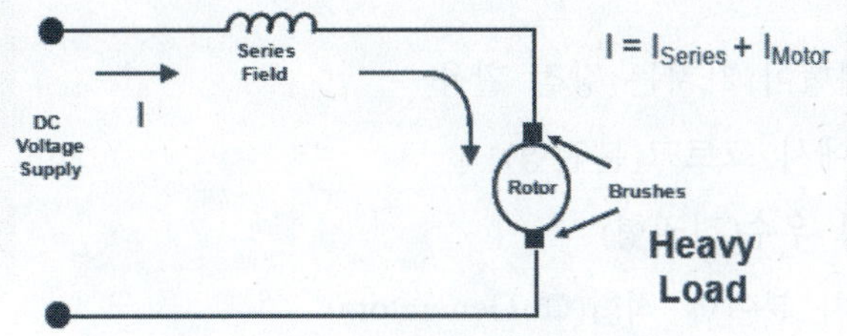

그림 15-14 직권형(Series-Wound) (SWDC)

- As VSupply가 상승하면 I 상승하고, Stator/Rotor field 상승하고 속도가 상승하면 결과로 토크가 하강한다.
- motor load 상승하면 I 상승하고, Stator/Rotor field 상승하고 속도가 감소하면 결과적으로 토크가 상승한다.
- 장 점
  - 저속에서 토크 특성 우수(단, 무부하시 속도가 급격히 증가)
  - 큰 부하에 적합함(예 : 크레인 등)
- 단 점
  - 고속에서 토크 특성 나쁨
  - PMDC에 비해 고가
  - 직렬 고정자계로 인한 속도 특성 나쁨
  - 직렬 고정자 Short시, 모터 파손

④ 복권형(Compound-Wound) (CWDC)

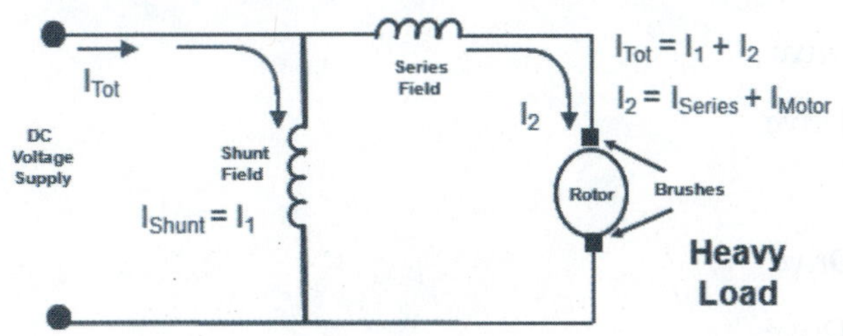

그림 15-15 복권형(Compound-Wound) (CWDC)

- motor load가 상승하면 IShunt가 하강하고, shunt field가 감소하고 I^2가 상승하고

Series field/Rotor field가 상승하고 속도가 하강하면 결과적으로 토크는 상승한다.

- 장 점
  - 분권형과 직권형이 가지는 장점 활용
  - 저속 중부 하에서 고토크(분권형)
  - 속도제어 특성 우수(직권형)
  - 산업 및 자동차 분야에 적합(예 Generators)
- 단 점
  - 영구자석형, 분권형, 직권형 대비 고가
- 성능비교

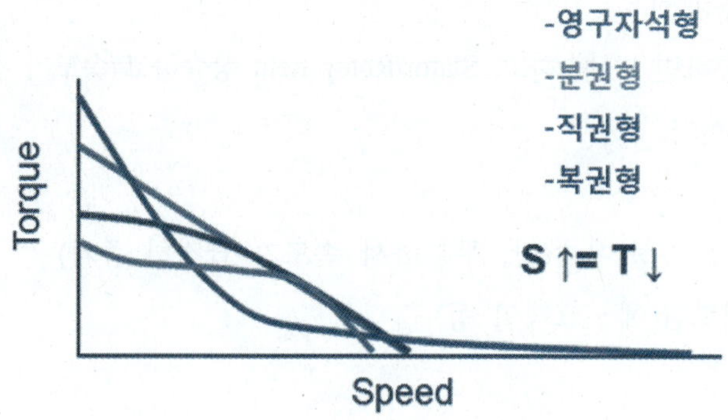

그림 15-16 각 모터형에 따른 성능비교표

3) 브러시 DC 모터 제어

(1) 모터 컨트롤러의 종류

- Chopper
  - Low Side Drive
  - High Side Drive
- Half Bridge
  - Low Side Drive
  - High Side Drive
- Full Bridge(H-Bridge)

① Chopper

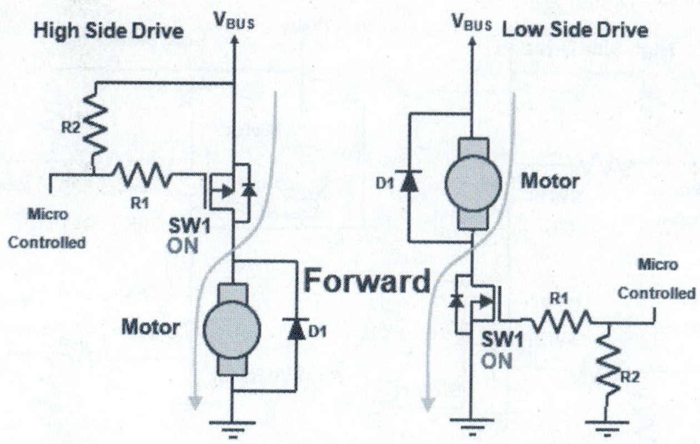

그림 15-17 Chopper

위 그림에서 SW1을 ON시키면 모터가 정방향으로 회전한다.

- 적용 사례 : Fan controller
- 장 점
  - 가장 간단한 스위치 구동회로
  - 비용저렴(1 MOSFET)
  - 안전성(High side drive)
- 단 점
  - 정회전만 가능
  - Braking 불가

② Half Bridge

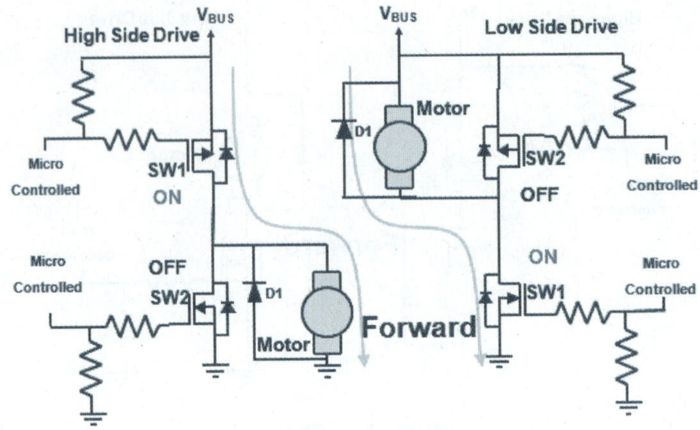

그림 15-18 Half Bridge

위 그림에서 SW1을 ON시키면 모터가 정방향으로 회전한다.

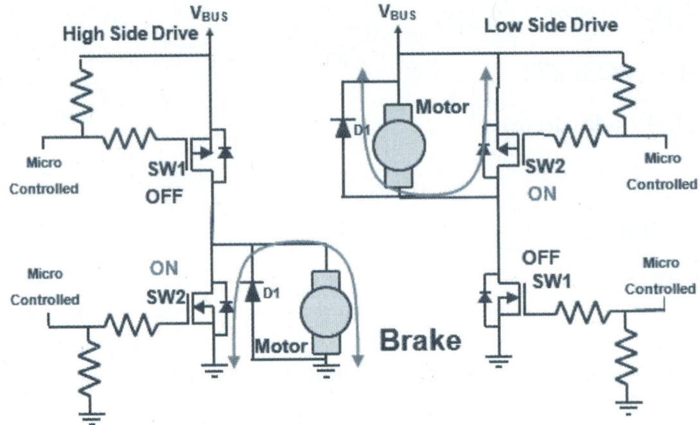

그림 15-19 Half Bridge 모드의 브레이킹 동작(SW1 OFF, SW2 ON상태일 때)

SW2를 ON시키면 모터가 멈추게 된다.

만약 SW1과 SW2를 같이 ON시킨 경우 모터가 망가지므로 같이 켜지 않도록 주의해야 한다.

- 적용사례 : Slot car

- 장 점
  - Braking 가능
  - 안전성(High Side Drive)
- 단 점
  - 단 방향 구동
  - 부품수 증가, 2출력 제어
  - N채널 및 P채널 동시 사용

③ Full Bridge

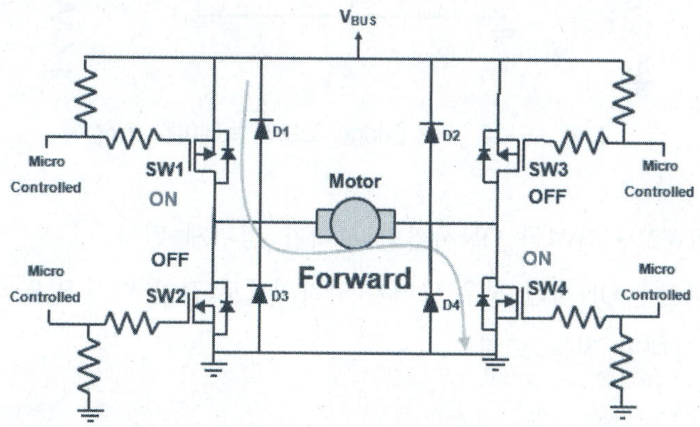

그림 15-20 Full Bridge 모드

위 그림에서 모터의 극성 연결에 따라 달라지겠지만 예를 들면 SW1과 SW4를 ON시키면 모터가 정방향으로 회전한다.

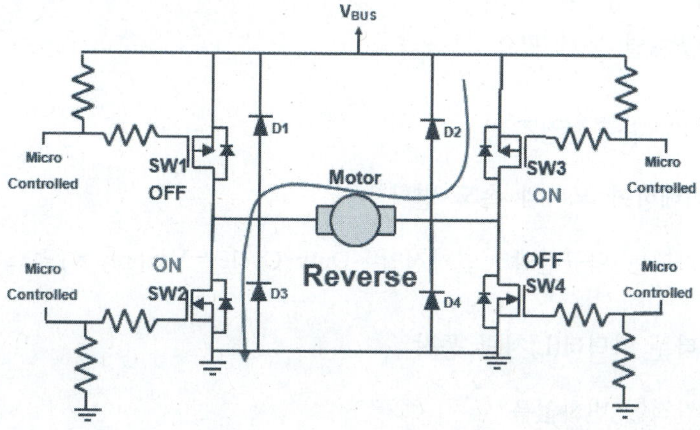

그림 15-21 Full Bridge 모드의 역방향 회전

위 그림과 같이 SW2와 SW3을 ON시키면 모터가 역방향으로 회전한다.

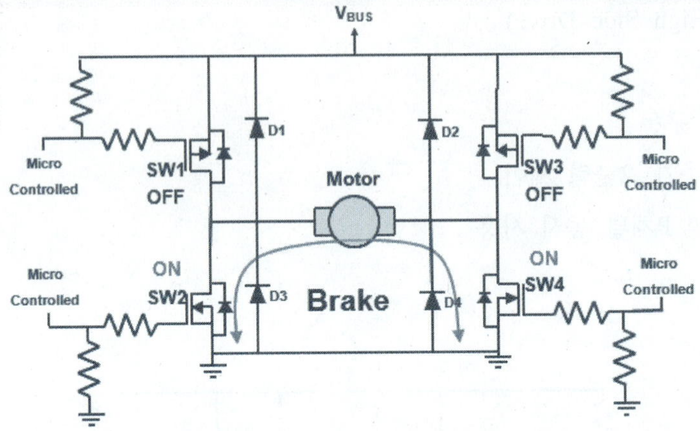

그림 15-22 Full Bridge 모드의 브레이킹 동작

위 그림에서 SW2와 SW4를 ON시키면 모터가 멈추게 된다.

만약 모든 스위치를 ON시킨 경우 모터가 망가지므로 같이 켜지 않도록 주의해야 한다.

- 적용사례 : 휴대형 전동 드릴
- 장 점
  - 정/역회전 및 Braking 가능
  - 안전성(High side drive)
- 단 점
  - 가장 복잡함(회로 및 제어)
  - 4출력 제어
  - N채널과 *P*채널 동시 필요

4) 모터에 인가되는 전압조정

(1) 전압에 비례하여 모터의 속도 변화

- 모터에 인가되는 평균전압 = 인가전압 × Duty Cycle = Vsupply × (펄스폭 / 주기)

(2) BDC 모터는 인덕터(L)처럼 동작

- 전류의 순간적인 변화없음

- 인덕턴스(L) 증가에 따라 전류의 변화율 감소

  $V(t) = L \times (di/dt)$

(3) 모터의 인가전압은 RPM과 정비례

- 100%RPM = 100% Duty cycle

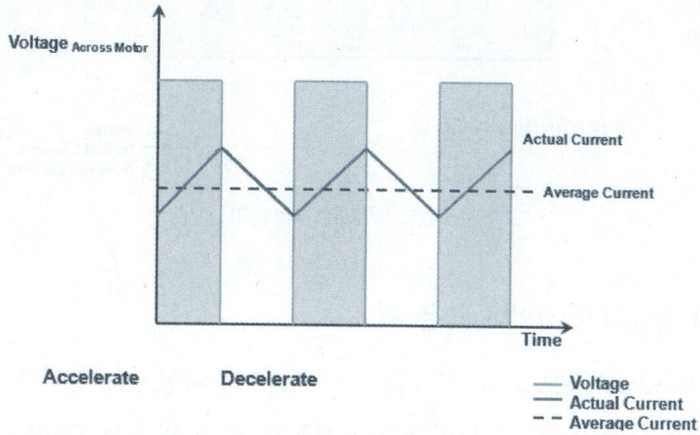

그림 15-23 모터의 인가전압과 RPM

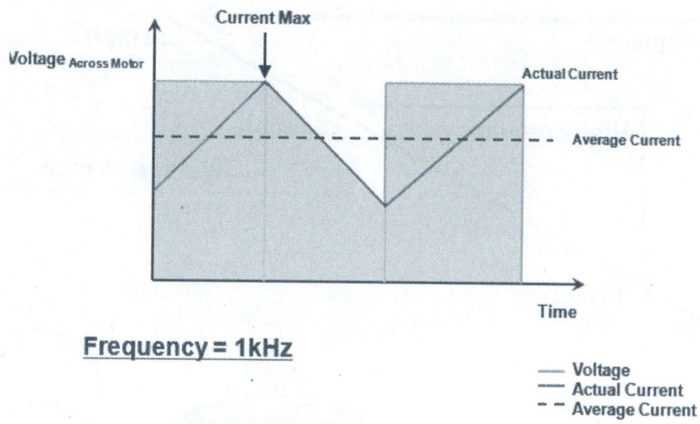

그림 15-24 주파수 1kHz의 경우

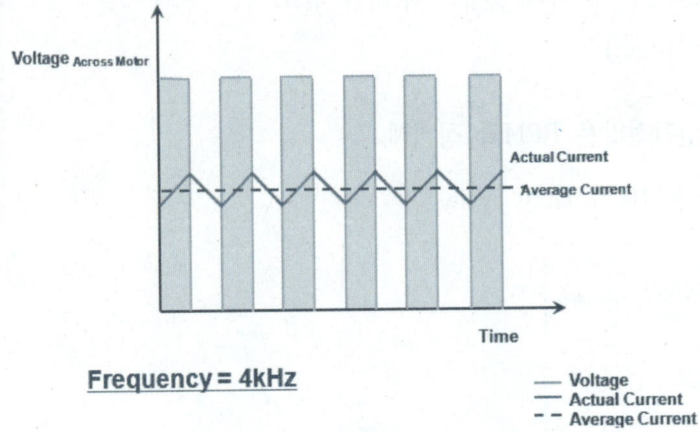

그림 15-25 주파수 4kHz의 경우

(4) 주파수의 평균차가 적어야 좋은 이유

- 예를 들어 0~30mph속도를 내고 다음 다시 0mph로 자동차가 달린다고 하자. 평균은 15mph이지만 다시 0mph이 되어 급정거하므로 좋은 방법은 아니다.

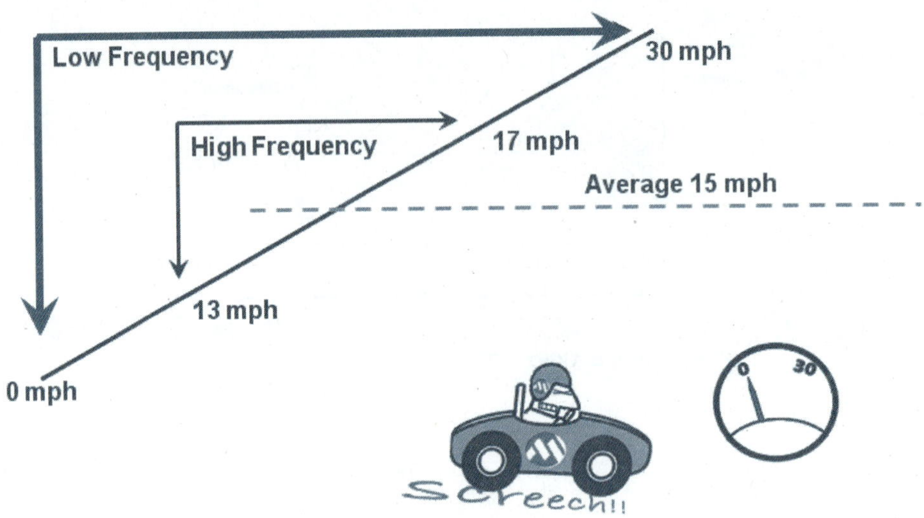

그림 15-26 주파수 평균차와 속도관계(저주파수인 경우)

- 예를 들어 13~17mph 속도를 내고 다음 다시 13mph로 자동차가 달린다고 하자. 평균은 그림 15-27과 같이 15mph지만 훨씬 부드럽게 움직인다.

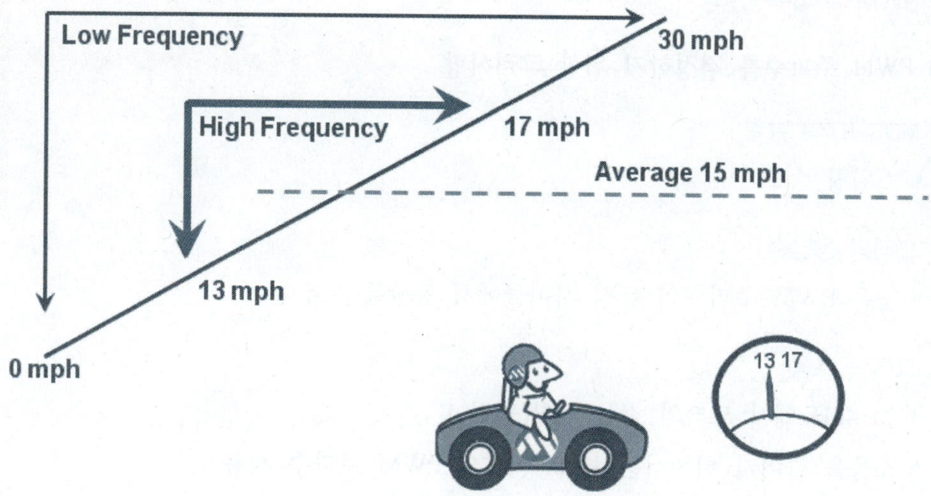

그림 15-27 주파수 평균차와 속도관계(고주파수인 경우)

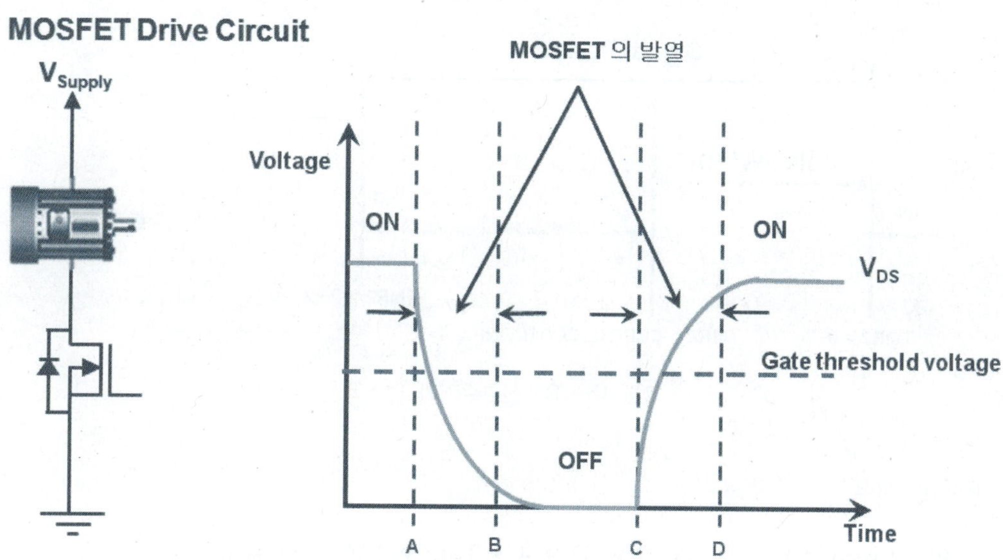

그림 15-28 MOSFET의 발열구간

(5) 발열량을 줄이기 위한 방법

- 좋은 MOSFET 사용(낮은 Gate 전압)
- FET Driver 추가

5) PWM 주파수 결정

(1) PWM 주파수를 결정하기 위한 고려사항

① MOSFET의 발열

- 스위칭 속도

② 모터의 응답성

- 높은 PWM 주파수의 듀티 사이클에서 응답특성 우수

③ 모터의 소음

- 20~4kHz에서 모터의 소음 심함(윙윙~)
- 소음을 줄이기 위해서는 4kHz 이상의 PWM 주파수 사용

④ 모터가 동작하는 속도

- 저속에서 일정한 토크 특성을 위해서는 보다 높은 주파수 선택

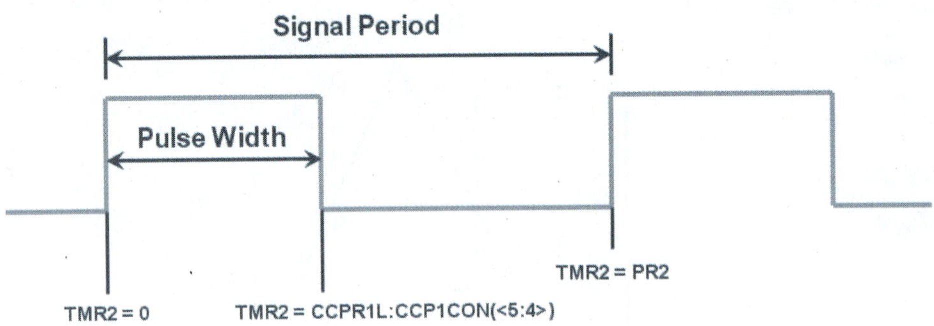

그림 15-29 신호주기와 펄스폭

(2) 공 식

PWM(seconds) 주기 = (PR2 + 1) • 4 • Tosc • TMR2 Prescaler

PWM(ratio) 듀티사이클 = (CCPR1L:CCP1CON<5:4>) / 4(PR2 + 1)

이전 실습인 12장 ADC 응용실습과 15장 CCP1 주변장치를 이용한 PWM 실습을 응용하여 하프-브리지(Half-Bridge) 또는 풀-브리지(Full-Bridge) DC 모터 구동회로를 구성하여 이 실습에서는 단방향 DC 속도를 컨트롤하고자 한다. 또한, 구동하는 DC 모터의 속도를 측정하지 않는 방식과 DC 모터의 속도를 측정하는 방식에 대해 실습한다.

또한, 양방향에 대해서는 한국마이크로칩 지사 홈페이지(www.microchipkorea.com 또는 www. microchipkorea.co.kr)의 자료실에서 기술서적 참고자료 카테고리를 찾아서, “모터 컨트롤 가이드북” PDF 서적과 회로도를 참고하길 바란다.

실습예제 1 : CCP2 주변장치를 이용한 PWM 응용 단방향 DC 모터 속도제어 실습

1) 실습목표

이 실습에서는 Microchip사의 “Mechatronics Demonstration Kit” 데모 보드를 사용하였다. 관련 소스 및 서적에 대한 자료는 홈페이지 www.microchip.com에서 데모 보드 이름을 검색하거나 위의 한국마이크로칩 지사 홈페이지를 참고하기 바란다.

(1) 자작 보드 제작 및 사용시

(Microchip PICDEM 2 PLUS 보드 또는 INSEM 8bit PIC 평가 보드 확장 사용 가능)

- PIC16F1939 PIC 마이크로컨트롤러 입출력 포트 초기화 설정
- PIC16F1939 PIC 마이크로컨트롤러 ADC 주변장치 초기화 설정
- PIC16F1939 PIC 마이크로컨트롤러 CCP2 주변장치 PWM 모드 초기화 설정(타이머2 선택 사용 초기화 포함)
- ADC 응용 폴링 방식 A/D 변환 함수 소스 코딩
- 가변저항과 연결된 AN0 아날로그 입력 채널로부터 전압을 읽고 ADC를 응용 A/D 변환값을 PWM으로 RC1핀(CCP2)을 출력하여 단방향 DC 모터 속도 제어하는 함수 소스 코딩

2) 실습회로

① CCP2 주변장치를 이용한 PWM 응용 단방향 DC 모터 속도제어 실습회로 구성도

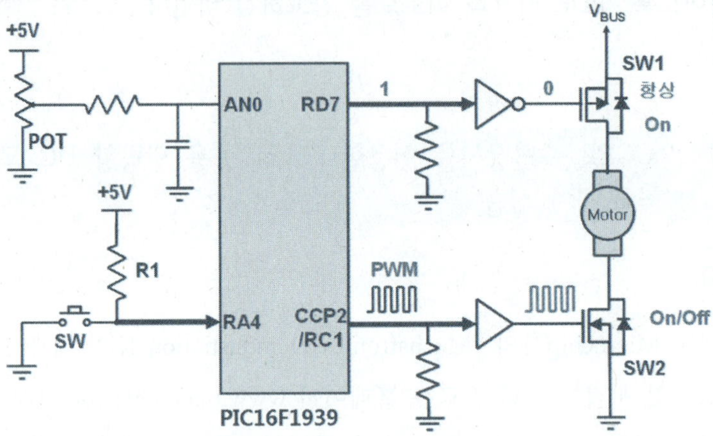

② CCP2 주변장치를 이용한 PWM 응용 단방향 DC 모터 속도제어 실습회로 간이 구성도

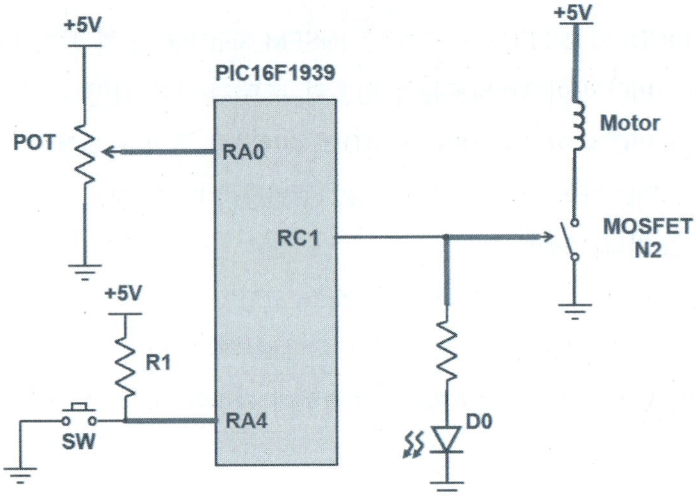

위 구성도처럼 RC1핀의 CCP2 PWM 출력을 그대로 연결하여 스위칭 방식으로 구동할 수 있는 파워 TR(NPN) 또는 게이트 전압이 5V이내인 파워 FET 또는 드라이버단을 구성하여 단방향의 DC 모터 구동회로를 간략하게 구성할 수 있다.

그러나, 이후 실습에서는 풀-브리지(full-bridge) 회로를 구성하여 양방향까지 실습하기 위한 회로로 구성한다. 물론 이 실습에서는 단방향인 하프-브리지(half-bridge)의 회로만 소개한다.

(1) 자작 보드 제작 회로

(Microchip PICDEM 2 PLUS 보드 또는 INSEM 8bit PIC 평가 보드 확장 사용 가능)

① PIC MCU, 가변저항(POT), 스위치 주변 회로

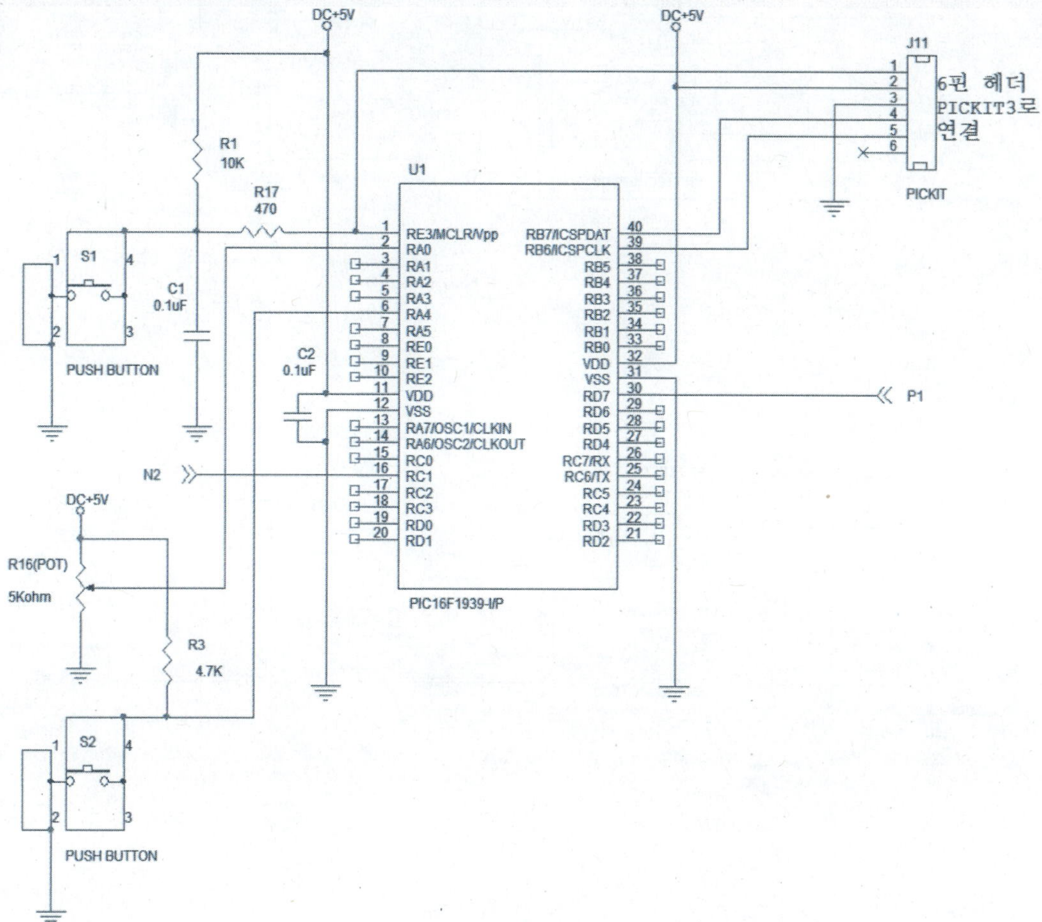

② DC 모터 구동 회로

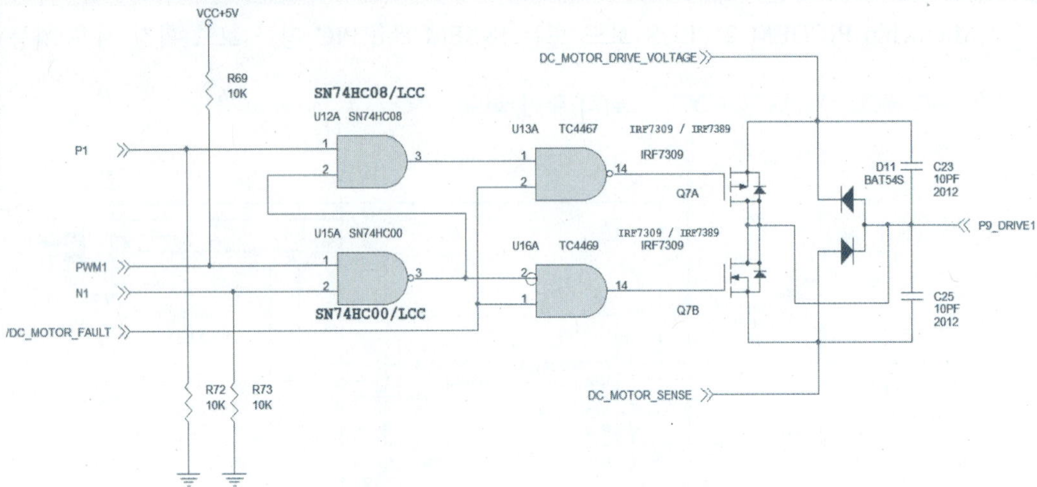

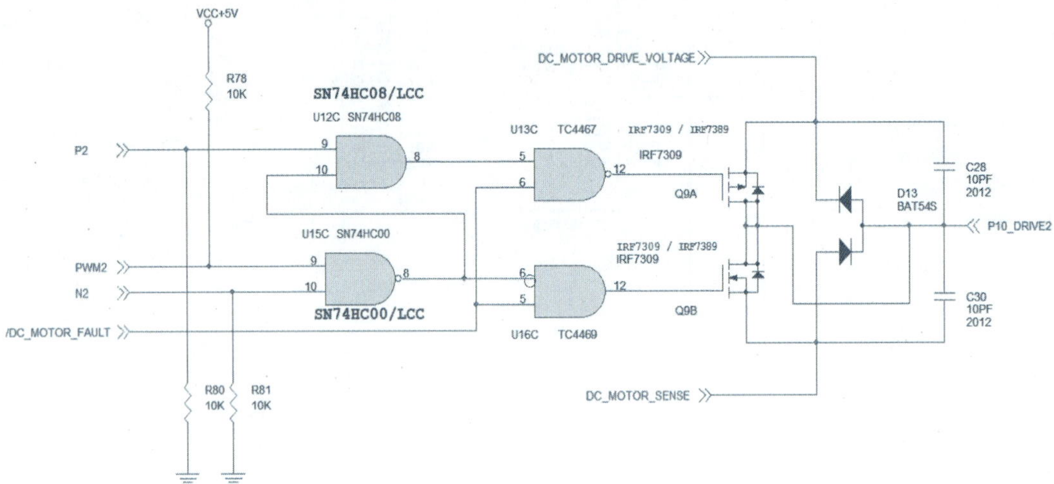

- P2, N1, PWM1, PWM2 핀은 연결되지 않는다.
- /DC_MOTOR_FAULT 핀은 아래의 DC 모터 전류 FAULT 감지회로를 사용할 때 사용하는 핀으로 사용하지 않을 때는 +5V로 연결한다.
- DC_MOTOR_DRIVE_VOLTAGE 핀은 +5V와는 별도로 구동하려는 DC 모터의 정격 구동전압을 인가하는 핀이다.
- DC_MOTOR_SENSE 핀은 아래 DC 모터 전류 FAULT 감지회로의 전류 센싱을 하기 위한 핀으로 사용하지 않을 때는 0V로 Ground로 연결한다.
- P9_DRIVE1, P10_DRIVE2 핀은 구동할 DC 모터를 연결한다.

③ DC 모터 전류 FAULT 감지회로

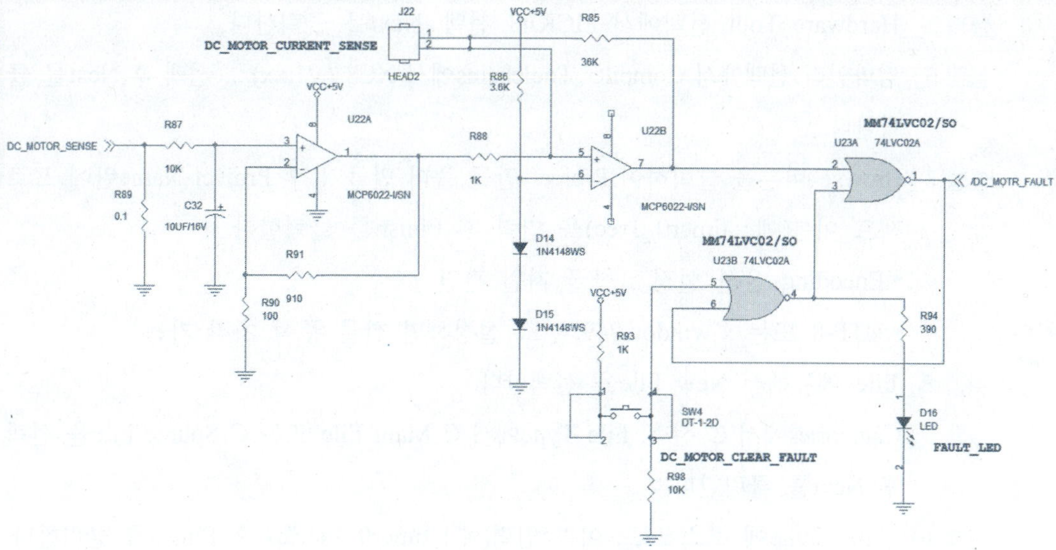

※ 참고사항: Vcap핀에는 0.1uF콘덴서를 연결해야하나 이 실습에서는 사용하지 않음.

3) 실습환경

- MPLAB X IDE 통합 개발 SW 설치
- MPLAB XC8 컴파일러 설치
  (5장 마이크로칩 8비트 PIC 마이크로컨트롤러 개발환경 셋업 참조)
- 마이크로칩 디버거 장비(PICKit3, ICD3, REAL ICE 중에 택일) 설치
  (여기에서는 PICKit3로 모든 실습을 함)
- 모터 전원과 함께 자작 보드로 실습시에는 +5V 전원 공급장치 필요

4) 실습 코딩 순서

Step 1 MPLAB X IDE를 이용한 새 프로젝트 만들기

실행 1_MPLAB X IDE 실행 후 File 메뉴에서 New Project를 선택한다.

실행 2_프로젝트 선택에서 Categories에서 Microchip Embedded 선택 후 Projects에서 Standalone Project 선택, 그리고 Next를 클릭한다.

실행 3_Device 선택에서 Family에서 Mid-Range 8bit MCU ..... 선택, Device에서 PIC16F1939 선택 후 Next를 클릭한다.

실행 4_Header 선택은 그대로 하고 Next를 클릭한다.

실행 5_Hardware Tool 선택에서 PICKit3 선택, Next를 클릭한다.

실행 6_컴파일러 선택에서 Compiler Toolchains에서 XC8 (V1.xx).... 선택 후 Next를 클릭한다.

실행 7_Browse 버튼을 클릭하여 Project 만들 폴더 만들기 후 Project Name란에 프로젝트 이름(예 : timer0_1sec)을 입력 후 Finish를 클릭한다.

- Encoding 옵션 설정 : 한글 지원 관련
- UTF-8 또는 x-window949 정도 설정하면 한글 주석 처리 가능

실행 8_File 메뉴에서 New File을 선택한다.

실행 9_Categories에서 C 선택, File Type에서 C Main File 또는 C Source File을 선택 후 Next를 클릭한다.

실행 10_File Name에 소스 코드 이름 입력(예 : timer0_1sec.c) 후 Finish를 클릭한다.

Step 2 CCP2 주변장치를 이용한 PWM 응용 단방향 DC 모터 속도제어 실습 소스 코딩

실행 1_디폴트 헤더문 입력

```
#include <xc.h>
```

이 Header 삽입문은 맨 처음 삽입해야 하는 삽입문으로 프로젝트에서 선택된 PIC 마이크로컨트롤러의 헤더파일로 연결되는 Header 삽입문이다. 일반적으로는 #inlcude <pic16f1939.h> 로 삽입될 수도 있지만, PIC MCU가 변경시에는 모든 파일의 이름을 변경해야 하는 단점이 있다.

실행 2_컨피그레이션 비트 설정 매크로 삽입 코딩

```
__CONFIG(FOSC_INTOSC & WDTE_OFF & PWRTE_ON & MCLRE_OFF & BOREN_OFF);
```

이미 5장에서 설명한 컨피그레이션 비트 설정 매크로이다. 현재 설정은 내장된 오실레이터 16MHz를 사용하고, 와치독 타이머는 끄고, 파워-업 타이머는 켜고, MCLR핀은 외부 리셋 기능 끄고, BOR 리셋 기능도 꺼진 상태로 설정된다.

실행 3_입/출력 포트 선언 및 기타 define문 코딩

실습에서 사용할 시스템 클럭과 스위치, DC 모터 출력 등의 I/O 포트에 대해 #define문으로 설정해 놓으면 하드웨어 매칭이 수월하여 테스트나 디버깅 시에

매우 편리하다.

```
#define Fosc 16000000                              //내부 16MHz 클럭 설정
#define Tosc 1/Fosc                                //내부 16MHz 클럭 주기
#define Fcy Fosc / 4                               // Fcy = Fosc/4
#define Tcy 1 / Fcy                                // 1/4MHz = 250ns

#define SW2      RA4                               // SW2 포트 설정 —> RA4


#define HIGH_SIDE_TR      PORTDbits.RD7
// High Side Tr. On/Off 포트 설정 —> RD7
#define LOW_SIDE_TR       PORTCbits.RC1
// Low Side Tr. On/Off 포트 설정 —> RC1


#define ON 1                                       // High —> Motor Start
#define OFF 0                                      // Low —> Motor Stop
```

실행 4_포트 입출력 초기화 함수 코딩

```
void initial_port(void)
{
        // 1 = 입력, 0 = 출력
        TRISAbits.TRISA4 = 1;                      // RA4 : 입력 설정 (SW)
        ANSELAbits.ANSA4 = 0;
        // AN4 : I/O 포트로 설정 (Disable Analog Port)
        PORTDbits.RD7 = 0;                         // RD7 : Low
        TRISDbits.TRISD7 = 0;                      // RD7 : 출력 설정 (High Side SW)
}
```

실행 5_ADC 주변장치 초기화 함수 소스 코딩

우선 가변저항에서 전압을 입력할 아날로그 입력핀에 대해 ANSELx 레지스터로 포트 초기화를 해야 한다. 또한, 사용되는 보드마다 회로가 다르므로 #if 문으로 구별하였다.

또한, ADCON1 레지스터의 ADFM 비트는 10비트의 ADC 변환 결과값이 저장되는 ADRESH(10비트 중의 상위 바이트), ADRESL(10비트 중의 하위 바이트) 레지스터에 좌정렬로 저장할지, 우정렬로 저장할지를 선택하는 비트이다. 이 실습에서는 PWM이 10비트 해상도를 가지므로, 10비트 A/D 변환값을 사용해야 한다. 따라서, 아래와 같이 ADFM 비트를 1로 세팅하여 우정렬을 설정한다.

```
ADCON1bits.ADFM = 1;
```

예로, 결과값(0x02A9(Hex표시) 0b000010 10101001(Binary표시))이 저장된다. ADCON1 레지스터의 ADCS<2:0> 비트는 A/D 컨버터의 컨버전 클럭을 선택하는 3개의 비트이다. 12장의 ADC 실습을 참고한다. 이 실습에서는 A/D 컨버전이 빠르면 빠를수록 좋기 때문에 최소 클럭인 1μs로 세팅하려고 하면, 1μs / 62.5ns = 16분주 값을 알 수 있으므로, 여기서는 Fosc/16을 아래와 같이 설정하면 된다.

```
ADCON1bits.ADCS = 5;                //ADC 변환 클럭: Fosc/16 = 1μs(최소 클럭)

//ADC 주변장치 및 아날로그 입력핀 초기화
void initial_adc(void)
{
    //아날로그 입력핀 설정
    TRISAbits.TRISA0 = 1;           //RA0핀 입력핀으로 설정
    ANSELA=0x01;                    //AN0(RA0)을 아날로그 입력으로 RA0 포텐쇼미터
                                    연결
                                    //가변저항 RA0의 전압값을 읽기


    //ADC 초기화
    //ADCON1 레지스터 초기화
    ADCON1bits.ADFM = 0;            //10비트 ADC 결과값을 좌정렬 설정
                                    //0 : 좌정렬  1 : 우정렬

    ADCON1bits.ADCS = 5;            //ADC 변환 클럭 설정 : Fosc/16 = 1μs(최소 클럭)

    ADCON1bits.ADNREF = 0;          //ADC 변환 -전압 기준(Vref-) : Vss 핀(0V) 설정
    ADCON1bits.ADPREF = 0;          //ADC 변환 +전압 기준(Vref+) : Vdd 핀(+5V) 설정

    ADCON0bits.CHS = 0;             //CHS<4:0> 5비트 아날로그 입력 채널 선택

    //ADCON0 레지스터 초기화
    ADCON0bits.CHS = 0;             //AN0(RA0)을 아날로그 입력 채널로 RA0 포텐쇼미
                                    터 연결

    PIR1bits.ADIF = 0;              //ADC 인터럽트 플래그 클리어
    PIE1bits.ADIE = 0;              //ADC 인터럽트 동작중지
    ADCON0bits.ADON = 1;            //아날로그 모듈 ON
}
```

실행 6_ADC 응용 폴링 방식 A/D 변환 함수 소스 코딩

PWM의 해상도와 일치하기 위해 10비트 A/D 변환이 완료되면 ADRESH(상위 저장 바이트), ADRESL(하위 저장 바이트) 레지스터에 저장하는 값의 정렬순서를 실행 9에서 ADFM 비트를 1로 세팅한다. 따라서, 소스에서 위 define문을 10비트 출력으로 설정한다.

```
//#define ADC_8BIT    //10비트 ADC 결과값을 정렬 설정, 0 : 좌정렬
#define ADC_10BIT   //10비트 ADC 결과값을 정렬 설정, 1 : 우정렬
```

위와 같이 //ADC_8BIT를 주석처리한다. 그리고, A/D 변환을 시작하는 비트는 GO_nDONE 또는 GO 비트로 pic161939.h 파일에 정의 되어 있다(XC8 컴파일러 설치된 디렉토리의 include 폴더 참조).

이 실습에서는 GO_nDONE 비트로 사용한다. 이 비트는 0으로 초기화되어 있고, 이 GO_nDONE 비트를 1로 세팅하는 순간, 마이크로칩스 데이터시트 그림 14-2의 Analog-to-Digital Conversion Tad Cycle에 표시된 대로 Sample and Hold를 거쳐 Analog to Digital Convert를 수행하게 된다. ADC가 완료되면 자동으로 GO_nDONE 비트가 0으로 클리어되기 때문에 폴링 방식으로 제어가 가능하다. 또한, A/D 변환에 대해서는 12장의 ADC 실습을 참고한다.

```
//#define ADC_8BIT          //10비트 ADC 결과값을 정렬 설정, 0 : 좌정렬
#define ADC_10BIT           //10비트 ADC 결과값을 정렬 설정, 1 : 우정렬

//ADC 응용 폴링 방식 A/D 변환 함수
unsigned int adc_read(unsigned char ANx_Channel)
{
    unsigned int adc_buf;  //10비트 A/D 변환 결과값 저장 : 16비트 변수 선언

    //A/D 변환할 아날로그 ANx 채널 초기화
    ADCON0bits.CHS = ANx_Channel;
    //Microchip PICDEM 2 PLUS 보드 사용시 : AN0(RA0)을 아날로그 입력 채널
    //INSEM 8bit PIC 평가 보드 사용시 : AN2(RA2)를 아날로그 입력 채널

#ifdef ADC_8BIT                     //좌정렬 A/D 변환 후 8비트 변환값 사용시
        ADCON1bits.ADFM = 0;        //10비트 ADC 결과값을 좌정렬 설정

    GO_nDONE = 1;                   //A/D 변환 시작(폴링 방식)
    while(GO_nDONE);                //A/D 변환 완료시까지 대기

        adc_buf = (unsigned int)ADRESH; //8비트 A/D 변환값을 캐스트 연산자 사용
```

15장

```
                                          //16비트로 저장
#endif

#ifdef ADC_10BIT                          //우정렬 A/D 변환 후 10비트 변환값 사용시
        ADCON1bits.ADFM = 1;              //10비트 ADC 결과값을 우정렬 설정

    GO_nDONE = 1;                         //A/D 변환 시작(폴링 방식)
    while(GO_nDONE);                      //A/D 변환 완료시까지 대기

        adc_buf = (unsigned int)(ADRESH <<(8) + ADRESL;
                                          //10비트 A/D 변환값을 16비트 변수로 저장
#endif

    return adc_buf;                       //10비트 A/D 변환값을 리턴
}
```

실행 7_CCP2 주변장치 PWM 모드 초기화(타이머2 선택 사용 초기화 포함) 소스 코딩

RC1핀은 CCP2 주변장치의 출력 또는 입력핀으로 Capture 모드일 때는 시간을 측정할 클럭 펄스 입력으로, Compare 모드와 PWM 모드일 때는 출력으로 동작한다. 이 실습에서는 PWM 모드이므로, PWM 주기를 만드는 타이머를 1개를 사용해야 한다.

CCP2CON 레지스터에서 CCP2M<3:0> 비트는 Capture/Compare/PWM 모드 중에 한 가지를 선택하는 비트이다. 따라서, 이 실습에서는 CCP2의 PWM 모드를 사용하므로 아래와 같이 PWM 모드로 설정해야 한다. 여기서 주의할 점은 CCP1, CCP2, CCP3 주변장치는 Enhanced PWM 모드로 PxA, PxB, PxC, PxD 핀등을 이용하여 Full-Bridge, Half-Bridge 등을 구성할 수 있다.

그러나, 나머지 CCP4, CCP5 주변장치는 일반적인 PWM 모드로 사용 가능하다. 이 실습에서 사용하는 CCP2 주변장치의 출력핀인 RC1핀의 다른 기능은 CCP2의 Enhanced PWM의 P2A 핀이다. 따라서, P2A 인 RC1핀이 액티브-하이로 동작하도록 아래와 같이 설정한다(이 설정으로 이 RC1핀은 리셋 상태는 0이고, PWM 펄스가 나올 때는 +5V로 출력한다).

```
CCP2CONbits.CCP2M = 0b00001100;
//1100 = PWM mode: PxA, PxC active-high; PxB, PxD active-high 로 설정
```

또한, CCP2CON 레지스터의 DC2B<1:0> 비트는 10비트의 PWM 듀티비의 해상도에서 최하위 2비트의 값이 이 비트에 해당한다.

그리고, CCPR2L 레지스터는 10비트의 PWM 듀티비의 해상도에서 상위 8비트에 값이 적용되는 곳이다. 이것은 CCPR2L 레지스터의 비트 9~비트 2까지의 8비트 값과 CCP2CON 레지스터의 5번 비트, 4번 비트가 순차적으로 결합된 형태를 말한다. 이것을 정리하면 CCPR2L:CCP2CON<5:4>인 10비트의 PWM 듀티비의 해상도를 설정할 수 있다.

예를 들어,

```
CCPRxL = AAAA AAAA, CCPxCON〈5:4〉 = BB
```

위와 같은 형태로 구성되어져 있다면 아래와 같은 결과가 나오게 된다.

```
CCPR2L : CCP2CON〈5:4〉 = AA AAAA AABB
```

10비트의 PWM의 구형파 주기를 만드는 식은 데이터시트 EQUATION 23-1 PWM PERIOD에 아래와 같이 자세히 나와 있다.

```
PWM Period (구형파 주기)는
        [(PR2)+1]*4*Tosc*(TMR2 Prescaler Value)
```

와 같이 얻을 수 있다. 따라서, 타이머2의 PR2 레지스터값을 바꾸면 PWM 구형파의 주기를 바꿀 수가 있다. PWM 주기는 무한정 짧게 만들 수는 없다. 데이터시트 Table 23-5~23-7에 보면 Fosc가 32MHz 동작시에 31.25kHz 이하에서는 10비트의 해상도를 유지할 수 있으나, 125kHz에서는 8비트, 250kHz에서는 7비트 등 PWM 주기가 짧아질수록 해상도의 비트는 낮아진다.

이 실습에서는 위 실행 2에서 Fosc가 16MHz이므로 아래와 같이 이미 정의하였다.

```
#define Tosc 1/Fosc                              //내부 16MHz 클럭 주기
```

그리고, TMR2 Prescaler Value는 타이머2의 T2CON 레지스터에서 설정이 가능하다.

일반적으로 DC 모터의 PWM 구동 주파수는 20~20kHz의 가청주파수 범위밖으로 설정하는 것이 좋으므로 여기서는 1:1 스케일로 설정한다.

```
T2CONbits.T2CKPS = 0;          //Prescale 1:1
T2CONbits.T2OUTPS = 0;         //Postscale 1:1
T2CONbits.TMR2ON = 0           //타이머2 정지
```

따라서, PR2의 값에 의해 아래와 같이 PWM 주파수를 설정할 수 있다.

• DC 모터 구동 PWM 주기는 PR2가 0xFF(255)일 때

```
        [255+1]*4*(1/16000000) = 64us
```

따라서, PWM 구동 주파수는 15.625kHz으로 설정한다. 여기서 비록 20kHz 이내 가청주파수 범위내이지만, 아주 높은 주파수 영역이므로 이 실습의 모터 구동 주파수로 설정하여 사용하기로 한다(너무 심하게 거슬리는 경우 PR2 값을 조정하여 주파수를 더 올려야 한다).

CCPTMRS0, CCPTMRS1 레지스터는 각 CCP1, 2, 3, 4, 5에 대한 주기를 만드는 타이머x를 선택하는 레지스터이다.

이번 실습에서는 CCP1을 사용하기 때문에 CCP1에 대한 타이머x 설정은 CCPTMRS0 레지스터의 C1TSEL<1:0> 비트에서 설정이 가능하므로 아래와 같이 타이머2로 설정한다.

```
        CCPTMRS0bits.C2TSEL = 0;  //CCP2 PWM 모드 : 타이머2 사용 선택

//CCP2 주변장치 PWM 모드 초기화(타이머2 선택 사용 초기화 포함) 소스 코딩
void initial_ccp2_pwm_timer2(void)
{
    //1100 = PWM mode: PxA, PxC active-high; PxB, PxD active-high로 설정
    CCP2CONbits.CCP2M = 0b00001100;

    //CCPR2L 레지스터는 10비트의 PWM 듀티비의 해상도에서 상위 8비트 값 클리어
    CCPR2L = 0;

    //10비트 PWM 듀티비의 해상도에서 최하위 2비트 값 클리어
    CCP2CONbits.DC2B = 0;

    CCPTMRS0bits.C2TSEL = 0;        //CCP2 PWM 모드 : 타이머2 사용 선택

    TRISCbits.TRISC1 = 1;           //RC1(P2A)핀 입력 초기화 설정

    T2CONbits.T2CKPS = 0;           //Prescale 1:1
    T2CONbits.T2OUTPS = 0;          //Postscale 1:1
    T2CONbits.TMR2ON = 0;           //타이머2 정지

    //DC 모터 구동 PWM 주기는 PR2가 0xFF(255)일 때
     //[255+1]*4*(1/16000000) = 64μs
     //PWM 구동 주파수는 15.625kHz
    PR2 = 0xFF;
```

```
    TMR2 = 0;                        //TMR2 레지스터 클리어

    TRISCbits.TRISC1 = 0;            //RC1(P2A)핀 출력 초기화 설정

    T2CONbits.TMR2ON = 1;            //타이머2 동작 시작
}
```

실행 8_PWM으로 RC1핀(CCP2)출력하는 함수 소스 코딩

16비트의 함수 입력변수 duty_ratio로부터 10비트의 PWM 듀티비를 설정하고, 16비트의 함수 입력변수 period_value로부터 10비트의 주기를 설정하여 CCP2의 출력핀인 RC1핀으로 PWM 출력을 하는 함수를 아래와 같이 소스를 코딩한다.

```
//CCP2 주변장치 PWM 모드 출력 함수(타이머2 선택 사용) 소스 코딩
void pwm_output(unsigned int duty_ratio)
{
    HIGH_SIDE_TR = ON;                          // Motor Run, RD7 핀 High 출력

    //10비트 PWM 듀티비 설정
    CCPR2L = (unsigned char)(duty_ratio>>2);    //10비트 중 상위 8비트 듀티비 설정
    CCP2CONbits.DC2B = (unsigned char)(duty_ratio&0x0003);
    //10비트 중 최하위 2비트 듀티비 설정
    T2CONbits.TMR2ON = 1;                       //타이머2 동작 시작
}
```

실행 9_PWM RC1핀(CCP2)출 력 중지 함수 및 딜레이 함수 소스 코딩

```
void pwm_output_off(void)
{
    HIGH_SIDE_TR = OFF;             // Motor Stop
    LOW_SIDE_TR = OFF;              // Motor Stop
    T2CONbits.TMR2ON = 0;           //타이머2 동작중지
}

//시간 딜레이 함수
void delay(unsigned int cnt)
{
    while(cnt--);
}
```

실행 10__메인 함수 및 가변저항과 연결된 AN0 아날로그 입력 채널로부터 전압을 읽고, ADC를 응용 A/D 변환값을 PWM으로 RC1핀(CCP2) 출력하여 단방향 DC 모터 속도 제어하는 함수 소스 코딩

```
//*** 전역 변수 선언 ***//
unsigned char flag_motor_on=0;        //모터 On/Off 상태 변수(1:On, 0:Off)
unsigned int motor_speed=0;           //모터 목표 스피드 AD 변환값 저장 변수

int main(int argc, char** argv)
{
    //오실레이터 초기화
    OSCCON = 0b01111000;              //16MHz 내부 클럭 설정

    initial_port();                   //포트 초기화 함수 실행

    initial_adc();                    //ADC 주변장치 초기화 함수 실행

    initial_ccp2_pwm_timer2();        //CCP2 PWM 모드(타이머2 사용) 초기화 함수 실행

    while(1)
    {
        if(SW2==0)                    //모터 정지시, SW(SW2)를 누를 때 모터 동작 개시
        {
            delay(50000);             //SW 스위치 채터링 딜레이
            delay(50000);             //SW 스위치 채터링 딜레이
            flag_motor_on = 1;
        }
        while(flag_motor_on==1)       //모터 ON 상태
        {
            motor_speed = (unsigned int) adc_read(0);   //AN0(0) 채널 A/D 변환값 저장
            pwm_output(motor_speed);                    //모터 스피드 CCP2 PWM 듀
                                                        티비 적용
            if(SW2==0)                                  //모터 회전시 다시, SW(SW2)
                                                        를 누를 때 모터 정지
            {
                delay(50000);         //SW 스위치 채터링 딜레이
                delay(50000);         //SW 스위치 채터링 딜레이
                pwm_output_off();     //RD7 =0, RC1=0 , 타이머2 정지, PWM 출력 정지
                flag_motor_on =0;     //모터 상태 플래그 리셋
            }
        }
    }
}
```

실행 11_**dc_motor_pwm_adc.c란 파일을 저장하고 코딩을 완성한다.**

Step 3 소스 코드 확인

```
#include <xc.h>

__CONFIG(FOSC_INTOSC & WDTE_OFF & PWRTE_ON & MCLRE_OFF & BOREN_OFF);

#define Fosc 16000000        //내부 16MHz 클럭 설정:Oscillator 클럭: 16MHz
#define Tosc 1/Fosc          //내부 16MHz 클럭 주기
#define Fcy Fosc / 4         // Fcy = Fosc/4 : Instruction Clock : 4MIPS
#define Tcy 1 / Fcy          // 1/4MHz = 250ns

#define SW2     RA4          // SW2 포트 설정 —> RA4

#define HIGH_SIDE_TR     PORTDbits.RD7
// High Side Tr. On/Off 포트 설정 —> RD7
#define LOW_SIDE_TR      PORTCbits.RC1
// Low Side Tr. On/Off 포트 설정 —> RC1

#define ON 1                 // High —> Motor Start
#define OFF 0                // Low —> Motor Stop

//함수 선언부
void initial_port(void);
void initial_ccp2_pwm_timer2(void);
void pwm_output(unsigned int duty_ratio);
void initial_adc(void);
unsigned int adc_read(unsigned char ANx_Channel);
void pwm_output_off(void);
void delay(unsigned int cnt);

//*** 전역 변수 선언 ***//
//DC Motor : NT-720R
unsigned char flag_motor_on=0;        //모터 On/Off 상태 변수(1:On, 0:Off)
unsigned int motor_speed=0;           //모터 목표 스피드 AD 변환값 저장 변수

//*** Main Routine : main(void)***//

int main(int argc, char** argv)
```

```
{
    //오실레이터 초기화
    OSCCON = 0b01111000;              //16MHz 내부 클럭 설정

    initial_port();                   //포트 초기화 함수 실행

    initial_adc();                    //ADC 주변장치 초기화 함수 실행

    initial_ccp2_pwm_timer2();        //CCP2 PWM 모드(타이머2 사용) 초기화 함수 실행

    while(1)
    {
        if(SW2==0)                    //모터 정지시, SW(SW2)를 누를 때 모터 동작 개시
        {
            delay(50000);             //SW 스위치 채터링 딜레이
            delay(50000);             //SW 스위치 채터링 딜레이
            flag_motor_on = 1;
        }
        while(flag_motor_on==1)       //모터 ON 상태
        {
            motor_speed = (unsigned int) adc_read(0);   //AN0(0) 채널 A/D 변환값 저장
            pwm_output(motor_speed);                    //모터 스피드 CCP2 PWM 듀티비 적용
            if(SW2==0)                                  //모터 회전시 다시 SW(SW2)를 누를 때
                                                        모터 정지
            {
                delay(50000);                //SW 스위치 채터링 딜레이
                delay(50000);                //SW 스위치 채터링 딜레이
                pwm_output_off();            //RD7 =0, RC1=0 , 타이머2 정지, PWM 출력 정지
                flag_motor_on =0;            //모터 상태 플래그 리셋
            }
        }
    }
}

//*== 1. I/O PORT 설정==*//
//*== —> RA4 : 입력 설정==*//
void initial_port(void)
{
        // 1 = 입력, 0 = 출력
        TRISAbits.TRISA4 = 1;                // RA4 : 입력 설정(SW)
```

```
        ANSELAbits.ANSA4 = 0;
        // AN4 : I/O 포트로 설정 (Disable Analog Port)
        PORTDbits.RD7 = 0;                          // RD7 : Low
        TRISDbits.TRISD7 = 0;                       // RD7 : 출력 설정 (High Side SW)
       ANSELD = 0;
}

//*== 2. PWM 설정 ( CCP2)==*//
//*== —> PWM Freq. = 15.625kHz 설정 (TMR2 주기 이용)==*//
//*== —> RC1 : CCP2를 PWM으로 설정==*//
//*== —> Datasheet <11.5 참조>==*//
//CCP2 주변장치 PWM 모드 초기화(타이머2 선택 사용 초기화 포함) 소스 코딩
void initial_ccp2_pwm_timer2(void)
{
    //1100 = PWM mode: PxA, PxC active-high; PxB, PxD active-high로 설정
    CCP2CONbits.CCP2M = 0b00001100;

    //CCPR2L 레지스터는 10비트의 PWM 듀티비의 해상도에서 상위 8비트 값 클리어
    CCPR2L = 0;

    //10비트 PWM 듀티비의 해상도에서 최하위 2비트 값 클리어
    CCP2CONbits.DC2B = 0;

    CCPTMRS0bits.C2TSEL = 0;                    //CCP2 PWM 모드 : 타이머2 사용 선택

    TRISCbits.TRISC1 = 1;                       //RC1(P2A)핀 입력 초기화 설정

    T2CONbits.T2CKPS = 0;                       //Prescale 1:1
    T2CONbits.T2OUTPS = 0;                      //Postscale 1:1
    T2CONbits.TMR2ON = 0;                       //타이머2 정지

    //DC 모터 구동 PWM 주기는 PR2가 0xFF(255)일 때
     //[255+1]*4*(1/16000000) = 64us
     //PWM 구동 주파수는 15.625kHz
    PR2 = 0xFF;

    TMR2 = 0;                                   //TMR2 레지스터 클리어

    TRISCbits.TRISC1 = 0;                       //RC1(P2A)핀 출력 초기화 설정

    T2CONbits.TMR2ON = 1;                       //타이머2 동작 시작
}
```

```
//*** 【 CCP2 모듈의 PWM Duty Cycle 업데이트 】***//
//*** → CCPR2L : ADC 결과값 중 상위 8비트 값 적용***//
//*** → CCP2CON<5:4> : ADC 결과값 중 하위 8비트 값 적용***//
//CCP2 주변장치 PWM 모드 출력 함수(타이머2 선택 사용) 소스 코딩
void pwm_output(unsigned int duty_ratio)
{
    HIGH_SIDE_TR = ON; // Motor Run, RD7 핀 High 출력

    //10비트 PWM 듀티비 설정
    CCPR2L = (unsigned char)(duty_ratio>>2);       //10비트 중 상위 8비트 듀티비 설정
    CCP2CONbits.DC2B = (unsigned char)(duty_ratio&0x0003);
    //10비트 중 최하위 2비트 듀티비 설정
    T2CONbits.TMR2ON = 1;                          //타이머2 동작 시작
}

//*** 【 CCP2 모듈 사용 중지 】***//
//*** → High/Low Side TR : Turn Off***//
//*** → TMR2 중지 ***//
void pwm_output_off(void)
{
    HIGH_SIDE_TR = OFF;                            // Motor Stop
    LOW_SIDE_TR = OFF;                             // Motor Stop
    T2CONbits.TMR2ON = 0;                          //타이머2 동작중지
}

//*== 3. ADC 모듈 설정==*//
//*== —> AN0 : 아날로그 입력==*//
//ADC 주변장치 및 아날로그 입력핀 초기화
void initial_adc(void)
{
    //아날로그 입력핀 설정
    TRISAbits.TRISA0 = 1;              //RA0핀 입력핀으로 설정
    ANSELA=0x01;                       //AN0(RA0)을 아날로그 입력으로 RA0 포텐쇼미터 연결
                                       //가변저항 RA0의 전압값을 읽기

    //ADC 초기화
    //ADCON1 레지스터 초기화
    ADCON1bits.ADFM = 0;               //10비트 ADC 결과값을 좌정렬 설정
                                       //0 : 좌정렬  1 : 우정렬
```

```
    ADCON1bits.ADCS = 5;              //ADC 변환 클럭 설정 : Fosc/16 = 1μs(최소 클럭)

    ADCON1bits.ADNREF = 0;            //ADC 변환 -전압 기준(Vref-) : Vss 핀(0V) 설정
    ADCON1bits.ADPREF = 0;            //ADC 변환 +전압 기준(Vref+) : Vdd 핀(+5V) 설정

    ADCON0bits.CHS = 0;               //CHS<4:0> 5비트 아날로그 입력 채널 선택

    //ADCON0 레지스터 초기화
    ADCON0bits.CHS = 0;               //AN0(RA0)을 아날로그 입력 채널로 RA0 포텐숀미터 연결

    PIR1bits.ADIF = 0;                //ADC 인터럽트 플래그 클리어
    PIE1bits.ADIE = 0;                //ADC 인터럽트 동작중지
    ADCON0bits.ADON = 1;              //아날로그 모듈 ON
}

//*** 【 A/D 변환 루틴 】 ***//
//*** → AN0 (가변저항) 10비트 변환값 적용***//

//#define ADC_8BIT            //10비트 ADC 결과값을 정렬 설정, 0 : 좌정렬
#define ADC_10BIT             //10비트 ADC 결과값을 정렬 설정, 1 : 우정렬

//ADC 응용 폴링 방식 A/D 변환 함수
unsigned int adc_read(unsigned char ANx_Channel)
{
    unsigned int adc_buf;     //10비트 A/D 변환 결과값 저장 : 16비트 변수 선언

    //A/D 변환할 아날로그 ANx 채널 초기화
    ADCON0bits.CHS = ANx_Channel;
    //Microchip PICDEM 2 PLUS 보드 사용시 : AN0(RA0)을 아날로그 입력 채널
    //INSEM 8bit PIC 평가 보드 사용시 : AN2(RA2)를 아날로그 입력 채널

#ifdef ADC_8BIT                                   //좌정렬 A/D 변환 후 8비트 변환값 사용시
        ADCON1bits.ADFM = 0;                      //10비트 ADC 결과값을 좌정렬 설정

    GO_nDONE = 1;                                 //A/D 변환 시작(폴링 방식)
    while(GO_nDONE);                              //A/D 변환 완료시까지 대기

        adc_buf = (unsigned int)ADRESH;           //8비트 A/D 변환값을 캐스트 연산자 사용
                                                  //16비트로 저장
#endif
```

```
#ifdef ADC_10BIT                        //우정렬 A/D 변환 후 10비트 변환값 사용시
        ADCON1bits.ADFM = 1;            //10비트 ADC 결과값을 우정렬 설정

    GO_nDONE = 1;                       //A/D 변환 시작(폴링 방식)
    while(GO_nDONE);                    //A/D 변환 완료시까지 대기

        adc_buf = (unsigned int)(ADRESH <<8) + ADRESL;
                                        //10비트 A/D 변환값을 16비트 변수로 저장
#endif

    return adc_buf;                     //10비트 A/D 변환값을 리턴
}

//시간 딜레이 함수
void delay(unsigned int cnt)
{
    while(cnt--);
}
```

실행 1_Make & Program 버튼 클릭 후 보드 동작을 확인한다.

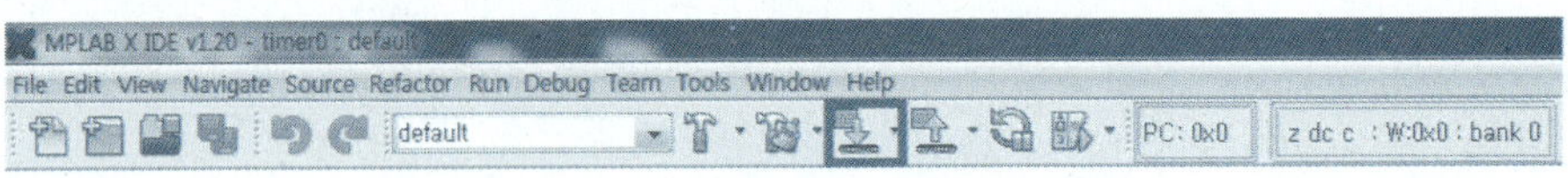

실행 2_경고창이 실행된 경우 OK를 클릭한다.

5) 실습결과

S2 또는 SW2를 누르면 DC 모터가 회전하기 시작한다. 만약 회전하지 않는 경우는 R16(POT) 가변저항을 중간 위치에 놓고 돌리면 된다. 또한, R16(POT) 가변저항을 시계/반시계방향으로 회전시키면 모터 속도가 증가/감소하게 된다. 이 경우에는 모터 회전속도에 대한 측정 루틴이 없기 때문에 모터 회전 측정장치를 별도로 가지고 A/D 변환된 값에 따른 모터 회전수를 측정하여 비례 테이블을 가지고 모터 속도제어를 해야 한다. 물론 부하가 변화하면 속도도 같이 변화하기 때문에 이 실습은 일반적으로 오픈-루프 모터 속도제어라고 할 수 있다.

다음 그림은 Microchip사의 "Mechatronics Demonstration Kit" 데모 보드를 나타내었다. 맨 우측 아래 모터가 이 장에서 실습한 DC 모터이다.

실습예제 2 : CCP1, CCP2 주변장치를 이용한 모터 속도측정(capture) 및 PWM 응용 단방향 DC 모터 속도제어 실습

1) 실습목표

이 실습에서는 이전 실습과 동일한 Microchip사의 "Mechatronics Demonstration Kit" 데모 보드를 사용하였다. 관련 자료는 이전 실습목표를 참고한다.

이 실습에서는 PIC16F1939의 CCP1 주변장치를 통해 Capture 기능을 사용하여 모터 축에 달린 광학 인코더를 통해 기계각으로 1회전당 2펄스를 얻어서 DC 모터 속도를 측정하면서 이전 실습에서 실습한 A/D 변환값을 목표 속도로 설정하여 단방향 DC 모터 속도를 제어하는 실습을 한다.

(1) 자작 보드 제작 및 사용시

(Microchip PICDEM 2 PLUS 보드 또는 INSEM 8bit PIC 평가 보드 확장 사용 가능)

- PIC16F1939 PIC 마이크로컨트롤러 입출력 포트 초기화 설정
- PIC16F1939 PIC 마이크로컨트롤러 UART 주변장치 초기화 설정
- PIC16F1939 PIC 마이크로컨트롤러 ADC 주변장치 초기화 설정
- PIC16F1939 PIC 마이크로컨트롤러 CCP1 주변장치 캡처(Capture) 모드 초기화 설정

(타이머1 선택 사용 초기화 포함)

- PIC16F1939 PIC 마이크로컨트롤러 CCP2 주변장치 PWM 모드 초기화 설정(타이머2 선택 사용 초기화 포함)
- UART 주변장치 초기화 설정
- UART 주변장치의 TX핀으로 한 문자 송신 함수 소스 코딩
- stdio.h 헤더 응용 stdio 라이브러리 추가 및 printf 문 사용방법
- 윈도우용 시리얼 통신 응용 프로그램인 "하이퍼터미널" 설정
- ADC 응용 폴링 방식 A/D 변환 함수 소스 코딩
- 광학 엔코더의 포토 TR의 펄스 출력을 RC2핀에 연결하여 CCP1의 Capture 모드를 이용하여 모터 1회전당 펄스 시간을 측정하는 함수의 소스 코딩
- 가변저항과 연결된 AN0 아날로그 입력 채널로부터 전압을 읽고 ADC를 응용 A/D 변환값을 PWM으로 RC1핀(CCP2) 출력하여 단방향 DC 모터 속도 제어하는 함수 소스 코딩
- UART 통신으로 printf문을 사용하여 DC 모터 회전수 계산 및 출력 소스 코딩

2) 실습회로

① CCP1, CCP2 주변장치를 이용한 모터 속도측정(Capture) 및 PWM 응용 단방향 DC 모터 속도제어 실습회로 구성도

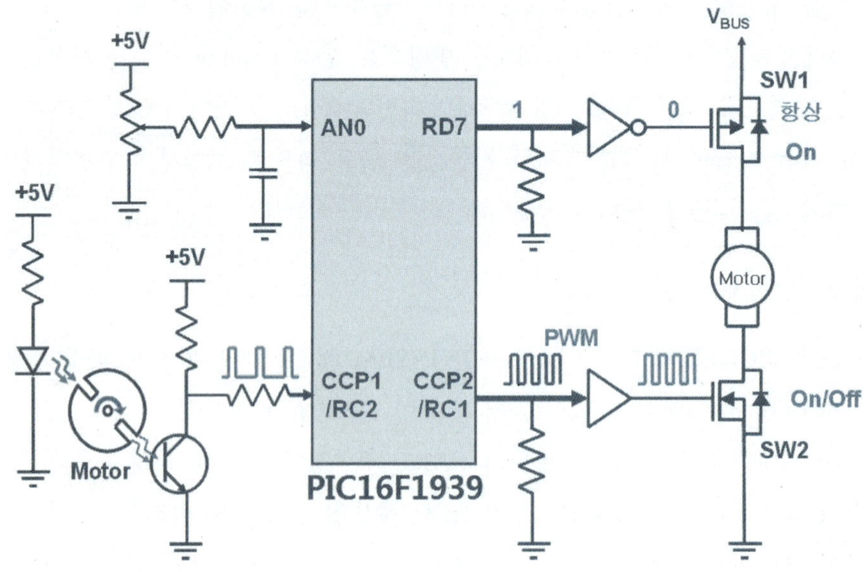

앞처럼 RC1핀의 CCP2 PWM 출력을 그대로 연결하여 스위칭 방식으로 구동할 수 있는 파워 TR(NPN) 또는 게이트 전압이 5V이내인 파워 FET 또는 드라이버단을 구성하여 단방향의 DC 모터 구동회로를 간략하게 구성할 수 있다.

그러나, 이후 실습에서는 풀-브리지(full-bridge) 회로를 구성하여 양방향까지 실습하기 위한 회로로 구성한다. 물론 이 실습에서는 단방향인 하프-브리지(half-bridge)의 회로만 소개한다.

(2) 자작 보드 제작회로

(Microchip PICDEM 2 PLUS 보드 또는 INSEM 8bit PIC 평가 보드 확장 사용 가능)

① PIC MCU, 가변저항(POT), 스위치, UART 통신 주변 회로

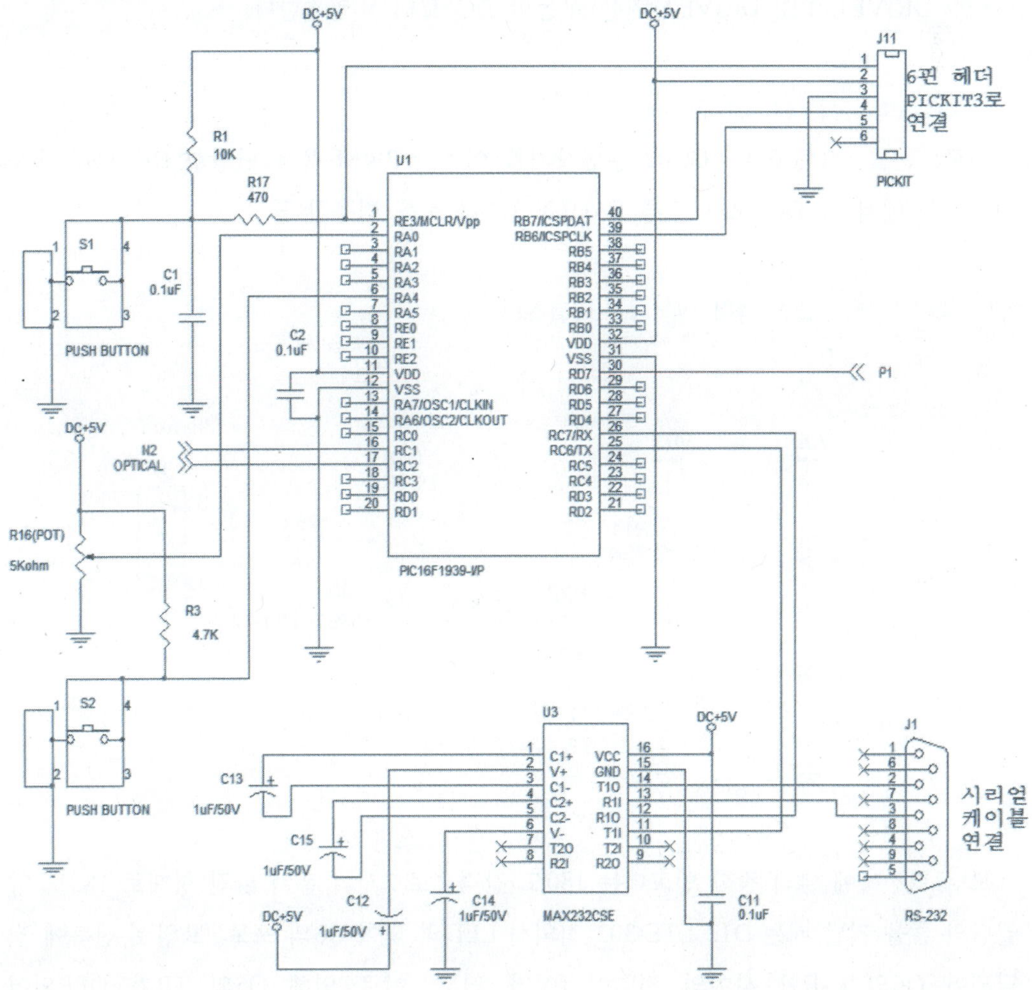

② DC 모터 구동 회로

회로도는 “실습예제 1 : CCP2 주변장치를 이용한 PWM 응용 단방향 DC 모터 속도 제어실습”에서 ② DC 모터 구동회로를 적용한다.

- P2, N1, PWM1, PWM2 핀은 연결되지 않는다.
- /DC_MOTOR_FAULT 핀은 아래의 DC 모터 전류 FAULT 감지 회로를 사용할 때 사용하는 핀으로 사용하지 않을 때는 +5V로 연결한다.
- DC_MOTOR_DRIVE_VOLTAGE 핀은 +5V와는 별도로 구동하려는 DC 모터의 정격 구동전압을 인가하는 핀이다.
- DC_MOTOR_SENSE 핀은 아래 DC 모터 전류 FAULT 감지 회로의 전류 센싱을 하기 위한 핀으로 사용하지 않을 때는 0V로 Ground로 연결한다.
- P9_DRIVE1, P10_DRIVE2 핀은 구동할 DC 모터를 연결한다.

③ DC 모터 전류 FAULT 감지회로

회로도는 “실습예제 1 : CCP2 주변장치를 이용한 PWM 응용 단방향 DC 모터 속도 제어실습”에서 ③ DC 모터 전류 FAULT 감지회로를 적용한다.

④ 광학 엔코더 펄스 출력 센서 회로(2펄스)

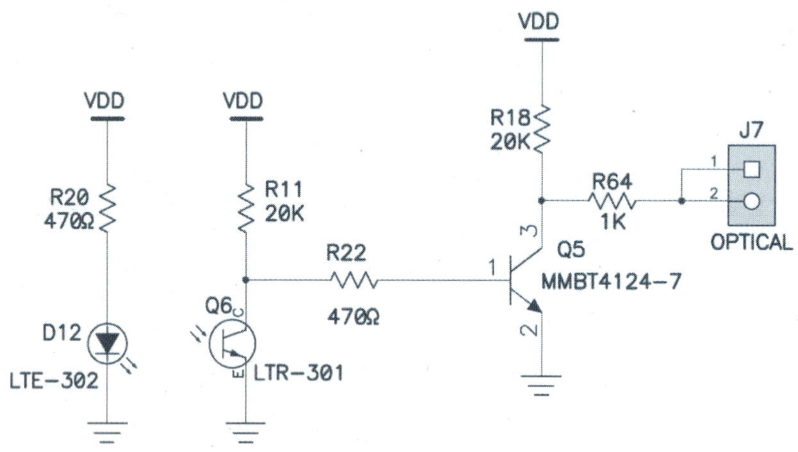

모터 회전축에 달리 광학 인코더는 180도 간격으로 2개의 홈이 파진 형태로 180도 양 끝단의 홈을 지날 때는 D12 LTE-302 적외선 LED의 빛이 Q6의 포토 TR의 수신측에 전달되어 Q6의 C-E핀 사이의 전압이 0V가 되고, 이로 인해 Q5의 TR가 OFF되어

OPTICAL 출력신호는 VDD인 +5V가 출력된다. 그러다가 180도 양 끝단을 벗어나는 경우에는 D12 LTE-302 적외선 LED의 빛이 Q6의 포토 TR의 수신측에 전달되지 않고, Q6의 C-E핀 사이의 전압이 5V가 되고, 이로 인해 Q5의 TR가 ON되어 OPTICAL 출력 신호는 GND인 0V가 출력된다. 따라서, 모터 1회전당 기계각으로 180도마다 펄스가 1개씩 발생된다. 이 펄스의 시간간격을 계산하면 모터의 회전속도를 계산할 수 있다.

※ 참고사항: Vcap핀에는 0.1uF콘덴서를 연결해야하나 이 실습에서는 사용하지 않음.

3) 실습환경

- MPLAB X IDE 통합 개발 SW 설치
- MPLAB XC8 컴파일러 설치
  (5장 마이크로칩 8비트 PIC 마이크로컨트롤러 개발환경 셋업 참조)
- 마이크로칩 디버거 장비(PICKit3, ICD3, REAL ICE 중에 택일) 설치
  (여기에서는 PICKit3로 모든 실습을 함)
- 모터 전원과 함께 자작 보드로 실습시에는 +5V 전원 공급장치 필요

4) 실습 코딩 순서

Step 1 MPLAB X IDE를 이용한 새 프로젝트 만들기

실행 1_MPLAB X IDE 실행 후 File 메뉴에서 New Project를 선택한다.

실행 2_프로젝트 선택에서 Categories에서 Microchip Embedded 선택 후 Projects에서 Standalone Project 선택, 그리고 Next를 클릭한다.

실행 3_Device 선택에서 Family에서 Mid-Range 8bit MCU ..... 선택, Device에서 PIC16F1939 선택 후 Next를 클릭한다.

실행 4_Header 선택은 그대로 하고 Next를 클릭한다.

실행 5_Hardware Tool 선택에서 PICKit3 선택, Next를 클릭한다.

실행 6_컴파일러 선택에서 Compiler Toolchains에서 XC8 (V1.xx).... 선택 후 Next를 클릭한다.

실행 7_Browse 버튼을 클릭하여 Project 만들 폴더 만들기 후 Project Name란에 프로젝트 이름(예 : timer0_1sec)을 입력 후 Finish를 클릭한다.

- Encoding 옵션 설정 : 한글 지원 관련

- UTF-8 또는 x-window949 정도 설정하면 한글 주석 처리 가능

실행 8_File 메뉴에서 New File을 선택한다.

실행 9_Categories에서 C 선택, File Type에서 C Main File 또는 C Source File을 선택 후 Next를 클릭한다.

실행 10_File Name에 소스 코드 이름 입력(예 : timer0_1sec.c) 후 Finish를 클릭한다.

Step 2 CCP1, CCP2 주변장치를 이용한 모터 속도측정(Capture) 및 PWM 응용 단방향 DC 모터 속도제어(Close-Loop) 실습 소스 코딩

실행 1_디폴트 헤더문 입력

```
#include <xc.h>
```

실행 2_컨피그레이션 비트 설정 매크로 삽입 코딩

```
__CONFIG(FOSC_INTOSC & WDTE_OFF & PWRTE_ON & MCLRE_OFF & BOREN_OFF);
```

실행 3_입/출력 포트 및 함수 선언 및 기타 define문 코딩

실습에서 사용할 시스템 클럭과 스위치, DC 모터 출력 등의 I/O포트에 대해 #define문으로 설정해 놓으면 하드웨어 매칭이 수월하여 테스트나 디버깅시에 매우 편리하다.

```
#define Fosc 16000000      //내부 16MHz 클럭 설정 : Oscillator Clock : 16Mhz
#define Tosc 1/Fosc        //내부 16MHz 클럭 주기
#define Fcy Fosc / 4       // Fcy = Fosc/4 : Instruction Clock : 4MIPS
#define Tcy 1 / Fcy        // 1/4MHz = 250ns

#define SW2     RA4        // SW2 포트 설정 —> RA4

#define HIGH_SIDE_TR     PORTDbits.RD7
// High Side Tr. On/Off 포트 설정 —> RD7
#define LOW_SIDE_TR      PORTCbits.RC1
// Low Side Tr. On/Off 포트 설정 —> RC1

#define ON 1               // High —> Motor Start
#define OFF 0              // Low —> Motor Stop

#define T1_PRESCALE 8      //타이머1 프리스케일러 분주비
```

또한, 다음과 같이 UART 통신 보-레이트(Baud-Rate)를 설정하기 위한 선언문이다. PIC MCU의 동작 주파수(Fosc)가 16MHz인 경우, UART 통신 보-레이트 속도

를 9600bps로 설정하는 계산식을 선언문으로 설정한다.

```
#define BAUD_RATE 9600
#define BRG_VALUE (Fosc/16 /BAUD_RATE - 1)
//함수 선언부
void initial_port(void);
void initial_ccp2_pwm_timer2(void);
void pwm_output(unsigned int duty_ratio);
void initial_adc(void);
unsigned int adc_read(unsigned char ANx_Channel);
void pwm_output_off(void);
void delay(unsigned int cnt);
void initial_ccp1_capture_timer1(void);
void initial_uart(void);
void putch(char data);
unsigned char uart_getch(void);
void interrupt Interrupt_Service_Routine(void);
```

실행 4_포트 입출력 초기화 함수 코딩

```
void initial_port(void)
{
        // 1 = 입력, 0 = 출력
        TRISAbits.TRISA4 = 1;           // RA4 : 입력 설정(SW)
        ANSELAbits.ANSA4 = 0;
        // AN4 : I/O 포트로 설정 (Disable Analog Port)
        PORTDbits.RD7 = 0;              // RD7 : Low
        TRISDbits.TRISD7 = 0;           // RD7 : 출력 설정 (High Side SW)
        TRISCbits.TRISC7 = 1;           //송수신 RC7(RX)핀 초기화
        TRISCbits.TRISC6 = 0;           //송수신 RC6(TX)핀 초기화
}
```

실행 5_UART 통신 주변장치 초기화 함수 소스 코딩

```
void initial_uart(void)
{
        //통신 보-레이트 설정 : 9600bps
        SPBRG = BRG_VALUE;              //define문에서 설정됨
        //TXSTA 레지스터 송신 초기화
        TXEN = 1;                       //TX 송신 모듈 On [0:Disable, 1:Enable]
        BRGH = 1;                       //고속 보-레이트 설정 On [0:Disable, 1:Enable]
        TX9 = 0; //9Bit 송신 설정 비트 [0:8Bit, 1:9Bit]
        SYNC = 0;                       //동기/비동기 통신 모드  [0:비동기, 1:동기]
```

```
        //RCSTA 레지스터 수신 초기화
        SPEN = 1;          //시리얼 포트 RX, TX 핀 사용[0:Disable, 1:Enable]
        CREN =1;           //연속 수신 가능 On [0:Disable, 1:Enable]
        RX9 = 0; //9Bit 수신 설정 비트 [0:8Bit, 1:9Bit]
        //UART 인터럽트 초기화
        RCIF = 0;          //수신 인터럽트 플래그
        TXIF = 0;          //송신 인터럽트 플래그
        RCIE = 1;          //수신 인터럽트 설정 비트[0:Disable, 1:Enable]
        TXIE = 0;//송신 인터럽트 설정 비트[0:Disable, 1:Enable]
         PEIE = 1;         // Peripheral Interrupt 사용
        GIE = 1;           // Global Interrupt 사용
}
```

실행 6_UART 응용 한 문자 송신 함수 소스 코딩

stdio.h 헤더를 삽입하고 stdio 라이브러리를 추가하여 printf 문을 사용하기 위해서는 반드시 아래와 같이 UART 한 문자 송신 함수이름이 putch(char data)로 설정하여야 한다. 기존의 uart_putch() 함수이름이 변경된 것이다. printf 문을 사용하기 위해서는 꼭 변경하기 바란다.

```
void putch(char data)
{
        TXREG = data;
        while(!TRMT);
}
```

실행 7_UART 응용 한 문자 수신 함수 소스 코딩

```
unsigned char uart_getch(void)
{
        while(!RCIF);
        RCIF = 0;
        return RCREG;
}
```

실행 8_stdio.h 헤더 응용 stdio 라이브러리 추가 및 printf문 사용방법

표준 입출력 관련한 함수들 중에 UART 시리얼 통신과 아주 밀접한 관계가 있는 함수가 바로 printf문이다. 이전 실습에서 위 실행 8에서 삭제된 uart_puts() 함수에서는 소수점, 변수 포맷 형식 및 한글 등의 표시를 하려면 엄청난 루틴

들이 필요하다. 한마디로 C언어를 아주 잘 구사하여야 한다. 그러나, printf문을 사용하면 너무나 쉽게 표시가 가능하다.

아래 순서는 printf문을 사용하는 방법에 대한 순서이다. 그리고, 꼭 UART 한 문자 송신 함수인 putch() 함수가 선언되어 있어야 한다(위 실행 6 참조).

• #include <xc.h> 헤더문 다음에 아래 소스를 삽입한다.

```
#include <stdio.h> //printf문 사용 위해
                   //표준 입출력 라이브러리 헤더 삽입
```

실행 9_ADC 주변장치 초기화 함수 소스 코딩

```
//ADC 주변장치 및 아날로그 입력핀 초기화
void initial_adc(void)
{
    //아날로그 입력핀 설정
    TRISAbits.TRISA0 = 1;  //RA0핀 입력핀으로 설정
    ANSELA=0x01;           //AN0(RA0)을 아날로그 입력으로 RA0 포텐쇼미터 연결
                           //가변저항 RA0의  전압값을 읽기

    //ADC 초기화
    //ADCON1 레지스터 초기화
    ADCON1bits.ADFM = 0;        //10비트 ADC 결과값을 좌정렬 설정
                                //0 : 좌정렬  1 : 우정렬

    ADCON1bits.ADCS = 5;        //ADC 변환 클럭 설정 : Fosc/16 = 1μs(최소 클럭)

    ADCON1bits.ADNREF = 0;      //ADC 변환 -전압 기준(Vref-) : Vss 핀(0V) 설정
    ADCON1bits.ADPREF = 0;      //ADC 변환 +전압 기준(Vref+) : Vdd 핀(+5V) 설정

    ADCON0bits.CHS = 0;         //CHS<4:0> 5비트 아날로그 입력 채널 선택

    //ADCON0 레지스터 초기화
    ADCON0bits.CHS = 0;         //AN0(RA0)을 아날로그 입력 채널로 RA0 포텐쇼미
                                터 연결

    PIR1bits.ADIF = 0;          //ADC 인터럽트 플래그 클리어
    PIE1bits.ADIE = 0;          //ADC 인터럽트 동작중지
    ADCON0bits.ADON = 1;    //아날로그 모듈 ON
}
```

실행 10_ADC 응용 폴링 방식 A/D 변환 함수 소스 코딩

```
//#define ADC_8BIT          //10비트 ADC 결과값을 정렬 설정. 0 : 좌정렬
#define ADC_10BIT           //10비트 ADC 결과값을 정렬 설정. 1 : 우정렬

//ADC 응용 폴링 방식 A/D 변환 함수
unsigned int adc_read(unsigned char ANx_Channel)
{
    unsigned int adc_buf;  //10비트 A/D 변환 결과값 저장 : 16비트 변수 선언

    //A/D 변환할 아날로그 ANx 채널 초기화
    ADCON0bits.CHS = ANx_Channel;
    //Microchip PICDEM 2 PLUS 보드 사용시 : AN0(RA0)을 아날로그 입력 채널
    //INSEM 8bit PIC 평가 보드 사용시 : AN2(RA2)를 아날로그 입력 채널

#ifdef ADC_8BIT                         //좌정렬 A/D 변환 후 8비트 변환값 사용시
        ADCON1bits.ADFM = 0;            //10비트 ADC 결과값을 좌정렬 설정

    GO_nDONE = 1;                       //A/D 변환 시작(폴링 방식)
    while(GO_nDONE);                    //A/D 변환 완료시까지 대기

        adc_buf = (unsigned int)ADRESH;         //8비트 A/D 변환값을 캐스트 연산자 사용
                                                //16비트로 저장
#endif

#ifdef ADC_10BIT                        //우정렬 A/D 변환 후 10비트 변환값 사용시
        ADCON1bits.ADFM = 1;            //10비트 ADC 결과값을 우정렬 설정

    GO_nDONE = 1;                       //A/D 변환 시작(폴링 방식)
    while(GO_nDONE);                    //A/D 변환 완료시까지 대기

        adc_buf = (unsigned int)(ADRESH <<8) + ADRESL;
                                        //10비트 A/D 변환값을 16비트 변수로 저장
#endif

    return adc_buf;                     //10비트 A/D 변환값을 리턴
}
```

실행 11_CCP1 주변장치 캡처(Capture) 모드 초기화(타이머1 선택 사용 초기화 포함) 소스 코딩

RC2 입력핀에 광학 인코더 펄스 출력 신호가 들어오면 타이머1을 사용하여 펄스의 시간을 재는 초기화를 한다.

```
//CCP1 주변장치 Capture 모드 초기화(타이머1 선택 사용 초기화 포함) 소스 코딩
void initial_ccp1_capture_timer1(void)
{
    RC2 = 0;
    TRISCbits.TRISC2 = 1;           // RC2 입력 설정(CCP1 입력 설정)
    T1CON = 0;                      // T1CON 레지스터 클리어
    TMR1ON = 0;                     // 타이머1 Stop & 클리어
    T1CONbits.TMR1CS = 0;
    // 타이머1 소스 = Fosc/4 = 16MHz/4 = 4MHz
      T1CONbits.T1CKPS = 3;         // 1:8 Prescaler
                                    //TMR1H:TMR1L 레지스터는 250nsX8=2μs마다 증가
    CCP1IF = 0;                     // CCP1 Interrupt Flag 클리어
    CCP1IE = 1;                     // CCP1 Ineterrupt 사용
    PEIE = 1;                       // Peripheral Interrupt 사용
    GIE = 0;                        // Global Interrupt 미사용
    CCP1CON = 0b00000101;           // Capture Mode, Every rising edge : 0101

      CCPR1H = 0;
      CCPR1L = 0;                   // Capture 레지스터 클리어
    TMR1H = 0;
      TMR1L = 0;                    // TMR1 레지스터 클리어

    T1CONbits.TMR1ON = 1;           // 타이머1 Start
}
```

실행 12_CCP2 주변장치 PWM 모드 초기화(타이머2 선택 사용 초기화 포함) 소스 코딩

이 실습에서는 위 실행 2에서 Fosc가 16MHz이므로 아래와 같이 이미 정의하였다.

```
#define Tosc 1/Fosc                    //내부 16MHz 클럭 주기
```

그리고, TMR2 Prescaler Value는 타이머2의 T2CON 레지스터에서 설정이 가능하다.

일반적으로 DC 모터의 PWM 구동 주파수는 20~20kHz의 가청주파수 범위 밖으로 설정하는 것이 좋으므로 여기서는 1:1 스케일로 설정한다.

```
    T2CONbits.T2CKPS = 0;           //Prescale 1:1
    T2CONbits.T2OUTPS = 0;          //Postscale 1:1
```

```
T2CONbits.TMR2ON = 0;          //타이머2 정지
```

따라서, PR2의 값에 의해 아래와 같이 PWM 주파수를 설정할 수 있다.

- DC 모터 구동 PWM 주기는 PR2가 0xFF(255)일 때

```
[255+1]*4*(1/16000000) = 64us
```

따라서, PWM 구동 주파수는 15.625kHz 으로 설정한다. 여기서 비록 20kHz 이내 가청주파수 범위내이지만, 아주 높은 주파수 영역이므로 이 실습의 모터 구동 주파수로 설정하여 사용하기로 한다(너무 심하게 거슬리는 경우 PR2 값을 조정하여 주파수를 더 올려야 한다).

CCPTMRS0, CCPTMRS1 레지스터는 각 CCP1, 2, 3, 4, 5에 대한 주기를 만드는 타이머x를 선택하는 레지스터이다.

이번 실습에서는 CCP1을 사용하기 때문에 CCP1에 대한 타이머x 설정은 CCPTMRS0 레지스터의 C1TSEL<1:0> 비트에서 설정이 가능하므로 아래와 같이 타이머2로 설정한다.

```
CCPTMRS0bits.C2TSEL = 0;          //CCP2 PWM 모드 : 타이머2 사용 선택

//CCP2 주변장치 PWM 모드 초기화(타이머2 선택 사용 초기화 포함) 소스 코딩
void initial_ccp2_pwm_timer2(void)
{
    //1100 = PWM mode: PxA, PxC active-high; PxB, PxD active-high 로 설정
    CCP2CONbits.CCP2M = 0b00001100;

    //CCPR2L 레지스터는 10비트의 PWM 듀티비의 해상도에서 상위 8비트 값 클리어
    CCPR2L = 0;

    //10비트 PWM 듀티비의 해상도에서 최하위 2비트 값 클리어
    CCP2CONbits.DC2B = 0;

    CCPTMRS0bits.C2TSEL = 0;          //CCP2 PWM 모드 : 타이머2 사용 선택

    TRISCbits.TRISC1 = 1;             //RC1(P2A)핀 입력 초기화 설정

    T2CONbits.T2CKPS = 0;             //Prescale 1:1
    T2CONbits.T2OUTPS = 0;            //Postscale 1:1
    T2CONbits.TMR2ON = 0;             //타이머2 정지
```

```
    //DC 모터 구동 PWM 주기는 PR2가 0xFF(255)일 때
     //[255+1]*4*(1/16000000) = 64us
     //PWM 구동 주파수는 15.625kHz
    PR2 = 0xFF;

    TMR2 = 0;                        //TMR2 레지스터 클리어

    TRISCbits.TRISC1 = 0;            //RC1(P2A)핀 출력 초기화 설정

    T2CONbits.TMR2ON = 1;            //타이머2 동작 시작
}
```

실행 13_PWM으로 RC1핀(CCP2) 출력하는 함수 소스 코딩

16비트의 함수 입력변수 duty_ratio로부터 10비트의 PWM 듀티비를 설정하고, 16비트의 함수 입력변수 period_value로부터 10비트의 주기를 설정하여 CCP2의 출력핀인 RC1핀으로 PWM 출력을 하는 함수를 아래와 같이 소스를 코딩한다.

```
//CCP2 주변장치 PWM 모드 출력 함수(타이머2 선택 사용) 소스 코딩
void pwm_output(unsigned int duty_ratio)
{
    HIGH_SIDE_TR = ON;                          // Motor Run, RD7 핀 High 출력

    //10비트 PWM 듀티비 설정
    CCPR2L = (unsigned char)(duty_ratio>>2);    //10비트 중 상위 8비트 듀티비 설정
    CCP2CONbits.DC2B = (unsigned char)(duty_ratio&0x0003);
    //10비트 중 최하위 2비트 듀티비 설정
    T2CONbits.TMR2ON = 1;                       //타이머2 동작 시작
}
```

실행 14_PWM RC1핀(CCP2) 출력 중지 함수 및 딜레이 함수 소스 코딩

```
void pwm_output_off(void)
{
    HIGH_SIDE_TR = OFF;             // Motor Stop
    LOW_SIDE_TR = OFF;              // Motor Stop
    T2CONbits.TMR2ON = 0;           //타이머2 동작중지
}
```

```
//시간 딜레이 함수
void delay(unsigned int cnt)
{
    while(cnt--);
}
```

실행 15_CCP1 및 UART 수신 인터럽트 서비스 루틴 함수 소스 코딩

- 광학 엔코더에서 라이징-폴링 에지마다 CCP1 인터럽트 발생 처리
- DC 모터 회전수 계산
- UART 한 문자 수신 인터럽트 처리
- UART 송신을 통해 printf문을 사용하여 DC 모터 회전수 출력 및 A/D 변환 값 출력(하이퍼터미널을 통해 아무런 키를 누를 때마다 출력)

• CCP1 주변장치의 Capture 모드를 이용한 DC 모터 속도 계산 방법

앞의 회로에서 언급한 광학 인코더는 180도마다 펄스(라이징 에지 - 폴링 에지)가 발생한다. 이것의 의미는 반바퀴마다 펄스의 시간을 CCP1의 Capture 모드로 시간을 잴 수 있다. 그리고, 타이머1의 프리스케일러 분주비는 1:8이므로 타이머1의 TMR1H와 TMR1L이 증가하는 시간은

(1/16MHz)/4 = (1/4MHz) * 8(프리스케일러 분주비) = 2us

가 된다. 따라서, 아래와 같은 모터 속도 RPM 계산식을 얻을 수 있다.

```
초당 회전수(RPS) = ((Fcy/ 타이머1 프리스케일러 분주비) / 펄스 카운트 수) / 2
분당 회전수(RPM) = 초당 회전수(RPS) X 60
```

• 모터 속도 RPM 계산 예

- CCP1IF 인터럽트 발생 후 얻은 CCPR1H(상위 바이트), CCPR1L(하위 바이트) 카운트값이 16비트로 14705이면, 광학 엔코더의 반회전 시간은 14705 × 2us = 0.02941sec이 된다.

  여기서 2us = Fcy × 8 = (1/4MHz) × 8
- 1회전 시간 반회전 시간의 2배이므로, 0.002941 × 2 = 0.05882sec가 된다.
- 초당 회전한 시간인 초당 회전수는 1/0.05882sec = 17 RPS이다.
- 따라서, 분당 회전수는 17 × 60sec이므로 1020 RPM이 된다.

즉, 앞 식에 대입해 보면

```
초당 회전수(RPS) = ((4MHz/8)/14705)/2 = 17
분당 회전수(RPM) = 17 X 60 = 1020
```

위와 같이 식에 의해 구할 수 있다. 따라서, 아래 CCP1IF 인터럽트 서비스 루틴에서 펄스에 대한 시간을 구한 후에 모터의 분당 회전수를 구할 수 있다.

```
void interrupt Interrupt_Service_Routine(void)
{
        // CCP1 Cpature Interrupt 처리 루틴
        if(CCP1IF)
        {
                TMR1H = 0;          TMR1L = 0;
                pulse_period_cnt=(unsigned int)(CCPR1H<<8) + CCPR1L;
        // 반바퀴 회전 카운터 값
                pulse_freq=((Fcy/T1_PRESCALE) / pulse_period_cnt ) / 2;
        // 초당 회전수(RPS)
                current_rpm = pulse_freq * 60;          // 분당 회전수(RPM)
                CCP1IF = 0;
        }
        // RX Interrupt 처리 루틴
        if(RCIF) //하이퍼터미널을 통해 아무런 키를  누를 때마다 출력
        {
                if(RCREG != 0)
                {
                        printf("ADC Value : %4d, Motor RPM : %4d\r", motor_speed,
current_rpm);
//A/D 변환값 출력 및 DC 모터 RPM 출력

                }
                RCIF = 0;
        }
}
```

실행 16_메인 함수 및 가변저항과 연결된 AN0 아날로그 입력 채널로부터 전압을 읽고 ADC를 응용 A/D 변환값을 PWM으로 RC1핀(CCP2) 출력하여 단방향 DC 모터 속도제어하는 함수 소스 코딩

```
//*** 전역 변수 선언 ***//
//DC Motor : NT-720R
unsigned char flag_motor_on=0;  //모터 On/Off 상태 변수(1:On, 0:Off)
```

```
unsigned int motor_speed=0;            //모터 목표 스피드 AD 변환값 저장 변수

unsigned int      pulse_period_cnt, pulse_freq, current_rpm;

//*** Main Routine : main(void)***//
int main(int argc, char** argv)
{
    //오실레이터 초기화
    OSCCON = 0b01111000;              //16MHz 내부 클럭 설정

    initial_port();                   //포트 초기화 함수 실행

    initial_adc();                    //ADC 주변장치 초기화 함수 실행

    initial_ccp1_capture_timer1();    //CCP1 Capture 모드 초기화 함수 실행

    initial_ccp2_pwm_timer2();
    //CCP2 PWM 모드(타이머2 사용) 초기화 함수 실행

    initial_uart();                   //UART 시리얼 통신 초기화 함수 실행

    while(1)
    {
        if(SW2==0)                    //모터 정지시 SW(SW2)를 누를 때 모터 동작 개시
        {
            delay(50000);             //SW 스위치 채터링 딜레이
            delay(50000);             //SW 스위치 채터링 딜레이
            flag_motor_on = 1;
        }
        while(flag_motor_on==1)       //모터 ON 상태
        {
            motor_speed = (unsigned int) adc_read(0);
             //AN0(0) 채널 A/D 변환값 저장
            pwm_output(motor_speed);
            //모터 스피드 CCP2 PWM 듀티비 적용
            if(SW2==0)
            //모터 회전시 다시 SW(SW2)를 누를 때 모터 정지
            {
                delay(50000);         //SW 스위치 채터링 딜레이
                delay(50000);         //SW 스위치 채터링 딜레이
```

```
                pwm_output_off();
                //RD7 =0, RC1=0 , 타이머2 정지, PWM 출력 정지
                flag_motor_on =0;    //모터 상태 플래그 리셋
            }
        }
    }
}
```

실행 17_dc_motor_capture_pwm_adc_uart.c란 파일을 저장하고 코딩을 완성한다.

Step 3 소스 코드 확인

```
#include <xc.h>
#include <stdio.h>                     //printf문 사용 위해
                                       //표준 입출력 라이브러리 헤더 삽입

__CONFIG(FOSC_INTOSC & WDTE_OFF & PWRTE_ON & MCLRE_OFF & BOREN_OFF);

#define Fosc 16000000                  //내부 16MHz 클럭 설정:Oscillator 16MHz
#define Tosc 1/Fosc                    //내부 16MHz 클럭 주기
#define Fcy Fosc / 4                   // Fcy = Fosc/4 : Instruction Clock : 4MIPS
#define Tcy 1 / Fcy                    // 1/4MHz = 250ns

#define SW2     RA4                    // SW2 포트 설정 —> RA4

#define HIGH_SIDE_TR     PORTDbits.RD7
// High Side Tr. On/Off 포트 설정 —> RD7
#define LOW_SIDE_TR      PORTCbits.RC1
// Low Side Tr. On/Off 포트 설정 —> RC1

#define ON 1                           // High —> Motor Start
#define OFF 0                          // Low —> Motor Stop

#define BAUD_RATE 9600
#define BRG_VALUE (Fosc/16 /BAUD_RATE - 1)

#define  T1_PRESCALE       8           //타이머1 프리스케일러 분주비

//함수 선언부
void initial_port(void);
```

```
void initial_ccp2_pwm_timer2(void);
void pwm_output(unsigned int duty_ratio);
void initial_adc(void);
unsigned int adc_read(unsigned char ANx_Channel);
void pwm_output_off(void);
void delay(unsigned int cnt);
void initial_ccp1_capture_timer1(void);
void initial_uart(void);
void putch(char data);
unsigned char uart_getch(void);
void interrupt Interrupt_Service_Routine(void);

//*** 전역 변수 선언 ***//
//DC Motor : NT-720R
unsigned char flag_motor_on=0;          //모터 On/Off 상태 변수(1:On, 0:Off)
unsigned int motor_speed=0;             //모터 목표 스피드 AD 변환값 저장 변수

unsigned int        pulse_period_cnt, pulse_freq, current_rpm;

//*** Main Routine : main(void)***//

int main(int argc, char** argv)
{
    //오실레이터 초기화
    OSCCON = 0b01111000;                //16MHz 내부 클럭 설정

    initial_port();                     //포트 초기화 함수 실행

    initial_adc();                      //ADC 주변장치 초기화 함수 실행

    initial_ccp1_capture_timer1();      //CCP1 Capture 모드 초기화 함수 실행

    initial_ccp2_pwm_timer2();
        //CCP2 PWM 모드(타이머2 사용) 초기화 함수 실행

    initial_uart();                     //UART 시리얼 통신 초기화 함수 실행

    while(1)
    {
        if(SW2==0)                      //모터 정지시 SW(SW2)를 누를 때 모터 동작 개시
        {
```

```
                delay(50000);           //SW 스위치 채터링 딜레이
                delay(50000);           //SW 스위치 채터링 딜레이
              flag_motor_on = 1;
          }
          while(flag_motor_on==1)        //모터 ON 상태
          {
                motor_speed = (unsigned int) adc_read(0); //AN0(0) 채널 A/D 변환값 저장
                pwm_output(motor_speed); //모터 스피드 CCP2 PWM 듀티비 적용
                if(SW2==0)              //모터 회전시 다시 SW(SW2)를 누를 때 모터 정지
                {
                      delay(50000);     //SW 스위치 채터링 딜레이
                      delay(50000);     //SW 스위치 채터링 딜레이
                      pwm_output_off(); //RD7 =0, RC1=0 , 타이머2 정지, PWM 출력 정지
                      flag_motor_on =0; //모터 상태 플래그 리셋
                }
          }
     }
}

//*== 1. I/O PORT 설정==*//
void initial_port(void)
{
        // 1 = 입력, 0 = 출력
        TRISAbits.TRISA4 = 1;           // RA4 : 입력 설정(SW)
        ANSELAbits.ANSA4 = 0;
        // AN4 : I/O 포트로 설정 (Disable Analog Port)
        PORTDbits.RD7 = 0;              // RD7 : Low
        TRISDbits.TRISD7 = 0;           // RD7 : 출력 설정(High Side SW)
        TRISCbits.TRISC7 = 1;           //송수신 RC7(RX)핀 초기화
        TRISCbits.TRISC6 = 0;           //송수신 RC6(TX)핀 초기화
}

//CCP1 주변장치 Capture 모드 초기화(타이머1 선택 사용 초기화 포함) 소스 코딩
void initial_ccp1_capture_timer1(void)
{
        RC2 = 0;
        TRISCbits.TRISC2 = 1;           // RC2 입력 설정(CCP1 입력 설정)
        T1CON = 0;                      // T1CON 레지스터 클리어
        TMR1ON = 0;                     // 타이머1 Stop & 클리어
        T1CONbits.TMR1CS = 0;
        // 타이머1 소스 = Fosc/4 = 16MHz/4 = 4MHz
```

```
    T1CONbits.T1CKPS = 3;            // 1:8 Prescaler
                    //TMR1H:TMR1L레지스터는 250nsX8=2μs마다 증가
    CCP1IF = 0;                      // CCP1 Interrupt Flag 클리어
    CCP1IE = 1;                      // CCP1 Ineterrupt 사용
    PEIE = 1;                        // Peripheral Interrupt 사용
    GIE = 0;                         // Global Interrupt 미사용
    CCP1CON = 0b00000101;            // Capture Mode, Every rising edge : 0101

    CCPR1H = 0;
    CCPR1L = 0;                      // Capture 레지스터 클리어
    TMR1H = 0;
    TMR1L = 0;                       // TMR1 레지스터 클리어

    T1CONbits.TMR1ON = 1;            // 타이머1 Start
}

//CCP2 주변장치 PWM 모드 초기화(타이머2 선택 사용 초기화 포함) 소스 코딩
void initial_ccp2_pwm_timer2(void)
{
    //1100 = PWM mode: PxA, PxC active-high; PxB, PxD active-high 로 설정
    CCP2CONbits.CCP2M = 0b00001100;

    //CCPR2L 레지스터는 10비트의 PWM 듀티비의 해상도에서 상위 8비트 값 클리어
    CCPR2L = 0;

    //10비트 PWM 듀티비의 해상도에서 최하위 2비트 값 클리어
    CCP2CONbits.DC2B = 0;

    CCPTMRS0bits.C2TSEL = 0;         //CCP2 PWM 모드 : 타이머2 사용 선택

    TRISCbits.TRISC1 = 1;            //RC1(P2A)핀 입력 초기화 설정

    T2CONbits.T2CKPS = 0;            //Prescale 1:1
    T2CONbits.T2OUTPS = 0;           //Postscale 1:1
    T2CONbits.TMR2ON = 0;            //타이머2 정지

    //DC 모터 구동 PWM 주기는 PR2가 0xFF(255)일 때
    //[255+1]*4*(1/16000000) = 64μs
    //PWM 구동 주파수는 15.625kHz
    PR2 = 0xFF;
```

```
    TMR2 = 0;                       //TMR2 레지스터 클리어

    TRISCbits.TRISC1 = 0;           //RC1(P2A)핀 출력 초기화 설정

    T2CONbits.TMR2ON = 1;           //타이머2 동작 시작
}

//CCP2 주변장치 PWM 모드 출력 함수(타이머2 선택 사용) 소스 코딩
void pwm_output(unsigned int duty_ratio)
{
    HIGH_SIDE_TR = ON;                          // Motor Run, RD7 핀 High 출력

    //10비트 PWM 듀티비 설정
    CCPR2L = (unsigned char)(duty_ratio>>2);    //10비트 중 상위 8비트 듀티비 설정
    CCP2CONbits.DC2B = (unsigned char)(duty_ratio&0x0003);
    //10비트 중 최하위 2비트 듀티비 설정
    T2CONbits.TMR2ON = 1;                       //타이머2 동작 시작
}

//*** 【 CCP2 모듈 사용 중지 】 ***//
void pwm_output_off(void)
{
    HIGH_SIDE_TR = OFF;             // Motor Stop
    LOW_SIDE_TR = OFF;              // Motor Stop
    T2CONbits.TMR2ON = 0;           //타이머2 동작중지
}

//ADC 주변장치 및 아날로그 입력핀 초기화
void initial_adc(void)
{
    //아날로그 입력핀 설정
    TRISAbits.TRISA0 = 1;           //RA0핀 입력핀으로 설정
    ANSELA=0x01;                    //AN0(RA0)을 아날로그 입력으로 RA0 포텐쇼미터 연결
                                    //가변저항 RA0의  전압값을 읽기

    //ADC 초기화
    //ADCON1 레지스터 초기화
    ADCON1bits.ADFM = 0;            //10비트 ADC 결과값을 좌정렬 설정
                                    //0 : 좌정렬  1 : 우정렬

    ADCON1bits.ADCS = 5;            //ADC 변환 클럭 설정 : Fosc/16 = 1μs(최소 클럭)
```

15장

```
    ADCON1bits.ADNREF = 0;            //ADC 변환 -전압 기준(Vref-) : Vss 핀(0V) 설정
    ADCON1bits.ADPREF = 0;            //ADC 변환 +전압 기준(Vref+) : Vdd 핀(+5V) 설정

    ADCON0bits.CHS = 0;               //CHS<4:0> 5비트 아날로그 입력 채널 선택

    //ADCON0 레지스터 초기화
    ADCON0bits.CHS = 0;               //AN0(RA0)을 아날로그 입력 채널로 RA0 포텐쇼미터 연결

    PIR1bits.ADIF = 0;                //ADC 인터럽트 플래그 클리어
    PIE1bits.ADIE = 0;                //ADC 인터럽트 동작중지
    ADCON0bits.ADON = 1;              //아날로그 모듈 ON
}


//#define ADC_8BIT                    //10비트 ADC 결과값을 정렬 설정, 0 : 좌정렬
#define ADC_10BIT                     //10비트 ADC 결과값을 정렬 설정, 1 : 우정렬

//ADC 응용 폴링 방식 A/D 변환 함수
unsigned int adc_read(unsigned char ANx_Channel)
{
    unsigned int adc_buf;             //10비트 A/D 변환 결과값 저장 : 16비트 변수 선언

    //A/D 변환할 아날로그 ANx 채널 초기화
    ADCON0bits.CHS = ANx_Channel;
    //Microchip PICDEM 2 PLUS 보드 사용시 : AN0(RA0)을 아날로그 입력 채널
    //INSEM 8bit PIC 평가 보드 사용시 : AN2(RA2)를 아날로그 입력 채널

#ifdef ADC_8BIT                       //좌정렬 A/D 변환 후 8비트 변환값 사용시
        ADCON1bits.ADFM = 0;          //10비트 ADC 결과값을 좌정렬 설정

    GO_nDONE = 1;                     //A/D 변환 시작(폴링 방식)
    while(GO_nDONE);                  //A/D 변환 완료시까지 대기

     adc_buf = (unsigned int)ADRESH;  //8비트 A/D 변환값을 캐스트 연산자 사용
                                      //16비트로 저장
#endif

#ifdef ADC_10BIT                      //우정렬 A/D 변환 후 10비트 변환값 사용시
        ADCON1bits.ADFM = 1;          //10비트 ADC 결과값을 우정렬 설정

    GO_nDONE = 1;                     //A/D 변환 시작(폴링 방식)
```

```
    while(GO_nDONE);                    //A/D 변환 완료시까지 대기

        adc_buf = (unsigned int)(ADRESH <<8) + ADRESL;
                                        //10비트 A/D 변환값을 16비트 변수로 저장
#endif

    return adc_buf;                     //10비트 A/D 변환값을 리턴
}

//시간 딜레이 함수
void delay(unsigned int cnt)
{
    while(cnt--);
}

void initial_uart(void)
{
        //통신 보-레이트 설정 : 9600bps
        SPBRG = BRG_VALUE;          //define문에서 설정됨
        //TXSTA 레지스터 송신 초기화
        TXEN = 1;                   //TX 송신 모듈 On [0:Disable, 1:Enable]
        BRGH = 1;                   //고속 보-레이트 설정 On [0:Disable, 1:Enable]
        TX9 = 0; //9Bit 송신 설정 비트 [0:8Bit, 1:9Bit]
        SYNC = 0;                   //동기/비동기 통신 모드  [0:비동기, 1:동기]
        //RCSTA 레지스터 수신 초기화
        SPEN = 1;                   //시리얼 포트 RX, TX 핀 사용[0:Disable, 1:Enable]
        CREN =1;                    //연속 수신 가능 On [0:Disable, 1:Enable]
        RX9 = 0; //9Bit 수신 설정 비트 [0:8Bit, 1:9Bit]
        //UART 인터럽트 초기화
        RCIF = 0;                   //수신 인터럽트 플래그
        TXIF = 0;                   //송신 인터럽트 플래그
        RCIE = 1;                   //수신 인터럽트 설정 비트[0:Disable, 1:Enable]
        TXIE = 0;                   //송신 인터럽트 설정 비트[0:Disable, 1:Enable]
       PEIE = 1; // Peripheral Interrupt 사용
        GIE = 1; // Global Interrupt 사용
}

void putch(char data)
{
        TXREG = data;
        while(!TRMT);
```

```
}

unsigned char uart_getch(void)
{
        while(!RCIF);
        RCIF = 0;
        return RCREG;
}

// 인터럽트 서비스 루틴
//CCP1IF, RCIF 가 "Set(1)" 되면 main() 함수에서 분기
void interrupt Interrupt_Service_Routine(void)
{
        // CCP1 Cpature Interrupt 처리 루틴
        if(CCP1IF)
        {
                TMR1H = 0;          TMR1L = 0;
                pulse_period_cnt = (unsigned int)(CCPR1H<<8) + CCPR1L;    // 반바퀴 회전 카운
                                                                            터값
                pulse_freq = ( (Fcy/T1_PRESCALE) / pulse_period_cnt ) / 2;  // 초당 회전수(RPS)
                current_rpm = pulse_freq * 60;
                                // 분당 회전수(RPM)

                CCP1IF = 0;
        }
        // RX Interrupt 처리 루틴
        if(RCIF) //하이퍼터미널을 통해 아무런 키를 누를 때마다 출력
        {
                if(RCREG != 0)
                {
                  printf("ADC Value : %4d, Motor RPM : %4d\r", motor_speed,current_rpm);
                  //A/D 변환값 출력 및 DC 모터 RPM 출력
                }
                RCIF = 0;
        }
}
```

실행 1_Make & Program 버튼 클릭 후, PICDEM 2 Plus 보드 동작을 확인한다.

실행 2_경고창이 실행된 경우 OK를 클릭한다.

5) 실습결과

이전 실습과 마찬가지로 S2 또는 SW2를 누르면 DC 모터가 회전하기 시작한다. 만약 회전하지 않는 경우는 R16(POT) 가변저항을 중간 위치에 놓고 돌리면 된다. 또한, R16(POT) 가변저항을 시계/반시계방향으로 회전시키면 모터 속도가 증가/감소하게 된다. 그리고, 아래와 그림과 같이 하이퍼터미널을 통해 A/D 변환값(0~1023, 10비트 범위)에 대한 DC 모터 속도가 표시된다. 그리고, 바탕 화면은 오실로스코프로 측정한 광학 인코더의 펄스 파형이다. 펄스 2개마다 모터가 1회전을 돌고 있다. 이때 2개 펄스 시간 간격은 약 58.5ms이다. 위에서 계산한 결과와 거의 비슷한 결과이다. 출력된 값은 A/D 변환값은 713이고, 모터 속도는 1020RPM이다.

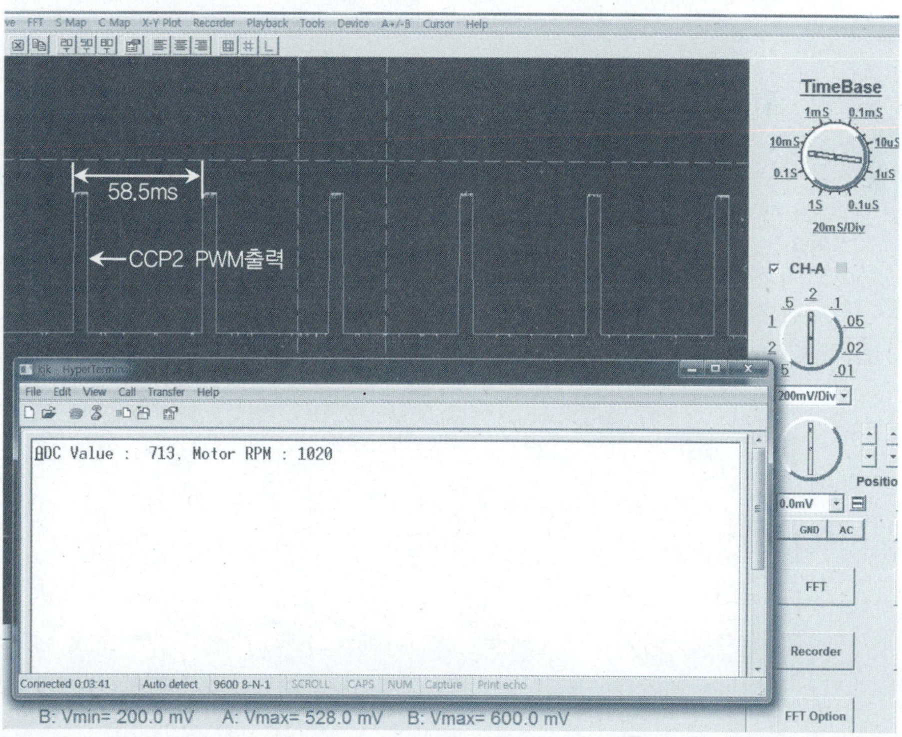

부 록

I_마이크로칩사 PICDEM 2 PLUS 데모 보드 설명서

II_INSEM 8bit PIC 평가 보드(PEB08) 설명서

I 마이크로칩사 PICDEM 2 PLUS 데모 보드 설명서

1. PICDEM 2 PLUS 데모 보드의 개요

1) 개요

PICDEM 2 PLUS 데모 보드는 마이크로칩의 8-비트 PIC16FXXX, PIC16F1XXX와 PIC18 디바이스 제품군 사용하여 개발할 수 있는 데모 보드이다.

PICDEM 2 PLUS 데모 보드는 인 서킷 에뮬레이터(in-circuit emulator)(MPLAB REAL ICE™) 또는 인 서킷 프로그램머/디버거(in-circuit programmer/debugger)(MPLAB ICD 3 혹은 PICKit™ 3)을 사용하여 마이크로컨트롤러를 탑재한 상태에서 프로그램을 할 수 있다.

2) 개발 키트 개념

The PICDEM 2 PLUS 데모 보드 키트는 다음과 같은 특징을 갖고 있다.
PICDEM 2 PLUS 데모 보드는 그림 I-1과 같다.

3) PICDEM™ 2 PLUS 데모 보드의 특징

PICDEM 2 PLUS 데모 보드는 다음과 같은 하드웨어 기능을 가지고 있다.

① 18핀, 28핀 및 40핀 DIP 소켓(3가지 소켓을 제공하지만 한 번에 한 개의 소켓만을 사용한다.)

② 보드 상에 9V부터 직접 입력을 위한 +5V 레귤레이터, +5V, 100mA 레귤레이터 DC 공급을 위해 후크 혹은 9V배터리, 100mA AC/DC어댑터

③ RS-232 인터페이스에 직접 연결을 위한 RS-232 소켓 및 관련 하드웨어 인터페이스

④ MPLAB ICD 3, MPLAB REAL ICE 및 PICKit 3을 제공하는 프로그래머/디버거

⑤ SPI or I^2C^{TM}같은 주변기기와 직렬통신의 분석을 위하여 PICKit 직렬 커넥터

⑥ 아날로그 입력을 갖은 디바이스를 위해 5kΩ pot

⑦ 외부 상황과 리셋을 위한 3개의 푸시버튼 스위치

⑧ 전원 상태표시 LED

⑨ 포트 B에 연결된 4개의 LED

⑩ 보드상에 다음 외부 오실레이터가 포함

　ⓐ 크리스털 오실레이터(Y2)를 위한 DIP 소켓

　ⓑ RC 오실레이터 회로(R4, C3)

　ⓒ 크리스털 연결(Y1)을 위한 홀

　ⓓ 타이머1 클럭 동작(Y3)을 위한 32.768kHz 크리스털

⑪ 시리얼 32K × 8 EEPROM

⑫ LCD 표시부(display)

⑬ 피에조 버저(Piezo buzzer)

⑭ 유저의 하드웨어 영역

⑮ PICKit™ 도터카드 연결의 확장 헤더(expansion header) 또는 유저 MCU핀 연결

⑯ 마이크로칩 TC74 열센서(thermal sensor)

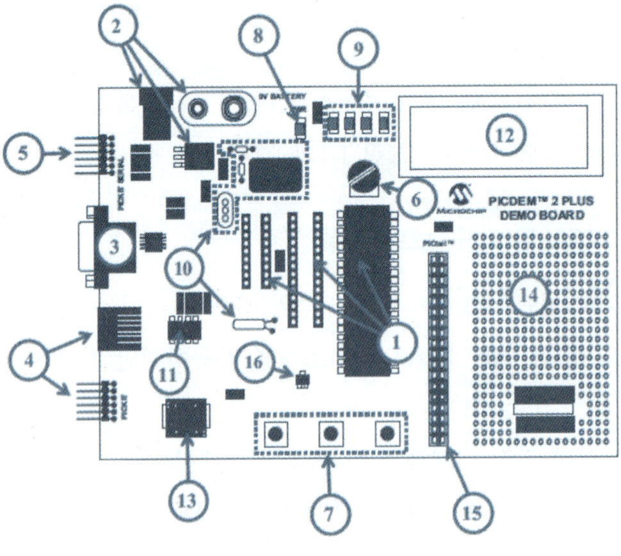

그림 I-1 PICDEM 2 PLUS 데모 보드의 외형

4) 보드상에 점퍼 구성

대부분 온 보드 부품들은 점퍼와 관련되어 있다. 표 I-1과 그림 I-2에 자세히 설명되어 있다.

표 I-1 보드상에 점퍼의 구성

점퍼	연결 내용
J6	포트 B에 LED 연결
J7	PIC MCU에 보드상에 RC 오실레이터 연결
J9	RC2핀에 피에조 버저 연결
J10	온칩 전압 레규레이터를 가진 디바이스를 위하여 Vcap연결
J12	RA1에 2.7V소스 연결(9V 입력전압의 전압분배기 OFF)
J14,15,16,17	PICKit 시리얼 헤더를 I^2C 버스에 연결
J18,19	RS-232부품의 Tx와 Rx를 PIC MCU에 연결
J20,21,22,23	PIC MCU를 I^2C버스에 연결
J24	RA4핀에 RC2핀에 연결(40핀 중간영역 마이컴은 C1OUT와 CCP1을 연결)

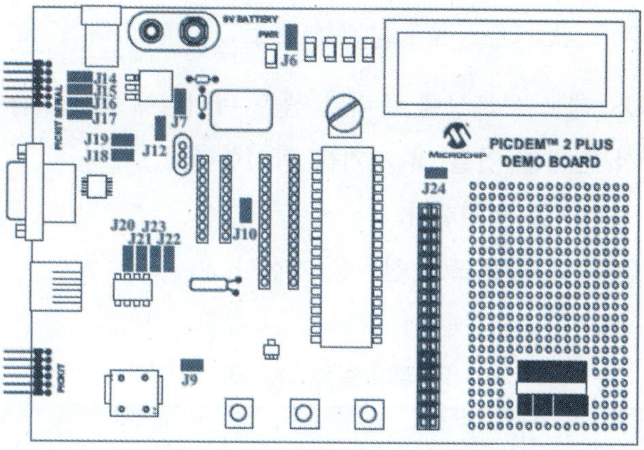

그림 I-2 PICDEM™ 2 PLUS 데모 보드의 점퍼 위치

5) 예제 디바이스

2개의 플래시 디바이스이 포함되어 있다. 이 디바이스의 형태는 변경할 수 있다. 일반적으로 PIC16 및 PIC18 40핀 형태의 DIP 형태의 디바이스들을 사용한다.

6) 예제 프로그램

The PICDEM™ 2 PLUS 데모 보드 키트 예제 데모 프로그램은 마이크로칩 사이트에서 찾을 수 있다. (www.microchip.com/PICDEM2PLUS). 이 프로그램은 예제 디바이스뿐만 아니라 REAL ICE(In-Circuit Emulator), MPLAB ICD 3(programmer/debugger) PICKit™ 3(programmer/debugger).

각 디바이스의 형태 (PIC16 or PIC18), 데모 소스 코드 (several .C and .H files) 및 컴파일된 코드(one .hex file)들을 제공한다.

2. PICDEM™ 2 PLUS 사용방법

The PICDEM™ 2 PLUS 데모 보드는 미리 프로그램된 디바이스를 가진 표준 보드로써 인 서킷 에뮬레이터(In-Circuit Emulator ; ICE), 인 서킷 디버거(In-Circuit Debugger : ICD) 및 PICKit™ 프로그래밍 디바이스를 사용한다. 혹은 PIC 마이크로컨트롤러 호환된 ICEs, ICDs 및 PICKit 프로그래밍 디바이스도 사용한다.

1) PICDEM™ 2 PLUS 데모 보드상에서 프로그램 디바이스

PICDEM 2 PLUS 데모 보드상에 준비된 샘플 마이컴에 프로그램한다.

- 표 I-2에 따라서 점퍼를 연결 및 제거를 확인한다.
- 프로그래머와 디버거를 연결한다.
- PICDEM 2 PLUS 데모 보드에 전원을 가한다.

표 I-2 점퍼 설정(JUMPER SETUP)

J6	J7	J9	J10	J12	J14	J15	J16	J17	J18	J19	J20	J21	J22	J23	J24
Off	On	On	Off	On	On	On	On	On	On	On	Off	Off	Off	Off	Off

마이컴에 프로그램을 하기 위하여 다음 사항을 필수적으로 해야만 한다.

- 프로그램 소스 코드 ; 유저는 소스 코드를 마이컴에 프로그램을 해야 한다.
- 어셈블러 ; MPASM 에셀블러 혹은 컴파일러를 이용하여 마이컴에 프로그램하기 전

에 반드시 소스코드는 16진법(HEX) 파일로 어셈블러 혹은 컴파일해야 한다.

마이크로칩의 MPASM 어셈블러, HI-TECH 혹은 C 18 C컴파일러를 사용할 수 있다. 이 들은 MPLAB IDE와 호환성이 있다.

예제 프로그램은 Hex 파일 형태이고 프로그램머는 플래시 디바이스에 프로그램을 할 수 있다.

마이크로칩의 PICKit 혹은 ICD3 프로그램머는 사용할 수 있다. 이들은 MPLAB IDE와 호환성이 있다.

다른 프로그래머를 사용할 수 있다. 호환되는 프로그래머는 마이크로칩스의 웹사이트에서 확인할 수 있다.

2) 마이크로컨트롤러의 프로그래밍

The PICDEM 2 PLUS 데모 보드는 멀티 옵션을 통하여 디바이스 프로그램까지 제공한다.

(1) PICKit 프로그래밍

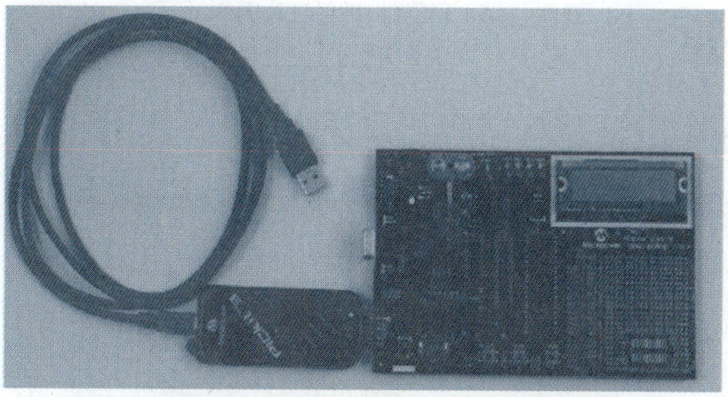

그림 I-3 PICKit™ 프로그래머와 보드 연결 헤더

Microchip's PICKit 3 In-Circuit Debugger/Programmer은 저가 하드웨어 Debugger 및 Programmer를 제공하기 위하여 플래시 메모리를 가진 각 칩에 연결한 인 서킷 디버깅 로직을 사용한다.

- 첫 번째로 그림 I-3처럼 PICKit 3을 연결한다.
- PICKit 3 및 computer에 USB 케이블를 연결하고 확인한다.
- 그림 I-4처럼 PICKit 3의 선택하기 위해 MPLAB의 Debugger이나 Programmer tab 둘 중에 하나로 들어간다.

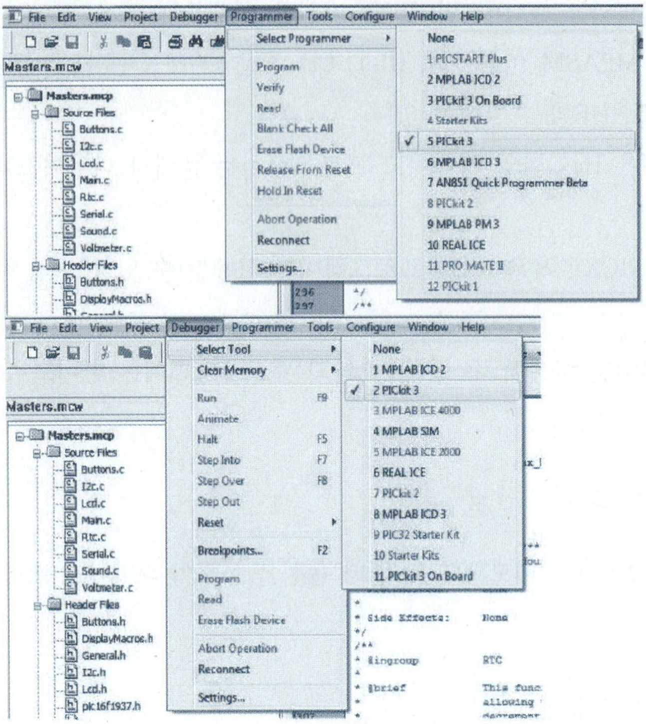

그림 I-4 PICKit 프로그래머의 연결

(2) ICD 프로래밍

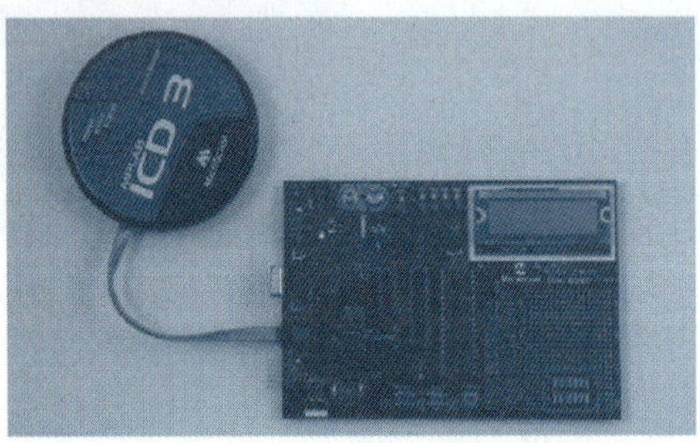

그림 I-5 ICD 프로그래밍과 보드 연결헤더

The MPLAB® ICD 3인 서킷 디버거 시스템은 Microchip Flash Digital Signal Controller(DSC)의 고속 하드웨어 디버거/프로그래머 및 microcontroller (MCU)디바이스로써 아주 적정한 가격이다. 이것은 강력한 PIC® Flash microcontrollers 및 dsPIC® DSCs를 디버깅하고 프로그래밍한다. MPLAB IDE은 유저 인터페이스가 그래픽으로 이

루어져 있어 쉽고 사용하기가 편리하다. ICD3과 PICDEM 2 PLUS 데모 보드와 연결하여 쉽고 빠르게 사용할 수 있다.

- 첫번째로 그림 I-6처럼 ICD3을 연결한다.
- 컴퓨터의 USB포트에 ICD3 케이블을 연결한다.
- MPLAB에 들어가서 디버거나 프로그래머탭 둘 중에 하나로 간다. 그림 I-6처럼 ICD3를 선택하는 것을 나타냈다.

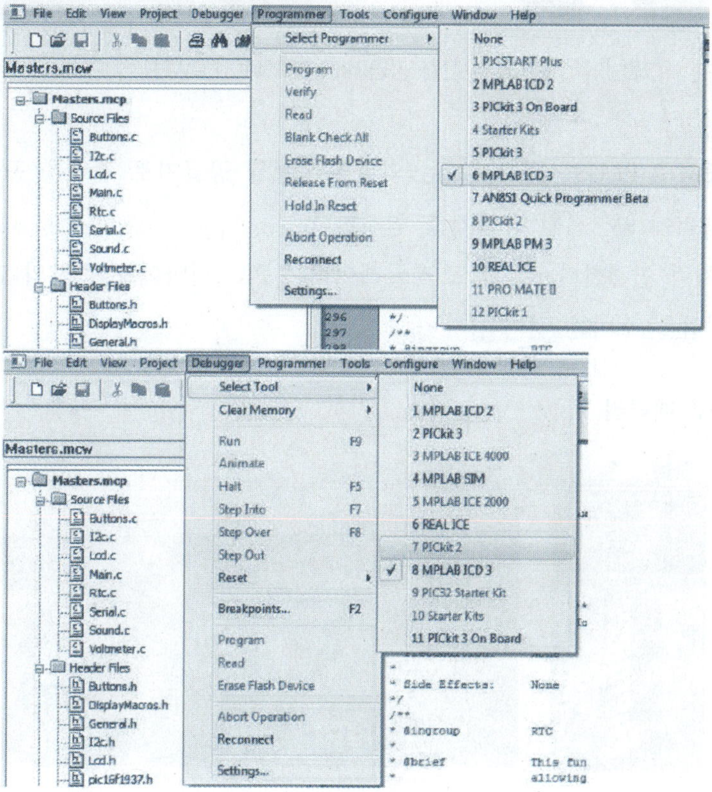

그림 I-6 ICD 연결

3) 보드의 파워

The PICDEM 2 PLUS 데모 보드 멀티 옵션을 통하여 보드에 전원을 공급한다.

(1) 외부 9V 커넥터

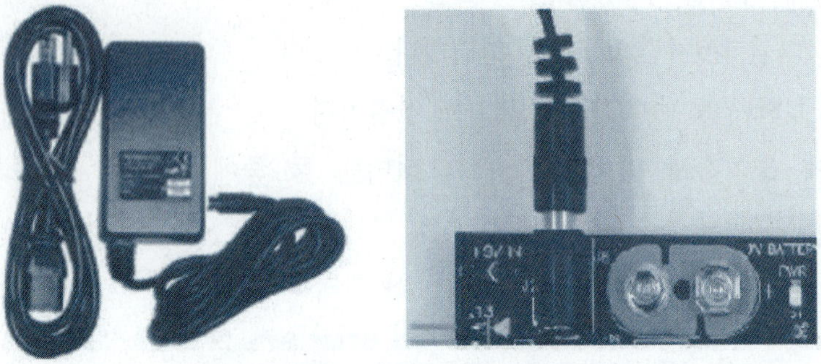

그림 I-7 9V 외부 전원 공급기(EXTERNAL POWER SUPPLY)

The PICDEM 2 PLUS 데모 보드는 외부 9V 전원 공급기로 전원을 공급할 수 있다.

- 전원 커넥터에 9V 전원 공급기를 연결한다.
- 그림 I-7처럼 연결한다. 온 보드 레귤레이터는 PIC 디바이스 동작의 안전을 위하여 5V입력전압을 소비한 것이다.

(2) 외부 9V 배터리

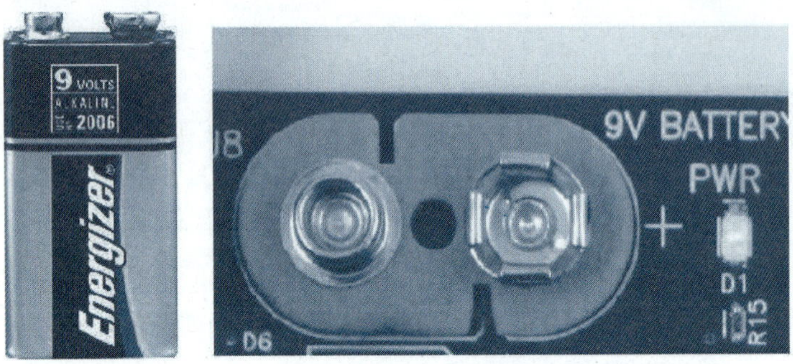

그림 I-8 9V 외부 배터리(EXTERNAL BATTERY)

The PICDEM 2 PLUS 데모 보드는 전원공급기로써 외부 9V 배터리로써 전원을 공급할 수 있다.

- 보드에 9V 배터리를 연결한다.
- 온 보드 레귤레이터는 안전한 PIC 디바이스 동작을 위하여 입력전압을 소비할 것이다.

(3) 프로그래머의 전원

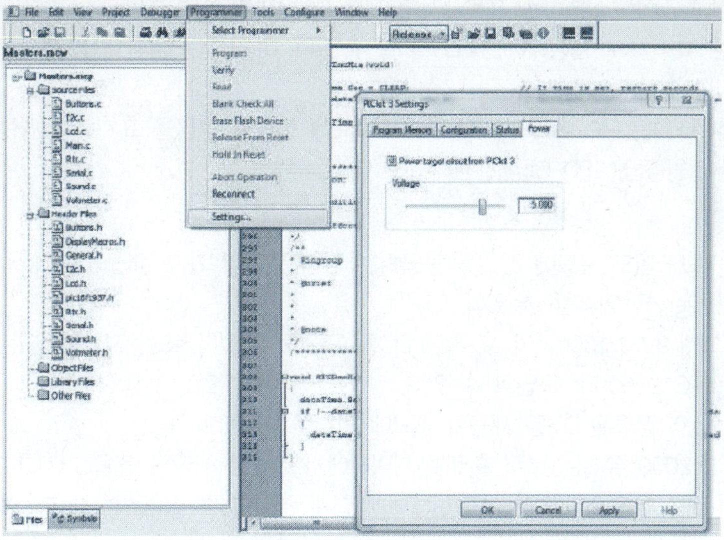

그림 I–9 프로그래머에 의해 5V 공급

The PICDEM 2 PLUS 데모 보드는 PICKit 및 ICD 프로그래밍 디바이스로써 전원을 공급한다.

- 프로그래머기 디바이스에 전원을 공급하기 위하여 Debuggger/Programmer tab 둘 중에 하나를 실행해야 한다.
- 설정을 위하여 스크롤 다운한다. 그리고 전원 탭으로 간다.
- "MPLAB (programmer type)으로부터 타깃 회로 전원"의 라벨된 체크박스에 체크한다. 전압을 5V를 선택함으로써 보드는 프로그래머를 통하여 지금 전원이 공급된다.

참고사항 - 하드웨어 상세

The PICDEM™ ™ 2 PLUS 데모 보드 하드웨어는 아주 간단하고 쉽게 여러 PIC MCU를 사용할 수 있도록 설명 되어 있다. 이절에서는 PICDEM 2 PLUS 데모 보드 하드웨어 부품을 설명하였다.

1) 프로세서 소켓

3개의 소켓이 준비되어 있지만 한번 한 개의 MCU만을 사용한다.

- 18pin socket
- 28pin socket
- 40pin socket

2) 디스플레이

- 4개의 녹색 LEDs는 실습하는 프로세서의 포트 B에 연결되어 있다.
- PORTB핀은 1(High)로 설정해야만 LED를 켤 수 있다. 이 LED는 점퍼 J6를 제거하면 포트 B에 연결되지 않는다.
- 1개의 적색 LED는 PICDEM 2 PLUS 데모 보드에 전원을 공급을 표시하기 위한 것이다.
- LED On = 전원공급, LED Off = 전원해제

3) 전원공급

PICDEM 2 PLUS 데모 보드에 전원을 공급하는 방법은 여러 가지 방법이 있다.

- J8에 9V battery를 연결할 수 있다.
- J2의 플러그에 9V의 100mA의 AC 혹은 DC를 공급할 수 있다. 또한 전원공급기는 마이크로칩에서 part #AC162039로 구입할 수 있다.
- +5V 100mA의 정류된 DC를 제공된 후크에 연결할 수 있다.

MPLAB® ICE 2000 유저는 로직 프로브 커넥터에서 정류된 +5V 전원을 가지고 있다. 이것은 PICDEM 2 PLUS 데모보드상에 J4의 핀헤더에 쉽게 연결할 수 있다. 적색 프로브는 +5V이고, 흑색 프로브는 GND에 연결한다.

- MPLAB ICD or PICKit™ 프로그래머 유저는 타깃보드 +5V를 전원으로 사용한다. 만약 MPLAB 프로그램은 PC에 연결한다.

4) RS-232 시리얼 포트

RS-232 레벨 이동 IC는 DB9커넥터를 통하여 RS-232 호스트에 연결하기 위하여 필수적이다. 이 포트는 DCE로 구성되어 있고 케이블을 사용하여 PC에 연결할 수 있다. PIC16/18RX, TX핀은 MAX232A의 TX와 RX 라인에 연결한다.

5) 스위치(Switches)

3개 스위치는 다음 기능을 제공한다.

- 프로세서의 하드 리셋을 위하여 MCLR
- RA4에 연결하는 Low에 동작하는 스위치
- RB0에 연결된 Low에 동작하는 스위치

스위치 S1과 S3은 debounced 콘덴서를 가진다. 스위치 S2를 사용하지 않는 것은 debounced 기술을 유저에게 선택하기 위한 것이다. 누를 때 스위치는 GND가 되고 아이들 상태일 때 하이(+5V)가 된다.

6) 오실레이터 옵션

- 타이머1를 위한 32.768kHz 크리스털
- 유저가 정하는 크리스털 오실레이터
- 유저가 정하는 오실레이터 크리스털

7) 아날로그 입력

5Ω의 포텔션미터는 AN0에서 470Ω 시리즈 저항을 통하여 연결된다. 포트는 A/D 모듈 가진 아날로그 입력을 부품에 제공하기 위해 VDD부터 GND까지 조절할 수 있다.

8) ICD Connector

모듈러 커넥터(J5)에 저가용 디버거를 위하여 MPLAB ICD를 연결할 수 있다. ICD 커넥터는 in-circuit 디버거를 위해 마이크로 컨트롤러의 RB6과 RB7을 이용한다.

9) PICKit™ 커넥터

J11 헤더 커넥터는 MPLAB PICKit의 저가 디버거를 연결할 수 있다.

10) 온도 센서(Temperature Sensor)

이것은 RC3과 RC4를 경유하여 28핀과 40핀의 마이크로컨트롤러에 연결되어 있는 디지털 열센서(TC74)가 있다. 통신은 그 2와이어 I^2C 호환성 직렬 포트를 경유하여 TC74를 가지고 완성한다. 이 장치는 b1001101'의 어드레스를 가진다.

11) 시리얼 EEPROM

24L256(32K의 x 8)시리얼 EEPROM은 I^2C 버스를 위해 보드에서 포함된다.

12) LCD

LCD 디스플레이의 2라인 16커넥터는 각각 28과 40핀 소켓에 연결되어 있다. 3개 제어 라인인(RA3 : RA1)와 4개 데이터 라인(RD3 : RD0)가 있다. LCD의 콘트라스트를 조절하기 위해 5kΩ 포트는 R20으로 설치될 수 있다. 만일 이것이 하게 되면 R5와 R6은 제거될 필요가 있다.

13) 예제 디바이스(Sample Devices)

단순한 프로그램으로 프로그램된 샘플마이컴은 PICDEM 2 PLUS 데모 보드 세트에 포함된다. 테이블 A-1은 각 프로세서 타입을 위해 I/O 특징과 포트 연결을 리스트이다.

표 I-4 포트 연결

디바이스	LED	RS-232	S1	S2	S3	Pot R16	LCD	EEPROM	버저	ICD	온도 센서	Y1/Y2
18핀	RB3-RB0	N/A	/MCLA	RA4	RB0	RA0	N/A	N/A	N/A	RC6/RC7	N/A	yes
28핀	RB3-RB0	RC6/RC7	/MCLA	RA4	RB0	RA0	RC3/RC4	RA3:RA1	RC2	RC6/RC7	RC3/RC4	yes
40핀	RB3-RB0	RC6/RC7	/MCLA	RA4	RB0	RA0	RC3/RC4	RA3:RA1 RD3:RD0	RC2	RC6/RC7	RC3/RC4	yes

II

INSEM 8bit PIC 평가 보드(PEB08) 설명서

0. PEB08이란?

PEB08(PIC EVALUATION BOARD 8bits)은 Microchip 8bit Device 개발을 쉽고 편리하게 할 수 있는 보드이다.

그림 II-1 PEB08(PIC EVALUATION BOARD 8bits) 보드

1. 다양한 8bit Device 지원

기존 대부분의 8bit 보드의 경우 일부 Pin-Count만 지원을 하였지만 PEB08은 PIC10, PIC12, PIC16, PIC18의 DIP Type Package의 모든 Pin-Count를 지원한다.

2. 디버깅 및 응용 편리

USB / mTouch / UART / SPI / I2C / UNI/O / ADC / CCP 등 보드 내에서 응용할 수 있도록 하드웨어 설계가 되어 있으며, Pin-Count별로 1:1 핀 아웃 설계가 되어 있어 외부 연결 및 디버깅이 편리하다.

3. 전원 및 전압 선택가능

DC Adaptor 또는 USB를 통해 전원 공급이 가능하며, 공급된 전압을 3.3V, 5V로 낮춰 선택적으로 사용이 가능하다.

1) PEB08 Hardware Platform

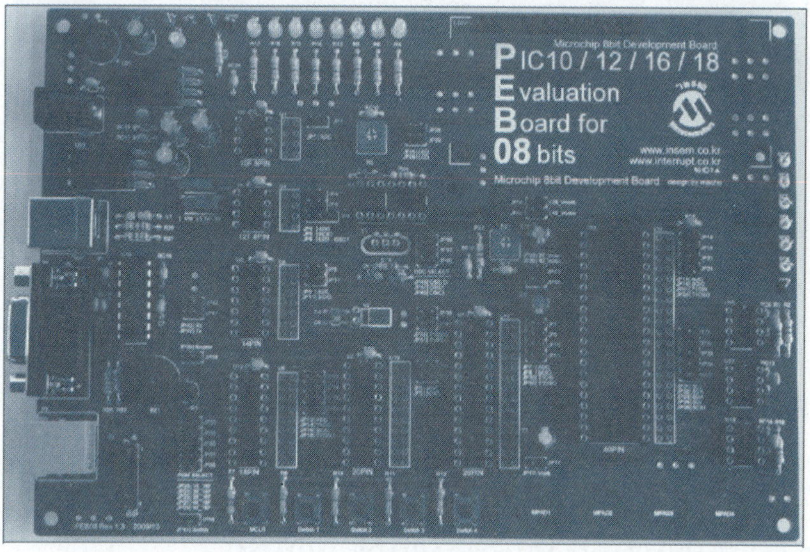

그림 II-2 PEB08 하드웨어 플랫폼

2) 제품 구성

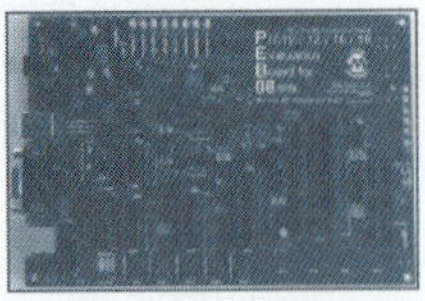

PEB08

USB CABLE

Adapter

그림 II-3 제품 구성들

3) PEB08 하드웨어 구성[주변장치]

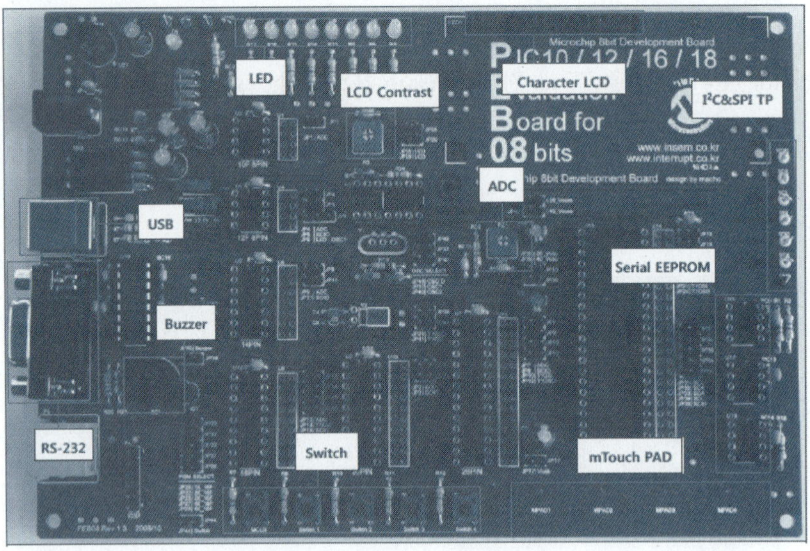

그림 II-4 PEB08 주변장치의 구성

(1) USB[P1]

• USB B Type Connector를 통해 USB 통신 지원

(2) mTouch PAD[MPAD1, MPAD2, MPAD3, MPAD4]

• mTouch 지원 디바이스를 이용하여 Capacitive Sensing 가능

• mTouch 사용시 JP44 제거(Switch Pull-up Disable)

(3) Switch[SW1, SW2, SW3, SW4, SW5]

- GPIO로 Switch 상태 전달(Active-Low Switch)
- Switch 사용을 위해 JP44를 연결할 것(Switch Pull-up Enable Jumper)
- mTouch시 사용시 Switch 연결 구성으로부터 각 서로간의 간섭을 줄이기 위해 Pull-up 저항값을 820[kΩ]으로 채택(Switch가 잡음에 약할 수 있으니 주의할 것)

(4) LED[D1, D2, D3, D4, D5, D6, D7, D8]

- GPIO 출력을 통해 LED 제어 가능(단, LED 사용시 LCD 사용 불가)
- Character LCD [LCD1]
- GPIO 출력을 통해 LCD 제어 가능(단, LCD 사용시 LED 사용 불가)
- LCD Contrast 조절 가능(가변저항)

(5) ADC[R21]

- 가변저항을 통해 ADC값 측정

(6) Serial EEPROM[U15, U17, U18]

- I2C, SPI, UNI/O 통신방식의 EEPROM 지원
- I2C&SPI TP를 통해 상태확인 가능

(7) Serial PORT[P2]

- RS-232 통신 지원

(8) Buzzer/PWM[BZ1]

- PWM 출력을 이용하여 Buzzer 제어(Connector 응용 가능)

4) PEB08 하드웨어 구성[연결부]

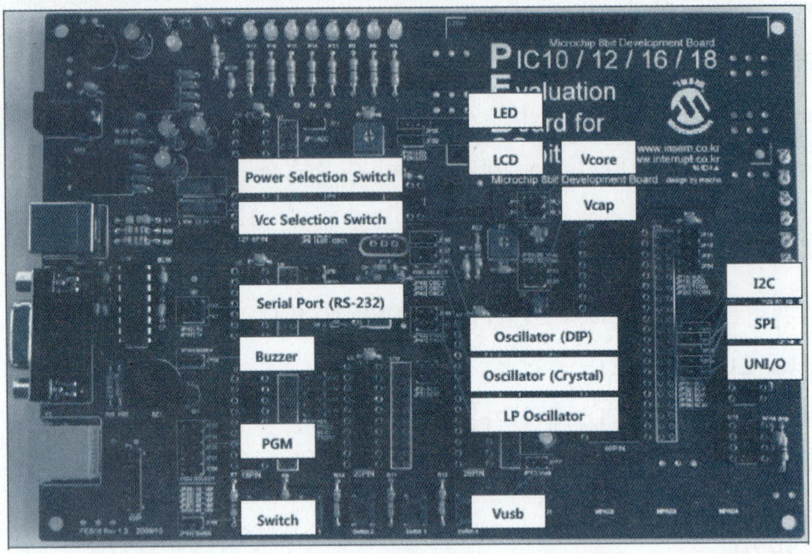

그림 II-5 PEB08 연결부의 구성

(1) Power Selection Switch[SW6]

- 전원 선택 Switch(DC or USB)

(2) Vcc Selection Switch[SW7]

- 전압 선택 Switch(3.3V or 5V)

(3) Serial PORT[JP42, JP47]

- JP42 : Rx, JP47 : Tx

(4) Buzzer(CCP)[JP39]

- Buzzer로 바로 연결되어 있으며, Jumper를 제거한 후 별도로 연결하여 Input Capture, Output Capture로 활용 가능

(5) PGM[JP20, JP22, JP25, JP27, JP28]

- Low Voltage Programming 관련 Jumper

(6) Switch[JP44]

- mTouch 혹은 해당 포트(Switch)를 다른 용도로 사용하고자 할 때 Jumper를 제거하여 Pull-up 해제 가능

(7) LED[JP35]

- LED ON/OFF(단, LED 사용시 LCD 사용 불가)

(8) LCD[JP29]

- Character LCD ON/OFF(단, LCD 사용시 LED 사용 불가)

(9) LP Oscillator[JP38, JP41]

- Timer1과 구성될 수 있도록 연결 가능

(10) Oscillator[JP48, JP37, JP40]

- JP48 : Dip Type(Full, Half) Oscillator
- JP37 : OSC1, JP40 : OSC2(Crystal)

(11) Vcore[JP30, JP43]

- PIC18FxxJ Series Device의 VDDcore에 연결되는 Capacitor

(12) Vcap[JP23, JP26]

- PIC16F72x, PIC16F19xx Series Device의 Vcap에 연결되는 Capacitor

(13) Vusb[JP17]

- USB를 지원하는 PIC18 Series Device의 Vusb에 연결되는 Capacitor

(14) I2C[JP31, JP33]

- JP31 : SCL, JP33 : SDA(단, SPI와 동시에 사용불가)

(15) SPI[JP32, JP34]

• JP32 : SCK, JP34 : SDI(단, I^2C와 동시에 사용불가)

(16) UNI/O[JP36]

• UNI/O EEPROM ON/OFF

5) PEB08 하드웨어 구성 [기타]

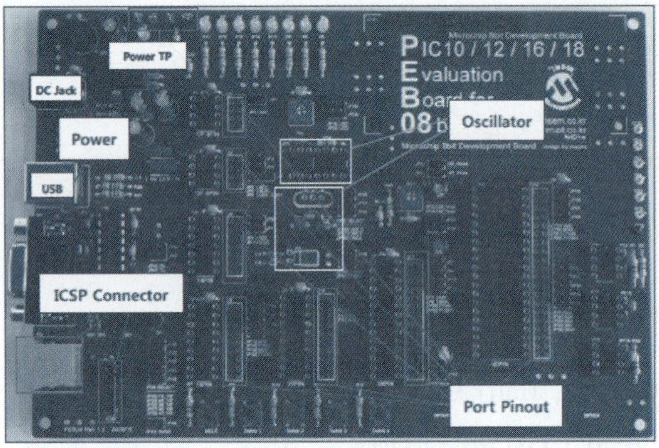

그림 II-6 PEB08 기타의 하드웨어 구성들

(1) Power

• 전원은 DC Jack 혹은 USB를 통해서 공급 가능
• 전원과 전압에 따른 Switch 설정방법

표 II-1 전원 구성표

전원 \ 전압	3.3V		5V	
	SW6	SW7	SW6	SW7
USB	USB	3.3V	USB	5V
DC JACK	DC	3.3V	DC	5V

• Power TP를 통해서 전원상태 확인 및 연결 가능

(2) ICSP Connector

- Microchip Tool을 사용하여 Device에 Programming 하기 위한 Connector
- RJ-45 Connector를 통해 MPLAB ICD2, MPLAB ICD3, Real-ICE 전용 케이블 연결 가능(MPLAB ICD2, MPLAB ICD3, PICKit2, PICKit3, Real-ICE 등 지원)

(3) Oscillator

- DIP Type Oscillator 장착시 1번핀 위치

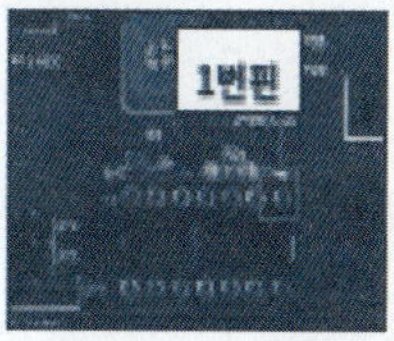

그림 II-7 오실레이터의 1번핀의 위치

- Oscillator Type은 아래와 같이 3가지 종류 지원

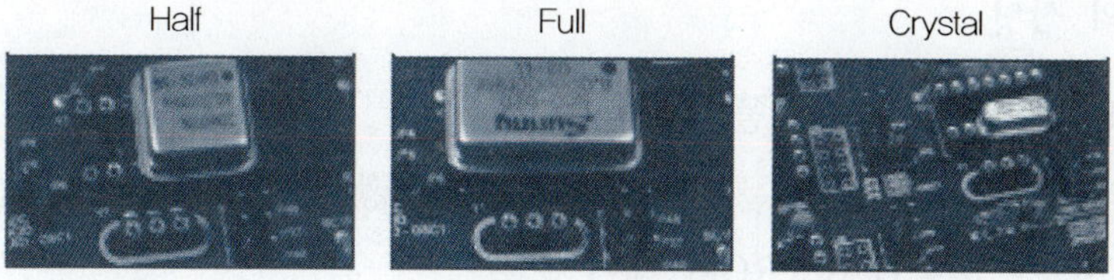

그림 II-8 오실레이터의 3가지 형태

(4) PORT Pinout

- 해당 Device의 Pin map과 같은 배열구조 Pinout(Device의 Pin 배열구조와 1:1로 일치됨)

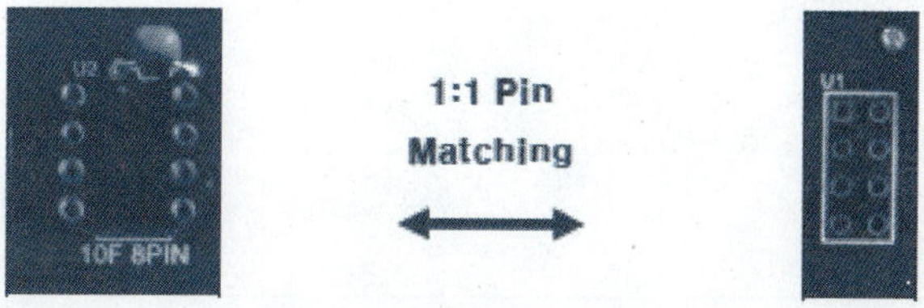

그림 II-9 포트의 핀 아웃

6) PIC10 8PIN Type

(1) Support Device

PIC10F200	PIC10F202	PIC10F204	PIC10F206
PIC10F220	PIC10F222		

(2) 점퍼의 설명

- JP1 [ADC] : R21를 통해 들어오는 가변 전압
  - PGD와 공용으로 쓰기 때문에 Programming을 할 때 해당 Jumper를 제거해야 함

7) PIC12 8PIN Type

(1) Support Device

PIC12F508	PIC12F509	PIC12F510	PIC12F519
PIC12F609	PIC12F615	PIC12F629	PIC12F635
PIC12F675	PIC12F683		

(2) 점퍼의 설명

- JP4 [ADC] : R21을 통해 들어오는 가변 전압
  - PGD와 공용으로 쓰기 때문에 Programming 실행 전에 해당 Jumper를 제거해야 함
- JP5 [SCIO] : UNI/O EEPROM 제어 포트
  - PGC와 공용으로 쓰기 때문에 Programming 실행 전에 해당 Jumper를 제거해야 함
- JP6[LED, OSC] : LED, OSC 공용 포트
  - LED를 사용하기 위해선 LED쪽에 점퍼를 연결해야 하며, 내부 Oscillator를 이용하여 GP5 포트를 확보해야 함
  - 외부 Oscillator를 사용하기 위해선 OSC쪽에 점퍼를 연결해야 하며, GP5를 통한 LED 사용은 불가능함

8) 14PIN Type

(1) Support Device

PIC16F505	PIC16F506	PIC16F526	PIC16F610

PIC16F616	PIC16F630	PIC16F636	PIC16F676
PIC16F684	PIC16F688		

(2) 점퍼의 설명

- JP9 [ADC] : R21를 통해 들어오는 가변 전압
  - PGD와 공용으로 쓰기 때문에 Programming 실행 전에 해당 Jumper를 제거해야 함
- JP11 [SCIO] : UNI/O EEPROM 제어 포트

9) 18PIN Type

(1) Support Device

PIC16F54	PIC16F627A	PIC16F628A	PIC16F648A
PIC16F716	PIC16F818	PIC16F819	PIC16F84A
PIC16F87	PIC16F88		

(2) 점퍼의 설명

- JP13 [ADC] : R21를 통해 들어오는 가변 전압
- JP14 [T1OSI], JP16 [T1OSO] : Timer1 클럭 소스
  - PGD, PGC와 중복되기 때문에 Programming 실행 전에 해당 Jumper를 제거해야 함
- JP15 [SCIO] : UNI/O EEPROM 제어 포트

10) 20PIN Type

(1) Support Device

PIC16F631	PIC16F677	PIC16F685	PIC16F687
PIC16F689	PIC16F690	PIC16F785	

(2) 점퍼의 설명

- JP2 [ADC] : R21를 통해 들어오는 가변 전압
- JP3 [SCIO] : UNI/O EEPROM 제어 포트

11) 28PIN Type

(1) PIC16 Support Device

PIC16F72	PIC16F722	PIC16F723	PIC16F726
PIC16F73	PIC16F737	PIC16F76	PIC16F767
PIC16F870	PIC16F872	PIC16F873A	PIC16F876A
PIC16F882	PIC16F883	PIC16F886	PIC16F913
PIC16F916			

(2) PIC18 Support Device

PIC18F2220	PIC18F2221	PIC18F2320	PIC18F2321
PIC18F2331	PIC18F23K20	PIC18F2410	PIC18F2420
PIC18F2423	PIC18F2431	PIC18F2450	PIC18F2455
PIC18F2458	PIC18F2480	PIC18F24J10	PIC18F24J11
PIC18F24J50	PIC18F24K20	PIC18F2510	PIC18F2515
PIC18F2520	PIC18F2523	PIC18F2525	PIC18F2550
PIC18F2553	PIC18F2580	PIC18F2585	PIC18F25J10
PIC18F25J11	PIC18F25J50	PIC18F25K20	PIC18F2610
PIC18F2620	PIC18F2680	PIC18F2682	PIC18F2685
PIC18F26J11	PIC18F26J50	PIC18F26K20	

(3) 점퍼의 설명

- JP30 [Vcore] : PIC18FxxJxx Series Vdd core에 연결되는 커패시터
- JP7 [ADC] : R21를 통해 들어오는 가변 전압
- JP8 [SCIO] : UNI/O EEPROM 제어 포트
- JP10 [T1OSI], JP12 [T1OSO] : Timer1 클럭 소스
- JP17 [Vusb] : PIC18 USB Series Vusb에 연결되는 커패시터

12) 40PIN Type

(1) PIC16 Support Device

PIC16F724	PIC16F727	PIC16F74	PIC16F747
PIC16F77	PIC16F777	PIC16F871	PIC16F874A
PIC16F877A	PIC16F884	PIC16F887	PIC16F914
PIC16F917			

(2) PIC18 Support Device

PIC18F4220	PIC18F4221	PIC18F4320	PIC18F4321
PIC18F4331	PIC18F43K20	PIC18F4410	PIC18F4420
PIC18F4423	PIC18F4431	PIC18F4450	PIC18F4455
PIC18F4458	PIC18F4480	PIC18F44J10	PIC18F44K20
PIC18F4510	PIC18F4515	PIC18F4520	PIC18F4523
PIC18F4525	PIC18F4550	PIC18F4553	PIC18F4580
PIC18F4585	PIC18F45J10	PIC18F45K20	PIC18F4610
PIC18F4620	PIC18F4680	PIC18F4682	PIC18F4685
PIC18F46K20			

(3) 점퍼의 설명

- JP43 [Vcore] : PIC18FxxJxx Series Vdd core에 연결되는 커패시터
- JP18 [ADC] : R21을 통해 들어오는 가변 전압
- JP19 [SCIO] : UNI/O EEPROM 제어 포트
- JP21 [T1OSI], JP24 [T1OSO] : Timer1 클럭 소스
- JP17 [Vusb] : PIC18 USB Series Vusb에 연결되는 커패시터

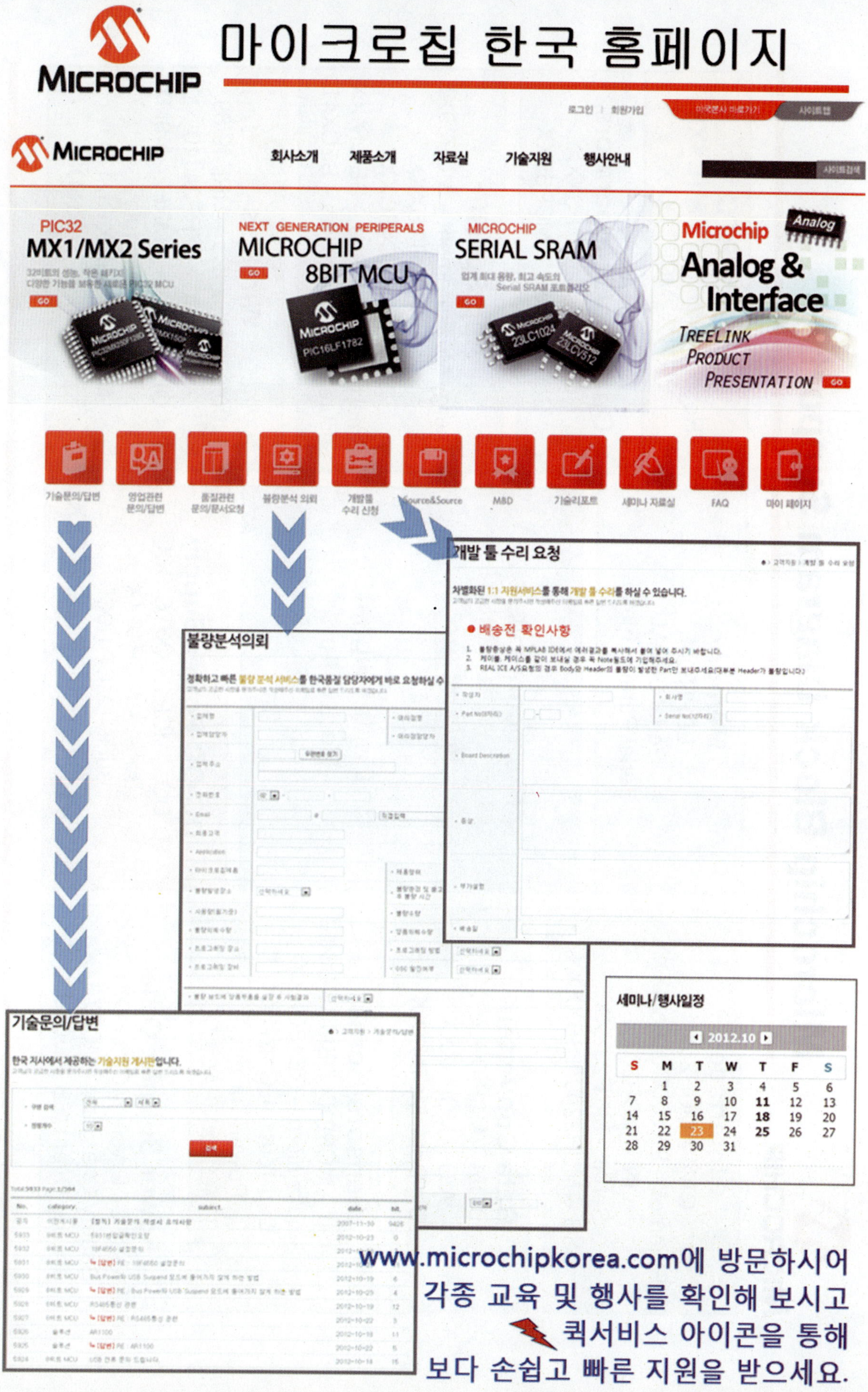
MICROCHIP
마이크로칩 한국 홈페이지
로그인 | 회원가입
사이트맵
회사소개
제품소개
자료실
기술지원
행사안내
PIC32
MX1/MX2 Series
GO
NEXT GENERATION PERIPERALS
MICROCHIP
8BIT MCU
MICROCHIP
SERIAL SRAM
Microchip
Analog
Analog &
Interface
TREELINK
PRODUCT
PRESENTATION
기술문의/답변
영업관련 문의/답변
품질관련 문의/문서요청
불량분석 의뢰
개발툴 수리 신청
Source&Source
MBD
기술리포트
세미나 자료실
FAQ
마이 페이지
개발 툴 수리 요청
차별화된 1:1 지원서비스를 통해 개발 툴 수리를 하실 수 있습니다.
● 배송전 확인사항
불량분석의뢰
기술문의/답변
한국 지사에서 제공하는 기술지원 게시판입니다.
세미나/행사일정
2012.10
S M T W T F S
1 2 3 4 5 6
7 8 9 10 11 12 13
14 15 16 17 18 19 20
21 22 23 24 25 26 27
28 29 30 31
www.microchipkorea.com에 방문하시어
각종 교육 및 행사를 확인해 보시고
퀵서비스 아이콘을 통해
보다 손쉽고 빠른 지원을 받으세요.

MICROCHIP

Microchip Block Diagram Support

Interface
CAN – MCP25XX
Ethernet – ENCXXX/LANXXXX
LIN – MCP20XX
Serial – MCP23XXX
USB – MCP2200/USBXXXX

Data Converters
D/A – MCP4XXX
A/D – MCP3XXX
DigiPot – MCP4XXX

Sensors/Horns
Temp – MCP9XXX/EMC1XXX
Smoke/Horn – RE46CXXX
Cap Touch – Cap11XX
Power/Current – EMC17XX/PAC17XX

Power Supply: Other
MOSFET Drvs – MCP14XX/TCXX
Battery Chargers – MCP73XXX
Power Over USB – UCS1XXX

Memory
EEPROM
Serial SRAM
Serial/Parallel Flash

Microcontrollers
8-bit – PIC10/12/16/18
16-bit – PIC24
32-bit – PIC32

Digital Signal Controllers
16-bit – dsPIC30/33

DC-DC Power Supply
LDO – MCP1XXX/TCXXX
Boost – MCP16XX
Buck – MCP16XX
Charge Pump – MCP12XX/TCXX

Reset/RTC
Reset – MCP1XXX & TCXXX
RTC – MCP79XXX

Op Amps/Comparators
Op Amps – MCP6XXX
Comparators – MCP65XX

App Specific
Energy Measurement – MCP39XX
Security – HCSXXX
Safety – REC46CXXX
Smart Card Readers – SEC1XXX
Secure Flash Controllers – SECX410

Wireless
400/900 MHz ICs – MRF49/89
2.4 CHz IC – MRF24J40
2.4 GHz Module – MRF24J40MX
Wi-Fi® Module – MRF24WB0MX/RN1XX
Bluetooth® – RN4X

MICROCHIP

PIC® MCU and dsPIC® DSC Products

PIC MCU or dsPIC DSC Family	PIC10	PIC12	PIC16	PIC18	PIC24F	PIC24H/E	dsPIC30F	dsPIC33F/E	PIC32
Attributes	8-bit				16-bit				32-bit
Program Memory/ RAM (Bytes)	354–896 Bytes 16–64	0.75–7 KB 25–256	0.75–28 KB 25–1.5K	4–128 KB 256–4K	4–256 KB 512–96K	6–536 KB 1024–52K	6–144 KB 256–8K	6–536 KB 256–52K	19–524 KB 4K–128K
EEPROM (Bytes)	–	Up to 256	Up to 256	Up to 1K	Up to 512	–	Up to 4K	–	–
Pin Count	6	8	14–64	18–100	14–100	18–144	18–80	18–144	28–100
MIPS	Up to 5	Up to 8	Up to 8	Up to 16	16	40/70	30	16/40/70	40/50/80 MHz
Internal Oscillator(s)	32k–16 MHz	32k–32 MHz	32k–32 MHz	32k–16 MHz	32k, 8 or 16 MHz	32k, 7.37 MHz	32k, 7.37 MHz	32k, 7.37 MHz	32k, 8 MHz
Operating Range (V_{DD})	1.8V–5.5V	1.8V–5.5V	1.8V–5.5V	1.8V–5.5V	1.8V–5.5V	3V–3.6V	2.5V–5.5V	3V–3.6V	2.3V–3.6V
XLP (eXtreme Low Power)	–	✓	✓	✓	✓	–	–	–	–
# of Devices in Family	8+	15+	100+	200+	90+	30+	24	80+	70+
10K Pricing Starting At	$0.25	$0.39	$0.45	$1.11	$0.95	$1.77	$2.13	$1.50	$1.44
Max Peripherals									
Timers (8-/16-/32-bit)	2/1/0	3/1/0	6/3/0	6/5/0	2/5/2	0/9/4	0/5/2	0/9/4	0/5/2
ADC	3 ch, 8-bit	4 ch, 8-, 10-bit	30 ch, 8-, 10-, 12-bit	24 ch, 8-, 10-, 12-bit	24 ch, 10-, 12-bit	32 ch, 10-, 12-bit	16 ch, 10-, 12-bit	32 ch, 10-, 12-bit	16 ch, 10-bit
Comparators	1	2	4	3	3	3	4	4	3
Cap/Comp/PWM	0/0/2	1/1/4	10/10/10	10/10/10	9/9/9	16/16/16	8/8/16	16/16/30	5/5/5
# Cap Touch Ch.	3	4	30	24	24	32	–	32	16
Internal Regulator	–	✓	✓	✓	✓	✓	✓	✓	✓
I²C™, SPI, UART, I²S	–	2/2/2/0	2/2/2/0	2/2/2/0	3/3/4/0	2/4/4/0	1/2/2/0	2/4/4/0	5/4/6/2
CAN/LIN	–	LIN	LIN	CAN/LIN	LIN	CAN/LIN	CAN/LIN	CAN/LIN	CAN/LIN
USB	–	–	USB 2.0 FS, Device	USB 2.0 FS, Device	USB 2.0 FS, Device/Host/OTG	USB 2.0 FS, Device/Host/OTG	–	USB 2.0 FS, Device/Host/OTG	USB 2.0 FS, Device/Host/OTG
Ethernet	–	–	–	10BaseT MAC/PHY	–	–	–	–	10/100 MAC
Display	–	–	Segmented LCD	Segmented LCD	Segmented LCD, Graphics	Graphics	–	Graphics	Graphics
Hardware DSP	–	–	–	–	–	–	✓	✓	–
DMA	–	–	–	–	✓	✓	–	✓	✓
Op Amps	–	–	2	–	–	–	–	–	–
Other Peripherals	CLC, NCO, CWG	CLC, NCO, CWG	CLC, NCO, PSMC, CWG	PMP, CTMU	PMP	PMP	–	PMP	PMP
Development Tools									
C Compiler	MPLAB® XC 8	MPLAB XC 8	MPLAB XC 8	MPLAB XC 8	MPLAB XC 16	MPLAB XC 16	MPLAB XC 16	MPLAB XC 16	MPLAB XC 32
Software IDE	MPLAB X								
In-Circuit Debugger	PICkit™ 3/MPLAB ICD 3/REAL ICE™								

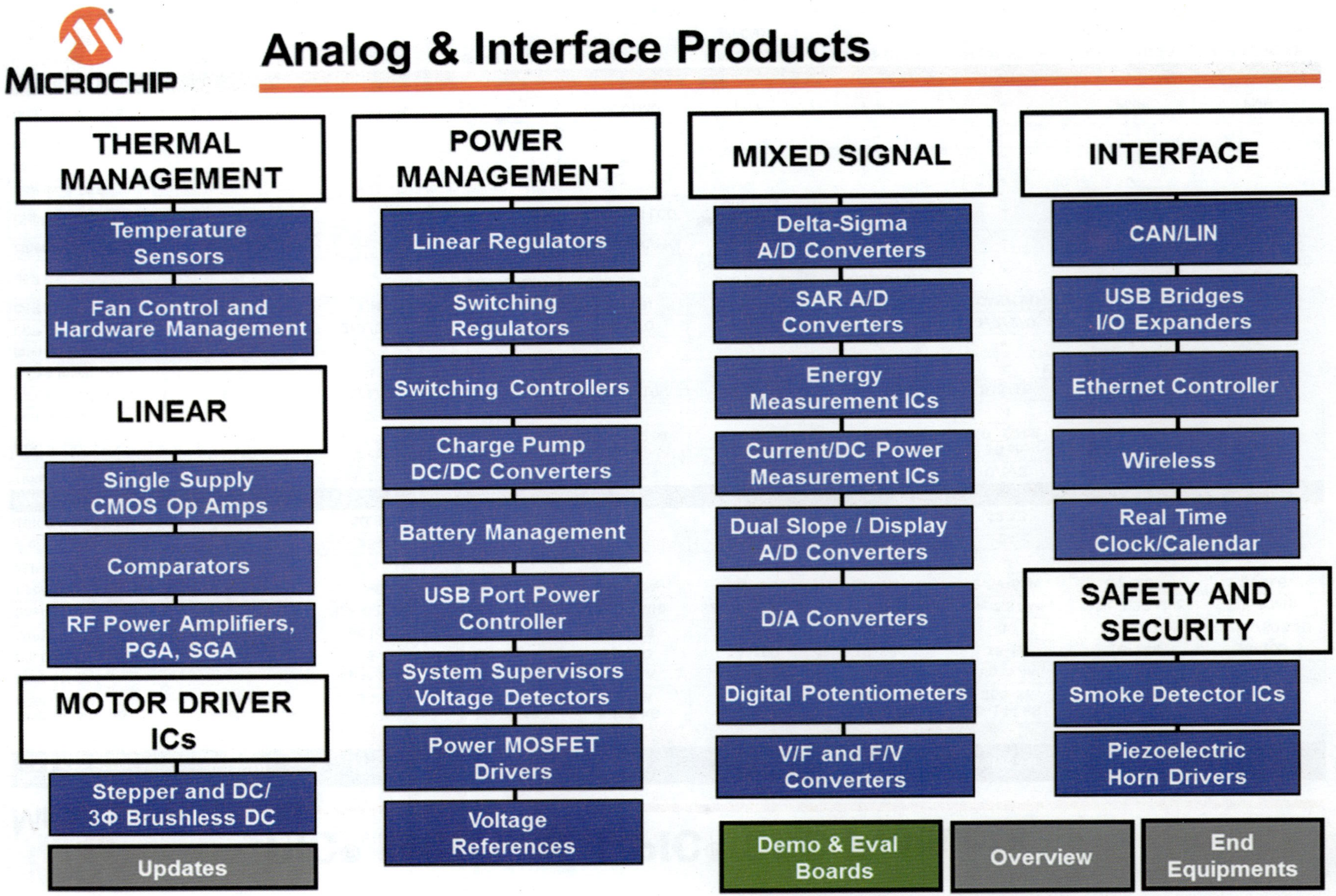
MICROCHIP
Analog & Interface Products
THERMAL MANAGEMENT
Temperature Sensors
Fan Control and Hardware Management
LINEAR
Single Supply CMOS Op Amps
Comparators
RF Power Amplifiers, PGA, SGA
MOTOR DRIVER ICs
Stepper and DC/ 3Φ Brushless DC
Updates
POWER MANAGEMENT
Linear Regulators
Switching Regulators
Switching Controllers
Charge Pump DC/DC Converters
Battery Management
USB Port Power Controller
System Supervisors Voltage Detectors
Power MOSFET Drivers
Voltage References
MIXED SIGNAL
Delta-Sigma A/D Converters
SAR A/D Converters
Energy Measurement ICs
Current/DC Power Measurement ICs
Dual Slope / Display A/D Converters
D/A Converters
Digital Potentiometers
V/F and F/V Converters
INTERFACE
CAN/LIN
USB Bridges I/O Expanders
Ethernet Controller
Wireless
Real Time Clock/Calendar
SAFETY AND SECURITY
Smoke Detector ICs
Piezoelectric Horn Drivers
Demo & Eval Boards
Overview
End Equipments

저자 약력

■ 남 상 엽

- 공학박사
- 삼성종합기술원 정보시스템연구소 근무
- 모토로라반도체통신(주) 기술연구소 근무
- (현) 국제대학교 IT계열 교수

■ 서 한 석

- 공학박사
- 삼성전기 중앙연구소 근무
- (현) 한국마이크로칩테크놀로지(주) 기술지원(CAE) 이사

■ 최 선 정

- 공학박사
- 삼성SDI 종합연구소 근무
- (현) 국제대학교 IT계열 교수

■ 강 민 구

- 공학박사
- 삼성전자 통신연구소 근무
- (현) 한신대학교 정보통신학부 교수

마이크로칩 8비트 PIC
마이크로컨트롤러 설계 및 응용

2013년 4월 10일 1판 1쇄 발행

저 자 남 상 엽 · 서 한 석
최 선 정 · 강 민 구
발행인 남 승 우

발행처 도서출판 상尙 학學 당堂

서울시 동작구 사당로9가길 6(사당동)
TEL : 02) 595-1692 ~ 4
FAX : 02) 595-1394
E-mail : namdoo6@unitel.co.kr
신고 : 2-155호 (1968. 11. 29)

정가 30,000원

ISBN 978-89-6587-061-6 93560

〈디자인〉 편집 곽은옥 / 표지 토틀컴